성경적 영성에 대한 총체적이고 실제적인 이해

# 기독교 영성, 그 열두 스펙트럼

케네스 보아 지음 · 송원준 옮김

도서출판 디모데

# CONFORMED TO HIS IMAGE
by Kenneth D. Boa

Originally published in the U.S.A.
under the title:
**CONFORMED TO HIS IMAGE**
Copyright ⓒ 2001 by Kenneth Boa
Grand Rapids, Michigan
Published by Zondervan Publishing House
5300 Patterson Avenue, S. E. Grand Rapids, Michigan 49530, U. S. A.
All rights reserved.

Korean translation copyright ⓒ 2002 by Timothy Publishing House
Kwan-Ak P.O. Box 16, Seoul, Korea

이 책의 한국어판 저작권은 Zondervan Publishing House와의 독점판권 계약에 의해
도서출판 디모데에 있습니다. 저작권법에 의하여 한국 내에서 보호를 받는 저작물이므로
무단 전재와 무단 복제를 금합니다.

나의 외할머니 로티 매 배이클 켈리
(Lottie Mae Bacle Kelley, 나는 매이블 할머니라 불렀다)를 기억하며.
그 누구보다도 할머니는 사랑과 격려, 시간과 멘토링을 통해
나를 깊이 있게 성장하게 하셨다.

# 목차

목차_ 주해된 내용 ..... 9
들어가기 전에 ..... 15
서문 : 다면을 가진 보석 ..... 18

## 제1부 _ **관계적 영성** RELATIONAL SPIRITUALITY

1장 | 하나님을 온전히 사랑하기 ..... 29
2장 | 자신을 올바로 사랑하기 ..... 37
3장 | 다른 사람을 다정하게 사랑하기 ..... 47

## 제2부 _ **패러다임 영성** PARADIGM SPIRITUALITY

4장 | 인생은 항해, 그런데 우리는 어디로 가고 있는가? ..... 63
5장 | 하나님을 신뢰할 수 있는가? ..... 72

## 제3부 _ **훈련된 영성** DISCIPLINED SPIRITUALITY

6장 | 의존과 훈련 ..... 83
7장 | 영적 훈련이란 무엇인가? ..... 90

## 제4부 _ **교환된 삶의 영성** EXCHANGED LIFE SPIRITUALITY

8장 | 그리스도 안에 있는 참된 정체성 깨닫기 ..... 109
9장 | 우리의 필요를 채우기 위한 하나님의 계획 ..... 119

## 제5부 _ 동기화된 영성 MOTIVATED SPIRITUALITY

- 10장 | 우리는 그 일을 왜 하는가? ..... 139
- 11장 | 사랑, 감사 그리고 보상 ..... 149
- 12장 | 정체성, 목적과 소망 그리고 하나님을 갈망함 ..... 159

## 제6부 _ 경건의 영성 DEVOTIONAL SPIRITUALITY

- 13장 | 우리에게 있는 하나님의 형상 ..... 171
- 14장 | 관상적 방법 ..... 185
- 15장 | 거룩한 독서 훈련 ..... 196
- 16장 | 하나님과 사랑에 빠지기 ..... 210

## 제7부 _ 포괄적 영성 HOLISTIC SPIRITUALITY

- 17장 | 그리스도가 중심 되심 ..... 227
- 18장 | 통합된 삶 ..... 241
- 19장 | 관계, 직업 그리고 사회 ..... 259
- 20장 | 청지기 의식과 목적 ..... 274

## 제8부 _ 과정 영성 PROCESS SPIRITUALITY

- 21장 | 과정과 결과 ..... 289
- 22장 | 존재와 행위 ..... 302
- 23장 | 신뢰, 감사, 자족 ..... 314

## 제9부 _ 성령 충만의 영성 SPIRIT-FILLED SPIRITUALITY

- 24장 | 성령의 능력 속에서 살아가기 ..... 331
- 25장 | 성령의 은사 ..... 344
- 26장 | 개방성과 분별력: 균형 ..... 360

## 제10부 _ 전투의 영성 WARFARE SPIRITUALITY

27장 | 육신과 세상과의 전쟁 ..... 370
28장 | 마귀와 그의 천사들과의 전쟁 ..... 385
29장 | 전쟁의 무기 ..... 398

## 제11부 _ 양육의 영성 NURTURING SPIRITUALITY

30장 | 제자도의 철학 ..... 414
31장 | 제자훈련의 과정, 산물 그리고 상황 ..... 424
32장 | 전도의 철학 ..... 436
33장 | 전도의 장벽 극복 ..... 447

## 제12부 _ 공동체적 영성 CORPORATE SPIRITUALITY

34장 | 공동체의 필요 ..... 466
35장 | 교회의 속성과 목적 ..... 479
36장 | 영혼 돌보기, 리더십, 책임, 갱신 ..... 491

## 결론 _ 계속되는 여정 CONTINUING ON THE JOURNEY ..... 505

### 부록 APPENDIX

부록 A | 다양성의 필요 ..... 525
부록 B | 우리 유산의 풍성함 ..... 540

### 용어 설명 GLOSSARY ..... 572

# 목차 _ 주해된 내용

들어가기 전에
서문 : 다면을 가진 보석

## 제1부

**관계적 영성 :** 하나님을 온전히 사랑하기, 자신을 올바로 사랑하기, 다른 사람을 다정하게 사랑하기

삼위가 교제하는 하나님은 관계적인 존재다. 그분은 우리와 개인적인 관계를 시작하신 분이다. 우리 인간에게 주어진 지고하고 거룩한 소명은 하나님이 먼저 보이신 사랑에 응답하는 것이다. 하나님을 온전히 사랑함으로써 자신이 누구며, 누구의 것인지 발견할 수 있다. 하나님이 보시는 방식으로 자신을 보게 되는 것이다. 자기 중심적에서 자연스럽게 타인 중심적이 된다. 움켜쥐는 사람보다는 나누어주는 사람이 되는 것이다.

## 제2부

**패러다임 영성 :** 한시적인 관점에서 영원한 관점을 계발하기

영성에 대한 이 접근법은 한시적 가치와 영원한 가치 체계를 중점적으로 대조한다. 문화적인 삶의 관점을 성경적인 관점으로 바꿀 필요가 있음을 강조한다. 죽을 수밖에 없는 운명을 경험하고 나면 우리의 소망은 보이는 것에서 보이지 않는 것으로 변환된다. 또 현재 주어진 기회들이 얼마나 고귀한지 깨닫게 된다. 이러한 가정(假定)은 우선 순위를 결정하고, 우선 순위는 행동을 결정한다.

## 제3부

**훈련된 영성** : 역사적 훈련에 참여하기

영적인 삶을 위한 전통적 훈련법에 대한 관심이 부활되고 있다. 이 영성은 다양한 훈련에서 오는 유익을 강조한다. 동시에 순종과 적용의 표현으로서 하나님에 대한 철저한 의존과 개인적인 훈련 사이의 균형을 필요로 한다.

## 제4부

**교환된 삶의 영성** : 그리스도 안에 있는 참된 정체성 깨닫기

19세기와 20세기에는 그리스도 안에 있는 신자의 새로운 정체성에 근거를 둔 영적인 삶에 대해 경험적인 접근으로의 많은 시도가 있었다. 십자가에서 죽으시고 부활하신(롬 6장, 갈 2:20) 그리스도와 자기 자신을 동일시한다는 것은 우리의 옛삶이 그리스도의 삶과 교환되었음을 의미한다. 영성에 대한 이러한 접근법을 통해 우리의 영성은 행위에서 은혜로, 율법에서 자유로 옮겨간다. 그리스도의 삶이 곧 우리의 삶이라는 사실에 초점을 맞추기 때문이다.

## 제5부

**동기화된 영성** : 성경적인 동기들

사람들은 자신의 안전, 중요성, 성취에 대한 필요를 채우기 위해 동기 부여를 받는다. 그러다보면 원하는 것을 얻기 위해 곧잘 잘못된 길로 접어든다. 그러나 영성에 대한 이 접근법은 필요를 채우기 위해 세상을 바라보기보다는 그리스도를 바라보아야 한다는 것에 대해 말한다. 성경을 연구해보면 몇 가지 성경적인 동기들을 발견하게 된다. 경외감, 사랑과 감사, 보상, 정체성, 목적과 소망, 하나님에 대한 갈망 등이 그것이다. 우리의 과제는 세상이 중요하다고 하는 것보다는 하나님이 중요하다고 하시는 것에 의해 동기 부여를 받는 것이다.

# 제6부

**경건의 영성 :** 하나님과 사랑에 빠지기

하나님을 사랑하기 위한 열쇠는 무엇인가? 또 그분과 어떻게 친밀한 교제를 더 많이 나눌 수 있는가? 이 접근법을 통해 우리는 하나님으로 인해 즐거워하는 것과 그분을 신뢰하는 것이 무엇인지 발견해간다. 헨리 스코우갈(Henry Scougal)은 "영혼의 가치와 탁월함은 그가 사랑하는 것에 의해 측정된다"라고 말한다. 우리는 자신의 기쁨보다 하나님의 기쁨을 우선으로 추구할 때 가장 만족할 수 있다. 또한 우리는 우리가 가장 사랑하고 존경하는 것을 점점 본받게 된다.

# 제7부

**포괄적 영성 :** 그리스도의 주재권 아래 있는 삶의 모든 요소

일반적으로 기독교를 가족, 일, 재정 등과 같은 삶의 한 요소로 생각하려는 경향이 있다. 이러한 구분은 우리로 하여금 세상적인 것과 영적인 것의 이분법을 조장한다. 성경이 제시하는 대안은 삶의 모든 영역에서 그리스도의 주인 되심을 이해하는 것이다. 그것은 가장 세상적인 삶의 요소라도 우리 안에 계신 그리스도의 생명을 표현할 수 있다는 것을 의미한다.

# 제8부

**과정 영성 :** 과정과 결과, 존재와 행위

문화적으로 볼 때 우리는 존재 자체보다는 행위 자체만을 추구하며 인간을 보려는 경향이 짙다. 세상은 성취되고 완성된 일들이 그 사람의 존재를 결정한다고 말한다. 그러나 성경은 그리스도 안에 있다는 사실이 우리가 무엇을 하느냐의 기초가 되어야 한다고 가르친다. 역동적인 성장은 밖에서 안으로가 아닌, 안에서 밖으로의 성장이다. 이 접근법은 삶의 과정에 얼마나 신실하게 임하는가를 보는 것이지, 한 가지 결과에서 다음 결과를 추구하지 않는다. 또한 그리스도 안에 거하는 것과 그분의 임재를 연습한다.

## 제9부

**성령 충만의 영성** : 성령의 능력 속에서 살아가기

성령의 은사에 대해 여러 가지 다양한 견해가 있지만, 성령 중심의 신자들과 말씀 중심의 신자들 모두가 동의하는 사실이 있다. 성령이 영적인 삶의 원동력임에도 불구하고 다소간 무시되어왔다는 것이다. 이 접근법은 성령의 사랑, 지혜, 능력에 대해 어떻게 생각해야 하는가를 가르쳐준다. 그리고 성령이 단지 어떤 힘이 아니라 인격적인 존재라는 성경적인 의미를 강조한다.

## 제10부

**전투의 영성** : 세상, 육신 그리고 마귀

영적 전쟁은 그리스도 안에 있는 신자들에게 선택 사항이 아니다. 성경은 세상, 육신, 마귀에 대한 이 전쟁의 역동성에 대해 가르치고 묘사하고 있다. 세상적이고 마귀적인 구조가 믿는 자에게는 외적인 요소로 작용한다. 그래서 믿는 자를 유혹하고, 육체를 위한 여러 기회를 제공하여 죄를 짓게 만든다. 이 전투의 영성은 이런 장애를 극복하는 전략을 개발하여 영적 성장을 갖도록 한다.

## 제11부

**양육의 영성** : 전도와 제자도

사역에 있어서 신자의 가장 고상한 소명은 다른 사람 안에 그리스도의 생명을 재생산하는 것이다. 재생산은 그리스도를 모르는 사람을 전도하는 것이다. 그리고 주님을 아는 사람들의 덕을 세워주는 것이다. 이 접근법은 전도와 덕을 세우는 일을 삶의 한 방식으로 간주한다. 생활 방식으로서의 전도와 제자도는 불신자들과 우리의 영향권 안에 있는 신자들에게 가장 효과적이고 실제적으로 접근하는 방법이다.

# 제12부

**공동체적 영성 : 격려, 책임, 예배**

우리는 개인적으로 믿음을 가졌지만, 우리는 공동체 안에서 자란다. 이 장은 공동체의 필요, 공동체에 대한 도전과 공동체의 창조자들, 교회의 속성과 목적, 영혼 돌보기, 종의 지도력, 책임 의식 그리고 갱신을 다루고 있다.

# 결론

**계속되는 여정**

경주를 계속하기 위해서 어떻게 해야 하는가? 이 결론 부분은 올바로 끝맺음하기와 관련된 여러 이슈들을 다룬다. 이는 하나님과의 친밀함, 영적 훈련에 있어서의 성실함, 삶의 환경에 대한 성경적인 관점, 배우려는 마음, 개인적인 목적, 건강한 관계 그리고 지속적인 사역 등이다.

# 부록 A

**다양성의 필요**

영적인 삶에는 다양한 접근법이 있다. 그러나 이것은 부분을 모두 모아놓은 전체보다 훨씬 큰 보석의 여러 면이다. 「기독교 영성, 그 열두 스펙트럼」은 이 모든 면들을 관찰하고 각각이 전체에 어떻게 기여하고 있는지를 살펴봄으로써 광범위하고 종합적으로 영적인 삶에 접근하려는 시도다. 어떤 사람들은 영성의 어떤 특정한 면에 끌릴 것이다. 이런 현상은 바로 우리의 인격 형성과 관련되어 있다 - 이런 목적을 위해서는 마이어스 - 브릭스(Myers - Briggs)의 성격 테스트가 유용하다. 독자는 이 책을 읽음으로써 가장 매력적인 면과 가장 흥미 없는 면을 발견해내어, 지금까지는 추구하지 않았던 영성의 어떤 면들에까지 자신을 확장하도록 격려를 받게 될 것이다.

## 부록 B

**우리 유산의 풍성함**

여기서는 고대, 중세 그리고 현대 교회들의 영적 삶에 대한 돋보이는 연구들을 추적해봄으로 간략하게 영성의 역사를 개괄한다. 이렇게 함으로써 우리는 영적 삶에 대한 넓은 안목과 우리보다 앞서 하나님과의 친밀한 관계를 추구했던 사람들 사이에 일관성을 갖게 될 것이다. 이 개괄에는 12가지 주제들이 되풀이되어 나타나며, 우리의 영적인 순례를 조명하는 다양한 접근법에 대해 한 마디의 결론으로 정리하게 될 것이다.

## 용어 설명

# 들어가기 전에

나는 강한 기독교적 영향을 많이 받으며 성장했다. 그러나 케이스 공과대학을 졸업할 때까지도 예수 그리스도를 개인적으로 만나지 못했다. 그 이상스러웠던 1967년 여름, 나는 캘리포니아의 버클리로 이사를 했다. 그리고 새로운 그리스도인이 되었지만 여전히 히피 문화에 잠겨 있었다. 그 후 6개월 동안 나는 다른 그리스도인과 전혀 접촉하지 않았다. 그리고 고통스러운 변화의 과정을 겪었다. 나의 마음은 다윈의 진화론과 신비술, 동양 사상으로 가득 차 있었다. 그러나 점차 기독교 세계관으로 채워져갔다. 그리스도를 영접한 지 6개월 후에 나는 달라스 신학교에 들어갔다. 달라스는 당시 나의 삶에 급격한 문화 충격을 주었다. 두 학기가 지나서야 그동안 배운 것들이 점진적인 성경의 이해에 바탕을 둔 통일적인 구조 속에서 모아지기 시작했다.

그 다음 해에 나는 영성 형성과 제자도에 접근하는 아주 다양한 방법들을 접하게 되었다. 그 각각의 접근들이 어떻게 단도직입적으로 표현되느냐가 내게는 특별히 매력적이었다. 각각의 방법들을 주창했던 사람들은 자기가 말한 영성의 유형이 가장 유용하다고 했다. 이렇게 한 가지를 경험할 때마다 또 다른 유용한 연장들이 발견되었다. 그러나 그 연장통은 완전히 채워지지 않는 것 같았다.

나는 자유주의자들부터 근본주의자들까지, 은사주의자들부터 비은사주의자들까지 그리고 극단적인 개혁파로부터 극단적인 알미니안파에 이르는 다양한 사람들과 일해왔다. 정교회 교도, 가톨릭 교도 그리고 여러 교파의 장로교 교인들과 가까이 지내는 특권도 누려왔다. 시토 수도회의 수도원에서는 수사들과 일했고, 어려운 상황에서 담대하게 믿음을 전하는 복음주의자들과도 시간을 보냈다. 그리고 영국 가톨릭 교도들, 오순절파들, 옥스퍼드 대학교에서 종교 사회의 역사를 연구하는 학자들, 세계에서 선교하는 선교사들, 사이비 종교에 대한 경각심을 주는 사역이나 귀신 쫓는 사역, 변증 사역, 전도 사역, 훈련 사역, 캠퍼스 사역, 청소년 사역, 직장인 사역 그리고 변호사와 의사들을 위한 사역 등에 종사하는 사람들과도 돈독한 관계를 유지해왔다.

인생의 한 시점에서 나는 영적 훈련이란 것을 발견했고 그것에 빠져들었다. 또 다른 시점에서는 어떤 글들에 사로잡혔는데, '교환된 삶 - 우리 삶을 위한 그리스도의 삶'을 중심으로 쓰여진 것들이었다. 또 다른 시기도 있었다. 그때 나는 성령으로 채워지고 능력을 공급받는 영적인 삶에 초점을 맞추었다. 또한 영적 전쟁이 특별히 실제적으로 다가왔던 기간도 통과하게 되었다. 똑같은 일들이 영성의 각기 다른 모양과 함께 일어났다. 그러면서 어떤 모형이 보이기 시작했다. 나에게 이러한 각각의 접근들은 중요했지만, 어떤 것도 충분하지는 않았다. 항상 또 다른 무엇이 있었다.

그래서 나는 움츠림과 흥분을 동시에 느꼈다. 움츠림은, 내가 빠른 시간 내에 무엇인가를 얻기 위해 한 가지 방법으로 모든 것을 이해하려 했기 때문에 일어났다. 조정할 수 있는 기술이 모두 실패한 것이다. 흥분은, 하나님이 우리를 위해 준비하신 모든 것의 표피에 흠집을 내기 어렵다는 사실을 알기 시작했기 때문에 일어났다. 그리고 거기에는 언제나 새로운 놀라움이 있었다. 이런 식으로 하나님을 추구하는 것이 내게는 가장 위대한 모험이 되었다.

그리스도의 몸은 경이로운 다양성을 가지고 있다. 나는 신앙 여정에서 영적인 삶의 여러 가지 다른 모습을 경험했고, 각 다양성들이 가진 독특한 장점의 진가를 발견하게 되었다.

나는 이 책에서 영적인 삶에 대한 종합적이고 포괄적인 접근을 제시하여 독자들에게 다양한 유익을 제공하려고 한다. 영적인 삶 각각의 모습은 영성이라는 거대한 전체의 한 부분으로서의 가치가 있다. 이 책을 읽으면서 독자들은 사고의 폭을 넓혀 "푯대를 향하여 그리스도 예수 안에서 하나님이 위에서 부르신 부름의 상을 위하여 좇아가도록"(빌 3:14) 격려를 받았으면 좋겠다.

이 책을 읽고 나서 당신이 다음과 같이 되도록 기도한다.

- 하나님이 당신을 만드신 독특한 방법에 대한 더 많은 인식을 개발하도록.
- 영적 순례를 위해 선택할 수 있는 방법이 많다는 것을 깨닫도록.
- 판에 박힌 듯한 영적 생활에서 벗어나도록.
- 지나간 세대들이 남겨준 다양한 유산들을 인식하도록.
- 당신의 지경을 넓히고, 격려를 받아 안락한 지대에서 빠져나오도록.
- 그리스도를 위한 위대한 열정이 스며들어, 위대한 열망을 가지고 당신의 인생을 향한 그분의 사랑 넘치는 목적에 참여하게 되도록.

로마서 8장 29절에는 하나님이 예지하셨고, 예정하셨고, 부르셨고, 의롭게 하셨고 그리고 영화롭게 하셨던 자들을 향한 하나님의 궁극적인 의도가 가장 함축적으로 계시되어 있다. 하나님의 목적은 바로 우리가 "하나님의 아들의 형상을 닮아가는" 것이다. 그리스도를 점차적으로 닮아가는 과정은 세상의 기초가 만들어지기 전에 이미 시작되었고, 지금은 신인(a divine-human)이 되는 과정으로 발전하고 있으며, 결국에는 우리가 "흠이 없이 즐거움으로"(유 24절) 하나님의 영광 앞에 설 때 완성될 것이다.

서문 INTRODUCTION

# 다면을 가진 보석

**이 장의 개관**  도입 부분에서는 이 시대가 갖는 영성에 대한 갈망을 설명하면서 그 갈망이 점점 심화되는 몇 가지 이유를 제공한다. 영적인 삶은 순례자들이 다양하게 경험했던 여정으로 묘사될 수 있다. 이 책은 기독교 영성의 열두 가지 면을 소개한다. 그렇게 함으로써 개인적인 차원의 실질적인 경험을 공동체적인 차원으로 연결시킨다. 또한 영성의 다양한 면들은 결국 간단한 형태로 요약된다. 영적인 삶에 대한 한두 가지 접근 방식에 관심을 갖는 것은 자연스러운 것이지만, 다른 모든 접근 방식을 경험해보는 것도 유익할 것이다.

## 이 시대가 갖는 영성에 대한 갈망

오늘날 종교는 사라지고 영성이 등장하고 있다. 지난 30년 간 사람들은 인생의 큰 질문에 대한 기록적인 굶주림 속에서 영적인 답변을 얻고자 했다. 지난날 서방 세계에는 일반적인 도덕적 동의가 있었다. 그 동의는 유대교적 기독교 세계관에 희미하게 바탕을 둔 것이었다. 그러나 이것은 점점 세속화하는 문화에 동승하여 종교를 소외시키고, 대신에 과학적 진보와 인간의 필요에 따른 대중적 신념으로 대체되는 경향을 띠게 되었다. 순수한 자연주의는 그것이 가진 고유의 가정(假定)에 의해 부식되었다. 현대인들이 인간의 상태, 즉 도움을 받지 않은 상태의 인간 이성이 왜 비틀거리고 넘어지는지 최종적인 답변과 해답을 추구할수록 더욱더 속 시원한 답변이 요구되고 있다.

포스트모던의 시대에 객관적인 진리에 대해 새로운 회의주의가 생겨났다. 도덕적 기준에 관해 새로운 상대주의가 나타난 것이다. 이념적 선택들 가운데서 쉽게 하나를 뽑아들도록 자극하는 다문화주의의 등장이다. 이러한 스모가스보드(smorgasbord, 스칸디나비아 요리로서 가짓수가 많은 전채 음식 - 역주) 식의 대중문화 정신은 우리로 하여금 분별이나 비판 없이 범신론적 영성과 뉴에이지 철학과 기술을 받아들이도록 만든다. 지금 우리는 사람들의 비판을 두려워하지 않은 채 아메리칸 원주민의 영성, 동양의 신비주의, 서구 유럽의 이교주의, 무당 의술, 우주적 자각을 일깨우는 기술, 혹은 다양한 형태의 요가 등을 누구에게나 자유롭게 장려할 수 있는 시대에 살고 있다.

교육과 대중매체에서 단서를 찾아볼 때, 사람들은 외부적이거나 전통적인 권위에 더욱 반항해가고 있다. 그래서 종교는 사라져가고 내적 주관과 경험적 확증에 호소하는 영성이 무대로 등장하고 있다. 구소련이 보여주었듯이 인간은 이념적 공백 속에서는 살 수 없다. 한 이념이 사라지면 사람들은 어느새 또 다른 이념을 붙잡는다. 그것이 복이 되든지 화가 되든지 말이다.

영성에 대한 대중적 관심이 고조되고 있는 것과 발맞추어 교회 내에서도 영적 회복에 대한 깊은 갈망이 있어왔다. 문제는 여기에 있다. 특히 주요 교단의 많은 지도자들이 "진리의 영과 미혹의 영"(요일 4:6)을 분별하지 못한다는 것이다. 여성 해방론자의 범주에 드는 사람들, 이를 테면 소피아(Sophia, 지혜의 여신 - 역주)와 가이아(Gaia, 대지의 여신 - 역주)를 섬기는 사람들과 불교 경전주의자, 힌두교 명상 기법, 이교 상징주의 등에서 하나님을 구현하는 방법이 교회 내에도 너무 자주 등장하고 있다. 그 결과 성경의 권위는 떨어지고 사람들은 자유 신학을 신봉하게 되었다. 그럼에도 불구하고 많은 신자들의 공동체에서 추구하고 있는 영적인 삶에 대한 확실하고도 성경적으로 정통하며 오랜 기간을 거쳐 검증된 접근법이 있다. 이것이야말로 이 책이 '영성'이라는 말을 사용할 때 의미하는 바다.

인간의 관점에서 볼 때, 그리스도를 따르는 사람들 가운데 영성에 대한 자각이 증가하는 많은 이유들이 있다. 여기 몇 가지를 적어본다.

- 영성에 대한 주변의 문화적 관심의 영향
- 기독교 문화의 천박함과 빈약함에 대한 불만의 고조
- 그리스도를 따르는 자들의 의미, 목적, 중요성에 대한 더욱 심각한 추구
- 세상에 알려진 영성에 관한 대표적인 작품의 탁월한 유용성
- 책임과 제자도를 향한 더욱 강렬한 움직임
- 영적인 진리를 전달하는 일에 헌신한 영향력 있는 작가와 교사

## 여정과 순례

이 책의 개념은 영성으로 떠나는 여정을 기술하는 데 있다. 영적인 삶이란 모든 영역과 전생애에 걸쳐 하나님의 은혜로운 주도권에 반응하는 삶이다. 하나님은 사람이신 그리스도와 그분의 사역을 신뢰하는 자의

삶을 주도해가신다. 성경적인 영성은 그리스도가 중심이 되신다. 삶의 모든 요소에 내주하는 성령의 도우시는 힘을 의지하는 것이다. 그것은 죄사함의 선물과 그리스도 안에서의 삶 그리고 믿음과 순종을 통해 발전해나가는 영혼의 여정이다. 이것은 현재적 관계에 바탕을 두고 있기 때문에 그리스도를 향한 여정이라기보다는 그리스도와 함께하는 여정이다. 이 땅에 사는 한 우리가 결코 도착할 수 없는 길이다. 이 여정은 우리가 부활하는 날 끝날 것이다. 그때 주님이 우리를 당신 자신과 완전히 같게 하실 것이다.

그리스도와 함께하는 이 여정은 진실로 영적인 순례. 이 순례에서 우리는 이 땅의 "외국인과 나그네"(히 13:11)라고 고백한다. 한번 그리스도 안에 있게 되면 우리는 이 땅의 체류자요 외국인이 되는 것이다. 우리의 시민권은 이 땅에서 하늘로 옮겨졌다(빌 3:20). 따라서 이 땅에 근거한 지복들이 하나님이 우리 마음속 깊이 주신 욕구를 더 이상 충분히 만족시킬 수 없도록 우리는 현실적인 면에서 성장해야 한다. 짧은 순례 동안 우리가 밟는 땅의 지형은 잔디와 건조한 사막, 수많은 산들만큼이나 다양할 것이다. 이 순례의 삶은 기쁨과 고통, 즐거움과 괴로움, 명쾌함과 혼돈스러움, 확신과 의심, 안락함과 아픔, 관계와 고립, 희망과 절망, 순종과 불신, 자신감과 불확실성으로 가득 차 있다.

그러나 환경이 불안정할 때 기억해야 할 두 가지 진리가 있다. 첫째, 이미 다른 사람들이 이 여정의 길을 걸어나갔다. 그리고 그들 가운데 몇 사람은 우리가 이 펼쳐진 땅을 향해 걸어나가도록 지도를 두고 갔다. 둘째, 하나님은 우리를 영적 자원들로 무장시켜서 이 여정을 잘 통과하도록 하신다.

## 영성의 열두 가지 모습

영적인 삶에 접근하는 방법은 다양하다. 개개의 모습을 종합해놓은 것이라기보다는 정말로 여러 면으로 이루어진 커다란 보석과 같다. 지난 수세기 동안 사람들이 걸어왔던 신성한 순례인 영적 여정의 길은 다양하고 복합적이다. 또한 풍요롭고 인상적이다. 이 길은 용기와 고통, 복잡한 역사적, 사회적, 문화적 상호 작용을 통하여 빛난다. 그런데 불행히도 그 길을 따라가는 대부분의 사람들은 지형을 알려주는 지도를 무시해왔다. 그래서 지도는 버려져 있거나 사람들에게 보여지지 않은 채 낡아버렸다. 가장 일반적인 걸림돌은 사람들이 전체를 보지 못하고 한 부분을 본다는 사실이다. 마치 장님이 코끼리의 한 부분을 만지는 것과 같다. 한 사람은 영적인 삶이 몸통과 같다고 하고, 다른 사람은 꼬리라고 하며, 또 다른 사람은 다리라고 결론을 내린다.

사복음서를 공부해본 사람이라면 하나의 공식이나 방법으로 영적인 삶의 의미를 축소시키지 않을 것이다. 복음서들은 전기적(傳記的)이지 않고 세심하게 선택된 주제들을 서술한다. 또한 그리스도의 일생을 서로 다른 면에서 드러낸다. 각각의 면들은 서로 역동적인 긴장 관계에 놓여 있다. 이렇듯 긴장된 상호 작용으로 사건을 지나치게 분류할 필요가 없다. 그리스도께서 함께하시고 성령이 이끄시는 역동적인 여정이기 때문이다.

독단적으로 구분하고 통제하려는 사람들과는 반대로, 지혜로운 사람들은 언제나 겸손히 속삭인다. 한 가지뿐만 아니라 더욱더 다양한 것이 있다고…. 열린 마음과 배우려는 정신을 가지고 영적인 여정에 임한다면, 하나님의 말씀과 우리가 만나는 사람 그리고 우리가 소화한 책들로부터 신선한 영감들을 계속 얻을 수 있다.

이와 같은 포스트모던 시대에 사람들은 진정한 영성에 대한 갈망을 점점 더 갖게 되었으며, 그것이 또한 우리의 삶을 의미 있고 실제적으로 만들고 있다. 영적인 삶에 대한 성경적인 의미는 모든 사물이 살아계시며 인격적인 창조자와 구속적인 관계에 놓이는 것을 말하며, 그렇게 될 때 영성에 대한 갈망이 만족될 수 있다. 다른 설명들은 대부분 단편적이거나 한쪽으로 치우친 것들이다. 이 책의 목적은 독자들이 보다 포괄적이고 조화로우면서도 실용적인 방법으로 그리스도를 알아가게 하는 데 있다. 이 책은 영적 삶에 대해 한두 가지가 아닌 다양한 통로들을 제공하고, 이런 통로들이 영적 성숙의 과정에 어떻게 역동적으로 기여할 수 있는지를 보여준다. 그리하여 영적 삶이라는 보석의 여러 면들을 통해 보석의 각 면이 더 큰 전체에 어떻게 기여하는지 알게 되는 것이다.

여기에 제시된 열두 가지의 영성이 모든 것을 총망라하는 것은 아니다. 단지 영성이라는 전체의 실질적인 부분들일 뿐이다. 이렇게 범주를 나누면서 나는 성경적 진리의 다양한 모습을 관찰하고 그것이 개인적이고도 공동체적인 신앙의 실제 경험에 어떻게 적용될 수 있는지를 발견하고자 했다. 이런 이유로 인하여, 어떤 것은 역사적 전통에 뿌리를 두고(예 : 훈련의 영성과 경건의 영성), 어떤 것은 최근의 신학적 동향과 좀 더 관련 있으며(예 : 교환된 삶의 영성과 성령 충만의 영성), 나머지는 일상생활에 적용할 수 있는 기독교의 원리를 묘사한다(예 : 패러다임 영성, 포괄적 영성, 과정 영성). 이 책은 기독교 영성의 역사를 말하려는 것이 아니라 영성 형성을 안내하려는 것이다(역사에 관해서는 부록 B의 '우리 유산의 풍성함'에 간단히 소개되어 있다).

다음은 영성의 열두 가지 모습을 개괄적으로 설명해놓은 것이다.

**1. 관계적 영성** : 하나님을 온전히 사랑하기, 자신을 올바로 사랑하기, 다른 사람을 다정하게 사랑하기  삼위가 교제하는 하나님은 관계적인 존재다. 그분은 우리와 개인적인 관계를 시작하신 분이다. 우리 인간에게 주어진

지고하고 거룩한 소명은 하나님이 먼저 보이신 사랑에 응답하는 것이다. 하나님을 온전히 사랑함으로써 자신이 누구며, 누구의 것인지 발견할 수 있다. 하나님이 보시는 방식으로 자신을 보게 되는 것이다. 자기 중심적에서 자연스럽게 타인 중심적이 된다. 움켜쥐는 사람보다는 나누어주는 사람이 되는 것이다.

**2. 패러다임 영성** : 한시적인 관점에서 영원한 관점을 계발하기    영성에 대한 이 접근법은 한시적 가치와 영원한 가치 체계를 중점적으로 대조한다. 문화적인 삶의 관점을 성경적인 관점으로 바꿀 필요가 있음을 강조한다. 죽을 수밖에 없는 운명을 경험하고 나면 우리의 소망은 보이는 것에서 보이지 않는 것으로 변환된다. 또 현재 주어진 기회들이 얼마나 고귀한지 깨닫게 된다. 이러한 가정(假定)은 우선 순위를 결정하고, 우선 순위는 행동을 결정한다.

**3. 훈련된 영성** : 역사적 훈련에 참여하기    영적인 삶을 위한 전통적 훈련법에 대한 관심이 부활되고 있다. 이 영성은 다양한 훈련에서 오는 유익을 강조한다. 동시에 순종과 적용의 표현으로서 하나님에 대한 철저한 의존과 개인적인 훈련 사이의 균형을 필요로 한다.

**4. 교환된 삶의 영성** : 그리스도 안에 있는 참된 정체성 깨닫기    19세기와 20세기에는 그리스도 안에 있는 신자의 새로운 정체성에 근거를 둔 영적인 삶에 대해 경험적인 접근으로의 많은 시도가 있었다. 십자가에서 죽으시고 부활하신(롬 6장, 갈 2:20) 그리스도와 자기 자신을 동일시한다는 것은 우리의 옛삶이 그리스도의 삶과 교환되었음을 의미한다. 영성에 대한 이러한 접근법을 통해 우리의 영성은 행위에서 은혜로, 율법에서 자유로 옮겨간다. 그리스도의 삶이 곧 우리의 삶이라는 사실에 초점을 맞추기 때문이다.

**5. 동기화된 영성** : 성경적인 동기들    사람들은 자신의 안전, 중요성, 성취에 대한 필요를 채우기 위해 동기부여를 받는다. 그러다보면 원하는 것을 얻기 위해 곧잘 잘못된 길로 접어든다. 그러나 영성에 대한 이 접근법은 필요를 채우기 위해 세상을 바라보기보다는 그리스도를 바라보아야 한다는 것에 대해 말한다. 성경을 연구해보면 몇 가지 성경적인 동기들을 발견하게 된다. 경외감, 사랑과 감사, 보상, 정체성, 목적과 소망, 하나님에 대한 갈망 등이 그것이다. 우리의 과제는 세상이 중요하다고 하는 것보다는 하나님이 중요하다고 하시는 것에 의해 동기 부여를 받는 것이다.

**6. 경건의 영성** : 하나님과 사랑에 빠지기  하나님을 사랑하기 위한 열쇠는 무엇인가? 또 그분과 어떻게 친밀한 교제를 더 많이 나눌 수 있는가? 이 접근법을 통해 우리는 하나님으로 인해 즐거워하는 것과 그분을 신뢰하는 것이 무엇인지 발견해간다. 헨리 스코우갈(Henry Scougal)은 "영혼의 가치와 탁월함은 그가 사랑하는 것에 의해 측정된다"라고 말한다. 우리는 자신의 기쁨보다 하나님의 기쁨을 우선으로 추구할 때 가장 만족할 수 있다. 또한 우리는 우리가 가장 사랑하고 존경하는 것을 점점 본받게 된다.

**7. 포괄적 영성** : 그리스도의 주재권 아래 있는 삶의 모든 요소  일반적으로 기독교를 가족, 일, 재정 등과 같은 삶의 한 요소로 생각하려는 경향이 있다. 이러한 구분은 우리로 하여금 세상적인 것과 영적인 것의 이분법을 조장한다. 성경이 제시하는 대안은 삶의 모든 영역에서 그리스도의 주인 되심을 이해하는 것이다. 그것은 가장 세상적인 삶의 요소라도 우리 안에 계신 그리스도의 생명을 표현할 수 있다는 것을 의미한다.

**8. 과정 영성** : 과정과 결과, 존재와 행위  문화적으로 볼 때 우리는 존재 자체보다는 행위 자체만을 추구하며 인간을 보려는 경향이 짙다. 세상은 성취되고 완성된 일들이 그 사람의 존재를 결정한다고 말한다. 그러나 성경은 그리스도 안에 있다는 사실이 우리가 무엇을 하느냐의 기초가 되어야 한다고 가르친다. 역동적인 성장은 밖에서 안으로가 아닌, 안에서 밖으로의 성장이다. 이 접근법은 삶의 과정에 얼마나 신실하게 임하는가를 보는 것이지, 한 가지 결과에서 다음 결과를 추구하지 않는다. 또한 그리스도 안에 거하는 것과 그분의 임재를 연습한다.

**9. 성령 충만의 영성** : 성령의 능력 속에서 살아가기  성령의 은사에 대해 여러 가지 다양한 견해가 있지만, 성령 중심의 신자들과 말씀 중심의 신자들 모두가 동의하는 사실이 있다. 성령이 영적인 삶의 원동력임에도 불구하고 다소간 무시되어왔다는 것이다. 이 접근법은 성령의 사랑, 지혜, 능력에 대해 어떻게 생각해야 하는가를 가르쳐준다. 그리고 성령이 단지 어떤 힘이 아니라 인격적인 존재라는 성경적인 의미를 강조한다.

**10. 전투의 영성** : 세상, 육신 그리고 마귀  영적 전쟁은 그리스도 안에 있는 신자들에게 선택 사항이 아니다. 성경은 세상, 육신, 마귀에 대한 이 전쟁의 역동성에 대해 가르치고 묘사하고 있다. 세상적이고 마귀적인 구조가 믿는 자에게는 외적인 요소로 작용한다. 그래서 믿는 자를 유혹하고, 육체를 위한 여러 기회를 제공하여 죄를 짓게 만든다. 이 전투의 영성은 이런 장애를 극복하는 전략을 개발하여 영적 성장을 갖도록 한다.

**11. 양육의 영성** : 전도와 제자도  사역에 있어서 신자의 가장 고상한 소명은 다른 사람 안에 그리스도의 생명을 재생산하는 것이다. 재생산은 그리스도를 모르는 사람을 전도하는 것이다. 그리고 주님을 아는 사람들의 덕을 세워주는 것이다. 이 접근법은 전도와 덕을 세우는 일을 삶의 한 방식으로 간주한다. 생활 방식으로서의 전도와 제자도는 불신자들과 우리의 영향권 안에 있는 신자들에게 가장 효과적이고 실제적으로 접근하는 방법이다.

**12. 공동체적 영성** : 격려, 책임, 예배  우리는 개인적으로 믿음을 가졌지만, 우리는 공동체 안에서 자란다. 이 장은 공동체의 필요, 공동체에 대한 도전과 공동체의 창조자들, 교회의 속성과 목적, 영혼 돌보기, 종의 지도력, 책임 의식 그리고 갱신을 다루고 있다.

비록 각 면들을 이 책에서 모두 논의하기에는 한계가 있지만, 나는 이 책에서 각 면들의 다양함의 본질과 그것이 주는 유익을 도출하려 했다. 영성 형성의 광대한 영역을 탐험하기 위해서는 광범위한 범주의 유용한 자료들에서 뽑은 다음의 책들을 포함하여 여러 방법이 있다.

사이먼 챈(Simon Chan), 「영성 신학(Spiritual Theology)」
브루스 디마레스트(Bruce Demarest), 「영혼을 생기나게 하는 영성(Satisfy Your Soul)」
마이클 다우니(Michael Downey), 「오늘의 기독교 영성 이해(Understanding Christian Spirituality)」
리처드 포스터(Richard J. Foster), 「생수의 강(Stream of Living Water)」
베네딕트 J. 그뢰셀(Benedict J. Groeschel), 「영적 항로(Spiritual Passages)」
제임스 휴스턴(James Houston), 「변화시키는 기도의 능력(The Transforming Power of Prayer)」
케네스 리치(Kenneth Leech), 「하나님을 경험하기(Experiencing God)」
로버트 멀홀랜드 2세(M. Robert Mulholland Jr.), 「순례로의 초대(Invitation to a Journey)」
알리스터 맥그래스(Alister E. McGrath), 「크리스천 영성(Christian Spirituality)」
앨런 H. 세이거(Allan H. Sager)는 「복음 중심의 영성(Gospel-Centered Spirituality)」
게리 토마스(Gary Thomas), 「영성에도 색깔이 있다(Sacred Pathways)」
로언 윌리엄스(Rowan Williams), 「크리스천 영성(Christian Spirituality)」

## 다양성 속에서의 통일성

얼핏 보아도 영성의 열두 가지 접근은 우리가 진실로 서로 다르다는 사실을 말해주고 있다. 어떤 사람은 특정한 영성에 의심의 여지없이 마음이 끌렸을 것이다. 당신이 추구하기 어려운 영성의 여정에 대해 당신의 친구들은 훨씬 쉽게 다가갈 수도 있을 것이다. 어떤 것은 당신에게 너무 낯설거나, 그것을 가르치거나 실행하는 사람을 만나본 적이 없는 것도 있을 수 있다.

바울이 고린도전서 12-14장에서 아름답게 묘사한 것처럼, 그리스도의 몸은 다양한 구성 요소의 연합체다. 이 안에서 각 구성원들이 다양한 은사와 사역을 실행한다. 우리가 다양하다는 것 그리고 우리가 충분히 성숙하여 제 기능을 발휘하도록 자라기 위해 서로를 필요로 한다는 사실은 참으로 아름다운 것이다.

영성을 추구함에 있어서 독특한 체질과 환경 때문에 특정한 방법에 이끌릴 필요가 없다는 사실을 자연스럽게 발견하게 된다. 다음 각 장을 읽기 전에 부록 A의 '다양성의 필요'를 보라. 거기에는 이러한 차이에 대해 자세히 언급되어 있다. 어떤 사람들은 외향적이어서 결코 혼자 있지 않는다. 반면에 어떤 사람들은 지속적으로 혼자 있기를 좋아한다. 어떤 사람들은 자세히 조사해서 토론하기를 좋아하고, 어떤 사람들은 일생 동안 거의 직관에 의지해 귀로 듣고 빠르게 행동한다. 어떤 친구들은 생각을 지나치게 강조하지만 감정에는 그렇지 않다. 그와 반대의 경우도 있다. 체질이 다르면 영성을 추구하는 방법에서도 차이가 나게 된다. 우리가 각기 다르다는 사실을 부끄러워하지 말자. 우리는 하나님이 어떻게 같지 않은 사람들을 고대, 중세 그리고 현대 교회에서 사용해오셨는지를 볼 수 있다. 이것이 부록 B, '우리 유산의 풍성함'에서 강조하는 내용이다.

C. S. 루이스(C. S. Lewis)는 경건 서적보다는 신학적인 글을 좋아하고, 늘 하나님의 사람으로 손꼽히는 토마스 아퀴나스(Thomas Aquinas)보다는 존 칼빈(John Calvin)이 언급한 위대한 지식인들을 좋아한다고 말했다. 마틴 루터(Martin Luther)의 영성에 대한 접근은 그의 친구이자 동역자인 필립 멜랑크톤(Philipp Melanchthon)이 균형을 잡아주었다. 아시시의 프란시스(Francis of Assisi)는 요한 크리소스톰(John Chrysostom)의 방식과는 매우 다른 모습으로 교회가 변해야 한다고 주장했다.

영성의 역사에 대한 부록을 보고 우리는 전망을 가질 수 있다. 또한 하나님이 수세기에 걸쳐 매우 다양한 사람들을 사용하신 방식에 대한 감을 잡을 수 있다. 상이한 모델의 훌륭한 유산과 앞서간 사람들로부터 영성에 대한 접근법을 얻는 것이다. 이 열두 가지 영성 모델이 다음 장부터 소개된다.

## 적용을 위한 질문

- 당신은 영성 형성을 어떻게 이해하고 있는가?

- 당신의 영적 여정을 생각해볼 때, 하나님과 가졌던 가장 소중한 경험은 무엇인가? 그 경험 속에서 어떤 패턴을 발견할 수 있는가?

- 당신은 여기서부터 어떤 방향으로 나아가길 원하는가? 앞으로 나아가기 위해 기꺼이 대가를 치르겠는가?

- 열두 가지 영성에 대한 간단한 설명을 볼 때, 당신은 어떤 것에 가장 관심이 가는가? 별로 관심이 가지 않는 세 가지는 무엇인가? 이 사실들이 당신에 대해 무엇을 말하고 있는가?

# 제1부 RELATIONAL SPIRITUALITY
# 관계적 영성

- 하나님을 온전히 사랑하기, 자신을 올바로 사랑하기, 다른 사람을 다정하게 사랑하기

삼위가 교제하는 하나님은 관계적인 존재다. 그분은 우리와 개인적인 관계를 시작하신 분이다. 우리 인간에게 주어진 지고하고 거룩한 소명은 하나님이 먼저 보이신 사랑에 응답하는 것이다. 하나님을 온전히 사랑함으로써 자신이 누구며, 누구의 것인지를 발견할 수 있다. 하나님이 보시는 방식으로 자신을 보게 되는 것이다. 자기 중심적에서 자연스럽게 타인 중심적이 된다. 움켜쥐는 사람보다는 나누어 주는 사람이 되는 것이다.

제1부 _ 관계적 영성 RELATIONAL SPIRITUALITY

# 하나님을 온전히 사랑하기

| 이 장의 개관 | 하나님은 관계적인 존재시기 때문에, 하나님의 형상대로 지은 바 된 우리는 먼저는 하나님과 그리고 다른 사람들과 올바른 관계를 맺도록 부르심을 받았다. 이 장은 무조건적이고, 무한하며 그리고 영원한 하나님의 사랑과 하나님의 사랑에 온전히 반응하는 것에 대해 다룬다. 우리는 하나님을 더 명확하게 알고, 더 값지게 사랑하고, 더 가까이 따르게 될 것이다. |
|---|---|
| 이 장의 목표 | • 하나님의 위대함과 영광에 대해 깊이 이해하기<br>• 우리의 존엄성과 부패성 사이의 딜레마를 더 잘 이해하기<br>• 하나님의 무조건적이고, 무한하며, 영원한 사랑을 더 잘 이해하기<br>• 마음과 뜻과 정성을 다하여 하나님을 사랑한다는 것의 의미를 이해하기 |

## 당신이 생각하는 인간이란 무엇인가?

성경의 하나님은 무한하고, 인격적이시며, 삼위일체시다. 삼위가 함께 교제하는 하나님이 우리를 창조하신 데는 목적이 있다. 그 가운데 하나는 하나님의 영광과 속성을 그분의 주도권에 반응할 수 있는 지적이고 도덕적인 피조물에게 나타내시는 것이다. 그런데 인간은 주님이 주신 인간됨과 성품에 맞서 반항하고 죄를 지었다. 그럼에도 불구하고 그리스도는 우리의 죄악을 위해 놀라운 값을 치르셨고, "새롭고 산 길"(히 10:20)을 내사 하나님과 우리가 인격적인 관계를 맺을 수 있도록 장애물을 제거하셨다.

무한하시고 인격적이신 하나님은 우리를 사랑하시기 때문에, 우리가 그분과 친밀한 관계를 맺기까지 자라기를 원하신다. 우리가 모든 피조물의 주인이신 삼위일체의 하나님을 알고, 사랑하고, 즐거워하며 경외하는 이것이 바로 우리가 창조된 목적인 것이다.

하나님은 관계적 존재이므로 두 가지 위대한 계명, 즉 하나님을 사랑하고 다른 사람을 사랑함으로써 하나님에 대한 사랑을 표현하는 것 또한 매우 관계적이다. 우리는 하나님뿐만 아니라 다른 사람들과도 친밀하게 교제하도록 창조되었다. 기독교의 삼위일체 사상 속에 담긴 관계성은 참으로 심오하다. 우리는 하나님의 형상을 닮아 창조되었기 때문에 우리 역시 관계적인 존재들이다. 하나님을 더 잘 알수록, 우리는 스스로를 더 잘 알게 된다. 이 이중 지식에 대한 어거스틴의 기도, "우리가 하나님을 알게 하시고, 우리가 스스로를 알게 하소서"를 통해 우리는 그리스도와의 연합은 원죄가 만들어낸 소외, 즉 하나님과 우리 자신들과 그리고 다른 사람들과의 단절된 관계를 극복하게 한다는 진리를 알 수 있다.

**우리의 위대함과 왜소함**    인간의 본질은 모순투성이다. 우리는 한때 창조의 장엄함 자체였지만 창조 질서를 파괴했다. 하나님의 형상을 가졌지만 유혹에 넘어가 죄를 저질렀다. 자연의 본질적인 것은 다스릴 수 있어도 자신의 혀는 다스릴 수 없다. 이 지구상에서 가장 놀라운 피조물이지만 가장 폭력적이고 잔인하고 유혹받기 쉬운 존재다.

파스칼은 「팡세(Pensées)」에서 인간의 위엄과 연약함을 이렇게 표현했다. "인간은 갈대, 자연 가운데서 가장 연약한 갈대에 지나지 않는다. 그러나 생각하는 갈대다. 인간을 짓밟기 위해 온 우주가 무장할 필요는 없다. 공기 한 줌, 물 한 방울로도 인간을 죽이기에 충분하다. 그러나 우주가 인간을 죽이기로 작정한다면 인간은 그를 죽이려는 존재보다 여전히 더욱 고상한 존재가 된다. 인간은 그가 죽는다는 것과 우주가 자신보다 유리하다는 것과 또한 우주가 이러한 것을 전혀 알지 못한다는 사실을 알고 있기 때문이다."

**하나님의 영광**    시편 8편은 이 쌍둥이 주제, 즉 생물학적인 삶과 영적인 삶을 창조한 조물주의 위대함을 동시에 표현하고 있다. "여호와 우리 주여 주의 이름이 온 땅에 어찌 그리 아름다운지요"(1절과 9절). 살아계신 하나님은 그의 광채를 하늘 위에 두셨으며, 찬송을 천사들에게서 어린아이와 젖먹이의 입에 두셨다(1-2절).

주님이 예루살렘에 입성하실 때 아이들이 성전에서 "호산나 다윗의 자손이여"라고 외쳤다. 대제사장들과 서기관들이 이를 듣고 분하게 여길 때 예수님은 이 시편 구절을 인용하셨다(마 21:25-16). 주님을 의지하는 아이들의 단순한 사랑의 고백은 주님을 거역하는 사람들을 잠잠케 하기에 충분했고, "원수와 보수자로 잠잠케"(2절) 했다.

3절과 4절에서, 다윗의 묵상은 아이들의 간증을 지나 우주에 대한 묘사로 이어진다. "주의 손가락으로 만드신 주의 하늘과 주의 베풀어두신 달과 별들을 내가 보오니 사람이 무엇이관대 주께서 저를 생각하시며 인자가 무엇이관대 주께서 저를 권고하시나이까." 다윗이 이 구절을 기록할 때로부터 17세기 망원경이 발명되기 전까지 사람들은 오직 수천 개의 별만을 볼 수 있었고, 이 우주는 실제보다 훨씬 인상적이지 못했다. 심지어 1920년대까지 은하 성운이 우주의 전부로 생각되었다. 그러나 지금, 우주는 그 범위만으로도 이미 놀랍다. 우리의 나선형 성운은 200만 개 이상의 별을 포함하며, 그 지름이 10만 광년에 이른다(광속은 1초에 약 30만 킬로미터, 태양과 지구 사이는 약 1억 5천만 킬로미터이므로 빛의 속도로는 8분 20초가 걸린다). 그런데 최근 천문학이 발견한 바로는 우리가 속한 은하계는 작은 20개의 소은하가 모인 집단이며, 이런 집단은 수천 개의 은하계가 모인 거대한 집단 안의 한 개에 불과하다는 것이다. 이러한 거대 집단은 1천억 개 이상의 성운들로 이루어져 있다고 알려졌다.

그러면 정말 인간이란 무엇인가! 모든 별들을 지으시고 각각의 이름을 부르신 하나님은(사 40:26) 상상할 수 없을 정도로 놀라우시다. 그분의 지혜, 아름다움, 능력 그리고 통치는 인간의 이해를 초월한다. 그러나 하나님은 이 보잘것없는 지구 사람들과 친밀해지기를 원하신다. 그리고 이 사람들에게 훌륭한 위엄과 섭리를 베푸셨다. "저를 천사보다 조금 못하게 하시고 영화와 존귀로 관을 씌우셨나이다"(5절). 이 구절은 모든 사람들에게 적용된다. 히브리서 2장 6-8절에서 인용되고 있는 것과 같이 사람들은 예수 그리스도 안에서 자신들의 궁극적인 성취를 발견한다.

우리는 주님의 손으로 만드신 모든 것을 다스리도록 창조되었다(시 8:6-8). 그러나 우리는 타락하여 황폐하게 됨으로써 이 다스리는 권세를 잃었다. 그래서 "지금 우리가 만물이 아직 저에게 복종한 것을 보지 못하고"(히 2:8) 있다. 그러나 주님이 다시 오실 때 만물이 그분의 발 아래 복종하게 될 것이다(고전 15:24-28). 그리고 우리는 그분과 함께 살면서 왕노릇 할 것이다(롬 5:17, 딤후 2:12, 계 5:10, 20:6).

자연을 놀랍도록 지배하고 있는 한 우리가 느끼는 참된 기쁨의 이유는 다음과 같아야 한다. 즉 예수 그리스도를 신뢰할 때 우리의 이름이 하늘에 기록된다는 사실이다(눅 10:20). "당신이 생각하는 인간이란 무엇인가? 당신이 관심을 가지고 있는 인자는 누구인가?" 모든 피조물의 영원한 통치자는 진실로 우리를 생각하며 돌보신다. 말할 수 없는 은사인 그분의 아들을 통해 우리에게 이것들을 주셨다(고후 9:15, 요일 4:9-10). C. S. 루이스는 "영광은 하나님과 함께하는 좋은 평판, 하나님으로부터 받아들여짐, 반응, 인정 그리고 만물의 중심으로의 환영이다. 우리가 평생을 살면서 두드려왔던 문은 결국 열릴 것이다"라고 했다. 하나님의 영광이 주는 소망 안에서 즐거워하자.

## 우리를 향한 하나님의 사랑

우리는 지금까지 하나님의 사랑이 성경적인 믿음과 소망의 원천이라는 사실을 보아왔다. 바울이 로마에 보낸 편지를 읽으며 하나님의 사랑에 대한 이러한 진실을 생각해보라. 자연을 살펴보면 하나님의 영원하신 능력과 신성이 깃들어 있다(롬 1:20). 인간의 양심을 살펴보면 우리가 죄인이며 불완전하다는 사실을 알 수 있다(롬 2:14-16). 그런데 오직 성경만이 하나님의 한없는 사랑이 우리의 죄를 용서하고, 그리스도로 말미암아 우리를 새로운 피조물로 바꿀 수 있다고 말해준다. 우리를 향한 하나님의 성실하신 사랑은 이유가 없고(롬 5:6), 측량치 못하며(롬 5:7-8), 쉼이 없으시다(롬 5:9-11).

사실 우리는 하나님의 사랑을 유발시키거나 누릴 만한 아무런 이유를 가지고 있지 않다. 우리가 하나님을 대적하고 있을 때 그리스도가 우리를 위해 죽으신 것이다. 하나님의 사랑은 자발적이며 끝이 없으시다. 그분은 사랑하기로 선택했기 때문에 우리를 사랑하고 계시다. 그리스도의 용서를 받아들이고 그분과 관계를 맺은 사람이라면 세상의 어떤 것도 주님의 사랑에서 그를 끊을 수도 없고 그 사랑을 감소시킬 수도 없다(롬 8:35-39). 이 사실은 우리가 주님의 무조건적인 사랑 안에서 안전하다는 것을 의미한다. 하나님의 사랑을 더 많이 받기 위해 의무적으로 해야 할 일은 없다. 또 사랑을 덜 받기 위해 할 수 있는 일도 없다. 그것은 우리가 그리스도께 속해 있기 때문이다.

성취 위주의 인정과 조건적인 사랑 때문에 고통과 거절을 경험한 사람들은 위에서 언급된 사실을 진실로 받아들이기 힘들어할지도 모른다. 하나님의 기호를 맞춰드리고, 그분으로부터 인정을 받기 위해 우리가 해야만 하는 그 어떤 일이 있을까? 우리는 다른 사람들이 우리가 속으로 정말 무엇을 좋아하는지 안다면 우리를 거절할 것이라고 두려워한다. 그렇다면 거룩하고 완전하신 만물의 주는 누구신가? 엘리자베스 여왕 시대의 시인이었던 조지 허버트(George Herbert, 1593-1633)는 하나님의 사랑을 뛰어나게 의인화한 작품에서 이런 생각의 무가치함을 신랄하게 꼬집었다.

사랑은 나를 환영하지만 나의 영혼은 움츠리네.
먼지와 죄 의식 때문에….
그러나 눈치 빠른 사랑이 내가 느슨해지는 것을 알아차리고
내 첫문에서부터 나에게 가까이 다가오네.
내게 무엇이 부족한지 달콤하게 묻기에
"손님은 귀하시니 여기 계세요."
주님께서 말씀하시기를, "네가 바로 그이니라."
"퉁명스럽고 감사 없는 저 말이에요?"
오! 나는 그분을 쳐다볼 수도 없었네.

사랑은 내 손을 잡고, 미소로 화답하기를
"나 외에 누가 이 눈을 지었느냐?"
"맞습니다, 주님. 하지만 저는 그 눈과 결혼해버렸습니다.
제 수치가 어디론가 가게 하소서."
주께서 말씀하시기를 "책망 받을 사람이 네가 아닌 것을 아느냐?"
"나의 주여, 제가 섬기겠습니다."
사랑이 말씀하기를, "앉아서 나의 음식을 맛보라."
그리하여 나는 앉아서 먹었네.

인간의 모든 믿음을 넘어, 이 땅의 모든 소망을 넘어, 영원하신 하나님의 사랑이 우리에게 다가왔다. 궁극적인 희생의 행동으로 우리를 사서 당신의 소유로 삼으셨다.

그러한 사랑에 어떻게 반응할 것인가? 너무나 자주 이런 진실은 아주 멀리 있고 실제적이지 않아서 우리의 마음과 감정과 의지를 사로잡지 못하는 것 같다. 우리는 예배 시간에 하나님의 사랑을 노래한다. 성경 공부를 통해 그것을 배운다. 그러나 그 사랑이 우리 삶에 끼치는 근본적인 의미를 놓치고 있다. 영적인 진리를 개념적인 영역으로 한정시키고 소화하지 못할 때 우리는 그 사랑의 의미를 모르게 된다. 하나님의 사랑을 문화적, 감정적, 신학적으로 여과하여 희석시키고 만다. 또 개인적인 깊은 확신보다는 관행적으로 굳어진 정신 구조 속으로 축소시킨다. 어떻게 해야 하나님을 온전히 사랑하는 방향으로 나아갈 수 있을까?

## 하나님을 온전히 사랑하기

지난 수년 동안 나는 주님 앞에서 경건의 시간을 가지면서 치체스터의 성 리처드(St. Richard of Chichester, 1197-1253)의 기도문을 개작하여 사용하고 있다.

오, 주 예수 그리스도께 감사하라.
주님이 우리에게 베푸신 모든 것을 인하여,
주님이 우리에게 짊어지게 하신 고통과 모욕들을 인하여.
오, 가장 자비로우신 구속자, 친구, 형제시여,
당신을 더 분명히 알기 원합니다.

더 깊이 사랑하기를 원합니다.
더 가까이 따르기를 원합니다.
주님을 위해.

하나님을 온전히 사랑한다는 것은 전인격, 즉 지적, 정서적, 의지적인 것과 관련된다. "네 마음을 다하고 목숨을 다하고 뜻을 다하고 힘을 다하여 주 너의 하나님을 사랑하라 하신 것이요"(막 12:30). 하나님을 더 잘 알게 될수록("당신을 더 분명히 알기 원합니다") 그분을 더 사랑하게 된다("더 깊이 사랑하기를 원합니다"). 그분을 더 사랑할수록 우리를 부르셔서 하게 하신 그 일에 대해 더욱 자원하는 마음으로 의지하고 순종하게 된다("더 가까이 따르기를 원합니다").

**당신을 더 분명히 알기 원합니다**  에베소서 1장과 3장, 빌립보서 1장, 골로새서 1장의 위대한 기도는 독자들을 향한 바울의 깊은 열망을 나타내고 있다. 바울은 그들이 예수 그리스도 안에서 자라기를 원했다. 사도 바울의 마음에 있던 지식은 명제적이 아니라 개인적인 것이었다. 그는 주님께서 지혜와 계시의 정신을 주사 하나님을 알게 하시고, 마음의 눈을 밝혀주셔서 모든 지식에 넘치는 그리스도의 사랑을 깨닫게 되기를 기도했다(엡 1:17-18, 3:19).

신학자들은 하나님을 조직적인 모델로 이해하려고 지나치게 열중하는 경향이 있다. 그래서 살아계신 하나님을 무릎 꿇고 사랑을 드려야 할 인격체가 아닌 토론하거나 글을 쓰는 지적인 대상으로 만들어버린다. 여기에 그들의 직업적인 위험이 있다. 이런 깊은 의미에서 볼 때 기독교는 종교가 아니다. 그것은 관계다.

토마스 아퀴나스는 비서인 피페르노의 레지날드(Reginald of Piperno)로부터 「신학 대전(Summa Theologica)」의 집필을 왜 중단하느냐는 압력을 받을 때 이렇게 말했다. "지금까지 쓴 모든 것은 내가 지금 깨달은 것에 비하면 지푸라기에 불과하다." 전해진 바에 의하면, 비전을 통해 주님은 그에게 이렇게 물으셨다고 한다. "토마스, 너는 지금까지 나에 대해서 호의적으로 글을 썼다. 네가 받을 상급이 무엇이 되면 좋겠느냐?" 그때 그는 "다른 어떤 상급보다 주님 당신을 원합니다"라고 대답했다. 우리의 위대한 정신적, 육체적, 사회적 성취는 살아계신 하나님을 한번 보는 것에 비하면 지푸라기에 불과하다(빌 3:7-10). 주님은 가장 고상한 부르심으로 우리를 부르셔서, 우리로 하여금 잠깐 동안의 즐거움과 소망의 꼬투리들로 배를 채우게 하기보다는 날마다 하나님과 친밀해지도록 하신다.

그리스도를 더 분명히 알기 위해 무엇을 해야 하는가? 핵심적인 두 가지 요소는 시간과 순종이다. 관계를 맺어나가는 데는 시간이 걸린다. 지속할 수 있는 시간을 따로 선택하여 독거, 침묵, 기도, 성경 읽기를 하지 않으면 결코 주님과 친밀해질 수 없다. 순종은 이러한 의사소통에 적절하게 반응하는 것이다. 그것은 우리가 알게 될 바로 그분의 약속에 대한 개인적인 신뢰의 표현이기 때문이다. 우리가 하나님께 더 감동 받을 수록, 우리는 사람이나 권력 그리고 일들로부터 덜 감동 받는다.

**더 깊이 사랑하기를 원합니다** 하나님을 아는 것은 곧 하나님을 사랑하는 것이다. 단지 마음뿐 아니라 경험을 통하여 그분이 누구시며 우리를 위해 하신 일이 무엇인지 더 많이 이해할수록 우리의 마음은 사랑과 감사로 반응하기 때문이다. "우리가 사랑함은 그가 먼저 우리를 사랑하셨음이라"(요일 4:19). 시간과 공간과 물질과 에너지를 만드신 이가 이해할 수 없는 어떤 이유 때문에 우리를 선택하고 무한한 희생을 치르기까지 사랑하셨다는 것을 발견할 때, 우리는 인생을 통해 그렇게 갈망하는 무조건적인 안전을 품기 시작한다. 우리를 향한 하나님의 사랑은 자발적이고 제한이나 이유가 없고 과분하다. 우리가 사랑스럽거나 아름답거나 똑똑하기 때문이 아니다. 죄성 때문에 사랑스럽지 못하고, 추악하고, 바보스러워서 사랑하신다. 사랑하기로 선택하셨기 때문에 사랑하신다. 우리를 사랑하사 자신을 주신 그리스도 안으로 용납과 안전을 확장할 때, 우리는 하나님이 우리 기쁨을 대적하는 자가 아니요, 오히려 기쁨의 원천이라는 사실을 깨닫기 시작한다. 하나님이 부르셔서 우리가 그분의 백성이 되는 것은 이러한 사랑에 반응하면서부터 시작된다. 하나님의 은혜로 우리는 생각과 감정과 행동에서 그분과 함께 사랑 안에서 자라가야 한다. 마음을 다하여 하나님을 더 사랑하는 것에 대해서는 나중에 경건의 영성 부분에서 다룬다.

**더 가까이 따르기를 원합니다** 하나님을 알고 사랑하면서 우리는 그분의 성품과 약속들과 교훈들을 신뢰하는 것을 배운다. 하나님이 우리에게 어떤 것을 하지 말라고 하실 때는, 그분이 우리의 흥을 깨는 광대무변한 존재라서 그러시는 것이 아니다. 그것이 우리의 최선의 관심이 아님을 아시기 때문이다. 또한 어떤 것을 하라고 하실 때는, 그것이 언제나 우리를 가장 좋은 길로 인도하기 때문이다. 하나님을 열심히 따르기로 헌신하겠는가? 그렇다면 그분이 시키시는 일들을 해야만 한다. 때때로 그러한 순종은 우리가 전혀 이해할 수 없다는 점에서 모험이다.

성령이 성경 안에서 우리에게 보이신 일들에 순종하는 일은 반문화적이다. 철저하게 순종한다면 때때로 인간의 논리에 정면으로 반박하게 된다. 그러나 그것은 사랑하는 아버지를 향한 우리의 신뢰와 의존의 정도를 시험하고 드러내는 기간이다. 영적인 삶에 있어서 우리의 위대한 사명은 하나님의 뜻을 이루어가기를 결심하는 것, 그분이 사랑하시는 것들을 사랑하는 것 그리고 우리를 위하여 마련해놓으신 것들을 선택하는 것이다.

더 가까이에서 하나님을 따르는 것에 대해서는 포괄적 영성과 과정 영성 부분에서 다룬다.

### 적용을 위한 질문

- 우리의 위대함과 왜소함에 대해 당신은 어떤 시각을 가지고 있는가? 당신은 이 두 이미지 사이의 갈등을 어떻게 해결하고 있는가?

- 자연을 통해 당신은 어떻게 하나님의 영광을 보고 있는가? 당신은 얼마나 자주 창조 질서 속에 드러난 하나님의 속성을 생각하는가?

- 당신의 마음과 생각 속에 하나님의 사랑은 어떤 모습으로 존재하고 있는가?

- 당신은 "당신을 더 분명히 알기 원합니다, 더 깊이 사랑하기를 원합니다, 더 가까이 따르기를 원합니다"라는 기도를 어떻게 실행하고 있는가?

제1부 _ 관계적 영성 RELATIONAL SPIRITUALITY

# ② 자신을 올바로 사랑하기

| 이 장의 개관 | 우리는 세상이나 하나님에 의해 규정될 수 있다. 우리 자신을 올바로 사랑하려면 하나님이 우리를 보시는 대로 우리를 바라보아야 한다. 이것은 그리스도 예수 안에서 우리가 갖게 된 새로운 정체성을 이해하면서 성경의 진리를 대하는 과정이다. 이 장은 성경에서 확증된 이러한 일련의 진리들을 다루고 있다. |
|---|---|
| 이 장의 목표 | • 우리가 인생을 살아가는 방법을 정의할 때 정체성이 갖는 역할에 대한 시각 갖기<br>• 하나님이 우리를 보시는 방법으로 자신을 바라보는 방법을 배우기<br>• 하나님이 말씀하시는 그분의 자녀가 누구인지에 대해 보다 명확히 이해하기 |

## 정체성의 문제

개인의 정체성을 묘사한 미국의 극작가 아더 밀러(Arthur Miller)에 관한 이야기 하나가 있다. 그가 술집에 홀로 앉아 있을 때 잘 차려입은, 그렇지만 약간 술에 취한 듯한 사람이 그에게 다가왔다.

"아더 밀러가 아니세요?"

"그렇습니다만, 왜 그러시죠?"

"나를 기억하지 못하겠나?"

"음, 낯은 익은 것 같은데…."

"이보게, 아더, 자네의 오랜 친구 샘이야! 같이 고등학교에 다녔지. 더블 데이트도 나갔잖나."

"아닌 것 같은…."

"아마 내가 백화점에서 일 잘하고 있을 때 자네가 날 본 것 같네만. 아더, 자네는 지금 무얼 하고 사는가?"

"음, … 글을 쓰고 있는데…."

"무얼 쓰는데?"

"거의 희곡을 쓰지."

"뭐 좀 작품은 냈나?"

"응, 약간."

"내가 아는 것도 있나?"

"글쎄, 혹시 '어느 세일즈맨의 죽음' 이라는 연극을 들어보았나?"

그 말을 들은 샘의 입은 딱 벌어지고 얼굴은 창백해졌다. 잠시 동안 그는 말이 없었다. 그리고 나서 소리쳤다. "당신이 아더 밀러 씨군요."

샘은 고등학교 친구인 아더 밀러를 알아보았다. 또 연극 연출가인 아더 밀러를 알고 있었다. 그러나 이 두 사람이 같은 사람인 줄은 몰랐던 것이다. 그리스도 안에 있는 우리들도 이와 같은 경험을 한다. 우리는 자신에 대해 피상적으로는 알고 있다. 그러나 존재의 핵심으로 들어가면 정말 우리가 누구인지 알지 못한다. 마치 자기 이름을 잊어버린 사람의 이야기처럼, 참된 정체성을 알지 못한 채 길거리를 방황하고 있을 수도 있다.

## 누가 당신을 정의하는가?

우리는 끊임없이 하나님보다는 세상이 우리를 정의하도록 허용하는 위험에 처해 있다. 그러는 편이 쉽기 때문이다. 부모나 친구들, 사회의 태도와 의견에 따라 자아상을 세우는 일이 아주 자연스럽다. 성취 중심적으로 사람을 인정할 경우 왜곡되지 않을 사람이 어디 있겠는가? 그래서 우리는 쉽게 자신을 무가치하다고 생각하거나 하나님의 인정을 얻어내기 위해 노력해야만 한다는 결론을 내린다. 그러나 세상의 경험과 사고가 아닌 하나님 말씀의 진리를 바탕으로 자신을 정의할 때 우리의 깊은 곳에 있는 진정한 정체성을 발견할 수 있다.

우리 모두는 자아 사랑에 대해 심리학적으로 어떻게 풀어내는지 많이 들어왔다. 그 가운데는 자신을 바라보고 내면에서 문제에 대한 답을 찾아보라는 소리도 있다. 그러나 성경은 우리가 그렇게도 찾는 해답을 얻기 위해 자신이 아닌 그리스도를 바라보라고 권고한다. 나는 성경적인 관점에서 자아 사랑을 이렇게 정의하고 싶다. 즉 자신을 올바르게 사랑한다는 것은 하나님이 보시는 것처럼 스스로를 바라보는 것이다. 이것은 결코 자동으로 이루어지지 않는다. 인간의 타락과 존엄에 대한 영적인 시각은 반문화적이기 때문이다.

그리스도 안에서 믿음의 결과로 이루어져가는 그 사람의 실재를 진정으로 믿고 인식하기 위해서는 계속적으로 하나님의 말씀을 접하고 훈련해야 한다. 또한 동일한 마음을 가진 신자들 안에서의 교제와 격려가 필요하다. 이러한 것이 없다면 보이지 않는 것들은 보이는 것들에 의해 정복될 것이다. 그리고 이 진리에 대한 우리의 이해는 점차적으로 손가락 끝으로 빠져나가고 말 것이다.

## 하나님이 보시는 것처럼 자신을 보기

하나님이 보시는 것처럼 자신을 본다는 것은 무엇을 의미하는가? 우리의 문화와는 반대로 성경의 은혜로운 교리는 우리를 깎아내리지 않으면서 겸손하게 만들고, 부풀리지 않으면서 높여준다. 이는 그리스도를 떠나서는 우리가 아무 존재가 아니며 영원한 가치가 있는 어떤 일도 할 수 없음을 말해준다. 우리는 영적으로 중요하며, 그분 없이는 적합하지 못한 존재다. 또한 육체를 신뢰해서는 안 된다(빌 3:3). 다른 한편으로, 은혜는 우리가 그리스도 안에서 새로운 피조물이 되었고, 어두움의 나라에서 빛과 생명, 사랑의 나라로 옮겨졌음을 말해준다. 그분 안에서 조건 없이 가족으로 받아들여져서 죄를 완전히 용서받고 무한한 특권들을 누린다는 것이다. 우리의 과거는 그리스도 안의 새로운 상속으로 인해 변화되었다. 우리의 미래는 그리스도의 몸의 일원이라는 새로운 운명으로 안전하게 되었다.

그래서 성경의 은혜로운 이해는 인간의 타락과 존엄을 모두 말하고 있다. 극단적인 '지렁이 신학(나는 무가치하고 선하지 않다. 나는 앞으로도 무가치할 것이다. 나는 단지 타락한 죄인일 뿐이다)'을 피하며 또 다른 극단인 자만과 자율에도 빠지지 않게 한다. "누가 너를 구별하였느뇨. 네게 있는 것 중에 받지 아니한 것이 무엇이뇨. 네가 받았은즉 어찌하여 받지 아니한 것같이 자랑하느뇨"(고전 4:7).

은혜는 우리 자신에게 가장 중요한 것이 무엇인지 가르쳐준다. 무슨 일을 하느냐가 아닌 그리스도 안에서 우리가 누구며 누구의 소유인지 아는 것이 중요하다는 뜻이다. 존재가 행위보다 더욱 근본적이다. 그러므로 그리스도 안에서 정체성을 확실하게 인식할수록 우리의 행동은 더욱 그리스도의 성품을 반영하게 된다.

## 하나님은 우리가 누구라고 말씀하시는가?

여기 예수 그리스도 안에 있는 우리의 정체성에 대해 성경이 확증하는 말씀들이 있다. 신약 성경에 나오는 내용이다. 이것은 하나님의 아들을 믿음으로써 우리가 어떤 사람이 되어가는가에 대한 많은 진리 가운데 단지 몇 부분에 불과하다. 그러나 때때로 재음미해볼 만큼 능력 있는 말씀들이다.

- 나는 하나님의 자녀다.

"영접하는 자 곧 그 이름을 믿는 자들에게는 하나님의 자녀가 되는 권세를 주셨으니" (요 1:12).

- 나는 참 포도나무의 가지요, 그리스도의 생명의 통로다.
  "내가 참 포도나무요 내 아버지는 그 농부라 … 나는 포도나무요 너희는 가지니 저가 내 안에, 내가 저 안에 있으면 이 사람은 과실을 많이 맺나니 나를 떠나서는 너희가 아무것도 할 수 없음이라" (요 15:1, 5).

- 나는 예수님의 친구다.
  "이제부터는 너희를 종이라 하지 아니하리니 종은 주인의 하는 것을 알지 못함이라 너희를 친구라 하였노니 내가 내 아버지께 들은 것을 다 너희에게 알게 하였음이니라" (요 15:15).

- 나는 의롭다 인정되었고 구속되었다.
  "그리스도 예수 안에 있는 구속으로 말미암아 하나님의 은혜로 값 없이 의롭다 하심을 얻은 자 되었느니라" (롬 3:24).

- 나의 옛사람은 그리스도와 함께 십자가에 못박혔고, 나는 이제 더 이상 죄의 노예가 아니다.
  "우리가 알거니와 우리 옛사람이 예수와 함께 십자가에 못박힌 것은 죄의 몸이 멸하여 다시는 우리가 죄에게 종노릇 하지 아니하려 함이니" (롬 6:6).

- 나는 하나님으로부터 멸망받지 않을 것이다.
  "그러므로 이제 그리스도 예수 안에 있는 자에게는 결코 정죄함이 없나니" (롬 8:1).

- 나는 죄와 사망의 법에서 해방되었다.
  "이는 그리스도 예수 안에 있는 생명의 성령의 법이 죄와 사망의 법에서 너를 해방하였음이라" (롬 8:2).

- 나는 하나님의 자녀이며 그리스도와 함께한 후사다.
  "자녀이면 또한 후사 곧 하나님의 후사요 그리스도와 함께한 후사니 우리가 그와 함께 영광을 받기 위하여 고난도 함께 받아야 될 것이니라"(롬 8:17).

- 나는 그리스도로 말미암아 받아들여졌다.
  "이러므로 그리스도께서 우리를 받아 하나님께 영광을 돌리심과 같이 너희도 서로 받으라"(롬 15:7).

- 나는 성도로 부르심을 받았다.
  "고린도에 있는 하나님의 교회 곧 그리스도 예수 안에서 거룩하여지고 성도라 부르심을 입은 자들과 또 각처에서 우리의 주 곧 저희와 우리의 주 되신 예수 그리스도의 이름을 부르는 모든 자들에게"(고전 1:2, 엡 1:1, 빌 1:1, 골 1:1 참조).

- 그리스도 안에서 나는 지혜와 의와 성화와 구속함을 얻었다.
  "너희는 하나님께로부터 나서 그리스도 예수 안에 있고 예수는 하나님께로서 나와서 우리에게 지혜와 의로움과 거룩함과 구속함이 되셨으니"(고전 1:30).

- 나의 육체는 내 안에 거하시는 성령의 전이다.
  "너희가 하나님의 성전인 것과 하나님의 성령이 너희 안에 거하시는 것을 알지 못하느뇨 … 너희 몸은 너희가 하나님께로부터 받은 바 너희 가운데 계신 성령의 전인 줄을 알지 못하느냐 너희는 너희의 것이 아니라"(고전 3:16, 6:19).

- 나는 주님과 연합되었고 그분과 한 영이 되었다.
  "주와 합하는 자는 한 영이니라"(고전 6:17).

- 하나님은 그리스도의 승리와 지식으로 나를 인도하신다.
  "항상 우리를 그리스도 안에서 이기게 하시고 우리로 말미암아 각처에서 그리스도를 아는 냄새를 나타내시는 하나님께 감사하노라"(고후 2:14).

- 그리스도 안에서 내 마음의 완고함은 제거되었다.

"그러나 저희 마음이 완고하여 오늘까지라도 구약을 읽을 때에 그 수건이 오히려 벗어지지 아니하고 있으니 그 수건은 그리스도 안에서 없어질 것이라"(고후 3:14).

- 나는 그리스도 안에서 새로운 피조물이다.
"그런즉 누구든지 그리스도 안에 있으면 새로운 피조물이라 이전 것은 지나갔으니 보라 새것이 되었도다"(고후 5:17).

- 나는 그리스도 안에서 하나님의 의로움이 되었다.
"하나님이 죄를 알지도 못하신 자로 우리를 대신하여 죄를 삼으신 것은 우리로 하여금 저의 안에서 하나님의 의가 되게 하려 하심이니라"(고후 5:21).

- 나는 그리스도 안에 있는 모든 사람들과 하나가 되었다.
"너희는 유대인이나 헬라인이나 종이나 자주자나 남자나 여자 없이 다 그리스도 예수 안에서 하나이니라"(갈 3:28).

- 나는 더 이상 노예가 아니고, 하나님의 자녀요 상속자다.
"그러므로 네가 이후로는 종이 아니요 아들이니 아들이면 하나님으로 말미암아 유업을 이을 자니라"(갈 4:7).

- 나는 그리스도 안에서 해방되었다.
"그리스도께서 우리로 자유케 하려고 자유를 주셨으니 그러므로 굳세게 서서 다시는 종의 멍에를 메지 말라"(갈 5:1).

- 나는 하늘에 속한 모든 영적인 축복을 받았다.
"찬송하리로다 하나님 곧 우리 주 예수 그리스도의 아버지께서 그리스도 안에서 하늘에 속한 모든 신령한 복으로 우리에게 복 주시되"(엡 1:3).

- 나는 선택되었고 거룩하며 하나님 앞에서 흠이 없다.

"곧 창세 전에 그리스도 안에서 우리를 택하사 우리로 사랑 안에서 그 앞에 거룩하고 흠이 없게 하시려고"(엡 1:4).

- 나는 그리스도의 은혜로 구속되었고 용서되었다.
  "우리가 그리스도 안에서 그의 은혜의 풍성함을 따라 그의 피로 말미암아 구속 곧 죄사함을 받았으니"(엡 1:7).

- 나는 하나님에 의해 유업을 얻을 자로 예정되었다.
  "하늘에 있는 것이나 땅에 있는 것이 다 그리스도 안에서 통일되게 하려 하심이라 모든 일을 그 마음의 원대로 역사하시는 자의 뜻을 따라 우리가 예정을 입어 그 안에서 기업이 되었으니"(엡 1:10-11).

- 나는 성령의 약속으로 인치심을 받았다.
  "그 안에서 너희도 진리의 말씀 곧 너희의 구원의 복음을 듣고 그 안에서 또한 믿어 약속의 성령으로 인치심을 받았으니"(엡 1:13).

- 하나님의 자비와 사랑으로 그리스도와 함께 살아났다.
  "긍휼에 풍성하신 하나님이 우리를 사랑하신 그 큰 사랑을 인하여 허물로 죽은 우리를 그리스도와 함께 살리셨고(너희가 은혜로 구원을 얻은 것이라)"(엡 2:4-5).

- 나는 그리스도와 함께 하늘에 앉게 되었다.
  "또 함께 일으키사 그리스도 예수 안에서 함께 하늘에 앉히시니"(엡 2:6).

- 나는 선한 일을 위해 지으심을 받은 하나님의 걸작품이다.
  "우리는 그의 만드신 바라 그리스도 예수 안에서 선한 일을 위하여 지으심을 받은 자니"(엡 2:10).

- 나는 그리스도의 피로 말미암아 하나님과 가까워졌다.
  "이제는 전에 멀리 있던 너희가 그리스도 예수 안에서 그리스도의 피로 가까워졌느니라"(엡 2:13).

- 나는 그리스도의 몸의 일원이요 그분의 약속에 참예하는 자가 되었다.
  "이는 이방인들이 복음으로 말미암아 그리스도 예수 안에서 함께 후사가 되고 함께 지체가 되고 함께 약속에 참예하는 자가 됨이라"(엡 3:6).

- 나는 그리스도 안에서 믿음으로 말미암아 담대함과 당당히 나아감을 얻었다.
  "우리가 그 안에서 그를 믿음으로 말미암아 담대함과 하나님께 당당히 나아감을 얻느니라"(엡 3:12).

- 나의 새사람은 의롭고 거룩하다.
  "하나님을 따라 의와 진리의 거룩함으로 지으심을 받은 새사람을 입으라"(엡 4:24).

- 나는 전에는 어두움이었는데 이제는 주 안에서 빛이다.
  "너희가 전에는 어두움이더니 이제는 주 안에서 빛이라 빛의 자녀들처럼 행하라"(엡 5:8).

- 나는 하늘나라의 시민이다.
  "오직 우리의 시민권은 하늘에 있는지라 거기로서 구원하는 자 곧 주 예수 그리스도를 기다리노니"(빌 3:20).

- 하나님의 평강이 나의 마음과 생각을 지키신다.
  "그리하면 모든 지각에 뛰어난 하나님의 평강이 그리스도 예수 안에서 너희 마음과 생각을 지키시리라"(빌 4:7).

- 하나님은 나의 모든 필요를 채우신다.
  "나의 하나님이 그리스도 예수 안에서 영광 가운데 그 풍성한 대로 너희 모든 쓸 것을 채우시리라"(빌 4:19).

- 나는 그리스도 안에서 충만해졌다.
  "너희도 그 안에서 충만하여졌으니 그는 모든 정사와 권세의 머리시라"(골 2:10).

- 나는 그리스도와 함께 다시 살았다.
  "그러므로 너희가 그리스도와 함께 다시 살리심을 받았으면 위엣것을 찾으라 거기는 그리스도께서 하나님 우편에 앉아 계시느니라"(골 3:1).

- 나의 삶은 그리스도와 함께 하나님 안에 감춰졌다.
  "이는 너희가 죽었고 너희 생명이 그리스도와 함께 하나님 안에 감춰었음이니라"(골 3:3).

- 그리스도는 나의 생명이시며 나도 그와 함께 영광 중에 나타날 것이다.
  "우리 생명이신 그리스도께서 나타나실 그때에 너희도 그와 함께 영광 중에 나타나리라"(골 3:4).

- 나는 하나님의 택하신 거룩하고 사랑하신 자다.
  "그러므로 너희는 하나님의 택하신 거룩하고 사랑하신 자처럼 긍휼과 자비와 겸손과 온유와 오래 참음을 옷 입고"(골 3:12).

- 하나님은 나를 사랑하시고 선택하셨다.
  "하나님의 사랑하심을 받은 형제들아 너희를 택하심을 아노라"(살전 1:4).

그리스도 안에서 이루어져가는 자신에 대한 이러한 성경의 진리들을 더 많이 터득할수록, 우리는 이 세상에서 더욱 안정되고 감사하며 충만한 확신을 갖게 된다.

나는 이 강력한 성경 말씀들을 자주 음미하라고 권면하고 싶다. 왜냐하면 이 말씀들은 세상의 염려와 근심에 둘러싸여 쉽게 잊어버리기 쉬운 진리들을 생각나게 하기 때문이다. 성경에서 주는 이러한 확신들에 더 많이 잠길 때, 우리는 인생에 대해 더 안정적이고, 더 감사하게 되며 그리고 더 완전한 확신을 갖게 된다.

## 적용을 위한 질문

- 당신은 얼마만큼이나 세상에 의해 규정되고 있는가? 하나님의 말씀에 의해서는 어떠한가? 어떻게 당신의 정체성을 좀 더 하나님의 말씀에 의해 계발시킬 수 있는가?

- 하나님이 보시는 대로 당신 스스로를 바라보기 위해 어떻게 해야 하는가?

- 위 성경 말씀들 가운데 가장 감동적인 것 다섯 가지는 무엇인가?
  당신의 경험과 가장 관계 없는 다섯 구절은 어떤 것인가?
  어떻게 하면 이 구절들을 보다 실제적으로 당신의 사고와 삶 속에 적용할 수 있는가?

제1부 _ **관계적 영성** RELATIONAL SPIRITUALITY

# 3

# 다른 사람을 다정하게 사랑하기

| 이 장의 개관 | 하나님과 더 가까이 동행할수록, 하나님을 향한 사랑을 다른 사람들을 향한 사랑의 행위와 봉사로 나타낼 수 있는 힘을 얻는다. 그리스도의 자원이 우리의 것임을 이해할 때, 받을 것을 기대하지 않고 다른 사람들을 섬길 수 있는 평안한 마음을 갖게 된다. 사람들보다 그리스도를 더 사랑하면, 사랑하고 섬기며 용서하고 또한 우리 자신을 다른 사람들을 위해 줄 수 있는 마음의 여유가 생겨난다. |
|---|---|
| 이 장의 목표 | • 하나님과의 수직 관계를 사람들과의 수평 관계에 적용하는 능력을 배양하기<br>• 하나님이 정의하시는 가장 큰 자가 누구인지를 이해하기<br>• 우리가 하나님 안에 거할 때 그리스도의 자원이 이제 우리에게 주어졌다는 것을 깨닫기<br>• 주어진 관계들을 더 잘 이해하기<br>• 관계에 있어서 용서가 얼마나 중요한지 이해하기 |

## 수직 관계에서 수평 관계로

지금까지 우리가 창조된 목적이 우리를 사랑하시는 무한하고 개인적인 하나님과 친밀하게 사귀는 것이라는 사실을 보아왔다. 하나님은 이러한 관계를 창시하시는 분이다. 그리고 우리는 그분을 사랑한다. 그분이 우리를 먼저 사랑하셨기 때문이다.

하나님을 온전히 사랑하는 것은 자아를 올바로 사랑할 수 있는 열쇠가 된다(하나님이 보시는 것처럼 자신을 바라보기). 이것은 또한 다른 사람을 다정하게 사랑할 수 있는 열쇠가 된다. 하나님의 조건 없는 사랑과 그리스도 안에서 우리를 받으심에 대한 이해가 커가면서, 우리는 자신의 필요를 채우기 위해 사람들을 이용하는 이기적인 추구에서 점점 자유로워진다.

### 수평적 차원에서 하나님의 사람임을 표현하기

성부, 성자, 성령의 발전적인 사랑의 수직 관계는 수평적 차원을 통해 나타난다. 하나님의 사랑으로 시작된 행위 가운데 이웃 사랑으로 표현되지 않은 경우는 없다. 가장 위대하고 중요한 계명인 "네 마음을 다하고 목숨을 다하고 뜻을 다하여 주 너의 하나님을 사랑하라(마 22:37)"는 두번째 위대한 계명인 "네 이웃을 네 몸과 같이 사랑하라(마 22:39)"의 토대가 된다. 제자들의 발을 씻기신 후 예수님은 우리가 보통 다른 사람을 사랑한다고 가리키는 기준을 높이셨다. "새 계명을 너희에게 주노니 서로 사랑하라 내가 너희를 사랑한 것같이 너희도 서로 사랑하라"(요 13:34), "내 계명은 곧 내가 너희를 사랑한 것같이 너희도 서로 사랑하라 하는 이것이니라"(요 15:12, 요일 3:23 참조). 이 새 계명이 미치는 영역은 우주 전체다. 그것은 먼저 그리스도의 몸 된 형제와 자매에서부터 시작하여 예수님을 모르는 세상의 이웃들에게까지 확장된다.

그리스도가 과거에 우리를 위해 하신 일에 대한 믿음과 그분을 만날 때 이 일이 완성될 미래에 대한 소망은 사랑의 선택과 수고를 통해 현재의 삶 속에 나타난다. 하나님을 더욱 사랑할수록 우리는 그분의 탁월한 사랑을 타인 중심의 친절과 선행으로써 더욱 많이 표현하게 된다.

"사랑하는 자들아 우리가 서로 사랑하자 사랑은 하나님께 속한 것이니 사랑하는 자마다 하나님께로 나서 하나님을 알고 사랑하지 아니하는 자는 하나님을 알지 못하나니 이는 하나님은 사랑이심이라 하나님의 사랑이 우리에게 이렇게 나타난 바 되었으니 하나님이 자기의 독생자를 세상에 보내심은 저로 말미암아 우리를 살리려 하심이니라 사랑은 여기 있으니 우리가 하나님을 사랑한 것이 아니요 오직 하나님이 우리를 사랑하사 우리 죄를 위하여 화목제로 그 아들을 보내셨음이니라 사랑하는 자들아 하나님이 이같이 우리를 사랑하셨은즉 우리도 서로 사랑하는 것이 마땅하도다"(요일 4:7-11).

이 장의 공동체적 영성 부분에서는 영성 형성에 공동체가 필요함을 설명한다. 각자가 그리스도 안에 있는 믿음으로 나아가지만, 홀로는 성장할 수 없고 그리스도의 몸 안에서 얻는 상호 의존성을 통해 성장한다. 현대의 세계관은 매우 개인적이고 자발적이며 자기 숭배적이다. 그러나 이제 우리가 이해하게 될 성경적 세계관은 약속에 관한 것이고, 상호 의존적이며, 공동체적이고, 관계적이며 그리고 자기 초월적이다.


### 인간의 시각에서 위대함의 추구

주님의 지상 사역이 끝나갈 무렵, 제자들은 주님의 나라에서 누가 가장 좋은 자리를 차지할 것인가를 놓고 다투고 있었다. 그리스도는 점점 자주 자신이 십자가에 못박힐 것이라고 말씀하셨지만, 제자들은 주님의 말씀을 듣는 대신에 그들이 듣고자 하는 말에 초점을 맞추었다. 야고보와 요한이 예수님께 다가가서, "주의 영광 중에서 우리를 하나는 주의 우편에, 하나는 좌편에 앉게 하여 주옵소서"(막 10:37)라고 말하자 다른 제자들은 분히 여겼다. 왜냐하면 그들의 눈도 똑같은 곳을 바라보고 있었기 때문이다. 예수님은 그들 가운데서 크고자 하는 자는 그들을 섬기는 자가 되어야 하며, 누구든지 으뜸이 되고자 하는 자는 모든 사람의 종이 되어야 한다고 말씀하셨다. "인자의 온 것은 섬김을 받으려 함이 아니라 도리어 섬기려 하고 자기 목숨을 많은 사람의 대속물로 주려 함이니라"(막 10:45).

여러 주일 후 예수님이 희생하시기 전날 밤, 제자들과 유월절을 기념하실 때에도 같은 논쟁이 있었다. 제자들이 인정받기를 추구하자 그리스도는 진정한 위대함은 기꺼이 섬기는 사람에게서 발견될 수 있다고 꾸짖으셨다. "앉아서 먹는 자가 크냐 섬기는 자가 크냐 앉아 먹는 자가 아니냐 그러나 나는 섬기는 자로 너희 중에 있노라"(눅 22:27).

## 진정한 위대함의 핵심

요한복음 13장은 비유를 시각적으로 묘사하면서 이 귀한 진리들을 제자들에게 신랄하고 명쾌하게 전달하고 있다. 탁자에 기대기 전까지 주님과 그 밖의 사람들의 발을 씻기는 제자가 없었음이 분명하다. 이는 난처한 상황이었음에 틀림없다. 발을 씻기는 것은 고대 근동 지방의 전통적인 환대법의 일부였다. 그러나 제자들은 사람들이 보는 앞에서 자리를 두고 싸우고 있었고, 아무도 모든 사람을 위해 종으로 자원하지 않았음이 명백하다. 그들은 예수님이 직접 저녁 식탁에서 일어나셨을 때 심하게 당황했다. 예수님은 겉옷을 옆에 놓아두고, 수건을 허리에 묶고 제자들의 발을 씻기신 후 수건으로 닦으셨다. 예수님의 교훈은 분명하다. 제자들의 선생이자 주님이신 분이 그들의 종이 되었다면, 그들도 당연히 서로를 섬겨야만 한다는 사실이다(요 13:13-15).

그리스도는 섬김을 받기보다 다른 사람들을 기꺼이 섬기고자 하셨다. 그리스도의 자원함의 열쇠는 이 구절에서 찾을 수 있다. "저녁 먹는중 예수는 아버지께서 모든 것을 자기 손에 맡기신 것과 또 자기가 하나님께로부터 오셨다가 하나님께로 돌아가실 것을 아시고"(요 13:3). 그분은 자신의 위엄과 능력("아버지께서 모든 것을 당신 손에 맡기신 것")을 아셨다. 또 자신의 중요성과 정체성("당신이 하나님께로부터 오셨다는 것")을 아셨다. 그리고 자신의 안전과 운명("하나님께로 돌아가실 것")을 아셨다.

예수님이 자신의 정체성을 아버지와의 관계에서 끌어내셨지, 가족이나 친구들의 의견들로부터 끌어내지 않으셨다는 사실이 중요하다. 다음 구절을 생각해보자.

- "나사렛에서 무슨 선한 것이 날 수 있느냐"(요 1:46).

- "바리새인의 서기관들이 예수께서 죄인과 세리들과 함께 잡수시는 것을 보고 그 제자들에게 이르되 어찌하여 세리와 죄인들과 함께 먹는가"(막 2:16).

- "이 사람이 마리아의 아들 목수가 아니냐 야고보와 요셉과 유다와 시몬의 형제가 아니냐 그 누이들이 우리와 함께 여기 있지 아니하냐 하고 예수를 배척한지라"(막 6:3).

- "인자는 와서 먹고 마시매 말하기를 보라 먹기를 탐하고 포도주를 즐기는 사람이요 세리와 죄인의 친구로다 하니 지혜는 그 행한 일로 인하여 옳다 함을 얻느니라"(마 11:19).

- "스스로 나타나기를 구하면서 묻혀서 일하는 사람이 없나니 이 일을 행하려 하거든 자신을 세상에 나타내소서 하니 이는 그 형제들이라도 예수를 믿지 아니함이러라"(요 7:4-5).

- "너희는 너희 아비의 행사를 하는도다 대답하되 우리가 음란한 데서 나지 아니하였고 아버지는 한 분뿐이시니 곧 하나님이시로다"(요 8:41).

- "유대인들이 대답하여 가로되 우리가 너를 사마리아 사람이라 또는 귀신이 들렸다 하는 말이 옳지 아니하냐"(요 8:48).

- "거기서 나오실 때에 서기관과 바리새인들이 맹렬히 달라붙어 여러 가지 일로 힐문하고 그 입에서 나오는 것을 잡고자 하여 목을 지키더라"(눅 11:53-54).

예수님은 가족과 친구들, 제자들, 유대의 종교 지도자들, 로마 사람들로부터 비난, 거절, 중상모략, 음모, 배반, 부인 그리고 학대를 당하셨다. 사역이 진행되면서 더 많은 적대와 반대를 당하셨다. 이 모든 어려움에도 불구하고 예수님은 자신이 누구며 누구의 소유인지 아셨다. 그리고 아버지와의 관계가 당신에게 능력과 보증을 주어서 다른 사람을 사랑하고 섬기게 한다는 사실을 알고 계셨다. 만약 예수님이 주위 사람들의 의견으로 자신을 규정하거나 제한시켰다면 그와 같은 일은 불가능했을 것이다.

## 그리스도의 자원은 우리의 자원

예수님이 자신이 누구이고 어디서 왔으며 어디로 가는지를 아셨던 것과 같이 그분께 신뢰와 소망을 두는 모든 사람들도 동일하게 이 사실을 알아야 한다. 그러나 실제로는 소수만이 알고 있을 뿐이다. 마음을 성경 속의 영적 진리로 새롭게 할 때만 우리의 생각이 그리스도 안에 있는 우리의 실재에 맞춰진다. 그리스도처럼 우리는 위엄과 능력을 가지고 있다. 우리 손에 모든 영적 축복이 주어져 있다(엡 1:3, 19, 3:16, 20-21). 우리에게는 또한 중요감과 정체성이 있다. 우리는 하나님의 자녀가 되었다(롬 8:16, 요일 3:1-2). 그리고 아무것도 우리를 그리스도 안에 있는 하나님의 사랑에서 끊을 수 없다는 보증과 운명이 주어졌다(롬 8:18, 35-39). 이러한 무한한 자원으로 우리는 깊은 필요를 채우고, 고독과 무가치, 무의미라는 인간적인 딜레마를 극복할 수 있다.

이러한 진리들로 자아상을 규정할 때 우리는 자신의 기호를 구하지 않고 안정감 있게 다른 사람을 사랑하고 섬길 수 있게 된다. 우리의 보증과 중요성이 그리스도 안에 있기 때문에 다른 사람의 의견이나 반응에 의해 좌우되지 않는다. 자신이 누구며 누구의 소유인지 알기 때문에 스스로를 증명할 필요가 없는 것이다. 사람들에게 감동을 주거나 조작하지 않으면서도 주님께 하듯이 우리의 일을 탁월하게 할 수 있다(골 3:20). 하나님이 우리를 어떻게 생각하시는가에 관심을 가질수록 다른 사람들이 우리를 어떻게 생각하는지 걱정하지 않게 된다. 사람들의 의견에 더 이상 노예가 되지 않을 때, 우리는 그리스도가 우리를 사랑하시는 것처럼 자유롭게 그들을 사랑하고 섬길 수 있게 된다. 단서를 달지 않고서 말이다.


## 관계에 따른 모험과 상급

하나님이 우리를 위해 이미 완성해놓으신 일들에 대한 이러한 진리가 우리의 생각 속에서 더 분명해질수록 우리는 그리스도 안에 있는 진정한 자유에 대해 더욱 알게 된다. 그리고 이 자유와 보증을 타인과의 관계 속에서 표현하고 싶은 욕망을 느끼게 된다. 남보다 한 수 앞서기보다는 남을 앞세우는 기쁨으로 '섬김의 순서' 안에서 동료가 됨을 즐길 수 있다. 그리스도와의 동일시는 그리스도를 모방하는 기초가 되며 우리로 하여금 계속 그리스도를 모방하게 만든다.

바울이 빌립보서 2장 3-4절에서 "아무 일에든지 다툼이나 허영으로 하지 말고 오직 겸손한 마음으로 각각 자기보다 남을 낫게 여기고 각각 자기 일을 돌아볼 뿐더러 또한 각각 다른 사람들의 일을 돌아보아 나의 기쁨을 충만케 하라"고 그들을 초청한 이유가 여기에 있다. 바울 사도는 우리가 예수님의 종으로서 다른 사람들을 섬길 때 가져야 할 마음가짐의 모델로서 그분이 보여주신 종의 도를 사용하고 있다(빌 2:5-8을 보라).

그러나 종이 됨을 찬양하는 것과 실제로 종이 되는 것은 별개다. 우리를 오해하고 결코 존중하지 않을지도 모를 사람들에게 이타적인 관심을 가지고 사역을 하려면, 그리스도와 함께하는 우리의 정체성에 대해 더 충분히 깨달아야 하고 그 안전함에 거해야 한다. 성취감이나 다른 사람들의 인정이 우리의 존엄성이나 가치와는 전혀 상관이 없다는 진리를 자주 음미해야 하는 것이다. 우리의 존엄성과 가치는 세상이 아닌 하나님에 의해서 결정된다. 거절과 무관심으로 고통당할 때 그 상처는 실제적이지만 우리를 파괴하지는 못한다. 우리가 하나님을 바라보기로 단단히 결심했기 때문이다. 그분의 지원만이 우리의 변하지 않는 정체성과 가치가 된다.

창세기부터 요한계시록까지의 성경의 주제를 한 마디로 요약한다면 그것은 바로 '관계' 다. 우리는 하나님이 공동체적인 존재이심을 보아왔다. 하나님은 삼위의 신비 속에서 세 인격으로서 완전한 상호적 사랑을 향유하신다. 또한 우리를 당신의 형상을 따라 창조하셨다. 따라서 우리는 관계적인 존재로서 궁극적인 충만함과 기쁨의 원천이 하나님과의 교제와 친밀함에 있다는 사실을 보아왔다. 사랑의 주도권을 통해 하나님은 당신의 아들을 보내사 우리의 죄값을 지불하여 생명을 주시고 인간의 죄로 말미암은 소외와 분리의 문제를 극복하셨다. 하나님과의 수직적인 관계의 회복은 그리스도의 대속으로 가능해졌다. 뿐만 아니라 다른 사람들과의 수평적인 의로운 관계를 회복하는 기초가 되었다. 성경에서 '의' 라는 것은 관계적인 개념으로 선, 정의 그리고 하나님과 다른 사람과의 사랑의 연합을 의미한다.

그리스도 안에서 믿음을 가진 하나님의 자녀로서 우리는 자기 중심적이 아닌 타인 중심적으로 살도록 부르심을 받았다. 그리스도가 커질수록 우리는 작아지는 것이다. 그러한 삶을 살다보면 이 죄악 된 세상에서 거절, 소외, 강요, 오해, 배신 등으로 더 많은 고통을 당할 수 있다. 그러나 동시에 지혜로운 사람은 소유, 권력, 성취, 특권을 추구하는 대신 다른 사람을 섬김으로써 더 많은 기쁨을 찾을 수 있다는 사실도 깨닫는다.

구약과 신약 모두가 이 주제를 펼치고 있으며, 주님과의 수직적 관계가 다른 사람들과의 수평적인 관계의 질을 결정하는 열쇠가 된다는 사실을 계속적으로 말해준다. 바울은 이 지혜를 예시하면서 그의 "기쁨이요 면류관"(빌 4:1)인 빌립보 교인들에게 "주 안에서 항상 기뻐하라 내가 다시 말하노니 기뻐하라"(빌 4:4)고 격려했다. 우리의 상황과 사람들과의 관계가 좋을 때나 나쁠 때나 주님은 우리 기쁨의 궁극적이고 지속적인 원천이어야 한다. 기쁨으로 하나님을 사랑하고 섬길수록 사람들을 사랑하고 섬기는 기쁨이 더욱 커진다.

그래서 바울은 데살로니가 교인들에게 "우리의 소망이나 기쁨이나 자랑의 면류관이 무엇이냐 그의 강림하실 때 우리 주 예수 앞에 너희가 아니냐 너희는 우리의 영광이요 기쁨이니라"(살전 2:19-20, 3:9 참조)고 썼다. 그리스도 안에서 안전하다면 우리의 삶을 사람들에게 투자함으로써 받는 보상은 그들이 주는 고통에 비교할 수 없다. 바울은 사람들을 기쁨의 원천으로 뿐만 아니라 현세와 내세의 상급으로 보았다. 마음을 다하여 영원한 가치를 두고 사람들을 사랑하고 섬긴다면, 우리는 그들이 그리스도께 돌아와서 성품, 친구들, 자녀들, 동료들과의 관계에 있어서 성장하게 되는 과정의 일부분을 감당함으로써 받는 상급을 누리게 될 것이다. 우리가 영향을 줄 수 있는 범위 안에서 다른 사람들을 격려하고 위로하고 세워주는 일에 하나님으로부터 쓰임을 받는 것은 기쁜 일이다.

조나단 에드워즈(Jonathan Edwards)는 인생의 궁극적인 선은 어떤 것을 그것의 진정한 가치에 따라 대우하는 것임을 발견했다. 그 반대도 역시 참되다. 우리는 영원한 것을 한시적인 것으로, 또 한시적인 것을 영원한 것으로 취급하려는 위험에 늘 처해 있다. 이 세상은 자꾸만 꼬리표를 바꾸어 달게 하고, 지속되지 않는 일을 추구하게 만든다. "사람 중에 높임을 받는 그것이 하나님 앞에 미움을 받는 것이니라"(눅 16:15). 정말로 하나님을 대하여 부요하기를 원한다면(눅 12:21) 우리의 생애를 하나님이 중요하다고 선언하시는 그 일에 드려야 한다.

우리 마음은 우리가 중요하게 여기는 것을 드러낸다(마 6:19-34). 하나님을 최우선의 가치로 둔다면 그분과 다른 사람을 사랑하는 역량이 커진다. 그러나 세상을 최우선의 가치로 둔다면 하나님을 아는 기쁨을 잃을 뿐 아니라 삶의 기쁨도 잃게 된다. 관계는 혼선에 빠지게 되고, 원하는 것을 얻기 위해 사람들을 조작하게 된다. 무언가 성취하려 하고 감명을 주려고 한다. 그 결과 정말로 사랑하는 사람들과의 질적인 관계에서 멀어지고 만다.

하나님과의 관계뿐만 아니라 사람과의 관계에서도 활동이 친밀함보다 선행된다. 성취라는 우상은 정신의 아름다움을 갉아먹고 우리를 바쁘고 피곤한 채로 남겨둔다. 우리는 사람들에게 영향을 끼치기 위해 힘을 다하고 그들의 반응으로부터 안전을 찾음으로써 그리스도 안에 있는 참된 안전에서 멀어지고 만다. 이런 쳇바퀴에서 탈출하는 유일한 길은 세상을 따르던 것을 회개하고 그리스도께 돌아와 그분을 추구하는 것이다.

"사람은 영원히 존재하는 어떤 일을 해놓기 전에 죽는 것을 두려워해야 한다"라는 말이 있다. 아주 강한 말이지만 심각하게 고려해볼 만하다. 이 말을 잔 다르크(Joan of Arc)는 다음과 같이 옮겨 적었다. "당신이 신봉하는 바로 그 일을 위해 죽는 것은 비극이 아니다. 그러나 인생의 마지막 지점에서 믿어왔던 일에 배신당하는 것은 비극이다." 이 말은 영원한 것과 한시적인 것 사이에 항존하는 갈등의 핵심을 지적하고 있다.

성경은 반복하여 우리에게 "이 세상도, 그 정욕도 지나가되 오직 하나님의 뜻을 행하는 이는 영원히 거하느니라"(요일 2:17)는 사실을 주지시킨다. 이 세계는 덧없는 곳이다. 주의 날이 도적같이 임하면 "땅과 그 중에 있는 모든 일이 드러날" 것이다(벧후 3:10). 그러나 우리 안에는 영원한 것을 갈망하는 무엇인가가 있고 그것은 또한 사라지지 않는다. 우리는 땅 위에서의 성취, 수많은 빌딩, 자기 이름으로 된 땅, 수많은 빌딩의 기업, 귀중품 수집, 혹은 다른 형태의 인간적 노력을 통해 이 갈망을 채울 수 없다. 이 모든 것들은 결국 사라지기 때문이다.

그렇다면 언제나 살아 있을 그 무엇을 해야 한다는 말인가? 무엇이 우리 손의 행사를 영속하게 만드는가?(시 90:17) 대답은 이 땅 위에서 사람들이 잠깐 동안의 해를 마치고 영원 속으로 들어간다는 성경의 진리 가운데 있다. 그리스도의 생명이 속사람과 자신을 통해 나타나게 할 때, 예수님이 우리의 영향권 안에서 대표될 때, 사람들을 격려하여 그분을 더 잘 알도록 할 때, 우리는 이 세계를 초월하는 무엇인가에 투자하고 있는 것이다.

이것이 우리 자신과 우리의 영향권 안에 있는 사람들을 위한 기도가 되어야 한다. 우리 모두는 영원히 남을 어떤 일을 하기 원한다. 인생을 무의미하게 소모하고 죽음을 값있게 할 한 조각의 일도 남겨놓지 않은 채 삶을 끝내버릴 수도 있다고 생각하면 참으로 두렵지 않을 수 없다. 그러나 우리 안에서, 우리를 통해 예수님이 일을 하시도록 허락한다면 그 결과는 영원할 것이라고 예수님은 약속하셨다. 우리는 이 땅의 소유물들을 취할 수 없다. 그러나 복음서에 따르면 사람들을 취할 수는 있다. 우리는 세상에 아무것도 가져오지 않았고, 또 아무것도 가지고 갈 수 없다. 그러나 사람들의 삶 속에 투자한다면 영원한 배당금이 생기는 일을 하는 것이다. 사람들은 하나님의 형상을 따라 지어졌고 영원 속에 거할 것이기 때문이다.

## 다섯 가지 유형의 사람들

「영적인 열정을 회복하라(Restoring Your Spiritual Passion)」는 유익한 책에서 고든 맥도날드(Gordon MacDonald)는 우리가 만나는 사람들을 다섯 가지 유형으로 분류했다.

첫째, 자원이 매우 풍부한 사람(very resourceful people : VRP). 이들은 우리의 삶을 더해주고 열정에 불을 붙여준다. 이들은 멘토(mentor)이며 때때로 나이 많은 남자와 여자들로서 우리의 삶에 경험과 지혜를 기꺼이 더해준다. 이러한 사람들을 기도하는 마음으로 찾아다니는 것이 지혜롭다. 그들이 우리를 찾지는 않기 때문이다.

둘째, 매우 중요한 사람(very important people : VIP). 이들은 사람들과 함께 열정을 나눈다. 또 사람들을 아주 사랑하여 어려운 질문들을 하고, 함께 일하고 비전을 나누면서 상대를 정직하게 만든다.

셋째, 잘 훈련될 수 있는 사람(very trainable people : VTP). 이들은 열정을 이해한다. 그리고 새로 믿음을 갖게 된 사람들로서 우리가 그들의 삶 속에 무언가를 투자해야 할 대상들이다. 이 세 집단은 각각 바울, 바나바, 디모데에 해당된다. 영적인 성장과 재생산을 위해 우리는 이 세 부류의 사람들을 만날 필요가 있다.

넷째, 고든 맥도날드가 말한 바, 매우 품위 있는 사람(very nice people : VNP). 이들은 열정을 즐기지만 그것에 이바지하지는 않는다. 이들은 상대적으로 상류층인 서구 교회의 대다수 회중들이다. 대부분의 교회는 이들을 수용하고 이들의 필요를 채우기 위한 프로그램에 집중하고 있다.

마지막으로, 아주 김빠지게 하는 사람(very draining people : VDP). 이들은 갈등을 조장하고 꾸준히 안락함과 인정을 추구하면서 사람들의 열정에 김을 뺀다.

주의하지 않으면 이들 매우 품위 있는 사람(VNP)과 아주 김빠지게 하는 사람(VDP)들이 우리의 유용한 시간의 대부분을 빼앗아간다. 그렇다고 그들을 존엄과 동정심으로 대하지 말라는 뜻은 아니다. 사실 그런 부류의 사람들의 인생에 성령이 한 번 역사하면 놀라운 변화가 일어날 수 있기 때문이다. 예수님은 병약하고, 고통당하고, 호기심이 강하고, 비판적인 사람들을 대상으로 사역하셨다. 그러나 대부분의 시간은 하나님 아버지와 제자들과 함께 보내셨다. 이와 같은 방법으로, 우리는 힘든 사람들을 단념하지 않으면서도 그들로부터 스스로를 지킬 수 있어야 한다. 우리는 내용물이 뭔가 빠진 듯한 타코(taco, 밀가루로 만든 전병에 고기, 콩, 야채 등을 말아서 먹는 멕시코 음식 - 역주)와 같은 사람들을 만난다. 그러나 주님의 은혜로 아주 김빠지게 하는 사람(VDP)도 매우 자원이 풍부한 사람(VRP)으로 변화될 수 있다.

## 용서의 은혜

관계적 영성에서 가장 중요한 원동력은 용서의 은혜다.

**하나님으로부터 용서받음**   너무나 커서 하나님이 용서하실 수 없는 죄는 없다. 동시에 너무나 작아서 용서받을 필요가 없는 죄도 없다. 신구약의 중심 주제는 구속과 용서다. 성경은 창조자의 거룩함 앞에서 소외되고, 도덕적으로 타락한 인간의 상태를 지적하고 있다. 그리스도의 십자가를 통한 하나님의 위대하고 사랑이 넘치는 구속의 행위로 말미암아, 그분의 완전한 정의와 성품에 흠집을 내지 않고서 용서라는 감사의 선물을 우리에게 주신 것이다. 이 신적인 용서의 은혜를 통해 우리는 소외를 극복하고 하나님 가족의 참된 일원으로서 사랑 넘치고 안전한 관계를 시작할 수 있다.

용서의 원동력에는 회개와 자백이라는 반응이 들어 있다. 우리는 하나님 앞에서 겸손해야 하고 죄성을 인정해야 한다. 용서라는 선물과 그리스도 안의 새생명을 구하는 것이다. 구원에 대한 신뢰를 그리스도 안에만 두면서 그분과의 교제 안에 머무는 것이다. 성령이 우리의 마음을 감찰하고 고백하지 않은 죄의 영역을 드러내시도록 간구하는 것이다. 주님께 이러한 일들을 인정하고 그분의 용서에 감사하는 반응을 보이는 것이다(시 139:23-24, 요일 1:9).

하나님은 우리의 죄를 지워서 없애버리신다. 구약의 이미지에서, 주님은 "동이 서에서 먼 것같이"(시 103:12) 죄들을 그분의 등 뒤로 던져버리셨다(사 38:17). 주님을 위하여 우리의 범죄를 도말하셨다(사 43:25). 다시는 우리의 죄를 기억하지 않겠다고 하셨다(렘 31:34). 우리의 모든 죄를 깊은 바다에 던지셨다(미 7:19). 신약의 이미지에서는, "또 너희의 범죄와 육체의 무할례로 죽었던 너희를 하나님이 그와 함께 살리시고 우리에게 모든 죄를 사하시고 우리를 거스리고 우리를 대적하는 의문에 쓴 증서를 도말하시고 제하여 버리사 십자가에 못박으시고"(골 2:13-14)라는 말씀을 통해 우리의 죄가 용서되었음을 확신한다.

그런데 그리스도께 돌아온 후에도 많은 사람들이 하나님의 조건 없는 용서를 받아들이기 힘들어한다. 여전히 일을 해서 빚을 갚고 신의 용서를 얻어내야 한다고 생각하며 우물쭈물거리는 경향이 있다. 이것은 자연스러운 생각이다. 죄책감은 사람들로 하여금 하나님이 용서하셨다는 사실을 붙잡는 대신 과거의 죄로 다시 돌아가게 한다. 하나님의 은혜보다 더 많은 죄를 범했다고 생각하는 것은 그분의 은혜와 사랑의 높이와 깊이를 이해하지 못한 결과다.

### 다른 사람을 용서하기

나는 대적들에게 화가 나 있다.
아니라고 말하지만 분노가 점점 불타오른다.
- 윌리엄 블레이크(William Blake)

십자가에서 완성하신 그리스도의 공로를 근거로 해서 하나님의 은혜로 용서를 받은 후, 우리는 다른 사람과의 관계에서 하나님의 용서를 나타내고자 하는 마음가짐을 갖도록 권면을 받아왔다(마 18:21-35). 바울은 "서로 인자하게 하며 불쌍히 여기며 서로 용서하기를 하나님이 그리스도 안에서 너희를 용서하심과 같이 하라"(엡 4:32, 마 5:12 참조)고 권고했다. 다른 곳에서도 "그러므로 너희는 하나님의 택하신 거룩하고 사랑하신 자처럼 긍휼과 자비와 겸손과 온유와 오래 참음을 옷 입고 누가 뉘게 혐의가 있거든 서로 용납하여 피차 용서하되 주께서 너희를 용서하신 것과 같이 너희도 그리하고 이 모든 것 위에 사랑을 더하라 이는 온전하게 매는 띠니라 그리스도의 평강이 너희 마음을 주장하게 하라 평강을 위하여 너희가 한 몸으로 부르심을 받았나니 또한 너희는 감사하는 자가 되라"(골 3:12-15)고 썼다.

**용서의 대가** 자신에게 상처를 주는 사람들을 용서하다보면 우리 역시 용서가 필요한 사람이라는 사실을 깨닫는다. 또 남에게 상처주는 사람이라고 쉽게 간주해버리는 그 사람들과 우리가 그렇게 다르지 않다는 사실을 인정하게 된다. 우리는 자신의 실수는 변명하고 남의 허물에 대해서는 비난하려는 자연스러운 경향이 있다. 자신이 처한 상황에 대해서는 은혜와 이해를 구하면서, 남이 똑같은 상황에 처했을 때는 정의와 처벌을 주장하는 것이다. 성경은 하나님의 용서를 경험한 사람들인 우리에게 다른 사람의 입장에 서라고 가르친다.

그리스도 안에서 우리는 잘못을 저지르는 사람에게 정의보다는 은혜를 베풀어야 한다(카리조마이(charizomai), 신약에서 용서를 표현할 때 쓰던 단어 가운데 하나로 '자비롭게 처리하다'라는 뜻. 고린도후서 2장 6-7절에 이 단어가 어떻게 사용되었는지 보라]. 때때로 이러한 행동은 힘들고 부자연스럽다. 범죄자가 받을 만한 공정한 대우가 아닌 것 같기 때문이다. 다른 사람을 용서한다는 것은 당신으로부터 빼앗아간 어떤 것을 보상해야 할 의무에서 그들을 풀어주는 것이다.

루이스 B. 스머즈(Lewis B. Smedes)는 「용서의 기술(Forgive and Forget)」에서 이렇게 말했다. "잘못을 저지르는 사람들을 잘못에서부터 풀어줄 때, 당신은 당신의 내면 세계에서 자라던 악성 종양을 제거하는 것이다. 죄수 한 명을 해방시켜주었는가? 그 죄수는 바로 당신 자신이다."

하나님의 용서를 경험한 사람으로서 남을 용서한다는 것은 참으로 믿음 있는 행동이다. 화낼 권리를 포기하여 자신의 소유를 주장하지 않고 하나님의 정의로우심에 맡겨드리는 일이기 때문이다(롬 12:19). 용서는 다른 사람을 변화시키는 분이 우리가 아니고 오직 하나님뿐이라는 진리에 바탕을 둔 행위다.

"만약 그 장소에 표시를 해두기로 한다면 도끼를 파묻을 장소는 없다"라는 경구가 있다. 그런데 우리는 다른 사람에게 심하게 상처를 입었을 때, 그것에 표시를 해두고 때때로 분노를 파내어서 가꾼다. 용서라는 것은 지나치게 불공평한 느낌이 들기 때문에, 단 한 번에 해결되는 사건이라기보다는 시간이 오래 걸리는 과정일 수 있다. 자기를 배신한 형들을 용서하는 고통스러운 과정을 통과한 요셉이 바로 그 증거다(창 42-45장).

용서하고 오랜 세월이 지난 후에도 그 상처는 기억에 여전히 남아 있을 수 있다. 스머즈가 관찰한 바와 같이, 용서란 잊어버리거나 면제해주거나 혹은 덮어주는 것과 같지는 않다. 참된 용서는 비싼 대가를 요구한다. 특히 잘못을 저지른 쪽이 회개하지 않을 때 더욱 그러하다. 그러나 용서만이 자신과 다른 사람들을 죄의 속박에서 풀어주고 비난하는 나쁜 습관에서 끊어주는 유일한 길이다(요한복음 21장 15-19절에서 베드로를 회복시켜주시는 그리스도의 자비로움을 보라). 대가의 일부는 하찮은 일로 수년 혹은 수십 년 동안 관계를 좀먹는 자존심의 문제를 풀어주는 데 쓰인다.

하나님 앞에서 하는 연습이라 생각하고, 종이를 꺼내어 지난 수년 간 당신에게 불충했거나 배신하여 상처를 주었던 사람들을 적어보라. 이 목록을 그동안 겪었던 아픔과 함께 하나님께 올려드리라. 그리고 그리스도 안에서 믿음을 통하여 목록에 적힌 사람들을 용서할 결심을 하라. 그리고 나서 십자가에서 당신을 용서하신 그 하나님 앞에서 이 종이를 구겨 태워버려라.

### 얼마나 지속되는가?

나는 지난 수년간 몇 번의 장례식에 참석했었다. 신자와 불신자의 장례식은 밤과 낮, 하늘나라와 이 땅, 소망과 절망만큼이나 차이가 난다. 예수 그리스도를 아는 사람이 '고향으로 돌아가는' 이 의식은 그리스도 안에 있는 소망이 진정한 '지불 완료'가 되는 시간이다. 슬픔을 억제할 수 없는 이 순간에 우리의 믿음이 더욱 실제적이고 능력이 있음을 발견할 수 있다. 그리스도를 따르는 사람에게 죽음은 끝이 아니다. 새롭고 더 나은 영역으로 가는 출입구다. 육체는 뒤로 남겨지지만 영혼은 새롭고 영화로운 부활의 몸을 입는 날까지 주님과 함께하는 것이다.

성경은 우리가 몸에 거하지 아니하면 주님과 함께 거한다는 사실을 말해준다(고후 5:6-7). 또한 "예수 안에서 자는 자들도 하나님이 저와 함께 데리고 오시리라"는 것과 "그리스도 안에서 죽은 자들이 먼저 일어나고 그 후에 우리 살아남은 자들도 저희와 함께 구름 속으로 끌어올려 공중에서 주를 영접하게 하시리니 그리하여 우리가 항상 주와 함께 있으리라"(살전 4:13-18)는 사실을 확신한다.

사랑하는 사람이 생을 마감하고 다시는 돌아올 수 없게 되었을 때, 그것은 세 차원의 시간 영역에서 깊은 의미가 있다.

**과거** 사랑하는 사람이 숨질 때마다 내 의식 속에는 수많은 추억이 밀려온다. 그들 인생의 영상들이 증폭되어 마음의 자막을 가로지른다. 그러면 나는 그와 나누었던 모든 일들을 동시에 회상해볼 수 있게 된다. 마음속으로 모든 귀했던 일들과 고생했던 일들을 찾아서 생생하게 배열하면서, 처음이지만 고인이 다른 사람의 삶 속에 미쳤던 영향을 실감하는 시간을 가진다.

또한 내가 얼마만큼 고인의 영향을 받아 발전했는지, 그가 얼마나 진심으로 내 편을 들어주었는지도 발견하게 된다. 오직 그만이 끄집어낼 수 있는 내 인격의 어떤 부분들이 있다. 다른 사람이라면 할 수 없었던 독특한 부분들 말이다.

**현재** 우리에게 중요한 의미가 있었던 사람들은 고인이 된 후에도 오랫동안 잔잔한 영향을 미친다. 그 영향은 측정할 수 없다. 세월과 세대를 거쳐 삶의 세밀한 부분에까지 계속해 반향을 합성해나가기 때문이다.

이러한 과정의 충만함은 그리스도의 날이 임하기까지는 분명하지 않다. 그러나 이 과정을 통해 우리는 이 땅 위에 체류하는 몇십 년 동안 하나님의 독특한 목적을 이루는 오늘의 삶을 위해 각자가 부름받았다는 사실을 깨닫게 된다.

우리가 맺는 각각의 관계들이 마지막 만남이 될 수도 있다고 간주해보라. 이는 중요한 일로서 현재가 함축하고 있는 또 다른 의미다. 이러한 생각을 함으로써 우리는 후회 없는 삶의 태도를 가질 수 있다. 다시 말해, 다른 모든 사람들에게 사랑한다고 말할 것이나 용서해줄 것, 용서를 빌 것, 감사를 표현할 것 등을 남겨 놓지 않고 살게 된다.

**미래** 사랑하는 사람의 죽음은 우리가 죽는다는 사실과 이 세상에서의 순례가 짧다는 사실을 말해준다. 전도서 7장 2절은, "초상집에 가는 것이 잔칫집에 가는 것보다 나으니 모든 사람의 결국이 이와 같이 됨이라 산 자가 이것에 유심하리로다"라고 말한다. 장례식은 이러한 현실의 방명록이다. 한시적인 것과 영원한 것의 실상에 대하여 나약한 창문을 잠시 열어두는 시간인 것이다.

우리는 변명하고 딴청을 부려도 결국은 이런 물음에 답해야 한다. "나의 소망은 어디에 있는가? 나는 이 세상이 주는 약속과 보상을 소망하고 있는가, 아니면 결코 사라지거나 없어지지 않는 소망을 붙잡고 있는가?" 성경은 말하기를 그리스도 안에 소망을 두는 사람은 결코 실망하지 않는다고 했다(롬 9:33). 이 소망은 우리 영혼의 닻이다(히 6:19). 그리고 믿는 사람으로 하여금 인생의 격랑 가운데서 견고히 서 있도록 힘을 준다.

## 적용을 위한 질문

- 두 가지 위대한 명령이 당신의 매일의 삶 속에 어떻게 연관되어 있는가?

- 당신은 왜 예수님을 기쁘시게 하기보다 다른 사람을 감동시키는 데 더 관심이 있는가?

- 당신은 사람들이 가진 위대함을 어떻게 정의하는가?

- 진정한 겸손과 봉사 정신의 핵심은 무엇인가?

- 당신은 그리스도의 자원이 당신의 것이라고 얼마만큼 믿고 있는가?

- 이 개념을 온전히 받아들이지 못하도록 당신을 막는 것은 무엇인가?

- 관계를 어떤 시각으로 바라보는가? 당신은 자기 방어에 더 가까운가, 아니면 자기 개방에 더 가까운가?

- 당신은 인생에서 만나는 까다로운 사람들을 어떻게 대하는가?

- 당신은 다른 사람이 당신에게 한 짓에 대한 분노나 용서하지 못하는 감정을 얼마만큼 숨기는가? 어떻게 이런 일들을 표현하는가?

# 제2부 PARADIGM SPIRITUALITY
# 패러다임 영성

● 한시적인 관점에서 영원한 관점을 계발하기

영성에 대한 이 접근법은 한시적 가치와 영원한 가치 체계를 중점적으로 대조한다. 문화적인 삶의 관점을 성경적인 관점으로 바꿀 필요가 있음을 강조한다. 죽을 수밖에 없는 운명을 경험하고 나면 우리의 소망은 보이는 것에서 보이지 않는 것으로 변환된다. 또 현재 주어진 기회들이 얼마나 고귀한지 깨닫게 된다. 이러한 가정(假定)은 우선 순위를 결정하고, 우선 순위는 행동을 결정한다.

제2부 _ **패러다임 영성** PARADIGM SPIRITUALITY

# 4

# 인생은 항해, 그런데 우리는 어디로 가고 있는가?

| 이 장의 개관 | 성경적인 현실주의는 우리가 이 땅에 잠깐 머무를 뿐이라는 사실을 알게 하여, 우리의 소망이 지나가는 이 세계를 바라보는 것에 있지 않고 영원하신 하나님의 약속에 있다는 사실을 깨닫게 해준다. 우리의 유한성을 점차 더 알아갈수록 현재 주어진 기회들을 더욱 소중히 간직하게 된다. |
|---|---|
| 이 장의 목표 | • 이 땅에 잠깐 머무르는 것에 대한 더 나은 이해<br>• 현재에 대한 성경적 현실주의와 미래를 향한 소망 사이의 균형<br>• 현재 주어진 기회의 소중함에 대한 깊은 이해 |

## 남은 일년

다음과 같은 상황을 가정해보자. 정기 검진 후에 의사는 당신이 곧 죽게 될 병에 걸려 있다고 말했다. 당신은 두 번, 세 번의 재검진을 요청했고 결국 앞으로 많이 살아야 일년밖에 남지 않았다는 사실을 알게 된다. 병이 어떤 상황으로 진척될 때까지 자각 증상은 없을 것이다.

이러한 시나리오가 당신 인생의 비전에, 이 땅 위에서의 역할에 그리고 남아 있는 시간을 투자하는 일에 어떻게 영향을 미치겠는가? 삶을 현재적인 관점으로 보느냐 성경적인 관점으로 보느냐에 따라 현재를 바라보는 시각과 일상을 변화시키는 정도에 차이가 난다. 후자는 우리가 지상에 머무는 것이 순간적이라는 사실을 강조한다. 가장 귀중한 자산과 시간을 사라지지 않는 결과를 거두는 일에 투자해야 한다는 급박성에 대해 말하고 있는 것이다. 전자의 관점은 죽음의 절박함을 전형적으로 부인하고 한시적인 것을 영원한 것으로 간주한다.

## 인생의 순간성을 깨닫기

주 앞에 억천만 년이 한 날과 같도다.
이 세상 모든 일들이 다 잠시뿐이라.
세월이 흘러가는데 인생은 떠난다.
이 인생 백 년 살아도 꿈결과 같도다.

이 시는 아이작 와트(Issac Watt)의 찬송가 '예부터 도움 되시고'(우리 찬송가 438장 - 역주)의 가사로 시편 90편을 근거로 한다. 여기에서 시편의 저자는, 하나님의 영원하심과 순간성을 극명하게 대조하고 있다. 이 시편의 저자인 모세는 그의 인생의 마지막에 우리 날 계수함을 가르치사 지혜의 마음을 얻게 해달라고 노래한다(12절). 다윗의 시편 39편 4-7절도 같은 주제를 묵상하고 있다.

여호와여 나의 종말과 연한의 어떠함을 알게 하사
나로 나의 연약함을 알게 하소서
주께서 나의 날을 손 넓이만큼 되게 하시매
나의 일생이 주의 앞에는 없는 것 같사오니
사람마다 그 든든히 선 때도 진실로 허사뿐이니이다
진실로 각 사람은 그림자같이 다니고
헛된 일에 분요하며 재물을 쌓으나 누가 취할는지 알지 못하나이다
주여 내가 무엇을 바라리요 나의 소망은 주께 있나이다.

이사야 40장 6-8절은 한시적인 것과 영원한 것을 급격하게 대조하고 있다(시 103:15-18, 벧전 1:24-25 참조).

모든 육체는 풀이요 그 모든 아름다움은 들의 꽃 같으니

풀은 마르고 꽃은 시듦은 여호와의 기운이 그 위에 붊이라
이 백성은 실로 풀이로다
풀은 마르고 꽃은 시드나
우리 하나님의 말씀은 영영히 서리라.

야고보는 이런 생각을 과장 없이 더하고 있다. "내일 일을 너희가 알지 못하는도다 너희 생명이 무엇이뇨 너희는 잠깐 보이다가 없어지는 안개니라"(약 4:14, 1:11 참조).

## 성경적 현실과 소망

성경은 반복해서 우리가 이 행성 위에 머무는 시간이 생각보다 훨씬 짧다는 것을 일깨워준다. 어찌 보면 인생을 비관적이거나 음울하게 보는 관점인 것 같다. 그러나 잘 분석해보면 현실적이고 또한 희망적인 접근이다. 사물을 그럴 것이라고 믿기보다는 있는 그대로 아는 것이 더 좋기 때문이다. 사람은 열이면 열 모두가 죽는다는 사실과 우리 인생의 수십 년이 몇 세대 동안 피고 지는 들꽃보다 결코 길지 않음을 깨닫기 위해 신적인 계시가 필요하지는 않다.

이런 관점을 현실로 받아들이는 것은 놀라운 일이 아니다. 그러나 여기에서 희망을 발견하는 것은 놀라운 일이다. 지금 눈에 보이는 것보다는 더 많은 것들이 인생 속에 있고, 이 세상이 줄 수 있는 것보다 더 많은 것을 갈망함이 허황된 꿈이 아님을 확신하기 때문이다. 하나님이 우리를 초대하시는 성경적인 비전은 용서뿐 아니라 그리스도 안에서의 새로운 인생, 빛 바래거나 녹슬지 않는 새로운 질적인 관계를 위한 것이다.

우리의 생각을 지배하는 세 가지 주된 세계관이 있다.

첫번째는 궁극적인 실재가 물질이라고 주장하는 세계관이다. 우주 만물이 시간과 우연으로 이루어지는 비인격적인 실물이라는 것이다. 이런 견해에는 여러 종류가 있으나 자연주의, 무신론, 인본주의가 가장 널리 알려져 있다.

두번째 세계관은 궁극적 실재가 물질이 아닌 영적인 것이라고 주장한다. 그러나 이 영적인 매체는 인격적인 존재가 아닌 '모든 것'이다. 이런 시각에는 일원론, 범신론, 초월주의, 뉴에이지 운동 전체가 포함된다.

세번째 세계관은 유신론으로, 창조물과 창조자를 구별하고 궁극적 실재가 무한하고 지적이며 인격적인 존재라고 선언한다. 기독 유신론은 이 인격적인 하나님이 결정적으로 자기 자신을 예수 그리스도의 인격과 사역 속에 나타내셨다고 확언한다.

오직 세번째 세계관만이 무덤을 넘어 진정한 소망을 제공한다. 첫번째 세계관은 허무주의를 예견하고, 두번째는 환생을 주장하기 때문이다. 최근에 서구 세계에서 환생이 유행하는 것과는 반대로 동양의 종교는 환생을 달갑게 여기지 않는다. 환생이란 돌고 도는 고통스런 인생의 수레바퀴라고 생각하기 때문이다. 대신에 동양의 구원에 대한 통찰은 '존재'라는 망망한 바다 속에 빠져들고 있다. 그런데 이것은 인격적인 자각이나 관계의 통찰이 아니라 단순한 허무주의의 영적인 변형일 뿐이다.

성경은 허무주의나 환생 대신에 영생하는 새로운 빛, 생명, 사랑의 존재로의 부활을 가르친다. 그 부활은 주님과의 친밀함과 상호 동거로 특징지어진다. 우리가 지금 겪는 모든 경험은 마지막 날에 더욱 값지게 될 것이다. 우주의 설계자인 신, 즉 주 예수 그리스도의 아버지 하나님은 어딘지 모르는 곳에서 끝나버리는 계단을 결코 만드시지 않기 때문이다.

## 두 가지 상반되는 패러다임

패러다임(paradigm)은 사람의 인식을 형성하는 함축적이거나 명시적인 규칙을 바탕으로 사물을 보는 방법이다. 패러다임의 변화는 규칙이나 경계가 변화할 때 발생한다. 그 결과 우리는 더 이상 사물을 같은 시각으로 보지 않게 된다. 규칙이 변화하면 바라보는 방법도 바뀌기 때문이다. 패러다임 변화의 가장 극적인 예는 천문학의 코페르니쿠스 혁명이다. 코페르니쿠스 시대 전까지 사람들을 지배하던 패러다임은 프톨레마이오스가 주장한 지구 중심의 우주였다. 지구를 중심으로 태양과 행성들이 돌고 있다는 주장이다. 수세기 동안 천문학자들은 프톨레마이오스의 관점으로 태양계를 보았다. 수많은 관측이 이 모델에 들어맞지 않았음에도 말이다. 천문학자들은 기존의 패러다임에 의문을 던지는 대신에 복잡한 주전원(周轉圓) 이론을 고안하여 왜 어떤 행성들은 정지하고, 잠시 거꾸로 가고, 또 다시 원래의 방향으로 도는지 설명하려고 애썼다. 코페르니쿠스의 새 발견은 이 모든 관측들이 지구 중심에서 태양 중심으로 관점을 바꿀 때 완벽하게 들어맞는다는 사실에 대한 깨달음이다. 다른 말로 하면, 우리가 지구계가 아닌 태양계에 속해 있음을 깨닫는 것이다. 코페르니쿠스는 이 급진적인 생각의 변화가 적대적인 반응을 불러일으키리라는 사실을 알았다. 특히 그는 종교 제도권 내에 있는 사람들로부터 반감을 샀다. 그래서 그의 이론은 사후에 출판되었다.

이와 비슷한 방법으로, 한시적 관점과 영원한 관점은 상반되는 삶의 패러다임이다. 우리는 이 세상이 언제까지나 존재하는 양 여기며 살 수 있다. 혹은 지상에서 존재하는 것이 영원을 예비하는 잠시 동안의 순례라고도 볼 수 있다. 히브리서 11장의 남자와 여자들은 후자의 관점을 받아들인 사람들이다. "이 사람들은 다 믿음을 따라 죽었으며 약속을 받지 못하였으되 그것들을 멀리서 보고 환영하며 또 땅에서는 외국인과 나그네로라 증거하였으니"(히 11:13). 이와 대조적으로 한시적 패러다임을 채택한 사람들은 한시적인 것을 영원한 것으로, 영원한 것을 한시적인 것으로 취급한다.

어떤 사람이 댈러스에서 애틀랜타로 이주하여 그곳에서 남은 50년의 생을 산다고 가정해보자. 그는 이틀 동안의 운전을 세심하게 준비하고 모든 여정을 심사숙고할 것이다. 어떤 옷을 입을지, 어디에서 휴식을 취할지, 어디에서 기름을 넣을지, 어느 모텔에서 머물지, 어떤 음식을 먹을지 그리고 어디서 먹을지 계획할 것이다. 여행중에 일어나는 일은 무엇이든 우연한 것은 없다. 그러나 그는 애틀랜타에 도착해서 어떤 일을 할지에 대해서는 아무런 생각이 없다. 우리는 이 시나리오의 어리석음을 쉽게 발견할 수 있다. 그런데 우리가 만나는 많은 사람들이 이런 식으로 인생을 살아간다. 이 비유에서 이틀 간의 여행은 우리의 지상 체류이고 50년의 생은 영원한 미래를 가리킨다. 그런데 영원에 대해 말할 때 우리는 우스꽝스럽게도 '영원'이라는 개념을 어느 정도 한시적인 규모로 받아들이는 것 같다. 아마도 영원한 미래라는 개념이 많은 사람들에게 모호하고 희미하기 때문일 것이다.

마르셀 프루스트(Marcel Proust)는 "진정한 발견은 새로운 땅을 찾는 것이 아니라 새로운 눈으로 보는 것이다"라고 말했다. 문제는 우리가 한시적인 세상에 살고 있기 때문에 한시적인 패러다임 속에 갇혀 있다는 데 있다. 성경적인 패러다임으로 변화하기 위해서는 엄청난 모험을 해야 한다. 세상 문화가 힘을 실어주는 모든 것에 도전해야 한다. 문화적인 패러다임에 더 많은 것을 투자하고 그 안에서 역할을 더 잘 할수록, 우리의 관점을 성경적 패러다임으로 바꾸면 많은 것을 잃을지도 모른다는 생각에 점점 빠지게 된다. 마음을 성경의 진리로 새롭게 하고, 이 진리를 다른 그리스도인과의 관계에서 강화할 때, 비로소 우리는 정말로 짧은 순례의 길을 가고 있다는 사실을 보기 시작한다.

그러므로 우리는 사라져 없어지는 것들을 추구하지 말고 지속되는 것을 추구해야 한다. 문제는 이러한 한시적인 것에서 영속적인 것으로의 관점 변화가 천문학의 코페르니쿠스 혁명과는 달리 뒤집힐 수도 있다는 사실이다. 이 두 가지 상반되는 관점 사이에서 파리채 뒤집듯이 오락가락하는 것이다. 이러한 현상은 우리가 남은 삶을 이 땅 위에서 살아갈 때 끊임없이 겪게 되는 고통이다.

## '짧고 열광적인 리허설'

마법의 섬을 지배하는 마술사 프로스페로(Prospero)는 셰익스피어의 마지막 희곡 「템페스트(The Tempest)」의 주인공이다. 프로스페로가 제4막에서 그를 찾아온 손님 페르디난도(Ferdinand)에게 말을 할 때, 그는 마치 셰익스피어 자신이 인생의 마지막에 다다른 것처럼 작가의 성품을 직접적으로 반영한다.

우리의 잔치가 끝나가오.
내가 당신에게 예언한 것처럼,
이 배우들은 모든 영들이며 공기 속에,
엷은 공기 속에 스며들고 있소.
그리고 마치 밑 없는 천 같은 환상처럼,
구름으로 덮여진 탑들, 찬란한 성들, 장엄한 사원들, 굉장한 이 세계.
그렇소, 물려받은 모든 것은 사라질 것이오.
그리고 마치 이 허울뿐인 행렬이 사라져가듯이,
옷걸이 하나 남김없이 사라져가오.
구름이 그렇게 만들어졌듯이 우리가 그와 같소.
우리의 하찮은 인생은 잠자는 시간으로 둘러싸여 있소.

연극의 마지막 부분에서 프로스페로는 마술을 포기하고 무덤으로 향한다. 바로 그렇게 작가는 인생의 무대 위에 더 이상의 장면을 만들어놓지 않았다. 지상의 존재가 잠깐뿐임을 반향하면서 말이다. 그는 인간의 한시적인 성취가 전체적으로 볼 때 종말을 맞을 수밖에 없음을 알았다. 이는 하나님의 날에 인간이 쌓아 올린 것이 불 같은 소멸을 맞으리라는 성경의 말씀과 일치된다. "그러나 주의 날이 도적같이 오리니 그날에는 하늘이 큰 소리로 떠나가고 체질이 뜨거운 불에 풀어지고 땅과 그 중에 있는 모든 일이 드러나리로다"(벧후 3:10).

마음속 깊은 곳의 갈망을 살펴보면 이런 염원들은 이 덧없는 세상이 주는 어떠한 것들로도 충족될 수 없다. 부족한 시간, 기회, 에너지가 우리의 깊이 자리 잡은 소망과 꿈의 표피조차도 건드리지 못한다. A. W. 토저(A. W. Tozer)는 그의 고전적인 묵상집,「거룩의 지식(The Knowledge of the Holy)」에서 이렇게 적고 있다. "우리 인생의 날들은 많지 않다. 뜨개질하는 사람의 움직임보다 더 빠르다. 인생은 머물러서는 들려줄 수 없는 연주회를 위한 짧고 열광적인 리허설이다. 좀 숙달된 무엇인가를 얻었을 때 우리는 곧 연장들을 내려놓아야만 한다. 우리가 본래 어떤 것을 잘 할 수 있도록 만들어졌는가를 생각하고 성숙해진 후 수행할 만큼 충분한 시간이 우리에게는 없다."

## 죽을 수밖에 없음을 경험하기

인생의 첫 30년 동안 몇 사람만이 이 지혜를 터득한다. 영화 '죽은 시인의 사회'에서 로빈 윌리엄스(Robin Williams)는 사립학교의 영어 교사 역을 맡았다. 그는 사춘기의 아이들에게 이 진리를 전달하는 거의 불가능한 모험을 극적으로 시도한다. 그는 학생들을 낡은 트로피 상자 앞에 모으고, 70년 혹은 80년 전에 졸업한 학생들의 얼굴을 자세히 들여다보게 한다. 카메라가 다가가면서 사진 속의 얼굴을 확대할 때, 우리는 그 젊은이들의 눈과 미소 속에서 모든 희망과 야망을 본다. 윌리엄스는 학생들에게 사진 속의 사람들은 그냥 그 사람들이지만 그들은 지금 죽어가고 있다고 설명한다. 그리고 학생들에게 순간을 포착하라고 권면한다. 현재를 즐겨라!

그러나 인생은 중년의 위기에 냉정한 몸부림을 요구한다. 경험에 따라 그 몸부림이 중년이 거치는 과정이 될 수도 있다. 그리고 반드시 죽게 된다는 사실을 경험적으로 깨닫는다. 역량이 소진되고 책임질 일들이 증가하면서 우리는 이 땅 위에서의 희망과 꿈을 모두 성취할 수 없다는 사실을 분명하게 깨닫는다. 이 사실은 이 땅의 소망만 가진 사람들에게는 외상을 치료하는 구실을 한다. 그러나 하나님의 성품과 약속에 소망을 둔 신자들에게는 능력 있는 기억이 되어 애정과 야망을 진정한 고향, 즉 하늘나라에 두게 한다.

토저는 계속하여 이렇게 덧붙였다. "얼마나 완벽하게 만족스러운가. 우리의 한계를 벗어나 아무것도 소유하지 않으신 하나님을 향한다는 것이! 영원한 날들이 그의 마음에 있음이여. 그에게는 시간이 지나가지 않고 정지해 있다. 그리스도 안에 서 있는 사람은 그분과 함께 끝없는 시간과 한없는 날들의 부요함을 나누게 된다."

이 세상에서의 책임과 압력은 우리가 집중하도록 떠들썩하게 요구하며, 내적인 삶을 고갈시켜서 우리 영혼을 굶겨 죽이려 한다 이런 일이 발생했을 때 우리는 정말로 문제가 되는 일을 보는 시각을 잃어버리고 지나간 일들에만 집중한다. 영원히 견디어 남을 것보다는 결국은 사라져버릴 것에 더 많은 생각과 관심을 투자할 때 우리의 가치 체계가 혼란스러워진다.

사도 요한은 우리에게 경고한다. "이 세상이나 세상에 있는 것들을 사랑치 말라 누구든지 세상을 사랑하면 아버지의 사랑이 그 속에 있지 아니하니 이는 세상에 있는 모든 것이 육신의 정욕과 안목의 정욕과 이생의 자랑이니 다 아버지께로 좇아온 것이 아니요 세상으로 좇아온 것이라 이 세상도, 그 정욕도 지나가되 오직 하나님의 뜻을 행하는 이는 영원히 거하느니라"(요일 2:15-17). 야고보는 "그런즉 누구든지 세상과 벗이 되고자 하는 자는 스스로 하나님과 원수 되게 하는 것이니라"(약 4:4)고 덧붙였다. 예수님도 하나님의 증거보다는 사람들의 의견에 더 관심을 갖는 사람들을 이렇게 훈계하셨다. "사람 중에 높임을 받는 그것은 하나님 앞에 미움을 받는 것이니라"(눅 16:15).

사실 이러한 구절들은 굉장히 강한 표현이다. 그러나 우리는 바보스럽게도 이 말씀들을 무시한다. 어거스틴(Augustine)이 말한 것같이 우리는 영원히 살 것처럼 육체를 돌아보아야 하며, 내일 죽을 것처럼 영혼을 보살펴야 한다.

### 고귀한 현재

우리가 하늘나라에 마음을 둔다는 것은 땅 위의 것들을 소용 없게 여긴다는 의미인가? 사실상 완전히 그 반대다. 땅 위의 것에 마음을 두지 않고 하늘나라에 마음을 둘 때 오히려 지나간 삶의 기회들을 더욱 소중히 여기고 현재의 순간들을 더욱 활기차게 보낼 수 있다. 인생의 문제와 혼란에 압도당하지도 않는다. 오히려 이런 문제들은 사라져갈 것이고, "현재의 고난은 장차 우리에게 나타날 영광과 족히 비교할 수 없도다"(롬 8:18)라는 말씀을 받아들이게 된다. 사물을 당연하게 받아들이는 대신에 자칫 간과할 뻔했던 축복과 기쁨을 맛보는 기회로 삼는 것이다.

손튼 와일더(Thornton Wilder)는 아이를 낳고 죽은 후 언덕의 공동묘지에 묻힌 젊은 여인을 묘사한 희곡, 「우리 읍내(Our Town)」에서 이와 같은 사실을 잘 그리고 있다. 제3막에서 무대 감독은 에밀리(Emily)에게 그녀의 짧은 인생 중 한 날로 돌아가 관찰해보라고 한다. 그러나 죽은 자들은 그녀에게 "네 생애 중 가장 중요하지 않은 날을 선택하라. 그날은 충분히 중요하니까"라고 충고한다. 에밀리는 그녀의 열두번째 생일을 선택한다. 그리고 이렇게 경험한다.

"난 할 수 없어. 더 이상 계속할 수 없어. 너무 빨리 지나가잖아. 다른 날을 볼 시간이 없어 ….
깨닫지 못했어. 모든 것이 계속되지만 우리는 눈치 채지도 못하잖아. 나를 언덕 위 내 무덤으로 데려다줘. 그리고 먼저, 잠깐! 다시 한 번 볼 테야 ….
안녕, 안녕, 모든 세상이여. 안녕, 그로버의 코너여 … 엄마, 아빠. 안녕, 똑딱거리는 시계야. 그리고 엄마의 해바라기야. 또 음식과 커피, 새로 다린 드레스와 따뜻한 욕조, 잠자고 일어나는 것들. 오, 대지여, 너는 너를 알아주는 모든 사람들에게 너무도 멋있었어."

그녀는 무대 감독을 쳐다보며 갑자기 눈물을 뚝뚝 흘리며 묻는다.
"사람들은 살아 있는 동안 생명을 깨닫게 되나요? 매순간마다?"
무대 감독이 대답한다.
"아니, 성자나 시인들이 아마도 조금쯤…."

이 땅 위에서 백만 년을 살 것같이 시간을 허비하는 대신에 우리는 바울의 권면을 잘 기억해야 한다. "그런즉 너희가 어떻게 행할 것을 자세히 주의하여 지혜 없는 자같이 말고 오직 지혜 있는 자같이 하여 세월을 아끼라 때가 악하니라 그러므로 어리석은 자가 되지 말고 오직 주의 뜻이 무엇인가 이해하라" (엡 5:15-17).

6살 때부터 담배를 피우기 시작했고 물을 마시기를 거부했던 유비 블레이크(Eubie Blake)는 백번째 생일을 지내고 다음과 같이 말했다고 한다. "내가 이렇게 오래 살 줄 알았다면 몸 관리를 더 잘했을 텐데." 나이든 사람들에게 인생을 한 번 더 살 수 있는 기회가 주어진다면 무슨 일을 하겠느냐고 물어보라. 그들의 대답은 이보다는 훨씬 밝게 빛날 것이다. 많은 사람들은 더 많이 명상하고, 더 많이 모험하고, 영원히 지속되는 일을 더 많이 하겠다고 대답한다.

나는 내가 말하려는 것보다는 훨씬 많은 돈과 시간을 장난감과 오락에 낭비했다. 우리는 이 일터에 한정된 시간 동안만 일하도록 할당받았다. 우리는 하늘의 주재이신 분으로부터 위임받은 시간, 재능, 보화라는 고귀한 자원들을 낭비하고 있는가, 아니면 투자하고 있는가?

## 적용을 위한 질문

- 앞으로 일년밖에 더 살지 못한다면, 당신은 그 시간을 어떻게 보낼 것이며, 그것은 당신이 지금 시간을 보내는 방법과 어떻게 다르리라 생각하는가?

- 인간이 유한함에 대해 당신은 얼마나 느끼고 경험하고 있는가? 인간이 유한하다는 사실을 자각하도록 하는 것이 왜 유익한가?

- 한시적인 시각과 영원한 시각이 당신의 삶 속에 의미하는 바는 무엇인가? 당신은 이 두 가지 방향 모두에 이끌리고 있다는 것을 느끼는가? 이것이 당신의 가치 체계에 어떤 영향을 주는가?

- 이 땅에서 200년 동안 건강하게 살 수 있다면, 당신은 그 시간들을 어떻게 투자하겠는가? 이렇게 덤으로 주어진 시간과 기회에 당신은 무엇을 성취하기 원하는가? 이것이 천국에서의 생활에 대한 당신의 관점에 어떻게 관련되어 있는가?

제2부 _ **패러다임 영성** PARADIGM SPIRITUALITY

# 하나님을 신뢰할 수 있는가?

| 이 장의 개관 | 한시적인 것과 영원한 것은 서로 대립되는 패러다임으로 근본적으로 서로 다른 가치 체계를 형성한다. 보이는 것을 넘어 보이지 않는 것을 추구하는 것은 자연스럽지도 않고 쉽지도 않다. 우리의 관점이 성경적인 전제들에 의해서만 형성되고 강화될 때, 우리는 경건한 우선 순위에 따라 살 수 있게 될 것이다. |
|---|---|
| 이 장의 목표 | • 한시적인 가치 체계와 영원한 가치 체계의 근본적인 차이점을 이해하기<br>• 우리의 전제가 어떻게 우리의 관점을 형성하는지를 생각하기<br>• 관점, 우선 순위 그리고 습관의 관계를 더 깊이 이해하기 |

### 내려놓음의 모험

한시적인 것과 영원한 것을 동시에 추구하려는 시도는 마치 반대 방향으로 달려가는 두 마리의 말에 동시에 올라타려는 것과 같다. 세상의 왕국과 그리스도의 왕국을 동시에 추구하는 것은 불가능하다. 어느 한 편에 치중하게 되어 있다. 많은 사람들이 두 길을 동시에 가려 했지만, 이것은 세상 체계에 의해 만들어지고 선전된 가구 위에 영적인 얇은 합판을 덧붙이려는 일에 지나지 않다.

지금까지 요란스럽게 떠들어대면서 조작하라고 배워온 모든 것들을 내려놓는다는 것은 대단한 모험이다. 보이는 것들을 넘어 보이지 않는 것을 보고, 세상의 약속보다는 하나님의 약속을 신뢰하고, 지금 여기서 할 수 있다고 세상이 말하는 것들보다는 예수님이 다시 오실 때까지 성취되지 않을 것들을 소중하게 여기는 일은 결코 편안하지도 자연스럽지도 않다. 우리는 자신이 정한 조건에 맞는 통제와 안전을 원한다. 그러나 성경은 스스로 통제할 수 있다는 착각을 버리고 자신을 기탄없이 하나님과 그분의 목적 앞에 내려놓을 때 비로소 진정한 안전이 보장된다고 말한다.

## 두 가지 경쟁적인 가치 체계

한시적인 가치 체계는 하나님께 의탁하지도 의존하지도 않는다. 왜냐하면 보이는 것에 기반을 두기 때문이다. 반면에 영원한 가치 체계는 보이지 않으므로 믿음으로 동행하라고 요구한다(고후 5:7). "우리가 소망으로 구원을 얻었으매 보이는 소망이 소망이 아니니 보는 것을 누가 바라리요 만일 우리가 보지 못하는 것을 바라면 참음으로 기다릴지니라"(롬 8:24-25).

세상의 문화는 우리에게 이 세상은 있는 그대로가 전부라는 사고 방식을 강요한다. 또 인생의 목표가 "쾌락을 극대화하고 고통은 극소화하는 것, 할 수만 있다면 이름을 날리고 자산을 쌓는 것"에 있다고 퍼부어댄다. 변종은 많지만 세상이 유혹하는 지혜는 전도서의 기자가 관찰했듯이 '해 아래'에서 발생되어온 것들이다. 위로부터 온 지혜는 해 저 너머에서 온 것으로, 우리는 불멸의 피조물이며 이 행성에서의 짧은 순간은 우리가 고대하는 영원한 삶에 비하면 아무것도 아니라고 말한다.

야고보는 세상적이고 마귀적인 지혜와 거룩하고 신성한 지혜 사이에 전쟁이 있다고 말한다(약 3:13-17). 우리 각자는 선택을 해야만 한다. 어떤 것을 믿겠는가? 믿음과 행위가 어떻게 일치될 수가 있겠는가?

이 전쟁에서 한시적인 가치 체계는 결과적으로 쾌락을 장려한다. 이는 세상적인 쾌락을 기꺼이 삼가는 사람들은 하나님을 추구하기 때문에 '괜찮은 인생'을 즐기지 못하게 된다는 것을 의미한다. 그러나 영원한 가치 체계는 하나님을 아는 것이 가장 고상한 기쁨이라고 말한다. 하나님 그분만이 진정한 기쁨의 원천이다. 이에 비하면 다른 모든 것은 한낱 그림자에 불과하다.

한시적인 가치 체계는 사람들의 인정과 찬성을 치켜세운다. 그러나 영원한 가치 체계는 사람들 위에 계신 하나님의 인정을 소망하라고 권면한다. "이제 내가 사람들에게 좋게 하랴 하나님께 좋게 하랴 사람들에게 기쁨을 구하랴 내가 지금까지 사람의 기쁨을 구하는 것이었더면 그리스도의 종이 아니니라"(갈 1:10).

한시적인 가치 체계는 명성과 인기를 좇으라고 말한다. 폴 존슨(Paul Johnson)은 「예수에 대한 역사적 고찰(A Historian Looks at Jesus)」에서 유행을 추구하는 것이 덧없음을 이렇게 지적했다. "역사의 연구는 잔인하리만큼 시간 그 자체. 오늘의 센세이션은 내일의 부적절함이 되고 만다. 지금의 베스트셀러는 다음 세대의 당황스러움으로 변한다. 학문 세계에 지각 변동을 주었던 혁명적인 이론들은 다음 세대에는 빈정대는 듯한 각주로 전락하고 만다." 이와는 반대로, 영원한 가치 체계는 그리스도가 보여준 종의 도를 열심히 흉내내라고 우리를 부른다. 사람은 영원히 존재하는 어떤 일을 해놓기 전에 죽는 것을 두려워해야 한다는 말이 있다. 사람들은 영원 속으로 들어가기 때문에 그리스도의 사랑에서 나온 다른 사람 중심의 친절과 희생적인 봉사는 영원할 것이다.

한시적인 가치 체계는 성공과 안전, 정체성의 기준으로 부와 지위를 추구한다. 그러나 C. S. 루이스는 「스크루테이프의 편지(The Screwtape Letters)」에서 그 허구성에 대해 지적했다. "번영은 한 사람을 세상 속에 얽어 뜨개질을 해버린다. 그는 '이 안에서 내 자리를 찾았다'라고 느낀다. 실제로는 자신 안에서 세상이 있을 곳을 찾으면서 말이다. 명성이 더해가고, 아는 사람이 많아지고, 중요감과 열중할 수 있는 적당한 일들이 주는 압력이 커지면서 그는 이 땅에서 정말로 편안한 감정을 갖게 되는 것이다." 반면에 영원한 가치 체계는 정직성과 성품의 기준을 높인다. "네가 너를 위하여 대사를 경영하느냐 그것을 경영하지 말라"(렘 45:5). 하나님은 가끔 한량없는 자비를 베푸사 잠시 당신 자녀들의 장난감을 빼앗으신다. 그래서 그들의 소망을 피조물에서 조물주로 옮기도록 하신다.

한시적인 가치 체계는 사람과 환경을 다스릴 권한을 축적시킨다. 그러나 영원한 가치 체계는 주님 앞에서 겸손히 행하라고 말한다. "그러므로 하나님의 능하신 손 아래서 겸손하라 때가 되면 너희를 높이시리라 너희 염려를 다 주께 맡겨버리라 이는 저가 너희를 권고하심이니라"(벧전 5:6-7).

이 상반되는 가치 체계는 서로가 궁극적으로 도달하는 지점에서 결정적인 대조를 이룬다(〈표 5.1〉을 보라).

| 한시적임 | 영원함 |
|---|---|
| 쾌락 | 하나님을 알아감 |
| 사람들의 인정 | 하나님의 인정 |
| 인기 | 종의 도 |
| 부와 지위 | 순전함과 성품 |
| 권력 | 겸손 |
| ↓ | ↓ |
| 공허 | 성취 |
| 착각 | 현실 |
| 어리석음 | 지혜 |

〈표 5.1〉

사람들은 자신이 쾌락, 인정, 인기, 지위, 권력을 원한다고 생각한다. 그러나 잘 분석해보면 결국 이런 것들의 추구는 공허와 착각과 어리석음으로 귀결된다. 하나님은 우리에게 영원을 사모하는 마음을 주셨다(전 3:11). 우리의 깊은 갈망은 성취(사랑, 희락, 화평)와 현실(사라지지 않는)과 지혜(삶의 기술)에 있다. 이런 진정한 성취에 이르는 유일한 길은 세상이 주는 가치 체계를 초월하여 하나님의 가치 체계 안에서 자각을 가지고 선택을 해나가는 것이다. 이러한 선택은 우리가 아직 보지 못한 인격에 대한 신뢰를 바탕으로 한다. "예수를 너희가 보지 못하였으나 사랑하는도다 이제도 보지 못하나 믿고 말할 수 없는 영광스러운 즐거움으로 기뻐하니 믿음의 결국 곧 영혼의 구원을 받음이라"(벧전 1:8-9).

가나의 혼인 잔치 이야기가 보여주듯이, 세상은 극상품 포도주를 먼저 내고 사람들의 입맛이 무뎌졌을 때 값싼 것을 낸다. 그러나 주님이 물로 포도주를 만드신 기적에서 보았듯이, 예수님을 따르는 자에게는 극상품 포도주가 마지막까지 예비되어 있다.

## 가정이 관점을 형성한다

우리가 때때로 타협하지 않는 헌신에 대하여 검토하지 않는 데는 어느 정도 문제가 있다. 나에게 있어서 세계관의 근저를 이루는 근본적인 가정(假定)들은, 프란시스 쉐퍼(Francis Schaeffer)가 썼듯이, "하나님은 거기 계시다"와 "그분은 침묵하지 않으신다"는 것이다. 즉 모든 창조의 주재는 "여러 부분과 여러 모양으로"(히 1:1) 사람에게 자신을 드러낸 한 인격이시다. 여기에는 창조의 일반적 계시, 양심, 꿈, 환상, 예언, 사자, 분명한 모든 것을 통한 특별 계시, 예수 그리스도의 인격과 사역 안에 드러낸 개인적 계시가 모두 포함된다. 나는 성경을 자신의 성품과 방법에 대한 하나님의 선언이자 아들을 통해 구속할 사람들에게 보내는 그분의 연애편지로 본다. 그리고 어떻게 지혜, 목적, 믿음, 사랑, 소망을 가지고 살아야 하는지에 대한 하나님의 청사진으로 본다.

이것이 인생에 대한 나의 근본적인 가정이므로 모든 것이 여기에서 흘러나온다. 하나님은 누구시고, 우리는 누구며, 어디서 왔으며, 왜 여기 있는지, 어디로 가는지, 다른 사람과 어떻게 관계를 맺을지에 대한 나의 관점을 형성한다.

## 가정이 의미하는 것

내가 발견하기로는 모든 사람이 세계관, 철학 그리고 믿음으로 붙잡고 있는 인생에 대해 일련의 가정들을 가지고 있다. 그러나 몇 사람만이 그것을 인식한다. 인간 존재에 대한 근본적인 가정을 표현할 수 있는 극소수만이 이러한 가정들을 논리적으로 함축된 의미를 통하여 사고해왔다. 몇 명만이 논리적으로 내포된 의미를 실제 살아가는 방법에 대비시켜온 것이다. 이것이 대다수의 사람들이 믿음과 실제 사이에서 모순을 안은 채 살아가는 한 가지 이유다.

나의 기본적인 가정들, 즉 하나님은 무한하시고, 한 인격으로 존재하시며, 그리스도와 성경을 통해 결정적으로 자신을 드러내셨다는 사실로 돌아가자. 이와 같은 관점이 논리적으로 함축하고 있는 의미는 무엇인가? 몇 가지가 있겠으나 가장 중요한 첫번째 의미는 다음과 같다. 즉 인생이란 우리에 관한 것이 아니라 하나님에 관한 것이고, 모든 것은 하나님에 의하여, 하나님을 위하여 창조되었다(골 1:16). 우리는 하나님을 섬기기 위한 존재지 자신을 섬겨달라고 하나님을 설득하기 위한 존재는 아니다. 성경은 계속해서 "네가 아니라 내가 하나님이다"라는 사실을 상기시켜준다.

두번째 의미는, 우리가 모든 선한 것의 주재이신 분과 관계를 맺기 위해 창조되었다는 사실에 있다. 그러므로 우리에게 하나님을 아는 지식에서 자라가는 것과 그분의 은혜와 능력으로 그분을 점점 닮아가는 것보다 더 큰 목적은 없다.

세번째 의미는, 성경은 살아계신 하나님에 의해 감동되었으므로 우리가 성경의 교훈과 원리를 지혜롭게 배우고 이해하고 경험하여 삶에 적용시킬 수 있다는 점이다. 성경은 이 땅에 머무는 짧은 시간이 우리가 영원한 하늘의 시민권을 준비하도록 설계되었다는 사실을 드러낸다. 그러므로 "사람 중에 높임"을 받지만 "하나님 앞에 미움을 받는 것"(눅 16:15)에 얽히고 짓이겨 들어가는 사람은 바보 중에 바보다. 예를 들어, 일터에서 우리는 사람을 기쁘게 하기 위해서라기보다는 그리스도의 종으로서 주어진 과업을 세심하게 수행해야 한다(골 3:22-24). 우리의 야망은 다른 사람들과는 달라야 한다. 지위, 권력, 특권, 부귀를 추구하기보다는 하나님의 인정을 구해야 한다(고후 5:9).

네번째 의미는, 우리가 계속해서 영원한 것에서 한시적인 것으로 끌림을 받을 것이라고 예상할 수 있다는 사실이다. 성경의 진리들은 반문화적이기 때문이다. 유혹에 빠져 순종과 섬김으로부터 벗어나 불순종하고 이기적이 될 때마다, 우리는 자신에게 가장 좋은 것이 무엇인지 하나님보다 자신이 더 잘 안다고 생각한다. 아니면 하나님이 아예 통제 불능 상태에 계시다고 생각하며 스스로를 속인다. 순종은 신뢰에서 나온다. 우리는 마음의 욕망과 방책에 순종하든지, 아니면 우리를 지으시고 사랑하사 구속해주신 주님의 말씀에 순종하든지 결정해야 한다.

가정이 관점을 형성한다. 그 관점은 차례로 우선 순위를 결정하고, 우선 순위는 행동을 결정한다.

## 관점이 우선 순위를 결정한다

수년 전에 한 교역자가 주말의 긴 휴일을 앞두고 자동차에 기름을 넣기 위해 차례를 기다리고 있었다. 안내원은 빠르게 일했지만 주유소 앞에는 그보다 먼저 온 차들이 많이 있었다. 드디어 안내원은 그에게 주유기 쪽으로 오라고 눈짓하면서 이렇게 말했다. "목사님, 기다리게 해서 죄송합니다. 모든 사람들이 긴 여행을 준비하느라 마지막 순간까지 기다리는 것 같군요."

목사는 싱긋 웃으며 말했다. "맞아요. 제 사역도 마찬가지입니다."

영원한 관점을 가지고 있는가? 그렇다면 이 짧은 지상 체류가 우리로 하여금 영원한 하늘의 시민권을 준비하도록 설계되었다는 성경적 진리를 터득하고 있는 셈이다. 이러한 관점에 맞추어 자신을 더 많이 조정할수록 단기적, 장기적 우선 순위에 더 많은 영향을 받을 수 있다.

내 친구 고든 애덤스(Gordon Adams)는 인생을 잠시 호텔에 머무는 것에 비유한다. 어떤 때에는 싸구려 여관같지만, 어떤 때에는 베개에서 박하향이 나고 테이블 위에 꽃이 놓여 있는 곳일 수도 있다. 그러나 호텔의 가격이 얼마이든 우리는 여전히 여행 가방에 지탱하여 사는 신세다. 적어도 호텔에 머무는 동안에는 말이다. 그곳이 집이 아니라는 것을 알기에 장식을 바꾼다 해도, 심지어 커튼이나 벽지가 마음에 들지 않는다 해도 상관없다. 하나님은 집에서 만든 좋은 음식을 다른 것으로 바꾸기 위해 룸서비스를 결코 계획하지 않으셨다. 하나님이 당신의 아들을 알고 사랑하는 자들을 위해 예비하신 영광스러운 거처와 호텔을 혼돈하는 것은 어리석은 실수다.

그런데 하나님의 약속이 막연하고 아득하게 느껴지는 데 어느 정도 문제가 있다. 우리는 천국에 대한 기억이 없다. 그러나 하나님은 우리에게 말씀을 주셨다. 그 말씀은 우리를 가치 있게 만드는 것 이상의 역사를 이룬다. "우리가 여기는 영구한 도성이 없고 오직 장차 올 것을 찾나니"(히 13:14). 우리가 이 땅에서 체류자요, 낯선 사람이요, 방랑하는 외국인임을 기억한다면, 우리의 우선 순위는 "하나님이 경영하시고 지으실 터가 있는 성"(히 11:8-10)을 바랐던 아브라함의 우선 순위를 반영하게 될 것이다.

또 다른 친구 맥스 앤너스(Max Anders)는 죄근에 「좋은 인생(The Good Life)」이라는 제목으로 바울이 에베소에 보낸 서신서의 실제적인 주해서를 썼다. 여기에서 그는 세상이 주는 것과 말씀이 주는 것이 어떻게 다른지 날카롭게 대조했다. 전자는 돈과 야망과 섹스와 권력을 강요하지만, 후자는 부귀(엡 1-3장), 목적(4:1-5:17), 사랑(5:18-6:9), 진정한 능력(6:10-20)을 약속한다. 그러나 너무나 자주 우리의 우선 순위는 하나님이 주신 진정한 실체의 그림자만을 뒤쫓는다.

무엇이 끝까지 견디겠는가? 우리가 가지고 갈 수 있는 것이 있겠는가? 아니라면 모든 것을 남겨두어야 하는가? 다른 나라를 여행하려면 화폐를 교환해야 한다. 이 세상의 화폐는 다음 세상에서는 소용이 없다. 그리스도를 위해 다른 사람들의 삶 속에 투자하지 않는다면 말이다. 그리스도의 사랑으로 표현되는 다른 사람 중심의 관계는 하늘에서 통용되는 화폐다.

## 우선 순위가 행위를 결정한다

내가 두 기념식에서 만나는 특권을 가졌던 어떤 사람의 말에 귀기울여보자.

"우리는 출생에 대해서는 분명한 감각을 가지고 있다. 그러나 죽음에 대해서는 이론적인 감각을 가지고 있다. 당신이 얼마만큼의 날들만을 가지고 있는지 깨달으라. 죽기에 좋은 시간은 없다. 인생에서 은퇴한 후 죽음을 준비하지는 않는다. 이 행성을 떠나면 당신은 다시는 복음을 나누고, 잃어버린 자들을 섬기고, 가난한 자들을 먹일 특권을 누리지 못한다. 남은 날을 헤아리는 삶은 가책을 느끼는 여행을 의미하지는 않는다. 세상에서 그리스도를 대리하는 특권과 기회를 즐기도록 일깨우는 것이다. 이것은 사랑을 통해서 진행된다. 당신이 하나님께 되돌려드리는 사랑은 당신이 가지는 기회로 다가온다. 하늘나라에 가기 위해 기다리기만 해서는 안 된다. 우리가 갖게 될 기회를 맛보아야 한다." (1986년 6월)

"나는 매일 먼저 그의 나라를 구하는 것이 무엇을 의미하는지 이해하려고 한다. 이 의미의 일부분은 세상이 보상해주는 것들을 추구하지 않는 것이다. 만족을 주는 것에 다시 빠져들어가는 것이 문제다. 하나님은 나에게 내일을 약속하지 않으셨다. 이쪽 편에서 성취해야 할 일들이 있고, 또 다른 쪽에 무엇인가가 있음을 믿기 위해서는 큰 믿음이 필요하다." (1987년 3월)

마크 페트(Mark Pett)와 대화하면서 내가 이 말들을 받아 적을 무렵, 그는 말기 암으로 고통을 겪고 있었다. 우리는 같은 연배였고 그도 나처럼 사역을 하고 있었다. 그는 아픔을 통하여 엄청난 분량의 지혜를 얻었고, 1988년 2월에 주님의 곁으로 갔다. 그는 우리가 지상에 머무는 동안 발전하기 위해 실천의 특권을 누리고 기회의 창을 열라고 강조했다.

우선 순위가 행위를 결정한다면 행위는 우선 순위를 드러낼 것이다. 일관된 시간을 통해 지속적인 마음의 부흥을 갖고 있는가? 기도를 통해 하나님과의 깊어지는 친밀함에 헌신하고 있는가? 우리 영향권 안에서 신자들과 구도자들을 섬기고 사랑하라고 하나님이 주시는 기회에 민감한가? 이러한 요소들이 행위에 포함되지 않는다면 우리의 우선 순위는 성경과 일치하지 않는 것이다.

나의 친구 빌 게리슨(Bill Garrison)의 시에서 뽑은 두 시구(詩句)가 있다. 이 시구들은 언제나 내게 도전을 준다. "당신의 사망 기사를 지금 쓰라. 그리고 그것이 천국에서 역할을 잘 할지 보라." "하늘나라에서 자랑할 그 무엇을 가지고 가겠는가?"

"때가 아직 낮이매 나를 보내신 이의 일을 우리가 하여야 하리라 밤이 오리니 그때는 아무도 일할 수 없느니라 … 그러므로 우리는 기회 있는 대로 모든 이에게 착한 일을 하되 더욱 믿음의 가정들에게 할지니라 … 외인을 향하여서는 지혜로 행하여 세월을 아끼라 … 그런즉 너희가 어떻게 행할 것을 자세히 주의하여 지혜 없는 자같이 말고 오직 지혜 있는 자같이 하여 세월을 아끼라 때가 악하니라"(요 9:4, 갈 6:10, 골 4:5, 엡 5:15-16).

가정이 관점을 형성한다. 관점은 우선 순위를, 우선 순위는 행위를 결정한다.

### 적용을 위한 질문

- 보이는 것과 한시적인 것을 넘어 보이지 않는 것과 영원한 것을 소중하게 생각하는 방향으로 나아가려면 당신은 무엇을 해야 하는가?

- 한시적인 것과 영원한 것을 대조한 차트에서 그 구성 요소들을 어떻게 정의할 수 있는가? 사람들은 각각의 결과에 대해 왜 진실하게 믿으려 하지 않는가?

- 인생에 대해 당신이 가지고 있는 근본적인 전제는 무엇이며, 어떻게 이 전제들이 당신의 관점과 우선 순위를 형성하고 있는가?

- 당신의 습관은 당신의 진실된 우선 순위와 거짓된 우선 순위를 얼마만큼 밝혀주고 있는가?

# 제 3 부 DISCIPLINED SPIRITUALITY
# 훈련된 영성

● 역사적 훈련에 참여하기

영적인 삶을 위한 전통적 훈련법에 대한 관심이 부활되고 있다. 이 영성은 다양한 훈련에서 오는 유익을 강조한다. 동시에 순종과 적용의 표현으로서 하나님에 대한 철저한 의존과 개인적인 훈련 사이의 균형을 필요로 한다.

제3부 _ 훈련된 영성 DISCIPLINED SPIRITUALITY

# 6

# 의존과 훈련

| 이 장의 개관 | 훈련은 의존과 함께 가야 한다. 은혜는 노력에 반대되는 것이 아니라 얻어지는 것이기 때문이다. 훈련이 우리로 하여금 노련한 시도를 하게 하는 것처럼, 세월을 거쳐 훈련된 믿음은 영성 형성에 많은 유익을 가져다준다. |
|---|---|
| 이 장의 목표 | • 의존과 훈련에 대한 균형 잡힌 시각<br>• 영성 훈련의 다양한 유익에 대한 이해 |

## 두 가지 극단

그리스도인의 삶에 관한 두 가지 극단 가운데 어느 한 쪽으로 빠지기는 아주 쉽다. 첫번째 극단은 우리의 역할을 지나치게 강조하고 하나님의 역할을 극소화한다. 이 입장은 예수님을 위해 애쓰거나 헌신하는 성향으로 특징지어진다. 지식, 역할, 재헌신의 노력, 인간적인 행위를 강조하고 성령의 사역을 사실상 무시한다. 두번째 극단은 하나님의 역할을 지나치게 강조하고 우리의 역할은 극소화한다. 이 입장은 "하나님이 하시도록 놓아두라"는 소극성으로 특징지어진다. 경험, 초자연적인 것, 성령의 인격 등을 강조하고 다른 한 면인 인간의 역할을 경시한다.

성경적인 균형은 영적인 삶에 있어서 사람과 하나님 모두의 역할을 포함한다. 바울은 이 사실에 대해 빌립보서 2장 12-13절에 이렇게 기록했다. "그러므로 나의 사랑하는 자들아 너희가 나 있을 때뿐 아니라 더욱 지금 나 없을 때에도 항상 복종하여 두렵고 떨림으로 너희 구원을 이루라 너희 안에서 행하시는 이는 하나님이시니 자기의 기쁘신 뜻을 위하여 너희로 소원을 두고 행하게 하시나니." 인간의 측면에서, 구원을 이루어내는 것은 우리의 책임이다. 그러나 하나님의 측면에서 볼 때, 그 목적을 달성하도록 소원과 능력을 부어 주시는 분은 하나님이시다.

(다음 구절들을 읽고 그리스도인의 삶을 위해 인간과 하나님이 어떻게 협력하는지 보라. 요 14:15-17, 15:4-11, 26-27, 롬 12:1-8, 17-21, 15:30-32, 고전 15:10, 고후 2:14, 3:1-6, 6:16-17:1, 갈 2:20, 엡 6:10-20, 빌 4:13, 골 1:9-12, 28-29, 살전 5:22-24, 살후 2:13-17, 히 4:14-16, 10:19-25, 약 4:7-10, 벧전 1:22-25, 4:11, 5:6-10, 벧후 1:1-11, 요일 2:3-6)

**의존**  그리스도의 삶은 오직 성령의 능력으로만 우리 안에서 재생산될 수 있다. 그것은 하나님의 내적 사역으로서 인간의 노력으로 성취되지 않고 하나님의 권능에 의해서만 가능하다. 그리스도를 떠나서는, 성령의 능력이 아니고서는 하나님의 시각에서 우리는 아무것도 할 수 없다(요 15:4-5, 행 1:8). 그러므로 모든 일에 의지적으로 성령의 능력에 의존하는 습관을 키우는 것이 중요하다(엡 1:19, 3:16, 5:18). "내가 이르노니 너희는 성령을 좇아 행하라 그리하면 육체의 욕심을 이루지 아니하리라"(갈 5:16). "만일 우리가 성령으로 살면 또한 성령으로 행할지니"(갈 5:25).

첫번째 구절의 '행하다' 라는 말은 일반적 의미로 전체적인 면에서의 삶을 말한다. 두번째 구절의 '행하다' 라는 말은 특별한 의미로 매일 삶의 단계적인 과정을 말한다. 예수님이 그의 삶을 아버지께 전적으로 의지하며 행했던 것같이(요 6:57, 14:10) 우리도 똑같은 능력의 원천을 믿어야 한다. 우리가 삶을 창조해내는 것이 결코 아니다. 단지 그리스도의 삶을 받아서 나타낼 뿐이다.

**훈련**  의존은 중요하다. 그러나 훈련과 근신을 떠나서는 그리스도인의 삶에 성장은 없다. "오직 경건에 이르기를 연습하라"(딤전 4:7). 영성은 즉석에서 만들어지거나 자동으로 생겨나는 것이 아니다. 그것은 개발되고 정제되는 것이다. 서신서는 믿으라, 순종하라, 행하라, 나타내라, 싸우라, 여기라, 굳게 잡으라, 추구하라, 가까이하라, 사랑하라는 명령들로 가득 차 있다. 영적인 삶은 믿음의 훈련을 통해서 점진적으로 개발된다. 당신과 나는 어느 날 아침 갑자기 영적인 존재로 탈바꿈할 수 없다. 그래서 바울은 그리스도인이 삶에서 하는 훈련을 운동선수, 군사, 농부에 비유했다(고전 9:24-27, 엡 6:10-18, 딤후 2:3-6 참조). 우리는 말씀을 듣고 순종함으로써 신의 성품으로 자라난다.

영적인 성숙은 성경 속에서 삶의 원리를 발견하고 그것을 일상생활에 적용하는 능력으로 특징지어진다(히 5:11-14). 성경의 교훈은 실제 행동에 적용될 때 비로소 생명력이 생긴다. 그러나 이러한 일은 인간의 결단 없이는 일어나지 않는다. 우리는 마음과 감정이 성령에 의해서 인도되고 강해지도록 적극적으로 결단해야 한다.

## 훈련이 주는 유익

영적인 삶에 필요한 전통적인 훈련에 대한 관심이 재기되고 있다. 이 장에서는 이러한 최근의 동향과 훈련이 주는 다양한 유익들에 대해서 살펴보겠다. 인간적인 측면에서 훈련에 초점을 맞추고 있다 하더라도(인간의 책임), 우리는 또 다른 측면에 대한 시각을 결코 잊지 않도록 조심해야 한다(하나님의 섭리). 두 가지가 다 중요하기 때문이다.

최근의 많은 저자들이 말하기를, 신자들은 수세기 동안 가톨릭과 동방정교의 영성으로 알려진 영성 훈련의 부요함을 맛보고 있다고 한다. 그러나 신교도들은 대부분 그렇게 생각하지 않는다. 리처드 포스터[Richard J. Foster, 「영적 훈련과 성장(Celebration of Discipline)」, 「심플 라이프(Freedom of Simplicity)」, 「기도(Prayer)」], 달라스 윌라드[Dollas Willard, 「영성 훈련(The Spirit of the Disciplines)」], 헨리 나우웬[Henri J. M. Nouwen, 「마음의 길(The Way of the Heart)」], 밥 벤슨 1세와 마이클 벤슨[Bob Benson Sr. and Michael W. Benson, 「내면의 훈련(Disciplines of the Inner Life)」], 도널드 S. 휘트니[Donald S. Whitney, 「영적 훈련(Spiritual Disciplines for the Christian Life)」], 제임스 얼 메이시[James Earl Massey, 「영적 훈련(Spiritual Disciplines)」], 시앙-양 텐과 더글라스 H. 그레그[Siang-Yang Tan and Douglas H. Gregg, 「성령의 훈련(Disciplines of the Holy Spirit)」], R. 켄트 휴즈[R. Kent Hughes, 「경건한 사람의 훈련(Disciplines of a Godly Man)」]가 바로 그들이다.

이들은 한결같이 영적 훈련을 하나님을 추구하는 결정적인 방법으로 여긴다. 그들은 믿음의 전통적인 훈련은 선택이 아니라, 예수님을 사랑하는 사람뿐 아니라 그와 같이 되기를 원하는 사람들이 해야 하는 본질적인 훈련이라고 말한다.

대부분의 교회와 교단은 이런 사실에 대해 별로 말하지 않는다. 그래서 교인과 회원들조차 그들이 제안하는 영적인 삶을 실제로 경험하지 못하고 있다. 그 결과 그들은 이웃들과 다른 모습으로 구별되지 못한다. 그리스도인 문화에 있어서 교리에 대한 정신적인 동의가 엄격한 훈련을 추구하는 것과 직접적으로 연결되지 않는 실정이다. "한 개인은 끝장을 볼 때까지 그리스도를 따라감으로써 변화받을 수 있다." 이러한 급진적이고 반문화적인 성경의 메시지는 문화라는 옷을 입은 얄팍한 영적 합판에 덮이고 만다. 간담을 서늘케 하는 이런 사실로 인하여 교회 공동체의 많은 지도자들은 신자들이 구경하거나 고개만 끄덕거리는 사람 이상의 무엇으로 변화되어야 한다고 점점 더 깨달아가고 있다. 그들은 순전히 수세기에 걸쳐 그리스도를 닮은 남녀가 변화의 역사에 깊게 헌신했던 모습을 와서 볼 뿐이었다. 신자들은 내적 변화에 대한 개인적인 헌신 없이, 사회의 문화적인 조직망에 의해 압력을 받고 동기 부여되며 조종될 수 있다. 이 영역에서 바로 우리 믿음의 역사적인 훈련이 시작된다.

많은 사람들에게 '훈련' 이라는 말은 부정적인 냄새를 풍긴다. 이 말은 자주 독재, 외적인 억제, 율법주의, 속박을 떠올리게 한다. 그러나 성경을 잘 읽어보거나 위대한 믿음을 가졌던 역사적인 선인들의 삶을 잘 살펴보면 정반대라는 사실을 알 수 있다. 예를 들어, 잠언 전체는 개인적인 훈련이 우리의 자유를 전혀 제한하지 않고 오히려 강화시키며, 훈련이 없다면 결코 경험하지 못할 더 많은 선택을 준다는 사실을 말하고 있다. 지혜는 교훈과 훈련을 통하여 개발되는 기술이다. 이 일상적인 삶의 기술은 주님의 통치 아래 있는 모든 영역에 해당된다. 그리고 우리를 자유케 하여 하나님이 작정하신 하나님의 사람으로 자라게 한다. 그러므로 지혜, 분별, 이해, 하나님의 지식(잠 2장)을 추구하기 위해서는 욕망만 가질 게 아니라 대가를 기꺼이 치르겠다는 결심을 해야 한다.

지난 몇 년 동안 나는 피아노 건반 앞에 앉아서 멋진 음악을 연주할 수 있는 능력을 갖기를 원했다. 그러나 나의 갈망은 시간과 에너지 그리고 그렇게 될 수 있는 훈련을 기꺼이 투자하고자 하는 마음과 일치되지는 않았다. 오직 이 값을 지불하는 사람만이 건반을 울릴 수 있는 자유를 얻는다. 그러므로 훈련은 속박이기보다는 자유에 이르는 길이다. 제동 장치가 풀려서 레일을 벗어난 채 자신이 원하는 방향으로 추진되는 기차처럼, 우리가 진정한 '레일 위에서의 자유' 를 발견하지 못하면 하나님의 계획을 무시한 채 자신만을 추구하다가 땅바닥에 처박히게 될 것이다.

훈련이라는 렌즈로 신약의 복음서들을 훑어보면 예수님이 독거, 침묵, 간소함, 학습, 기도, 희생적 섬김, 금식 등과 같은 전통적인 훈련에 관여하셨음을 알 수 있다. 예수님은 이러한 훈련이 아버지의 기쁨과 명예에 열정을 가지고 있는 사람에게는 선택 사항이 아님을 이해하셨다. 이러한 훈련이 그 자체로 끝나는 것이 아니라 아버지를 알고 순종하는 방법임을 아셨던 것이다. 그래서 "너는 마음을 다하고 성품을 다하고 힘을 다하여 네 하나님 여호와를 사랑하라"(신 6:5, 막 12:30 참조)는 제일의 명령을 하셨다.

그러나 웬일인지 우리는 예수님의 영성을 닮지 않고서도 그분과 같아질 수 있다는 환상을 가지고 있다. 분명히 주인과 닮기 원한다면 그의 행동을 흉내내야 한다. 예수님이 어떻게 살아야 할지를 아셨다고 믿는다면 우리도 그분처럼 살도록 은혜를 구해야 한다. 예수님의 습관을 따라하지 않고서 "예수님은 무엇을 하셨는가?" 라고 묻는 것은 마치 훈련을 받지 않고 마라톤에 나서는 것과 같다. 육체적인 수준에서 분명한 개념이 가끔 영적인 수준에서는 모호하게 된다. 적절한 시간과 훈련, 그리고 연습을 투자하지 않고 골프나 테니스와 같은 운동을 잘할 수 있다고 생각한다면 분명히 어리석은 일이다. 그러나 우리는 웬일인지 교회에 출석하고 1주일에 한두 번 성경을 조금 펼쳐보는 정도만으로 그리스도인으로서 잘 살아갈 수 있다고 생각한다. 신자들이 스포츠나 취미에 능숙해지기 위해 기꺼이 투자하는 것만큼 영적인 삶을 경작하는 데 시간과 정력을 쏟아보라. 이 세상은 그리스도의 공동체가 나타내는 능력에 놀랄 것이다.

우리는 그리스도를 더욱 깊게 알기를 열망한다. 그러나 그렇게 될 수 있는 생활 방식을 피하고 있다. 영적인 삶을 어떤 풍조나 운동쯤으로 격하시킴으로써 그리스도를 닮아가는 일상생활을 방해하는 유혹과 도전에 제대로 대처하지 못하고 있는 것이다. 경건한 성품을 가져다주는 적극적이고 고통스러운 변화 과정을 거치지 않아도 여전히 필요할 때마다 올바른 선택을 할 수 있는 역량이 있다고 스스로를 속이기란 쉽다. 그러나 보이지 않는 곳에서 연습하고 훈련하고 행동하지 않으면 필요할 때에 일을 잘 수행할 수 있는 기술(지혜)을 얻지 못한다. 무대 아래에서 훈련을 한 배우라야 막이 올랐을 때 연기를 잘할 수 있다. 운동장 밖에서 훈련의 시간을 가진 운동선수라야 경기가 시작되었을 때 탁월하게 움직일 수 있는 자유를 누린다. 마찬가지다. 매일 영적인 훈련을 해야 불확실한 인생의 변천 가운데서 잘 살아가도록 무장할 수 있다. 이것이 달라스 윌라드가 말한 '간접적인 준비의 법칙'이다. 즉 삶의 뒷마당에서 훈련을 통해 준비를 함으로써 예상치 못한 일에 부딪혔을 때 적합한 반응을 보일 수 있는 것이다. 우리의 의지는 훈련과 끊임없는 연습으로 단련시키지 않으면 그 자체로는 불충분하다. 훈련 부족으로 몸이 준비되어 있지 않다면, 막상 경주를 한다 해도, 좋은 의도를 가졌다 해도, 열심히 애를 쓴다 해도 얻는 것이 별로 없다.

영성을 형성하는 데 지름길이란 없다. 처음에는 열정적으로 시작해도 곧 그 시작이 과정을 지속하는 것보다 훨씬 쉽다는 사실을 발견한다. 새로운 기술을 빠른 시간 안에 배우려는 사람이라면 느끼다시피 배움의 초기 단계에서는 특별히 의욕이 솟구친다. 부자연스러운 일은 없는 것 같다. 그러나 오직 기꺼이 인내하려는 사람만이 '요령을 터득하기' 시작한다. 그런데 영적인 영역에서 우리는 결코 목표에 도달하지 못한다. 성경은 오직 그리스도 예수께 잡힌 바 된 그것을 잡기 위해, 푯대를 향하여 앞에 놓여 있는 것을 잡기 위해 계속 정진하라고 격려한다(빌 3:12-14). 예수님, 사도들 그리고 경건한 무리들이 수세기에 걸쳐 해왔던 그 훈련에 평생 헌신하라고 요구하는 것이다. 존경받고 영적으로 활기 있던 사람들 가운데 누구도 이러한 훈련을 선택 사항으로 여기지 않았다. 당신이 이런 역사의 첫번째 예외가 될 수 있다고 생각한다면 참으로 어리숙한 사람이다.

믿음의 훈련은 결코 그 자체로 끝나지 않는다. 하나님을 알게 되고 사랑하게 되고 신뢰하게 된다. 일관되게 훈련할 때 거룩한 습관이 개발되는 것이다. 이런 습관이 자라가면서 행동과 성품이 개발되고, 그리스도 안에서 새로운 정체성을 가지고 더욱 자연스럽게 살 수 있다. 매일의 선택이 습관을 만들고 습관은 성품을 만든다. 성품은 차례로 스트레스, 유혹, 역경 가운데서 우리로 하여금 결단하게 한다. 이런 식으로 성숙을 향해 가는 신자의 경건은 내적 아름다움의 외적 표현이다.

영적인 훈련은 하나님과 인간이 어우러져 내는 시너지(synergy)의 산물이다. 이것은 은혜의 도구로 작용해서 우리의 인격을 그리스도의 주 되심과 성령의 지배 아래 온전히 드릴 수 있게 한다. 훈련함으로써 몸과 마음과 기질을 하나님 앞에 드리고, 그와 같이 변화되도록 은혜를 구하는 것이다. 이런 식으로 우리는 능력 있는 천국의 삶을 배워간다. 이 훈련은 능동적이면서도 수동적이고, 주도적이면서도 피동적이다. 내주하시는 성령의 능력을 힘입는 것이다. 성령은 우리 안에서 우리를 통하여 그리스도의 삶을 나타내신다. 그러므로 우리는 힘써 훈련해야 한다. 동시에 하나님으로부터 오는 모든 은혜를 받아야 한다. 하나님의 만지심을 통해 우리 삶에 생명력이 생기고 하나님을 기쁘시게 하는 습관이 형성된다.

하나님의 은혜에 대한 반응으로 이러한 훈련과 습관을 형성하지 않으면, 그것들은 단지 그 자체로서 가치를 지닐 뿐이라는 생각에 빠지게 된다. 이렇게 생각하는 사람은 묵상이나 금식을 할 때 자신들이 그렇게 하지 않는 다른 사람들보다 영적으로 우월하다고 생각한다. 그들의 훈련은 외형적이고 스스로 고무되었으며 율법에 의한 것이다. 이들은 영성을 양적인 것으로 전락시켜, 내적이고 은혜에 의한 변화보다는 외형적인 훈련에 치중하려 한다. 그러나 훈련은 내적인 열망을 반영하고 힘을 북돋우는 외적인 행위다. 영적인 성장은 안에서 시작하여 밖으로 나가는 것이지 밖에서 시작하여 안으로 들어오는 것이 아니다. 초점을 내적인 변화의 과정에 맞춰야지 외적인 틀에 맞춰서는 안 된다. 그래야 훈련이 마술과 같은 것이라거나 우리가 하는 훈련에 다른 사람도 꼭 관여해야만 한다는 생각에서 자유로워진다. 영적인 훈련은 좋은 하인의 역할은 하지만 주인의 역할을 감당하지는 못한다. 유용한 도구이기는 하지만 목표로서는 부적합하다.

영적 훈련의 유익을 몇 가지로 요약하면 다음과 같다.

1. 그리스도를 모방하도록 격려하고 하나님의 뜻을 중심으로 행동하게 한다.
2. 세월을 두고 증명되어온 전통을 접하게 하여 영적인 삶을 구체적으로 살게 한다.
3. 행동 규정을 제시하여 하나님 앞에서 살아가는 기술을 터득하게 한다.
4. 풍성한 자원으로 무장시켜서 세상과 육신과 사탄과의 전쟁 최전방에서 싸우게 한다.
5. 전망과 능력을 부여해 우리 삶을 위한 하나님의 목적을 깨닫게 한다.
6. 변화무쌍한 환경에 좀 더 성경적인 방식으로 대응할 수 있도록 통제된 자유를 선사한다. 우리의 삶을 아래로부터 온 것이 아닌 위로부터 온 것에 지배받게 한다.
7. 영적인 삶은 철저한 의존과 책임 있는 행동 사이의 균형 잡힌 삶임을 날마다 생각나게 한다. 은혜와 자기 훈련은 영적 성숙에 필수 요소다.
8. 훈련은 내적 변화의 매개체다. 그러므로 충분한 시간을 두고 꾸준히 영적으로 훈련한 사람은 영적인 생산과 진보를 이룰 수 있다.
9. 습관을 개발함으로써 죄의 습관을 좋은 성품으로 바꿀 수 있다(예 : 정직, 신의, 긍휼).

10. 제자의 도를 걷기 위해 날마다 치러야 할 값을 기꺼이 치르게 한다. 빠르고 값싸 보이는 것은 모두 껍데기에 불과하지만 아픔을 통해 배우는 것은 끝까지 남는다는 통찰력을 얻게 한다.

---

### 적용을 위한 질문

- 당신은 의존과 훈련 사이의 조화를 어떻게 이루겠는가?

- 어떤 영성 훈련에서 당신은 가장 분명한 유익을 얻었는가?

- 영성 훈련에 반응하는 당신의 마음이나 감정에 불일치는 없는가?

- 훈련이 실습과 능숙함에 어떻게 관련되어 있는가?

- 간접적인 준비의 법칙이란 무엇인가?

- 어떻게 하면 극단주의에 빠지지 않고 훈련을 지속할 수 있는가?

제3부 _ 훈련된 영성 DISCIPLINED SPIRITUALITY

# 7

# 영적 훈련이란 무엇인가?

| 이 장의 개관 | 이 장에서는 믿음을 훈련시키는 스무 가지 방법을 소개한다. 두 가지 절제의 훈련(홀로 있음과 침묵)과 세 가지 참여의 훈련(학습, 명상, 기도)을 강조하였다. 이 다섯 가지 전략적 훈련을 실습하기 위한 실제적인 방안을 제시한다. |
|---|---|
| 이 장의 목표 | • 다양한 영성 훈련을 통한 사고 능력 배양<br>• 홀로 있음, 침묵, 학습, 명상 그리고 기도 훈련에 대한 이해 |

　영적 훈련이 무엇인지 표준화된 목록은 없지만 문헌에서 보다 많이 거론되는 개념이 있다. 리처드 포스터(Richard J. Foster)는 세 가지 유형, 즉 내적 훈련(묵상, 기도, 금식, 학습), 외적 훈련(간소함, 홀로 있음, 순종, 섬김), 통합적인 훈련(자백, 예배, 인도, 축제)을 제시했다. 달라스 윌라드(Dollas Willard)는 두 가지로 나누었다. 절제의 훈련(홀로 있음, 침묵, 금식, 절약, 순결, 은둔, 희생)과 참여의 훈련(학습, 예배, 축제, 섬김, 기도, 교제, 자백, 순종)이다. 다른 저자들은 일기 쓰기, 대화, 증거, 청지기의 도, 음성 듣기 등과 같은 다양한 활동을 훈련으로 분류한다.

　우리는 이 스무 가지의 훈련을 간략하게 살펴볼 것이다. 그리고 나서 윌라드의 유형을 사용하여 두 가지 절제의 훈련(홀로 있음과 침묵)과 세 가지 참여의 훈련(학습, 묵상, 기도)을 면밀하게 살펴보겠다. 그러나 이러한 훈련은 단지 우리를 성장시키는 도구일 뿐이라는 사실을 기억하기 바란다. 그리스도를 따르는 모든 사람들이 이 모든 훈련을 지속적으로, 엄격하게 해야 한다는 것은 잘못된 주장이다. 어떤 것은 지금 당신에게 가장 필요하지만 다른 때에 해야 더 좋은 것도 있다. 어떤 것은 양보 없이 시행되어야 하는 반면 다른 것은 간헐적으로 추구할 수도 있다. 기질과 환경에 따라 다른 것과 관련 없는 몇 가지를 뺄 수도 있다. 그러나 가끔은 당신이 보통 잊어버리는 항목을 훈련해서 그것이 주는 독특한 유익을 경험할 필요가 있다.

## 훈련

**홀로 있음과 침묵**  홀로 있음은 가장 근본적인 훈련으로 세상의 유혹과 야망에서 벗어나 하나님의 임재로 나아가게 한다. 홀로 있음을 통해서 우리는 동료와 사회로부터 받은 영향을 제거하고 무명이 주는 위안을 얻을 수 있다. 이 은둔에서 힘, 독립, 명상, 소생의 장소를 발견할 수 있다. 동시에 우리 안에 있는, 그리스도의 삶과는 이질적인 내적 모형과 동력에 직면하게 된다.

침묵은 홀로 있음의 촉진제다. 내적 격리를 준비하게 하고 성령의 조용한 음성을 들을 수 있게 한다. 그런데 소수의 사람만이 진정한 침묵을 경험한다. 우리 문화가 소음으로 가득 차 있고 대중이 시끄러움과 왁자지껄함에 중독되어 있음을 생각할 때 침묵은 전혀 색다른 경험이다. 침묵의 훈련은 우리 환경 가운데서 조용한 장소를 찾는 것일 뿐 아니라 다른 사람과 함께 있을 때에도 말을 절제하는 시간을 가지는 것을 의미한다.

**기도**  기도는 살아계신 하나님과의 개인적인 성찬이요 대화다. 성경적인 관점에서 기도는 짐스러운 의무가 아니다. 오히려 기회이자 특권이다. 하나님 앞으로 다가가서 그분의 은혜를 받고, 우리의 짐과 두려움을 내려놓고, 하나님과 터놓고 얘기할 수 있는 만남의 장소다. 기도를 규격화된 시간 속으로 제한시켜서는 안 된다. 기도는 일상적인 활동 속에서 하나님의 임재를 느끼며 계속되는 그분과의 대화여야 한다.

**일기 쓰기**  많은 사람들이 영혼의 일기를 쓰면서 영성 형성의 독특한 과정을 더 잘 이해하고, 그것을 통해 하나님이 역사하신다는 사실을 발견한다. 통찰력과 감정, 일련의 경험들을 기록하면서 우리는 영적 순례의 진보를 분명히 알 수 있다. 이 훈련은 기도와 묵상, 학습과 밀접하게 연관되어 있다. 일기를 씀으로써 개인적 묵상을 강화하고 성경에서 받은 전망들을 기록할 수 있다. 일기 쓰기는 다른 형태의 기도다.

**학습과 묵상**  학습의 훈련은 마음을 새롭게 하는 전 과정의 핵심으로써 진리의 말씀에 적합하게 반응하도록 한다. 성경을 학습한다는 것은 단지 읽는 것만을 의미하지 않는다. 말씀을 관찰하고 해석하여 삶 속에 적용시키는 모든 과정을 말한다. 여기에는 자연의 아름다움과 난해함에 대한 경건한 묵상뿐만 아니라 과거와 현재의 탁월한 저술가와 교사들의 작품을 접하는 일이 포함된다.

묵상은 기도와 학습의 훈련과 밀접한 연관이 있고, 홀로 있음과 침묵의 훈련 아래 포함된다. 묵상은 서구 사회에서 잊혀져가는 기술이 되었는데, 사람들은 그것을 전형적인 동양의 종교에 관련시킨다. 그러나 성경적인 묵상은 마음을 비우는 것과는 달리 진리를 마음속에 드러내는 데 초점을 맞춘다. 시간을 내서 성경의 한 구절이나 문단을 깊이 생각하고 숙고함으로써 더욱 실제적으로 우리 존재에 깊이 스며들게 하는 것이다.

**금식과 순결**   금식으로 하는 영적 훈련은 영적인 자양분을 얻기 위해 육체적인 영양을 절제하는 것이다. 이 힘든 훈련이 효과가 있기 위해서는 연습이 필요하다. 자기 부인이 자연스러운 일은 아니기 때문이다. 금식의 방법과 정도는 다양하지만 모두 근신을 장려하고 몸의 식욕을 통제하는 것이다. 또한 금식에는 우리를 조종할 수 있는 것, 예를 들면, 텔레비전이나 다른 형태의 오락을 삼가하는 것도 포함된다.

순결의 훈련은 결혼을 했든 안 했든 모든 신자들에게 해당한다. 이 훈련은 성욕이 우리 본성의 정당한 부분임을 인정하면서, 우리로 하여금 문화 속에서 너무나 자주 힘을 발하는 부적절한 감정, 환상, 강박관념, 관계 같은 고통스러운 결과에 저항하도록 해준다. 순결은 개인적인 만족을 넘어서 다른 사람의 유익에 대하여 사랑의 관심을 갖게 해준다.

**은둔**   은둔의 연습은 다른 사람의 눈에 띄거나 띄지 않기 위하여 하나님만 의지하는 것이다. 은둔은 무언가를 움켜잡고 스스로 광고를 해대는 것과 반대되는 개념이다. 이름 없이 있는 것을 좋아하고 다른 사람의 의견의 굴레로부터 자유하게 만들어주기 때문이다. 은둔은 거짓된 겸손이 아니다. 다른 사람이 어떻게 생각하든지 마음 중심으로 하나님을 찬양하고 그분의 인정을 구하는 것이다.

**자백**   이 훈련은 숨겨진 죄악의 짐으로부터 우리를 자유케 한다. 이것은 우리가 절대적으로 신뢰할 수 있는 한 사람이나 혹은 여러 사람 앞에서 투명하게 자신의 취약성을 드러낼 것을 요구한다. 우리가 비밀, 실패, 연약함을 드러내놓고 말할 때 폭로된 그것들은 힘을 잃고 만다. 슬프게도 우리는 일반적으로 보이지 않는 하나님의 불인정보다는 보이는 사람들의 불인정에만 관심을 갖는다. 그래서 다른 사람들 앞에서 회개하고 자백하기를 그렇게도 어려워한다.

**교제**   어떤 사람들에게는 공동체 안에서 누리는 즐거움은 훈련이 아니라 기쁨이다. 그러나 개인주의적인 문화 속에는 공동 생활보다 자율과 독립을 선호하는 사람들이 많이 있다. 그들에게는 적극적으로 상호간에 격려를 하고 덕을 기리는 것이 하나의 훈련이 된다. 그래서 결국은 타고난 재주와 성령이 주신 은사의 다양함을 통해서 함께 유익을 누릴 수 있다.

**순종과 인도**   하나님께 순종한다는 의미로 자원해서 다른 사람에게 순종하는 훈련은 자신의 권리보다는 다른 사람의 유익을 구하라는 성경의 명령에 기반을 둔다. 상호간의 순종은 자기 주장과 내 식으로 해야 한다는 고집에서 우리를 자유케 한다. 자기를 부인하는 이 훈련을 통해 그리스도를 본받음으로써 다른 사람의 필요에 더욱 관심을 가지게 된다.

인도의 훈련은 널리 무시되어왔던 영적 방향성에 대한 회복이다. 최근에 복음적인 공동체 안에서 경험과 성숙성을 인정받은 멘토들이 영적인 인도를 해야 한다는 자각이 일어나고 있다. 인도는 또한 신자의 공동체 안에서 성령의 인도를 받는 하나 됨을 구하는 종합적인 훈련이기도 하다.

**간소함, 청지기의 도, 희생**  이 훈련들은 서로를 강화시킨다. 이 모든 것들이 우리의 태도와 우리가 양도한 자원의 사용과 관계되어 있기 때문이다. 간소함 또는 절약의 훈련은 자신의 만족이나 강화를 위해 자원을 쓰는 것을 기꺼이 절제함을 의미한다. 간소함의 사고 방식은 하나님에 대한 감사, 신뢰, 의존으로부터 우리를 꾀어내어 사치와 소비를 조장하는 문화적인 보증에 저항하도록 한다. 이 훈련을 통해 다양한 육체적 욕망과 하찮은 일에 대한 염려로부터 자유로워질 수 있다. 또한 경제적인 빚의 속박으로부터 벗어나게 된다.

이와 관계된 청지기 도의 훈련은 자산의 관리자로서 우리의 삶을 바라보도록 격려한다. 이 자산에 시간, 재능, 재물 세 가지 이외에 우리가 받은 진리와 위탁받은 관계를 포함시키고 싶다. 이 훈련에서 우리는 정기적으로 이러한 자산에 어떻게 투자하고 있는지 다시 한 번 생각하게 된다.

희생은 간소함을 훈련하는 것보다 훨씬 급진적이다. 때로는 우리가 원하는 것보다 필요한 것을 채우기 위해 다른 어떤 것을 포기하는 모험을 할 때도 있다. 이것은 믿음을 세워가는 훈련으로, 자신을 하나님의 돌보심에 의탁하는 헌신이다.

**예배와 축제**  예배 드림은 위엄, 아름다움, 선하신 인격, 능력, 완전함이라는 하나님의 속성으로 가득 차 있다. 개인에게는 예배가 아버지를 향한 중재자이신 예수 그리스도의 인격과 사역에 대한 경건한 묵상을 포함한다. 그런데 종합적인 상황에서 볼 때 예배란 신자들이 함께 모여 마음을 다해 무한하고 인격이신 하나님을 높이고 찬양하는 행위다. 예배를 훈련함으로써 하나님은 누구시며 무엇을 하셨는가에 대한 개념을 확장해갈 수 있다.

축제는 하나님이 우리를 위해 하신 모든 일에 초점을 맞춘다. 불평보다는 감사를, 무관심보다는 배려를 선택하는 것이다. 축제를 통해 우리는 하나님이 축복하셨던 것들을 음미하고 재현한다. 그럼으로써 헌신을 새롭게 할 수 있다. 축제는 개인적이든, 종합적이든 하나님이 특별한 시간에 특별한 방법으로 우리와 함께 하심에 대한 놀라움과 기쁨과 즐거움의 장이 된다. 하나님의 선하심 안에서 기뻐하면 새로운 전망을 얻게 된다.

**섬김** 섬김의 훈련은 그 자체가 아닌 다른 사람의 필요와 관심에 주목하는 것이다. 진정한 섬김은 인정을 구하지 않는다. 그것은 예수님에 대한 사랑에서 나오며, 성자들의 '발 씻음'의 모범을 통해 예수님을 따르려는 것이다. 이 훈련에서 우리는 간과되고 주목을 끌지 않는 역할을 하게 된다. 즉 외모와 인정에 따라 살기를 단호하게 거부하고 대신 친절, 호의, 민감성 그리고 흔히 무시되는 사람들에 대한 관심을 나타내며 살기로 선택하는 것이다.

**증거** 많은 신자들이 전도에 관여하지 않는 이유는 전도를 마땅한 삶의 한 방식으로 보지 않기 때문이다. 증거란 믿는 친구들의 테두리를 벗어나 성령의 능력을 의지하여 아직 그리스도를 만나지 못한 사람들과의 관계에 투자함을 의미한다. 증거의 훈련은 영원의 관점에서 사심 없는 관계를 맺음으로써 예수님을 증거하라는 성경의 명령을 진지하게 수행한다.

### 두 가지 절제의 훈련

**홀로 있음의 훈련** 많은 신자들이, 특히 외향적인 사람들이 이 믿음의 근본적인 훈련을 철저하게 외면하고 있지만 그 가치는 엄청나다. 복음서를 잠깐 살펴보더라도 홀로 있음은 주 예수님의 삶 속에서 없어서는 안 되는 훈련이었다(마 14:32, 막 1:35, 눅 5:16, 요 6:15). 우리를 앞서 간 훌륭한 선인들의 삶에서도 그러했다. 예수님은 광야에서 홀로 계시며 대중 사역을 준비하셨다(마 4:1-11). 제자들을 선택하기 전에도 산 속에 홀로 계셨다(눅 6:12). 세상 죄를 위해 목숨을 희생할 준비도 겟세마네 동산에 홀로 계실 때 하셨다(마 26:36-46). 홀로 있음은 고독을 초월한다. 예수님은 홀로 있고 싶으실 때마다 아버지와 함께하셨다. 홀로 있음은 장소를 초월한다. 예수님은 사람들과 함께 계실 때에도 마음속 깊은 곳에서 내적인 홀로 있음을 훈련하셨다.

경적 소리와 사회의 환상으로부터 우리를 격리시키고, 주님을 향하여 끊임없이 변화하도록 투쟁케 하는 힘은 바로 홀로 있음에 있다. 디트리히 본회퍼(Dietrich Bonhoeffer)는 「신도의 공동생활(Life Together)」에서 이렇게 경고했다. "홀로 있지 못하는 자에게 공동체를 알게 하라 … 함께하지 않는 자에게 홀로 있음을 알게 하라." 의도적으로 다른 사람과 부대끼지 않고 보낸 시간을 통해 인생의 깊이와 전망, 목적과 결심을 새롭게 할 수 있다. 또한 이 시간에 일상이 주는 주의 산만함과 횡포로부터 벗어나 외적인 충동보다는 내적인 음성을 들으며 여정의 다음 단계를 준비할 수 있다. 스케줄과 소음, 군중들로부터 정기적으로 자신을 격리시킴으로써 다른 사람들의 요구와 기대보다는 하나님의 목적에 더욱 사로잡히는 것이다. 이와 같이 사람들의 생각이 아닌 하나님의 생각으로 자신을 평가하고 규정하게 된다. 그래야 긍휼의 마음을 가지고 다른 사람을 섬길 수 있다. 인간적인 기대에 의해 좌우되지 않고 하나님의 의도에 더욱 민감해지기 때문이다.

홀로 있기 위해 떼어놓은 시간은 불안한 순간이 될 수도 있다. 이 시간을 통해 외적인 버팀목이 제거되고, 죄악되고 이기적인 태도와 행동이 드러나기 때문이다. 우리가 하나님 앞에서 불편해지고 나약해지는 순간이다. 그러나 이런 과정을 통해 우리는 그리스도의 은혜와 용서와 사랑 앞에 나아간다. 홀로 있음은 우리를 정화하여 교만과 독단을 감소시키고 겸손과 신뢰를 회복시킨다. 그렇게 그리스도를 닮게 만들어감에 따라 다른 사람을 위한 사역은 우리 존재의 확장이 된다.

날마다 주님과 홀로 만나는 장소를 갖는 것이 좋다. 그러나 다른 사람들과 함께 있을 때라도 내적으로 홀로 있음을 유지할 수 있다. 이런 시각으로 보면, 매일의 삶은 홀로 있을 수 있는 작은 순간들이 모인 것이다. 좀더 오랫동안 홀로 있는 시간은 우리의 성장에 중추적인 역할을 한다. 그러나 이를 위해서는 계획과 결단이 필요하다. 나는 정기적인 홀로 있음, 침묵, 기도, 묵상을 위해 시골에 있는 친구의 오두막을 빌려서 하는 개인적인 수양을 계획한다. 나는 이 수양으로부터 많은 유익을 얻는다. 그러나 이런 일은 미리 예정표에 적어놓지 않으면 절대로 일어나지 않는다. 심지어 시간을 정해놓아도 임박해서는 가지 않으려는 수많은 유혹을 받는다. 바로 이때가 감정을 넘어 선택하는 훈련이 필요한 때다.

**침묵의 훈련** 홀로 있음과 침묵의 훈련은 함께 간다. 침묵은 홀로 있음의 깊이를 더해주고, 홀로 있음은 침묵의 장소를 제공한다. 이와 같이 홀로 있거나 다른 사람들과 있거나 상관없다. 이 두 가지는 내적으로 뿐 아니라 외적으로 훈련될 수 있다.

"어디에서 세상을 찾을 수 있는가, 어디에서 하나님의 말씀이 울려퍼지는가? 여기는 아니리. 충분히 조용하지 않다네." 이 말에서 T. S. 엘리엇(T. S. Eliot)은 시대 정신, 즉 우리의 시대와 문화 정신의 진수를 완전히 포착하고 있다. 현대의 군중, 논쟁, 음악, 오락의 유행을 추구하는 삶은 영적인 삶을 적대시하고 내적인 공허를 향해 내닫는다. 많은 사람들이 한 시간 이상 이런 소리들로부터 완전히 격리되면 뭔가 박탈당한 느낌을 갖는다. 아주 소수의 사람만이 완전한 침묵이 무엇인지 안다.

"너희가 돌이켜 안연히 처하여야 구원을 얻을 것이요 잠잠하고 신뢰하여야 힘을 얻을 것이어늘"(사 30:15). 변화를 위한 침묵 훈련을 통해 우리는 하나님 앞에서 고요와 침묵함으로 "잠잠하고 신뢰"하게 하여 영으로 하나님의 음성을 듣고 그분의 임재를 즐길 수 있다. 이 훈련은 또한 다른 사람과의 관계에도 적용된다. 다른 사람들과 함께 있을 때 침묵함으로써 말을 많이 할 만한 상황에서도 신중해질 수 있다.

야고보는 이 훈련을 생활 방식으로 삼으라고 격려한다. "사람마다 듣기는 속히 하고 말하기는 더디 하며 성내기도 더디 하라"(약 1:19, 1:26, 3:2-12 참조). 솔로몬은 이렇게 덧붙였다. "말이 많으면 허물을 면키 어려우나 그 입술을 제어하는 자는 지혜가 있느니라"(잠 10:19). 말 속에서 자랑(잠 25:14, 27:1-2), 가십과 중상(잠 11:13, 18:8, 20:19), 아첨(잠 26:28, 29:5), 잔소리(잠 19:13, 21:9, 19, 27:15-16), 다툼(잠 20:3, 26:21, 딤후 2:23-24)을 제거하려 하는 사람은 얼마나 적은가! 말에는 치료하고 생명을 주는 능력이 있지만, 말 없이 있었던 것을 후회하기보다는 입을 연 것을 후회하는 경우가 더 많다. 마치 치약과 같이 한번 뱉은 말은 다시 튜브에 밀어넣을 수 없다.

침묵의 훈련은 우리의 말을 조심스럽게 저울질해보고 더욱 적당하게 사용하기 위한 시간과 평정을 줌으로써 심리적인 한계를 넓힌다. 침묵은 균형과 신용을 높일 뿐 아니라 더 좋은 관찰자, 더 효과적으로 다른 사람 중심으로 듣는 자가 되게 한다. 또한 자신을 증명하고 주장하기 위해 말로 다른 사람을 조종하거나 조작하지 않게 한다.

적당하게 말하기보다는 완전히 말을 하지 않는 것이 더 쉽다는 사실을 많은 사람들이 알지만, 하루를 완벽한 침묵으로 보내는 것은 참으로 가치 있다. 그렇게 하기를 원하면 다른 사람에게 그 의도를 알리지 말고 시작하라. 언어의 금식은 사회적인 전략과 방법을 개발시켜주는 진정한 자원이다.

헨리 나우웬은 침묵을 "외딴 곳에서 떼어내 사역 현장에 옮겨놓은 이동식 세포다"라고 말했다. 분명히 하나님과 사람 앞에서 침묵하는 훈련은 근신하는 훈련과 연관되어 있다. 내적인 통제와 평정을 개발시킬수록 사람들과 환경을 통제하려는 외적인 압박감을 덜 느끼게 된다.

### 세 가지 참여의 훈련

**학습의 훈련**  성경 공부는 세상을 향한 하나님의 전망과 그 안에 있는 우리의 목적을 깨닫기 위한 첫번째 수단이다. 우리의 영적 양식과 성장을 위한 중추적인 훈련인 것이다(딤후 3:16-17). 꾸준히 말씀을 공부하면 영원한 가치와 우선 순위를 알게 되고, 결정을 내릴 때 인도를 받고, 유혹을 극복하고, 하나님과 자신에 대한 지식을 더할 수 있다.

문제는 대부분의 사람들이 개인적인 성경 공부의 관점에만 사로잡혀 있다는 사실이다. 어떻게 해야 하는지 모르기 때문이다. 필요한 것들을 운 좋게 얻거나 얻지 못하는 룰렛 게임식으로 성경에 접근하는 것은 전혀 영적 양식이 되지 않는다. 신자들은 성경의 진리를 실제적이고 의미 있게 이해하고 적용하는 능력이 없어서 자신을 위한 성경의 진리를 탐험하고 발견하는 유익을 누리지 못한다. 많은 그리스도인들이 단지 이차적인 성경 지식만을 가지고 있고, 교사와 설교자에게 의존하는 이유가 여기에 있다.

그러나 유용한 방법들을 제공하는 자료들은 많다. 이런 자료들은 당신이 효과적으로 성경을 학습하도록 도움을 줄 것이다. 여기에 몇 가지 원리와 제안을 적어보았다.

- 새로운 통찰을 얻고 생각을 바꾸기 위해 말씀 앞에 정직하고 열린 자세를 유지하라. 읽고 학습한 것에 반응을 보이고, 기꺼이 적용하며, 배운 것에 순종하라. 하나님을 만나고 그분을 더욱 알기 위해 이 훈련을 하고 있음을 기억하라.

- 역사서, 시가서, 예언서뿐 아니라 복음서와 서신서 등 모든 성경의 모든 교훈을 사용하라.

- 성경에 대해 신실하라. 기분이 좋든 좋지 않든 학습하라.

- 성경을 교과서로 간주하지 말라. 성경은 관찰하는 대상이 아니고 순종해야 할 말씀이다. 경외심, 주의, 수용하려는 마음 등의 적합한 태도를 가지고 접근하라.

- 학습하는 성경의 주제, 장, 책을 조직적으로 섭렵하여 성경의 모든 영역에서 교훈을 받으라. 그리고 삶의 모든 영역이 다루어지도록 하라.

- 질문하고, 대답하고, 축적하고, 적용하라. 그 구절의 의미에 통찰력을 주고 중심이 되는 질문을 하라. 질문에 대한 답을 찾기 위해 본문(당시의 상황과 넓은 의미의 맥락)뿐 아니라 기본적인 도구들(성구 사전, 성경 사전, 백과 사전, 주석 등)을 사용하라. 주장할 수 있는 약속, 순종해야 할 명령, 자백해야 할 죄 등과 같은 실제적인 원리들을 축적하라. 이러한 원리들을 당신의 삶과 관계 속에서 적용하라.

- 매일 성경 읽기 계획을 세워서 성경을 전체적으로 이해하라. 읽은 것을 묵상하고 그것에 개인적인 방법으로 반응하라.

- 당신에게 의미 있는 중심 구절을 카드에 적어 한두 장씩 가지고 다니라. 이것을 시시로 복습하면 엄청난 구절을 암송할 수 있다. 암송한 구절은 특히 유혹과 시험이 닥칠 때에 놀라운 유익을 준다.

- 성경의 모든 부분을 조직적으로 그리고 분석적으로 학습하라. 조직적인 방법을 통해 당신은 퍼즐 조각이 어떻게 전체로 맞춰지는지 보여줄 포괄적인 그림을 찾을 수 있다. 얇은 책부터 시작하여 몇 번씩 읽으라. 발견한 원리들을 기록하고 매단락마다 제목을 붙여보라. 그리고 그 책의 중심 주제를 한 단락으로 요약하여 적어보라. 각 단락이 어떻게 전체 주제를 발전시키고 있는지 밝혀라. 분석적인 방법을 통해서는 한 구절의 세세한 부분에 초점을 맞추고 한 단어를 더욱 깊게 분석하라. 한 구절부터 시작하여 여러 번 읽으라. 읽고 묵상하면서 관찰하고 해석하고 연결짓고 적용하라. 관찰에 있어서, 본문에 대한 기본적인 질문을 하라. 중심 단어, 중심 구, 중심 요절을 찾으라. 연결시키는 단어와 사상의 진전을 발견하고 대조되는 것과 비교되는 것을 찾으라. 해석에 있어서, 당신이 관찰한 것을 이해하고 저자가 의도했던 의미와 목적을 분별하라. 연결짓기에 있어서는, 학습하고 있는 단락을 전체 맥락과 관련지어보고 성경의 다른 부분과 조화를 이루도록 하라. 적용에 있어서는, 배운 것으로부터 구체적인 원리를 뽑아내서 삶 속에서 실행해보라.

- 주제별 학습법으로 성경 공부를 하면 성경의 각 페이지를 통해 어떻게 주제가 발전하고 있는지 발견할 수 있다. 특정한 주제를 선택하고 이것을 창세기부터 요한계시록까지 추적할 것인지, 한 부분 혹은 한 책에 국한시킬 것인지, 아니면 선택된 구절들 속에 국한시킬 것인지 결정하라. 당신은 아마도 죄, 구속, 용서, 사랑, 지혜와 같은 주제를 선택하기 원할 것이다. 또는 설교, 가정, 종의 도, 일과 같은 개념을 공부할 수도 있다. 성구 사전[네이브 주제 성경(Nave's Topical Bible)도 도움이 된다]을 사용하여 원하는 단락을 찾으라. 관찰하고 질문하고 대답을 찾으며 당신의 중심 사상을 체계화할 윤곽을 만들라. 성경 사전을 이용하여 결과를 점검하고 보충하라. 발견한 것을 요약하고 삶에 적용할 것들을 정리하라.

- 인물별 성경 공부는 성경 인물들의 실패와 성공의 역사를 학습하는 것이다. 이것은 사람들의 삶에서 하나님이 일하셨던 영적인 원리와 통찰을 발견하는 탁월한 방법이다. 공부하고자 하는 사람이 성경에서 중요한 인물이라면 특정한 책이나 그의 인생이 묘사된 부분만 보면 된다. 성구 사전을 사용하여 적합한 구절들을 찾으라. 이 구절들을 공부하면서 그 사람의 일생에 일어났던 사건들을 나열하라. 그리고 시간대별로 다시 구성해보라. 이 목록을 가지고 관계 구절과 함께 인물별 윤곽을 발전시키라. 그리고 그 인물의 일생을 추적하면서 관찰, 해석, 적용을 이끌어내라.

학습의 훈련은 성경에만 국한되지 않고 믿음의 고전에까지 확장된다. 어거스틴의 「참회록(Confessions)」, 클레르보의 버나드(Bernard of Clairvaux)의 「하나님의 사랑(The Love of God)」, 토마스 아 켐피스(Thomas à Kempis)의 「그리스도를 본받아(The Imitation of Christ)」, 존 칼빈의 「기독교 강요(Institutes of the Christian Religion)」, 성 프란시스 드 살레(St. Francis de Sales)의 「경건 생활의 소개(Introduction to the Devout Life)」, 블레이즈 파스칼(Blaise Pascal)의 「팡세(Pensées)」, 존 번연(John Bunyan)의 「천로 역정(Pilgrim's Progress)」, 프랑소와 페넬론(Francois Fenelon)의 「그리스도인의 완전(Christian Perfection)」, 윌리엄 로(William Law)의 「경건과 거룩에의 부르심(A Serious Call to a Devout and Holy Life)」 등이 그것이다. 뿐만 아니라 현대의 저자와 교사들의 작품도 학습하라. 학습은 지식을 증가시켜주고 창조의 경이로움을 감상하게 할 뿐 아니라 문화의 유익과 위험을 인식하게 한다. 언제나 배우는 자로서 겸손함과 배우려는 태도를 유지하라. 그래야 늘 참신하고 새로운 전망과 통찰에 민감해지고, '받아들이지 못하는' 병의 침입을 막을 수 있다.

**묵상의 훈련** 아무것도 생각하지 않기란 불가능하다. 한번 시도해보라. 그러면 아무것도 생각하지 않으려 한다는 것을 생각하게 된다. 그 생각을 짓누르려 해도 당신의 마음속에는 이미지와 생각의 동물원이 운영되고 있다. 한 여자에게 지금 무엇을 생각하느냐고 물어보라. 그녀가 "아무 생각도 안 해요"라고 대답해도 사실은 전혀 그렇지 않다. 마음이라는 것은 닫히지 않기 때문이다. 문제는 생각을 하느냐 안 하느냐 혹은 묵상을 하느냐 안 하느냐가 아니라, 무엇을 생각하고 무엇에 생각을 고정시키느냐에 있다. 오래된 격언을 들어보자.

생각을 심으면 행동을 거두고
행동을 심으면 습관을 거두고
습관을 심으면 성품을 거두고
성품을 심으면 운명을 거둔다.

좋든 싫든 우리는 언제나 생각을 심고 있다. 우리 마음에 끊임없이 무엇인가 머물기 때문이다. 누구나 산만한 묵상을 경험해봤을 것이다. 그러나 방향을 정한 묵상을 훈련하는 사람은 드물다. 훈련은 우리의 마음을 고정시킬 그것을 신중하게 선택하는 노력이며, 우리가 방황했음을 발견할 때에도 부드럽게 처음으로 돌아가려는 삶의 기술이다.

지나간 세기의 성인들이 증명했듯이, 묵상은 기독교 영성에 없어서는 안 될 요소다. 그러나 우리 시대에는 아주 용도 폐기되다시피 했다. 많은 신자들이 묵상의 전체적 개념에 대해 의심스러워한다. 불교, 힌두교, 뉴에이지에서 말하는 의식 공백술의 일종으로 간주하기 때문이다. 그러나 시편 기자가 분명히 말했듯이, 성경적인 묵상은 사람의 자각을 비워버리는 것이 아니라 드러난 하나님의 진리의 말씀으로 채우는 것이다. 성경과 인격이신 하나님과 그분의 사역을 묵상한다는 것은 우리의 뿌리를 거룩한 땅에 깊게 내림으로써 영혼에 양분을 섭취하는 일이다. 뿌리를 아래로 깊게 내릴수록 위로는 더 많은 열매를 맺을 수 있다(사 37:31). 마음과 감정과 의지를 하나님과 그분의 말씀에 집중함으로써 주님을 양식으로 삼을 때, 우리는 하나님과 친밀하게 사귀게 되고 그분 안에 거하여 열매를 맺게 된다(요 15:4-8).

사도 바울은 로마인들에게 마음을 성령의 일에 두며 육신의 일에 두지 말라고 격려하면서 생각하며 사는 신자의 삶이 얼마나 중요한지 강조했다(롬 8:4-9). 골로새인들에게는 마음을 위엣것에 두고 땅엣것에 두지 말라고 교훈했다. 또 빌립보 교인들에게 성경 안에서 긍정적으로 생각하라고 권면했다. "종말로 형제들아 무엇에든지 참되며 무엇에든지 경건하며 무엇에든지 옳으며 무엇에든지 정결하며 무엇에든지 사랑할 만하며 무엇에든지 칭찬할 만하며 무슨 덕이 있든지 무슨 기림이 있든지 이것들을 생각하라"(빌 4:8).

이것은 쉬운 훈련이 아니다. 진실하지 못하고, 불명예스럽고, 잘못되고, 순결하지 못하고 추악한 것, 나쁜 평판, 위선적인 것, 비난받아 마땅한 일에 거하기가 훨씬 쉽기 때문이다. 대화 가운데 하는 험담과 비난은 칭찬과 찬사보다 훨씬 호소력 있게 들린다. 또한 우리는 처한 상황에서 우리가 받은 은혜를 생각하기보다는 부족한 것들만 보려는 경향이 있다. 그래서 간구할 때는 기도의 소리가 높아지지만 감사할 때는 낮아지는 것이다. 믿지 못하겠거든 20분 동안 감사의 기도를 드려보라. 그리고 기도하면서 당신이 얼마나 자주 잠들려 하는지 보라. 우리 마음에 위에서 말한 좋지 못한 요소들이 자리 잡을 공간이 생긴다는 사실을 기억하라.

다음은 생명을 주는 훈련을 할 때 도움이 될 만한 몇 가지 제안이다.

- 성경에서 당신에게 의미가 있는 간결한 문단을 선택하라. 한두 구절이 하루 묵상의 주제가 될 수 있다.

- 그날을 위해 선택된 본문을 묵상할 수 있도록 특정한 시간을 선택하라. 식사 전이나 커피 마시는 시간이 될 수도 있다. 또는 시계를 이용하여 일정한 시간 간격을 두고 경보를 울리게 할 수도 있다(경보 소리가 나면 즉시 다음 묵상을 위한 시간에 시계를 맞춰놓으라).

- 본문의 각 단어와 구를 깊이 생각하고 가능한 한 많은 통찰을 얻고자 노력하라. 다른 각도에서 창조적으로 접근하고, 이러한 과정 속에 하나님의 성령이 역사하시도록 요청하라.

- 구절들은 개인화하고 1인칭을 사용함으로써 자신의 것으로 만들라. 그 후 다시 하나님께 기도하라. 발견한 진리를 추구하고 적용하는 데 자신을 드려라.

- 하루의 묵상에 기초하여 하나님께 찬양과 예배를 드려라.

- 짐 다우닝(Jim Downing)은 묵상에 관한 그의 책에서, 그날의 날짜에 해당하는 장부터 시작하여 매일 시편을 30장씩 읽으라고 제안한다. 잠자리에 들기 5분 전에 다음날의 시편을 읽되 특별한 의미가 있는 구절을 발견할 때까지 읽는 것이다. 그리고 성경을 덮으면서 그 구절이 깨어 있는 동안의 마지막 생각이 되게 하라. 밤중에 일어나게 되더라도 그 구절을 생각하고, 아침에 그 구절을 마음에 간직한 채 다섯 장의 시편을 읽으라. 그리고 그날 묵상할 주제로 삼으라.

- 묵상은 낮 동안에 우리의 자각을 인도한다. 그것은 하나님의 임재를 연습하는 탁월한 방법이다. 'H. W. L. W(His Word the Last Word before retiring)' 습관, 즉 하루를 마감할 때 마지막 말이 하나님의 말씀이 되게 하는 습관은 밤 동안에도 우리의 잠재 의식을 진행시켜준다(시 63:6, 잠 6:22).

- 묵상 기술을 발전시키는 유일한 길은 묵상을 하는 것이다. 설령 효과적으로 보이지 않더라도 말이다.

**기도의 훈련** 하나님과의 의사소통, 즉 가까운 친구와 하듯 자유롭게 직접 하나님과 얘기한다는 것은 성경의 위대한 진실 가운데 하나다. 「하나님의 기쁨(The Pleasure of God)」이란 책에서 존 파이퍼(John Piper)는, "기도는 하나님의 즐거움이다. 기도는 우리의 빈곤의 범위와 주님의 은혜의 부요함을 드러내기 때문이다"라고 말했다. 기도가 무시되거나 예배 뒤에 들어가는 것으로 덧붙여질 때 하나님의 능력은 나타나지 않는다. 하나님께 의존하지 않고 슬그머니 자기 의존이라는 덫에 빠져들어가기란 참으로 쉽다. 기도와 행동은 서로 보완되는 것이지 반대되는 것이 아니다. 가능한 한 이 둘을 중첩시키는 것이 현명하다. 그리스도인의 섬김은 기도할 뿐 아니라 기도와 함께 행할 때 가장 효과적이다.

1) 왜 기도해야 하는가?

기도 훈련을 영적 순례의 가장 중요한 부분으로 삼아야 하는 많은 이유가 있다. 그중 10가지는 다음과 같다.

① 기도는 하나님과의 교제를 깊고 친밀하게 한다(시 116:1-2, 렘 33:2-3).
② 성경이 기도하라고 명령했다(눅 18:1, 엡 6:18, 살전 5:16-18, 딤전 2:1).
③ 예수님과 모세, 엘리야 같은 성경의 위대한 인물의 본을 따르는 것이기 때문이다(막 1:35, 민 11:2, 왕상 18:36-37).
④ 기도를 통해 삶에 필요한 하나님의 능력을 사용할 수 있다(요 15:5, 행 4:31, 엡 3:16, 골 4:2-4).
⑤ 기도할 때 하나님으로부터 특별한 도움을 받는다(히 4:16).
⑥ 기도는 정말 효과가 있다(눅 11:9-10, 약 5:16-18). 윌리엄 템플(William Temple)이 말한 것처럼 "기도하면 동시에 우연한 일이 생긴다. 그러나 기도하지 않으면 그런 일이 생기지 않는다."
⑦ 기도는 하나님에 대한 깨달음과 지식을 증가시킨다(시 37:3-6, 63:1-8, 엡 1:16-19).
⑧ 우리의 기도와 하나님의 응답은 마음에 기쁨과 평화를 가져다준다(요 16:23-24, 빌 4:6-7). 문제들은 사라지지 않지만 기도 속에서 그 문제를 바라보는 새로운 시각을 얻고 평강과 인내를 가지고 견딜 수 있게 된다.
⑨ 기도는 우리 인생을 향한 하나님의 목적을 깨닫게 하고 그것을 수행하게 한다(골 1:9-11).
⑩ 기도는 우리의 태도와 욕망을 바꿔놓는다(고후 12:7-9).

2) 기도 훈련을 잘하기 위한 제안

**최선의 시간을 선택하라.** 하루 가운데 특별한 시간을 선택하여 개인 기도 시간으로만 사용하라. 대부분 아침이 가장 좋은 시간이다. 간밤의 휴식으로 상쾌한 상태이고, 아직 여러 가지 요구에 정신을 빼앗기지 않았기 때문이다. 또한 가장 지속적으로 사용할 수 있는 시간이며 아침 기도를 통해 주님께 헌신할 수 있다. 기도 속에서 하루를 생각하고 계획함으로써 주님을 의사 결정의 과정으로 모셔오는 것은 참으로 현명한 일이다. "아침에 하나님이 우리 생각과 수고의 첫째가 되지 않으면 그분은 남은 하루의 마지막 자리로 밀려난다"라고 E. M. 바운즈(E. M. Bounds)는 말했다.

**최선의 장소를 선택하라.** 방해받지 않고 마음을 빼앗기지 않을 최선의 장소를 선택하라. 가능하면 전화와 책상으로부터 멀리 떨어져서 기도하라. 날씨와 스케줄이 허락한다면 걸으면서 기도할 수도 있다.

**매일 기도를 하기 위해 최소한의 시간을 설정하라.** 현실적으로 생각하라. 처음부터 너무 무리하여 기도 생활이 기계적이고 절망적으로 느껴지지 않게 하라. 몇 분의 기도에서 시작하여 점차적으로 늘려가라. 이 단계에서 신실하면 당신은 점점 흥미를 느끼며 하나님과 함께 보내는 시간을 기다리게 될 것이다. 로버트 콜먼(Robert Coleman)은 "기도에 있어서 질은 언제나 양보다 중요하다"라고 말했다. 그러나 "확실히 모든 선인의 경험을 통해 볼 때, 적당량의 개인 기도가 없는 계획은 영혼을 야위게 할 뿐이다"라고 한 윌리엄 윌버포스(William Wilberforce)의 말처럼 질이 양을 대신할 수는 없다.

**지속하라.** 기도 시간을 하나님과 약속한 매일의 시간으로 여기고 지키라. 하나님과 정기적으로 시간을 보내는 훈련이 우선 순위에 있지 않으면 당신의 영적인 삶은 고통을 겪을 것이다. 그리고 결국 삶의 모든 영역에서 영향을 받을 것이다. 하나님과 정기적으로 시간을 보냄으로써 주님의 인격, 주님에 대한 지식, 주님의 방법을 마음으로 추구하라.

**하나님의 인격에 초점을 맞춰라.** 모든 스트레스와 염려를 주님께 맡김으로써 마음과 생각을 기도를 위해 준비하라. 성경의 한 구절을 읽고 묵상한 후 당신의 관심을 삶 속에 임재하시는 그리스도께 집중하도록 훈련하라. 그분의 임재 가운데에서 안식하라. "너희 염려를 다 주께 맡겨버리라 이는 저가 너희를 권고하심이니라"(벧전 5:7).

**겸손하게 주님 앞에 나아가라.** 당신은 아직 경험하지 않은 하나님의 임재 안에 있다. 그분은 타오르는 빛이며 소멸시키는 불이시다. 그분 앞에서는 만물이 다 드러난다. 당신이 정직하고 열린 마음으로 하나님께 나아가는지, 자백하지 않은 죄의 장벽은 없는지 판단하라. 하나님은 죄와 그 죄를 숨기는 것을 미워하신다. 우리는 때때로 수백 억의 성운을 "있으라" 말씀하시는 그 하나님 앞에 너무나 가볍게 나아간다.

**기대하는 마음으로 보좌에 나아가라.** 기도의 중요성은 무엇을 구하는 데 있지 않고 구하는 것을 주시는 분의 존재에 있다. 아이가 아비에게 하듯 단순함과 신뢰하는 마음으로 나아가라. 초자연적인 역사를 기대하라. 오직 그분만이 하실 수 있는 것을 구하라. "여호와께 능치 못할 일이 있겠느냐"(창 18:14). 그리고 어떤 일이 일어나는지 보라.

**성령 안에서 항상 기도하라.** "이와 같이 성령도 우리 연약함을 도우시나니 우리가 마땅히 빌 바를 알지 못하나 오직 성령이 말할 수 없는 탄식으로 우리를 위하여 친히 간구하시느니라"(롬 8:26). 우리의 기도는 "하나님의 뜻대로 성도를 위하여 간구하시는"(롬 8:27) 성령이 주도하고 힘을 주셔야 한다.

**균형 잡힌 양식을 섭취하라.** 기도에는 자백, 찬양, 간구(중보와 도고), 감사의 모든 요소가 결합되어야 한다. 우리는 보통 찬양과 감사의 기도가 부족하다.

**하나님께 말씀으로 기도하라.** 성경 구절을 개인화하여 주님께 다시 드림으로써 말씀을 당신의 삶과 경험 속에서 통합하고 하나님의 생각을 따라 생각하라.

**말을 하지 말라.** 성령의 순간적인 인도하심에 민감해지기 위해 하나님 앞에서 침묵을 훈련하라. 그분께 반응을 보임으로써 드러난 어떤 영역의 죄라도 자백하고, 다른 사람을 위해 중보하며, 지혜를 구하고, 주님의 요구에 복종하라.

**기도로 다른 사람과 관계를 맺으라.** 개인 기도가 결정적이긴 하지만 연합 기도를 밀쳐두어서는 안 된다. 기도는 개인 생활의 일부가 될 뿐 아니라 그리스도인이 맺는 우정의 일부가 되어야 한다. 다른 사람과 기도 동역의 관계를 형성하면 엄청난 유익을 경험할 수 있다. 몇몇이 기도 모임을 이루거나 좀 더 많은 사람들이 기도 교제권을 이룰 수도 있다.

**일 년 중 특별한 기도 시간을 계획하라.** 개인이나 소그룹의 기도 수련회를 위해 한두 번 특별한 시간(아침 또는 저녁 시간, 혹은 하루 종일)을 설정할 수도 있다. 이것은 몇 개월 앞서서 계획하거나 중대한 결정을 해야 할 때 특별한 의미를 갖는다.

**하나님의 임재를 연습하라.** 헬무트 틸리케(Helmut Thielicke)는 "기도는 우리의 삶과 가정의 살아 있는 토지가 아니다. 그것은 우리가 숨쉬는 공기다"라고 말했다. 사역이 기도를 대신할 때 우리는 자만하게 되고 기도는 능력을 발휘하지 못한다. 우리는 하루 한두 번 공식적인 기도에 헌신해야 할 뿐 아니라 하루 종일 하나님의 임재를 자각해야 한다. 이렇게 개개의 과업이 주님의 이름으로 이루어져야 하며 주님을 의지함으로 성취되어야 한다. 사역이 기도를 대신하게 될 때, 그것은 자기 신뢰 그리고 아무 쓸모없는 것이 되고 만다.

우리가 개발해야 할 또 하나의 바람직한 습관은 함께 대화하며 동행하는 다른 사람들을 위해 기도하는 것이다. 이것은 우리의 태도와 행동에 지대한 영향을 미친다. 세번째 유익한 습관은 우리의 일을 기도와 연관 짓는 것이다. "기도는 일에 덧붙이는 것이 아니다. 일과 동시에 기도를 해야 한다. 일하기에 앞서 기도하며, 일할 때 기도하고, 일한 후에 기도하는 것이다. "기도와 행동은 결혼 관계와 같다"라고 리처드 포스터는 말했다.

3) 렉티오 디비나

고대의 기술 **'렉티오 디비나**(lectio divina)', 또는 '거룩한 독서'는 동방의 수행 교부인 존 카시안(John Cassian)에 의해 15세기 초기에 서방 세계에 소개되었다. 이것은 수세기 동안 시토 수도회의 신부들이 연습했으며[예를 들면, 마이클 케이시(Michael Casey), 「거룩한 독서와 하나님을 향함(Sacred Reading and

Toward God)」], 현재 기독교 공동체 안에서 광범위하게 재발견되고 있다. 이 특별히 유익한 접근은 학습, 기도, 묵상의 훈련을 종합한 강력한 방법으로 지속적으로 적용할 경우 영적인 삶에 대변혁을 일으킬 수 있다. 거룩한 독서는 다음 네 가지 요소로 구성되어 있다.

- 렉티오(Lectio) - 읽기. 아주 짧은 본문을 선택하여 여러 번 읽고 소화하라. 나는 보통 아침에 읽는 구약에서 한두 구절을 선택한다.
- 메디타티오(Meditatio) - 명상. 읽은 본문의 단어와 구절을 몇 분 동안 숙고하고 반추하라. 질문과 상상을 동원하여 그 구절을 숙고하라.
- 오라티오(Oratio) - 기도. 본문을 내재화한 후 그것을 개인 기도를 통해 하나님께 돌려드리라.
- 컨템플라티오(Contemplatio) - 묵상. 하나님의 임재 안에서 침묵하고 양도하는 순간으로 대부분의 사람들이 어려워하는 부분이다. 묵상은 위의 세 가지 요소가 활발하게 소화된 결과다. 이것은 우리의 마음과 생각 속에서 하나님의 진리를 받아들임으로써 생겨난 친교다.

하나님이 침묵하시는 것 같은 세태와 많은 내적인 혼란이 있음에도 불구하고 '렉티오 디비나(lectio divina)'를 통해 연습과 인내를 하면 심오한 상급을 받을 수 있다.

이 방법에 대해서는 경건의 영성 단원에서 더 길게 다룰 것이다.

이 단원에서 언급된 훈련들은 우리의 영적인 삶에 크게 기여하여 삶 속에 질서를 세워주는 습관이 될 것이다.

## 적용을 위한 질문

- 당신은 절제의 훈련에 더 끌리는가, 아니면 참여의 훈련에 더 끌리는가? 이것은 당신의 기질에 대해 무엇을 말해주는가?(부록 A를 참고하라).

- 스무 가지 영성 훈련을 요약한 설명을 읽을 때, 당신은 어느 것에 가장 끌렸으며 어느 것에 가장 생소한가? 그것들을 1이 가장 끌리는 것으로 하여, 1에서 20까지 순서를 매겨보라. 그 다음 훈련 목록 16에서 20까지를 살펴보라. 그 중 한 가지를 다음 달에 실천하기 위해 무엇이 필요한가? 또 어떻게 그 훈련으로부터 유익을 얻을 수 있겠는가?

- 홀로 있음, 침묵, 학습, 명상 그리고 기도 훈련에 초점을 맞출 때, 이 중 어느 것이 당신에게 가장 생소한가? 이 훈련들을 하나님과의 교제 속에 어떻게 연결시킬 수 있는가?

# 제4부 EXCHANGED LIFE SPIRITUALITY

# 교환된 삶의 영성

● 그리스도 안에 있는 참된 정체성 깨닫기

19세기와 20세기에는 그리스도 안에 있는 신자의 새로운 정체성에 근거를 둔 영적인 삶에 대해 경험적인 접근으로의 많은 시도가 있었다. 십자가에서 죽으시고 부활하신(롬 6장, 갈 2:20) 그리스도와 자기 자신을 동일시한다는 것은 우리의 옛삶이 그리스도의 삶과 교환되었음을 의미한다. 영성에 대한 이러한 접근법을 통해 우리의 영성은 행위에서 은혜로, 율법에서 자유로 옮겨간다. 그리스도의 삶이 곧 우리의 삶이라는 사실에 초점을 맞추기 때문이다.

제4부 _ **교환된 삶의 영성** EXCHANGED LIFE SPIRITUALITY

# 그리스도 안에 있는 참된 정체성 깨닫기

8

| 이 장의 개관 | 교환된 삶의 영성은 그리스도 안에 거하게 됨으로써 완전히 새로워진 우리의 정체성을 강조한다. 삶의 경험 속에서 주님과의 관계를 점차 깨닫게 되면서 우리는 극적으로 변화될 수 있다. 영적인 삶이란 예수님을 위해 무엇인가를 하도록 노력해야 하는 것이 아니라, 예수님이 이미 우리를 위해서 해놓으신 것들을 깨닫고 그 안에서 안식을 누리는 것이라는 사실이 중요하다. 이 장에서는 사랑과 용납에 대한 우리의 천부적인 욕구, 중요감과 정체성 그리고 자신감과 성취감 등을 통해 정체성의 문제들을 고찰한다. |
|---|---|
| 이 장의 목표 | • 교환된 삶의 영성에 관련된 훈련을 더 명확히 인식<br>• 하나님의 성품과 그 성품에서 흘러나온 그분의 사랑 넘치는 계획에 대한 감사<br>• 사랑과 용납, 중요감과 정체성 그리고 자신감과 성취감에 대해 하나님이 우리 안에 두신 욕구를 이해 |

19세기와 20세기에는 그리스도 안에 있는 신자의 새로운 정체성에 근거를 둔 영적인 삶에 대해 경험적인 접근에 대한 많은 시도가 있었다. 십자가에서 죽으시고 부활하신(롬 6장, 갈 2:20) 그리스도와 자기 자신을 동일시한다는 것은 우리의 옛삶이 그리스도의 삶과 교환되었음을 의미한다. 영성에 대한 이러한 접근법을 통해 우리의 영성은 행위에서 은혜로, 율법에서 자유로 옮겨간다. 그리스도의 삶이 곧 우리의 삶이라는 사실에 초점을 맞추기 때문이다.

신학교에 다닐 때 영적인 삶에 관해 하워드 헨드릭스(Howard Hendricks)의 기억에 남을 만한 강의를 들은 적이 있다. 그 과목이 반 정도 진행되었을 즈음에 그는 영적인 삶과 그렇지 않은 삶을 대조하면서 다음과 같이 강조했다.

영적인 삶은,
결정적인 고비가 아니라 지속적인 과정이다.
지식에 기초하지 않고 순종에 기초한다.
외적이 아니라 내적이다.
자동적인 것이 아니라 개발된다.
능력에 있지 않고 능력을 주시는 분께 있다.
환상이 아니라 훈련이다.
상식 밖의 경험이 아니라 상식적인 경험이다.
삶의 속박이 아니라 삶의 관계다.
견뎌야 하는 것이 아니라 즐겨야 하는 것이다.
신학적이 아니라 매우 실제적이다.

과목의 후반부에서 헨드릭스는 영적인 삶을 "성령의 능력으로 하나님의 말씀에 순종하는 반응을 통해 신자의 삶 속에 재생되는 그리스도의 삶"이라고 정의했다. "성령의 능력으로 신자의 삶 속에 재생되는 그리스도의 삶"에 대한 개인적이고 경험적인 이해는 허드슨 테일러(Hudson Taylor), F. B. 마이어(F. B. Meyer), 찰스 솔로몬(Charles Solomon)과 같은 저자들이 '교환된 삶(exchanged life)'이라고 불렀던 것의 핵심이다. 다른 사람들은 이것을 거하는 삶[앤드류 머레이(Andrew Murray)], 승리의 삶[찰스 트럼벌(Charles Trumbull)], 빌 길햄[(Bill Gillham)], 최고의 삶[오스왈드 챔버스(Oswald Chambers)], 최고 수준의 삶[룻 팩슨(Ruth Paxon)], 평범한 그리스도인의 삶[워치만 니(Watchman Nee)], 그리스도의 충만함[스튜어트 브리스코(Stuart Briscoe)], 그리스도의 구원의 삶[이안 토마스(Ian Thomas)], 넘치는 삶[프랜시스 R. 하버갈(F. R. Havergal)], 그리스도인의 행복한 삶의 비밀[한나 휘톨 스미스(Hannah Whitall Smith)], 더 큰 삶[A. B. 심슨(A. B. Simpson)], 어둠에서 승리하는 삶[닐 T. 앤더슨(Neil T. Anderson)] 등으로 불렀다.

교환된 삶의 영성은 그리스도 안에 거하는 관계를 통해 완전히 새로워진 우리의 정체성에 초점을 맞춘다. 우리는 경험을 통해 이런 관계를 점차적으로 깨닫게 되면서 우리를 극적으로 변화시킬 수 있다.

다음은 이 접근법에서 영적인 삶을 위해 일반적으로 강조되는 몇몇의 원리들이다.

- 그리스도의 삶이 우리 삶으로 대체되는 것. 그리스도 안에 있는 자들은 "옛사람과 그 행위를 벗어버리고"(골 3:9, 엡 4:22) "새사람을 입었으니 이는 자기를 창조하신 자의 형상을 좇아 지식에까지 새롭게 하심을 받는 자"(골 3:10)다. 새사람은 "의와 진리의 거룩함으로 지으심을"(엡 4:24) 받았다.
- 그리스도의 못박히심, 장사 지냄, 부활 그리고 승천과 함께하는 우리의 정체성(롬 6:2-11, 갈 2:20, 엡 2:5-6, 빌 1:21, 골 3:1-4). 2장에 나오는 확신에 관한 목록들은 그리스도 안에서 우리가 갖는 새로운 정체성이 얼마나 다양한 성격을 띠는지를 설명한다. 교환된 삶의 영성은 그리스도 안에서의 관계와 그리스도의 삶이 우리 안에서 경험되고 표현되는 것이 얼마나 중요한지를 강조한다.
- 그리스도 안에 있는 생명의 성령의 법이 죄와 사망의 법에서 우리를 자유케 함(롬 8:2). 죄의 권세로부터 우리가 자유케 되었다는 사실의 핵심은 우리가 그리스도와 함께 십자가에 못박히고 성령의 능력 안에서 산다는 것을 의미한다.
- 우리는 이러한 진리들을 알아야만 한다. 감정이 따르지 않는다 해도 믿음에 의해서 그 진리들을 받아들이고, 우리 스스로를 죄악에서 벗어나 하나님께 드릴 수 있어야 한다(롬 8:6-13). 비록 우리의 감정이 느끼지는 못하지만, 성경은 그리스도 안에서 우리가 이미 성도며, 빛의 자녀이고, 천국 시민임을 선포한다(고전 1:2, 엡 5:8, 빌 3:20).
- 구원의 기초는 곧 성화의 기초다(갈 3:2-3, 5:5, 골 2:6). 믿음으로 말미암아 은혜로 의롭다 하심을 받는 것처럼, 믿음으로 말미암아 은혜로 성화된다. 선행은 우리의 육신적인 노력이나 성취, 또는 공로에 의해 이루어지는 것이 아니다. 그것은 우리 안에 내주하시는 성령의 능력에서 흘러나오는 것이다(갈 5:16-25).
- 깨어짐, 또는 우리가 가진 자원이나 노력의 고갈 그리고 무조건적인 순종은 그리스도를 생명으로 소유하는 과정의 일부다(롬 7:14-25, 12:1-2, 고후 12:9-10, 갈 5:24).
- 오직 그리스도 자신만이 '그리스도인의 삶'을 살 수 있다. 주님은 그 삶을 우리 안에서 그리고 우리를 통해 사신다(요 15:1-8, 고후 2:14 참조). 참 포도나무의 가지인 우리가 영생을 만들어내는 것이 아니라, 포도나무에 접붙임이되어 그 생명을 받는다. 우리 안에서 그리고 우리를 통해서 흐르는 생명은 우리의 삶 속에 열매를 맺게 하며, 이 열매는 다른 사람들을 살찌울 뿐만 아니라 재생산을 위한 씨들을 그 안에 품고 있다. 이 생명은 포도나무이신 그리스도 안에 가지들이 붙어 영양을 공급받음으로써 지속된다.
- 영적인 진리들을 지식적으로 아는 단계에서 개인적이고 경험적인 단계로 나아가기 위해서는 "하

나님의 지식 안에서 지혜와 계시의 영"이 필요하다(엡 1:17-19, 골 1:9). 마음의 눈이 밝아져서 우리를 향한 새로운 부르심, 유산 그리고 능력의 본질을 깨달아야 한다(엡 1:18-19).

- 영적인 삶은 밖에서부터 안으로 향하는 것이 아닌, 안에서부터 시작해서 밖을 향해 변화하는 과정이다(엡 3:16-19). 하늘 아버지는 우리를 "그의 성령으로 말미암아 우리 속사람을 능력으로" 강건케 하신다(엡 3:16). 이와 같이 성화는 하나님과 인간의 역동작용이다. 즉 우리는 밖을 향하여 "두렵고 떨림으로"(빌 2:12) 구원을 이루어나가는 것이고, 하나님은 우리 안에서 "자기의 기쁘신 뜻을 위하여 너희로 소원을 두고 행하게 하시는"(빌 2:13) 것이다.
- 교환된 삶이란 예수님을 위해서 무엇인가를 하는 것이 아니라 예수님이 우리를 위해 이미 해놓으신 일들을 주장하고 누리는 것이다(갈 2:20). 예수님 안에서 소유하게 된 새로운 성품은 이제 우리 내면의 가장 근본적인 정체성이 되었다. 따라서 죄를 짓는 것은 하나님의 자녀인 새로운 피조물에게는 어울리지 않는 것이 되어버렸다(고후 5:17, 요일 2:1-2, 3:1-10). 우리가 육체를 가지고 있는 동안은 끊임없이 옛신념, 옛태도 그리고 옛기질에 끌려가는 것을 경험할 것이다. 그러나 우리는 우리 자신을 하나님의 가족에 입양된 새사람으로 간주해야만 한다. 육신의 유혹에 굴복할 필요는 없다(롬 8:12-17).

교환된 삶의 영성으로부터 얻을 수 있는 통찰과 유익은 때때로 잘못된 신학으로 인해 불분명해진다. 이런 애매한 신학을 주장하는 사람들은 완벽주의(우리는 더 이상 죄인이 아니라거나, 죄를 회개할 필요가 없다는 식의)와 수동주의(그리스도인의 삶은 전적으로 예수님의 것이고 나의 것은 아니므로, 나는 나이고 하나님은 하나님이라는 식의)의 오류에 빠져 있다. 교환된 삶을 가르치는 몇몇 스승들도 경험적인 영지주의에 빠졌었다. 즉 십자가와 그리스도 안에 있는 정체감을 이해하는 그 순간, 모든 것이 한꺼번에 달라지고 항구적인 승리를 경험하게 된다는 것이다. 사람들은 그리스도와 한 몸이 되는 극적인 순간을 경험하고 나서야 행위에 근거하지 않은 하나님의 용납을 이해하는지도 모른다. 그러나 대부분의 사람들은 이러한 정체감의 변화는 보다 점진적으로 이루어진다는 사실을 알게 될 것이다. 영적인 삶은 갑작스러운 어떤 일련의 경험으로 축소되어 설명될 수 없다. 영성은 변화의 모든 과정을 포함하는데, 이 변화를 통해 우리의 인격과 행동이 그리스도의 모습을 닮아가도록 점진적으로 변화되어가는 것이다.

이 장에서 우리는 교환된 삶의 장점들에 대해 배우고 균형 잡힌 전망을 제공하여, 이런 진리들이 넓은 범위의 영적인 삶에 중요한 기여를 한다는 사실을 깨닫게 된다.

그러나 그 전에, 우리는 하나님의 성품과 계획에 대해 살펴볼 것이다. 또한 하나님이 우리 안에 두신 필요들과, 그 필요를 충족시키기 위해 하나님이 우리에게 새로운 신분을 부여하사 우리로 영적인 가족을 이루게 하심 그리고 영적인 몸과 영적 성전의 일원으로서 우리가 어떻게 반응해야 하는지를 살펴볼 것이다.

## 하나님의 성품과 계획

자기를 지으신 창조자와 개인적인 관계를 맺지 않고 있는 사람은 사랑, 행복, 삶의 의미, 성취에 굶주려 있다. 지구상의 어떤 것도 이런 갈망을 만족시켜줄 수 없다. 이론적으로 그리스도인은 하나님만이 이러한 요구를 만족시킬 수 있음을 안다. 그러나 실제로 많은 그리스도인들은 이 갈망을 채우기 위해 믿지 않는 사람들과 별로 다르지 않게 행동한다. 성경의 가장 중요한 원리 가운데 하나를 잊고 있기 때문이다. 즉 사랑, 기쁨, 평강은 그 자체만을 구하면 얻지 못하지만 하나님을 추구할 때 부수적으로 그리고 넘치도록 얻게 된다는 사실이다.

모세가 광야에서 "주의 길을 내게 보이사 내게 주를 알리시고 나로 주의 목전에 은총을 입게 하시며"라고 기도했을 때 하나님은 "내가 친히 가리라 내가 너로 편케 하리라"(출 33:13-14)고 대답하셨다. 모세처럼 우리도 하나님과 하나님의 길을 구하는 기도를 해야 한다. 하나님을 첫자리에 모셔야 나머지 모든 것이 제자리를 잡을 수 있다.

더 많은 지식과 영적 성장을 추구함에 있어서, 우리는 가끔 믿음의 근본적인 진리를 무시하거나 잊어버린다. 그러나 기본적인 성경의 교리로 돌아가 그 위에서 세우지 않으면 영적인 진보는 질식해버릴 것이다. 진리 가운데 가장 기본적인 진리는 하나님의 성품이다. 그리고 이 성품이야말로 그리스도인의 삶이 뿌리를 내려야 할 거룩한 땅이다.

하나님의 성품은 다른 모든 것의 근본이 된다. 성경에서 하나님은 당신의 위격(位格)과 능력과 완전하심을 드러내셨다. 위격에 있어서 그분은 스스로 계시고, 무한하고, 영원하며, 불변하는 만물의 창조자시다. 능력에 있어서는 홀로 편재하시고, 전능하시며, 전지하시다. 완전함에 있어서 그분의 속성은 거룩, 공의, 진실, 사랑, 선함을 포함한다. 하나님의 속성에 관한 진리, 특히 사랑과 선하심을 붙잡고 의지하지 않고서는 영적인 삶을 이해할 수 없다. 하나님의 사랑은 그가 주시는 분이라는 사실에 잘 나타나 있다. 태초부터 인간은 하나님의 은사를 받아들이기보다는 거절해왔음에도 불구하고 하나님은 계속 주셨다. 사랑의 본질은 주는 것이며, 받는 사람의 유익을 최대한으로 구하는 것이다.

"하나님이 세상을 이처럼 사랑하사 독생자를 주셨으니 이는 저를 믿는 자마다 멸망치 않고 영생을 얻게 하려 하심이니라"(요 3:16).

"남편들아 아내 사랑하기를 그리스도께서 교회를 사랑하시고 위하여 자신을 주심과 같이 하라"(엡 5:25).

하나님이 우리를 위해서 무엇을 해주셨는지 이해하기 원한다면 그분의 행위가 사랑에서 생겨났다는 사실을 믿어야 한다. 하나님은 사랑하실 때 순전히 그분 자신이 되신다(요일 4:8). 하나님의 선하심은 이 땅을 구원하시려는 계획과 인간을 향한 궁극적인 의도에 나타나 있다. 그분은 "그리스도 예수 안에서 우리에게 자비하심으로써 그 은혜의 지극히 풍성함을 오는 여러 세대에 나타내려"(엡 2:7) 하신다. 우리에게 영원히 친절하기 원하시며 우리의 기쁨을 위해 스스로 헌신하셨다.

하나님은 언제나 우리의 유익을 위해 행동하신다. 그래서 우리에게 구속, 축복, 아름다움을 주시고 인생의 목적을 알게 하신다. 성경은 하나님이 우리와 맺기 원하시는 관계를 목자와 양, 아버지와 자녀, 남편과 아내로 묘사하고 있다.

그러나 양은 길을 잃을 수 있고 자녀들은 반항할 수 있으며 아내는 신실하지 않을 수 있다. 이것이 우리를 죄와 고통 가운데로 몰아가는, 하나님의 사랑과 선하심에 대한 반항이요 거절이다. 우리 모두는 아픔, 상처, 질병, 죽음 가운데서 산다. 이런 와중에서 여러 문제를 놓고 하나님을 원망하기가 쉽다. 그러나 우리의 환경은 죄로 인해 왜곡되었고, 죄는 하나님의 성품에 반대된다. 그런데 그리스도가 우리의 본질적이고 도덕적인 죄악 속에 오셔서 죄와 사망을 극복하셨다. "하나님이 그 아들을 세상에 보내신 것은 세상을 심판하려 하심이 아니요 저로 말미암아 세상이 구원을 받게 하려 하심이라"(요 3:17). 하나님과 그분의 선하심을 이해하기 원한다면, 삶이 주는 고통에도 불구하고 그분의 성품을 바라보아야 한다.

"여호와는 은혜로우시며 자비하시며 노하기를 더디 하시며 인자하심이 크시도다 여호와께서는 만유를 선대하시며 그 지으신 모든 것에 긍휼을 베푸시는도다"(시 145:8-9).

하나님의 사랑과 성품을 더욱 깨달을수록, 그분이 우리를 희생시켜가면서 자신의 계획을 진행하시는 분이 아니라는 생각이 들게 된다. 하나님의 뜻을 따르는 것은 언제나 우리에게 유익하다. 그 뜻은 우리를 최선으로 인도하기 때문이다. 하나님께 순종하면 기쁨과 성취가 오지만 불순종하면 슬픔과 좌절이 온다. 우리는 하나님께 신실할 때보다 불순종할 때 더 많은 고통을 겪는다. 하나님이 요구하시는 모든 것은 우리의 선을 위한 것이다. 하나님이 우리에게 피하라고 하시는 모든 것은 우리에게 해롭기 때문이다. 이것이 에블린 언더힐(Evelyn Underhill)이 말한 '온전한 거룩'이다.

하나님의 하나님 되심 때문에 우리는 그분을 신뢰할 수 있다. 하나님의 계획은 그분의 성품을 반영한다. 또 하나님의 형상으로 창조된 흠 없는 피조물을 포함한다. 사람들은 육체적, 지적, 감정적, 영적으로 자라서 더욱 주님을 닮게 되고, 주님의 아름다운 솜씨를 온 우주에 드러냄으로써 하나님께 영광을 돌리게 된다. 육체적인 것과 영적인 것은 완벽하게 통합되어 있다. 하나님의 사람들은 하나님과 서로 간에 막힘 없는 사귐을 즐긴다.

그러나 사랑은 언제나 선택이며, 하나님의 선하시고 사랑하시는 목적은 인간의 반역으로 왜곡되었다. 하나님의 생명 안에 거할 것이냐, 스스로의 삶을 개척할 것이냐의 선택에 직면하여 인간은 자신들의 의미를 찾기 위해 스스로를 기준으로 삼아버렸다. 그래서 사람들은 나면서부터 죄인이 되었고 하나님의 성품에서 빗나갔다. 아름다움은 추악함으로, 거룩함은 사악함으로, 친절함은 잔인함으로, 관대함은 탐욕스러움으로, 사랑은 미움으로, 평화는 폭력으로, 안전은 두려움으로, 기쁨은 노여움으로 대치되었다. 아담의 육체적, 영적 죽음은 세대를 거쳐 유전되었고, 죄로 인하여 흠 없는 자는 아무도 없게 되었다.

이렇게 죄에 방치된 결과, 우리는 우리가 이루어야 하는 창조의 목적을 완전히 이룰 수 없게 되었다. 그러나 하나님은 우리를 방치하지 않으셨다. 인간이 타락하자 즉각적으로 당신의 궁극적인 의도대로 인간을 회복시키기 위한 계획을 실행하셨다. 하나님은 창조자일 뿐 아니라 우리의 구원자시다. 그리고 그리스도 안에서 전혀 새로운 유산을 우리에게 주셨다. 우리를 아담의 계열에서 건져내어 그리스도의 계열로 옮기신 것이다. 거기에서 우리는 영과 혼과 몸을 통해 하나님의 영광을 드러낼 수 있다. 이런 방식으로 그분은 우리를 통해 모든 만물에게 하나님의 하나님 되심을 드러내신다.

## 옛본성과 새본성

타락하기 전에 사람들은 하나님과 환경에 모두 완벽한 조화를 이루었다. 그들은 흠이 없이 하나님에 대하여 영적으로 살아 있었고, 날마다 주님과 직접적인 교제를 즐겼다. 이 교제는 그들의 성장하고 확장하는 지(知), 정(情), 의(意)를 반영한다. 그들의 육체는 그들이 살고 있는 완전한 세상에 흠 없이 적응되었고, 주위의 절묘한 피조물에 완벽하게 어울렸다.

그러나 하나님께 반역한 후 인간과 세상이 급격하게 바뀌고 말았다. 하나님으로부터 분리되어 영적인 죽음을 당하게 된 것이다. 그들의 영혼이 죽자 죄의 본성이 태어났다. 지, 정, 의는 죄의 지배를 받고 죄의 왜곡된 영향력 아래 놓이게 되었다. 몸도 타락하기 시작했다. 육체적인 질병과 죽음이 가혹한 현실이 되었다. 고통과 사악함이 확산되었고 사람들은 모든 피조물과 함께 타락해갔다(롬 8:20-22).

타락한 사람들은 죄를 지었다. 본성적으로 그들은 죄인이기 때문이다. 특정한 죄를 지었기 때문에 죄인이 아니다. 그리스도의 구속의 역사가 아니면 하나님으로부터 분리되어 소생할 소망이 없게 된 것이다. "육신에 있는 자는 하나님을 기쁘시게 할 수 없기"(롬 8:8) 때문이다. 그러나 그리스도의 사랑과 선하심 안에서, 하나님은 우리를 이 죄악과 죽음의 노예로부터 벗어날 수 있는 길을 열어주셨다. 사람이 그리스도 안에 신뢰를 둘 때 새로운 피조물이 되어(고후 5:7) 그 영혼이 하나님께 조율되는 것이다. "또 그리스도께서 너희 안에 계시면 몸은 죄로 인하여 죽은 것이나 영은 의를 인하여 산 것이니라"(롬 8:10). 신자의 새로운 자아는 하나님을 닮았다. "의와 진리의 거룩함으로"(엡 4:24) 지음받았기 때문이다.

타락한 사람들과는 달리 구속된 사람들은 죄를 짓지 않을 수 있다. 그들은 성령과 동행하면서 하나님을 기쁘시게 하고 그리스도를 닮아간다. 그러나 그리스도인의 삶 속에는 속사람과 겉사람 사이의 전쟁이 있다. 속사람은 하나님의 법에 기쁨으로 동의하지만(롬 7:22), 겉사람에는 여전히 죄의 법과 힘이 존재한다(롬 7:23). 영적인 존재로서 우리의 근본적인 정체성은 변화되었지만 구원은 아직 완성되지 않았다. 주님께서 우리를 이끌어 그리스도의 부활하신 영광의 몸과 같게 하실 때까지(빌 3:21) 우리는 아직 "몸의 구속"(롬 8:23)을 기다려야 한다. 그때가 되면 우리의 속사람과 겉사람은 완벽하게 통합될 것이다. 죄의 강력으로부터 완전히 자유로워지며, 우리의 지, 정, 의가 지속적으로 하나님의 성령의 지배 아래 머물 수 있다. 그때가 오기까지 우리는 구원의 순간에 의로움과 거룩함으로 변화된 속사람처럼 우리의 겉사람도 하나님이 변화시키도록 기회를 드려야 한다. 우리는 믿는 것과 다른 식으로 계속하여 행동할 수는 없다. 이 전쟁은 점점 거세어진다. 그러나 우리는 이것이 그리스도 안에서 얻은 실제 사람과 아담 안에 남아 있는 죽을 수밖에 없는 옛사람과의 전쟁이라는 사실을 알아야 한다(롬 5:12-21).

### 하나님이 만드신 필요들

신자의 삶 속에 있는 속사람과 겉사람의 갈등은 성령과 육체 사이의 전쟁이다. 그것은 육체적 필요와 심리적 필요의 영역에서 그리고 그 필요를 성취하는 과정에서 분명해진다. 이러한 필요들은 정당하며 하나님이 심어놓으신 것이다. 이 필요를 만족시키는 것이 하나님의 의도이고 또한 그것이 우리를 하나님께로 이끈다. 우리는 본성적으로 우리의 필요를 채우려 한다. 그런데 그 필요를 하나님의 손이 아닌 다른 방법으로, 다른 장소에서 채우려는 세상적인 생각을 갖기가 매우 쉽다. 그러나 그런 시도는 단지 우리를 좌절시킬 뿐이다. 어떠한 사람도, 소유도, 지위도 하나님만이 하실 수 있는 일을 대신할 수는 없다.

음식, 옷, 거처, 안식처, 위험으로부터의 보호와 같은 육체적인 필요 말고도, 우리에게는 개인의 가치감과 관련된 심리적인 일련의 필요들이 있다. 이를 다양하게 표현할 수 있으나 여기서는 우리의 목적을 위해 세 부분으로 나누었다.

**사랑과 수용**  모든 사람은 적어도 한 사람으로부터 무조건 사랑받고 받아들여지고 있다는 느낌에서 오는 안정감을 필요로 한다. 누군가가 자기 존재에 관심을 가지고 있다는 믿음과 소속감이 없는 사람은 불완전한 사람이다. 문제는 삶 속에서 이러한 필요가 잘해봐야 충분하지 못하거나 대개는 거의 채워지지 않는다는 데 있다. 부모, 동료, 사회로부터 직접 또는 간접적으로 거부당하는 것은 불안감을 일으키고, 수용과 사랑을 얻어내야만 한다는 느낌을 갖게 한다. 어떤 사람들은 물리적인 인정을 얻기 위해 지나칠 정도로 노력하고(종종 육체적인 외모에 기초하여), 어떤 사람들은 다른 영역을 추구함으로 이 영역을 애써 무시하려고 한다.

**중요감과 정체성**  사람은 개인에 대한 중요감을 느끼고 자신을 보다 더 훌륭한 사람과 동일시하고 싶어한다. 스스로 가치 있고 삶에 의미가 있다는 느낌을 가지고 싶어하는 것이다. 개성을 무시당하는 경험은 그것이 직접적이든 간접적이든 개인의 가치와 삶의 목적을 위협한다. 그래서 우리는 열등감을 가지고, 종종 지위에 기초하여 중요감을 얻어내려는 다양한 시도를 한다. 많은 사람들은 좋은 동료를 만남으로, 바른 이웃을 만남으로, 괜찮은 자동차를 소유함으로, 적절한 옷을 입음으로, 올바른 친구들을 사귐으로 자신의 정체성과 가치를 발견한다. 이 영역에서 별로 성공하지 못한 사람은 이 실패를 최소화하기 위해 한두 가지 다른 영역에서 탁월하려고 노력하게 된다.

**자신감과 성취감**  또 다른 일반적인 인간의 필요는 자신감과 성취감이다. 이것은 자신의 인생이 독특하며 자신은 지속되는 무엇인가를 성취해야 한다는 믿음에서 온다. 이 믿음은 직접, 간접으로 일의 성과가 없을 경우 손상을 입는데, 그 결과 자신이 무능하다는 감정에 빠지고 만다. 많은 사람들은 업적과 결과를 통해 자신의 가치를 확인한다. 이러한 시도는 학문, 음악, 운동에서 나타나기도 하지만 특별히 직업적 성공을 추구하는 동기가 되기도 한다. 이 영역에서 성공하지 못한 사람 역시 다른 한 가지에 집중함으로써 보상받고자 한다.

그래서 사람들은 일반적으로 외모, 지위, 재능을 통해 자신의 개인적인 가치를 확인하려고 한다. 중요감과 정체성을 지나치게 추구한 나머지 음란과 호색에 빠지기도 한다. 능력과 성취에 집착하다보면 과도한 경쟁과 공격성을 가질 수 있다. 극단으로 흘러 남용이나 절도, 폭력을 유발하는 경우도 있다.

필요를 채우기 위해 사람이나 일, 환경에 눈을 돌리는 것은 자신을 속이는 일이다. 이런 것은 당신의 필요를 만족시킬 수 없다. 그러나 여전히 많은 신자들이 이 함정에 빠져서 그리스도인의 가치를 세상 사람들의 기준으로 평가한다. 하나님은 우리에게 영원을 사모하는 마음을 주셨다(전 3:1). 따라서 주님만이 우리의 빈 공간을 채우실 수 있다. 외모, 소유, 성취에 대한 관심 자체가 잘못됐다는 것은 아니다. 우리는 "그리스도의 대사"(고후 5:20)로서 모든 것을 탁월하게 해야 한다. 하나님의 영광을 위해서다(고전 10:31, 골 3:23).

당신의 기쁨과 평강이 남들에게 어떻게 보이고, 무엇을 소유하고, 얼마나 잘 해내는가에 달려 있는가? 그렇다면 당신은 하나님이 주신 필요를 채우기 위해 창조자를 바라보는 것이 아니라 피조물을 바라보고 있는 것이다.

다음 장에서는 우리의 필요들과 하나님의 계획에 대한 우리의 반응을 살펴볼 것이다.

### 적용을 위한 질문

- 교환된 삶에 대해 정리한 10가지 원리들 중 당신에게 가장 잘 이해되는 것은 무엇인가? 어떤 원리가 이해되지 않고 분명하지 않은가? 영성 형성에 대한 이러한 접근법이 갖는 장점과 단점에 대해 당신은 어떤 인상을 받았는가?

- 당신 자신의 말로 하면, 교환된 삶의 본질은 무엇인가?

- 어떻게 하나님의 계획이 그분의 성품으로부터 나오고, 그 계획이 하나님의 성품을 반영할 수 있는가?

- 당신은 옛성품과 새로운 성품을 어떻게 이해하고 있는가?

- 세 가지 부류의 심리학적인 필요들 중 당신에게 가장 중요한 것은 무엇인가? 당신은 어디에서 그 필요를 충족하고 있는가?

제4부 _ **교환된 삶의 영성** EXCHANGED LIFE SPIRITUALITY

# 9

# 우리의 필요를 채우기 위한 하나님의 계획

| 이 장의 개관 | 그리스도 안에서 우리는 영적인 가족, 영적인 몸 그리고 영적인 성전의 일원이 되었다. 이 새로운 정체성을 통해 하나님은 우리의 근본적인 필요들을 충족시키신다. 그리스도의 생명을 받은 새로운 피조물로서 우리가 알고, 생각하고 그리고 우리 자신을 하나님께 드리는 과정은 은혜에 근거한 삶(롬 6장)에 대한 이해를 풍성하게 한다. |
|---|---|
| 이 장의 목표 | • 우리가 영적인 가족, 영적인 몸 그리고 영적인 성전에 참여하게 됨으로 우리의 근본적인 필요들을 충족시키시는 하나님의 계획을 이해하기<br>• 아는 것과 생각하는 것 그리고 헌신을 통하여 하나님의 자비로운 계획에 반응하기<br>• 그리스도의 생명이 우리 안에 있는 것의 의미를 더 깊이 이해하기<br>• 율법주의의 교묘한 유혹과 자유가 지나친 방종으로부터 벗어나기 |

그리스도를 신뢰함으로 우리는 당신의 백성을 향한 하나님의 궁극적인 의도대로 회복되어야 할 그 자리에 놓이게 된다. 그리스도는 우리를 구속하사 우리의 죄를 위해 형벌을 받으시고 죄의 속박으로부터 풀어주셨다.

"우리가 그리스도 안에서 그의 은혜의 풍성함을 따라 그의 피로 말미암아 구속 곧 죄사함을 받았으니"(엡 1:7).

"그가 우리를 흑암의 권세에서 건져내사 그의 사랑의 아들의 나라로 옮기셨으니 그 아들 안에서 우리가 구속 곧 죄사함을 얻었도다"(골 1:13-14).

"또 너희의 범죄와 육체의 무할례로 죽었던 너희를 하나님이 그와 함께 살리시고 우리에게 모든 죄를 사하시고 우리를 거스리고 우리를 대적하는 의문에 쓴 증서를 도말하시고 제하여 버리사 십자가에 못박으시고"(골 2:13-14).

우리가 구속됨으로써 하나님의 거룩한 요구는 만족되었고, 우리는 살아계신 하나님으로 말미암아 의롭다 칭함을 받게 되었다(롬 3:24, 딛 3:7). 하나님의 의가 우리에게 전가된 것이다(롬 5:18-19, 고후 5:21). 죄의 장벽이 제거되자 우리는 이제 하나님과 화목하게 된 양자로서 그분 앞에 담대히 나아가 "아바! 아버지!"라 부르게 되었다(롬 8:15). 더 나아가 우리의 옛사람은 그리스도와 함께 십자가에 못박혔다. 그리고 죽어서 장사 지냈다가 부활해서 아버지의 보좌 우편으로 승천하신 그리스도를 자신과 동일시하게 되었다(롬 6:3-11, 갈 2:20, 엡 2:5-6, 골 3:1-4). 아담 안에 있던 옛자아는 죽임을 당했고, 새롭고도 영원한 자아가 그리스도 안에서 믿음을 가질 때 그것은 우리의 살아 있는 실체가 된다.

그리스도가 없다면 우리는 하나님과 전혀 조화를 이루지 못한다. 삶은 온통 자신을 위한 것뿐이고, 우리는 자신의 필요를 채우기 위해 사람과 물건과 환경을 조작할 것이다. 그러나 그리스도 안에서 우리는 하나님과 조화를 이룬다. 믿는 자로서의 삶은 이미 우리의 모든 필요를 채우신 그리스도를 위한 것이다.

### 영적인 가족

성부 하나님은 영적인 공동체를 만들고 싶어하신다. 하나님 자신을 계시할 수 있는 사람들의 공동체다. 그 공동체는 하나님이 그 이름으로 인하여 영광과 찬송과 존귀를 얻을 수 있는 사람들로 이루어진다. 하나님의 사랑을 주고받을 수 있는 사람들의 공동체인 것이다(엡 1:4-6). 이 갈망은 영적인 가족을 만드시는 하나님의 계획 속에 나타난다. 그 영원한 사귐 안에서 하나님은 당신의 사랑을 주고받으신다(갈 4:4-7, 엡 2:19). 우리가 바로 그 가족이고 그리스도는 맏아들이시다(골 1:18).

하나님의 가족으로서 조건 없는 사랑과 받아들임에 대한 우리의 필요는 완전히 채워졌다. 하나님의 한이 없는 사랑 안에서 우리는 안전하다. 우리가 적대자로 하나님께 반항할 때에 "그리스도께서 우리를 위하여 죽으심으로 하나님이 우리에게 대한 자기의 사랑을 확증"(롬 5:8)하신 덕분이다.

"내가 확신하노니 사망이나 생명이나 천사들이나 권세자들이나 현재 일이나 장래 일이나 능력이나 높음이나 깊음이나 다른 아무 피조물이라도 우리를 우리 주 그리스도 예수 안에 있는 하나님의 사랑에서 끊을 수 없으리라"(롬 8:38-39).

"보라 아버지께서 어떠한 사랑을 우리에게 주사 하나님의 자녀라 일컬음을 얻게 하셨는고 우리가 그러하도다"(요일 3:1).

## 영적인 몸

성자 하나님은 영적인 공동체를 만들기 원하신다. 그리스도가 머리 되시고 사람들과 함께, 사람들을 통하여 만물을 다스리시는 공동체다(엡 1:9-10, 22-23). 이 갈망은 영적인 몸을 만드시는 하나님의 계획 속에 나타나는데, 성육신하신 그리스도의 확장으로서 존귀함과 정체성을 갖는다(엡 1:9-12). 이는 우리가 바로 그 몸이고, 그리스도가 머리임을 나타낸다(엡 1:22-23, 골 1:18).

그리스도 몸의 각 지체로서 진정한 중요감과 정체성에 대한 우리의 필요는 완전히 채워졌다. 그리스도 안에 있음으로 해서 의미와 목적도 갖게 되었다. 하나님은 행위를 따라 우리를 구원하지 않으셨다. "오직 자기 뜻과 영원한 때 전부터 그리스도 예수 안에서 우리에게 주신 은혜대로"(딤후 1:9) 하셨다.

"기록된 바 하나님이 자기를 사랑하는 자들을 위하여 예비하신 모든 것은 눈으로 보지 못하고 귀로도 듣지 못하고 사람의 마음으로도 생각지 못하였다 함과 같으니라"(고전 2:9).

"찬송하리로다 우리 주 예수 그리스도의 아버지 하나님이 그 많으신 긍휼대로 예수 그리스도의 죽은 자 가운데서 부활하심으로 말미암아 우리를 거듭나게 하사 산 소망이 있게 하시며 썩지 않고 더럽지 않고 쇠하지 아니하는 기업을 잇게 하시나니 곧 너희를 위하여 하늘에 간직하신 것이라"(벧전 1:3-4).

## 영적인 성전

성령 하나님은 영적인 공동체를 만들기 원하신다. 하나님을 닮아가며 그분의 영광을 영원토록 나타내는 공동체다(엡 2:21-22). 이 갈망은 영적인 성전을 만드시는 하나님의 계획 속에 나타난다. 산 돌로 지어진 성전 안에 그리스도의 형상과 능력을 나타내사 그리스도를 섬기고 영원히 영광을 돌리는 것이다(벧전 2:4-5). 우리가 바로 그 성전이고, 그리스도가 모퉁이돌이 되셨다(엡 2:20).

하나님 성전의 산 돌로서 영원한 만족과 성취에 대한 우리의 필요는 완전히 채워졌다. 성령이 모든 신자들에게 신령한 은사로 축복하셔서, 우리에게 시간과 기회와 우리를 향하신 하나님의 목적을 성취할 수 있는 능력을 주신 것이다. 하나님의 능력 안에서 우리가 하는 모든 일들은 영원하다.

"이를 위하여 나도 내 속에서 능력으로 역사하시는 이의 역사를 따라 힘을 다하여 수고하노라"(골 1:29).

"그 영광의 풍성을 따라 그의 성령으로 말미암아 너희 속사람을 능력으로 강건하게 하옵시며"(엡 3:16).

(다음 성경 구절을 읽고 이 구절들이 위에서 언급한 세 가지 영역에서의 필요와 어떻게 연관되어 있는지 살펴보라. 고전 1:5-9, 고후 1:21-22, 2:14, 3:4-6, 갈 4:4-7, 엡 1:6, 9-12, 18, 2:10, 3:11-12, 16-20, 5:2, 6:10-18, 빌 2:13, 골 1:11, 21-22, 27, 3:3, 딤후 1:7, 벧전 1:5.)

그리스도인인 우리는 필요를 채우기 위해 사람들과 사물과 환경을 초월하는 시각을 가져야 한다. 이 모든 것은 불안정하며 부적절하다. 이런 것들을 의지하면 틀림없이 실패한다. 육신이 원하는 바를 좇으면 우리의 필요를 채울 수 없다. 기껏해야 안전과 중요감의 속기 쉬운 겉모양만 보여줄 뿐이다. 그 대신 우리는 모든 것을 떠나 하나님 한 분으로 만족한다는 담대한 믿음을 가져야 한다.

이것은 관계가 어려워지거나 실패하고 거절당했을 때 고통이 있음을 최소화하라는 의미가 아니다. 이런 일은 여전히 고통스럽다. 그러나 우리의 자화상을 사람들이 아닌 하나님으로부터 찾을 때 우리는 결코 무너지지 않는다. 궁극적인 관점에서 볼 때, 우리는 사랑받는 사람이고 중요하고 만족스러운 존재다. 하나님 안에서 그리고 우리를 부르신 그분의 계획 안에서!

그런데 왜 많은 그리스도인들이 자신의 안전과 의미와 인생의 성취를 추구할 때 계속해서 불신자처럼 행동하는가? 답은 우리가 성령과 동행하는 것을 막는 세 가지 강력한 힘이 있기 때문이다. 바로 육신과 세상과 사탄이다(엡 2:2-3).

육신은 죄의 힘 혹은 '죄의 법' 이다. 그것은 우리 안에 있다(롬 7:14-25). 그 죄의 법은 십자가에서 죽임을 당한 우리의 '옛자아'와는 같지 않다(롬 6:6). 내 안에 그리스도께서 오셔서 새로운 영을 받았을지라도 우리는 여전히 육체적인 필요와 욕망을 가진 동일한 몸으로 싸여 있는 것이다. 우리의 영혼과 개성(지, 정, 의)이 순간적으로 변화되지는 않는다. 낡은 태도, 가치관, 옛습관, 행동들도 뿌리째 뽑히지는 않는다. 계속 존재한다. 다만 우리는 그리스도 안에서 얻은 새로운 자아에 정신적, 감정적, 의지적인 면에서의 진보를 점차적으로 맞춰가야 한다. 이러한 진보는 자원하는 마음이 있을 때 성령의 사역으로 인하여 시간을 두고 이루어진다. 우리는 정체성의 근거를 하나님이 나를 어떻게 생각하시는가에 두지 않고 다른 사람이 어떻게 생각하는가, 혹은 나 자신이 나를 어떻게 생각하는가에 두도록 프로그램 되어 있었다.

이 프로그램은 주로 세 가지 요소 가운데 두번째인 세상의 산물이다. 우리는 성경과 완전히 반대되는 가치와 관점을 조장하는 문화 체계로부터 끊임없는 공격을 당하고 있다. 이러한 환경은 너무도 명백한 현실이어서 때로 그리스도 안에 있는 우리의 시각을 빼앗아버린다. 성경이 우리는 이 땅의 순례자요 나그네며 하늘에 시민권이 있는 자라고 말함에도 불구하고, 우리는 이런 모습으로 존재하는 것이 최종적인 현실인 양 살아간다. 당신의 마음을 성경의 진리로 새롭게 프로그래밍하라. 그렇지 않으면 삶의 의미를 쾌락과 물질에서 찾는 세상 문화에 심각하게 휩쓸리고 말 것이다.

영적인 삶을 방해하는 세번째 요소는 사탄이다. 사탄과 그의 부하들은 그리스도인의 삶을 파괴시키고 무력하게 하기 위해 세상과 육신을 사용한다. 그러나 우리가 육신에 지고 있을 때 사탄은 단지 우리를 압박하고 있을 뿐이다. 그는 우리 안에 있는 그리스도의 생명을 파괴할 수 없다.

이 세 가지의 모든 요소는 신자의 영적 활력에 대항하여 전쟁을 수행한다. 이 전쟁에서 한시적인 관점보다는 영원의 관점을 개발하는 것이 중요하다. 모든 것은 우리의 가치를 위해, 우리의 필요를 만족시키시는 하나님의 계획에 우리가 어떻게 반응하는가에 따라 결정된다.

## 하나님의 계획에 대한 반응

로마서 6장에서 바울은 속사람에서 겉사람으로의 발전을 세 가지 면에서 묘사하면서 신자를 영적인 진리로 가늠해보았다. 그것은 그리스도 안에 있는 자기 정체성을 아는 데서 시작하여(3-10절), 이 진리가 맞다고 간주하거나 여기는 것을 지나(11절), 하나님께 자신을 양도 혹은 드리는 것으로 절정에 이른다(12-14절).

**아는 것** 그리스도인은 때때로 영적 무지와 기억 상실증으로 고초를 겪는다. 많은 신자들은 자신이 그리스도 안에 있다는 사실을 알지 못하거나 잊어버린다. 그 결과 그들의 자아상을 잘못된 자원에서 끌어온다.

누가복음 9장 18-20절을 보면, 자신에 대하여 물을 수 있는 세 가지 질문이 있다.

당신은 당신이 누구라고 말하는가?
사람들은 당신이 누구라고 말하는가?
하나님은 당신이 누구라고 말씀하시는가?

너무나 자주 우리는 세번째 질문이 아닌 첫번째와 두번째 질문에 대한 답에 정체성의 근거를 둔다. 그래서 불가피하게 비성경적인 결론에 도달하고 잘못된 것에 개인 가치의 기초를 두게 된다. 그리스도 안에 있는 신자로서 우리는 사람들의 말이 아닌 하나님의 말씀에 정체성의 근거를 두어야 한다. 하나님은 우리가 어떻게 느끼며 어떻게 하는지에 관계없이 무조건 우리를 받으며 사랑한다고 말씀하신다(롬 5:8). 또 "우리가 그의 죽으심을 본받아 연합한 자가 되었으면 또한 그의 부활을 본받아 연합한 자가 되리라"(롬 6:5)고 말씀하셨다.

그리스도인은 그리스도가 자신을 위해 죽으셨음을 안다. 그런데 동시에 자신이 그리스도 안에서 그리스도와 함께 죽었다는 사실을 알지 못한다. 우리는 "우리 옛사람이 예수와 함께 십자가에 못박힌 것은 죄의 몸이 멸하여 다시는 우리가 죄에게 종노릇하지 아니하려 함이니 이는 죽은 자가 죄에서 벗어나 의롭다 하심을 얻었음이니라"(롬 6:6-7) 하는 선언을 받아들여야 한다. 그리스도와 함께 십자가에 못박힘으로써 우리는 죄의 속박에 대해 죽었다. 이는 이미 하나님이 이뤄놓으신 사실이다.

이 진리를 느끼지 못할지라도 우리의 신분을 성취라는 기준으로 판단해서는 안 된다. 그리스도 안에 있는 우리의 안전과 중요감은 세상적인 실패와 거절에 의해 위협당할 수 없다. 우리의 행위는 우리가 가지고 있는 믿음에 근거를 두어야 한다. 우리가 누구냐라는 사실이 우리가 무엇을 하느냐를 결정해야 한다. 그 반대가 되어서는 안 된다. 이상적으로는 행위가 그 사람이 누구인지를 반영한다. 그러나 누구인지를 결정하지는 않는다. 우리의 정체성은 그리스도 안에서 얻은 새생명에 근거를 두어야 한다. 우리는 그리스도의 의로우심을 가졌고(빌 3:9, 고후 5:21), 그분의 생명이 우리의 생명이 되었다.

로마서 1-5장의 구원에 관한 확실한 이해가 로마서 6-8장의 성화를 향한 성장의 핵심을 이룬다.

**간주하는 것** 바울은 우리의 참된 정체성을 그리스도의 죽으심, 장사 지내심, 부활하심에 연합한 것으로 설명한 후(롬 6:3-10), 그의 관점을 진리를 '아는 것'에서 진리를 '믿는 것'으로 옮기고 있다. "이와 같이 너희도 너희 자신을 죄에 대하여는 죽은 자요 그리스도 예수 안에서 하나님을 대하여는 산 자로 여길지어다"

(롬 6:11). 우리는 진리를 배워야 할 뿐 아니라 진리로 여겨야 한다. 진리를 듣는 자(히 4:2)가 믿음으로 화합할 때 하나님의 평강을 즐길 수 있다(히 4:3-10).

이런 과정은 저절로 이루어지지 않는다. 히브리서의 기자는 우리가 진리를 완전히 경험하지 않았을지라도 그것을 붙잡음으로, 그리고 외견상 모순될지라도 그것을 믿음으로 "저 안식에 들어가기를 힘쓰라"(히 4:11)고 말한다. 룻 팩슨(Ruth Paxon)도 말한다. "죄의 욕구가 신자를 압도하지 못하는 것은 신자가 불신이라는 이유로 그것을 허용하지 않기 때문이다. 어떤 사람이 아직도 죄에 대해 살아 있다면 그것은 자신이 죄에 대해 죽었다고 간주하지 않기 때문이다."

간주한다는 것은 자연스럽지도 쉽지도 않은 일이다. 교환된 삶을 말하는 대부분의 저자들이 동의하는 바가 있다. 신자들은 흔히 자기 자신과 자원의 고갈 상태를 경험한 후에야 그리스도와 함께 자신이 십자가에 못박혔음을 진정으로 깨닫는다는 사실이다. 대부분의 경우 사람들은 '깨어짐'과 '굴복'에 이르러서야 '스스로의 삶'에서 '그리스도의 삶'으로 돌아설 준비를 한다. 제임스 맥컨키(James McConkey)는 이러한 사실을 잘 지적했다. "믿음은 하나님께 의존하는 것이다. 그런데 하나님께 의존함은 오직 자기 의존이 종말을 맞고서야 시작된다. 어떤 사람은 슬픔, 고통, 괴로움, 깨져버린 계획과 희망이 스스로는 도울 수 없는 패배를 안겨다 준 후에야 자기 의존에서 벗어난다."

인생의 학교에서 이러한 일들은 선택 과목이 아니다. 여기에는 통제력을 잃어버릴 만큼 고통스럽고 위협적인 과정이 포함되어 있다(성경적인 관점에서 볼 때, 물론 우리는 자기 통제에 대한 환상을 버려야 한다. 애당초 우리는 스스로를 아예 통제할 수 없다. 단지 할 수 있다고 생각하고 있을 뿐이다). 그러나 F. B. 마이어(F. B. Meyer)가 말한 대로, 자진해서 하고 싶지 않으면 '사실은 하고 싶지 않지만 하는 것'이라고 고백하라(요 7:17 참조). 우리의 인생과 계획에 대한 모든 통제를 그리스도께 드려야 비로소 그리스도의 평화를 발견할 수 있다. 그분을 위해 우리의 삶을 잃는 대신 그분의 삶을 발견하는 것이다.

하나님이 그리스도 안에 있는 우리의 위치에 대하여 하신 말씀을 사실로 여기면서 "믿음의 선한 싸움"(딤전 6:12)을 싸울 때, 성령은 우리에게 확신을 더하시고 이 진리가 경험 속에서 더욱 실제적이 되도록 도우신다. 그래서 바울은 에베소의 성도들에게 "아버지께서 지혜와 계시의 정신을 너희에게 주사 하나님을 알게 하시고"(엡 1:17)라고 기도했다.

> "너희 마음 눈을 밝히사 그의 부르심의 소망이 무엇이며 성도 안에서 그 기업의 영광의 풍성이 무엇이며 그의 힘의 강력으로 역사하심을 따라 믿는 우리에게 베푸신 능력의 지극히 크심이 어떤 것을 너희로 알게 하시기를 구하노라"(엡 1:18-19).

영적인 삶에 학문적이거나 이론적으로 접근해서는 안 된다. 하나님은 단순히 우리에게 정보를 주기 위해서가 아니라 우리를 변화시키기 위해 진리를 주셨다. 정말로 새로운 피조물이 되었다면 우리는 하나님의 자녀와 하늘나라의 시민으로서 새로운 상속과 유산을 가진 새로운 사람이다. 아담 안의 죽음에서 그리스도 안의 생명으로 옮겨진 것이다. 영생은 그리스도의 생명이며, 영적으로 거듭날 때 그 생명을 받는다(롬 6:4-6, 8:9, 고후 5:14-17, 갈 2:20, 엡 1:4, 2:6, 10, 골 1:12-14, 3:1-3, 요일 3:1-2). 그리스도는 단지 우리 옆이나 앞에 계시지 않고 우리 안에 계신다. 그분은 우리를 통해 당신의 생명을 나타내기 원하신다. 신약은 우리가 그리스도 안에 있음을 더욱 강조한다.

그렇다. 우리는 하나님의 오른편에 계신 그리스도 안에서 승리의 자리에 서 있다(엡 1:20). 성경은 이 진리를 느끼라고 말하지 않는다. 다만 받아들임으로써 하나님을 신뢰하고 그분께 영광을 돌리라고 말한다. 이런 방식으로 우리는 자신이 아닌 하나님의 성품과 약속들로부터 시작한다. 이것은 수동성의 문제("하나님으로 하게 하라"는 개념이 너무나 남용되고 있다)가 아니라 하나님의 은혜에 감동받은 적극적인 선택이다. 죄가 없는 완벽주의가 아니라 육신과 세상과 사탄에 맞서는 영적 전쟁의 숨막히는 상황 속에서 점진적으로 이루어가는 성장이다. 육신은 제거될 수도, 향상될 수도 없다. 부활하기 전까지 우리는 이 성향을 없앨 수 없다.

**자신을 드리는 것**  그리스도 안에서의 우리 정체성에 대한 진리를 알고, 그것을 진리로 간주하는 믿음과 연관지어나갈 때, 자신을 그리스도 안의 새로운 피조물로서 하나님께 드리는 것이 중요하다.

> "그러므로 너희는 죄로 너희 죽을 몸에 왕노릇하지 못하게 하여 몸의 사욕을 순종치 말고 또한 너희 지체를 불의의 병기로 죄에 드리지 말고 오직 너희 자신을 죽은 자 가운데서 다시 산 자같이 하나님께 드리며 너희 지체를 의의 병기로 하나님께 드리라"(롬 6:12-13).

마음이 새롭게 되며 점진적 변화를 받을 때(롬 12:2), 우리의 생각은 세상이 아닌 하나님이 우리에 대해 말씀하시는 것과 놀라울 정도로 일치하게 된다. '죽음에서 살아난 자'로서 자신을 하나님께 드릴 수 있게 된다. 비로소 자신에 대해 알고 그것을 믿기 때문이다. 이와 같은 방식으로 우리의 지체를 '의의 병기'(롬 6:13)로 하나님께 드릴 때, 우리의 몸은 하나님이 받으실 만한 거룩하고 산 제물이 된다(롬 12:1).

영적인 삶이 왕성해지기 원한다면 아는 것, 간주하는 것, 자신을 드리는 것, 이 세 가지 영역의 과정이 매일의 습관이 되어야 한다(눅 9:23). 영적인 진리를 배우는 것보다 배우지 않는 것이 훨씬 쉽다. 정기적으로

이 과정을 강화하지 않으면 점차 사라져버리고 만다.

말씀과 반대되는 환경과 외양에도 불구하고 하나님의 말씀을 믿음으로 그분을 선택할 때, 우리는 우리의 문제에 관한 하나님의 관점을 얻고, 우리의 자원을 의지하지 않고 하나님의 능력 안에서 행하게 된다. "나는 죄에 대하여 죽고 하나님에 대하여 그리스도 안에서 산 자"라고 날마다 간주함으로써 그리스도의 생명이 나의 생명이 되고 그리스도의 운명이 이제 나의 운명이 되었다는 깊은 깨달음을 갖는다. 우리는 옛것을 새 것으로 바꾸었으며, 그리스도 안에서 사랑과 의미와 성취를 얻었다.

그러므로 우리의 참된 정체성은 겉사람에 있지 않고 속사람에 있다(고후 4:16). 우리는 썩고 죽을 것으로 잠시 동안 옷 입고 있는 영적인 존재다. 그러나 "이 썩을 것이 불가불 썩지 아니할 것을 입겠고 이 죽을 것이 죽지 아니함을 입을"(고전 15:53) 그때가 온다. 주님이 오시면 우리의 외양은 우리가 이미 가진 내면의 모습과 완벽하게 같게 될 것이다. 그때까지 우리의 마음은 "위엣것을 생각하고 땅엣것을 생각지 말아야"(골 3:2) 한다. 성령의 능력에 의식적으로 의지함으로 몸의 행실을 죽여야 하는 것이다(롬 8:13). 우리는 본성적으로 필요를 채우려 한다. 그러나 그 필요들이 그리스도 안에서 이미 완전히 채워졌음을 지속적으로 기억하라. 이것이 우리를 이기심과 자만의 속박으로부터 해방시키는 진리다. 그 진리로 우리는 움켜잡는 자가 되는 대신에 아무것도 기대하거나 요구하지 않고 아낌없이 주는 자가 될 수 있다. C. S. 루이스는 그의 책 「순전한 기독교(Mere Christianity)」의 마지막 부분에 다음과 같이 썼다.

> 당신이 찾는 진정한 그리고 새로운 자아(그리스도의 것, 또한 당신의 것, 그분의 것이기 때문에 곧 당신의 것)는 오지 않는다. 그것은 당신이 그리스도를 찾을 때 온다. … 자신을 포기하라. 그러면 진정한 자신을 찾게 될 것이다. 당신의 생명을 버려라. 그러면 얻게 된다. … 가지려고 하면 아무것도 얻지 못한다. 주지 아니한 그 어떤 것도 진실로 당신의 것이 된 적이 없다. 죽지 아니한 그 어떤 것도 죽음에서 일어나본 적이 없다. 자신을 바라보라. 결국 미움, 외로움, 절망, 분노, 파멸, 부패만이 있지 않은가? 그리스도를 바라보라. 그러면 그를 발견할 것이다. 그리스도 안의 모든 것과 함께….

우리의 필요를 만족시키려 하면 좌절과 실패를 경험하고 만다. 하나님과 그분에 대한 배고픔과 갈증 그리고 의를 추구하면 우리는 만족하게 되고(마 5:6) 필요를 채울 수 있다. 그래서 주님을 신뢰하게 된다. 그런데 우리가 하나님을 사람처럼 신뢰할 수 있는가? 또 어떻게 느끼는가와 상관없이 하나님이 말씀하신 진리를 믿을 수 있는가? 이 질문은 처음 시작한 곳, 즉 하나님의 성품으로 우리를 데려간다. 하나님의 선하심과 사랑을 확신할 때, 우리는 하나님이 당신의 프로그램을 위해 우리를 소비하시는 것이 아니라 우리의 가장 고상한 선을 위하신다는 사실을 깨닫게 된다. 하나님에 대한 불순종은 곧 자기 파멸이다. 반면에 그분의 뜻에 대한 순종은 자기 성취를 의미한다. 우리는 이러한 태도로 무장하고서 육신과 세상과 사탄이 주는 유혹에 "아니오"라고 말해야 한다. 그리고 우리를 부르사 우리가 무엇인가 하기를 원하시는 그리스도께 "예"라고 해야 한다.

순종함으로 진리에 반응할 때 그에 대한 보답으로 어떤 일이 시작된다. 태도가 행동을 낳고, 행동이 태도를 만들어내고 강화하는 것과 같은 이치다. 이것은 한쪽만 선택해야 하는 상황이 아니라 두 가지가 함께함으로써 상승 작용을 일으키는 시너지(synergy)인 것이다. 믿음은 행동할 때 성장한다. 그리스도가 우리를 통해 그분의 삶을 사시는 것같이 행동하기 시작할 때 우리는 성경의 실제와 일치하게 행동하게 된다. 이러한 행동은 진리를 더욱 실제화시키고 따라서 행동도 점차 쉬워진다. 어느 순간에나 우리는 긍정적이거나 부정적인 태도와 행동의 순환을 취하도록 되어 있다. 그러므로 정기적으로 성경의 진리로 마음을 새롭게 하여 행동하는 것이 중요하다.

## 우리 안에 있는 그리스도의 생명

영적인 삶은 진실로 예수 그리스도의 삶으로서 신자를 통해 재생산된다. 잭 R. 테일러(Jack R. Taylor)는 그리스도의 삶이 "인간의 삶 속에 내재하고, 인간의 삶 위에서 통치하며, 인간의 삶을 통해 나타난다"라고 말했다. "내가 그리스도와 함께 십자가에 못박혔나니 그런즉 이제는 내가 산 것이 아니요 오직 내 안에 그리스도께서 사신 것이라 이제 내가 육체 가운데 사는 것은 나를 사랑하사 나를 위하여 자기 몸을 버리신 하나님의 아들을 믿는 믿음 안에서 사는 것이라"(갈 2:20).

우리의 마음은 그리스도가 내주하시는 장소가 되었다. 이러한 진리는 우리가 그것을 믿음으로 붙잡을 때 자각과 경험 속에서 더욱 실제적으로 자라간다(엡 3:17). 바울은 그리스도와 자신의 삶을 동일시하여 로마의 감옥에서 이렇게 말할 수 있었다. "이는 내게 사는 것이 그리스도니 죽는 것도 유익함이라"(빌 1:21). 이것이 그리스도인의 삶의 목표다. 생각과 행동 모두에서 그리스도와의 연합에 대한 지속적인 깨달음을 추구하는 것이다.

예수님은 요한복음 14장 20절에서 이것을 "너희가 내 안에, 내가 너희 안에"라는 간단하지만 심오한 말로 요약하셨다. "너희가 내 안에"라는 것은 그리스도 안에 있는 우리의 삶에 의하여 그리스도와 맺는 관계를 말한다. "내가 너희 안에"라는 것은 우리 안에 있는 그리스도의 삶에 의하여 그리스도와 갖는 교제를 말한다. 전자는 우리의 위치나 신분에 관련되고, 후자는 행동이나 상태와 관계가 있다. 하나님과의 관계는 실제적이다. 이것은 그리스도 안에서 거듭남으로 결정된다. 하나님과의 교제는 잠재적이다. 이것은 그리스도 안에서 영적으로 성장하면서 개발된다.

이러한 영적인 진리는 다음과 같이 요약할 수 있다.

예수 그리스도는 당신을 위해 자신의 생명을 주셨다(구원).
그래서 당신에게 자신의 삶을 주신다(성화).
그래서 당신을 통해 자신의 삶을 사신다(예배).

우리는 생물학적이거나 영적인 생명을 만들어내지는 못한다. 영적인 생명을 받아서 그것을 나타낼 뿐이다. 그럼에도 불구하고 성경은 "우리 주 곧 구주 예수 그리스도의 은혜와 저를 아는 지식에서 자라가라"(벧후 3:18)고 권면한다. 이것은 빛 되신 그분의 말씀에 순종하면서 하나님과의 교제 속에서 그분과 동행하는 지속적인 과정을 포함한다. 그리스도 안에 있는 우리의 정체성에 대한 이해와 적용은 일률적이지 않다. 자연 세계에서뿐만 아니라 영적인 세계에서도 상대적인 휴면 상태의 뒤를 이은 급성장이 있다. 그러나 그리스도를 닮아가는 성숙의 길에는 실험으로 증명된 지름길이란 없다.

> "만일 우리가 하나님과 사귐이 있다 하고 어두운 가운데 행하면 거짓말을 하고 진리를 행치 아니함이거니와 저가 빛 가운데 계신 것같이 우리도 빛 가운데 행하면 우리가 서로 사귐이 있고 그 아들 예수의 피가 우리를 모든 죄에서 깨끗하게 하실 것이요"(요일 1:6-7).

생각과 말과 행위에서 유혹에 굴복하면 그리스도 안에서 얻은 새로운 신분의 존엄성 밖에서 살게 된다. 성경의 빛이 죄의 영역을 드러낼 때 우리는 이 빛 앞에 죄를 자백해야 한다. 그래야 하나님의 빛 되심과 거룩하심 안에서 계속적으로 교제를 할 수 있다. "만일 우리가 우리 죄를 자백하면 저는 미쁘시고 의로우사 우리 죄를 사하시며 모든 불의에서 우리를 깨끗케 하실 것이요"(요일 1:9). 성경적인 관점에서 보면, 주 안에서는 씻음과 교제가 언제나 가능하기 때문에 그리스도인이 패배한다는 것은 정상이 아니다. 그리스도 안에 거할 때 우리 안에 있는 그리스도의 생명이 가정, 일, 생각, 태도, 말 등 이 땅의 모든 삶에 질적으로 영향을 끼치게 된다.

## 율법주의, 방종, 자유함

영적인 삶은 율법주의와 방종의 양극 사이에서 균형을 유지하는 것이다. 율법주의를 따르다보면 인간이 정해놓은 의를 성취하기 위해 육적인 노력을 기울이게 된다. 그럴 경우 인위적인 행동 강령을 완전히 따라야 영성이 있다고 여기는 바리새인적인 태도에 빠지기 쉽다. 그런데 많은 신자들은 진정한 그리스도인과 형식적인 그리스도인의 기준을 혼동한다. 그래서 많은 '할 것'과 '하지 말 것'들이 개인의 거룩을 이루어간다고 생각한다.

율법주의는 성령 안에서의 내면 세계보다는 외적인 규정과 규제를 강조한다. 수많은 유대주의자들의 영향으로 갈라디아 교인들은 그리스도 안의 자유를 율법의 멍에로 바꾸는 오류를 범하고 말았다(갈 5:1-8). 이것을 바로잡기 위해 바울은 갈라디아서에서, (은혜를 인하여 믿음으로 말미암아) 믿는 자를 구원한 바로 그 진리가 또한 그들을 성결케 한다는 사실을 강조했다.

"내가 너희에게 다만 이것을 알려 하노니 너희가 성령을 받은 것은 율법의 행위로냐 듣고 믿음으로냐 너희가 이같이 어리석으냐 성령으로 시작하였다가 이제는 육체로 마치겠느냐"(갈 3:2-3).

"죄가 너희를 주관치 못하리니 이는 너희가 법 아래 있지 아니하고 은혜 아래 있음이니라"(롬 6:14).

"이제는 우리가 얽매였던 것에 대하여 죽었으므로 율법에서 벗어났으니 이러므로 우리가 영의 새로운 것으로 섬길 것이요 의문의 묵은 것으로 아니할지니라"(롬 7:6).

그리스도인의 성장은 외적인 규정이나 의식이 아닌 내적인 관계로 이루어진다. "성령을 통하여 믿음으로"(갈 5:5) 그리스도를 닮아가는 것이다.

율법주의가 "당신이 해야 할 것을 하라"는 심리를 조장할 때, 그 반대편에서 방종은 "당신이 하고 싶은 것을 하라"고 말한다. 이러한 생각은 하나님의 은혜를 당연하게 여기고 죄의 결과를 무시하려는 태도에서 왔다(롬 6:1, 15). "나는 지금 그리스도인다운 삶을 살지 않아요. 하지만 나중에 돌아올 거예요. 적어도 나는 천국에는 갈 수 있어요." 그리스도인 역시 너무나 쉽게 자기 세계에 갇혀 쾌락과 번영, 인기와 권력을 추구할 수 있다. 이런 영역에서 성공하려면 때때로 인간의 존엄성과 도덕성까지도 타협거리로 내놓아야 한다.

지나친 율법주의와 방종 사이에서 성경적인 균형을 잡아주는 것이 바로 자유함이다. 우리는 해야만 하는 일이나 혹은 좋아하는 일만 하는 대신에 그리스도 안에서 그분이 기뻐하시는 일을 하는 자유를 가지고 있

| | 율법 | 은혜 |
|---|---|---|
| 말하기를… | 하라 | 이미 해놓음 |
| 강조하기를… | 우리가 하는 것 | 하나님이 하시는 것 |
| 무엇으로 사는가… | 육체(자신의 삶) | 영혼(그리스도인의 생활) |
| 무엇을 사용하는가… | 우리의 자원 | 하나님의 자원 |
| 무엇을 다루는가… | 외적인 법칙들, 규정 기준들 | 내면의 마음 자세 |
| 우선적인 초점은… | 해야만 하는 것 | 원하는 것 |
| 무엇을 만들어내는가… | 속박, 의무, 직무 | 자유 |
| 어떻게 사는가… | 밖에서 안으로 | 안에서 밖으로 |
| 무엇을 주장하는가… | ~가 되기 위해 하라 | 있는 모습 그대로 하라 |
| 결과는… | 죄책감과 비난 | 용납과 안전 |
| 무엇으로 이끄는가… | 실패 | 승리 |

〈표 9.1〉

다. 그리스도 안에서 자유함은 우리의 겉모습을 드러내는 열쇠로서 내적인 변화를 강조한다. 하나님을 알고 의지할 때 은혜 안에서 성장할 수 있다. 하나님의 축복이 임하지 않는 것은 불신 때문이지 헌신하지 못했기 때문이 아니다. 윌리엄 니웰(William Newell)은 "먼저 헌신을 설교하고 나중에 축복을 말하는 것은 하나님의 질서를 뒤집는 행위다. 그것은 율법이지 은혜가 아니다. 율법은 인간의 축복이 헌신에 따라 좌우되도록 만든다. 그러나 은혜는 자격 없는 사람이 조건 없이 받는 것이다. 헌신은 그 후에 따라올 수 있지만 반드시 그렇지 않을 수도 있다. 정확하게 말하자면 그렇다"라고 말했다.

## 우리의 신분과 행위

오직 그리스도께 구속된 종만이 진정한 자유를 가지고 있다. 그러나 자유는 언제나 책임과 결과를 요구한다(갈 6:7-8). 우리는 이 진리를 알아야 할 뿐 아니라 실행에 옮겨야 한다.

우리의 신분은 바로 이 시점에서 그리스도 안에 있는 우리 자신이다. 그리스도를 만날 때까지 기다릴 필요가 없다. 그 사실은 진실이기 때문이다. 믿음으로 그리스도 안에서 언제나 취할 수 있는 새로운 생명을 소유함으로써 우리는 하나님의 권속이라 부르심을 받았다. 그리고 우리의 행위는 그리스도 안에서 하늘에 있

| 우리의 신분 | 우리의 행위 |
|---|---|
| 로마서 1-11장 | 로마서 12-16장 |
| 에베소서 1-3장 | 에베소서 4-6장 |
| 골로새서 1-2장 | 골로새서 3-4장 |
| 믿음 | 행동 |
| 우리가 누구인가 | 우리가 무엇을 하는가 |
| 태도 | 행위 |
| 신분 | 상태 |
| 되었음 | 되어가고 있음 |
| 결정되었음 | 개발되고 있음 |
| 영적인 건강 | 영적인 수고 |
| 그리스도 안에서의 거듭남 | 그리스도 안에서의 성장 |
| 그리스도의 죽음을 기초로 함 | 그리스도의 삶을 기초로 함 |
| 하나님과의 관계 | 하나님과의 교제 |
| 은혜를 인하여 믿음으로 | 은혜를 인하여 믿음으로 |

〈표 9.2〉

는 신분에 걸맞도록 점점 더 자라갈 것이다.

교환된 삶을 주장하는 사람들은 서로 반대되는 양극단인 율법주의와 자유방임주의에 대해 강하게 반대해왔다. 이런 극단적인 가르침은 과정, 성장 그리고 훈련의 측면이 강한 점진적 변화, 인격의 함양, 종합적인 양육 등을 무시해왔다. 성경은 영성 형성이 점진적이라는 사실을 지적한다. 이것이 무시될 때, 영적인 삶이라는 것에 대해 자칫 우리에게 아무런 변화도 요구하지 않는 순간적인 완벽주의의 형태로 생각할 위험이 있는 것이다.

사실 인간이 예수님을 위해 무엇인가 하려고 노력하는 것과, 예수님을 우리 삶에 초대해서 그분의 생명이 우리를 통해 나타나도록 하는 것은 분명히 다르다. 우리가 예수님 안에 거하고 성령과 동행할 때, 다른 사람을 섬기고 사랑하는 것이 예수님 자신뿐인가? 여기에 우리 자신은 배제되어 있는 것인가? 성령의 열매인 사랑, 희락, 화평, 오래 참음, 자비, 양선, 충성, 온유, 절제가 그리스도께 의지하고 순종함에 의해 갑자기 생겨난 것인가, 아니면 믿는 자들의 성품의 일부로서 점진적으로 계발되는 것인가? 교환된 삶의 진리들과 베드로후서 1장 5-8절에 나오는 다음과 같은 훈계들을 어떻게 연결시킬 것인가?

> "이러므로 너희가 더욱 힘써 너희 믿음에 덕을, 덕에 지식을, 지식에 절제를, 절제에 인내를, 인내에 경건을, 경건에 형제 우애를, 형제 우애에 사랑을 공급하라 이런 것이 너희에게 있어 흡족한즉 너희로 우리 주 예수 그리스도를 알기에 게으르지 않고 열매 없는 자가 되지 않게 하려니와."

우리는 그리스도가 우리 안에서 그리고 우리를 통해 임재하신다는 진리를 확인하고 즐거워해야 한다. 또한 동시에 우리가 변화되지 않은 채 버려져 있다는 수동적이고 의존적인 생각을 피해야 한다. 교환된 삶의 영성은 우리 자신이 만들어내기보다는 그리스도의 생명 안에 우리가 거함으로 발생하는 강력한 역동성을 강조한다. 그렇다고 해서 영적인 유아기, 아동기, 청소년기 그리고 성숙기 등의 발달 단계를 거쳐가는 동안 우리가 점진적으로 그리스도의 형상으로 변화한다는 사실을 간과하는 것은 아니다. 우리 안에서 그리고 우리를 통해 임재하시는 바로 그 과정 속에서 그리스도는 우리를 변화시키신다.

성화란 신화되는 인간의 과정이다. 그것은 우리의 내면에 거하시는 성령의 능력 안에 사는 것과 그리스도를 닮아가는 두 가지를 포함한다. 그러므로 의존과 훈련, 하나님의 주권과 인간의 책임이 균형을 맞춰야 한다. 이것이 우리가 순례의 비유를 사용하는 이유다. 이 순례의 길에 그리스도의 임재와 그리스도께로의 복종이 항상 함께해야 하지만, 그 두 가지가 곧바로 우리를 순례의 끝으로 인도하는 것은 아니다. 교환된 삶의 영성은 그리스도의 임재가 순종을 이끈다는 것을 강조하며, 훈련된 영성은 순종이 그리스도의 임재를 이끈다는 사실을 강조한다. 두 가지 사실 모두 진리며 각각 영적인 삶을 다른 각도에서 본 것이다.

그러므로 영적인 삶에 대한 한 가지 모델이 하나님과 인간의 상호 협력하는 신비스런 과정을 모두 설명할 수 있는 것은 아니다. 교환된 삶의 영성은 우리 안에 임재하시는 그리스도와의 관계를 강조하는 반면("너희 안에 있는 나"), 영성의 다른 면들은 그리스도 안에 거하는 우리의 관계("내 안에 있는 너희")를 강조한다. 우리 안에 그리스도가 임재하시는 것과 우리가 그리스도의 형상으로 변해가는 것 두 가지 모두 진리이며, 그 진리를 확신하고 그 안에 머무는 것이 필요하다.

그리스도인의 영성은 하나님과 인간의 신비스런 공동 상승 작용이다. 그 가운데 한 면을 배제하려는 시도는 마치 성경의 신빙성을 팔고서 갈등을 해소하려는 것과 같다. 인간은 충만한 의지(성취)와 무의지(수동성) 사이에 균형을 이루어가면서 자발적으로 의지(참여)를 발휘하는 것이다.

그리스도가 '우리를 통하여 임재' 하시는 것을 우리가 내주하시는 그리스도의 생명을 받고 그것을 삶 속에 드러내는 과정으로 정의하면, 그것은 요한복음 15장에 나오는 포도나무와 가지의 비유와 같은 여러 성경 본문과 일치한다. 우리가 그분 안에 거하고 그분이 우리 안에 거하실 때, 우리 스스로가 독립된 생명을 창조해내는 것이 아니라 그분의 생명을 받아 사는 것이다. 우리는 그리스도로부터 생물학적이고 영적인 생명을 받지만, 이것이 결코 우리의 성격이나 성품의 계발 과정을 무시하는 것이 아니다[그리스도와 함께하는 우리의 정체성을 성경적으로 분명하게 다루기 위해서는 데이비드 니드햄(David C. Needham)의 「장자 상속권(Birthright)」이란 책을 추천한다].

신분에서 행동으로 옮겨가는 것은 영적인 삶의 가장 어려운 부분이다. 영성의 다른 면들(예를 들면, 경건의 영성과 과정 영성)은 어떻게 우리가 구체적인 일상의 세부적인 일들 속에서 우리의 믿음이 효과를 발하도록 할 것인가의 문제를 다룬다. 다음 장에서 좀 더 구체적으로 고찰하게 될 것이다.

신분에서 행위로 옮겨가는 것이 사실은 영적인 삶에서 가장 힘든 부분이다. 이 책의 다른 장에서는 "서캐가 끼고 모래투성이인 매일의 삶 속에서 우리의 믿음이 어떻게 역사할 수 있는가?"라는 중요한 질문에 대해 언급하겠다.

## 적용을 위한 질문

- 영적인 가족, 몸 그리고 성전이 당신에게 의미하는 바는 무엇인가? 관련 구절들을 기도하는 마음으로 묵상하면 이러한 성경적인 이미지들이 당신의 내면에 보다 깊은 감명을 줄 것이다.

- 바울이 로마서 7장 14-25절에서 자신의 육체와 고투하는 것을 당신은 얼마만큼 이해하고 있는가? 당신의 여러 갈등을 로마서 6장과 8장에 나오는 진리들과 어떻게 연결시킬 수 있는가?

- 아는 것, 생각하는 것 그리고 순종하는 것의 역동적인 관계를 당신은 어떻게 경험해왔는가?(롬 6장)

- "너희가 내 안에, 내가 너희 안에"(요 14:20)라는 말씀이 무슨 뜻이라고 생각하는가?

- 실제 삶 속에서 당신은 은혜에 의지하는 삶보다는 율법에 더 의지하는 경향이 있다는 사실을 발견하고 있는가? 이것이 당신과 하나님 그리고 다른 사람들과의 관계에 어떤 영향을 미치는가?

# 제5부 MOTIVATED SPIRITUALITY
# 동기화된 영성

● 성경적인 동기들

사람들은 자신의 안전, 중요성, 성취에 대한 필요를 채우기 위해 동기 부여를 받는다. 그러다보면 원하는 것을 얻기 위해 곧잘 잘못된 길로 접어든다. 그러나 영성에 대한 이 접근법은 필요를 채우기 위해 세상을 바라보기보다는 그리스도를 바라보아야 한다는 것에 대해 말한다. 성경을 연구해보면 몇 가지 성경적인 동기들을 발견하게 된다. 경외감, 사랑과 감사, 보상, 정체성, 목적과 소망, 하나님에 대한 갈망 등이 그것이다. 우리의 과제는 세상이 중요하다고 하는 것보다는 하나님이 중요하다고 하시는 것에 의해 동기 부여를 받는 것이다.

제5부 _ 동기화된 영성 MOTIVATED SPIRITUALITY

# 10
# 우리는 그 일을 왜 하는가?

| 이 장의 개관 | 여러 가지 한시적인 것들이 우리 행동의 동기가 될 수 있는 것처럼, 그리스도의 형상을 본받으려는 우리들이 인내하도록 격려하는 몇 가지 성경적인 동기들이 있다. 어려움이 닥치고 다른 선택의 여지가 없다는 것을 깨달을 때 우리는 주님께 의지한다. 두번째 동기는 하나님을 두려워하는 것인데, 하나님의 분노에 대한 거룩한 두려움이 여기에 해당한다. |
|---|---|
| 이 장의 목표 | • 우리는 그리스도를 따르는 자들이지만 한시적인 동기와 성경적인 동기 두 가지에 모두 끌릴 수 있다는 것을 알기<br>• 다른 선택의 여지가 없는 어려운 시기에 우리가 붙잡아야 하는 유일한 것은 순종뿐이라는 사실을 깨닫기<br>• 하나님을 경외하는 것이 우리 생각과 행동에 결정적으로 중요하다는 것을 이해하기 |

무엇이 사람들로 하여금 그렇게 행동하도록 만드는가? 우리는 왜 죄악을 피하다가도 때로는 그것을 선택하는가? 혹은 왜 어떤 경우에는 올바른 일을 하고, 다른 경우에는 실패하는가?

사람들은 자신의 안전, 중요성, 성취에 대한 필요를 채우기 위해 동기 부여를 받는다. 그러다보면 원하는 것을 얻기 위해 곧잘 잘못된 길로 접어든다. 이 장은 필요를 채우기 위해 세상을 바라보기보다는 그리스도를 바라보아야 한다는 것에 대해 말한다. 우리의 과제는 세상이 중요하다고 하는 것보다는 하나님이 중요하다고 하시는 것에 의해 동기 부여를 받는 것이다.

믿는 사람들은 새로운 본성을 가지는데 그 안에 성령이 내주하신다. 이는 믿지 않는 사람들보다 훨씬 좋은 조건을 갖는 것이다. 믿는 사람들은 성령과 동행할 수 있고 하나님이 기뻐하시는 일을 할 수 있다. 반면 그리스도를 모르는 사람들은 하나님을 기쁘시게 할 수 없다. 그들의 선한 행위조차 타락한 본성으로 더럽혀

졌기 때문이다.

"만물보다 거짓되고 심히 부패한 것은 마음이라 누가 능히 이를 알리요마는"(렘 17:9).

"대저 우리는 다 부정한 자 같아서 우리의 의는 다 더러운 옷 같으며 우리는 다 쇠패함이 잎사귀 같으므로 우리의 죄악이 바람같이 우리를 몰아가나이다"(사 64:6).

"저희가 돌아오나 높으신 자에게로 돌아오지 아니하니 속이는 활과 같으며 그 방백들은 그 혀의 거친 말로 인하여 칼에 엎드러지리니 이것이 애굽 땅에서 조롱거리가 되리라"(호 7:16).

"속에서 곧 사람의 마음에서 나오는 것은 악한 생각 곧 음란과 도적질과 살인과 간음과 탐욕과 악독과 속임과 음탕과 흘기는 눈과 훼방과 교만과 광패니 이 모든 악한 것이 다 속에서 나와서 사람을 더럽게 하느니라"(막 7:21-23).

## 수평적 동기와 수직적 동기

성경은 인간의 상태에 관하여, 문제는 내면에 있고 유일한 해결책은 변화된 마음이라고 가르친다. 그리스도 안에서 거듭남을 통해 가능한 변화는 안에서부터 시작하여 밖으로 나타나 우리를 그리스도 안에서 새로운 피조물로 만든다. 그럼에도 불구하고 이 땅 위에서 육체를 입고 있는 동안 우리는 믿지 않는 자들이 받는 동일한 영향에 여전히 민감하다. 세상적이거나 한시적인 동기는 상실에 대한 두려움, 죄책감, 자부심, 개인적인 획득에 대한 소망, 평판, 특권, 쾌락 등이다. 이들은 '수평적인' 동기다. 왜냐하면 보이는 것에 대한 단기적 원동력과 현재 상태와 관련되어 있기 때문이다. 그러나 성경적인 동기는 좀 더 '수직적' 이다. 그것은 보이지 않는 것에 대한 장기적 원동력과 아직 이루어지지 않은 미래와 관련되어 있다. 믿는 자들이 후자보다는 전자에 의해서 훨씬 쉽게 고무된다는 사실이 그리 놀랄 일은 아니다. 감정보다는 사고에 근거해서 행동할지라도 우리의 사고는 자연스럽게 한시적이고 인간적인 관점에 의해서 형성된다. 그리스도의 주 되심 앞에 자신을 드리고 마음을 영적인 진리로 새롭게 할 때에만 우리의 사고는 영원하고 경건한 관점으로 새로워질 수 있다.

처음에 성경적인 동기는 외적이고 멀게 느껴진다. 그러나 그리스도 안에서 계속 영적으로 성장하고 성숙해감에 따라 점점 내적이고 실제적이 된다. 그러나 이것은 점진적인 과정이며, 이 땅 위의 짧은 순례 동안에는 결코 완성되지 않는다. 세상에 있는 동안에는 결코 완벽한 동기를 갖지 못하는 것이다. 그 대신 우리는 자연스럽게 영적인 것에 자극을 받는다. 그러므로 완벽한 동기를 가지려고 애쓰지 않는 것이 중요하다. 철저하고 완벽하게 불순물이 섞이지 않은 동기를 가질 때까지 기다렸다가 행동한다면 아마 우리는 아무 일도 하지 못할 것이다.

여기에서 나는 성경에 나타난 일곱 가지 동기를 구별하고 싶다. 어떤 것은 서로 결합되어야 하고, 어떤 것은 추가되어야 할 것이다. 앞으로 이 일곱 가지가 우리 삶에 주는 의미에 대해 알아보기로 하자.

1. **다른 선택이 없다.** 그리스도에게 왔을 때 우리는 인생에 대한 다른 모든 접근들이 부적합하다는 사실을 인정한다. 비록 부정적인 동기지만 의심과 고통의 순간에는 진정한 힘을 얻을 수 있다.
2. **경외심.** 부정적일 수도 있고(결과에 대한 두려움) 긍정적일 수도 있다(하나님에 대한 두려움).
3. **사랑과 감사.** 특성상 긍정적인 동기로 분류된다.
4. **상급.** 성경에는 충성과 순종에 대하여 우리 생각보다 훨씬 많은 언급이 있다.
5. **그리스도 안에 있는 우리의 신분.** 이 신분은 우리 행동에 심오한 의미를 제공한다.
6. **목적과 소망.** 삶에 대한 성경적인 목적과 하나님의 성품에 근거한 소망을 발견하는 것이 중요하다.
7. **하나님을 향한 갈망.** 하나님의 비전은 비록 일반적이지는 않아도 우리 세대의 기독교 서적에서 계속 언급되는 주제다.

위의 일곱 가지 성경적 현실은 인생의 모호함과 불확실함 속에서 그리스도와 동행중인 우리를 지켜준다. 어떤 것은 특정한 때에 적합하고 또 어떤 것은 다른 것과 호환되기도 한다. 상황에 따라 이들 가운데 한 가지 이상을 경험하기도 하고, 또 다른 상황에서는 한 가지도 의식하지 못한 채 지나갈 수도 있다. 사역과 연관해서 생각해볼 때, 우리의 행동은 기본적으로 한시적인 동기와 성경적인 동기가 혼합되어 나타난다.

위의 목록을 살펴보면 이 동기들이 영적인 순례의 각각 다른 모습과 다른 단계에 연관되어 있으며, 어떤 것은 다른 것에 비해 쉽게 경험된다는 사실을 알 수 있다. 예를 들면, 일곱번째 동기보다는 세번째 동기가 삶 속에서 자주 발견된다. 그러나 이 모든 것들이 여러 면을 가진 한 개의 보석이라는 사실을 잊지 말아야 한다. 이 모든 것들은 살아계신 하나님의 성품과 약속 속에 함께 용해되어 있기 때문이다. 어떤 의미에서 이것들은 한 가지 열정, 즉 모든 것보다 우선되는 관심사와 가장 필요로 하는 그 일의 한 부분들인 것이다(눅 10:41-42). 한 가지 절대적인 것에 끌리지 않으면 여러 가지 갈망에 끌리게 되어 있다. 세상의 염려, 부요함이 주는 속임, 다른 것들에 대한 욕망이 삶 속에서 말씀을 질식시켜버리고 우리로 하여금 지속적인 열매를 맺지 못하게 한다(막 4:19). 반면 세상의 유혹에서 돌아서 예수님께로 향하면, 알렉산더 맥클라렌(Alexander Maclaren)이 말한 바와 같이 "끌어당기는 자석, 견고한 닻, 막아내는 요새, 밝혀주는 빛, 부요케 하는 보물, 지켜야 하는 법, 우리를 가능하게 해주는 능력"을 발견하게 된다.

이 장에서는 일곱 개의 동기 가운데 처음 두 가지, 즉 선택의 여지가 없음과 하나님을 경외함에 대해 살펴볼 것이다.

## 다른 선택이 없다

성경적인 동기의 가장 첫번째는 당연히 전적으로 부정적이다. 그러나 순종에 닻을 내리도록 하는 유일한 동기가 되는 때가 있다. 가장 좋은 예는 요한복음 6장에서 생명의 떡에 관한 예수님의 가르침에 나타난다. 주님이 "나는 하늘로서 내려온 산 떡이니 사람이 이 떡을 먹으면 영생하리라 나의 줄 떡은 곧 세상의 생명을 위한 내 살이로라"(요 6:51)고 하셨을 때 듣던 사람들은 인육을 먹는다는 사실에 당황스러워했다. 그들은 예수님이 이렇게 덧붙이시자 더욱 불쾌하게 생각했다. "내 살을 먹고 내 피를 마시는 자는 영생을 가졌고 마지막 날에 내가 그를 다시 살리리니 내 살은 참된 양식이요 내 피는 참된 음료로다"(요 6:54-55).

이 수수께끼 같은 말씀은 예수님의 많은 제자들을 당황케 했다. 그들은 서로 논쟁하기 시작했다. 요한은 당시 상황을 이렇게 기록하고 있다. "이러므로 제자 중에 많이 물러가고 다시 그와 함께 다니지 아니하더라 예수께서 열두 제자에게 이르시되 너희도 가려느냐 시몬 베드로가 대답하되 주여 영생의 말씀이 계시매 우리가 뉘게로 가오리이까 우리가 주는 하나님의 거룩하신 자신 줄 믿고 알았삽나이다"(요 6:66-69).

나는 베드로가 예수님의 이 어려운 말씀을 떠나간 많은 제자들보다 더 분명히 이해했다고는 생각지 않는다. 다만 물러갔던 제자들은 예수님께 단순히 호기심이나 신념을 가졌던 반면, 끝까지 예수님과 동행했던 베드로와 다른 제자들은 예수님께 헌신했다는 점이 다르다.

주님에 대한 그들의 헌신은 이해의 한도를 넘어섰다. 그들은 주님을 이해하지 못하는 상황에서도 신뢰하는 법을 배웠다. 예수님 곁에 머물기로 결정한 베드로와 다른 제자들의 예수님에 대한 이해는 이 정도였다. 즉 주님께 생명을 드리기까지 헌신함에 있어서 뒤돌아서는 일은 있을 수 없다는 것이다. 그들은 이 세상에는 더 이상 뒤돌아서게 하는 것이 존재하지 않으며 뒤돌아서서 갈 곳도 없음을 깨닫고 있었다.

이와 같은 방식으로, 그리스도께 우리의 삶을 드릴 때 우리도 동일한 사실을 깨달을 수 있다. 주님께 나아가는 것은 다른 모든 대안을 포기함을 의미한다. 인생의 의미, 가치, 목적을 추구하는 모든 시도가 파산했음을 인정하는 것이다.

하나님 없는 세상에는 궁극적인 의미를 알게 하는 자원이 없다. 내가 쓴 책 「네가 구하니 내가 기뻐하노라(I'm Glad You Asked)」에서 말했듯이, 우주는 팽창하고, 스스로 남아 있고, 성운은 커져서 점점 더 벌어지고, 별들은 결국 모두 소멸할 것이다. 모든 것이 식어지고 어두워지며 생명이 끊길 것이다. 우주적인 시간에서 본다면 인간(남겨진 생명의 개체)은 가장 짧은 순간 반짝 하다가 남김없이 사라지는 존재다. 궁극적인 관점에서 보면 우리가 하는 모든 일이 사실은 무의미하다. 그 어떤 사람도 끝없는 우주의 밤에 남겨져 기억되지 않기 때문이다. 하나님과 불멸 없이는 우리의 삶과 모든 인류는 정말이지 무익하다. 어네스트 네이글(Ernest Nagel)의 말을 빌리자면, "인간의 운명은 두 가지 망각 사이에 있는 에피소드다." 다른 사람들이 아직 주위에 존재하고 있기 때문에 우리의 존재가 스스로 의미 있다고 착각하고 있지는 않은가? 그러나 결국에는 모두가 사라질 것이다. 우리의 수고와 희생은 비인격적이고 무관심한 우주에 전혀 의미를 주지 못한다.

비슷한 이치다. 인격이신 하나님 없이는 도덕에 대한 근거도 없다. 그분 없이는 옳고 그름의 가치는 완전히 상대적이며 절대 기준이란 있을 수 없다. 우리가 절대적으로 비인격적인 우주 안에서 분자들의 합성으로 우연히 생겨난 존재라면 정직, 형제애, 사랑, 평등과 같은 인간의 가치들이 배신, 이기심, 증오, 편견보다 우주적으로 더 중요할 이유가 없다.

하나님 없는 현실에서는 목적 또한 박탈당한다. 비인격적인 우주는 우리의 목적과 계획을 앗아갔다. 그 우주는 오직 쇠퇴, 무질서, 멸망을 향하여 움직이고 있다. 그것은 맥베드(Macbeth)의 "소음과 격분이 가득 찬, 아무 의미도 없는 얼간이가 들려주는 이야기"인 것이다. 그래도 단기적인 목적을 세우려고 노력하는 사람이 있을지 모른다. 그러나 큰 관점에서 볼 때 그 역시 무의미하다. 우주 자체가 무의미하기 때문이다.

하나님 없는 세계가 가진 논리적인 의미에 대해 생각하는 사람은 거의 없다. 아무도 그 의미를 이해하며 살지 않는다. 우리 모두는 인간의 존재가 의미가 있는 것처럼, 도덕적인 가치가 실재하는 것처럼 그리고 인생이 목적과 존엄성을 가진 것처럼 행동하고 있다. 사실 사람들은 하나님이 존재하시는 양 행동한다. 왜냐하면 이 모든 일들은 무한하고 인격이신 창조자를 전제로 하기 때문이다.

그럼에도 불구하고 심지어 믿는 사람들도 그리스도를 따르고 성경 말씀에 순종하며 살아야 하는 타당성에 의문을 가질 수 있다. 정말 그렇게 하는 것이 가치가 있을까 의아하게 여길 수도 있다. 그러나 이러한 부정적인 동기가 우리를 붙잡아 현실을 직면하게 만드는 유일한 위협이 되는 때가 있을 수 있다. 아니면 우리가 어디로 가겠는가? 그리스도가 길이요 진리요 생명이라면 그런 거다. 아니면 아니지 그 중간은 없다. 예수님이 정말 그리스도시라면 다른 길은 없다. 다른 절대 진리도 없다. 그분을 떠난 다른 영원한 생명도 없다.

시험해볼 수 있는 동안에 정직하게 이러한 사실을 인정하면 하나님께 붙어 있을 수 있다. 그럴 만한 긍정적인 이유가 전혀 없어보일 때도 말이다.

C. S. 루이스가 「스크루테이프의 편지」에서 노래한 시구 하나를 바꾸어 써보자. "인간이 더 이상 의욕 없이도 여전히 하나님의 뜻을 행하기 원할 때, 하나님의 모든 흔적들이 사라져버린 우주를 둘러보면서 왜 자신이 버려진 채 여전히 순종해야 하는지 물을 때, 사탄의 목적도 결코 이보다 더 위험하지는 않다."

## 하나님을 경외함

"이는 우리가 다 반드시 그리스도의 심판대 앞에 드러나 각각 선악 간에 그 몸으로 행한 것을 따라 받으려 함이라 우리가 주의 두려우심을 알므로 사람을 권하노니"(고후 5:10-11).

이 세대에 하나님을 두려워한다는 것에 대해서 우리는 많이 듣지 못하고 있다. 그리고 그 두려움이 믿는 사람들의 공동체에서 행동을 유발시키는 동기가 되고 있다는 뚜렷한 증거를 찾기 힘들다. 그러나 성구 사전을 얼핏 보기만 해도 하나님을 경외하는 것이 구약뿐 아니라 신약에서도 높이 평가되는 주제라는 사실을 쉽게 발견할 수 있다. 위의 성경 구절은 바울이 가졌던 동기의 분명한 요소가 하나님께 대한 경외였음을 말해 준다. 그래서 바울은 사람들에게 용서의 복음과 예수 그리스도 안에서의 새로워짐을 설명하는 과정에서 왔던 말할 수 없는 고통을 감당할 수 있었다("만일 복음을 전하지 아니하면 내게 화가 있을 것임이로다"라는 고린도전서 9장 16절의 말씀과 비교해보라).

하나님을 경외한다는 것은 무엇을 의미하는가? 예수님이 모여든 청중들에게 하신 말씀을 살펴보자. "내가 내 친구 너희에게 말하노니 몸을 죽이고 그 후에는 능히 더 못하는 자들을 두려워하지 말라 마땅히 두려워할 자를 내가 너희에게 보이리니 곧 죽인 후에 또한 지옥에 던져 넣는 권세 있는 그를 두려워하라 내가 참으로 너희에게 이르노니 그를 두려워하라"(눅 12:4-5). 살아계시고 전능하신 하나님은 사람이 받을 수 있는 것보다 훨씬 높은 최고의 존경을 받아야 한다. 그럼에도 불구하고 눈에 보이지 않는 하나님보다는 눈에 보이는 사람들의 의견과 반응에 더 관심을 두는 것이 우리의 자연적인 경향이라는 사실을 예수님은 아셨다. 예수님의 말씀은 우리가 보이지 않는 것을 놓아두고 보이는 것에 전적으로 승부를 거는 것이 심각한 실수라는 사실을 일깨워준다. 하나님께 불순종함으로써 오는 결과는 사람에게 불순종함으로써 오는 결과에 비해 엄청나다. 하나님의 권위는 절대적이고, 우리에 대한 궁극적인 지배권은 그분의 손 안에만 있다. 그러므로 우리 인생을 향한 하나님의 요구 앞에 절대적으로 순종하지 않는 것은 무엇이나 잘못된 자발적인 시도다. 우리가 절대 이길 수 없는 게임을 하는 것이다.

그러나 요한일서 4장 18절에서 사도 요한은 친밀한 말로 무슨 얘기를 하고 있는가? "사랑 안에 두려움이 없고 온전한 사랑이 두려움을 내어쫓나니 두려움에는 형벌이 있음이라 두려워하는 자는 사랑 안에서 온전히 이루지 못하였느니라." 요한은 그리스도 안에 있는 신자로서 심판날에 우리가 가지는 담대함에 대해 설명하고 있다. 우리는 하나님의 사랑을 받은 자들이다. 이 사랑이 심판의 두려움을 몰아내고 성령을 우리에게 주신다. 그래서 그리스도 안에 거하게 되었다는 확신을 갖게 한다(4:13). 그런데 요한도 하나님에 대한 거룩한 두려움과 경외감이 필요하다는 사실을 무시하지 않았다.

사실 요한은 요한계시록 1장에서 영화된 그리스도를 본 후 죽은 사람처럼 그분의 발 앞에 엎드렸다. 바로 그때 주님은 오른손을 요한에게 얹고 이렇게 말씀하셨다. "두려워 말라 나는 처음이요 나중이니 곧 산 자라 내가 전에 죽었었노라 볼지어다 이제 세세토록 살아 있어 사망과 음부의 열쇠를 가졌노니"(계 1:17-18).

구약과 신약은 분명하게 하나님께 대한 경외를 하나님을 아는 것, 하나님을 사랑하는 것, 하나님께 순종하는 것 그리고 하나님을 공경하는 것과 관련짓고 있다.

> "모세가 백성에게 이르되 두려워 말라 하나님이 강림하심은 너희를 시험하고 너희로 경외하여 범죄치 않게 하려 하심이니라"(출 20:20).

> "다만 그들이 항상 이 같은 마음을 품어 나를 경외하며 나의 모든 명령을 지켜서 그들과 그 자손이 영원히 복 받기를 원하노라"(신 5:29).

> "네 하나님 여호와를 경외하며 섬기며 그 이름으로 맹세할 것이니라"(신 6:13).

> "이스라엘아 네 하나님 여호와께서 네게 요구하시는 것이 무엇이냐 곧 네 하나님 여호와를 경외하여 그 모든 도를 행하고 그를 사랑하며 마음을 다하고 성품을 다하여 네 하나님 여호와를 섬기고"(신 10:12).

> "또 사람에게 이르시기를 주를 경외함이 곧 지혜요 악을 떠남이 명철이라 하셨느니라"(욥 28:28).

"여호와의 친밀함이 경외하는 자에게 있음이여 그 언약을 저희에게 보이시리로다" (시 25:14).

"여호와는 광대하시니 극진히 찬양할 것이요 모든 신보다 경외할 것임이여" (시 96:4).

"여호와여 주께서 죄악을 감찰하실진대 주여 누가 서리이까 그러나 사유하심이 주께 있음은 주를 경외케 하심이니이다" (시 130:3-4).

"스스로 지혜롭게 여기지 말지어다 여호와를 경외하며 악을 떠날지어다" (잠 3:7).

"내 이름을 경외하는 너희에게는 의로운 해가 떠올라서 치료하는 광선을 발하리니 너희가 나가서 외양간에서 나온 송아지같이 뛰리라" (말 4:2).

"그때에 여호와를 경외하는 자들이 피차에 말하매 여호와께서 그것을 분명히 들으시고 여호와를 경외하는 자와 그 이름을 존중히 생각하는 자를 위하여 여호와 앞에 있는 기념책에 기록하셨느니라" (말 3:16).

"그리하여 온 유대와 갈릴리와 사마리아 교회가 평안하여 든든히 서가고 주를 경외함과 성령의 위로로 진행하여 수가 더 많아지니라" (행 9:31).

"그런즉 사랑하는 자들아 이 약속을 가진 우리가 하나님을 두려워하는 가운데서 거룩함을 온전히 이루어 육과 영의 온갖 더러운 것에서 자신을 깨끗케 하자" (고후 7:1).

"그리스도를 경외함으로 피차 복종하라" (엡 5:21).

"두렵고 떨림으로 너희 구원을 이루라" (빌 2:12 하).

"그러므로 우리는 두려워할지니 그의 안식에 들어갈 약속이 남아 있을지라도 너희 중에 혹 미치지 못할 자가 있을까 함이라" (히 4:1).

"외모로 보시지 않고 각 사람의 행위대로 판단하시는 자를 너희가 아버지라 부른즉 너희의 나그네로 있을 때를 두려움으로 지내라"(벧전 1:17).

"하나님을 두려워하며 그에게 영광을 돌리라 이는 그의 심판하실 시간이 이르렀음이니 하늘과 땅과 바다와 물들의 근원을 만드신 이를 경배하라 하더라"(계 14:7).

"주여 누가 주의 이름을 두려워하지 아니하며 영화롭게 하지 아니하오리이까 오직 주만 거룩하시니이다"(계 15:4 상).

"하나님의 종들 곧 그를 경외하는 너희들아 무론대소하고 다 우리 하나님께 찬송하라"(계 19:5).

주님을 두려워함은 하나님께 대한 경외심을 개발시킬 뿐 아니라 장엄한 왕국의 백성이 사고하는 방식과 연관된다. 이는 모든 권력과 권위가 왕의 손에 있고, 백성들의 삶과 직업과 미래가 왕의 선하신 기쁨에 좌우된다는 것을 의미한다. 이것이 지혜의 근본이다. 이러한 사고 방식을 가질 때 깊이 의존하고 순종하며 신뢰할 수 있다.

그리스도께 묶인 바 된 종이라는 깊은 깨달음이 우리의 동기를 이루는 중요한 부분이 되어야 한다(눅 17:7-10). 이 사실을 깨달아야 하나님 대신 사람들을 신뢰하는 어리석음에서 벗어날 수 있다. "나 여호와가 이같이 말하노라 무릇 사람을 믿으며 혈육으로 그 권력을 삼고 마음이 여호와에게서 떠난 그 사람은 저주를 받을 것이라 … 그러나 무릇 여호와를 의지하며 여호와를 의뢰하는 그 사람은 복을 받을 것이라"(렘 17:5, 7). 하나님을 기쁘시게 하기보다 사람을 기쁘게 하는 것, 하나님의 반대보다 사람의 반대를 두려워하는 것은 근본적인 영적 대실수다.

하나님을 두려워하고 경탄하고 경외하는 것이 지혜다. 그분은 장엄하고, 능력 있고, 영광스러우며, 위대한 창조자요, 하늘과 땅을 다스리는 분이시다. 우리가 요한처럼 영광의 그리스도를 보는 날, 지금은 희미하게 보는 그분의 능력과 완전함이 분명하게 드러날 것이다. 아마도 우리는 「버드나무 사이로 부는 바람(The Wind in the Willoros)」에 나오는 동물 중 두 마리가 '새벽문의 피리 부는 사람'을 보았을 때처럼 그렇게 반응할 것이다.

"쥐야!" 그는 간신히 숨을 고르며 떨면서 속삭였다. "너 무섭니?"

"무섭냐구?" 쥐는 중얼거렸다. 그의 눈은 말할 수 없는 사랑으로 빛났다. "무섭냐구? 그가? 아니, 절대 아니야! 아직은, 아직은…. 두더지야, 나 무서워!"

그리고 두 동물은 몸을 땅에 구부리고 머리를 굽혀 경배했다.

"여호와를 경외하는 것이 지혜의 근본이요 거룩하신 자를 아는 것이 명철이니라"(잠 9:10).

다음 장에서 세번째와 네번째 동기인 사랑과 감사 그리고 보상에 대해 살펴볼 것이다.

### 적용을 위한 질문

- 일곱 가지 수평적 동기 중에 어떤 것이 당신의 생각과 행동에 가장 잘 작용하는가?

- 당신이 실생활에서 관심이 끌리는 순서대로 일곱 가지 수직적 동기들을 나열해보라. 이것으로 당신의 영적 행동의 특성을 설명해보라.

- 선택의 여지가 없는 현실이 바로 당신을 주님께로 강하게 연결시켜주는 것을 경험한 적이 있는가? 왜 그러한 경험이 필요하다고 생각하는가?

- 하나님을 경외하는 것이 당신에게 무엇을 의미하는가? 이 개념은 당신에게 사실적인가 아니면 동떨어진 것인가? 어떻게 그것이 당신의 믿음과 행동을 보다 더 풍성하게 하는가?

제5부 _ **동기화된 영성** MOTIVATED SPIRITUALITY

## ⑪ 사랑, 감사 그리고 보상

| 이 장의 개관 | 세번째 성경적인 동기는 새로운 방법으로 늘 공급해주시는 하나님의 자비하심에 대한 사랑과 감사다. 또한 성경은 주어진 기회에 충실한 사람들에게 주님이 주실 것이라고 하신 보상을 추구하라고 권면한다. |
|---|---|
| 이장의 목표 | • 하나님이 우리를 위해서 하신 일을 살펴봄으로써 사랑과 감사의 마음을 더 갖기<br>• 하나님께 충실하게 하는 성경적 동기에 대한 보상을 더 잘 이해하기<br>• 하늘나라의 상급에 대해 성경이 말하는 바를 보다 명확히 이해하기 |

### 사랑과 감사

세번째 성경적인 동기는 속성상 긍정적이다. 하나님 그분과 하나님이 우리에게 하신 놀라운 일에 대한 사랑과 감사의 반응이다. 성경은 분명히 우리를 향한 하나님의 사랑은 그분을 향한 우리의 사랑보다 선행한다고 말한다. "사랑하지 아니하는 자는 하나님을 알지 못하나니 이는 하나님은 사랑이심이라 하나님의 사랑이 우리에게 이렇게 나타난 바 되었으니 하나님이 자기의 독생자를 세상에 보내심은 저로 말미암아 우리를 살리려 하심이니라 사랑은 여기 있으니 우리가 하나님을 사랑한 것이 아니요 오직 하나님이 우리를 사랑하사 우리 죄를 위하여 화목제로 그 아들을 보내셨음이니라" (요일 4:8-10). 무한하고 변하지 않는 하나님의 사랑은 심지어 우리가 어리석게도 하나님의 인격과 목적에 반항하여 그분의 대적이 되었을 때에도 뻗어온다. "우리가 아직 죄인 되었을 때에 그리스도께서 우리를 위하여 죽으심으로 하나님께서 우리에게 대한 자기의 사랑을 확증하셨느니라" (롬 5:8).

어떤 사람이 이렇게 표현했다. "나는 예수님께 얼마나 나를 사랑하시느냐고 물었다. 그분은 팔을 내게 뻗으면서 말씀하셨다. '이만큼.' 그리고는 돌아가셨다." 우리가 예수님의 관심을 끌고 보살핌을 받을 만큼 사랑스럽지도 않고, 사랑받을 가치도 없을 때에 예수님은 우리를 사랑하셨다. 죄를 짊어진 고통스러운 그분의 공로로 인하여 "전에 악한 행실로 멀리 떠나 마음으로 원수가 되었던"(골 1:21) 자들에게 길이 열렸다. 그래서 우리는 하나님의 사랑하는 자녀가 되었고 하나님 왕족의 영원한 일원이 되었다. 이 사랑이 우리를 겸손하게 만든다. 우리는 그 사랑을 받을 자격이 없기 때문이다. 동시에 이 사실은 우리에게 용기를 북돋워준다. 하나님께 나아와 우리 자신을 그분의 아들에게 의탁할 때, 우리가 행하는 그 어떤 것도 우리를 하나님의 사랑에서 끊을 수 없기 때문이다(롬 8:38-39).

하나님의 사랑을 더 많이 깨닫고 그 안에 더 많이 거할수록, 우리는 우리 영혼을 영원토록 사랑하시는 하나님께 사랑과 존경함으로 더 많이 보답하기를 원하게 된다. 요한은 "우리가 사랑함은 그가 먼저 우리를 사랑하셨음이라"(요일 4:19)고 기록하고 있다. 식지 않는 하나님의 안전하고 소중한 사랑이 기초가 되어 우리는 하나님을 사랑하고, 다양한 사랑의 행위를 통해 다른 사람을 섬길 수 있다. 다락방 강좌에서 예수님은 이렇게 말씀하셨다. "아버지께서 나를 사랑하신 것같이 나도 너희를 사랑하였으니 나의 사랑 안에 거하라 내가 아버지의 계명을 지켜 그의 사랑 안에 거하는 것같이 너희도 내 계명을 지키면 내 사랑 안에 거하리라"(요 15:9-10). 그리스도의 사랑 안에 거하는 것과 그의 계명을 지키는 것은 서로 연관되어 있다. 하나님의 이 뜻밖의 사랑 안에 거할 때, 우리는 그분의 명령이 무거운 것이 아니라 오히려 우리를 자유케 하는 것임을 알게 된다. 그래서 하나님의 사랑 안에 거하면서 더욱 주님께 순종하게 된다. 우리 자신의 관심 때문이 아니라 주님을 기쁘시게 하기 위해서다.

바울은 이렇게 썼다. "그런즉 우리는 거하든지 떠나든지 주를 기쁘시게 하는 자 되기를 힘쓰노라"(고후 5:9). 세상의 야망은 직접, 간접적으로 자기를 과시하려 든다. 그러나 진정한 제자의 야망은 자기를 높이지 않고 그리스도를 높인다. 제자로 성장하면서 우리의 동기는 더욱 우리를 향한 그리스도의 사랑과 그분을 향해 깊어지는 우리의 사랑으로 형성된다. "그리스도의 사랑이 우리를 강권하시는도다"(고후 5:14). 이러한 관계는 상호적이다. 그리스도를 사랑할수록 주님께 더욱 순종하게 되고, 그리스도께 순종할수록 주님에 대한 지식과 사랑에 더욱 자라간다.

영적 순례의 과정에서 당신이 지금 어디에 있는지 평가할 수 있는 두 가지 질문이 있다. 첫째, 하나님이 주신 은사와 은혜보다 하나님을 더 사랑하는가? 둘째, 자신보다 먼저 하나님의 영광과 존귀를 구하는가? 이 질문은 중요하다. 하찮은 것이 아니다. 이 질문을 가볍게 넘기지 말고 기도하면서 묵상해보라. 두 질문 가운데 하나에 정직하게 "예"라고 답하지 못했다면, 낙심하지 말고 세번째 질문에 답해보라. 셋째, "예"라고 대답하기를 원하는가? 그렇다면 그 마음을 주님께 올려드려라. 주님은 이와 같은 마음을 기뻐하신다.

세번째에 이어지는 네번째 질문이 있다. 넷째, 이 정도의 헌신은 언제나 대가를 요구한다. 당신은 기꺼이 값을 치르겠는가? "너희가 나를 사랑하면 나의 계명을 지키리라 … 나의 계명을 가지고 지키는 자라야 나를 사랑하는 자니 나를 사랑하는 자는 내 아버지께 사랑을 받을 것이요 나도 그를 사랑하여 그에게 나를 나타내리라 … 사람이 나를 사랑하면 내 말을 지키리니 내 아버지께서 저를 사랑하실 것이요 우리가 저에게 와서 거처를 저와 함께하리라 나를 사랑하지 아니하는 자는 내 말을 지키지 아니하나니 너희의 듣는 말은 내 말이 아니요 나를 보내신 아버지의 말씀이니라"(요 14:15, 21, 23-24). 순종의 대가는 여러 형태가 있겠으나, 우리가 사랑의 예수님께 헌신하면 그분은 우리에게 필요한 은혜를 주실 것이다.

감사는 사랑과 밀접하게 연관되어 있다. 두 가지 모두 하나님의 은혜로운 성품과 우리에게 보이신 많은 축복에 기초하기 때문이다. 삶 속에서 하나님의 돌보심과 축복의 깊이와 넓이를 생각해보면, 우리가 모든 일에 감사하는 것이 마땅하다(살전 5:18). 그러나 슬프게도 우리는 이미 받은 것보다는 없는 것만을 보려는 경향이 있다. 그리스도 안에서 받은 것의 충만함을 보는 대신에 뭔가가 결핍되어 있다는 관점으로 모든 경험을 보려 한다. 하나님의 은혜를 무시하거나 당연하게 여길 때, 혹은 감사를 의무로 여길 때, 감사의 마음은 너무도 빨리 사라져버린다.

지혜롭게 감사의 기억을 생생히 간직하라. 과거에 어떠했고, 지금은 어떠하고, 또 하나님의 은혜를 떠나서는 어떻게 되리라는 것을 정기적으로 생각하라. 하나님이 우리의 삶 속에 이루어놓으신 수많은 좋은 것에 경탄하며 감사하라. 여기에는 우리가 때때로 생각지 못하고 지나치는 음식, 옷, 건강, 자유, 친구들, 마음껏 성경을 볼 수 있는 것 그리고 무엇보다 예수 그리스도와 함께 나누는 교제의 부요함 등이 포함된다. 하나님 그분과 하나님이 해놓으신 일에 대한 감사가 성숙하면서 우리는 주님과 다른 영혼을 섬기고 싶은 의미 있는 동기를 부여받기 시작한다.

과거에 하나님이 우리를 위해 하신 일에 대한 감사가 앞으로 하나님이 하실 일들을 지금 신뢰할 수 있는 동기가 된다. 아빌라의 요한(John of Avila)은 "일이 잘못되고 있을 때 한 번 감사하는 것이 일이 잘 돌아갈 때 하는 천 번의 감사만큼 가치가 있다"라고 말했다. 하나님의 자녀로서 받은 축복을 세어보는 습관을 개발할 때, 우리는 부딪히는 고난과 좌절을 긴 안목, 즉 로마서 8장 18, 28절의 안목으로 볼 수 있다. 사랑과 감사는 건강한 성경적인 동기로서 우리로 하여금 그리스도를 닮으며 성장하는 과정에 견고히 서도록 도와준다.

「그리스도를 사랑하기(Loving Christ)」란 책에서 조셉 스토웰(Joseph Stowell)은 여인과 시몬의 이야기를 통해 어떻게 그 여인이 많이 용서받았기 때문에 많이 사랑하게 되었는지에 대해 언급한다.

> 이것을 기억하세요. 그리스도를 사랑하는 것은 하나의 반응입니다. 그리스도의 오래 참고 무조건적인 사랑에 대한 우리의 반응입니다. 놀라운 하나님의 은혜는 우리로 하여금 특별하고 담대하게 살

아가도록 동기를 부여합니다. 그리하여 때로 우리를 감시하고 우리에게 비판적인 세계를 향하여 깊은 애정을 갖게 하고, 또한 하나님께 내면으로부터의 경의를 갖게 합니다. 왜 여러분과 제가 우리에게 폭력을 일삼은 부모님을 용서해야 합니까? 왜 여러분 가운데 어떤 사람들은 어려운 결혼 생활을 인내해야 합니까? 그렇게 하는 것이 옳은 것이며 최선이라는 확신을 가지면서 말입니다. 왜 수단의 기독교인들은 그리스도의 이름을 부인하는 대신 종으로 팔려가는 것을 마다하지 않았습니까? 왜 여러분은 수입 좋고 부러움을 받는 직책을 떠나 그리스도의 나라를 위한 사역에서 하찮은 일을 합니까? 왜 순교자들이 즐겁게 죽음을 맞이하며, 또 어떤 이들은 힘든 상황 속에서도 선하지만 타협하지 않는 정신으로 살아갑니까? 확실한 것은 이러한 헌신은 책임감이나 의무감에서 오는 것이 아니라는 것입니다. 이런 자질들은 충분히 결심했다고 되는 것이 아닙니다. 헌신만이 우리를 이러한 승리로 이끄는 것입니다.

이런 헌신적인 행위들은 예수님이 우리를 위해 행하신 놀라운 일들에 대한 사랑과 감사의 마음을 가질 때 가능한 것이다.

## 상급

성경은 하나님 앞에서의 우주적인 책임을 가르친다. 모든 사람은 창조자 앞에서 자신의 삶에 대하여 답변해야 한다. 그러나 믿는 자와 믿지 않는 자에 대한 하나님의 심판 사이에는 엄청난 차이가 있다. 천국에 들어가는 것은 전적으로 하나님의 은혜에 의한 것이지 우리의 공로 때문이 아니다. 모든 사람이 죄를 범하여 하나님의 영광에 이르지 못하기 때문이다(롬 3:23). 이는 하나님의 공의를 의미한다. 즉 모든 사람이 거룩하신 하나님으로부터 영원히 분리된 것이다. 그러나 하나님의 은혜는 공의가 요구하는 것보다 더 많은 것을 우리에게 제공했다.

성경은 천국과 지옥에서 겪는 경험이 같지 않다고 단언한다. 왜냐하면 형벌이 있기 때문이다(눅 12:47-48, 마 11:21-14). 그리고 지금부터 살펴보겠지만 상급이 있기 때문이다. 구원은 은혜로 되는 것이지만, 하늘나라에서의 상급은 행위에 기초한다. 지상에서의 삶의 질이 영원한 결과를 가져다주며, 한시적인 세계에서 어떠한 삶을 사느냐에 따라 영원의 질이 직접적으로 결정된다는 의미다.

좋든 싫든 우리 각자는 하나님 앞에서 책임을 져야 한다. 아무도 하나님의 공정한 심판에서 벗어날 수 없다. 믿지 않는 자는 흰 보좌 앞에서(계 20:11-15) 자신의 행위에 따라 심판을 받을 것이다. 그리고 믿는 자는 그리스도의 심판대 앞에 서서(고후 5:10) 각각의 공력에 따라 심판을 받을 것이다(고전 3:10-15). 여기에서 "예수 안에 있는 자에게는 결코 정죄함이 없나니"(롬 8:1, 요 5:24 참조)라는 사실이 중요하다. 그리스도가 믿는 자들의 심판을 담당하기 위해 자신의 생명을 주셨기 때문이다. 그럼에도 불구하고 그리스도의 심판대는 결코 가벼운 문제가 아니다. 하늘나라에서의 손실과 상급에 관계되기 때문이다. 나는 가끔 이렇게 말한다. "인생이라는 합창에 입맞추어 노래하기란 쉽다. 그러나 우리 각자는 하나님 앞에서 혼자 노래하게 될 것이다."

우리가 그리스도께로 갈 때 그분은 우리 삶의 기초가 되시고 우리가 천국에 들어갈 수 있는 근거가 되신다. 이 기초 위에 세워지는 상부 구조는 우리의 행위, 즉 "금이나 은이나 보석이나 나무나 풀이나 짚"(고전 3:12)으로 이루어진다. 그런데 심판대에서 이러한 상부 구조는 모두 불로 태워져서 각각의 공력을 시험받게 된다. 불 시험을 견딘 것(금, 은, 보석)은 상급을 받겠고, 불에 탄 것(나무, 풀, 짚)은 완전히 잃어버리게 될 것이다. 우리 모두는 믿음이 부족하여 상급 받을 자격을 상실하거나, 믿음이 신실하여 하나님의 인정을 받게 된다(고전 9:25-27, 빌 3:10-14, 딤후 2:12, 4:7-8, 약 3:1). 이런 관점에서 볼 때, 마치 모든 것을 청산하는 날이 없는 양 자기 만족에 빠진 채 살아가는 것은 대단히 위험하다.

그러므로 상실의 두려움과 상급의 소망은 정당한 성경적인 동기다. 주님은 성경의 여러 곳에서 상급의 중요성을 강조하셨다(마 6:19-20, 19:27-30, 눅 12:42-44, 요 12:25-26, 계 22:12). 세 가지 비유를 통해 예수님은 상급의 조건과 그 기준이 세상과는 어떻게 다른가를 보여주셨다. 마태복음 20장 1-16절에 있는 포도원의 비유에 따르면, 상급은 하나님의 포도원에서 일한 시간의 양으로 계산되지 않는다. 그것은 이 세상에서 베푼 선의 분량과 우리에게 위탁된 시간의 길이에 따른 하나님의 섭리로 결정된다. 우리의 책임은 그리스도께로 회심한 후에 1년이든, 10년이든 우리에게 주어진 시간을 어떻게 투자하느냐에 달려 있다.

마태복음 25상 14-30절의 달란트의 비유와 누가복음 19장 11-27절의 므나의 비유는 상급이 우리가 받은 은사나 능력, 또는 생산 결과에 기초하지 않음을 가르쳐준다. 우리에게 주어진 기회에 얼마만큼 신실했느냐에 따라 결정되는 것이다. 상급이 시간이나 달란트 혹은 재물에 기초한 것이라면 상대적으로 이러한 자산이 풍부한 사람은 사실 하나님이 공급해주신 소유물로 상급을 받게 된다. 상급이 주어진 자산과 기회에 대한 신실성에 기초한다는 사실은 경제적, 사회적, 지적, 혹은 직업적 상태와 상관없이 하나님이 인정하시는 가능성을 믿는 모든 자들이 가지는 신적 평형 장치다.

성경은 자주 우리에게 하나님의 상급을 추구하라고 격려한다. 그러나 그 상급의 성격과 내용에 대해서는 많이 말하지 않는다. 내가 믿기로는, 현재 상태에서 우리에게 하늘 상급의 진정한 성격을 깨달을 능력이 제한되어 있기 때문일 것이다(고전 2:9). 그러나 확신하건대, 하늘의 상급을 얻기 위하여 한시적인 희생을 치를 충분한 가치가 있다.

나는 신학적인 개인 묵상을 통해 최근에 상급과 관계된 세 가지의 영역을 찾아냈다.

첫번째는 하늘나라에서의 중대한 책임감이다(눅 16:10-12, 19:17-19). 믿는 자는 결국 지상에서 얼마만큼 신실했느냐에 따라 다양한 권위를 부여받을 것이다.

두번째 영역은 하나님의 영광과 성품을 반영하고 나타내는 삶의 질이다. "땅의 티끌 가운데서 자는 자 중에 많이 깨어 영생을 얻는 자도 있겠고 수욕을 받아서 무궁히 부끄러움을 입을 자도 있을 것이며 지혜 있는 자는 궁창의 빛과 같이 빛날 것이요 많은 사람을 옳은 데로 돌아오게 한 자는 별과 같이 영원토록 비취리라"(단 12:2-3, 고전 15:40-41, 고후 3:13-18 참조). 우리는 스스로에게 영광을 돌리기 위해 부름을 받지 않았다. 모든 만물을 창조하신 무한하고 놀라우신 하나님의 장엄하고도 완전한 영광을 입고 또한 나타내기 위해 부름을 받았다.

보상의 세번째 영역은 우리가 천국 백성들과 맺는 관계의 성격과 깊이에 관련되어 있다. 우리가 이 땅에서 사람들과 맺는 관계와 장차 천국에서 경험하게 될 관계에는 확실히 어느 정도 연속성이 있다. 관계가 친밀한가 소원한가에 따라 항상 다른 결과가 따라온다. 말하자면 타인 중심의 사랑으로 관계를 풍성하게 발전시키고 자신을 희생한 사람들은 훗날 영원토록 맺게 될 관계에서도 풍성할 것이라는 사실이다. 바울이 데살로니가의 성도들에게 "우리의 소망이나 기쁨이나 자랑의 면류관이 무엇이냐 그의 강림하실 때 우리 주 예수 앞에 너희가 아니냐 너희는 우리의 영광이요 기쁨이니라"(살전 2:19-20)고 썼던 것처럼 말이다. 동일하게 불의한 청지기의 예화에서, 예수님도 따르던 자들에게 "내가 너희에게 말하노니 불의의 재물로 친구를 사귀라 그리하면 없어질 때에 저희가 영원한 처소로 너희를 영접하리라"(눅 16:9)고 훈계하셨다. 말하자면, 이 땅에서 순간적으로 사라져버릴 시간, 은사, 재물로 다른 사람들에게 영적인 덕을 끼침으로써 관계를 풍성하게 하면, 장차 우리를 천국에서 환대할 사람들이 많게 될 것이다. 또한 바울은 그를 따르던 지도자들을 위로하기를, 그리스도 안에서 죽었던 사랑하는 자들이 부활의 때에 그들과 다시 함께할 것이라는 사실을 확증하여 말하였다(살전 4:13-18). 그리스도 안에서 다른 사람들을 더 사랑하고 섬길수록, 관계 속에서 갖는 보상은 더 풍성해진다.

보상의 네번째 영역은 우리가 하나님을 알고 경험하는 능력과 관련되어 있다. 하나님을 믿는 자들과 이 땅에서 맺는 관계와 천국에서 맺을 관계가 일관성이 있는 것처럼, 이생에서 하나님을 아는 지식이나 하나님을 경험하는 것에 즐거움을 갖는 사람들은 말초적인 세상의 관심으로 하나님을 제한시킨 사람들보다 내세에서 아마도 하나님을 더 잘 알게 될 것이다. A. W. 토저(A. W. Tozer)는 이렇게 말한다. "모든 그리스도인은 결국 자신이 원하는 대로 자신을 만들어간다. 우리는 갈망의 집합체다. 위대한 성자들은 모두 목마른 마음을 가지고 있었다. 그들은, '나의 영혼이 하나님, 살아계신 하나님을 갈망하나이다. 내가 어느 때 하나님 앞에 가서 서리이까? 라고 부르짖었다. 하나님에 대한 열망이 그들을 태워버렸다. 그리하여 냉랭하고 맥 풀리고 이루고자 하는 소망이 없는 그리스도인들을 자극한다." 나는 살아계신 하나님이 주시는 기쁨 넘치는 비전보다 더 중요하고 마음을 끄는 것은 없다고 생각한다. 이 비전에 대한 우리의 역량이 삶의 신실성과 연결된다면 다른 모든 관심은 빛을 잃을 것이다.

마지막에 정산하는 날이 있으므로 마음속에 이 진리를 간직하는 것이 지혜롭다. 성경은 우리에게 만족하려는 자세를 버리고 제자의 도와 열매 맺는 삶을 추구하라고 권면한다. 세상의 문화가 중요하다고 아우성치는 것에 미혹되지 말라고 경고한다. "사람 중에 높임을 받는 그것은 하나님 앞에 미움을 받는 것"(눅 16:15)이기 때문이다. 세상이 말하는 엄청난 도전은 직접적으로 다른 사람의 의견과 관계된다. 그러나 결국 사람들의 의견은 적절하지 않게 된다. 하나님 앞에 설 때 오직 그분의 의견만이 유효하다.

바울의 삶 속에는 오직 두 날밖에 없었다. '오늘'과 '그날(그리스도 앞에 서는 날)' 이다. 그는 '그날' 에 비추어 '오늘'을 살았다. 그는 공의(justification)라는 하나님의 크신 은사 안에서 기쁨을 누렸다. 그리고 믿는 자들이 점점 더 성화(sanctification) 되어가도록 격려했다. 그러나 바울의 크나큰 소망은 하나님이 주신 영화(glorification)의 약속에 있었다.

"생각건대 현재의 고난은 장차 우리에게 나타날 영광과 족히 비교할 수 없도다"(롬 8:18).

"그러므로 우리가 낙심하지 아니하노니 겉사람은 후패하나 우리의 속은 날로 새롭도다 우리가 잠시 받는 환난의 경한 것이 지극히 크고 영원한 영광의 중한 것을 우리에게 이루게 함이니 우리의 돌아보는 것은 보이는 것이 아니요 보이지 않는 것이니 보이는 것은 잠간이요 보이지 않는 것은 영원함이니라"(고후 4:16-18).

"오직 우리의 시민권은 하늘에 있는지라 거기로서 구원하는 자 곧 주 예수 그리스도를 기다리노니 그가 만물을 자기에게 복종케 하실 수 있는 자의 역사로 우리의 낮은 몸을 자기 영광의 몸의 형체와 같이 변케 하시리라"(빌 3:20-21).

"내가 선한 싸움을 싸우고 나의 달려갈 길을 마치고 믿음을 지켰으니 이제 후로는 나를 위하여 의의 면류관이 예비되었으므로 주 곧 의로우신 재판장이 그날에 내게 주실 것이니 내게만 아니라 주의 나타나심을 사모하는 모든 자에게니라"(딤후 4:7-8).

성경은 상급만을 목적으로 동기화되지 말라고 가르친다. 그 대신 예수님은 말씀 듣기를 열망하라고 격려하셨다. "착하고 충성된 종아 주님의 기쁨에 참여할지어다." 신약은 하나님의 상급을 추구하라는 권면으로 가득 차 있다. 그 상급이 치러야 할 값보다 훨씬 가치가 있다고 단언한다.

"시험을 참는 자는 복이 있도다 이것에 옳다 인정하심을 받은 후에 주께서 자기를 사랑하는 자들에게 약속하신 생명의 면류관을 얻을 것임이니라"(약 1:12).

"믿음이 없이는 기쁘시게 못하나니 하나님께 나아가는 자는 반드시 그가 계신 것과 또한 그가 자기를 찾는 자들에게 상주시는 이심을 믿어야 할지니라 … (모세가) 그리스도를 위하여 받는 능욕을 애굽의 모든 보화보다 더 큰 재물로 여겼으니 이는 상주심을 바라봄이라"(히 11:6, 26).

"사랑하는 자들아 우리가 지금은 하나님의 자녀라 장래에 어떻게 될 것은 아직 나타나지 아니하였으나 그가 나타내심이 되면 우리가 그와 같을 줄을 아는 것은 그의 계신 그대로 볼 것을 인함이니 주를 향하여 이 소망을 가진 자마다 그의 깨끗하심과 같이 자기를 깨끗하게 하느니라"(요일 3:2-3).

C. S. 루이스는 '영광의 무게(The Weight of Glory)'라는 놀라운 설교에서 우리의 욕망이 너무 강한 것이 아니라 너무 약한 데 문제가 있다고 지적했다. "우리는 마음이 냉담한 피조물이다. 영원한 기쁨을 받아도 술과 섹스, 야망이라는 장난감을 가지고 어리석은 짓을 한다. 마치 무지한 아이가 빈민굴에서 진흙 파이를 만드는 것과 같다. 바닷가에서 휴일을 보낼 수 있다는 것을 상상도 못하는 채로 말이다. 우리는 너무 쉽게 만족해버린다."

하나님이 우리에게 주기 원하시는 것과 비교해볼 때, 이 세상이 줄 수 있는 최선이란 장난감이나 장신구, 금속 조각에 불과하다.

우리는 지금 영원이라는 시간 속에서 되어야 하는 바로 그 모습으로 변화되는 과정 가운데 있다는 사실에서 동기를 찾아야 한다. 또한 가진 모든 것을 내어줄 수 있어야 한다. 우리가 영원히 받는 것은 지상의 짧은 체류에서 희생하는 그 어떤 것보다 값지다.

## 도르래

하나님이 처음에 세상을 만드실 때
축복의 잔을 옆에 준비하신 채 말씀하셨나니,
"우리가 할 수 있는 모든 것을 그에게 쏟아 부어주자.
흩어져 있는 세상의 부를 한 뼘으로 압축시키도록 하자."

그러자 힘이 가장 먼저 앞서고
미(美)가 흘러나왔으며
지혜와 명예와 쾌락이 차례로 나오더니.
거의 모든 것이 나왔을 때
하나님은 그의 모든 보물 중에서 안식이 홀로
밑바닥에 있는 것을 보시고 멈추셨나니.

그는 말씀하셨도다.
"이 보물을 내 피조물에게 준다면
그는 나를 섬기지 않고 내가 준 선물을 숭배할 것이라.
그리고 자연의 하나님이 아니라 자연 속에서 안식할 것이라.
그래서 나와 그 둘 다 패배자가 될 것이라."

"그가 나머지 보물들을 다 갖게 하자.
하지만 계속 초조하고 불안하도록 하자.
그가 부유하게 하면서 싫증이 나도록 하자.
그러면 적어도 그가 선함에 이끌려 내게 오지 않는다 하더라도
싫증 때문에 내 품으로 올 수밖에 없으리니."

- 조지 허버트(George Herbert)

## 적용을 위한 질문

- 사랑과 감사가 하나님과 사람들을 향한 당신의 행위에 어느 정도의 동기를 주는가? 사랑과 감사가 당신의 생각과 마음에 보다 실제적이 되기 위해서 당신이 할 수 있는 것은 무엇인가?

- 당신은 보상이 무엇이라고 이해하고 있는가? 왜 예수님이 천국에서 받는 보상에 대해 그렇게 많이 말씀하신다고 생각하는가?

- 당신이 매일 훈련하는 것을 되돌아볼 때, 하늘나라의 보상에 대한 성경의 약속들이 당신이 사람들과 환경과 관계를 맺는 방법에 어떤 도전을 주는가? 이런 동기들이 당신의 신앙과 행위에 어떻게 더 많은 영향을 미칠 수 있는가?

제5부 _ **동기화된 영성** MOTIVATED SPIRITUALITY

**12**

# 정체성, 목적과 소망 그리고 하나님을 갈망함

| 이 장의 개관 | 그리스도 안에 있는 안전과 존귀함에 대한 이해가 커져감에 따라, 우리는 죄를 그리스도 안에서 갖는 존엄성과는 어울리지 않는 것으로 보게 된다. 목적과 소망에 대한 성경적인 이해는 우리가 갖는 영적 정절에도 기여한다. 결론적으로, 시편 저자들과 위대한 성자들은 다른 어떤 선물보다도 하나님을 갈망하는 것에 의해 동기 부여되었다. |
|---|---|
| 이 장의 목표 | • 그리스도 안에서 우리가 갖는 새로운 정체성에 비추어볼 때, 죄는 그리스도 안에 있게 된 우리와 아무런 상관이 없다는 것을 증명할 필요조차 없음을 깨닫기<br>• 우리 삶의 목적과 소망을 점검하기<br>• 하나님을 더욱 갈망하고 그분만이 우리의 영혼을 진실로 만족시킬 수 있는 분이라는 것을 깨닫기 |

일곱 가지 성경적인 동기들 가운데 마지막 세 가지는 그리스도 안에서 우리가 갖는 정체성, 목적과 소망 그리고 하나님을 갈망하는 것이다.

## 그리스도 안에 있는 정체성

조 루이스(Joe Louis)는 1937년부터 1949년 은퇴하기 전까지 세계 헤비급 챔피언 권투 선수였다. 군 복무 동안 루이스는 GI 요원으로 운전을 했는데, 한번은 큰 트럭과 가벼운 접촉 사고를 냈다. 트럭 운전사가 밖으로 나오더니 소리를 지르며 욕을 해댔다. 루이스는 운전석에 앉아 웃고만 있었다. "그 작자를 때려눕히지 그랬니?" 트럭 운전사가 사라진 후 그의 동료가 말했다. "왜 그렇게 해야 되지?" 조는 대답했다. "어떤 사람이 카루소를 모욕했을 때, 그는 그 사람을 위해 아리아를 노래하지 않았니?"

이 얘기는 내가 가장 좋아하는 예화 가운데 하나다. 정체성이란 주제에 가장 적절하기 때문이다. 트럭 운전사는 자기가 욕을 해대는 대상의 진정한 정체성에 대해 분명히 알지 못했다. 알았더라면 조에게 아주 다르게 대했을 것이다. 한편 조 루이스는 자신이 누구임을 알고 있었다. 그는 금세기 최고의 권투 선수였다. 그러므로 자신을 증명할 필요가 없었다. 보통 사람들은 조와 같은 상황에서 맞서서 싸우거나 아니면 모욕을 모욕으로 갚으려 했을 것이다. 그러나 조는 자신의 존재가 넉넉했다. 똑같이 반응하면 자신을 깎아내릴 뿐이라는 사실을 알고 있었다. 트럭 운전사가 조에게 가졌던 견해는 조가 가졌던 자기 이해에 전혀 영향을 주지 않았다.

나는 정체성에 대한 문제가 믿는 자에게 잠재적으로 강력한 동기라는 사실을 알게 되었다. 특히 유혹과 영적 전쟁의 순간에 말이다. 지금까지 우리는 상급, 사랑, 감사, 경외심, 다른 선택이 없음 등이 우리로 하여금 경주를 계속하게 하고 불순종에서 돌이켜 그리스도와 같이 되고자 하는 마음을 주는 요소임을 살펴보았다. 그리스도 안의 진정한 정체성을 깨닫는 것 또한 중요하고 경건한 동기가 된다. 그러나 유감스럽게도 사람들은 그렇게 생각하지 않는 것 같다. 여기서 문제가 되는 것은, 그리스도 안에서 하나님의 용서의 선물과 생명을 받은 대부분의 사람들이 그분의 자녀가 된다는 것이 무엇을 의미하는지 잊어버렸거나 전혀 깨닫지 못한다는 사실이다.

찰리 채플린이 몬테카를로에서 열리는 찰리 채플린 모방 대회에 나갔다. 거기에서 그는 3등을 했다. 우리 역시 우리의 정체성에 관하여 점점 헷갈리고 있다. 부모, 친구, 동료 그리고 사회가 정체성 인식에 일련의 영향을 준다. 그리고 성경에 드러내는 정도에 따라 우리는 완전히 다른 모습이 된다. 이런 혼란을 줄이기 위해 사람들은 주로 세상으로부터 얻은 자아 인식과 맞지 않는 성경 구절을 걸러내버린다. 예를 들면, 많은 사람들은 결과 위주의 심각한 영향을 받아 사랑은 조건적이어야 하고 공로에 따라야 한다고 생각한다. 성경이 그리스도 안에 있는 사람은 조건 없는 사랑을 받고 아버지가 품어주신다는 사실을 말해도, 그것이 세상이 말하는 바와 완전히 반대된다는 이유로 쉽게 받아들이지 않는다. 우리는 하나님의 권속이요, 이미 그리스도와 함께 하늘에 앉게 되었다는 에베소서 1-2장을 읽어도, '아마 다른 사람을 말하는 거겠지'라고 생각하는 경향이 있다. 로마서 6장에서 우리는 그리스도와 함께 죽었고 죄의 권세가 더 이상 주장하지 못한다는 사실을 말해도 우리의 경험은 그렇지 않다고 부인한다.

우리의 문화는 자신의 가치가 성취에 의해 결정되므로 하는 일을 통해 중요감과 의미를 추구하라고 말한다. 그러나 성경은 우리의 가치는 그리스도가 우리를 위해 기꺼이 해주시는 그것에 의해 결정되며, 그리스도 안에서 궁극적이고 변하지 않는 의미와 목적을 가질 수 있다고 말한다. 그리스도 안에서 우리가 어떤 사람인가 하는 것은 무엇을 하는가로 결정되지 않는다. 그리스도가 십자가에서 이루신 일과 우리의 삶을 통해 계속적으로 하시는 일로 결정된다. 우리의 정체성은 일의 결과나 성취로 결정되지 않는다.

그 대신 예수 안에 있는 새로운 정체성은 우리가 무엇을 하는가에 대한 기초가 된다. 가치 없고 적합하지 않은 존재라고 스스로를 인식하면 이것이 우리의 행동을 조작하게 된다. 그러나 성경의 진리를 받아들이기로 선택하면 새로운 빛 아래서 하나님과 자신을 볼 수 있다. 문화와 경험이 우리로 하여금 어떻게 느끼도록 주입했는가와 상관없이, 신약 성경은 우리가 그리스도를 신뢰할 때 새로운 피조물이 된다는 사실을 말해준다. 그 안에서 우리는 놀라운 존엄과 안전, 용서와 조건 없는 사랑, 용납과 소망, 목적과 의, 온전함과 하나님과의 평화를 부여받았다. 이것이 실제적이지 않다고 느낄지도 모른다. 그러나 성경은 느끼라고 말하지 않고 믿으라고 명령한다. 이것은 우리가 누구며, 어떻게 느끼는가에 상관없이 하나님 말씀의 권위에 대한 인식의 문제다.

하나님이 우리를 정의하시도록 하고 우리의 느낌이나 경험과는 반대로 우리가 어떤 존재인지 말씀하시도록 하는 것이 그분을 존중하는 태도다. 그리스도 안에서 우리는 스스로를 극복하여 하나님의 가족으로 입양되었다. 사탄과 죄와 죽음의 굴레에서 벗어났다. 그래서 지속적인 결과를 보장하는 영원한 목적을 성취하기 위해 부르심을 입고 무장된 사람이 되었다. 그리스도와 함께 일어나 그분의 생명을 분담하는 사람이다. 내주하시는 성령에 의해 인치심과 기름 부음을 받고 능력을 부여받은 사람이다. 우리를 위해 하늘에 예비된 사라지지 않을 기업을 이을 사람이다. 그리스도 안에서 가족의 일원이요 함께 후사가 되었다. 선택되고 구속된 그리고 용서받고 구별된 사람이다. 부활의 몸으로 함께 일어나 하나님을 뵙고 함께 영원히 교제하며 살도록 예정되었다.

그러므로 어떤 것도 우리를 주 예수 그리스도 안에 있는 하나님의 사랑에서 끊을 수 없다(롬 8:38-39). 우리는 그렇게 살도록 부르심을 받은 영적 챔피언인 것이다. 조 루이스처럼 자신이 누구라는 사실을 알면 스스로를 증명할 필요가 없다. 더 나아가 죄로 인한 타락은 그리스도 안에 있는 자신의 존엄을 깎는 일이다. 탐심과 욕정, 거짓에 유혹되거나, 시기하거나, 다른 육체의 일에 의해 굴복될 때, 우리는 "더 이상 나는 그렇지 않다"라고 선언해야 한다. 우리는 이 땅 위에 있는 동안 육신의 정욕과 안목의 정욕, 이생의 자랑으로부터 지속적인 유혹을 받을 것이다. 그러나 우리의 근본적인 정체성이 그리스도 안에 있음을 기억할 때 그리고 그리스도가 우리를 지배하시고 우리를 통해 사시도록 할 때 우리는 정복자 이상이 된다.

## 목적과 소망

1902년에 러시아에서 이민 온 마이어 쿠벨스키(Meyer Kubelski)는 아들에게 여덟번째 생일 선물로 바이올린을 사주었다. 그것은 50달러짜리였는데 당시에는 꽤 큰 돈이었다. 그의 아들은 음악을 좋아했고 연주를 잘하여 곧 그가 살던 도시 와키간의 바리슨 극장에서 연주회를 갖게 되었다. 18살 때 그는 보더빌(vaudeville, 음악이 들어 있는 짧은 희가극 - 역주)에서 여자 피아니스트와 함께 팀을 이루었다.

벤자민 쿠벨스키(Benjamin Kubelski)가 연주하던 어느 날 밤, 그는 몇 번씩이나 그날 일어났던 재미있는 사건을 청중에게 말하고 싶은 충동을 느꼈다. "청중들은 폭소를 터뜨렸어요." 그는 나중에 그날을 회상하며 말했다. "그 웃음소리가 나를 흥분시켰어요. 그러나 그 웃음 때문에 음악가로서의 제 삶은 끝이 나게 됐죠." 잭 베니(Jack Benny)라고 개명한 어린 쿠벨스키는 그 후에 자신에게 가장 적합한 직업을 찾게 되었다.

대부분의 사람들은 베니가 그랬던 것처럼 능력과 열정이 적절하게 맞물린 직업에 뛰어들기 위해 전혀 숙고해보지 않는다. 그러나 모든 것이 완벽하게 맞을지라도 직업이 성경에서 말하는 인생의 목적과 같지는 않다. 직업상 실패하거나 은퇴할지라도 우리를 향하신 하나님의 목적에서 탈선되는 것은 아니다. 하나님의 의도는 인생의 때와 환경을 초월하기 때문이다. 결혼과 자녀 문제 같은 결정적인 사안도 우리의 존재를 향한 하나님의 변함없는 이성(理性)과 동등하게 생각할 수 없다.

목적에 대한 감각을 붙잡는 것 자체가 중요한 동기가 될 수 있다. 그러나 문제는 믿는 자라 하더라도 성경적인 목적보다는 한시적인 목적을 추구하려는 경향이 있다는 점이다. 사실 대부분의 사람들은 목적과 관계된 문제를 가지고 전혀 씨름하지 않는다. 앞길을 펼쳐나갈 용의주도한 목적 없이, 사람들은 그 자체로 끝나버리는 활동과 목표를 기초로 방향을 잡아나간다.

이것은 주 예수님이 지상에서 사셨던 방법과 정반대다. 예수님은 자신의 인생의 목적을 분명히 이해하셨다. 자신의 목적을 야망이나 영감으로 결정하지 않으시고 아버지로부터 직접 받으셨다. 그분의 생애에 대한 품질 보증은 아버지의 뜻을 배우고 열매를 맺기 위해 성령의 능력 안에서 행하셨다는 데 있다. 복음서는 주님의 사명과 관계된 세 가지 분명한 목적을 기록하고 있다. "인자의 온 것은 섬김을 받으려 함이 아니라 도리어 섬기려 하고 자기 목숨을 많은 사람의 대속물로 주려 함이니라"(막 10:45). "인자의 온 것은 잃어버린 자를 찾아 구원하려 함이니라"(눅 19:10). "아버지께서 내게 하라고 주신 일을 내가 이루어 아버지를 이 세상에서 영화롭게 하였사오니"(요 17:4). 예수님의 목적은 잃어버린 자를 찾아 섬기고 구원함으로써 아버지를 영화롭게 하는 것이었다.

사도 바울 역시 뚜렷한 인생의 목적을 가지고 있었다. 그리스도를 알고 그분을 기쁘시게 하는 것과 전도와 덕을 세우는 일에 신실하게 반응하는 것이었다(빌 3:10, 13-14, 고후 5:9, 고전 9:24-27, 딤후 4:7-8).

하나님과 함께하는 시간을 갖지 않고서는, 하나님의 시간에 하나님의 방법으로 우리를 향하신 그분의 목적을 분명히 보여주시도록 초청하지 않고서는 우리 인생을 향한 그분의 독특한 목적을 깨달을 수 없다. 우리가 이 땅에 왜 존재해야 하는지 고민을 시작하는 것은 언제 하더라도 결코 늦지 않다. 하나님은 섭리 가운데 우리의 참된 사명을 위해서 과거의 모든 경험들을 사용하실 수 있기 때문이다. 개인적인 인생의 목적 선언문을 진술할 수 있도록 그리고 그 사명을 이룰 수 있는 열정을 달라고 주님께 요청하라(내 목적 선언문은 '하나님과 다른 사람을 사랑하는 자가 되는 것'이다). 이런 식으로 당신의 활동과 목표들이 깊은 의미를 갖게 된다.

소망은 목적과 연관되어 있다. 두 가지 모두 성경적 동기로서 장기적인 안목에서 무엇인가 얻을 수 있도록 인도하기 때문이다. 어떤 사람들은 소망이 없다. 대부분의 사람들은 분명치 않은 소망을 가지고 있거나 엉뚱한 곳에 소망을 두고 있다. 극소수의 사람만이 적합한 소망을 가지고 있다. 그리스도를 아는 사람들이 소망을 영원한 삶을 위하여 예수님께 두지 못하고, 하찮은 것을 위하여 세상에 두는 실수는 드문 일이 아니다. 사람들은 그리스도를 추구함에 앞서 안전과 중요감과 만족을 추구한다. 그런데 모순되게도 이런 것들은 그 자체를 추구하면 할수록 점점 더 잡히지 않는다. 그것은 오직 먼저 주님의 나라와 그 의를 구할 때 충만하게 넘쳐흘러서 우리에게 찾아온다.

히브리서 6장 11-20절은 우리의 소망을 오직 아브라함과 이삭과 야곱의 하나님의 성품과 약속에만 고정시키라고 가르친다. 이 세상에는 오직 하나의 안전한 피난처가 있을 뿐이다. 그것은 삼위일체이신 하나님의 변함없는 성품이며, 그 성품으로부터 흘러넘치는 성경의 분명한 약속이다. "우리가 이 소망이 있는 것은 영혼의 닻 같아서 튼튼하고 견고하여 휘장 안에 들어가나니 그리로 앞서 가신 예수께서 멜기세덱의 반차를 좇아 영원히 대제사장이 되어 우리를 위하여 들어가셨느니라"(히 6:19-20). 그러므로 성경에서 말하는 소망은 하나님의 성품으로 보증이 된다.

경건한 소망은 또한 역경을 통해서 이루어진다. 형통과 번영의 때보다는 고난과 고통의 순간을 통해 소망은 더욱 견고해진다. 형통함은 우리의 마음을 약속의 말씀보다는 이 세상의 약속에 두게 하기 때문이다. 바울은 로마의 교인들에게 이렇게 말한 바 있다. "또한 그로 말미암아 우리가 믿음으로 서 있는 이 은혜에 들어감을 얻었으며 하나님의 영광을 바라고 즐거워하느니라 다만 이뿐 아니라 우리가 환난 중에도 즐거워하나니 이는 환난은 인내를, 인내는 연단을, 연단은 소망을 이루는 줄 앎이로다 소망이 부끄럽게 아니함은 우리에게 주신 성령으로 말미암아 하나님의 사랑이 우리 마음에 부은 바 됨이니"(롬 5:2-5).

그는 같은 서신에 이렇게 덧붙였다. "생각건대 현재의 고난은 장차 우리에게 나타날 영광과 족히 비교할 수 없도다 … 우리가 소망으로 구원을 얻었으매 보이는 소망이 소망이 아니니 보는 것을 누가 바라리요 만일 우리가 보지 못하는 것을 바라면 참음으로 기다릴지니라"(롬 8:18, 24-25).

모리스 인치(Morris Inch)는 「시편의 심리학(Psychology in the Psalms)」에서 이렇게 적었다. "성경적인 소망은 삶의 요소를 감하는 것이 아니라 오히려 삶의 등식에 하나님을 더하는 것이다. 소망은 외친다. 적이 없기 때문이 아니라 하나님이 승리를 주시기 때문이다. 소망은 노래한다. 밤이 없기 때문이 아니라 하나님이 밤에 노래를 주시기 때문이다. 소망의 맥박은 찬양이다."

우리는 믿음으로 성경적인 소망을 붙잡는다(엡 1:18). 그리고 이 소망이 우리에게 동기를 부여할수록 다른 사람에게도 더욱 명백한 증거가 된다(벧전 1:3, 3:15). 확신컨대 무엇을 위하여 우리를 부르셨든지 하나님의 부르심은 지극한 가치가 있다. "그러므로 내 사랑하는 형제들아 견고하며 흔들리지 말며 항상 주의 일에 더욱 힘쓰는 자들이 되라 이는 너희 수고가 주 안에서 헛되지 않은 줄을 앎이니라"(고전 15:58).

## 하나님을 갈망하고 있는가?

"하나님이여 사슴이 시냇물을 찾기에 갈급함같이 내 영혼이 주를 찾기에 갈급하니이다 내 영혼이 하나님 곧 생존하시는 하나님을 갈망하나니 내가 어느 때에 나아가서 하나님 앞에 뵈올꼬"(시 42:1-2).

성경적인 동기들을 정리하면서, 한 가지 가장 중요하고 가장 일반적으로 경험하고 있는 동기의 영적 자원에 접근해보자. 그것은 바로 하나님 그분을 향한 갈망이다.

모세는 광야에서 "원컨대 주의 영광을 내게 보이소서"(출 33:18)라는 위대한 기도를 했다. 시편 기자는 하나님의 임재를 바라는 열망을 가졌고, 진정한 가치가 오직 하나님의 손으로부터 나온다는 사실을 이해했다. 지혜서를 썼던 현인들은 아무것도 하나님을 아는 것과 비교할 수 없다고 강조했다. 선지자들은 하나님의 위엄과 광채에 압도당했으며, 하나님 한 분만을 기쁘시게 하기 위해 사람들의 조롱과 거절을 견디었다. 예수님은 자신을 따르는 자들에게 다른 무엇보다도 하나님 나라에 대한 굶주림과 갈증을 가지라고 가르치셨다. 사도들의 깊은 갈망 역시 그들의 영혼을 무한히 사랑하시는 자를 보는 것이었다.

하나님을 보기 원하는 열망과 그분의 완전한 임재에 들어가는 것은 교회사에 있어서 성자들이 반복적으로 사용했던 글의 주제다. 그러나 웬일인지 금세기의 기독교 문학 작품에서는 그러한 주제를 자주 볼 수가 없다.

내 자신의 경우, 몇몇 성자들이 했던 방법으로 하나님을 갈망해왔던 것 같다. 예를 들어, 600년 전 노리치의 줄리안(Julian of Norwich)은 「신적 사랑의 계시(Revelations of Divine Love)」에서 회개한 죄에 대한 신실한 치료, 다른 사람에 대한 동정 그리고 하나님에 대한 강렬한 열망을 하나님께 구했다. 그녀는 이렇게 썼다.

"삼위의 하나님이 마음속 깊은 곳으로부터 우러나오는 기쁨을 내게 채워주시는 그 순간, 천국에 도달한 사람들이 느끼는 영원이라는 것이 이와 같으리라는 것을 깨달았다. 삼위는 하나님이시고 하나님은 삼위이시다. 그 삼위께서 우리를 지으셨고 보호하시며, 영원한 사랑과 기쁨과 지복(至福)이 되신다. 이 모든 것은 주 예수 그리스도를 통해서 이루어진다. 지은 바 되지 않은 하나님을 소유하고 사랑할 때야 비로소 우리는 우리가 미천한 피조물이고 아무것도 아니라는 사실을 깨닫는다. 그래서 우리 마음과 영혼에 쉼이 없다. 결코 만족을 줄 수 없는 사소한 것에서 안식을 찾으면서, 전능하고 전지하며 언제나 선하신 하나님을 알려 하지 않았기 때문이다. 하나님만이 진정한 안식이다. 하나님을 아는 것과 그분 안에서 안식하는 영광은 하나님의 뜻이다. 다른 어떤 것도 우리를 만족시킬 수 없다. … 충만함과 기쁨으로 하나님을 소유하기 전까지 그분을 원하고 갈망하는 것을 그만두어서는 안 된다. 만약 그렇게 하면 더 이상의 원함은 사라진다. 우리가 천국에서 완전해질 때까지 하나님에 대해 계속해서 알아가고 사랑하는 것이 그분의 뜻이다. … 우리의 영혼이 은혜와 사랑 안에서 축복된 하나님의 얼굴을 보면 볼수록 그 모습을 더욱더 충분히 보기를 열망할 것이다."

C. S. 루이스는 자서전 「예기치 못한 기쁨(Surprised by Joy)」에서 진정한 기쁨과 그가 말하는 '젠서트(Sehnsucht)', 즉 '열망'을 연결시켰다. 그는 상상의 가장자리를 벗어난, 아직 가보지 않은 장소와 시간에 대한 향수와 깊은 격렬한 갈망의 찌름과 아픔에 대해 말했다.

이 우주에서 이방인 취급당한다는 느낌, 즉 인정받고 싶고, 뭔가 반응을 느끼고 싶고, 자신과 현실 사이의 크게 벌어진 틈을 잇고 싶은 이 갈망은 위로받을 길 없는 우리의 비밀 가운데 하나다. 이러한 관점에서, 영광의 약속은 근본적인 갈망과 깊은 관련이 있다. 영광이란 하나님과 함께하는 좋은 평판, 하나님에 의해 받아들여짐, 중심으로부터의 반응, 인정, 환영을 의미한다. 우리가 평생 두드려왔던 문은 결국 열릴 것이다. 일생 동안 고향을 그리워하는 마음, 우리가 잘려져 나왔다고 느끼는 우주의 어떤 것과 합해지고 싶은 갈망 그리고 늘 밖에서만 들여다보았던 그 문 안에 있고 싶은 갈망은 단지 신경성 공상이 아니다. 그것은 실제 상황을 비추는 가장 진실된 거울이다. 마음속의 갈망은 결국 우리의 공로를 넘어서 하나님의 영광과 존귀가 되며, 동시에 우리의 오랜 통증을 치유해준다.

"하나님이 자기를 사랑하는 자들을 위하여 예비하신 모든 것은 눈으로 보지 못하고 귀로도 듣지 못하고 사람의 마음으로도 생각지 못하였다 함과 같으니라"(고전 2:9).

숲을 거닐다가, 그림을 그리다가, 사진을 보다가 또는 음악을 듣다가 문득 내 안에서 갑작스럽고 깊은 갈망이 생겨날 때가 있다. 각각의 경우에 그러한 갈망을 끌어낸 도구는 그 자체가 아니라 창조 질서 너머에 계신 하나님이라는 사실을 발견한다. 이것은 덧없이 지나가는 순간일 뿐이지만 내가 순례자라는 현실과 이 세상이 줄 수 없는 그 어떤 것에 대한 갈망을 일깨워주기에 충분하다.

헨리 나우웬(Henri Nouwen)은 역작 「탕자의 귀향(The Return of the Prodigal Son)」에서 이와 비슷한 비유를 들었다. 그는 렘브란트의 그림을 보았을 때, 스스로 가지고 있던 자기 이해에 그 작품이 어떤 놀라운 영향을 미쳤는지 설명했다. "그 그림은 일상의 분주함을 훨씬 뛰어넘어 내 안에 있는 무엇인가를 일깨워주었다. 그것은 인간 영혼의 끊이지 않는 동경, 즉 마지막 귀환에 대한 동경, 불확실하지 않은 안전감, 영원한 집에 대한 동경이었다." 그 동경은 아버지의 집으로 돌아가고자 하는 열망이다. 아버지의 품에서 깊은 만족을 찾고자 하는 염원이다. 아버지께 귀중히 여김을 받고자 하는 소원이다. "내 아버지 집에 거할 곳이 많도다 그렇지 않으면 너희에게 일렀으리라 내가 너희를 위하여 처소를 예비하러 가노니 가서 너희를 위하여 처소를 예비하면 내가 다시 와서 너희를 내게로 영접하여 나 있는 곳에 너희도 있게 하리라"(요 14:2-3).

우리의 진정한 갈망에 대한 이해는 브렌트 커티스(Brent Curtis)와 존 앨드리지(John Eldredge)가 쓴 「신성한 로맨스(The Sacred Romance)」와 존 앨드리지가 쓴 「욕망으로의 여행(The Journey to Desire)」의 주제다. 이 책들은 존 앨드리지가 그의 사랑하는 동료와 친구를 잃어버리고 난 후에 쓰여졌다. 이 책들은 천국을 우리가 우주적인 규모로 보기 원하는 아름다움의 위대한 회복으로 그리고 하나님의 사람들 사이의 친밀함의 완성이라는 중대한 사건으로 묘사하고 있다. 그것은 좌절과 실망 없는, 열매가 풍부하고 창조적이며, 활동적인 위대한 도전이다.

A. W. 토저는 「하나님을 추구함(The Pursuit of God)」이란 책에서 그리스도께 나아가는 것이 무엇을 의미하는지 설명했다. "그리스도께 나아가는 것은 끝이 아니다. 이제 영광스러운 추구를 시작하는 것이다. 무한하고 부요하신 하나님을 향해 떠나는 행복에 겨운 마음의 탐사. 그것이 우리가 시작하는 지점이다. 그러나 나는 우리가 멈출 그곳은 아직 아무도 발견하지 못했다고 말하고 싶다. 놀랍고 신비롭고 깊으신 삼위일체의 하나님이 거기 계시기 때문이다. 그분은 한도 끝도 없으시다. … 하나님을 발견하고도 여전히 그분을 추구하는 것은, 너무나 쉽게 만족해버리는 종교적인 사람들의 비난을 받으며 사랑을 찾는 영혼의 역설일지

모른다. 그러나 뜨거운 마음을 가진 자녀들의 행복한 경험을 통해 의롭다 인정받게 된다." 이 거룩한 열망, 초월적인 야망은 예수님의 통찰력 있는 말씀에 잘 나타나 있다. "너희는 먼저 그의 나라와 그의 의를 구하라 그리하면 이 모든 것을 너희에게 더하시리라"(마 6:33).

존 스토트(John Stott)는 「반문화적인 그리스도인(Christian Counter Culture)」에서 이렇게 얘기한다. "예수님은 모든 인간들이 '구도자'라는 사실을 당연하게 생각하셨다. 인간은 플랑크톤처럼 일생 동안 방향 없이 떠돌도록 타고나지는 않았다. 우리는 헌신할 어떤 대상이 필요하다. 우리 존재에 의미를 줄 수 있는 어떤 것이 필요하다. '추구할' 그 무엇, 생각과 마음을 고정시킬 그 무엇이 필요한 것이다."

하나님은 우리가 원할 때까지 기다리신다. 우리는 하나님이 주시는 덜 좋은 것보다는 하나님 그분을 원해야 한다. 행복으로 빛나는 비전, 비전 그 자체인 하나님을 갈망하는 은혜를 구하길 바란다. "다시 저주가 없으며 하나님과 그 어린양의 보좌가 그 가운데 있으리니 그의 종들이 그를 섬기며 그의 얼굴을 볼 터이요 그의 이름도 저희 이마에 있으리라"(계 22:3-4).

## 적용을 위한 질문

- 당신은 얼마나 자주 그리스도 안에 있는 당신의 정체성에 대해 이해하고 그 정체성을 강화하려 하는가? 당신의 감정이나 경험이 이러한 진실의 실체를 방해하고 있는가?

- 영적 여정을 되돌아볼 때, 당신의 경험 속에서 무엇이 성경에 기초한 정체성에 영향을 주었는가? 다른 사람을 감동시키거나 스스로를 방어함으로 당신은 무엇인가를 증명하려고 노력한 적이 있는가?

- 성경에 근거한 목적과 희망이 한시적인 목적과 소망에 반대된다는 것을 당신은 어느 정도 이해하고 있는가?

- 하나님을 갈망함에 대해 당신은 어떻게 생각하는가? 이것이 당신을 자극하는 여러 동기들 중에 어떤 역할을 하는가? 당신은 어떻게 이런 거룩한 갈망을 키워나갈 수 있는가?

# 제6부 DEVOTIONAL SPIRITUALITY
# 경건의 영성

● 하나님과 사랑에 빠지기

하나님을 사랑하기 위한 열쇠는 무엇인가? 또 그분과 어떻게 친밀한 교제를 더 많이 나눌 수 있는가? 이 접근법을 통해 우리는 하나님으로 인해 즐거워하는 것과 그분을 신뢰하는 것이 무엇인지 발견해 간다. 헨리 스코우갈(Henry Scougal)은 "영혼의 가치와 탁월함은 그가 사랑하는 것에 의해 측정된다"라고 말한다. 우리는 자신의 기쁨보다 하나님의 기쁨을 우선으로 추구할 때 가장 만족할 수 있다. 또한 우리는 우리가 가장 사랑하고 존경하는 것을 점점 본받게 된다.

제6부 _ **경건의 영성** DEVOTIONAL SPIRITUALITY

# 13 우리에게 있는 하나님의 형상

| 이 장의 개관 | 경건의 영성은 영광스러운 하나님의 속성과 우리에 대한 하나님의 계획을 열망하는 것이다. 하나님이 지으신 세계, 하나님의 일 그리고 하나님이 일을 이루시는 방법들은 하나님을 알고자 하는 사람들에게 당신의 속성을 드러낸다. 하나님의 아름다운 속성은 세 편의 시편에 잘 나타나 있다. |
|---|---|
| 이 장의 목표 | • 우리는 우리가 사랑하고 존경하는 것을 점차 닮아간다는 것을 이해하기<br>• 하나님이 그분의 세계에서, 그분의 말씀에서, 그분의 일에서 그리고 그분의 방법에서 자신을 드러내시는 것을 깨닫고, 그 네 가지를 통해 하나님을 더 사랑하려는 마음을 갖기<br>• 하나님의 영광스러운 속성에 대한 새로운 시각 갖기 |

"그러나 우리에게는 한 하나님 곧 아버지가 계시니 만물이 그에게서 났고 우리도 그를 위하며 또한 한 주 예수 그리스도께서 계시니 만물이 그로 말미암고 우리도 그로 말미암았느니라"(고전 8:6).

우리는 자신들을 위해 존재하지 않는다. 우리는 하나님 아버지를 위해서 그리고 그 아들로 말미암아 존재한다. 세상은 우리가 세상으로부터 왔고 우리 자신을 위해 살아야 한다고 말한다. 그러나 성경은 우리가 그분의 즐거움과 목적을 위해 우리를 만드신 아버지로부터 왔다고 가르친다.

궁극적으로 존재하는 것은 우주나 신비한 힘이 아니라 무한한 사랑을 가지신 인격의 하나님이시다. 생각해보면 이것이 암시하는 바는 경이롭고 광대하다. 무한한 인격의 주님은, 시간을 초월한 완벽한 삼위가 자유롭게 사랑을 나누는 공동체다. 그분의 기쁨과 생명의 풍성함으로, 그분은 홀로이면서도 동시에 교제하고, 하나이면서도 다수이며, 일체가 된 무한한 존재다. 인격적인 충만함에 넘치는 고귀한 하나님은 부족함이 없으시다. 하지만 하나님은 영원히 존재하는 삼위가 친밀하게 상호 교류하는 그 삶에 참예하도록 우리를 초대하신다. 예수님은 우리를 위해 이렇게 기도하셨다. "아버지께서 내 안에, 내가 아버지 안에 있는 것 같이 저희도 다 하나가 되어 우리 안에 있게 하사 … 곧 내가 저희 안에, 아버지께서 내 안에 계셔 저희로 온전함을 이루어 하나가 되게 하려 함은 아버지께서 나를 보내신 것과 또 나를 사랑하심같이 저희도 사랑하신 것을 세상으로 알게 하려 함이로소이다"(요 17:21, 23). 우리가 삼위일체의 하나님 안에 거하고 삼위일체의 하나님이 우리 안에 거하신다는 이해할 수 없는 신비스러움은 우리의 상상을 초월한다. 그러나 그 신비스러움이 사실이라면, 그 외의 모든 것은 아무것도 아니다.

경건의 영성은 영광스러운 하나님의 속성과 우리에 대한 하나님의 계획을 열망하는 것이다. 우리 영혼은 이것을 통해 전적으로 하나님 안에 거하면서 '신비스럽고 달콤한 교제'를 하도록 준비된다. 그것은 영원토록 서로를 즐거워하는 삼위 되시는 하나님 안에 거하는 것이다. 또한 그것은 우리에게 그리스도가 내주하는 삶에 대한 열망을 갖게 하고, 우리로 하여금 그의 영광의 보좌에서부터 흘러나오는 뜨거운 사랑의 강물에서 헤엄치도록 한다.

1677년에 헨리 스코우갈(Henry Scougal)은 「인간의 영혼 안에 있는 하나님의 생명(The Life of God in the Soul of Man)」이라는 책에서 "영혼의 가치와 탁월함은 그 영혼이 사랑하는 대상에 의해 측정된다"라고 하였다. 인생의 즐거움이 지위, 재산 그리고 권력에 의해 결정될 때 우리의 영혼은 메마르게 된다. 왜냐하면 그런 것들은 타락하고 소멸될 것이기 때문이다. 그러나 우리가 점진적으로 그리고 보다 자주 피조물이면서 제한된 세상에서 스스로 존재하시며 무한하신 창조주에게로 우리의 관심을 전환시킬수록, 우리 영혼은 위대해지고 영광스러워진다. 우리가 자신보다는 하나님이 기뻐하시는 것을 추구하는 모험을 감행할수록, 세상 것들을 목적으로 추구할 때보다 더 큰 만족을 발견할 것이다. 예수님으로 인한 이득 때문이 아니라 예수님 그분 자체를 위해 우리가 예수님께 시선을 고정시킬수록, 그분 안에 있는 모든 것을 소유한다는 사실을 발견하게 된다.

성경은 우리가 가장 많이 사랑하고 존경하는 것을 점점 닮아간다고 가르친다. 호세아는 이스라엘 백성에게 "저희의 사랑하는 우상같이 가증하여졌도다"(호 9:10)라고 선포하였다. 그러나 우리가 사랑의 초점을 이 세상으로부터 그리스도가 갖는 아름다움으로 전환할 때, 하나님의 영이 주시는 자유를 발견한다. 우리는 중요하게 생각하는 것을 닮아간다. 즉 하나님의 영광을 붙잡는 과정을 밟게 되는 것이다. 우리는 "주의 영광을 보매 저와 같은 형상으로 화하여 영광으로 영광에 이르니 곧 주의 영으로 말미암음"(고후 3:18)같이 된다. 우리는 점차 우리가 경배하는 대상을 닮아간다. 만약 우리 마음의 소망이 이 세상에 있는 것들을 바라본다면, 그 소망은 우상 숭배며 영혼을 타락시키는 것이 된다. 그러나 만약 우리의 인생이 우리를 돌보시는 빛나고 장엄하고 깊으신 그분을 위해, 우리를 만드신 존재와 사랑의 교제를 나누면, 우리의 영혼은 그분의 성품을 닮아 고귀해지는 것이다.

## 하나님의 세계, 말씀, 일 그리고 그분의 방법

하나님의 본질은 우리가 이해할 수 없는 신비한 것이다. 우리는 결코 하나님이 그분 자신을 아시는 것처럼 그분을 알 수 없다. 순례의 길을 간 위대한 순례자들은, 하나님에 대해 피상적으로 아는 것에서 실질적인 이해로 나아가는 것은 어두움에서 빛으로의 움직임이라기보다는 커져가는 짙은 무지의 구름 속으로 던져지는 낚싯봉과 같다는 것을 발견했다. 칼리스토스 웨어(Kallistos Ware)는 「그리스 정교의 법(The Orthodox Way)」에서 하나님을 본질과 에너지로 구별하였다. 본질로 따지자면 하나님은 초월적인 존재시지만, 에너지로 보면 하나님은 무소부재하시고 어디에나 계시다. 웨어는 "하나님은 단일하고 분할할 수 없고, 부분으로 나눌 수 없다. 본질은 전체인 하나님이 스스로 계신 분임을 의미한다. 에너지는 전체인 하나님이 활동중에 계시다는 것을 의미한다. 완전한 하나님은 당신의 신적인 에너지 각 부분에 완벽하게 존재한다"고 말했다. 하나님의 계시적인 행동들을 상고해보면 우리는 그분을 더 명확하게 알게 되고, 그럼으로써 하나님을 더 신실하게 사랑하고 더 가까이 따르게 된다. 하나님은 그분의 세계, 그분의 말씀, 그분의 일 그리고 그분의 일하시는 방법을 통해 하나님을 알게 하신다.

**하나님의 세계를 통하여 하나님을 사랑하기** "하늘이 하나님의 영광을 선포하고 궁창이 그 손으로 하신 일을 나타내는도다"(시 19:1). "여호와여 주의 하신 일이 어찌 그리 많은지요 주께서 지혜로 저희를 다 지으셨으니 주의 부요가 땅에 가득하니이다"(시 104:24). 시편 19편 1-6절과, 시편 104편과 148편을 주의 깊게 기도하면서 읽어보라. 당신은 하나님이 그분의 영광, 지혜 그리고 위대함을 나타내보이기 위해 하늘과 땅을 여러 가지 방법으로 설계하셨다는 사실에 감명을 받을 것이다.

창조 질서를 묵상하는 것이 경건의 영성의 중요한 요소임에도 불구하고 자주 무시되어왔다. 이는 불행한 일이다. 왜냐하면 창조에는 소우주에서 대우주에 이르기까지 모든 위대한 질서마다 경이로움으로 가득 차 있기 때문이다. 그것은 피조물 자체를 넘어서서 우주를 만드신 창조자의 아름다움과 믿을 수 없을 만한 위대함을 나타낸다. 이러한 질서와 계획의 경이로움을 생각해보라. 분자와 원자, 빛과 색깔, 미생물들과 규조류, 눈송이, 곤충들, 씨앗들, 꽃들, 나뭇잎들, 조개류, 암석과 광물, 과일들, 채소류, 식물, 크고 작은 새들, 크고 작은 고기들, 고래, 크고 작은 동물들, 나무들, 산들, 구름, 날씨, 계절, 지구, 행성들, 별들, 성운, 우리 은하계, 은하계의 집단들.

"주께서 내 장부를 지으시며 나의 모태에서 나를 조직하셨나이다 내가 주께 감사하옴은 나를 지으심이 신묘막측하심이라 주의 행사가 기이함을 내 영혼이 잘 아나이다"(시 139:13, 14). 하나님이 창조하신 것들 가운데, 인간의 몸은 하나님의 창의적인 기술과 계획을 가장 잘 나타낸다. 인간과 영적인 육신의 경이로움을 생각하게 함으로써 하나님을 찬양하도록 돕는 세 가지 책을 추천하자면, 폴 브랜드(Paul Brand) 박사가 쓴 「나를 지으신 하나님의 놀라운 손길(Fearfully and Wonderfully Made)」과 필립 얀시(PhilipYancey)가 쓴 「그분의 형상 안에(In His Image)」 그리고 리처드 스웬슨(Richard A. Swenson)이 쓴 「More than meets the eye」가 있다. 이 책들은 조직, 뼈, 피부, 동작, 혈액, 두뇌 그리고 통증 자각과 같은 물리적인 시스템들이 어떻게 영적인 진리를 가르치는지를 말해준다.

하나님이 창조하신 세상을 통하여 하나님을 사랑하도록 돕는 두 가지가 있다. 첫번째는 자연의 질서를 맛볼 수 있는 특별한 장소를 가끔 여행하는 것이다. 나는 때때로 몇몇 장소에 앉아서 내가 더 이상 하늘을 쳐다보고 있는 것이 아니라 하늘의 찬란함과 장엄함에 둘러싸여 있다고 느낄 때까지 별을 쳐다본다. 이런 경험은 나를 겸손하게 만든다. 왜냐하면 그것은 내 시각을 급속도로 바꿔서 하나님과 그분의 은혜를 떠나서는 내가 아무것도 아니라는 것을 상기시키기 때문이다. 나는 비슷한 경이감을 근래에 찍은 별 구름과 멀리 있는 은하계의 사진을 볼 때 갖게 된다. 현대에 와서 폭발적으로 증가하는 과학 지식은 과거에는 결코 가능하지 않았던 방법으로 하나님을 감상할 수 있게 한다.

두번째로 나의 경이감을 자극하는 것은 대물렌즈 세트와 축소화된 고광도 회중전등이다. 나는 이 '자연 연구용 연장'을 가끔 꽃, 곤충, 암석들의 눈에 보이지 않는 색깔이나 무늬를 관찰할 때 사용한다. 창조 질서에 만연한 복잡성과 다양함을 관찰하는 이런 작업을 통해서 나는 마음의 평정을 찾고 영적인 부흥을 경험한다.

우리가 시간을 투자하고 그것을 볼 수 있는 안목이 있다면 자연으로부터 무궁무진한 이미지와 통찰력을 얻을 수 있다. 매일 간과하기 쉬운 사물들을 보면서 우리는 어린아이가 갖는 신기함과 경이감을 개발할 수 있다. 우리를 둘러싼 인공적인 환경과 바쁜 일상은 우리가 신비와 장엄함으로 둘러싸여 있다는 사실을 잊게 만든다. 나는 당신이 보다 많이 그리고 신중하게 하나님이 만드신 피조물과 접촉하는 것을 즐기고, 하늘과 땅의 복합성, 아름다움 그리고 찬란함에 대해 더 깊게 감상하기를 권한다. 당신이 그렇게 하면, 이 우주를 설계하고 또한 그것에게 존재하라고 말씀하신 하나님이 전적으로 능력 있고 신실하며 사랑할 수 있는 분이라는 것을 느낄 것이다.

**말씀을 통하여 하나님을 사랑하기**  "내 눈을 열어서 주의 법의 기이한 것을 보게 하소서"(시 119:18). "여호와의 율법은 완전하여 영혼을 소성케 하고 여호와의 증거는 확실하여 우둔한 자로 지혜롭게 하며 여호와의 교훈은 정직하여 마음을 기쁘게 하고 여호와의 계명은 순결하여 눈을 밝게 하도다 여호와를 경외하는 도는 정결하여 영원까지 이르고 여호와의 규례는 확실하여 다 의로우니"(시 19:7-9). 성경은 우리에게 단지 정보를 제공하기 위해 있는 것이 아니라 우리를 변화시키기 위한 것이다. 「영성 형성을 위한 거룩한 독서(Shaped by the Word)」에서 로버트 멀홀랜드 2세(M. Robert Mulholland Jr.)는 성경을 접근하는 두 가지 대조되는 방법으로 정보를 얻기 위한 읽기와 영성 형성을 위한 읽기를 설명했다〈표 13.1〉.

| 정보를 얻기 위한 읽기 | 영성 형성을 위한 읽기 |
| --- | --- |
| 가능한 한 많이 읽기 | 작은 부분에 주목하기 |
| 직선적인 과정 | 깊이 있게 들어가는 과정 |
| 성경을 정복하기 | 성경이 우리를 정복하도록 하기 |
| 성경은 사용하는 물건 | 성경은 우리를 형성하는 주체 |
| 분석, 비평 그리고 비판하는 접근 | 겸손, 순종, 자발적이고 사랑어린 접근 |
| 애매한 부분을 해결하려는 태도 | 애매한 부분에 대해 관대한 태도 |

〈표 13.1〉

성경 주해를 위해 혹은 주제별 성경 공부를 위해 정보를 얻기 위한 성경 읽기가 중요할 때도 있다. 그러나 이런 방식으로 성경을 접근하는 사람들은 가끔 우리의 지성에 정보를 주는 것보다는 가슴에 대고 얘기하는 식의 변화를 위한 접근을 간과한다. 성경은 단지 물건이 아니라 "살았고 운동력"(히 4:12) 있는 하나님이 감동으로 된 계시며, 말씀을 받는 자들을 겸손과 순종으로(약 1:21-22) 변화시키는 능력을 가지고 있다. 경건의 영성은 계시된 진리가 변화를 일으키는 능력을 강조하면서, 그 진리의 말씀을 통하여 하나님을 사랑하라고 권면한다. 이것을 실천하기 위한 경험적으로 검증된 방법을 다음 장에서 살펴볼 것이다.

### 하나님이 행하신 일을 통해 하나님을 사랑하기

"하나님께 고하기를
주의 일이 어찌 그리 엄위하신지요 …
와서 하나님의 행하신 것을 보라

> 인생에게 행하심이 엄위하시도다
> 곧 여호와의 옛적 기사를 기억하여
> 그 행하신 일을 진술하리이다
> 또 주의 모든 일을 묵상하며
> 주의 행사를 깊이 생각하리이다 …
> 주는 기사를 행하신 하나님이시라
> 민족들 중에 주의 능력을 알리시고
> 주의 팔로 주의 백성
> 곧 야곱과 요셉의 자손을 구속하셨나이다"
> (시 66:3, 5, 77:11-12, 14-15).

시편 기자는 구속, 보호 그리고 예비와 같은 하나님의 역사적인 행하심을 종종 회고하고 숙고했다. 신구약 모두에는 하나님이 인생과 국가의 운명을 위해 얼마나 특별하고 극적인 방법으로 일해오셨는지에 대한 설명으로 가득하다. 하나님은 당신의 공의와 사랑에서 나온 목적을 인간 역사의 장 안에서 증명해오셨다. 창조, 구속 그리고 완성에 이르는 하나님의 전능하신 일들에 대해 기도하는 마음으로 묵상하는 것은 하나님을 더욱 깊이 경배하고 삼위일체 하나님께 더 많이 헌신할 수 있는 또 다른 방법이다.

"우리 주 하나님이여 영광과 존귀와 능력을 받으시는 것이 합당하오니 주께서 만물을 지으신지라 만물이 주의 뜻대로 있었고 또 지으심을 받았나이다 … 책을 가지시고 그 인봉을 떼기에 합당하시도다 일찍 죽임을 당하사 각 족속과 방언과 백성과 나라 가운데서 사람들을 피로 사서 하나님께 드리시고 저희로 우리 하나님 앞에서 나라와 제사장을 삼으셨으니 저희가 땅에서 왕노릇하리로다 … 죽임을 당하신 어린양이 능력과 부와 지혜와 힘과 존귀와 영광과 찬송을 받으시기에 합당하도다 … 보좌에 앉으신 이와 어린양에게 찬송과 존귀와 영광과 능력을 세세토록 돌릴지어다" (계 4:11, 5:9-10, 12-13).

**하나님의 방법을 통해 하나님을 사랑하기** "그 행위를 모세에게, 그 행사를 이스라엘 자손에게 알리셨도다" (시 103:7). 모세는 하나님의 일을 통해서뿐만 아니라 하나님의 방법을 통해서도 주를 알았다. 하나님의 방법은 우리의 삶과 그분의 평화, 능력, 계시, 보호, 연민 그리고 돌보심에 인격적으로 개입하시는 것과 관련이 있다. 영적 순례의 여러 과정에서 하나님이 하셨던 일들을 되돌아보고 기억해봄으로써 하나님의 섭리에 의한 돌보심에 대해 개인의 역사를 만들어보는 것이 유익하다. 뜻밖의 기도 응답, 당신을 하나님께로 이끄신 방법, 사나운 물길에서 당신을 옮기신 방법, 희망이 없어 보이는 상황에서 당신의 필요를 공급하셨던 방법, 근심에 빠진 당신을 격려하고 위로하신 그분의 방법, 사람을 통하여 당신을 훈계하고 당신의 이익을 위해 훈련하셨던 방법 그리고 세상의 것에 대해 당신이 가지고 있던 희망을 다 가져가심으로써 하나님 안에서만 희망을 갖는 것을 배우게 하신 방법을 기억해보라.

> "하나님을 두려워하는 너희들아 다 와서 들으라
> 하나님이 내 영혼을 위하여 행하신 일을 내가 선포하리로다 …
> 그러나 하나님이 실로 들으셨으며
> 내 기도 소리에 주의하셨도다
> 하나님을 찬송하리로다
> 저가 내 기도를 물리치지 아니하시고
> 그 인자하심을 내게서 거두지도 아니하셨도다 …
> 하나님이여 주의 도는 극히 거룩하시오니
> 하나님과 같이 큰 신이 누구오니이까"
> (시 66:16, 19-20, 77:13).

"나는 하나님이 내 영혼을 위해 행하신 것을 선포하리로다." 하나님이 여러분의 영혼을 위하여 행하신 일들을 감사하며 묵상해보는 것은 경건의 영성에서 중요한 한 요소다.

하나님의 방법은 하나님의 인성, 능력 그리고 완전하심 등의 다양한 속성과 연관되어 있다. 우리가 하나님을 얼마나 사랑하는가 하는 문제는 하나님에 대하여 우리가 가진 이미지와 관련돼 있다. 그러므로 하나님의 속성들, 즉 그의 무한한 능력, 임재, 지식, 거룩, 공의, 선, 진실, 정의, 선하심, 은혜, 동정, 자비, 사랑, 아름다움, 영광, 위대함, 뛰어난 위엄, 주권, 스스로 존재함, 영원함, 무한함, 불변함 등이 갖는 영광스러움을 더 잘 이해할 수 있도록 은혜를 구하는 것이 좋다. 달라스 윌라드(Dollas Willard)가 「하나님의 모략(The Divine Conspiracy)」에서 말한 것처럼, 하나님은 "장엄한 삼위가 연계된 공동체이고, 선하심과 능력에 특정한 한계가 없이 완전하게 만족하신" 분이다. 하나님은 진리와 선 그리고 아름다움을 추구하는 끊임없는 질문에 대한 완벽한 대답이시다.

## 하나님의 아름다운 속성에 관한 세 가지 시편

**시편 139편**   창조주요 구속자시며 무한하면서도 인격적인 하나님을 사랑하고 경배하는 것보다 더 고귀한 소명은 없다. A. W. 토저는 하나님에 대해 생각할 때 떠오르는 것이 우리가 가장 중요하게 생각하는 것이라고 했다. 하나님을 생각할 때 떠올리는 이미지는 영성의 방향과 미래를 형성하고, 우리로 하여금 하나님과 교제하는 시간을 더 많이 갖게 한다. 이 세상과는 반대로, 하나님의 경제의 척도는 능력이나 성취가 아니라 지속적이며 성실하게 주님과 동행하는 것이다. 다윗 왕은 많은 업적을 남긴 유능한 사람이었지만 그의 위대함은 모든 마음을 하나님께 바치기로 결정했다는 데 있다. 그는 환난의 시기에도 말씀을 묵상하는 시간을 가졌고 살아계신 하나님을 바라보았다. 이것이 다윗으로 하여금 그의 삶에 정말로 중요한 것들에 대해 새로운 시각을 갖도록 했다.

만약 우리가 경솔하게 인생을 당연한 것으로 여기고 하나님과 그분의 피조물에 대한 경이감을 잃어버린다면, 하나님을 경배하는 마음의 공간은 그만큼 줄어들 것이다. 시편 139편에는 모든 창조물을 통치하시는 분의 지식과 임재, 능력 그리고 거룩함을 아름답게 묵상한 다윗의 끊임없는 찬사와 경이감이 잘 나타나 있다.

1) 모든 것을 아시는 하나님(1-6절)

"여호와여 주께서 나를 감찰하시고 아셨나이다." 다윗이 전지하신 하나님을 묵상할 때, 다윗은 하나님이 자신에게 나타내시고 또한 자신을 친밀하게 아신다는 사실에 감격하였다. 우리에게도 마찬가지다. 하나님은 우리 존재의 깊이까지 우리를 소유하셨고, 그분의 지식이 우리를 에워싸고 있다("주께서 나의 전후를 두르시며 내게 안수하셨나이다"). 하나님은 우리의 행동, 말, 생각 그리고 동기를 아신다. 하나님에 대한 이런 지식은 우리를 감동시킨다. 그 사실이 우리가 이해하는 차원을 넘어서기 때문이 아니라, 그것이 우리의 모든 가식을 드러내기 때문이다. 하나님 앞에서 숨길 필요가 없다는 것은 우리에게 위로가 된다. 그분은 우리를 철두철미하게 아시는데, 우리의 가장 어두운 생각과 행동을 아시면서도 여전히 우리를 무조건적으로 사랑하신다.

2) 하나님의 전적인 임재(7-12절)

"내가 주의 신을 떠나 어디로 가며 주의 앞에서 어디로 피하리이까?" 하나님은 우리를 아실 뿐만 아니라, 우리와 항상 함께 계신다. 하나님은 "보이지 않는 것을 보시고 접근하기 어려운 것을 파악하신다"[데릭 키드너(Derek Kidner)]. 아무것도 피할 수 없다. 높음이나 깊음, 낮이나 밤, 과거나 미래 어떤 것도 천국의 사냥개로부터 우리를 숨길 수 없다. 이것이 우리에게 불안한 생각을 줄 수도 있는데, 특히 불순종과 반항의 시기에 그렇다. 하나님의 임재로부터 숨고 싶은 충동은 원죄를 짓던 때로 거슬러 올라간다(창 3:8). 그러나 이 사실은 위대한 위로와 확신의 원천이 될 수도 있다. 왜냐하면 그리스도 안에 있는 믿는 자들로서 우리는 결코 혼자가 아니라는 것을 알기 때문이다. 하나님은 우리와 항상 함께하시겠다는 약속을 주셨고(마 28:20), 우리는 그분의 품속에서 평안을 얻을 수 있다.

### 3) 하나님의 전능하심(13-18절)

"내가 주께 감사하옴은 나를 지으심이 신묘막측하심이라 주의 행사가 기이함을 내 영혼이 잘 아나이다." 이 시편의 세번째 연은 창조주의 전능하심과 인간 탄생의 경이감을 시적으로 묘사하고 있다. 어떤 예술가가 자신의 걸작품을 어둠 속에서 탄생시킬 수 있겠는가? 하나님은 모태(땅의 깊은 곳) 속에서 우리의 다양한 색깔들을 조직하셨다. 하나님은 우리의 몸, 혼 그리고 영이 우리의 생각, 말, 도덕 그리고 소망을 위한 모든 능력과 조화가 되도록 만드셨다. 하나님의 눈은 우리의 태를 보셨고, 이 땅에서 우리에게 주어진 모든 날들을 정하셨다. 전능하신 창조의 하나님은 경배와 신뢰를 받기에 합당하시다. 그분에게는 능치 못한 일이 없기 때문이다(렘 32:17, 눅 1:37).

### 4) 하나님의 거룩하심(19-24절)

다윗의 시편 139편의 마무리 부분에서, 그의 대적들("피 흘리기를 즐기는 자들")로 인한 환난이 그를 다시 덮쳤다. 다윗은 하나님의 거룩하심과 공의로 대응하고, 하나님의 원수가 자신의 원수이며 하나님의 목적이 자신의 목적임을 선포한다. 마지막 두 구절에서 다윗은 다시 제자리로 돌아온다. "여호와여 주께서 나를 감찰하시고 아셨나이다." "하나님이여 나를 살피사 내 마음을 아시며 나를 시험하사 내 뜻을 아옵소서 내게 무슨 악한 행위가 있나 보시고 나를 영원한 길로 인도하소서." 다윗이 대적을 만났을 때, 그는 하나님이 자신과 동행하신다는 사실을 잊어버리고 의심하고 싶었다. 하나님이 내 상황을 아시는가? 하나님이 돌보고 계시는가? 내가 그분의 목적에 합당한가? 그에 대한 대답은 철저히 '그렇다' 이다. 하나님은 우리를 친밀하게 아시고 우리가 직면하는 모든 어려움에 함께하신다. 주님은 또한 우리 마음의 생각을 아신다. 그러므로 다윗이 그랬던 것처럼 우리의 삶에서 불순종과 반항의 영역을 줄이고 하나님을 초청하는 본을 따르는 것이 현명하다. 그러면 하나님은 우리를 영원한 길로 인도하실 것이다.

## 시편 145편

선교 여행중 우연히 버려진 신약전서를 문자가 없는 문화에서 사는 사람이 발견했다고 상상해보라. 원주

민들이 그 이상한 물건을 주워서 동네의 장로들에게 가져간다. 하지만 그들은 읽기나 쓰기에 대해 전혀 들어보지 못했기 때문에 그 물건의 페이지에 있는 신비한 검은 부호가 의미하는 바를 이해하지 못한다. 그들은 외부에서 온 그 물건을 숭배할 수 있을지는 몰라도, 외부로부터 온 사람이 와서 설명해주지 않는 한, 그곳에 적힌 살아 있는 말들은 흰 천에 적힌 검정색의 꼬부라진 선들 이상의 의미를 갖지 못한다.

우리가 사는 세계는 그 책과 같다. 외부인이 그것을 우리에게 설명해주지 않는 한, 우리는 그 책이 가지고 있는 영광스러움을 발견하지 못할 것이며, 그것이 가지고 있는 고차원적인 의미를 결코 이해하지 못할 것이다. 부호들은 문자이며, 문자는 결합하여 단어가 되고, 단어들은 문법적인 원칙을 만들고 문장을 형성하고, 문장은 사상을 전달하며, 사상은 미학적이고 도덕적이며 영적인 진리를 이끈다. 그리고 모든 진리는 무한하시며 인격적이신 하나님으로부터 나온다.

하나님의 말씀은 이 세계와 모든 생물을 인간의 관점이 아닌 하나님의 관점에서 바라보도록 하신다. 우리의 최종 도착 지점과 의미의 근원은 위를 향하는 것이지 아래를 향하는 것이 아니고, 하늘의 것이지 땅의 것이 아니며, 창조자이지 우주가 아니다. 세상은 우리의 결핍을 보고 우리를 정의한다. 아무것도 하지 말라. 그러면 세상의 가치 체계가 당신의 눈과 귀를 채울 것이다. 말씀은 훈련에 의해 우리를 정의한다. 우리는 매일 훈련받기를 선택해야 한다. 그렇지 않으면 우리의 마음은 결코 영원한 가치에 의해 새롭게 되거나 변화하지 않을 것이다.

다윗의 마지막 시편은 성경의 관점에서 모든 것을 바라볼 수 있는 높은 곳으로 성령의 날개를 달고 날아 올라가라고 가르친다. 우리 마음의 눈이 그러한 비전에 더 많이 익숙해질수록, 더욱더 살아 있는 하나님의 위대함, 선하심 그리고 영광에 대해 경이로움을 느끼게 될 것이다. 시편 145편은 능숙하게 지어진 이합체시(각 행의 처음과 끝 글자를 맞추면 어구가 됨 - 역주)다. 이 시편은 하나님의 부르심이 찬양과 찬양을 위한 이유임을 말하고, 하나님의 백성들의 영혼이 성령과 교감하게 한다.

1) 하나님의 위대함(1-6절)

"왕이신 나의 하나님이여 내가 주를 높이고 영원히 주의 이름을 송축하리이다 내가 날마다 주를 송축하며 영영히 주의 이름을 송축하리이다"(1-2절). 이 기쁨의 시편은 하나님의 위대함과 그분의 놀라운 일들에 대한 '영광스러운 위엄'을 시편 기자가 묵상하면서 지은 것이다. "여호와는 광대하시니 크게 찬양할 것이라 그의 광대하심을 측량치 못하리로다 대대로 주의 행사를 크게 칭송하며 주의 능한 일을 선포하리로다"(3-4절). 다윗은 인간의 사고로는 하나님의 위대하심을 측량할 수 없다는 것을 알았다. 이사야와 로마서의 주장과 동일하다. "여호와의 말씀에 내 생각은 너희 생각과 다르며 내 길은 너희 길과 달라서 하늘이 땅보

제6부 _ 경건의 영성 : 우리에게 있는 하나님의 형상

다 높음같이 내 길은 너희 길보다 높으며 내 생각은 너희 생각보다 높으니라 … 깊도다 하나님의 지혜와 지식의 부요함이여, 그의 판단은 측량치 못할 것이며 그의 길은 찾지 못할 것이로다"(사 55:8-9, 롬 11:33). 우리는 결코 하늘을 바라보며 지루해하지 않는다. 왜냐하면 하나님의 위대함과 지식에는 한계가 없기 때문이다. 그 경이로움은 결코 끝이 없고, 그 기쁨은 항상 커진다.

2) 하나님의 선하심(7-13절)
"저희가 주의 크신 은혜를 기념하여 말하며 주의 의를 노래하리이다 여호와는 은혜로우시며 자비하시며 노하기를 더디하시며 인자하심이 크시도다 여호와께서는 만유를 선대하시며 그 지으신 모든 것에 긍휼을 베푸시는도다"(7-9). 하나님의 선하심으로 말미암아, 하나님은 이 땅과 육체 그리고 마귀의 악한 세력에도 불구하고 그분의 목적을 통제하시고 성취하신다. 하나님의 선하심으로 말미암아, 하나님은 우리를 무조건적으로 그리고 제한 없이 사랑하신다. 그러므로 하나님을 신뢰하는 자는 "그들을 끝까지 사랑하신"(요 13:1) 분 안에서 안전하고, 하나님은 항상 우리에게 가장 좋은 것으로 주심을 안다. 우리가 이러한 성경적인 진리를 믿음으로 받아들일수록, 우리의 인생은 더 안정감을 갖는다. 왜냐하면 우리의 소망이 변화하는 외부 세계와 내면의 감정이 아닌 불변하시는 하나님의 성품에 근거하기 때문이다.

3) 하나님의 은혜(14-21절)
"여호와께서는 모든 넘어지는 자를 붙드시며 비굴한 자를 일으키시는도다 … 여호와께서는 그 모든 행위에 의로우시며 그 모든 행사에 은혜로우시도다 여호와께서는 자기에게 간구하는 모든 자 곧 진실하게 간구하는 모든 자에게 가까이 하시는도다 저는 자기를 경외하는 자의 소원을 이루시며 또 저희 부르짖음을 들으사 구원하시리로다"(14, 17-19). 우리가 받을 자격도 없고 결코 얻을 수 없는 가장 위대한 인간의 욕구는 하나님의 은혜다. 하나님의 은혜가 얼마나 우리에게 절대적으로 필요한지를 깨닫는 그 자체가 우리를 향하신 하나님의 은혜에 대한 증거가 된다. 왜냐하면 정욕은 자율성의 거만함을 자연스럽게 지향하기 때문이다. 우리 주 예수 그리스도의 은혜 안에서 자라기를 간구하면서 그리고 성령의 능력 안에서 동행하기를 선택하면서 하루를 시작하라.

**시편 117편**
1) 하나님을 예배하기
예배란 우리의 본성을 하나님께 순종시키는 것이다. 하나님의 거룩하심, 하나님의 진리로 충만한

마음, 그분의 아름다움에 대한 순수한 상상, 그분의 사랑을 향해 열린 마음, 그분의 목적을 위해 내 마음을 드리는 것은 우리의 양심을 소성케 한다. 이 모든 것이 모아져 예배로 드려진다. 예배란 우리의 본성으로 가능한 가장 이타적인 감정과, 우리의 원죄며 모든 죄의 근원인 자기 중심성의 근본적인 치유다.

— 윌리엄 템플(William Temple)

우리가 꽃의 우아함이나 나무의 장엄함을 관찰할 때는 당연히 미학적인 감탄으로 반응한다. 또한 우리는 애완동물을 사랑하고 때때로 다른 사람들을 헌신적인 사랑으로 대한다. 자연이 감탄할 만한 가치가 있고, 동물이 사랑할 만한 가치가 있으며, 인간이 희생적인 사랑을 할 만한 가치가 있다면, 우리는 모든 생물과 영적 생명을 창조하신 무한하고 인격적이신 창조주께 어떻게 반응해야 할 것인가? 찬송과 존귀와 영광과 능력을 창조주이자 구속주가 되시는 그분께 세세토록 돌릴 것이며(계 5:13), 하늘에 있는 자들과 땅에 있는 자들과 땅 아래 있는 자들과 그를 대적했던 자들도 모든 입으로 예수 그리스도를 주로 시인할 것이다(빌 2:10-11).

하나님을 찬양하는 것이 시편 117편의 주제다. 이 시편은 가장 짧은 시편이다. 그것의 간결함에도 불구하고, 이 두 절의 시편은 하나님의 성품과 인간을 향한 목적에 대한 근본을 노래하고 있다. "너희 모든 나라들아 여호와를 찬양하며 너희 모든 백성들아 저를 칭송할지어다 우리에게 향하신 여호와의 인자하심이 크고 진실하심이 영원함이로다 할렐루야."

우리는 하나님을 찬양하기 위해서 태어났다. 「하나님을 바라기(In Desiring God)」에서 존 파이퍼(John Piper)는 축소된 교리문답의 "인간의 주된 목적은 무엇인가?" 라는 질문에 대한 대답을 수정했다. 그는 인간의 주된 목적은 하나님을 영원히 즐거워함으로 영광을 돌리는 것이라고 생각했다. 하나님의 영광이 우리의 가장 큰 기쁨이 될 때 하나님을 가장 많이 경외한다. 다른 어떤 것보다도 하나님 안에서 우리의 기쁨을 찾을 때 하나님을 가장 잘 경배하는 것이다.

시편 기자는 이스라엘을 넘어서 다른 모든 나라들이 하나님을 찬양하도록 초대하는 것으로 이 시편을 시작한다. 바울은 로마서 15장 11절에서 하나님이 이스라엘에게 약속하셨던 율법의 완성에 대한 논쟁을 지지하기 위해 이 구절을 인용한다. 즉 그리스도는 이방인들에게도 은혜와 자비를 확대하셨다는 것이다.

### 2) 하나님의 신실한 사랑

2절은 하나님을 찬양하는 두 가지 훌륭한 이유들을 다룬다. 그 첫번째가 "우리에게 향하신 여호와의 인자하심이 크다" 혹은 보다 문자적으로 "그의 신실한 사랑은 우리에게 널리 퍼져 있다"는 것이다. 성경에 의하면, 하나님의 사랑은 이유가 없고 측량할 수 없으며 멈추지 않는다(롬 5:5-11 참조). 우리가 이러한 사실들에 대해 더 많이 생각할수록, 그것이 암시하는 바는 더 경이로운 것이 된다. A. W 토저는 「거룩의 지식(The Knowledge of the Holy)」에서 이렇게 기도했다. "우리 안에는 주님의 거룩과 사랑을 끌어당길 만한 아무것도 없다는 것을 압니다. 그러나 주님은 그리스도 예수 안에서 불변하는 당신의 사랑을 우리에게 선언하셨습니다. 우리 안에 있는 아무것도 주님의 사랑을 얻을 수 없는 것처럼, 이 우주 속에 있는 어떤 것도 우리를 향한 주님의 사랑을 방해할 수 없습니다. 주님의 사랑은 무조건적이고, 나는 그런 사랑을 받을 자격이 없습니다. 주님의 걸작품 자체가 우리가 받고 있는 그 사랑의 이유입니다. 우리를 향한 그 사랑의 강렬함과 영원함을 알도록 도우소서. 그러면 사랑은 우리의 두려움을 떨쳐버리고 우리의 상한 마음은 평화로워질 것이며, 우리 자신이 아니라 주님 스스로를 선포하신 것을 신뢰하게 될 것입니다."

우리에게는 무조건적인 사랑과 수용으로부터 오는 안식이 필요하다. 우리는 이것을 그리스도 안에서 발견한다. 그분이 우리를 더 사랑하도록 만들 수 있는 것이 아무것도 없다. 또한 우리의 행위로 그가 우리를 덜 사랑하도록 만들 수도 없다(롬 8:35, 38-39 참조). 그리스도를 믿는 자로서 우리가 그분을 더 많이 소유하는 것이 아니라 그분이 우리를 더 많이 소유하도록 기도해야 한다.

### 3) 하나님의 미쁘심

시편 117편에 나와 있는 하나님을 찬양하는 두번째 이유는, 하나님의 성실하심이 영원하다는 것이다. 하나님은 낭신의 계획을 자녀들에게 드러내셨다. 그리고 하나님의 약속은 우리의 상상을 초월한다. 하나님이 우리를 향해 가지신 목적은 우리의 몸, 혼 그리고 영이 예수 그리스도의 이미지와 성품으로 변해가는 것이다. 그러므로 "약속하신 이는 미쁘시니 우리가 믿는 도리의 소망을 움직이지 말고 굳게"(히 10:23, 롬 4:21, 살전 5:24 참조) 잡아야 한다. 하나님은 미쁘시므로 우리를 향한 하나님의 계획과 약속은 결코 흔들리지 않는다. 우리는 사람이나 재산 또는 지위를 통해서 진정한 안식을 얻을 수는 없다. 그런 것들은 언젠가 우리를 쓰러뜨린다. 참 안식은 주님의 불변하는 성품과 약속에 있다.

하나님의 성실한 사랑과 미쁘심에 우리는 어린아이같이 놀라고 두려워해야 한다. 하지만 대부분의 믿는 자들에게 이것은 종교적인 일상이 되어버렸고, 더 이상 그들의 마음이나 상상력을 감동시키지 않는 단순한 용어가 되었다. 첫사랑을 잃어버리고, 우리가 그리스도를 알기 전에 어떤 상태였는지 그리고 그분 없이 우리가 어떤 모습일지를 잊어버리기 쉽다. 그분의 미쁘심에서 오는 한결같은 사랑과 경이감에 의해 감격하는 예배자가 되게 해달라고 하나님께 간구하라. 말씀을 읽으면서 경건의 시간을 갖고, 하나님을 신령과 진정으로 예배함으로 얻는 높으신 하나님에 대한 생각으로 당신의 마음을 살찌우라.

### 적용을 위한 질문

- 하나님에 대한 당신의 이미지는 얼마나 풍요로운가? 당신은 어떻게 이 이미지를 향상시킬 수 있고, 당신의 영혼을 풍요롭게 만들 수 있는가?

- 당신은 하나님이 만드신 세계, 하나님의 말씀, 그분이 행하신 일, 혹은 그분의 방법을 통해 어떻게 하나님을 사랑할 수 있었는가?

- '하나님의 방법을 통해 하나님을 사랑하기'에서 나열된 하나님의 속성들 중에서 당신에게 가장 의미 있게 다가온 것은 무엇이었는가? 어떤 것이 당신과 가장 관계가 없다고 생각되는가? 이것은 당신이 생각하는 하나님의 이미지에 대해 무엇을 말하고 있는가?

- 하나님의 속성에 대해 찬양하는 이 장에서 인용된 세 시편(139, 145, 117편)을 읽어보라. 세 시편 중 어느 것이 가장 당신에게 의미심장하게 다가오는가? 그 이유는 무엇인가?

제6부 _ **경건의 영성** DEVOTIONAL SPIRITUALITY

**(14)**

# 관상적 방법

| 이 장의 개관 | 관상적 방법을 따르는 사람들은 하나님을 사랑하는 것을 다른 것과 비교할 수 없는 인생의 최고 목적으로 삼았다. 정의를 향한 이러한 굶주림과 목마름은 최고선이며 영혼의 연애 사건이다. 메마름과 어두움의 시기를 거쳐야 할 때도 있지만, 우리의 소망을 하나님의 분명하신 임재에 두면 우리의 마음이 그분의 감싸 안으심을 추구하게 될 것이다. |
|---|---|
| 이 장의 목표 | • 하나님을 향한 반응으로써 마음으로 경험하는 방법에 대해 관심 갖기<br>• 우리를 아시고 사랑하시는 하나님을 찾고 알고자 갈망하기<br>• 영적 삶에 있어서 메마름과 어두움의 시기가 갖는 역할을 인식하기 |

안토니오 생텍쥐페리(Antoine de Saint-Exupery)가 쓴 「어린 왕자(The Little Prince)」에는 여우가 어린 왕자에게 자신을 길들여달라고 요구하는 이야기가 나온다. 여우가 말하기를, "나에게 너는 여전히 수십만 명의 다른 소년과 다를 바가 없어. 나는 너를 필요로 하지 않아. 그리고 너도 나를 필요로 하지 않아. 너에게 있어서 나는 수십만 마리의 다른 여우 이상의 아무것도 아니야. 그러나 네가 나를 길들이면, 우리는 서로를 필요로 하게 되지. 나에게 너는 이 세상에서 특별한 존재가 되는 거야. 너에게 나는 이 세상에서 특별한 존재가 되는 거야…."

짧은 대화 후 여우가 계속해서 말하기를, "내 인생은 단조로워. 나는 닭들을 사냥하고, 사람들은 나를 사냥하지. 모든 닭들은 하나같이 똑같고 모든 사람들도 마찬가지야. 그리고 결론적으로 말하면, 난 조금 지루해. 그러나 만약 네가 나를 길들인다면, 그건 태양이 내 인생을 비추는 것과 같은 게 될 거야. 나는 다른 사람들과는 틀린 발자국 소리를 알아차릴 거야. 다른 발소리들은 나에게 빨리 땅 밑으로 숨으라고 말하겠지. 너의 발소리는 음악처럼 내 굴속에서 나오라고 날 부를 거야."

어린 왕자는 적절한 관습을 관찰하면서 여우를 길들였고, 어린 왕자가 떠나야 할 시간이 다가오자 여우는 어린 왕자에게 세 가지 비밀을 선물로 주었다. 그 가운데 첫번째 비밀은 "오직 마음으로만 정확하게 볼 수 있다. 중요한 것은 눈에 보이지 않는 것이다"라는 것이다.

이 비밀은 명상적인 접근의 본질이다. 우리는 하나님이 우리를 '길들이시도록' 요청해야 한다. 그러면 그리스도께 복종하는 자유를 배우고, 그분의 기쁨 안에서 우리의 정체성을 발견하게 될 것이다.

명상에 대해 부정적인 생각을 가지고 있는 사람들도 있기 때문에 혼동을 줄이는 세 가지 포인트를 말하고 싶다.

첫째, 관상적 영성은 믿음을 처음 갖는 사람들을 위한 출발점이 아니다. 영적으로 유아인 사람들은 성경과 "하나님의 말씀의 초보"(히 5:12)를 아는 지식에서 자라야 할 필요가 있다. "대저 젖을 먹는 자마다 어린 아이니 의의 말씀을 경험하지 못한 자요 단단한 식물은 장성한 자의 것이니 저희는 지각을 사용함으로 연단을 받아 선악을 분변하는 자들이니라"(히 5:13-14). 광범위한 성경 공부 훈련이나 적절한 신학 기초를 다지는 것은 이 장과 다음 장에서 논의될 실습을 위한 필수 조건이 되어야 한다.

둘째, 묵상과 관상은 항상 말씀이 가지는 진리의 테두리 안에 있어야 한다. 관상은 의식을 변화시키는 자기 반성적인 뉴에이지 훈련이나 마음의 구성 요소를 회피하는 것이 아니다. 사이비 신비주의와 자기 반성에 참예하는 것은 잘하면 감상주의와 자기 환상에 빠지고 최악의 경우 사탄의 영향에 빠지게 된다. 우리는 건전한 교리를 배우고 성경이 가르치는 고상한 관점에 익숙해짐으로, 또한 말씀을 공부하고 그것을 실천하려고 노력함으로써 이런 위험을 피할 수 있다. 관상적 방법은 그 자체가 목적이 될 수 없고, 그것으로 이 땅에서의 순종과 믿음의 삶을 대신할 수 없다.

셋째, 묵상과 관상은 특정 성격이나 기질 그리고 능력을 가지는 사람에게 제한된 것이 아니다. 이 방법이 다른 사람들보다 자연스럽게 더 끌리고 접근하기 쉽다는 것을 발견하는 사람들도 있을 것이다. 하지만 자연스런 끌림과는 상관없이, 영적 열성과 하나님을 갈망하는 마음을 계발시키기 위해서 이 방법은 모든 성숙한 믿는 자들에게 유익이 된다.

수도사들은 관상법을 거룩한 단순함(sancta simplicitas), 즉 불변하는 선을 추구하기 위한 안정된 마음의 중심이라고 설명했다. 묵상법의 추종자들은 하나님을 사랑하는 것을 다른 것과 비교할 수 없이 가장 중요한 인생의 목표로 삼았다. 이러한 공의를 향한 굶주림과 목마름은 최고선이며 영혼의 연애 사건이다. 이것은 회개(상한 마음)와 소망(경건한 마음가짐)을 모두 의미한다. 중심을 변화시켜서 마음의 시선이 우리 자신들에게서 삼위일체 하나님께로 옮겨가게 하는 것이다. 이것은 영적인 반성을 점차 계발시켜서, 우리로 하여금 예수님께 고정된 유일하면서도 밝은 안목을 갖는 자유로움을 경험하게 한다(눅 11:34, 히 12:2).

"하늘에 계신 주여
 내가 눈을 들어 주께 향하나이다
 종의 눈이 그 상전의 손을,
 여종의 눈이 그 주모의 손을 바람같이
 우리 눈이 여호와 우리 하나님을 바라며
 우리를 긍휼히 여기시기를 기다리나이다"
(시 123:1-2).

비록 기독교 영성을 위한 관상법이 마음을 새롭게 하고 의지를 붙잡아두는 훈련을 필요로 하지만, 이것은 근본적으로 마음으로 경험하는 훈련이다. 그것은 하나님과의 깊은 교제를 경험하면서 인격적이고 애정어린 그리고 친밀한 이해를 깨닫는 신비스러운 여정이다. P. T 포르시데(P.T. Forsythe)가 "종교에 있어서 기도는 과학에 있어서 기초 조사와 같다"고 말한 것처럼, 관상은 소문에 의해서가 아닌 인격적인 만남을 통해 하나님을 알아가는 영적인 환경을 찾는다. 그들은 "주가 선하심을 맛보고 목도하며" 그분 안에서 안식을 얻는다(시 34:8). 그들은 하나님의 보좌로부터 솟아나는 생수의 강을 향해 목말라한다(겔 47:1-12, 계 22:1-2). "누구든지 목마르거든 내게로 와서 마시라 나를 믿는 자는 성경에 이름과 같이 그 배에서 생수의 강이 흘러 나리라 하시니"(요 7:37-38). 그리스도가 우리 안에 거하시므로, 그리스도의 생명은 우리에게로 흘러넘치는 우물이다. 묵상 기도는 이 우물로부터 흘러나오는 것으로써 우리가 생각하는 것보다 우리와 더 가까이 계신 하나님을 만나기 위해 우리 내면을 향하는 것이다. 이러한 형태의 기도는 우리의 생각이 마음속에서 잦아지도록 하며, 살아계신 하나님 앞에 경배하도록 한다. 인간의 마음은 토마스 머튼(Thomas Merton)이 그의 책 「묵상 기도(Contemplative Prayer)」에서 썼던 것처럼, "인간의 성격을 형성하는 가장 심오한 심리적 기반이며, 내면의 성소다. 그곳에서 자기 인식이 분석적인 성찰을 넘어서게 되고, 우리 자신들보다도 더 우리에게 친밀한 존재지만 알려지지 않은 심연의 형이상학적이고 신학적인 문이 열린다"라고 말할 수 있다. 관상 기도는 내부의 삶을 풍성하게 하고, 외적인 삶의 여러 요소들 속에 빛나는 고요함을 제공한다. 그것은 가장 깊은 내면의 소망을 만족시키는 유일한 존재를 향해 우리를 조율하는 영적인 귀환 장치다.

"너희는 가만히 있어 내가 하나님 됨을 알지어다 … 너희가 돌이켜 안연히 처하여야 구원을 얻을 것이요 잠잠하고 신뢰하여야 힘을 얻을 것이어늘"(시 46:10, 사 30:15). 많은 사람들은 행동, 성취, 크기 그리고 소란스러움이 하나님의 사랑을 느끼고 그분의 축복을 확인하는 것이라는 환상을 가지고 있다. 비록 우리를 둘러싸고 있는 문화를 거스르는 일이 된다 하더라도, 하나님과 친밀해지고 싶으면 침묵, 고요함, 듣기 그리고 받는 기술들을 익혀야 한다. 좋은 관계를 지속시키기 위해서는 시간과 사랑의 배려가 필요하기 때문에, 주님은 우리가 그분을 위해 무엇을 하는가보다는 우리가 주님과 함께 존재하는 데 더 관심이 있다. 하나님을 앎으로 하나님을 사랑하게 되며, 하나님을 사랑함으로 또한 하나님을 알게 되는 것이다. 묵상기도는 사랑과 믿음을 통해 하나님을 알아가려는 시도. 신학이 단순한 사변이 아닌 살아 있는 학문인 것처럼 말이다. 감정적인 노력이 의지를 장악할 때, 우리는 하나님 그분을 알고 싶어한다. 심지어 이러한 지식이 인간의 사고 수준을 넘어서서 믿음이라는 모호함 속으로 우리를 이끌 때도 말이다.

「하나님의 사랑(The Love of God)」이라는 책에서 클레르보의 버나드(Bernard of Clairvaux)는 네 가지 사랑의 단계를 구분하였다. 그 첫번째 단계는, 우리는 우리 자신의 이익을 위해 스스로를 사랑하는 것이다. 두 번째는, 우리 자신의 축복을 위해 하나님을 사랑하는 것이다. 사랑의 세번째 단계는, 하나님을 위해 하나님을 사랑하는 것이다. 소수만이 이 사랑의 축복받은 단계를 경험한다. 그 사랑은 자기 이익에 의해 더럽혀지지 않은 사랑이다. 그 사랑 안에서 우리는 "심지어 그리스도가 우리의 유익을 추구하셨던 것처럼, 혹은 나아가 우리를 추구하셨던 것처럼 그리고 결코 당신을 돌보지 않으셨던 것처럼" 예수 그리스도께 속한 것들을 사랑한다. 그러나 버나드는 계속해서 "네번째 단계의 사랑을 할 수 있는 사람은 복되다. 그 단계가 되면 오직 하나님 안에서만 자신을 사랑한다"고 말한다. 이 단계의 신의 사랑을 받는다는 것은 이 땅이 아닌, 오로지 하늘의 축복으로 기억되는 선물이다.

사막 영성의 안토니(Antony), 에바그리우스(Evagrius) 그리고 존 카시안(John Cassian)으로 거슬러 올라가는 고귀한 전통이 묵상법을 발전시켰고, 성 베네딕트(St. Benedict)의 규칙이 그것을 영속화시켰다. 관상법은 존 클리마쿠스(John Climacus), 신신학자인 시메온(Simeon), 리보의 알레드(Aelred of Rievaulx), 클레르보의 버나드(Bernard of Clairvaux), 얀 반 뤼스브룩(Jan van Ruysbroeck), 리처드 롤(Richard Rolle), 「무지의 구름(The Cloud of Unknowing)」의 익명의 저자, 아빌라의 테레사(Teresa of Avila), 십자가의 요한(John of the Cross), 프랑소와 페넬론(Francois Fenelon) 그리고 그 외에도 많은 사람들에 의해 설명되었다. 최근에는 에블린 언더힐(Evelyn Underhill), 프랭크 로바흐(Frank Laubach), 토마스 켈리(Thomas Kelly), A. W. 토저(A. W. Tozer), 토마스 머튼(Thomas Merton) 그리고 헨리 나우웬(Henri Nouwen)의 저서들에서 다양하게 설명되었다. 이러한 탁월한 그리스도의 추종자들의 마음은 하나로 합쳐져 전적으로 하나님께 맞춰졌다. 그들은 롤(Rolle)이 '사랑의 불'이라고 불렀던 거룩한 욕망, 즉 하나님과의 경험적 만남을 위해 인생을 바쳤다. 블레이즈 파스칼(Blaise Pascal)은 1654년 자신의 개종에 대한 간증에서 다음과 같이 불타는 열정을 설명했다.

은혜의 해 1654

11월 23일 월요일, 성 클레멘트(St. Clement), 교황과 순교자 그리고 순교자에 이름이 오른 다른 사람들의 축제.
성 크라이소고너스(St. Crysogonus), 순교자와 다른 사람들을 위한 전야.
약 밤 10시 반경에서 12시 반까지.

## 불

철학자들과 학자들의 하나님이 아닌, "아브라함, 이삭, 야곱의 하나님" (출 3:6)
확신과 마음으로부터 우러나오는 기쁨과 평안.
예수 그리스도의 하나님.
예수 그리스도의 하나님.
"내 하나님 곧 너희 하나님" (요 20:17).
"어머니의 하나님 나의 하나님" (룻 1:16).
이 땅의 모든 것은 잊혀지리, 하나님을 제외한 모든 것이.
복음이 부르짖었던 길 안에서만 그분을 만날 수 있으리.
인간 영혼의 위대함이여.
"의로우신 아버지여 세상이 아버지를 알지 못하여도 나는 아버지를 알았삽나이다" (요 17:25).
기쁨, 기쁨, 기쁨, 기쁨의 눈물

그가 작고한 후, 파스칼의 추억이 그의 옷 안에 꿰매져 발견되었다. 실제로 그는 항상 그것을 지니고 다녔던 것이다.

## 이탈과 소망

"하나님이여 사슴이 시냇물을 찾기에 갈급함 같이
내 영혼이 주를 찾기에 갈급하니이다
내 영혼이 하나님 곧 생존하시는 하나님을 갈망하나니

내가 어느 때에 나아가서 하나님 앞에 뵈올꼬"
(시 42:1-2).

"하나님이여 주는 나의 하나님이시라
내가 간절히 주를 찾되
물이 없어 마르고 곤핍한 땅에서
내 영혼이 주를 갈망하며 내 육체가 주를 앙모하나이다"
(시 63:1).

하나님의 은혜는 그분을 알고자 하는 우리의 소망보다 항상 앞선다. 하나님의 사랑이 우리와 그분과의 관계를 먼저 시작하며, 우리가 하나님을 사랑하는 것은 그분의 개인적인 친밀함으로 초대해주신 데 대한 우리의 응답이다. "우리가 사랑함은 그가 먼저 우리를 사랑하셨음이라"(요일 4:19). 하나님은 우리를 영생으로 부르심으로 말미암아 당신의 은혜의 풍성함을 우리에게 아낌없이 부어주셨다. 영생은 유일하신 참 하나님과 그의 보내신 자 예수 그리스도를 아는 것이다(요 17:3). 하나님의 부르심에 대한 우리의 반응은 이 땅에서의 삶과 하늘나라에서의 삶의 질을 형성한다. 긍정적인 상호 작용과 살아계신 하나님의 사랑의 제안에 대해 민감해지는 습관을 개발하는 것은 우리 안에 거하시는 성령의 세밀한 활동에 점차 집중하도록, 또 그것을 수용하도록 한다. 피조물이 이렇게 응답하는 사랑은 하나님을 향한 거룩한 질문과 겸손, 신뢰 그리고 순종으로 유지되는 영적 감수성을 생기게 한다. "너희는 내 얼굴을 찾으라 하실 때에 내 마음이 주께 말하되 여호와여 내가 주의 얼굴을 찾으리이다 하였나이다"(시 27:8). 여기서 우리는 하나님이 어떤 대상이나 지적인 개념이 아니라, 감정적인 연합 속에서 끊임없이 만나는 인격체 이상이시라는 것을 배운다. 우리를 사랑하는 하나님 안에서 안식을 얻고, 그분께 더 가까이 가고 그분을 찾는 것은 하나님의 은혜에 순복하여 우리 자신을 그분께 드리는 것이다.

하나님의 사랑의 불은 더러움을 제거하며 태워버린다. 그것은 우리 안에 있는 영혼의 빈곤, 절실한 필요 그리고 우리의 차가운 무관심에 대해 점차 깨닫게 한다. 신학자인 칼 라너(Karl Rahner)가 설명한 것처럼, 인간은 무한한 공허함을 가진 신비한 존재고, 하나님은 무한한 충만함을 가진 신비한 존재다. 우리가 영혼의 빈곤함을 깨달아감에 따라 우리의 허황된 자기 만족은 산산이 부서지게 되고, 하나님 앞에서 우리가 아무것도 아닌 비참한 존재임을 깨닫는다. 묵상의 전통에서는 이것을 양심의 가책(compunctio cordis)라고 부른다. 양심의 가책은 우리의 이기적인 중대 관심사에 대해 비탄어린 깨달음을 갖는 것이다. 이 상태에서 우리는 우리의 죄악 된 신분과 하나님과의 거리감으로 인해 고통받는다. 그러나 양심의 가책으로 흘리는 눈물은 우리가 하나님을 향해 갖는 소망과도 관계가 있다. 자기를 비우고 부인하며, 우리의 생명을 잃어버리지만 그리스도의 생명을 얻는 고난의 길을 가게 하는 것이 바로 하나님을 향한 이 소망이다(마 10:38-39). 하나님을 향한 소망을 갖기 위해서는 기본적인 재교육이 필요하다. 그것은 이 땅의 욕구, 소유, 욕망을 따르는 자기애적인 노예 상태를 떠나, 하나님을 찾고 다른 사람들을 사랑하는 타인 중심으로 옮겨가는 것이다. 우리가 나 중심에서 하나님 중심으로 변화된다는 것은, 하늘에 소망을 두는 것을 무디게 만드는 썩어질 것들을 향해 갖는 욕망들을 고통스럽지만 점진적으로 씻는 것을 말한다.

그러므로 한시적인 것으로부터 분리되는 것과 영원한 것을 향한 소망은 함께한다. 세상으로부터 분리되는 것은 그리스도와 연합할 때 일어나고, 그것은 또한 그리스도와의 연합을 더 강화시킨다. 하나님을 찾을수록 우리는 그분과 '집'에 머무르기를 더 많이 소망하는 포로이며, 순례자, 유랑자라는 사실(고전 5:2-9, 빌 1:23, 3:20)에 대한 자각이 커진다. 하나님을 다른 것보다 소망하지 않는다 하더라도, 우리는 과연 하나님을 다른 어떤 것보다 더 소망하고 있는가? "하나님은 당신의 현재 모습이나 지금까지 쌓아온 당신의 모습이 아니라, 당신이 어떤 사람이 되고 싶어하는지를 자비 가득한 눈으로 바라보신다."「무지의 구름」에서 인용한 이런 격려의 말들은 마음의 의도, 즉 우리 존재가 하나님께로 옮겨가는 것의 중요성을 강조한다. 우리 의도의 초점은 그리스도를 향한 사랑에 의해 예리해지고 세상과의 연합에 의해 무뎌진다. 이것이 히브리서의 저자가 우리에게 "이러므로 우리에게 구름같이 둘러싼 허다한 증인들이 있으니 모든 무거운 것과 얽매이기 쉬운 죄를 벗어버리고 인내로써 우리 앞에 당한 경주를 경주하며 믿음의 주요 또 온전케 하시는 이인 예수를 바라보자 저는 그 앞에 있는 즐거움을 위하여 십자가를 참으사 부끄러움을 개의치 아니하시더니 하나님 보좌 우편에 앉으셨느니라"(히 12:1-2)고 훈계한 이유다. 비록 우리가 실제로 넘어지더라도, 거룩한 의도와 순수한 소망은 하늘 아버지를 기쁘시게 한다.

우리가 은혜에 반응할 때, 우리는 마음의 순결(puritas cordis)로 향한다. 키에르케고르(S∅ren Kierkegaard)가 말했던 것처럼, 마음의 순결이 소망하는 한 가지는 통합되고 조화로우며 단순한, 분리되지 않은 마음이다. 이런 의미에서 단순함은, 복잡하며 한시적인 것들에 무분별하게 밀착되어 있는 것으로부터 분리되는 것이다. 복음에 합당한 삶을 사는 인생은 한 가지, 즉 결코 빼앗기지 않을 선한 부분에 점점 더 집중하게 된다(눅 10:42). 분리되지 않은 마음은 대상들 자체보다 하나님이 원하시는 모든 것을 사랑한다. 하나님과의 이런 순수한 연합은 결코 단숨에 혹은 완전하게 얻어지지 않는다. 그것은 하나님의 은혜와 오랜 기간의 실패를 경험한 후에 얻어지는 산물이다. 하나님의 사랑의 신비는, 우리가 하나님을 더 많이 찾을수록 그분을 따르기가 더 힘들어진다는 것이다. 그럴수록 우리는 모세의 위대한 기도, "원컨대 주의 영광을 내게 보이소서"(출 33:18)를 되풀이해야 한다.

### 메마름과 어둠의 시기

혼란, 두 마음, 타협 그리고 자기 만족은 영적 성장의 방해물들이다. 분명한 필요성을 지니지 않으면 우리는 은혜 안에서 성장할 수 없다. 하나님은 우리에게 그분의 선하심을 좇아 세상에서 시험과 상처를 경험하게 하시거나 우리 내면에서 메마름과 어둠의 사막을 통과하게 하심으로 우리에게 있는 환상과 자기 만족을 몰아내실 때가 있다. 그러므로 경건과 묵상의 영성은 슬픔과 기쁨, 환희와 공허함, 따뜻함과 버림받음이 교차하면서 공존한다. 그 근거를 시편에서 찾아볼 수 있으며, 이것이 찬송과 묵상 전통의 중심이 된 이유다.

기도가 자라는 것은 부부관계가 자라는 것과 유사하다. 로맨틱한 사랑만으로 결혼을 오랫동안 유지시킬 수는 없는 것처럼, 감정으로만 끌리는 하나님과의 관계는 피상적이고 안정적이지 못하다. 뜨거운 경험과 확실한 결과를 추구하는 것은 기도를 심리 중심으로 접근한 결과다. 만약 우리가 신을 중심으로 하는 기도로 성숙한다면, 감정에 의존하는 것을 단념하고 순수한 의도를 중요시하며, 확실한 감정이 생기지 않을 때도 동요하지 않을 것이다. 우리는 얼마나 그 시간 동안 기분이 좋았는지에 의해 기도와 묵상 시간의 질을 평가하는 것을 그만둬야 한다. 왜냐하면 고통스럽고 분명한 결실도 없는 기도 시간이 위안과 흥분을 갖는 시간보다 더 우리의 발전에 기여할 것이기 때문이다. 때때로 우리는 인생에서 성공을 만족스러워할 때보다 연약하고 메마름을 경험하는 기도로부터 더 많은 것을 배운다. 이것이 매일 하나님 앞에서 마음을 꾸준하게 드러내놓는 과정이 결정적으로 중요한 이유다. 주님이 점차 깊어지는 리듬을 타서 자아를 향하여 죽고 그리스도 안에서는 살도록 우리를 이끄실 때, 우리는 어둠과 빛이 교차하는 것을 경험할 것이다. 이 리듬은 거룩한 하나님의 명백한 임재로부터 우리를 분리시키는 자아를 덮고 있는 베일을 새롭게 깨닫게 한다. 또한 이 리듬은 우리의 절망적인 상황을 밝혀내고, 우리에게 과장된 평가나 미혹된 이미지 그리고 평판과 성취에 집착하는 것을 포기할 필요가 있다는 것을 알려준다. 외부로부터 오는 시련과 내부의 메마름이 우리가 하나님 앞에서 무력하고 공허하다는 사실을 보다 절실하게 깨닫게 할 때, 그것은 하나님의 은혜의 도구가 된다. 그것은 또한 잘못된 자아가 우리가 상상하는 것 이상으로 해가 되며, 그리스도는 우리가 생각하는 것보다 훨씬 크시다는 것을 발견하게 해준다. 하나님이 허락하신 상황 속에서 우리가 안식처라고 생각하는 것들이 터무니없는 것이었음을 발견하게 되면서, 우리는 영적으로 보다 더 순종하게 되고 그분이 가진 사랑의 목적들에 더 순종하게 되는 것이다. 어거스틴(Augustine)이 "당신을 알게 하소서, 나 자신을 알게 하소서!"라고 부르짖을 때, 그는 하나님을 더 잘 알수록 우리 스스로를 더 잘 알게 된다는 것을 알았다. 그리스도와의 친밀함이 커질 때 누리는 즐거움은 잘못된 자아로부터 점점 분리되는 아픔을 불가피하게 요구한다. 마음의 겸손(humilitas cordis)은 하나님의 은혜, 용납 그리고 임재를 점진적으로 아는 것과, 우리를 향하신 하나님의 뜻이 "선하시고 기뻐하시고 온전하시다"(롬 12:2)는 것을 확인하는 것을 의미한다. 우리가 스스로에 대해 덜 생각할수록, 우리는 만물이 "주에게서 나오고 주로 말미암고 주에게로 돌아감이라"(롬 11:36)는 것을 더 많이 보게 될 것이다.

고귀한 전통은 십자가의 성 요한이 '감각의 어두운 밤'과 '영혼의 어두운 밤'이라고 불렀던 것과 관련이 있다. 동서양의 교부들과 수도원 시기 이후의 그리스도의 추종자들은, 하나님과의 연합을 열성적으로 추구해왔던 사람들의 영적 여정을 설명했다. 탁월한 기독교를 추구했던 이 운동은 기도할 때 모든 쾌락과 즐거움을 제거하려고 노력했다. 이러한 무미건조하고 명백한 파괴의 경험은, 영혼이 하나님께 집중하고 오직 하나님 안에서만 영혼을 이해하도록 하는 고귀한 정화의 과정이다. 이러한 고통스러운 정화에 순응하는 사람들은 영혼의 위로가 없는 상태에서도 하나님을 찾는 인내를 배운다. 이러한 영혼의 암흑기는 공포를 통과하여 절망이 아닌 실제 기쁨으로 인도한다. 그것은 마음의 의도를 재검토하고 더 큰 순수함과 성실함을 만든다.

토마스 듀베이(Thomas Dubay)는 「내부의 불(Fire Within)」에서 "최초의 밤에 도달한 소수만이 그 이상으로 성장한다"고 보았다. 이것은 대체로 세상적인 가치를 다 포기할 때 오는 고통을 참아내는 의지가 부족한 것과 사사로운 불순종들 때문이다. 두번째 밤인, 영혼의 어두운 밤은 더 깊은 어둠이다. 이것은 첫번째 밤 이후 몇 년 후에 시작된다. 그때는 감정, 느낌, 기억, 지성 그리고 의지를 향한 인간 영혼의 노력을 제거하는 하나님의 순수한 열정에 의해 우리의 자존심과 불순물의 미묘한 뿌리들이 마르게 된다. 그리하여 그 영혼은 초라해져 하나님으로부터 버림받고 미완성이라는 느낌을 갖게 된다. 하지만 그 속에서 하나님이 주시는 사랑의 축복이 그 어느 때보다도 실제적으로 다가올 때까지 그분만을 의지하는 것을 배우게 되는 것이다.

이러한 메마름과 어둠의 시기는 징계가 아니라 죄 된 자아의 깊은 영혼의 틈을 메우는 정화와 은혜의 시기다. 이때에 우리 영혼은 이해하기 어려운 하나님의 뜻의 신비에 귀를 기울이고 그것을 받아들이는 법을 배워야 한다. 하나님이 주시는 축복이 아니라 하나님 자체를 위해서 자발적으로 순종하고, 하나님께 인간적인 모든 것을 맡기게 되었을 때, 그때가 바로 기도가 진보하고 있다는 징조다. 일부 그리스도의 성실한 추종자들은 이러한 밤을 결정적인 사건으로 경험한 반면, 일부는 하나님께 더 가까이 갈수록 점차 강도 높은 방법들을 매번 경험했다. 열정적인 믿음의 군사는 자신을 하나님으로부터 분리시키는 장애물들을 다 부숴버리길 갈망한다. 또한 무한하고 다함이 없는 존재를 향해 그가 갖는 갈망은 이 땅의 성배로는 결코 충족될 수 없다는 사실을 뼈저리게 깨닫는다.

관계는 서로 간의 자유를 존중했을 때만 성숙됨으로, 기술이나 방법으로는 하나님을 만날 수 있다고 보장할 수 없다. "바람은 임의로 분다"(요 3:8). 그러나 우리는 인내하지 못하고 하나님이 보다 희귀한 상황에서 나타나셔야 한다고 기대한다. 진리를 말씀하실 때, 하나님은 우리가 그분의 문을 두드리는 것보다 훨씬 더 많이 우리 문을 두드리신다. 같은 맥락에서 최근에는 '어두운 밤'에 대해 읽고, 일상의 시험, 훈련 그리고 어려운 외부 상황을 감각과 영혼의 어두운 밤으로 진단하며 그것들을 고귀하게 여기던 경향을 가진 사람들이 있었다. 그러나 대부분의 경우 기도에서 메마름과 건조함을 경험하는 것은 영적인 노력 때문이 아니라 진실한 시도가 결핍되었기 때문이다.

## 인간 이성의 한계

관상의 방법은 하나님을 사랑하는 최고의 경지가 지적인 것이 아니라 영적인 것임을 확신한다. 요한 크리소스톰(John Chrysostom)과 니사의 그레고리(Gregory of Nyssa)는 이해할 수 없는 하나님과 '불가사의한 밤'에 대해 썼다. 그곳에서 하나님은 우리가 이해할 수 없는 어둠 가운데 숨어 계신다. 하나님은 우리가 물건을 찾고 연구하는 방법으로 찾아지거나 소유될 수 없다. 우리는 그분에 대해 초월적인 주체이시며, 하나님 자신의 일면들을 우리에게 드러내기로 선택하시는 분 정도로 이해할 수 있다.

하나님을 아는 것은 지성을 포함하지만, 믿음과 신뢰를 향해 이성과 공식을 넘어서는 것이다. 물리학의 유추를 빌리자면, 우리가 보는 무지개의 색깔은 전자기 방사 에너지가 갖는 전체 스펙트럼의 미세한 파편일 뿐이다. 이 스펙트럼은 고도의 에너지와 고주파 미립자 감마선, 원자 감마선 그리고 엑스레이로 시작한다. 그것은 중간 단계의 자외선을 통과하여 적외선 빛 파장으로 이동한다. 그리고 그것은 보다 낮은 에너지와 저주파의 마이크로파, 라디오와 텔레비전 매체 그리고 음파로 끝난다. 인간이 눈으로 볼 수 있는 전자기 방사 에너지가 훨씬 거대한 스펙트럼의 입자에 불과한 것처럼, 인간의 지성은 우리가 하나님이라고 부르는 놀라운 신비에 대해 순간의 자취만을 깨달을 수 있게 한다. 이성이 갖는 가치와 한계를 모두 깨달을 때, 우리는 하나님을 경험적으로 그리고 개인적으로 알아가는 것은 믿음, 소망 그리고 사랑에 의해 성숙해진다는 것을 알게 된다. 믿음은 우리가 하나님의 아신 바 된 존재가 되었다는 것뿐 아니라 그분과의 연합과 교제에 참여하도록 초대되었다는 사실을 알게 한다. 소망은 우리로 하여금 감히 무한한 것을 갈망하게 하여 "여호와 앞에 잠잠하고 참아 기다리게"(시 37:7) 하고, 우리의 열망이 이 땅의 것에서 영원한 것으로 변화되도록 해준다. 그리고 사랑은 우리가 이미 그분께 소유되었다는 것을 더 많이 깨닫게 될 때까지 우리를 소유한다.

## 적용을 위한 질문

- 이 장의 내용 중에서 당신의 경험과 연관시키기 어려운 것이 있었는가? 왜 그런가?

- 하나님과 오래도록 시간을 보낸 적이 있는가? 그것은 긍정적인 경험이었는가? 무엇이 당신으로 하여금 하나님과 더 많은 시간을 보내도록 하는가?

- 어떻게 하면 말씀을 지성으로 대하지 않고 마음으로 만날 수 있겠는가? 당신은 이런 변화를 경험하기 원하는가, 아니면 불가능한 일이라고 생각되는가?

- 하나님과 함께할 때 당신은 당신 스스로에 대해 무엇을 배우는가?

- 양심의 가책, 마음의 의도, 마음의 정결 그리고 마음의 겸손이 당신에게 의미하는 바는 무엇인가?

- 여러분은 메마름과 어둠의 시기에 무엇을 경험해왔는가? 그 경험들로부터 무엇을 배웠는가?

제6부 _ **경건의 영성** DEVOTIONAL SPIRITUALITY

**15**

# 거룩한 독서 훈련

| 이 장의 개관 | 고대의 거룩한 독서 훈련은 독서, 묵상, 기도 그리고 관상을 통해 지성에서 마음으로 옮겨가는 과정을 포함한다. 이 장은 이러한 각 요소들과 전체적으로 거룩한 독서를 위해 여러 제안들을 제시한다. |
|---|---|
| 이 장의 목표 | • 형성을 위한 독서를 통해 드러난 말씀을 가슴에 새기는 법 알기<br>• 묵상의 특성과 유익에 대해 더 깊이 이해하기<br>• 말씀을 개인적인 기도로 적용하기를 열망하기<br>• 관상, 침묵 기도를 경험하려는 의지를 배양하기 |

훈련된 영성의 마지막 부분에서, 나는 고대 예술인 거룩한 독서(렉티오 디비나, lectio divina)를 언급했다. 그것은 5세기 초, 동양의 사막의 교부 존 캐시안(John Cassian)에 의해 서양에 소개되었다. 매일의 거룩한 독서에 대해 규정된 이래로 6세기 성 베네딕트(St. Benedict)의 「규칙(Rule)」은 베네딕트 수도회와 시토 수도회의 훈련에 소개되었다. 거룩한 말씀을 이용한 이러한 기도의 방법이 순수하고 능력이 있었음에도 불구하고, 점차 사용되지 않고 잊혀지게 되었다. 중세기 말에는 그것이 영적인 엘리트들에 한하여 사용되는 방법으로 전략했다. 시간이 지남에 따라 수도원들도 거룩한 독서의 순수성을 잃었고, 그것은 보다 복잡한 체계와 정신적인 기도의 형태로 대체되었다. 그러나 최근에 와서 이런 고대의 훈련이 시토 전통을 따르는 사람들을 중심으로 부흥되었다. 토마스 머튼[Thomas Merton, 「묵상 기도(Contemplative Prayer)」, 「묵상의 새로운 씨앗들(New Seeds of Contemplation)」, 「영적 지도와 묵상(Spiritual Direction and Meditation)」], 토마스 키팅[Thomas Keating, 「하나님과의 친밀함(Intimacy with God)」, 「열린 정신(Open Mind)」, 「열린 마음(Open Heart)」], 마이클 케이시[Michael Casey, 「거룩한 독서(Sacred Reading)」, 「하나님께로(Toward

God)」, 「분리되지 않은 마음(The Undivided Heart)」] 그리고 텔마 홀[Thelma Hall, 「깊이 깊이 말씀 속으로(Too Deep for Words)」] 같은 저자들의 저서들은 가톨릭 교계에서 거룩한 독서로 장려해왔고, 이제는 개신교계에서도 많이 수용되고 있다. 거룩한 독서는 독서, 명상, 기도, 묵상의 네 가지를 통해 계발된다. 다음은 당신이 이 과정을 거치도록 안내하는 내가 쓴 네 가지 거룩한 독서에 대한 참고 목록이다. 「거룩한 독서(Sacred Readings)」, 「역사 신경(Historic Creeds)」, 「삼위일체(The Trinity)」, 「시편(Psalms)」.

## 독서(LECTIO)

수도회 문화를 연구한 책, 「배움을 향한 사랑과 하나님을 향한 소망(The Love of Learning and the Desire for God)」에서 진 레클레르크(Jean Leclercq)는 중세에 사용되었던 두 가지 뚜렷한 성경에 대한 연구를 구분하였다. 중세의 대학은 보다 적극적인 삶을 위해 성직자들을 준비시키는 도회지 학교였던 반면에, 지방 수도회들은 수도사들이 관상적인 삶을 위해 준비되도록 예배 의식의 틀을 갖춘 영성 형성을 중요시했다. 학자들은 원문에 대해 질문하고 중심 사건 자체에 대해 질문함으로, 연구와 조사를 목적으로 하는 거룩한 원문에 중점을 두고 성경을 연구했다. 반면에 수도사들은 개인적인 묵상과 기도를 중심으로 성경에 접근하였다. 학자들은 원문에서 과학과 지식을 추구했고, 수도사들은 지혜와 이해를 추구했다. 대학들은 대상, 신학 그리고 인지를 더 선호했고, 수도원들은 인물, 경건 그리고 감성을 더 선호했다.

현대의 성경 공부에 대한 접근들은 수도사들보다는 학자들에게서 더 많은 유사점을 찾을 수 있다. 이 단원의 첫 장에서 다루는 차이점은, 학자들은 양식으로서의 독서보다는 정보를 위한 독서에 더 치중했다는 것이다. 어느 한쪽을 과도하게 강조하는 것은 냉혹한 지성주의나 분별없는 열심이라는 극단으로 치우칠 수 있기 때문에 두 접근 모두 필요하다. 하지만 복음주의자들이 성경을 연구할 때, 자신들의 존재 깊은 곳에서 하나님과 만나기보다는 전형적으로 훈계와 원칙을 더 많이 찾는다. 거룩한 독서의 훈련은 이러한 부조화를 고쳐줄 수 있다. 왜냐하면 그러한 독서는 하나님의 사랑과 은혜의 부르심을 받아들이기 위해 마음을 열어 영성을 형성하는 성경 읽기를 강조하기 때문이다. 독서는 정보를 통제하고 모으는 지적 훈련이 아니다. 그것은 하나님의 말씀을 주고받는 과정에 자발적으로 몰두하는 것이다. 영적 독서는 경험과 계시를 조화시킨다. 그것은 1928년 출간된 「일반 기도(Book of Common Prayer)」라는 책에서 언급되었다.

"우리가 배울 수 있도록 모든 거룩한 성경을 기록하신 복되신 주님, 우리가 말씀을 듣고, 읽고, 주목하고, 배우며, 마음으로 그것을 음미하는 지혜를 주신 주님, 당신의 거룩한 말씀의 인내와 위로로,

우리는 영원한 삶에 대한 축복받은 희망을 품고 그것을 부여잡을 수 있습니다. 그 희망은 우리의 구세주이신 예수 그리스도로부터 주어진 것입니다."

우리는 거룩한 말씀을 듣는 것과 말씀을 '읽고, 주목하고, 배우며 그리고 마음으로 음미하는' 것을 배우게 되는 것이다.

**독서를 위한 제안**
- 책상이나 다른 활동을 위한 공간으로부터 될 수 있으면 떨어진 곳, 독서를 위해 적합하면서도 특별한 장소를 선택하라. 그 장소를 주님과의 규칙적인 만남의 장소로 정하고 거룩하게 하라.
- 당신이 깨어 있으면서 지속할 수 있는 특별한 시간을 정하라. 하나님과 더 많은 시간을 보낼 수 있도록 당신의 삶을 재정비하기 위해 하나님이 당신을 인도하시도록 초청하라. 이것은 시간을 찾기보다는 시간을 내는 것이다. 이러한 목적을 위해 시간을 내는 것은 외적인 요구가 끊임없이 일어나는 세상에서 하나님의 부르심에 응답하는 것이다. 비록 모든 사람이 효과를 보지는 않겠지만, 아침의 몇 시간과 잠들기 전 몇 시간을 바꿔보라고 권하고 싶다(대부분이 텔레비전을 보면서 소비하는 시간을 줄이거나, 텔레비전을 선별적으로 봄으로 꽤 많은 시간을 벌 수 있다). 사람마다 다르겠지만, 당신이 가장 덜 게으르고 고요하고 잠잠하며 외부 방해를 덜 받는 최상의 시간을 하나님께 드리라.
- 거룩한 독서를 미루고 무시하고 싶은 유혹들이 많기 때문에 지속성이 중요하다. 독서의 유익은 오랜 시간에 걸쳐 점차적으로 나타난다.
- 거룩한 독서는 당신 전체와 관련 있으므로, 당신의 몸의 자세가 중요하다. 당신의 몸이 똑바르지만 너무 긴장하지 않고 구부정하지 않게 앉는 자세가 독서의 네 가지 활동을 위해 최상이다. 주의를 집중하고 정신을 바짝 차리는 것이 좋고, 몸의 순환이나 호흡을 실제로 방해하는 앉는 자세는 피하라.
- 체계적인 영적 교재를 선택하도록 노력하라. 교재는 매일 성경 읽기 프로그램이나 매일의 구약 성경, 복음서 그리고 서신서 등의 성구집 중에서 정할 수 있다. 혹은 당신이 공부할 본문을 경건의 지침서 중에서 정할 수도 있다(나는 이것을 위해 '기도를 위한 안내서'와 '소생을 위한 안내서'를 이용한다).
- 주의가 산만해지는 것을 피하기 위해서, 성경을 이용하고 주석을 공부하지 않는 것이 낫다. 거룩

한 독서를 위해 부연 설명을 한 것보다는 정확히 번역된 성경을 사용하라(나는 최신판 NASB를 사용한다).
- 성경 교사나 성직자들이 모두 주석적인 학습(sacra pagina)과 그들이 선택한 본문으로 영적 독서를 한다면, 이런 훈련은 그들의 가르침과 설교 능력을 크게 향상시킬 것이다.
- 본문은 짧게 정하라 - 양과 질을 혼동하지 말라.
- 좀 느리더라도 계획적이고 기도와 병행하는 독서의 방법을, 교의(敎義)나 전통적이며 교부학적인 교재 그리고 고전 영성 같은 책들에 적용해보는 것도 도움이 된다. 이러한 책들의 예로는 리처드 포스터(Richard J. Foster)와 제임스 브라이언 스미스(James Bryan Smith)가 편집한 「신앙 고전 52선(Devotional Classics)」이 있다. 이해할 수만 있다면 더 오래된 문헌들을 보는 것이 현대의 가정이 갖는 편견에 도전을 줄 것이다.
- 준비 기도로 시작하라. 다음 두 구절을 예로 들 수 있다. "내 눈을 열어서 주의 법의 기이한 것을 보게 하소서" (시 119:18), "나의 반석이시요 나의 구속자이신 여호와여 내 입의 말과 마음의 묵상이 주의 앞에 열납되기를 원하나이다" (시 19:14). 가장 먼저 당신의 인생을 위해 하나님이 품으신 뜻을 알고자 하는 명확한 의도를 가지고 시작하라.
- 당신의 단기 기억에 저장될 때까지 본문을 반복해서 천천히 읽으라. 처음에는 들릴 수 있을 정도로 크게 읽으라. 그렇게 하면 보다 천천히 그리고 더 주의 깊게 읽을 수 있다. 고대에는, 읽기란 항상 큰소리로 읽는 것을 의미했다는 것을 기억하라.
- 본문의 의미를 찾으라. 즉 질문하라. 그러나 정보를 수집하는 자가 되기보다는 제자가 되라. 성경을 초상화처럼 이해하라. 즉 당신의 시각을 넓혀서 현실을 바라보게 하는 언어의 창으로 이해하라.
- 순종하는 마음으로 겸손하게 말씀에 귀를 기울이라. 들은 말씀은 믿음과 합해져야 하고(히 4:2), 그것을 실제에 적용해보려는 의도를 가져야(약 1:22) 한다. 말씀이 나타내는 바를 따라 당신의 태도, 습관, 선택 그리고 감정을 개방하라. 하나님과의 감동적이며 살아 있는 만남을 저항할 때가 있는데, 그것은 대체로 불순종과 관계가 있다. 그러므로 "주님, 당신이 이 말씀을 통하여 저에게 무엇을 말씀하고 계십니까?" 라고 물어보고, 당신의 존재와 행동을 말씀에 비추어 점검해보라.
- 일반적인 읽기와는 달리, 영적 독서를 할 때 당신은 말씀을 통보받는 것이라기보다는 말씀에 의해 당신 자신이 형성되고자 노력하는 것이라는 사실을 기억하라. 이 첫번째 단계의 독서는 당신이 명상, 기도 그리고 묵상이라는 세 단계를 거쳐가도록 준비시킬 것이다. 그러나 기도하는 자세

가 전체 과정에 내재되어야 한다.
- 즉각적인 결과나 이익을 추구하는, 흔히 말하는 실용주의적인 생각은 피하도록 하라. 조건이나 욕심, 혹은 기대를 갖지 않는 거룩한 독서를 하라. 말씀은 당신의 즉각적인 필요들을 채워줄 수 없을지도 모른다. 하지만 비록 깨닫지는 못할지라도 당신의 실질적인 필요들을 어루만질 것이다.

## 묵상(MEDITATIO)

읽기에서 묵상으로 옮겨갈 때 당신은 말씀 속으로 빠져들고 잠기며, 생명수를 탐닉하고, 말씀을 하나님으로부터 오는 친밀하고 개인적인 메시지로 받고자 노력한다. 묵상의 목적은 성경을 꿰뚫어보는 것이고, 사랑을 담은 마음의 눈으로 말미암아 말씀이 우리를 감동시키도록 하는 것이다. '정신의 기도'란 말이 묵상과 혼용되긴 하지만, 여기에는 오해의 소지가 있다. 왜냐하면 독서, 묵상 그리고 기도는 사고뿐만 아니라 마음을 포함하기 때문이다. 묵상은 내면의 자아를 성령께로 조율하는 것이다. 그러므로 우리 마음이 성령의 음성과 조화를 이루며 그 음성에 반응하는 것이다. 묵상은 거룩한 소망의 영적인 작업이며, 우리 안에서 기도하고 말씀하시는 성령을 내부로 초대하는 것이다(롬 8:26-27). 그렇게 우리의 전존재는 점점 예수 그리스도와 일치되도록 변해간다. 그것은 그분을 더 명확하게 알기 위해서, 더 정성을 다해 그분을 사랑하기 위해서 그리고 더 가까이 그분을 따르기 위해서 그리스도를 만나고 그분과 시간을 보냄으로써 그리스도를 향한 우리의 여정을 세워가는 의도적인 과정이다. 하나님의 진리를 묵상함으로, 그분의 말씀에 깊이 거함으로, 우리 안에서 그리스도의 형상이 이루어지는 것이다(갈 4:19). 그러므로 정신의 기도는 피상적인 훈련이 아니라 영의 변화를 위한 필수적인 방법이다.

"이 율법책을 네 입에서 떠나지 말게 하며 주야로 그것을 묵상하여 그 가운데 기록한 대로 다 지켜 행하라 그리하면 네 길이 평탄하게 될 것이라 네가 형통하리라"(수 1:8). 이 낯익은 구절은 하나님이 정의하시는 성공으로 가는 길을 말해준다. 그것은 우리의 삶에 거룩한 말씀을 통하여 하나님과 만나는 공간을 만드는 습관을 갖는 것이다. 그리고 그분이 말씀하시는 것을 순종하는 행동으로 적용하는 마음의 의도를 갖는 것이다. 하나님의 율법을 즐거워하고 그 율법을 주야로 묵상하는 사람만이(시 1:2) 하나님의 목적과 부르심의 온전함과 불변함을 경험할 것이다. 당신이 그런 사람이 되기를 기원한다.

### 묵상을 위한 제안
- 하나님의 사랑은 우리에게 그분을 사랑하라고 가르친다. 그러므로 우리는 묵상을 객관적인 방법

이나 기술이 아니라 독특한 개인적인 과정으로 간주해야 한다. 당신의 영혼을 가장 잘 울리는 묵상의 패턴을 찾을 때까지 다양한 접근들을 시도해보는 것이 좋다.

- 당신이 만나는 하나님의 거룩하심과 선물로 주어진 믿음의 풍성함을 깨달으라. 믿음은 당신이 성령을 통해 그분을 만나는 것을 즐기도록 할 것이다.
- 묵상은 그 자체를 세우는 오랜 과정이다. 성경을 더 많이 받아들일수록 우리 정신의 창고는 풍성해질 것이다. 이 과정이 달과 해를 거듭할수록 우리는 회상 현상을 경험한다. 그것은 어떤 단어나 구절이 성경의 다른 부분에 나오는 다양한 내용들을 무의식적으로 떠올리는 것을 뜻한다. 이것은 우리가 이전에는 이해하지 못했던 전후 관계와 리듬을 이해하는 흥미진진하고 창의적인 경험이다. 주야로 말씀을 묵상할 때 맺게 되는 결실, 즉 이러한 연쇄 반응은 우리 안에 "그리스도의 마음"(고전 2:16)을 키워나간다.
- 말씀을 즐기기 위해 충분한 시간을 가지라. 조급하게 이 과정을 지나가는 것은 유명한 화랑의 그림을 달려가면서 감상하는 것과 같다.
- 말씀을 명상하는 것은 단어, 구, 구절이나 이야기를 곱씹거나 반추(ruminatio)해보는 것이다. 나아가 이 비유는, 우리가 말씀을 마음으로 씹어 다질 때 각 내용물을 융화시켜 전체의 맛을 내는 것을 의미한다.
- 묵상을 강요하지 말고, 즉각적인 만족이나 결과를 얻기 위해 참을성 없는 욕구를 갖지 말라. 결과를 조정하려고 노력할 때 묵상으로부터 얻는 유익은 거의 없다.
- 특별히 당신에 대해 말하고 있는 말씀을 만날 때, 그것을 기록해두라. 그러면 나중에 깊이 생각해볼 수 있다. 가지고 다닐 수 있는 메모가 도움이 된다는 것을 알게 될 것이다.
- 본문에 대해 당신의 생각을 일기로 기록해나가는 것 또한 도움이 될 것이다. 그렇게 하는 것은, 당신이 기록한 것들에 대해서 보다 개방적이고 정직할 필요를 느끼도록 할 것이다. 일기는 때때로 다시 읽어볼 수 있는 사적인 기록이다.
- 본문의 말씀을 자기의 것으로 만들고 실천해보라. 지금 그 순간에 하나님이 당신에게 말씀하시는 것처럼 말씀을 받으라. 처음부터 한 구절이 여러분에게 개인적으로 뜻하는 바를 들으려고 노력하라.
- 한 구절이 당신에게 무언가를 말씀할 때, 다른 구절로 옮겨가지 말고 같은 본문을 여러 날 묵상하라.
- 텔레비전, 영화, 잡지 그리고 신문에서 접해온 수백만 개의 이미지들은 우리가 가진 창조적인 상

상력을 날카롭게 하기보다는 무디게 만든다. 우리의 상상력을 계발하고 거룩하게 만들 필요가 있다. 왜냐하면 말씀과 영적 경험의 진리는 "분석하기에는 불가능한 신비스러운 빛과 함께 주입되기"[진 레클레르크 (Jean Leclercq)]때문이다. 거룩한 상상은 우리가 볼 수 있는 이상의 것을 이해할 수 있도록 한다. 그러나 우리를 진리로 붙들어 맬 말씀이라는 구조선이 필요하다.

- 많은 사람들은 성경 이야기들, 특히 복음서에 있는 이야기를 묵상할 때 오감을 사용하는 것이 도움이 된다는 것을 알았다. 이러한 과정은 해당 장면을 보다 현재적이고도 실제적으로 만든다. 그리고 우리가 인지적이고 분석적인 단계에서 우리 존재에 대해 감성적이고 감정적인 단계로 변화하도록 돕는다.

- 그것은 또한 당신 자신을 그 이야기 속에서 조명해볼 수 있게 한다. 만약 당신이 그곳에 있었다면 어떻게 반응했겠으며, 어떤 생각을 하고 어떤 말을 했을 것인가?

- 로욜라(Loyola)의 이그나티우스(Ignatius)가 쓴 「영적 훈련(Spiritual Exercises)」은 이러한 것들과 다른 묵상 기술들을 혼합했다. 이 책은 성육신, 생명, 죽음, 부활 그리고 그리스도의 승천을 묵상하는 데 유용한 통찰력을 제공한다. 프란시스 드 살레(Francis de Sales)가 쓴 「경건한 삶을 위한 전주곡(Introduction to the Devout)」에서 제시된 다양한 묵상과 기도들(예를 들면, 창조, 우리가 창조된 목적, 죄, 죽음, 겸손, 우리를 향한 하나님의 사랑) 또한 유용한 자료들이다. 그렇지만 기질의 차이가 있으므로 그런 형식적인 묵상 방법들이 모든 사람들에게 도움이 되는 것은 아니다. 대부분의 사람들은 감각적이지만, 분석적인 사람도 있고 직관적인 사람도 있다. 직관은 심상보다는 구절이 가지고 있는 진리를 통하여 깨달음을 얻는다. "당신에게 불가능한 방법이 아닌, 가능한 방법으로 기도 하라!"[채프만 (Dom Chapman)].

- 시편 묵상은 수천 년 동안 성자들에게 교훈을 주었고, 영성 식이요법의 정규 부분이 되었다. 인생의 모든 시기와 상황을 불문하고 당신의 마음 깊이 시편을 음미하고 흡수하는 것은 말로 다할 수 없는 유익을 준다.

- 이상적으로 말하자면 묵상은 마음, 정서 그리고 의지를 건드려야 한다. 성경을 묵상하게 되면 우리의 생각과 이해를 자극하고, 또한 마음의 감정들을 고양시킨다. 묵상이 의지를 움직이면 말씀이 우리 행동을 빚어가도록 결단하게 된다. 지성, 상상력 그리고 의지력은 분리될 수 없다.

- 주의 산만과 방심으로 인해 어려움에 부딪힐 때가 가끔 있을 것이라는 사실을 받아들이라. 마음이 종잡을 수 없을 때는 속상해하지 말고 부드럽고 조용히 말씀으로 돌아가라. 토마스 머튼(Thomas Merton)은 「묵상의 새로운 씨앗들(New Seeds of Contemplation)」에서 "하나님의 뜻과

연합하려는 의지 없이 하나님에 대해 불가사의한 생각을 가지는 것보다는, 하나님에 대해 분명하게 생각할 수 없지만 그분을 소망하는 것이 훨씬 낫다"라고 충고했다. 일반적으로는 실제적인 염려들로 방해하는 유혹에 저항하는 것이 최선이다. 그러나 이런 모든 염려를 말씀의 진리에 비추어 묵상의 주제로 전환시키는 것도 가끔 도움이 될 수 있다.

- 명상으로부터 유익을 얻기 위해 감정상의 증거나 위로가 생겨야 할 필요는 없다는 것을 기억하라. 감동적인 경험을 좇는 것은 자기 기만적인 정서상의 멜로 드라마나 허울 좋은 신비주의로 빠질 수 있다.

## 기도(ORATIO)

기도 훈련은 보통 하나님과의 인격적인 대화와 관련이 있다. 그렇지만 기도하는 사람들 중 대부분은 청원하는 독백의 기도를 드린다. 영적 독서를 할 때, 기도는 말씀에 대한 거룩한 독서와 묵상이라는 두 가지 주요한 활동과 관계가 있다. 기도는 묵상의 열매다. 그리고 기도는 하나님이 성경을 통하여 우리에게 말씀하시는 것을 내면화시키는 방법이다. 묵상에서 기도로의 전환은 불분명하고 눈에 띄지 않을지 모른다. 하지만 그것은 정신의 대부분을 차지해버린 것을 향해 마음으로 반응하는 것이다. 그것은 진리에서 암시로, 듣는 것에서 깨달음으로 그리고 이해에서 순종으로 향하는 움직임이다.

"살아 있고 운동력 있는" 말씀이 우리를 만들어가는 방법에 의하면(히 4:12), 이러한 기도의 단계는 즐거우며 또한 위로의 시간이 될 수도 있지만, 고통스러우며 나를 파헤치는 시기가 될 수도 있다. 좌우에 날이 선 성령의 검은 마음의 생각과 의도를 들춰내며, 우리의 이기적이고 왜곡되며 속임수를 쓰는 전략들은 "오직 만물이 우리를 상관하시는 자의 눈앞에 벌거벗은 것같이"(히 4:13) 드러난다. 그리고 기도는 후회와 자백 그리고 회개의 시간이 된다. 영혼이 폭로되고, 우리가 하나님이 보시는 대로 우리의 내부와 외부의 삶을 바라볼 때, 이런 경험은 파괴적이면서도(하나님의 거룩하심이라는 관점에서) 즐거운(하나님의 용서와 자비의 관점에서) 것이다. 때로 우리는 영적인 진리의 힘에 사로잡히게 될 것이다(예를 들면, 성부의 돌보심과 사랑, 성자의 은혜와 신실하심, 성령의 동행하심과 임재 등). 그리고 예배와 감사를 드리게 될 것이다. 기도는 그리스도의 생명이 상호 임재하고 또 그 생명을 나의 정체성으로 삼으면서 삼위일체의 하나님이 내면화의 주체가 되는 데 참예하는 시간이다.

**기도를 위한 제안**
- 기도의 과정이 조급해지지 않도록 충분한 시간 여유를 가지라. 왜냐하면 조급해할 때 하나님의 음성을 듣기는 힘들기 때문이다.
- 기교나 틀에 박힌 것으로 이 기도의 기간을 축소시키려는 경향을 피하라.
- 영적 독서를 할 때, 기도 대신 독서를 하고 싶은 유혹이 있다. 당신의 본문에 대한 독서와 묵상은 개인이 깊은 기도에 반응하기 위한 준비라고 생각하면 도움이 된다.
- 당신이 드리는 기도의 내용이나 결과를 너무 조정하려고 하지 말라.
- 당신이 지성에서 의지로 옮겨갈 때 기도는 마음으로 반응하는 시간임을 기억하라. 기도는 당신이 목격해온 진리에 대한 실제적인 결과와 그 진리에 따라 당신의 인생을 지도해줄 노력을 모두 의미한다.
- 독서와 묵상에 의존할 때 당신은 다양한 형태로 반응할 수 있다. 예배, 회개, 부흥, 간구, 중보 기도, 결단 그리고 감사 등이 그 예다. 이 모든 것들은 하나님을 부르는 다양한 방법들이다. 그렇지만 예배를 위한 기도가 적절할 때가 있는 반면, 성령이 회개나 간구의 기도로 당신을 이끄실 때가 있을 것이다.
- 주님이 본문을 통해 권고나 격려의 방법으로 당신에게 말씀하실 때, 그 부분에 대해 철저하게 기도하는 게 좋다. 즉 그 메시지를 내면화시키는 시간을 가지라.
- 이 시간은 당신의 잘못된 자아(육체)로부터 그리스도 안에 있는 당신의 참 자아로 나아가는 기회임을 이해하라.
- 성경은 하나님의 감동으로 된 것으로 "교훈과 책망과 바르게 함과 의로 교육하기에 유익하다" (딤후 3:16). 당신을 살피고, 교훈하고, 격려하며, 위로하고, 바르게 하시도록 성령님을 초청하라. 성령이 당신의 환상과 자만심, 자기 중심성, 고집, 거룩하지 않은 태도와 습관, 인색함, 감사치 않음, 속임수와 지배심 등을 내어놓고 제거하시도록 하라.
- 기도는 영적 독서의 과정중 언제나 할 수 있다. 그리고 당신은 읽기와 묵상 그리고 기도를 번갈아 가며 할 수도 있다. 영적 독서는 1-2-3-4로 움직이는 틀에 짜인 단계가 아니다.
- 주의가 산만할 때는 본문으로 돌아가서 주의를 집중시키라. 아빌라(Avila)의 테레사(Teresa)는 기도의 이미지를 이따금씩 잔 나뭇가지 한두 개를 넣어줘야 할 필요가 있는 작은 불꽃에 비유했다. 한 개의 잔 나뭇가지는 성경에서 받는 몇 가지 단어들이다. 그러나 너무 많은 단어들은 불꽃을 꺼뜨리는 가지들이 될 수 있다.

- 영적 독서를 할 때 기도는 묵상으로 가는 길의 일부임을 명심하라.

## 관상(CONTEMPLATIO)

영적 독서라는 용어를 사용하는 사람들은 그것을 독서에서 묵상으로, 기도로 그리고 관상으로 가는 전체 활동에 비해 느리게, 주의 깊게, 기도하면서 성경이나 책, 혹은 다른 영적 서적 읽기라고 정의했다. 그러나 내가 보기에 영적 독서의 과정은 독서로 시작해서 명상에서 클라이맥스에 이른다. 관상은 묵상과 자주 혼동되는데, 우리가 앞으로 다루겠지만 그 둘은 동의어가 아니다.

묵상으로부터 나오는 기도는 살아계시고 초월적인 주님과의 대화로 우리를 이끈다. 그 둘은 관상을 위해 우리를 준비시킨다. 묵상 기도는 지적인 훈련 이상의 것이 되어야 한다. 그것이 감정적인 의지와 결합될 때 그것은 관상 기도와의 사랑과 연합으로 이끈다. 관상 기도가 지닌 특성상, 그것의 본질들에 대해 이야기하는 것은 굉장히 어렵다. 그 신비스러운 영역에서 사용하는 언어는 침묵이고, 그곳에서의 행동은 감수성이다. 진정한 관상은 논리학이나 심리학, 혹은 미학의 범주로는 축소될 수 없는 신학적인 은혜다. 아마도 묵상 기도와 관상 기도의 일반적인 비교가 도움이 될 것이다〈표 15.1〉.

| 묵상 기도 | 관상 기도 |
| --- | --- |
| 말 | 침묵 |
| 행동 | 수용 |
| 추론적 사고 | 정신적인 이미지와 개념 결핍 |
| 소리 내어서 하는 기도와 정신의 기도 | 침묵 기도와 내면의 고요함 |
| 이성과 심상의 자연스런 기능 | 자연스런 기능들이 신비스럽게 힘을 잃음 |
| 정서적인 느낌 | 느낌의 상실 |
| 독서와 숙고 | 묵상할 수 없음 |
| 행동 | 존재 |
| 구함 | 받음 |
| 예수님께 말하기 | 예수님의 기도 속으로 들어가기 |

〈표 15.1〉

베드로가 거룩한 산에서 예수님이 변화하시는 기적을 목도했을 때, 그는 당황스러운 반응을 보였고, 구름 속에서 들리는 "이는 내 사랑하는 아들이요 내 기뻐하는 자니 너희는 저의 말을 들으라"(마 17:4-5)는 목소리에 의해 침묵했다. 관상이라는 신비한 영역으로 들어갈 때, 우리가 할 수 있는 최선은 말하기를 멈추고 순수한 사랑의 마음을 집중하여 '그분을 듣는' 것이다. 이러한 신비로우면서도 거룩한 영역에서 우리는 생각, 개념 그리고 기호의 신발을 벗고 조용히 하나님의 음성을 들어야 한다. 관상의 시기는 때로는 우리 믿음이 직면하는 어두운 밤같을 수 있다. 이 시기 동안 하나님은 부재하시고 침묵하신다. 하지만 그분의 존재와 말씀은 우리가 느끼거나 이해할 수 있는 것보다 더 깊은 단계다. 우리 영혼에 평화로운 처소를 예비함으로 "여호와 앞에 잠잠하고 참아 기다리는 것"(시 37:7)을 배우게 된다.

많은 사람들이 '집중하는 기도'를 통해 관상 기도의 여러 면들을 경험해왔다. 이 기도는 최근에 세 명의 시토 수사인 토마스 키팅(Thomas Keating), 윌리엄 메닝거(William Meninger) 그리고 바실 페닝턴(Basil Pennington)에 의해 부활되고 새롭게 되었다. 이 기도의 방법은 14세기 고전 신비 신학인,「무지의 구름(The Cloud of Unknowing)」에 근거를 둔다. 관상 기도의 다른 접근은 '마음의 기도'다. 그것은 3세기부터 중세까지 동부 수도원의 창시자들이 쓴 명시 인용구인 '필리오칼리아(Philokalia)'에서 설명되었다. 이 전통에 의하면, 주 예수의 이름을 부르는 것은 민감성과 하나님의 임재를 내면에서 명상하는 것이다.

### 관상을 위한 제안

- 하나님 앞에 당신을 내어드리기 위해 침묵과 순종의 시간을 충분히 가지라. 관상 기도는 초자연적인 존재를 향해 더 깊고 더 직관적인 형태의 민감성을 계발하는 것을 의미한다.
- 묵상이나 기도를 할 때처럼, 관상을 하는 동안은 결과나 감정, 혹은 경험에 너무 신경 쓰지 말라. 중요한 것은 하나님 앞에서 잠잠하고 민감한 상태로 나가는 것이다.
- 당신이 독서, 묵상 그리고 기도에서 경험했던 '말씀의 영'을 표현하는 단어나 이미지에 대해 생각해보는 것이 도움이 된다. 명상하면서 당신의 마음이 집중되지 않을 때는 다시 한번 말씀의 영으로 돌아와 자신을 집중시키라.
- 관상은 극소수의 신자들만이 계발을 시도해온 은사다. 이 새로운 영역에서 성장하려면 시간, 훈련 그리고 분명한 실패로 인한 좌절이 있다는 것을 예상하라. 주의가 산만해지지 않게 하고, 이러한 시간을 요하는 훈련을 단념하도록 하는 초기의 유혹을 차단하라. 진정한 관상은 수년 간의 노력에 의해 얻어진다. 그렇지만 이런 훈련 과정에서 일관성을 갖는다면 당신은 위대한 보상을 얻게 될 것이다.

- 관상은 외향적이면서 감각적인 기질이 강한 사람들에게 특히 어렵다. 관상은 침묵, 통제 상실, 분석과 지적 판단을 하려는 시도를 버림 그리고 직관 능력의 계발을 훈련하는 것이다.
- 당신의 노력으로는 관상 기도에 들어갈 수 없다는 사실을 기억하라. 그것은 하나님의 일이고 '민감한 수동성'을 요한다. 관상할 때는 자의식을 버리고, 표현할 수 없는 하나님의 깊은 사랑 속으로 자신이 들어가도록 하는 것이 가장 좋다.
- 영적 독서는 네 단계를 거치는 고정된 활동이 아니기 때문에, 당신은 독서, 묵상, 혹은 기도로 돌아갔다가 관상의 내적인 침묵 속으로 되돌아갈 수도 있다. 이 네 가지 요소에서 보내는 시간의 양은 사람마다 다르므로 각자가 이것을 실험해봐야 한다. 각 요소가 저마다의 유익을 가지고 있기 때문에 네 가지를 다 훈련해보라고 권면하고 싶다.
- 라디오나 텔레비전 또는 다른 형태로 주의를 산만하게 하고 마음의 동요를 일으키는 것들에 보내는 시간을 줄임으로 당신 내면의 삶을 풍요롭게 하라.

나의 동료인 조지 그로브(George Grove)는 네 가지 거룩한 독서의 요소들을 통합하기 위해 다음과 같은 일련의 비유를 사용한다〈표 15.2〉.

| LECTIO | MEDITATIO | ORATIO | COMTEMPLATIO |
|--------|-----------|--------|--------------|
| 독서 | 묵상 | 기도 | 관상 |
| 입술 | 정신 | 마음 | 영 |
| 구하다 | 찾다 | 두드리다 | 열다 |
| 음식 | 씹음 | 맛 | 배부름 |

〈표 15.2〉

영적 독서는 육체로부터 심령에 이르기까지 우리 존재 내면의 영적 중심을 향하여 전인격에 영향을 미친다. 그것은 다양한 수단을 사용하는 유기적인 과정을 통하여 조화로운 통합체가 되도록 한다. 이 장기간의 활동에서 성실과 일관성을 유지한다면 당신의 삶은 점차 향상되고 풍요롭게 될 것이다.

**거룩한 독서를 위한 전반적인 제안**
- 거룩한 독서를 기술이나 체계, 혹은 프로그램으로 축소 평가하지 말라. 그것은 인간이 하나님께

로 향하는 방법을 계발시키는 데 기여해온 '무방법의 방법'으로 불려왔다. 그것은 신뢰, 민감성, 기대, 예배 그리고 하나님과의 친밀함에 대한 영적 견해를 촉진시키는 인격적인 과정이다.

- 당신이 이 과정을 한 번도 통달해본 적이 없다는 점에서 스스로를 항상 초보자로 인정하라. 여기에는 우리가 생각하는 이상의 것이 항상 있다. 훈련과 경건은 서로를 보강한다는 사실을 인정하라.
- 이 영적인 접근을 당신의 성격에 얼마든지 적용해보라. 예를 들면, 보다 외향적인 사람들은 단회 동안만 편안함을 느끼겠지만, 보다 내향적인 사람들은 이 과정을 더 오래 즐기는 경향이 있다.
- 당신에게 가장 중요한 제안은 정해진 날 동안 거룩한 독서를 위해 당신이 사용해왔던 구절들을 카드에 적어서 다른 일을 하는 동안 들고 다니라는 것이다. 이것을 통해 당신은 그날의 본문을 24시간 동안 당신의 주제로 삼을 수 있고, 그것을 그리스도의 임재를 연습하는 도구로 사용할 수 있다. 이 카드는 당신이 본문을 단기 기억에서 장기 기억으로 저장하도록 도울 것이다.
- 어떤 성격은 경우에 따라 인위적으로 내부 지향 성향에 푹 빠져 잘못된 초자연주의를 추구할 가능성도 있다. 그들은 하나님과 교제할 때 스스로를 잃어버린다고 생각한다. 이러한 자기 환상의 문제와 잘못된 열심도 영적 안내자의 건전한 지도로 교정될 수 있다(영적 지도에 대해서는 공동체적 영성에서 짧게나마 살펴볼 것이다).
- 다른 사람을 향한 동정을 계발시키지 않고 명상에 열중하는 것은 관상 기도의 핵심과 목적을 놓치는 것이다. 경건의 영성의 부산물은 항상 다른 사람들을 사랑하고 섬기는 마음의 여유를 키워가는 것이어야 한다. 마찬가지로 그리스도 안에서 우리가 다른 사람과 하나 됨을 깨달아가는 것은 하나님을 아는 것을 증가시킨다.

## 관상과 행동을 통합하기

관상하는 삶과 행동하는 삶의 양극단은 여러 세기 동안 갈등의 근원이 되어왔다. 성 그레고리는 기도할 때 하나님과의 교제를 위해서 외적인 활동을 쉬도록 하는, 보다 명상적인 접근을 주장했다. 성 바실은 기도와 일을 병행해야 한다는 보다 행동적인 접근을 장려하였다. 관상하는 삶을 주장한 한쪽 극단은, 하나님을 알고자 하는 우리의 주된 사명은 하나님에 대한 지식을 세상에 전하는 부차적인 사명과 분리될 수 있다고 보았다. 행동하는 삶을 주장하는 다른 한쪽 극단은, 우리의 이차적인 부르심이 주된 부르심을 대체할 수 있다고 할 정도로 전자를 중요시하는 경향을 보였다. 보다 조화를 이룬 접근은 두 가지 부르심을 통합하고 존중하면서, 관상적인 사명과 행동적인 사명을 연합하는 것이다. 성 베네딕트는 안식과 활동, 내적인 열성과 외적인 순종, 경건과 훈련, 기도와 노동, 하나님을 향한 욕구와 이웃을 섬김, 생명수의 근원과 거기서 흐르는 물길들의 리듬이 융화되어야 한다고 주장했다. 마리아와 마르다의 장점이 모두 합해짐으로써 우리는 행동하면서 관상하는 법을 배울 수 있다. 이처럼 경건의 영성은 근본적으로 포괄적 영성 그리고 공동체적 영성과 관련이 있다.

### 적용을 위한 질문

- 당신은 영적 독서라는 것을 알지 못한 채 그것을 연습해본 적이 있는가?

- 이 장에서 설명된 바에 의해서, 당신은 독서를 어떻게 이해하고 있는가?

- 당신은 과거에 묵상을 어떻게 경험했는가? 당신은 성경을 읽을 때 더 묵상하고 싶은 마음을 가지고 있는가?

- 당신은 과거에 어떤 형태의 기도를 연습해왔는가? 어떻게 하면 대화하듯이 기도할 수 있겠는가?

- 당신은 이 장에서 설명한 것과 같은 명상을 연습해본 적이 있는가? 당신이 이런 고전적인 연습을 하는 데 장애가 되는 것이 무엇인가?

- 당신은 행동 속에서 관상하는 것이 가능한가?

제6부 _ 경건의 영성 DEVOTIONAL SPIRITUALITY

# 하나님과 사랑에 빠지기

| 이 장의 개관 | 하나님이 우리에게는 최고의 선이라는 이해가 커갈수록, 세상에 대한 열망을 점점 더 포기하고 하나님이 주시는 기쁨을 추구하게 된다. 이 장은 예수님과 관계를 맺으면서 그분을 향한 열정을 키워가는 것에 대해 논의한다. 그리고 열정적인 두 시편으로 결론을 맺는다. |
|---|---|
| 이 장의 목표 | • 하나님 한 분만이 우리의 최고의 선이시라는 사실에 대해 정확히 이해하기<br>• 하나님 대신에 우리가 가장 사랑하는 것을 포기하는 준비하기<br>• 성육신이 암시하는 바에 대해 보다 깊이 이해하기<br>• 예수님의 생명에서 우리가 생명을 얻음으로 그분 안에 거하기를 소망하기<br>• 예수님을 향한 열정을 키워가는 것이 의미하는 바를 보다 더 정확하게 이해하기 |

## 하나님은 우리의 최고 선이시다

패러다임 영성 단원에서, 우리는 두 주인을 섬길 수 없으므로 우리 마음의 중심은 한시적인 것이나 아니면 영원한 것에 있다는 사실을 논의했다. 만약 우리 마음의 중심이 한시적인 것에 있다면, 우리는 하나님을 완전하게 사랑할 수 없다. 그리스도가 우리 생의 중심에 있지 않을 때, 세상의 염려와 재리의 유혹과 기타 욕심이 들어와 말씀을 막아 결실치 못하게 된다(막 4:19). 우리 마음의 중심이 영원한 것에 있으면, 우리는 그분이 창조하신 물건이나 기쁨보다도 그리스도를 사랑하고, 우리를 창조하신 영원한 목적을 성취하기 시작한다.

**포기 학교** 우리가 가진 문제는 이 세상이 너무나도 많은 부분에서 우리와 접해 있다는 것이다. 세상은 눈에 보이고, 만질 수 있고, 강제적이고, 흥미로우며, 떠들썩하다. 그러나 우리가 이 세상을 사랑하는 한 하나님과 사랑에 빠질 수 없다. 눈으로 보고 걷는 데는 노력이 필요 없지만, "바라는 것들의 실상이요 보지 못하는 것들의 증거"(히 11:1)인 믿음의 눈으로 걸을 때는 고통스런 포기를 선택해야 한다. 포기가 없으면 하나님이 주신 선물이 하나님의 자리를 차지할 것이고, 그분과의 관계는 그분만을 구하기보다는 그분으로부터 무엇인가를 얻는 것을 통해 이루어질 것이다. 이것은 진실한 우정이라기보다는 고용 관계에 가깝다. 친구들을 이런 방식으로 대한다면 그들은 곧 우리를 피할 것이다. 주님은 인내를 가지고 우리를 그분에게로 이끄신다. 수십 년이 걸리는 한이 있더라도 그분의 선한 뜻을 찾는 사람들로 하여금 주님 없이는 모든 것이 허무하고 만족을 줄 수 없는 것임을 깨닫게 하신다. 이를 통해 그분은 하나님 대신 다른 대상을 붙잡고 있는 손을 점차 놓게 하고 하나님이 그 자리를 대신하신다.

이것은 쉽지 않은 과정이다. 여기에는 시련의 과정이 있고, 우리 자신의 열망과 야망이 죽어야만 한다. 더군다나 우리의 포기에는 끝이 없다. 우리가 이제 모든 것을 예수님께 순종했다고 생각할 때, 세상의 새로운 것들이 우리를 혼란스럽게 만드는 것을 깨닫게 된다. 눈에 보이는 것들의 폭행과 그것들을 소유하고 싶은 욕심은 신적 정제의 과정을 번민과 공포의 과정으로 만든다[C. S. 루이스가 쓴 「천국과 지옥의 이혼(The Great Divorce)」에 나오는 욕망에 찬 붉은 도마뱀에 대한 흥미로운 이야기를 읽어보라]. A. W 토저가 그의 책 「하나님을 추구함(The Pursuit of God)」에서 쓴 포기에 대한 신실하고 도전이 되는 다음의 내용을 읽어보라.

> "하나님, 저는 당신을 알고 싶습니다. 그렇지만 저의 겁먹은 마음은 사소한 것들을 포기하는 것을 두려워하고 있습니다. 내면의 피 흘림 없이 그것들과 결별할 수 없고, 저는 당신께 그 결별의 두려움을 숨기고 싶지 않습니다. 떨면서 왔지만, 여기까지 오기는 했습니다. 오, 주님. 제가 오랫동안 소중히 품어왔고 또 제 자신의 중요한 부분이 되어버린 모든 것들을 제 마음에서부터 뿌리뽑아주옵소서. 그리하여 당신이 방해받지 않고 그곳에 오사 거하게 되시기를 원합니다. 그 자리가 당신의 영광으로 가득하게 하소서. 그러면 저의 마음은 그곳을 비칠 태양이 필요함을 느끼지 않을 것입니다. 왜냐하면 당신이 그곳의 빛이 되시기 때문입니다. 그곳에는 영원토록 밤이 없을 것입니다. 예수님의 이름으로 기도합니다. 아멘."

포기는 마음의 자세다. 그것은 물질적인 빈곤보다는 영적인 빈곤을 이해하는 일이다. 그럼에도 불구하고, 포기는 무엇을 소유하고자 하는 권리를 포기하는 것뿐만 아니라 소유하는 것들이 우리를 소유하지 못하도록 그것들을 움켜쥐고 있는 힘을 느슨하게 하는 것이다. 여기에는 재물뿐만 아니라 지위, 친구 관계 그리고 명성 등이 해당된다. 토저의 다른 기도의 한 부분을 들어보라. "당신만을 열망하게 하소서. 그 결과로 비록 제가 세상에서 모르는 바 되고 저의 이름이 한낱 꿈으로 잊혀진다 하더라도."

세상이 사랑해달라고 하는 것들로부터 얻는 기쁨이 줄어들수록, 우리는 더 쉽게 하나님께 가까이 갈 수 있을 것이다. 혹은 반대로 예수님과 연합할수록, 우리는 점점 더 세상의 유혹으로부터 멀리 할 수 있을 것이다. 그분을 위해 많은 것을 희생할 때, 우리 영혼은 구속되지 않고 확장되며 자유로워지는 것을 발견할 것이다. 사실 그리스도를 소유할 때 우리는 모든 것을 가진다. 그리스도 안에서 모든 것은 우리에게 속하고, 우리는 그분께 속하며, 그분은 하나님께 속한다(고전 3:21-23). 그러므로 성 어거스틴(St. Augustine)이 「시편강해(Expositions on the Psalms)」에서 말한 것처럼, 대상 그 자체를 사랑하는 대신에 우리는 모든 것 안에 계신 하나님을 사랑하는 법을 배울 수 있다.

> 피조물을 통해 창조주를 사랑하는 법을 배우고, 그분이 하신 일을 통해 그 일을 완성하신 분을 배우라. 그분이 창조하신 것이 그대의 사랑을 붙들지 못하게 하라. 그렇게 되면 그대는 그대를 창조하신 분을 잃어버리게 될 것이다. … 그러나 그대는 왜 피조물들이 아름답다는 이유만으로 그것들을 사랑하는가? 그것들이 창조주만큼 아름다울 수 있는가? 그대가 그분을 바라보지 않기 때문에 그런 피조물들을 경외하는 것이다. 그러나 그대가 경외하는 그 피조물을 통해 그대가 보지 않는 그분을 사랑하라.

**하나님의 기쁨을 찾기** 그리스의 수학자 아르키메데스(Archimedes)는 지구의 오른쪽 외부에 있는 지레점을 받쳐줄 만큼 긴 지렛대가 있다면 이 세계를 들어올릴 수 있다는 것을 증명했다. 아르키메데스의 점이 지구에 존재할 수 없는 것처럼, 우리의 사랑의 지레점이 스스로 존재하는 자, 세계를 존재하라고 말씀하신 불변하신 그분에게 있지 않다면 우리는 이 세계를 초월할 수 없다. 그분은 오직 그분만이 영혼의 가장 최고의 선이라는 한 마음과 함께 먼저 그 나라와 그 의를 구해야 할(마 6:33), "이 좋은 편"(눅 10:42), "밭에 감추인 보화"(마 13:44), "극히 값진 진주"(마 13:46)이시다. 우리가 그분을 더 원할수록 그분을 더 소망하게 되고, 더 많이 만족하게 될 것이다. 존 파이퍼(John Piper)가 「하나님을 바라기(Desiring God)」에서 설명했던 것처럼, 하나님은 우리가 그분 안에서 가장 만족을 느낄 때 최고로 영광을 받으신다. 그 기쁨을 지속시키는 유일한 길은, 우리 자신보다는 하나님의 기쁨과 칭찬을 찾기 위해 모든 위험을 무릅쓰는 것이다. 우리가 그분을 위해 포기하는 것들은 결국 우리의 것이 될 것이다. 만약 하나님이 우리의 최고의 선이시라는 사실을 믿는다면, 우리는 이러한 기도를 신실함과 진실함으로 드릴 수 있을 것이다. "주님, 제가 위대해지고 유명해질 것이라는 모든 환상을 가져가주십시오. 왜냐하면 당신 한 분만이 바로 그런 분이시기 때문입니다."

## 성육신이 의미하는 것들

삼위 가운데 두번째 하나님이신 예수 그리스도의 성육신은 하나님이 당신의 영광, 선하심, 은혜, 사랑, 거룩함, 공의 그리고 진리를 세상에 나타내신 가장 결정적인 방법이다(히 1:1-3). 성육신, 생명, 죽음, 부활 그리고 예수님의 승천을 통하여, 하나님 아버지가 우리에게 가장 온전하게 현실적으로 접근 가능하게 되었다.

**우리의 선이 아닌, 하나님의 은혜라는 복음**  그리스도의 성품이 하나님의 의로우심을 완전하게 증명하기 때문에, 그리스도의 생명은 다른 모든 생명들이 측정되어야 하는 불변하는 기준이다. 모세, 부처, 공자, 소크라테스, 마호메트 그리고 간디를 포함해서 다른 모든 인생들은 예수님의 선하심, 거룩하심, 아름다우심, 찬란하심 그리고 자비하심에 비교하면 한없이 모자란다. 예수님의 성육신으로 말미암아, 하나님은 다른 종교의 장점들과 인간의 재능들이 어리석은 것임을 드러내셨다. 다른 종교들이 기능하는 체계들은 거룩하신 하나님에 대한 불충분한 시각과 인간의 비행에 기초를 두고 있다. 하나님이 우리와 함께하신다는 의미인 임마누엘은 우리에게 길을 제공하며, "그 길은 우리를 위하여 휘장 가운데로 열어놓으신 새롭고 산 길이요 휘장은 그의 육체"이고, 그 길을 통하여 우리는 "참 마음과 온전한 믿음으로" 하나님께 더 가까이 다가갈 수 있다(히 10:20, 22). 성육신은 모든 형태의 영적인 자기 신뢰 이면에 있는 거짓을 드러낸다.

만약 하나님이 우리의 죄가 마땅히 보상받아야 하는 대로 다루시기 위해 우리에게 정의를 주셨다면, 거기에는 희망이 없다. "모든 사람이 죄를 범하였으매 하나님의 영광에 이르지 못하더니" 그리고 "죄의 삯은 사망"(롬 3:23, 6:23)이다. 그러나 그분의 아들 안에서 하나님은 우리에게 자비(우리가 마땅히 받아야 할 것을 받지 않음)와 은혜(우리가 마땅히 받아야 할 것보다 더 좋은 것을 가짐)를 주셨다. 그러므로 우리는 신조, 행동, 혹은 교회가 아니라 그리스도의 한없는 사랑과 은혜로 말미암아 구원받는다(딛 2:11-14, 3:4-7을 읽고 묵상해보라). 이 구절들은 제자의 삶과 경건한 삶에 대해 중요한 의미를 제시한다. 중요한 의미들 가운데 하나는, 예수님은 우리의 왕이시므로 우리는 우리 삶의 통치권을 그분에게 넘겨드려야 한다는 것이다. 이것은 결코 쉽게, 혹은 단숨에 일어나지 않는다. 왜냐하면 우리는 자기 신뢰와 자기 보호라는 본성과 경험에 의해 조절되어왔기 때문이다. 하지만 우리는 우리 삶을 통치하시는 예수님의 주재권과 권리를 깨닫지 않고는 하나님 나라에서 성장할 수 없을 것이다. 비록 우리가 성장한다고는 해도, 그 성장은 우리가 그분께 순종하기로 선택한 영역에서만 일어날 것이다. 포기와 솔직함에서 성장하는 것은 예수님의 제자들 대부분에게 점진적인 과정이다. 하지만 변화를 이끄는 결정적인 위기의 순간[그리스 어로 '결단'을 뜻하는 크리시스(krisis)]이 있을 수 있다. 당연히 누구도 자기를 위해 죽고 싶어하지 않는다. 그러나 예수님을 위해 우리의 삶을 잃어버리는 것은 하나님 나라에서는 현금과도 같다. 이것은 우리가 거듭나는 순간에 결정적으로 일어날 수 있다(갈 5:24, 롬 6:16-17). 하지만 그것은 계속되는 과정이기도 하다(롬 12:1-2).

**예수님의 생명으로부터 우리의 생명을 끌어와 그분 안에 거하기** 그리스도 안에 있는 하나님의 은혜가, 내주하시는 성령님을 통해 우리를 아버지와 아들에게로 온전히 인도하사 가족 안에서 누리는 기쁨의 교제를 갖게 하신다(요일 1:1-4). 하나님은 우리가 그리스도 안에서 우리의 위치, 소유 그리고 특권들을 즐기고 소유하기를 원하신다. 그러나 우리는 너무나 자주 하나님의 자원을 신뢰하기보다는 우리 자신의 계산에 의존하려 한다. 우리가 그분의 도우심과 힘을 구하면 더 나은 삶을 살 수 있고, 보다 성공적으로 그분을 섬길 수 있다는 말은 언뜻 듣기에 그럴싸해 보이지만, 좀 더 자세히 분석해보면 하나님의 도움이 추가되었지만 여전히 우리 자신의 힘으로 영적인 삶을 살고자 하는 잘못된 방법임을 알 수 있다. 하나님의 의도는 우리로 하여금 그리스도인의 삶을 살게 하기 위해 우리에게 도움을 주시는 것이 결코 아니다. 그리스도를 닮은 완벽한 수준으로 사는 것은 불가능하다. 우리가 성령과 동행할 때 그리스도가 우리 안에서 당신의 삶을 사시는 것이다. 예수님은 우리의 조력자가 아니시다. 그분은 우리의 생명이시다. 우리를 더 강하게 만드시는 대신, 하나님은 우리를 약하게 해서서 그리스도가 우리 안에서 강해질 수 있게 하신다[“능력이 약한 데서 온전하여진다”(고후 12:9-10)].

"그리스도를 향하는 진실함과 깨끗함"(고후 11:3)은 경건의 영성의 근본이며, 우리의 첫사랑(계 2:4)을 갱신하고 그 열정을 지속시키는 열쇠다. 우리는 모두 자연의 관성, 중력 그리고 에너지 사이의 엔트로피(무질서의 정도, 자연계는 자연적으로 끊임없이 무질서하게 되는 법칙 - 역주)를 경험한다. 그것들은 하나님과 우리 그리고 다른 사람들과 우리의 연합을 훼방한다. 우리가 조심하지 않으면 그리스도를 향한 첫사랑의 불꽃은 조용히 사그라들 수 있고, 잔 불꽃마저 식어버릴 수 있다. 그러나 만약 우리가 신실하게 하나님의 영광과 예수님의 아름다움을 묵상하는 연습을 한다면, 그분을 바라보면서 그분을 사랑하게 될 것이다. 만약 우리가 그분과 시간을 보낸다면, 그분의 임재를 훈련하고, 그분을 따르고, 그분으로부터 배우며, 그분을 사랑하게 되면서 그분을 닮게 될 것이다.

다락방에서 주님은 제자들에게, 훗날 서신서에서 발전될 기본적인 영적 주제들을 가르치심으로써 승천을 위한 준비를 마치셨다. 비록 분명한 연속선상에 있지는 않지만, 요한복음 15장에서 일련의 연관성을 찾을 수 있다. 8절에서 예수님은 하나님을 영화롭게 하기 위한 열쇠는 열매를 맺는 것이라고 말씀하셨다. "너희가 과실을 많이 맺으면 내 아버지께서 영광을 받으실 것이요 너희가 내 제자가 되리라." 4절에서 예수님은 열매를 맺기 위한 열쇠는 예수님 안에 거하는 것이라고 말씀하셨다. "내 안에 거하라 나도 너희 안에 거하리라 가지가 포도나무에 붙어 있지 아니하면 절로 과실을 맺을 수 없음같이 너희도 내 안에 있지 아니하면 그러하리라." 10절에서 예수님은 거함의 열쇠는 순종이라고 말씀하셨다. "내가 아버지의 계명을 지켜 그의 사랑 안에 거하는 것같이 너희도 내 계명을 지키면 내 사랑 안에 거하리라." 같은 구절에서 예수님은 순종의 열쇠는 주님을 사랑하는 것이라고 말씀하셨다. 15절에서 예수님은 당신을 사랑하기 위한 열쇠는 예수님을 아는 것이라고 말씀하셨다. "이제부터는 너희를 종이라 하지 아니하리니 종은 주인의 하는 것을 알지 못함이라 너희를 친구라 하였노니 내가 내 아버지께 들은 것을 다 너희에게 알게 하였음이니라." 열매 맺음, 거함, 순종, 사랑 그리고 예수님에 대한 인격적인 지식은 서로 연관되어 있고, 이 모든 요소들은 서로를 보완한다. 그러나 경건의 영성의 핵심은 예수님의 임재와 그분과의 교제 속에 더 많이 거하는 것이다. 예수님을 더 많이 찾고 더 많이 경험하고 더 많이 그분께 우리를 몰두시킬 때, 우리는 더욱 그분의 이미지와 형상으로 변화하게 된다.

## 그리스도를 위한 열정 키우기

경건의 영성은 좋은 밭에 심어서 좋은 기후에서 정성들여 가꿀 때만 무성해지는 향기로운 포도나무와 같다. 양분이 공급되지 않으면 그 나무는 버려진 채로 말라서 열매를 맺지 못할 것이다. 영적인 열정의 열매는 자연의 해방꾼들에 의해서 위협을 받을 수 있다.

**영적 열정의 방해꾼들** **불순종하는 영역들.** 당신의 삶의 영역 중에서 하나님의 도전을 거부하는 것은, 잘 드러나지는 않아도 우리가 예상하는 것보다도 더 심각하게 하나님의 마음을 불평하는 불씨가 될 수 있다. 하나님 또는 사람들과의 관계에서 우리의 죄악된 태도와 행동으로 인해 일어나는 모든 장애들을 보여주시도록 성령을 초청하는 것이 도움이 된다. 이런 것들이 분명하게 드러나게 되면, 그것들을 지체 없이 처리하고 그리스도의 피로 말미암은 하나님의 용서에 의지하라.

**자기 만족.** 거룩한 소망이 없으면 우리는 영적인 게으름, 무관심, 무감각 그리고 권태라는 죄에 굴복하게 된다. 긴장과 사명이라는 예리한 날을 잃어버린 사람들은 무관심과 실패의 늪 속으로 빠져들 수 있다. 하나님을 향한 굶주림과 목마름을 갖기 위해 명확한 소망을 가질 수 있도록 하나님의 자비를 반복해서 구해야 한다.

**영성 훈련에서의 침식.** 자기 만족은 영적인 삶을 위한 지속적인 훈련에 실패하게 하거나 또는 그 실패 때문에 야기될 수 있다. 아사 왕(대하 14-16)을 비롯해서 성경에 나오는 여러 인물들이 인생의 반은 제대로 시작했으나 나머지 인생을 어설프게 마무리했다. 영성 훈련이 침식되기 시작할 때, 영적 열정도 마찬가지로 식어버린다.

**형식적인 복종.** 많은 사람들이 예수님을 사랑하는 것보다는 규칙과 도덕적 행동 그리고 의무 같은 것들에 더 관심을 갖는다. 내면의 감동이 빠진 형식적인 복종은 마음을 다해 하나님께 복종하라는 성경적인 시각과는 거리가 멀다(렘 31:33, 롬 6:17, 엡 6:6).

**그리스도보다 진리를 더 사랑하기.** 말씀을 공부하는 일부 학생들은 진리의 근원보다는 성경에 나오는 진리의 내용을 더 사랑한다. 성서신학과 조직신학은 연구할 가치가 있는 것이지만, 예수님을 알고 닮아가고자 노력하는 것을 대신할 정도는 아니다.

**그리스도보다 섬김과 사역을 더 중시하기.** 우리 자신을 그리스도 안에서 얻은 새로운 정체성보다는 우리가 성취한 것으로 정의하기가 더 쉽다. 어떤 사람들은 그리스도인의 삶을 예수님과 친밀해지는 것보다는 도움이 필요한 사람을 섬기고, 교제하고, 전도하고, 예배드리는 것으로 생각한다. 이런 것들은 하나님의 임재가 명백해지지 않은 상태에서 사역의 많은 문제들을 야기한다.

**그리스도보다 단체를 위해 더 헌신하기.** 예수님께 헌신하는 것보다 교회나 교단, 혹은 다른 기관들을 위해 더 많은 시간과 관심을 쏟기 쉽다. 그리스도보다 단체의 복지를 위해 더 많은 열정을 가질 위험이 항상 존재한다.

**단순 기능적 관계.** 많은 사람들은 예수님 자체보다는 예수님이 우리를 위해서 무엇을 해줄 수 있는지에 더 관심이 많다. 처음에는 예수님이 우리의 직업, 결혼, 자녀들 혹은 건강 문제들을 도와주실 것이라는 기대로 그분께 나아간다 할지라도, 이러한 기복 신앙적인 마음 자세를 넘어서 성장하지 않으면 결코 영적인 열정을 개발시킬 수 없다.

하나님을 향한 우리의 사랑은 이러한 방해꾼들에 의해 위협받을 수 있다. 그러나 또 다른 태도나 행동들이 우리를 자극하거나 주님을 향한 헌신과 친밀함을 새롭게 할 수 있다.

**영적 열성의 원천   하나님을 인격적으로 알아가기.** 하나님은 지극히 인격적이고 관계적인 분이시다. 그러므로 그분을 하나의 능력이나 원리로만 대우하는 것은 모욕적인 것이다. 우리들 중 일부는 사람들이나 친밀감보다는 추상적인 원리나 관념에 익숙해지는 것이 쉬울 수도 있다. 우리가 보아온 것처럼 성경, 신학, 목회 그리고 교회와 같은 선한 것들이 그분에 대한 사랑을 대체할 수 있다. 이러한 현상의 대응책으로, 하나님의 아들에 대한 열정이 커지도록 하나님의 은혜를 간구하는 것이 좋다. 그러면 성령의 능력으로 우리는 아버지가 아들을 사랑하는 것처럼 그분을 사랑하게 될 것이다.

**예수님의 발 아래 앉기.** 독서, 묵상, 기도 그리고 관상을 위해 정기적으로 시간을 할애할 때, 우리는 자신을 예수님의 발 아래 놓아드리며 그분의 임재를 즐기게 된다. 그분께 전념하고 그분을 받아들임으로, 우리는 사람들과 친구가 되는 것보다 예수님의 친구가 되는 데 더 많은 시간을 보내는 지혜를 배운다.

**주님을 모방하기.** 예수님의 죽으심과 장사 지냄, 부활 그리고 승천으로 말미암아 우리는 하나님 앞에서 새로운 피조물이 되었다(고후 5:17)는 새 정체성을 그리스도 안에서 갖게 되었다. 하나님으로 말미암은 이러한 정체성은 우리로 하여금 예수님을 모방하고 "그분의 자취를 따르는"(벧전 2:21) 것을 가능하게 한다. 우리가 주님을 사랑하면 그분의 성품, 겸손, 열정, 사랑, 기쁨, 평화 그리고 아버지의 뜻에 의지함 등에서 그분을 닮기를 소원할 것이다.

**영적인 감정을 키우기.** 우리의 본성과는 상관없이, 하나님을 향한 우리의 진실한 감정들(욕구, 갈망, 질투, 정욕, 굶주림)을 키우는 것이 중요하다. 시편 기자들의 풍부한 감정이 담긴 삶은(시 27:4, 42:1-3, 63:1-8, 145:1-21을 보라), 다른 어떤 것보다도 하나님을 향한 소망과 환난의 시기에 그분을 의존하고자 하는 의지를 보여준다. 그들처럼 우리도 우리 자신을 능가하는 그런 사랑에 대한 열망을 가져야 한다(엡 3:17-19).

**하나님의 선하심을 향한 감사를 키우기.** 세상이 주는 산만함이 우리로 하여금 하나님과의 관계에서 더 많이 감사하지 못하게 한다. 우리는 우리의 가장 강력한 본능적 욕구의 대상보다도 무한히 우월하신 그분과 연합을 누릴 수 있다는 사실을 잊어버린다. 우리는 감사의 은혜와 하나님의 "그리스도 예수 안에서 우리에게 자비하심"(엡 2:7)이라는 측량할 수 없는 선하심에 대한 경이감을 가지도록 기도해야 한다.

**집중된 의도.** 당신이 가장 원하는 것(혹은 소망하는 것)이 무엇인가? 하나님은 우리가 그분을 알고 사랑하고 싶어하는 마음을 가지고 그분을 찾을 때 기뻐하신다. 그분은 "우리가 그런 의지를 갖기를 소망할 때 우리 안에서 역사하심으로 그분의 영향력을 발휘하기 시작하시고, 우리가 그런 의지를 가질 때 우리와 함께 일하심으로 그분의 영향력을 완성하신다"라고 어거스틴은 「은혜와 자유 의지(On Grace and Free Will)」라는 책에서 밝힌 바 있다. 우리의 의지가 보다 순수해지고 예수님을 닮아가는 데 집중한다면, 그분을 향한 우리의 사랑도 자랄 것이다.

**하나님이 우리의 표면적 자아를 깨뜨리기를 바라기.** "내가 진실로 진실로 너희에게 이르노니 한 알의 밀이 땅에 떨어져 죽지 아니하면 한 알 그대로 있고 죽으면 많은 열매를 맺느니라 자기 생명을 사랑하는 자는 잃어버릴 것이요 이 세상에서 자기 생명을 미워하는 자는 영생하도록 보존하리라"(요 12:24-25). 회칠한 인생은 그리스도 안에 있는 새로운 자아의 향기가 발하도록 깨어져야 한다(막 14:3). 만약 그리스도의 향기가 퍼져나가기를 원한다면, 하나님의 때와 하나님의 방법으로, 하나님이 자아 포기라는 깨어짐의 고통이 있는 십자가로 우리를 이끄시도록 해야 한다. 이러한 주제는 영적인 작품에 잘 나타나 있는데, 그 가운데 하나가 워치만 니(Watchman Nee)의 「영혼의 해방(The Release of the Spirit)」이다.

**사람을 감동시키기보다 하나님을 기쁘시게 해드리기를 소망하기.** 그리스도를 닮기 원한다면, 아버지를 기쁘시게 해드리려는 그분의 최대의 목표를 받아들여야 한다(요 8:29, 히 10:7). 이러한 영광스러운 목표에 대한 최대의 적은 사람의 칭찬을 얻으려는 경쟁심이다(요 5:41, 44, 12:43, 갈 1:10). 우리는 두 방법을 다 취할 수는 없다. 오직 한 분을 위해 연기를 하거나, 아니면 많은 관객들을 위해 연기해야 할 것이다. 그러나 결국은 오직 하나님의 반응만이 중요하다.

**하나님을 귀중하게 모시기.** 달라스 윌라드(Dallas Willard)는 「하나님의 모략(The Divine Conspiracy)」에서 하나님은 "그분이 창조하시고, 계획하시고, 갈망하시고, 탄식하시고, 구속하시고 그리고 친구가 된" 사람들을 보배처럼 여기신다고 말하였다. 하나님이 우리를 보배처럼 소중히 여기시는 것처럼, 우리도 그분을 다른 어떤 것보다도 귀하게 대해주길 원하신다. "우리가 사랑함은 그가 먼저 우리를 사랑하셨음이라"(요일 4:19). 하나님이 우리를 얼마나 사랑하시고 존중하시는지를 더 많이 깨달을수록 우리도 그분을 더 사랑하고 존중하게 될 것이다. 「기도 시작하기(Beginning to Pray)」라는 책에서 안토니 블룸(Anthony Bloom)은 하나님을 소중하게 모시는 방법 가운데 하나로 하나님을 부르는 인격적인 이름이나 표현을 찾아내라고 제안했다. 다윗이 '나의 기쁨이신 당신'이라고 불렀던 것처럼, 이것은 그분과 우리와의 관계 속에서 흘러나오는 것이다.

**믿음 안에서 성숙하기.** 우리는 믿는 자로서 그리스도를 우리의 영원한 운명이라고 믿지만, 우리들 중 대부분은 일상생활에서 그분을 신뢰하기가 힘들다는 것을 발견한다. 우리 눈에 만족스러워 보이는 죄악 된 계획들을 추구하는 한, 우리의 자신감은 잘못된 근거를 가지고 있다. 우리는 행위가 아닌 예수님의 능력으로 말미암아 자신감을 가질 수 있을 정도로 그분을 신뢰하는 법을 배워야만 한다.


## 열망의 시편

**시편 16편: 주님은 우리에게 가장 좋은 복이며 우리의 기업이시다** "하나님이여 나를 보호하소서 내가 주께 피하나이다"(16:1). 다윗은 이스라엘 땅에서 쫓겨나 사울과 그 신복들을 피해 개의 등에 있는 벼룩처럼 도망다닐 때 시편 16편을 썼다. 그들은 다윗에게서 주님으로부터 온 유산을 빼앗기 위해 "너는 가서 다른 신들을 섬기라"(삼상 26:19)며 도전했다. 이 시편에서 다윗은 주님께만 전심으로 헌신할 것과 하나님을 반대하는 모든 것을 거절할 것을 다짐한다.

그리스도께 삶을 바친 우리들 또한 도망자들이다. 왜냐하면 돈, 섹스 그리고 권력이라는 신들을 섬기라고 우리를 유혹함으로써 영적인 유산을 누리려는 마음을 빼앗는 세상으로부터 피난처인 주님께로 도망나왔기 때문이다. 다윗처럼 우리는 우리의 안전과 의미 그리고 만족을 위해 전심으로 하나님만을 찾는 태도를 키워야만 한다. 또한 주님 안에서만 안식을 얻을 수 있으며, 그분이 우리에게 가장 좋은 복이시라는 사실을 인정해야 한다. "내가 여호와께 아뢰되 주는 나의 주시오니 주 밖에는 나의 복이 없다 하였나이다"(16:2, 시 73:25 참조).

다윗은 인격과 거룩함을 지닌 사람들과의 관계를 흠모하였고(16:3), "다른 신에게 예물을 드리는 자의 괴로움"(4절)을 산업의 유일한 소망이 여호와께 있는 사람들이 누리는 복과 비교했다. "여호와는 나의 산업과 나의 잔의 소득이시니 나의 분깃을 지키시나이다 내게 줄로 재어 준 구역은 아름다운 곳에 있음이여 나의 기업이 실로 아름답도다"(5-6절). 이스라엘 지파들에게 약속의 땅을 나눠줄 때, 레위 제사장들은 땅을 받지 않았다. 여호와는 "여호와께서 또 아론에게 이르시되 너는 이스라엘 자손의 땅의 기업도 없겠고 그들 중에 아무 분깃도 없을 것이나 나는 이스라엘 자손 중에 네 분깃이요 네 기업이니라"(민 18:20)고 말씀하셨다.

그리스도를 믿는 자로서 우리의 풍성함과 안전은 그분에게 있지 세상에서부터 얻은 것들에 있지 않다. 우리는 저금이나 투자 그리고 물질에 소망을 두는 실수를 범해서는 안 된다. "정녕히 재물은 날개를 내어 하늘에 나는 독수리처럼 날아가리라"(잠 23:5). 하나님 한 분만이 우리의 분깃이시며 기업이심을 깨달을 때, 우리는 세상에서 공급하는 수단들을 넘어서서 참된 공급의 근원이신 하나님을 바라보게 된다. 또한 세상의 보화와 칭찬은 그리스도를 아는 것에 비교하면 아무것도 아님을(빌 3:7-11) 발견할 때, 우리는 하나님이 물질을 공급하시는 것들에 만족하게 될 것이다. 왜냐하면 우리의 영적인 기업의 아름다움과 부요함을 발견하게 되기 때문이다.

다윗은 이러한 영적인 기업을 두 가지 현재의 유익과 두 가지 미래에 대한 기대로 설명하였다.

1) 두 가지 현재의 유익

첫째, 하나님이 우리를 인도하시고 훈계하신다. "나를 훈계하신 여호와를 송축할지라 밤마다 내 심장이 나를 교훈하도다"(16:7). 하나님의 영은 그 자녀를 인도하고 훈계하고 가르치기 위해서 그분의 말씀을 사용하신다. 인생이란 우리 자신을 위해 최선의 길을 식별하기에는 심히 복잡하고 불확실하다. 성경에 나오는 가장 큰 이익 가운데 하나는 여러 교훈과 원리들 속에서 우리가 발견할 수 있는 비할 데 없는 훈계다.

둘째, 하나님은 우리가 환경을 초월할 수 있다는 확신을 주신다. "내가 여호와를 항상 내 앞에 모심이여 그가 내 우편에 계시므로 내가 요동치 아니하리로다 이러므로 내 마음이 기쁘고 내 영광도 즐거워하며 내 육체도 안전히 거하리니"(8-9). 부딪히는 여러 상황들에서 그분의 임재를 많이 경험할수록, 그분은 우리 삶에 더욱 인격적이고 실제적이 되신다. 우리에게 능력을 주시는 그분을 통하여 우리는 모든 것을 할 수 있고(빌 4:13), 우리가 직면하는 모든 상황 가운데 결코 혼자가 아니라는 사실을 발견한다.

2) 두 가지 미래에 대한 기대

첫째, 그리스도 안에서 갖는 안전감은 이 땅에서의 여정뿐만 아니라 이 생을 넘어선 삶에까지 연장된다. "이는 내 영혼을 음부에 버리지 아니하시며 주의 거룩한 자로 썩지 않게 하실 것임이니이다"(16:10). 베드로와 바울은 이 구절을 메시아에 대한 예언으로 인용하였다. 다윗은 "앞을 바라보고 부활하신 그리스도와 말하였"(행 2:27-31, 13:35-37)는데, 그리스도의 몸은 다윗과는 다르게 썩지 않았다. 진정한 자신감은 우리의 부활의 승리가 죽음을 삼킬 것이라는 데 있다(고전 15:51-58).

둘째, 우리는 살아계신 하나님이 사랑으로 임재하실 때 완전한 만족과 끝없는 기쁨을 누린다. "주께서 생명의 길로 내게 보이시리니 주의 앞에는 기쁨이 충만하고 주의 우편에는 영원한 즐거움이 있나이다"(16:11). 그리스도 안에서 우리가 갖는 기업은 모든 상상을 초월한다(고전 2:9). 이 땅에서 우리가 알고 있는 가장 위대한 기쁨은, 주님이 그분께 소망을 두고 있는 모든 사람에게 영원히 내려주실 복으로, 그것은 나약한 그림자에 불과한 호의가 아니다. "천국의 완전한 행복만이 소망으로 남을 것이고, 인간이 무엇을 소망해 왔든지 하나님이 주시는 온전한 기쁨만을 얻을 것이다"(토마스 아퀴나스).

**시편 103편: "내 영혼아, 여호와를 송축하라"**

오 하나님, 내가 당신을 신령과 진정과 내 혼과 힘을 다하여 사랑하지 않으면,
나는 신령과 진정과 혼과 힘을 다하여 다른 것을 사랑했을 것입니다.
당신을 그 무엇보다도 사랑하게 하사 다른 것을 사랑하려는 마음으로부터 자유하게 하소서.
당신은 나의 첫사랑, 나의 최고의 선, 나의 최종의 기쁨입니다.
—조지 애플턴(George Appleton), 옥스퍼드 기도문(Oxford Book of Prayer) 중에서

최고이시며 살아계신 하나님 이외에 어떤 좋은 것을 우리 마음의 최우선에 놓는 것은 우상이다. 우리는 그분과 관계를 맺도록 창조되었고, 다른 어떤 사람이나 소유, 혹은 지위도 우리 내면 가장 깊숙한 곳의 갈망을 만족시킬 수 없다. 시편 기자는 이러한 진실을 자주 강조하며 찬양했다. 찬양의 시편의 첫번째 부분인(시

103-107편) 103편은 능력과 아름다움을 가지신 하나님의 사랑 넘치는 친절이 우리의 가장 위대한 만족의 근원임을 노래한다.

1) 감사를 위한 개인의 찬송
첫번째 연에서, 다윗은 하나님과 동행했던 자신의 경험에 근거하여 여호와를 찬양해야 할 몇 가지 이유들을 자세히 열거한다. "내 영혼아 여호와를 송축하라 내 속에 있는 것들아 다 그 성호를 송축하라 내 영혼아 여호와를 송축하며 그 모든 은택을 잊지 말지어다 저가 네 모든 죄악을 사하시며 네 모든 병을 고치시며 네 생명을 파멸에서 구속하시고 인자와 긍휼로 관을 씌우시며 좋은 것으로 네 소원을 만족케 하사 네 청춘으로 독수리같이 새롭게 하시는도다"(1-5절).
성경은 거듭해서 하나님이 우리에게 주신 많은 유익들을 찬양하고 감사함으로 하나님께 나아가라고 권하고 있다. 하지만 우리의 본성은 그분이 우리 인생을 위해 행하신 것들을 잊어버리고 그 대신 우리의 문제들, 고통들 그리고 좌절들에 초점을 맞추게 하는 경향이 있다. 그럴 때면 우리는 하나님의 성품으로 환경을 바라보는 대신, 환경을 바라보는 시각으로 하나님을 바라본다. 그 결과 우리는 교만하고 방종하게 되거나(신 8:12-14, 17-18, 대하 32:25) 분노하고 실망한다. 왜냐하면 믿음과 인내 안에 우리의 소망을 두어야 한다는 사실을 잊어버리기 때문이다(롬 15:4, 히 6:10-11, 18-19, 10:35-36). "내 영혼아 여호와를 송축하며 그 모든 은택을 잊지 말지어다."

2) 공동체의 찬양
이 시편의 두번째 연은, 하나님의 신실하신 사랑을 주제로 개인의 감사에서 공동의 찬양으로 옮겨간다(103:6-18). 출애굽과 광야의 경험을 회상하면서 다윗은 "여호와께서 의로운 일을 행하시며 압박당하는 모든 자를 위하여 판단하시는도다 그 행위를 모세에게, 그 행사를 이스라엘 자손에게 알리셨도다"(6-7)라고 썼다. 이스라엘은 하나님의 역사를 알았지만, 모세는 하나님이 역사하시는 방법까지 친밀하게 알고 있었다. 우리 가운데 대부분은 하나님이 행하심을 통해 그분을 안다. 그러나 소수의 사람들만이 하나님의 행하시는 방법을 지식적으로 친밀하게 알기 위해 훈련에 참여한다. 모세는 감히 하나님의 영광을 보기를 구했고, 하나님이 모세 앞을 지나가셨을 때 하나님은 이 시편의 다음 절들에 나오는 것과 비슷한 단어들을 가지시고 당신의 임재와 성품의 영광스러움을 명백히 나타내셨다. "여호와는 자비로우시며 은혜로우시며 노하기를 더디 하시며 인자하심이 풍부하시도다 항상 경책지 아니하시며 노를 영원히 품지 아니하시리로다 우리의 죄를 따라 처치하지 아니하시며 우리의 죄악을 따라 갚지 아니하셨으니"(시 103:8-10, 출 34:6-7 참조).

불평을 일삼고 다툼에는 빠르고 용서에는 느린 인간과 비교해서, "하나님은 인간과는 절대적으로 반대되시며, 비록 자신이 어떤 대가를 치르시더라도 분노를 참으실 뿐 아니라 공의를 참으신다"[데릭 키드너(Derek Kidner)]. 주님의 신실하신 사랑과 그분의 용서는 한이 없다. "이는 하늘이 땅에서 높음같이 그를 경외하는 자에게 그 인자하심이 크심이로다 동이 서에서 먼 것같이 우리 죄과를 우리에게서 멀리 옮기셨으며"(시 103:11-12). 그리스도의 사랑의 "넓이와 길이 그리고 높이와 깊이"(엡 3:18-19)는 지식을 초월한다. 공간적 이미지에서 관계적 이미지로 전환하면서 시편 기자는 덧붙인다. "아비가 자식을 불쌍히 여김같이 여호와께서 자기를 경외하는 자를 불쌍히 여기시나니"(시 103:13, 사 49:15 참조). 육신의 가족들과 함께 경험할 수 있는 따뜻함과 호의 그리고 안전감을 느낄 수 있게 하는 최상의 순간에 대한 무조건적인 갈망 같은 것은 불완전한 것이다. 그것은 그분을 아는 자들을 향한 하나님의 신실하신 사랑에 대한 그림자와 같다. 시편 90편 1-6절에 반복되는 모세의 기도를 언급하면서, 다윗은 짧은 인생과 시간의 제약을 받지 않으시는 하나님을 말한다. "이는 저가 우리의 체질을 아시며 우리가 진토임을 기억하심이로다 인생은 그 날이 풀과 같으며 그 영화가 들의 꽃과 같도다 그것은 바람이 지나면 없어지나니 그곳이 다시 알지 못하거니와"(시 103:14-16). 하지만 하나님의 언약적인 사랑과 은혜는 결코 사라지지 않을 희망과 목적을 우리에게 준다. 왜냐하면 "여호와의 인자하심은 자기를 경외하는 자에게 영원부터 영원까지 이르기"(17절) 때문이다.

이 시편에서 세번째로 등장한 '하나님을 경외하는 자'라는 표현에 주목하라. 하나님의 위대한 사랑과 자비에 대해서 우리는 경외와 계속적인 감사 그리고 자발적인 순종으로 반응해야 한다. "여호와의 인자하심은 자기를 경외하는 자에게 영원부터 영원까지 이르며 그의 의는 자손의 자손에게 미치리니 곧 그 언약을 지키고 그 법도를 기억하여 행하는 자에게로다"(시 103:17-18). 하나님 아버지는 우리가 도를 행하는 자가 되고 듣기만 하여 자신을 속이는 자가 되지 않기를 원하신다(약 1:22).

이 시편의 세번째 연은 개인으로부터(103:1-5) 하나님의 백성이라는 공동체(6-8절) 그리고 모든 창조 질서(19-22절)로 나아간다. "여호와께서 그 보좌를 하늘에 세우시고 그 정권으로 만유를 통치하시도다 능력이 있어 여호와의 말씀을 이루며 그 말씀의 소리를 듣는 너희 천사여 여호와를 송축하라 여호와를 봉사하여 그 뜻을 행하는 너희 모든 천군이여 여호와를 송축하라 여호와의 지으심을 받고 그 다스리시는 모든 곳에 있는 너희여 여호와를 송축하라 내 영혼아 여호와를 송축하라"(대상 29:10-13을 참조하라). 시편 기자의 묵상은 수많은 천사와 하늘의 천군들이 그 거룩한 이름을 송축할 것을 기원하면서 하나님의 은혜에서 하나님의 위대하심으로 옮겨간다. 천군 천사와 피조물들이 완전한 순종으로 여호와를 섬기는 것처럼, 어둠에서 구속받고 인자와 자비로 면류관을 씌운 바 된 우리도 겸손과 경외, 사랑 그리고 순종의 마음으로 여호와 앞에 서도록 해야 한다. 가장 지혜로운 시간 투자는 그분을 더 잘 알기 위해 우리의 시간을 쓰는 것이다. 왜냐하면 그분을 알면 그분을 사랑하게 되고, 그분을 사랑하게 되면 그분이 주시는 기쁨과 즐거움에 참예하게 되기 때문이다.

## 기도

만물 위에서 그리고 만물 안에서 내 영혼은 항상 여호와 안에서 안식을 누립니다. 왜냐하면 당신은 모든 종들의 영원한 안식이 되시기 때문입니다.

모든 창조물보다, 모든 건강과 아름다움보다, 모든 영광과 존경보다, 모든 능력과 위엄보다, 모든 지식과 정밀한 생각보다, 모든 부와 재주보다, 모든 기쁨과 환희보다, 모든 명성과 칭찬보다, 모든 친절과 위로보다, 모든 희망과 약속보다, 모든 공로와 소망보다, 모든 재능과 호의보다 나에게 가장 아름답고 사랑스러운 예수님을 주시옵소서. 마음으로 이해하고 느낄 수 있는 모든 행복과 즐거움보다, 모든 천사와 천사장들보다, 모든 하늘의 천군들보다, 눈으로 볼 수 있는 것이나 없는 것들보다 그리고 당신이 아닌 모든 것들보다 나의 하나님을 부어주시옵소서.

— 토마스 아 켐피스(Thomas à Kempis), 「그리스도를 본받아(The Imitation of Christ)」

"그러나 여호와께서 기다리시나니 이는 너희에게 은혜를 베풀려 하심이요
일어나시리니 이는 너희를 긍휼히 여기려 하심이라 대저 여호와는 공의의 하나님이심이라
무릇 그를 기다리는 자는 복이 있도다"
(사 30:18).

## 적용을 위한 질문

- 당신은 어디에서 포기를 배울 수 있는가? 당신 자신의 열망과 야망을 얼마나 깊이 경험하고 있는가? 그리고 그것들이 당신이 하나님과 동행하는 데 어떤 영향을 미치는가?

- 하나님의 기쁨을 찾는다는 것은 무엇을 의미하는가?

- 당신의 생각과 행동에 성육신이 암시하는 바는 무엇인가?

- 예수님 안에 거한다는 비유는 당신과 어떤 관계가 있는가?

- 여덟 가지 영적인 열정 중에서 당신에게 가장 도전이 되는 것은 무엇인가?

- 영적인 열정의 열 가지 원천 중에서 당신에게 가장 의미 있는 것은 무엇인가?

# 제7부 HOLISTIC SPIRITUALITY
# 포괄적 영성

● 그리스도의 주재권 아래 있는 삶의 모든 요소

일반적으로 기독교를 가족, 일, 재정 등과 같은 삶의 한 요소로 생각하려는 경향이 있다. 이러한 구분은 우리로 하여금 세상적인 것과 영적인 것의 이분법을 조장한다. 성경이 제시하는 대안은 삶의 모든 영역에서 그리스도의 주인 되심을 이해하는 것이다. 그것은 가장 세상적인 삶의 요소라도 우리 안에 계신 그리스도의 생명을 표현할 수 있다는 것을 의미한다.

제7부 _ **포괄적 영성** HOLISTIC SPIRITUALITY

**17**

# 그리스도가 중심 되심

| 이 장의 개관 | 포괄적 영성은 그리스도의 중심 되심과 그분이 우리 삶의 모든 요소에 관여하고 계심을 강조한다. 이분법적 사고에 대해 성경이 제시하는 대안은 인생의 모든 부분에서 그리스도의 주재권이 의미하는 바를 이해하는 것이다. 그것은 가장 세속적인 인생의 요소들도 우리 안에 계신 그리스도의 생명을 표현할 수 있다는 것을 의미한다. 이 장은 마음의 지혜를 키울 것을 강조한다. 그것은 하나님의 통치 아래, 각 분야에서 살아 있는 생명을 사는 기술이다. |
|---|---|
| 이 장의 목표 | • 매일의 삶에서 인격적인 변화를 소망하기<br>• 매사에 그리스도를 찾는 지혜를 이해하기<br>• 마음의 지혜를 키워야 할 필요성에 대해 이해하기 |

## 하나님께로 향함

'포괄적 영성'은 뉴에이지에 관한 책 제목에 어울리는 것 같다. 하지만 우리가 용어를 정의할 때 묵상, 관상, 영성 그리고 포괄과 같은 단어들은 유용하고 의미 있는 도구들이다. 사람들은 '포괄'이라는 단어를 모든 사물의 통일을 설명하는 범신론적인 의미에서 사용한다. 그러나 전체론의 표준화된 철학적 의미는, 자연의 실재는 부분의 합보다 큰 조직화된 전체 안으로 종합된다는 것이다. 예를 들면, 인간 존재는 정교하게 조직된 원자, 분자, 세포, 조직, 기관 그리고 체계의 합 이상이다. 그것들 가운데 어떤 것도 우리의 정신, 감정 그리고 의지와 우리를 창조하신, 시간을 초월하신 영적인 존재와 연결시키는 우리의 능력을 완벽하게 설명하지 않는다.

우리에게는 우리가 아는 이상의 것이 있으며 그리고 우리 안에서 하나님은 물질과 비물질을 연합하여 비범한 행동의 연합체를 만드신다. 그러므로 물질적인 소유와 성취에서 의미를 추구하는 영원한 인간의 노력은 항상 실망과 불만족에 도달한다. 우리에게는 창조된 물질 이상의 의미가 있다. 우리는 피조되지 않은 만물의 창조자 안에서 우리의 의미와 목적을 찾도록 의도되었다. 우리 안에 있는 어떤 것은 - 우리가 그것을 억누르려고 할 때에도 - 세상이 제공해줄 수 있는 것 이상을 원하기 때문에 창조 질서 이상을 강조한다.

하나님을 모르는 사람들은 이 세상의 초등 학문에서 자신들의 정체감을 찾기 때문에 스스로를 하향 조정하도록 제한한다(골 2:8, 20). "하나님을 알 뿐더러 하나님의 아신 바 된"(갈 4:9 상, 고전 8:3) 사람들은, 이전에 그들을 종노릇 하게 했던 "약하고 천한 초등 학문으로 다시 돌아가고자"(갈 4:9 하) 하는 유혹이 여전히 있지만, 스스로를 상향 조정하기 시작한다. 우리가 하나님을 알고 즐거워함으로 그분을 기쁘시게 하기 위해 창조되었다고 가정하면, 우리 삶이 하나님을 향하지 않고 그분과 우리와의 관계에서 우리 자신을 정의하지 않을 때 우리는 결코 완벽하거나 완전해질 수 없다.

하나님께로 향하는 움직임은 이 땅에서 결코 완성되지 않을 과정이긴 하지만, 천국에서의 삶을 위한 준비가 될 수 있다. 그 길을 가는 순례자들로서, 우리는 이 땅에서 우리가 순례자며 여행자라는 사실과 우리의 참 시민권은 하늘에 있다는 것을(빌 3:20) 깨달아야 한다. 우리가 하늘로부터 온 소명에 대해 더 진지해질수록, 이 땅에서의 유혹과 혼란 때문에 생기는 긴장들을 더 잘 알게 된다. 많은 믿는 자들이 자신들의 삶을 구분지음으로 이러한 긴장을 무심결에 해결하려 한다. 그들은 그리스도와의 관계를 가족, 직업 그리고 돈과 같은 다른 삶의 요소들과 같은 것으로 취급하기 때문에 그렇게 한다. 이런 '구분'은 세상의 것과 영적인 것의 이분법을 조장한다. 그래서 영적인 것은 우리가 교회나 성경 공부 그리고 경건의 시간 같은 특정한 경우에만 하는 것이 된다. 그리고 그러한 것들을 더 많이 할수록 더 영적이라고 가정한다.

반대로 포괄적 영성은 그리스도의 중심 되심과 그분이 우리 삶의 모든 요소에 연관되어 있음을 강조한다. 이분법적인 사고에 대한 이러한 성경적인 대안은, 인생의 모든 면에서 그리스도가 주재권을 가지셨다는 것을 강조한다. 그것은 인생의 가장 세속적인 요소도 우리 안에 계신 그리스도의 생명을 나타낼 수 있다는 것이다. 이런 식으로, 인생의 다양한 세속적인 영역들이 우리가 그것들을 그리스도의 주재권 아래 순종시킬 정도로 영적인 것으로 변하게 된다. 포괄적인 접근에서는 전체는 부분의 합보다 크고, 부분들은 점차 전체와 관련을 맺게 된다. 예수님의 통치를 받지 않는 삶의 영역은 없는 것이다.

하늘은 너무 높지 않고,
그분을 향한 찬송은 저편에서 날아다니네.
땅은 너무 낮지 않고,
그분을 향한 찬송은 점점 커지네.

이 땅 구석구석에 있는 모든 것들아 찬양하세,
나의 하나님, 나의 왕을!
— 조지 허버트(George Herbert)

## 행복에 대한 잘못된 추구

이렇게 매일의 삶에서 그리스도가 중심 되시도록 개인을 변화시키려는 시도는, 잘못된 방법으로 행복을 추구하여 의미를 찾으려는 노력 때문에 종종 모호해진다.

17세기 수학자이자 철학자인 블레이즈 파스칼(Blaise Pascal)은 자신의 명상록 「팡세(Penées)」에서 이렇게 말했다. "모든 사람은 행복을 추구한다. 거기에는 예외가 없다. 사람들이 사용하는 다양한 수단과는 상관없이, 모두가 결국에는 행복을 원한다. 전쟁으로 향하는 사람과 전쟁을 피하는 사람들의 이유는 둘 다 다양한 시각에서 왔지만 같은 욕망에서 비롯되었다. 사람들은 행복을 위해서가 아니면 결코 사소한 결심도 하지 않는다. 이것이 모든 사람들이 행하는 모든 행동의 동기며, 심지어 스스로 목을 매는 사람에게도 그렇다."

문제는 사람들이 행복을 추구할 때 재산이나 유명세 또는 지위나 권력과 같은 잘못된 것들에서 자신들의 행복을 찾을 수 있다고 생각하는 데 있다. 이것이 사람들이 광고는 실제 가치보다 유명세를 수단으로 삼아 상품을 판매한다고 믿는 이유다. 그러므로 값비싼 자동차 제조업자들은 "행복을 움켜잡을 수 있는 차 안에서 행복을 찾아라"는 광고를 만들어낸다. 마치 벨과 호루라기가 인간의 마음을 만족시킬 수 있기라도 하듯 말이다. 진리는 고도로 정교한 장난감이나 보물로도 인생의 의미를 향한 심오한 갈망을 충족시킬 수 없다는 데 있다. 조지 길더(George Gilder)는 「인간과 결혼(Men and Marriage)」에서 다음과 같이 설명하고 있다. "인간은 갈망하지만, 무엇을 갈망하는지 모른다. 그들은 방황하고 목적을 잃어버린다. 그들은 싸우고 경쟁하지만 그것의 상금이 무엇인지 잊어버린다. 그들은 씨를 뿌리지만, 결실의 계절을 망쳐버린다. 그들은 능력과 영광을 쫓아가지만, 인생의 의미를 잃어버린다."

**단기간의 이유들로는 충분하지 않다** 근본적인 의미가 결핍된 인생이 갖는 비극은 돈키호테의 한 장면에 잘 나타나 있다. 돈키호테가 산초 판자에게 자신의 팔에 안겨 죽어가는 병사들의 눈에 대해 이야기할 때, 그들의 눈은 한 가지 질문을 던지고 있는 것처럼 보였다고 말한다. 산초가 "그 질문이 '내가 왜 죽어가고 있나요' 라는 것이었나요?" 라고 묻자 돈키호테는, "아니, 그 질문이란 '내가 왜 살고 있었나요?' 라는 것이었어" 라고 대답한다. 만약 우리가 이 질문에 대해 영원하면서 만족스런 대답을 할 수 없다면, 우리는 통제당하고 있거나 혹은 실제로는 우주 안에서 방황하고 있으면서 우리가 어디로 가고 있는지 안다고 생각함으로 스스로를 속이고 있을지도 모른다.

아마도 이러한 상황을 가장 잔인하게 평가한 것은 「맥베드」에 나오는 절망에 찬 독백일 것이다.

> "내일, 그리고 내일, 그리고 내일,
> 좁은 걸음으로 매일 다가온다.
> 기록된 시간의 마지막 한 마디까지
> 그리고 우리의 모든 어제는 어리석은 자들에게 밝혀주고
> 무미건조한 죽음으로의 길을. 마지막까지, 마지막까지, 동강난 양초의!
> 인생은 그러나 걸어다니는 그림자, 불쌍한 배우
> 그는 무대에서 보내는 시간 동안 뽐내며 자랑하고 안달한다.
> 그리고는 더 이상 아무것도 들리지 않는다. 그것은 한낱 이야기다.
> 어리석은 자는 큰 소리로 분노로 말했지만,
> 한 마디도 쓸 만한 게 없다."

이것이 진정한 의미와 희망이 결핍된 인생에 대한 논리적이면서도 일관된 시각이다. 그러나 소수의 사람들은 거기에 도달한다. 그 한 가지 이유는, 그리스도의 생명이 없는 대부분의 사람들은 검증되지 않은 삶을 살고, 자신들의 모든 집중력을 무대 위에 올려진 시간에 초점을 맞추면서 궁극적인 질문을 피하기 때문이다. 또 다른 이유는, 인간은 회피, 유희, 오락 그리고 도피에 대해서는 거의 무제한적인 가능성을 갖고 있다는 것이다. 많은 경우에 그들이 이러한 질문들과 직면하는 유일한 시간은, 비극이나 상실에 처할 때와 약점의 창문이 짧게나마 열려 있을 때다.

**안식이 없는 마음**   유명한 철학자인 모티머 아들러(Mortimer Adler)에게 「서구 세계의 고전들(The Great Books of the Western World)」이라는 제목의 55권짜리 브리태니커 백과사전 전질을 공동 편집하는 일이 주어졌다. 서구 문명화의 역사 가운데 뛰어난 사상가들의 저서들 중에서 발췌한 글들이 편찬되었고, 그 가운데 포함된 사상들이 방대한 색인에 정리되었다. 이러한 색인에 하나님이라는 주제 아래 상대적으로 많은 표제가 들어가는 이유를 아들러에게 물었을 때, 그는 명확하게 대답했다. "인생의 많은 결론들이 다른 어떤 것보다 그 하나의 이슈에서 나오기 때문입니다." 만약 궁극적 실재가, 우주를 창조하셨고 그분과의 끝없는 관

계에 대한 비길 데 없는 은혜를 우리에게 제공하시는 영원하고 인격적인 하나님이시라면, 우리가 희망을 품을 수 있는 다른 이익들은 비교의 가치가 없는 것이다.

위에서 인용한 같은 명상록에서 파스칼은, "한때 인간에게는 참 행복이 있었다. 이제는 그 행복의 어둠과 공허함의 상처만이 인간에게 남아 있다. 인간은 주변의 것들로 그 참 행복을 채우고자 헛되이 노력하고 있으며, 존재하는 것에서 그 도움을 찾지 못하고 존재하지 않는 것에서 찾는다. 하지만 이런 것들은 모두 부적절하다. 왜냐하면 마음의 심연은 영원하고 불변하는 것, 즉 하나님 한 분만이 채울 수 있기 때문이다"라고 덧붙였다. 이것이 어거스틴이 그의 고백의 첫 책에서 "당신은 당신 자신을 위해 우리를 창조하셨습니다. 오 주님, 그리고 우리의 마음은 당신 안에서가 아니면 휴식을 취할 수 없습니다"라고 쓴 것과 같은 맥락이다.

예수님이 12제자들에게 "너희도 가려느냐?" 라고 물으실 때, 시몬 베드로는 "주여, 영생의 말씀이 계시매 우리가 뉘게로 가오리이까"(요 6:67-68)라고 대답했다. 베드로는 그리스도 외에는 다른 선택의 여지가 없음을 알았다. 즉 아무 데도 갈 곳이 없는 것이다. 이것이 모든 믿는 자들이 인정해야만 하는 진리다. 절망하여 하나님과 동행하기를 포기하고 싶을 때에도 우리에게는 하나님 외에 돌아갈 곳이 없다. 위안을 얻기 위해 다른 것을 찾는 것은 부러진 갈대에 의지하는 것이다. 그리스도를 아는 것은 다윗의 뿌리이자 후손이시며, 빛나는 새벽 별이시고, 알파와 오메가이시며, 처음이자 나중이시고, 시작이고 마지막이시며, 죽은 자들의 첫 열매이시고, 왕 중의 왕이시며 주(主) 중의 주시며, 모든 만물의 창조자이시면서 떠받드는 분이시며, 참 의미와 중요성의 궁극적이고도 초월적인 원천을 붙드는 것이다.

## 항상 그리스도를 찾는 지혜

"여호와를 경외하는 것이 지혜의 근본이요 거룩하신 자를 아는 것이 명철이니라"(잠 9:10). 지혜를 추구하는 것은 그리스도가 우리 삶의 단지 한 구성 요소라기보다는 삶 전체의 통합적인 중심이라는 사실과 직접적으로 관련되어 있다.

**숙련된 삶**  잠언에서 지혜란 여러 가지 면을 가진 보석이라 말한다. 그 면이란 통찰, 모략, 분별, 명철, 지혜, 연단, 능력, 신중, 훈계, 지도, 지식 그리고 정의다. 모든 이러한 면들을 포함하는 기본적인 지혜의 개념으로 히브리어는 쵸크마(chokmah)를 많이 사용한다. 변형된 형태를 포함해서 이 단어는 구약에서 300번 이상 나오고, 그 의미는 '기술(skill)' 이다. 지혜란 하나님의 통치 아래 있는 살아 있는 삶이 가지는 기술이다. 그것은 최선의 수단을 최선의 시기에 최선의 결과를 성취하기 위해 사용하는 능력이다.

생명과 마찬가지로 지혜는 궁극적으로 하나님 한 분에게만 속한 것이다. "지혜와 권능이 하나님께 있고 모략과 명철도 그에게 속하였나니"(욥 12:13). 다니엘은 다음과 같이 고백했다.

"영원 무궁히 하나님의 이름을 찬송할 것은
　지혜와 권능이 그에게 있음이로다
　그는 때와 기한을 변하시며
　왕들을 폐하시고 왕들을 세우시며
　지혜자에게 지혜를 주시고
　지식자에게 총명을 주시는도다
　그는 깊고 은밀한 일을 나타내시고
　어두운 데 있는 것을 아시며
　또 빛이 그와 함께 있도다"
(단 2:20-22).

지혜란 생명이 없는 무질서를 살아 있는 우주로 변화시키는 여호와의 계획이다(잠 8:22-31). 마찬가지로, 지혜란 도덕적이고 영적인 인간의 삶의 무질서를 하나님의 탁월하신 성품들인 공의, 평등, 진리 그리고 성실함으로 성육신시키는 여호와의 계획이다.

**위로부터 오는 지혜와 아래로부터 오는 지혜**　야고보서는 "오직 위로부터 난 지혜는 첫째 성결하고 다음에 화평하고 관용하고 양순하며 긍휼과 선한 열매가 가득하고 편벽과 거짓이 없나니"(약 3:17)라고 하였다. 지혜가 그 근원과 관계를 맺지 않는다면, 그것은 인간의 기지와 재능에 갇혀버리고 만다. "이러한 지혜는 위로부터 내려온 것이 아니요 세상적이요 정욕적이요 마귀적이니 시기와 다툼이 있는 곳에는 요란과 모든 악한 일이 있음이니라"(약 3:15-16).

성경은 정확하게 대조시키고 있다. 땅에서 오는 지혜는 요란과 악함, 추함 그리고 실망으로 이끈다. 그러나 위로부터 오는 지혜는 질서와 선함, 아름다움 그리고 충만함을 낳는다. 많은 사람들이 결실을 얻으려고 땅에서 오는 지혜를 찾지만, 결실이라는 것은 위로부터 오는 지혜로만 맺을 수 있다는 것이 비극이다.

하늘로부터 오는 지혜는 "그것을 얻는 자에게 생명나무라 지혜를 가진 자는 복되도다"(잠 3:18).

"지혜를 얻은 자와
 명철을 얻은 자는 복이 있나니
 이는 지혜를 얻는 것이 은을 얻는 것보다 낫고
 그 이익이 정금보다 나음이니라
 지혜는 진주보다 귀하니
 너의 사모하는 모든 것으로 이에 비교할 수 없도다"
(잠 3:13-15).

우리가 인생에서 소망하는 것이 무엇인가? 우리는 부, 명성, 권력 그리고 인기를 갈망할 것이다. 하지만 그런 것들은 내적인 자아가 원하는 것이 아니라 외적인 갈망들이다. 그리스도 안에 있는 믿는 자들로서 우리는 "속사람으로는 하나님의 법을 즐거워한다"(롬 7:22). 그리고 의미, 목적, 만족에 대한 가장 깊은 곳에서의 갈망은 인생을 지으신 분을 아는 지식만이 채워줄 수 있다.

지혜란 우리 인생의 가공되지 않은 재료들로부터 아름다움을 만들어내는 기술이다. 그것은 하나의 기술이기 때문에 태어나면서부터 지혜를 소유한 사람은 없다. 그것은 훈련되고 계발되어야 한다. 이것이 잠언의 전반부 아홉 장에서 모든 기술들 가운데 가장 귀중하고 실용적인 지혜를 찾기 위해 그토록 많은 어버이의 훈계를 둔 이유다.

"내 아들아 네가 만일 나의 말을 받으며
 나의 계명을 네게 간직하며
 네 귀를 지혜에 기울이며
 네 마음을 명철에 두며
 지식을 불러 구하며
 명철을 얻으려고 소리를 높이며
 은을 구하는 것같이 그것을 구하며
 감추인 보배를 찾는 것같이 그것을 찾으면
 여호와 경외하기를 깨달으며
 하나님을 알게 되리니"
(잠 2:1-5).

그러면 어떻게 지혜를 추구할 것인가? 그것에 대한 답은 다음 구절에서 찾을 수 있다. "대저 여호와는 지혜를 주시며 지식과 명철을 그 입에서 내심이며"(잠 2:6). 이 지혜는 위로부터 오며(약 3:17), 우리는 결코 우리 자신의 노력으로 그것을 가지려고 소망할 수 없다.

**하나님을 경외함**  지혜라는 보물은 하나님의 손 안에 있지만, 그것에 대해 좀 더 구체적인 필요가 있다. 지혜를 얻기 위한 조건은 무엇인가? 잠언 9장 10절이 그것에 대한 대답을 준다. "여호와를 경외하는 것이 지혜의 근본이요 거룩하신 자를 아는 것이 명철이니라." 성경에 의하면 지혜란 생명력 있는 인생을 살아가는 진정한 기술이고, 하나님을 경외하는 것을 훈련함으로 얻을 수 있다.

이것은 또 다른 질문을 야기한다. 하나님을 경외하는 것이란 무엇인가? 이제 우리는 자주 간과되는 중요한 성경의 개념에 도달해 있다.

"또 사람에게 이르시기를 주를 경외함이 곧 지혜요
악을 떠남이 명철이라 하셨느니라"
(욥 28:28).

"여호와여 주의 도로 내게 가르치소서
내가 주의 진리에 행하오리니
일심으로 주의 이름을 경외하게 하소서"
(시 86:11).

"여호와를 경외함이 곧 지혜의 근본이라
그 계명을 지키는 자는 다 좋은 지각이 있나니
여호와를 찬송함이 영원히 있으리로다"
(시 111:10).

"여호와를 경외하는 것이 지식의 근본이어늘
미련한 자는 지혜와 훈계를 멸시하느니라"
(잠 1:7).

구약과 마찬가지로 신약도 우리에게 하나님을 경외하며 살 것을 가르친다(마 10:28, 행 10:35, 고후 5:10-11, 7:1, 엡 5:21, 골 3:22, 벧전 1:17). 그러나 사도 요한은 이렇게 말한다. "하나님은 사랑이심이라"(요일 4:8). "사랑 안에 두려움이 없고 온전한 사랑이 두려움을 내어 쫓나니 두려움에는 형벌이 있음이라 두려워하는 자는 사랑 안에서 온전히 이루지 못하였느니라"(요일 4:18). "보라 아버지께서 어떠한 사랑을 우리에게 주사 하나님의 자녀라 일컬음을 얻게 하셨는고"(요일 3:1).

우리가 그리스도를 믿을 때, 하나님은 우리에게 당신의 가족이 될 수 있는 권리를 주신다(요 1:12). 우리는 아버지의 자녀이므로 아무도 우리로부터 우리를 사랑하시는 아버지를 분리시킬 수 없다(롬 8:38-39). 그리스도를 믿는 자인 우리는 하나님이 처벌하는 권위를 가지신 분이라고 해서 두려워할 필요가 없다. 대신에 하나님을 경외하는 것은 우리가 계발시켜야 할 특별한 태도라고 말할 수 있다.

**경외와 겸손** 이러한 태도의 일부는 하나님을 존경하고 경외하는 것이다. 우리는 매일 그분이 누구신지 되새겨야 한다. 하나님은 수천만 은하계의 창조자시며, 과거와 현재 그리고 미래에도 존재하실 주권자 하나님이시고, 무소부재하시며, 그분 앞에서는 어떤 생각도 숨길 수 없는 전능한 분이시다. 그분은 능력과 영광과 권능으로 옷 입으시고 거룩한 아름다움으로 우주를 통치하신다. 이사야, 에스겔, 다니엘, 베드로 그리고 요한과 같은 하나님의 종들이 그분의 분명한 임재를 마주할 때, 이와 같은 거룩한 경외가 거룩한 두려움의 차원으로 확장되었다. 살아계신 하나님을 바라보는 그들의 눈은 저항할 수 없는 두려움으로 가득 차고, 하나님의 거룩함의 높이와 인간의 죄의 깊이를 동시에 깨닫게 되었다.

또 다른 태도는 우리의 왕 앞에서 느끼는 겸손함이다. "여호와를 경외하는 것은 지혜의 훈계라 겸손은 존귀의 앞잡이니라"(잠 15:33). 지혜는 우리가 가진 모든 것이 하나님으로부터 온다는 사실과 우리 삶의 모든 부문은 그분의 통치가 필요하다는 의식적인 깨달음이다. 어리석은 자는 독립적이고 자율적인 태도를 거만하게 자랑하지만, 지혜로운 자는 인생의 창조자이시며 제공자이신 분에게 의지하고 순수하게 신뢰하면서 산다. "나는 포도나무요 너희는 가지니 저가 내 안에, 내가 저 안에 있으면 이 사람은 과실을 많이 맺나니 나를 떠나서는 너희가 아무것도 할 수 없음이라"(요 15:5). 우리가 하나님과 동행하면서 매일 경외심과 겸손함을 키워갈 때 지혜가 자랄 것이다.

"사람아 주께서 선한 것이 무엇임을 네게 보이셨나니
여호와께서 네게 구하시는 것이
오직 공의를 행하며 인자를 사랑하며

겸손히 네 하나님과 함께 행하는 것이 아니냐"
(미 6:8).

잠언 9장 10절에 있는 "여호와를 경외하는 것이 지혜의 근본이요"에 대한 부연 설명은 이러한 태도로 요약된다. 즉 "모든 창조물의 영원하고 거룩하시며 전능하신 통치자에 대해 경외감을 갖는 경건한 태도를 키우고, 인생의 모든 면에서 그분을 전적으로 신뢰하고 의지하는 겸손한 태도는 인생의 기술 중 참된 기술을 세워가는 근본이다."

**한시적인 것과 영원한 것**   왜 소수의 사람들만이 하나님 앞에서 경외와 겸손의 두 가지 태도를 키워가는가 하는 것에 대한 의문을 가질 때, 성경의 거의 모든 페이지에서 드러나고 설명된 근본적인 사실에 도달하게 된다. 그것은 두 가지 다른 가치 체계, 즉 한시적인 것과 영원한 것의 충돌이다. 얼핏 보면 한시적인 것이 훨씬 실제적이고 매력적으로 보이는 반면, 영원한 것은 분명치 않고 희생적인 것처럼 보인다. 그러나 우리가 패러다임 영성에서 논의했던 것처럼, 한시적인 가치 체계를 좀 더 자세히 분석해보면 그것은 약속했던 것을 절대 이행치 않음을 보여준다. 대신 그것은 순간적인 것을 추구하는 사람들을 공허함, 환상 그리고 어리석음으로 이끈다. 내적인 가치 체계를 받아들일 때에야 우리는 하나님의 형상으로 만들어진 영적 존재인 우리가 추구하는 만족과 실재 그리고 지혜를 발견할 것이다. "예수를 너희가 보지 못하였으나 사랑하는도다 이제도 보지 못하나 믿고 말할 수 없는 영광스러운 즐거움으로 기뻐하니 믿음의 결국 곧 영혼의 구원을 받음이라"(벧전 1:8-9). 한시적인 것과 영원한 것을 비교함으로, 우리가 두 가지 중 한시적인 세계와는 관계를 맺지 않고 살도록 하는 이원론을 제기하는 것이 아니다. 외적인 가치 체계는 순간적인 세계를 영원성의 관점에서 이용하고 사용하도록 우리를 격려한다고 말하는 것이다. 이러한 방법으로 우리는 소망을 순간적인 것에 두지 않고, 이 땅에서 우리의 희망과 소망이 자라는 장소가 지속되도록 하는 방법을 배운다.

이런 원리는 가장 오래된 시편에서 아름답게 설명되었다. 시편 90편의(히브리어로 된 최초의 시) 표제는 그 시편이 '하나님의 사람, 모세의 기도' 라는 것을 우리에게 말해준다. 그 시편은 약 3,400여 년 전에, 요단강을 건너 약속의 땅을 정복하러 가는 새로운 세대를 위한 기도로서, 틀림없이 모세의 생애 마지막에 씌어졌다. "우리 손의 행사를 우리에게 견고케 하소서 우리 손의 행사를 견고케 하소서"(시 90:17).

'견고케 하다' 로 번역된 단어는 '세우다' 혹은 '영원성을 부여하다' 라는 의미다. 이 기도는 한 인간이 사라지지 않는 것과, 잊혀지더라도 영원히 존재하는 것을 향한 갈망이다. 그것은 무상한 세상에서 자신의 행사가 영원하기를 바라는 자의 간청이다.

모세가 이 기도를 드린 때는 그의 노년기였고, 그는 인생의 짧음을 절감하고 있었다. 이 시편은 여호와의 영원성을 묵상하는 것으로 시작하고 "영원부터 영원까지 주는 하나님이시니이다"(시 90:2)], 3-6절에서 이것과 네 가지 무상한 인간 본성의 이미지를 예리하게 비교하고 있다. 하나님이 보시기에 우리의 천 년은 24시간과 같거나 아니면 '밤의 한 경점'(세 시간, 매우 짧은 시간)이 될 수도 있다. 이 땅에서의 우리의 시간이라는 것은 모래성과 같아서 파도가 치면 갑자기 쓸려 없어져버린다. 그것은 아침에 피어서 저녁에 시드는 가냘픈 한 송이 꽃과도 같다.

광야 생활의 비극도 이러한 문제의 한 예다. 출애굽 세대에 대해 모세는 "우리는 주의 노에 소멸되며 주의 분내심에 놀라나이다"(시 90:7)라고 말했다. 백성들이 이스라엘은 그 땅을 정복하지 못할 것이라는 정탐꾼들의 말을 믿고 하나님의 약속을 거부했기 때문에, 그 세대는 하나님이 주신 기회를 영원히 놓쳐버렸다. 하나님의 심판이 백성들에게서 그들의 가장 소중한 자원인 시간을 파괴시켰다. 그들은 광야에서 40년 동안 방황하면서 시간을 낭비하는 신세가 되었다. 모세, 여호수아 그리고 갈렙만이 애굽을 떠난 세대를 대표하도록 남을 때까지 하루에 평균 거의 90명의 사람들이 광야에서 죽어간 것으로 추산된다.

**마음의 지혜** 모세가 "우리의 평생이 일식간에 다하였나이다"(시 90:9), 그리고 "우리가 날아가나이다"(10절)라고 쓴 것은 약간 의아하다. 우리도 같은 갈등, 즉 쏜살같이 지나가는 시간 속에서 진부한 일상과 꽉 짜여진 스케줄이라는 광야에서의 방황을 경험한다. 그렇지만 이러한 곤경을 해결할 수 있는 방법이 있고, 그것은 다음에 나오는 중심 구절에 나타난다. "우리에게 우리 날 계수함을 가르치사 지혜의 마음을 얻게 하소서"(12절). 우리가 지혜와 하나님이 통치하시는 모든 영역에서 생명 있는 삶을 사는 기술을 갖기 원한다면, 이 땅에서의 우리의 날은 계수되어 있다는 사실을 스스로에게 끊임없이 각성시켜야 한다. 만약 우리가 이런 현실을 모른다면 우리의 가치 체계는 자연히 왜곡되고, 우리는 잘못된 주인을 섬기게 될 것이다.

만약에 모세처럼 우리 손의 행사를 견고케 하기 원한다면(시 90:17), 우리는 이 땅에서 "나그네와 행인"(벧전 2:11)이며 진정한 시민권은 하늘에 있다는 것을(빌 3:20) 매일 스스로에게 자각시켜야 한다. 우리 자신의 행사는 순식간에 사라질 것이다. 그러나 하나님은 영원하시고(1-2절), 그분의 행사는 지속적이다. 그러므로 그분의 일이 우리를 통하여 영원토록 이뤄지도록 우리는 영원한 일에 투자해야 한다.

이 땅에서는 두 가지만이 영원할 것이다. 바로 하나님의 말씀과 사람이다. 하나님은 우리가 그리스도 안에서 자라고, 그리스도의 생명을 다른 사람들 안에 재현시키도록 하기 위해 우리를 이 땅에 두셨다. 우리들 각자는 우리가 속한 영향력의 영역 안에서 이것을 할 수 있는 특별한 기회들을 가지고 있다. 우리가 그리스도 안에 살고 그분의 말씀이 우리 안에 거하면, 우리는 영원한 열매를 맺을 것이고(요 15:7-8), 살아계신 하나님이 우리 손의 행사를 견고케 하실 것이다.

시대를 살다간 위대한 성자들은 자신들의 달력에서 단 두 날만을 기억하는 지혜를 배웠다. 바로 오늘과 그날(주님과 함께할 그날)이다. 만약 우리가 마음의 지혜를 원한다면, 우리는 그날을 염두에 두고 매일을 사는 법을 배워야 한다. 고린도후서 4장 16-18절에서 바울은 자신의 인생 진로를 결정했던 비전을 요약하였다. "그러므로 우리가 낙심하지 아니하노니 겉사람은 후패하나 우리의 속은 날로 새롭도다 우리의 잠시 받는 환난의 경한 것이 지극히 크고 영원한 영광의 중한 것을 우리에게 이루게 함이니 우리의 돌아보는 것은 보이는 것이 아니요 보이지 않는 것이니 보이는 것은 잠간이요 보이지 않는 것은 영원함이니라."

**여덟 가지 질문**  우리가 살펴보았던 지혜에 대한 중요한 성경적인 주제는 다음과 같은 질문들을 던진다.
- **지혜란 무엇인가?** 지혜란 하나님의 통치 아래 있는 모든 영역에서 생명 있는 삶을 사는 기술이다. 그것은 최고의 수단을 사용하여 최적의 때에 최선의 결과를 성취하는 능력이다. 지혜란 아름다움, 만족 그리고 목적이 있는 삶을 위한 열쇠다.
- **어떻게 지혜를 추구할 것인가?** 지혜라는 보물은 하나님의 손에 달려 있다. 그것은 위로부터 오는 것이므로(약 3:17), 우리는 그것을 하나님과 따로 떼어서는 가질 수 없다.
- **지혜를 갖기 위한 조건은 무엇인가?** 참된 지혜는 여호와를 경외하는 마음을 키워갈 때(잠 9:10) 얻어질 수 있다.
- **여호와를 경외하는 것이란 무엇인가?** 여호와를 경외하는 것은 그분 앞에서 두려워하고 겸손해지는 태도를 갖는 것이다. 우리가 피조물의 신분임을 깨닫고, 우리 삶의 모든 행사에 전적으로 그분을 의지할 필요가 있다는 것을 깨닫는 것이 지혜다.
- **왜 극소수의 사람들만이 두려움과 겸손이라는 두 가지 태도를 키워가나?** 이 땅의 한시적인 가치 체계는 보이는 것에 기초를 둔 반면, 성경이 말하는 영원한 가치 체계는 보이지 않는 것에 기초를 두고 있다. 전자가 우리에게 미치는 영향은 대단해서, 많은 수의 그리스도인들이 보이지 않는 것을 위해 보이는 것을 포기하는 투쟁을 하고 있다.
- **한시적인 가치 체계를 거부하고 영원한 가치 체계를 선택하게 만드는 것은 무엇인가?** 영원성을 향한 시각은 믿음, 다시 말하면 눈에 보이는 것과 환경에도 불구하고 하나님을 믿음으로 키워질 수 있다.
- **어떻게 하면 믿음을 키울 수 있나?** 하나님을 신뢰하는 힘은 우리가 하나님을 아는 지식과 직접적으로 비례한다. 하나님을 더 많이 알수록, 더욱더 그분을 신뢰할 수 있다.
- **하나님을 아는 지식을 어떻게 증대시킬 것인가?** 앞으로 다루게 되겠지만, 그 대답은 하나님은 인격

이라는 사실에 있다.

당신과 가장 가까이 사귀는 사람과의 관계를 생각해보라. 그 사람을 알기 전에 그렇게 친해지기까지는 어떤 조건들이 충족되어야 했었는가? 그 모든 조건들은 하나님에 대한 지식이 자라기 위해 무엇이 필요한지를 말해줄 것이다.

첫번째 조건은 쌍방이 서로를 알고자 하는 마음이다. 당신은 상대방이 보여주기를 원하는 한도까지만 그 사람을 알 수 있다. 일방적인 관계는 항상 끝장이 나게 마련이다. 성경은 이 우주에서 가장 중요한 분인 하나님이 우리가 그분을 알기 원하신다고 말한다. 그분이 먼저 접근하시고 우리의 반응을 기다리신다. 우리가 그리스도가 주시는 새로운 생명을 믿음으로 받아들일 때 그 관계는 시작된다.

인격적인 관계를 위한 두번째 조건은 쌍방이 서로에 대한 정보를 아는 것에 그치지 않고, 서로를 깊이 알아가는 것이다. 다른 사람들에 대해 많이 알 수는 있지만 바로 그 사람을 알기는 힘들다. 마찬가지로, 신학을 철저하게 알 수는 있지만 살아계신 하나님을 모를 수 있다. 하나님을 인격적으로 알 때만이 하나님을 향한 사랑이 자랄 것이다.

관계를 키우기 위한 세번째 조건은 개방성, 수용성 그리고 용서다. 사람들은 다른 사람들이 자신에 대해 있는 그대로를 알게 되면 거절당할 것이라는 두려움을 자주 갖는다. 하나님은 그리스도 안에서 우리가 죄에 대해서 수용과 용서라는 선물을 받았다고 말씀하신다. 그분은 우리를 철저하게 아시므로 그분에게 우리의 생각과 감정을 표현하기를 두려워할 필요가 없다.

네번째 조건은 대화의 시간을 갖는 것이다. 일정한 시간 동안 말하고, 듣고, 돌봐주지 않고는 친밀한 관계로 발전할 수 없다. 마찬가지로 우리가 일정하게 하나님과 대화하고 말씀에서 그분의 음성을 듣지 않으면 그분과 친밀해질 수 없다.

다섯번째 조건은 친밀한 관계는 행동을 통해 발전한다는 것이다. 즉 그것은 서로를 향한 필요와 소망에 대한 수차례의 반응들을 통하여 풍성해진다. 하나님을 알면 하나님을 사랑하게 되고, 하나님을 사랑하게 되면 그분이 우리의 삶을 향해 가지고 계신 소망들에 반응하고 싶어진다. 하나님을 믿는 믿음은 그분을 한 인격체로 신뢰하는 것이고, 신뢰는 행동으로 증명된다.

"지혜 있는 자들은 이 일에 주의하고
여호와의 인자하심을 깨달으리로다"
(시 107:43).

## 적용을 위한 질문

- 포괄적 영성이 당신에게 의미하는 바는 무엇인가?

- 그리스도가 얼마만큼 당신의 삶의 중심에 있는가? 당신의 삶 가운데 어떤 영역에서 가끔씩 그분을 삶의 주변으로 멀리 보내는 일이 있는가?

- 행복을 잘못되게 추구하고자 하는 유혹이 당신 스스로에게 있음을 어떻게 발견하였는가?

- 당신은 숙련된 삶을 어떻게 설명할 것인가? 당신은 지혜를 어떻게 정의하는가?

제7부 _ **포괄적 영성** HOLISTIC SPIRITUALITY

# 18
# 통합된 삶

| 이 장의 개관 | 통합된 삶이란 믿음과 생활, 그리스도를 따르겠다는 선언과 그분을 닮아가는 것, 신념과 성품 그리고 고백과 실천을 연결시키는 것이다. 마음의 중심이 영원한 것에 있을 때, 세속적인 일들은 영적으로 되고 일상의 일들이 새로운 차원을 갖게 된다. 우리가 그리스도와 맺는 관계는 결코 우리 인생의 한 요소가 되도록 해서는 안 되고, 모든 바퀴의 살들을 연결하는 바퀴의 축이 되도록 해야 한다. |
|---|---|
| 이 장의 목표 | • 만물 안에서 그리스도를 이해하기 위해 마음을 집중하기<br>• 우리에게 최선이라고 생각하는 자신의 생각 대신에 하나님이 가지고 계신 목적들을 추구하기<br>• 매사에 그리스도를 중심으로 하는 한 마음을 갖기 |

우리는 점점 단편화되어가는 세상에서 살고 있다. 그곳에서 우리의 헌신은 침식당하고 초점은 희미해진다. 우리의 정체성, 가치 그리고 시각들을 삼켜버리는 선택과 변화의 격렬함이 우리의 문화를 강타해왔다. 오스 기니스(Os Guinness)는 「소명(The Call)」에서, "소비 상품, 인간관계, 세계관 그리고 신념에 이르는 모든 차원에 있어 현대 사회에서 개인의 영역에 영향을 미치는" 선택이 확산되는 이러한 과정을 설명하기 위해 '다원화(pluralization)'라는 단어를 사용했다. 기니스는 현대가 숭배하는 선택은 선택에 대한 책임을 줄이고 헌신과 일관성을 축소시킨다고 설명했다. 이러한 갈등의 위협에 대한 성경적인 해결책은 우리가 그리스도의 종이며, 따르는 자가 되도록 부르심을 받은 사람이라는 정체성을 깨달아가는 데 있다.

## 두 가지 법칙

예수님께 근본적으로 헌신하는 부르심에 대한 자각을 키워가지 못할 때, 우리는 거짓되고 현혹적인 세상에서 가야 할 길을 잃어버린다. 개인으로서 혹은 공동체로서 우리는 두 가지 법칙에 의해 일하기 시작하고, 두 가지 방법, 즉 세상의 방법과 하나님의 방법으로 그것을 가지려고 한다. 우리가 우리의 신앙을 구분짓고 그것을 직장, 돈, 우정, 결혼 그리고 자녀 양육 같은 삶의 요소들로부터 분리시킬 때 이러한 일이 일어날 가능성이 있다. 영적인 것과 세상적인 것의 분리는 신앙과 행동의 실질적인 불일치를 가져오며, 이러한 불일치를 매우 쉽게 과소평가하게 만든다. 성 암브로스(St. Ambrose)는, "당신의 직업과 행동이 일치하지 않을 때, 당신은 일종의 사기꾼이다"라고 말하고 있다. 우리는 그리스도를 안다고 말하지만, 우리의 성품은 현대 문화와 특별하게 다르지 않은 사기꾼들과 사는 것에 익숙해지고 있다. 그리스도에게 헌신하겠다고 선언한 사람들에 대한 비교 연구는, 간혹 그런 사람들이 세상의 빛과 소금이 되기는커녕 비윤리적 행동이나 가정 불화, 재정적인 부정행위, 집착 그리고 정신적인 고통의 문제가 생기면 다른 사람들과 그다지 구별되지 않는 모습을 보여주고 있다. 이런 사람들은 신앙과 삶, 그리스도를 따르겠다는 선언과 그분을 닮아가는 것, 믿음과 성품 그리고 직업과 행동을 연결시키지 않는다. 공동체 예배에 참석하는 사람들은 교회의 생활과 일상 생활을 잘 연결시키지 않는다. 주일 오전 11시와 월요일 오전 11시 사이에는 엄청난 불일치가 있다.

## 마음의 중심

반대로 영성에 대한 포괄적인 접근은 그리스도를 믿는 신앙과 일상생활이 일치하도록 강조한다. 영적인 삶은 개인적인 헌신, 영성 훈련, 교회 활동 그리고 성경 공부에만 국한되지 않는다. 물론 그런 것들을 통해서 영성이 풍성해지긴 하지만, 영성이란 일상의 삶 속에 거주하면서 표현되어야 한다. 그리스도 안에 있는 우리의 생명을 이 땅에서의 삶에 부가된 것으로 봐서는 안 된다. 대신에 그 생명은 우리 존재의 원천이며 존재의 의미로 이해할 수 있도록 배워야 한다. 이러한 성경적 관점을 발전시켜나갈 때 우리는 신성한 것과 세속적인 것의 이분화는 잘못된 것임을 이해하게 될 것이다. 돈을 어떻게 쓰는지, 혹은 직업상의 거래를 어떻게 하는지는 우리가 어떻게 기도하는가와 같은 영적인 삶과 관계가 있다. 모든 것이 마음의 중심에 달려 있다. 월터 헨릭슨(Walter Henrichsen)이 말한 것처럼, 마음의 중심이 영원한 것에 있으면 세상적인 것이 영적인 것이 된다. 그것이 회사건, 법률사무소건, 세상의 직업처럼 보이는 것도, 일하는 사람의 마음의 중심이 하나님의 나라와 의에 있으면(마 6:33) 영적인 것이 된다. 반대로 마음의 중심이 한시적인 것에 있을 때, 영적인 것은 세상적인 것이 된다. 목회나 선교와 같이 분명히 영적인 직업에 종사하는 사람들도, 하나님의 나라와 의를 찾기보다는 교단에서 가장 큰 교회를 세우거나 선교단의 대표가 되는 데 더 많은 열정을 가질 수 있다. 그러므로 하나님의 경제에서 중요한 것은 일의 성격보다는 마음의 중심에 있다고 할 것이다.

고귀한 것이든 일상적인 것이든, 영적이든 세속적이든, 높은 것이든 천한 것이든, 묵상적인 것이든 활동적인 것이든 보이는 것에 상관없이 모든 일들이 하나님의 영광을 위해 이루어질 수 있다고 이해하는 것은 우리를 자유케 한다. "그런즉 너희가 먹든지 마시든지 무엇을 하든지 다 하나님의 영광을 위하여 하라"(고전 10:31). 이것은 상업 중심지에서 사는 것이 수도원에서 사는 것보다 영적이지 못하다고 결코 말할 수 없다는 것을 의미한다. 모든 것이 마음의 중심에 달려 있다.

## 일상의 소중함

그 가운데 얼마나 많은 부분이 세상적인 것과 일상생활과 관련되어 있는지를 살피면서 신약에 나오는 명령을 읽는 것은 우리의 시각을 밝히는 훈련이 될 것이다. 에베소서 4장 25-29절을 한 예로 들어보자.

> "그런즉 거짓을 버리고 각각 그 이웃으로 더불어 참된 것을 말하라 이는 우리가 서로 지체가 됨이니라 분을 내어도 죄를 짓지 말며 해가 지도록 분을 품지 말고 마귀로 틈을 타지 못하게 하라 도적질 하는 자는 다시 도적질하지 말고 돌이켜 빈궁한 자에게 구제할 것이 있기 위하여 제 손으로 수고하여 선한 일을 하라 무릇 더러운 말은 너희 입 밖에도 내지 말고 오직 덕을 세우는 데 소용되는 대로 선한 말을 하여 듣는 자들에게 은혜를 끼치게 하라."

진실, 분노, 수고, 나눔, 말 등 이런 것들은 매일의 삶을 구성하는 직물의 실과 같다. 우리는 대부분의 시간을 자녀 양육, 운전, 서류 작성, 전화 통화, 설거지, 고지서 납부, 잡초 제거, 가족이나 친구와의 대화 등 반복되는 일상사를 하면서 보낸다. 우리 믿음의 현주소는 우리가 참석하는 종교적인 모임의 수보다는 세상에 살면서 예수님과 동행하는 방법에 의해 증명된다. 하나님을 섬기고 그분을 영화롭게 하기를 원하는 소망이 있다면, 일상적인 활동을 통해서 이런 소망이 가장 확실하게 표현될 것이다. 이것은 성경을 가르치거나 믿음의 삶을 나눌 때와 마찬가지로 일상에서 책임을 다할 때도 예수님을 의지하고 바라보는 것을 배워야 함을 의미한다. 무슨 행위를 하느냐와는 상관없이, 우리가 예수님을 떠나서는 영적으로 가치 있는 일을 할 수 없고 영원한 열매를 맺을 수 없다는(요 15:5) 것은 항구적인 진리다. 그러나 우리가 그분 안에 있고 그분이 우리 안에 계시면, 우리는 일상의 소중함을 발견할 수 있다.

만약 예수님이 사셨던 것처럼 살기를 원한다면, 우리는 모든 피조물에서 영적인 지각을 계발하도록 노력해야 할 것이다. 요한복음을 보면 인간은 물리적인 것에 사고를 제한시킴으로써 영적인 것을 놓치는 경향이 있다는 것을 알 수 있다. 그 가운데 네 가지 예가 떠오른다. 니고데모는 두 번 육체로 다시 태어나는 것과 영적인 거듭남을 혼동했다(요 3장). 우물가의 여인은 문자 그대로의 물과 생명수를 혼동했다(요 4장). 군중들은 먹는 빵과 생명의 떡을 혼동했다(요 6장). 그리고 그들은 예수님이 아버지께로 가신 후에 다시 볼 수 없을 것이라고 말씀하실 때 숨으러 가는 것이라고 혼동했다(요 7장). 성경 말씀과 자연을 대할 때, 볼 수 있는 눈을 가진 사람들에게 물리적인 것은 그 자체를 넘어서서 영적인 실재를 의미한다. 우리는 자신의 종을 위해서 엘리사가 기도한 내용을 자주 인용한다. "여호와여 원컨대 저의 눈을 열어서 보게 하옵소서"(왕하 6:17). 성경의 관점으로 우리 삶을 바라볼 때, 우리는 여호와의 들판을 통과하는 여행을 하고 있음을 깨닫게 될 것이다. 이 여정에서 부딪히는 매일의 경험들은 하나님 나라의 삶을 증명할 수 있는 도구들이라는 사실을 깨달을 수 있다.

공동 예배의 성찬식이 영적인 것을 표현하는 도구로 사용된 것처럼, 성육신의 접근으로 보면 일상생활의 평범한 것이 특별한 것으로 바뀔 수 있다. 우리는 인생의 감동적이며 영감적인 영역보다는 사소하고 단조로운 영역에서 살고 있다. 예수 그리스도의 제자로서의 삶은 세속적이고 감사치 않는 반복적인 일상의 경험 속에서도 그분에 대한 확실한 순종과 믿음을 요구한다. 우리가 의식하든 의식하지 않든 그분은 우리를 보고 계신다.

그리스도 안에서 갖는 직업은 우리가 인간적인 자원으로 성취할 수 있는 것을 초월한다. 그러므로 우리는 우리 안에 거하시는 그리스도의 영의 능력을 의지하고 구해야 한다(롬 8:9). 예수님이라면 어떻게 하셨을까를 생각해보면, 우리가 하는 모든 일은 아버지를 의지함으로 그 해답을 찾을 수 있다. 예수님은 "내가 스스로 아무것도 하지 아니하고", "내가 항상 그의 기뻐하시는 일을 행하므로"라고 하셨다(요 8:28-29). 그러나 "육체에 거하는 사람은 하나님을 기쁘시게 못 한다"(롬 8:8). 사소한 일상 속에서 성령님과 동행할 때에만 아버지를 기쁘시게 하는 일을 할 수 있다(롬 8:9-13, 갈 5:16, 25). 그러므로 그리스도의 제자들 모두는 전임 사역자들이다. 우리는 결코 이분화된 시간제 제자로 부르심을 받지 않았다. 모든 삶의 영역에서 주님의 분명한 임재를 간구해야 한다는 사실을 기억할 때, 우리는 주님과 다른 사람을 섬길 자격을 갖는다. 우리는 더 많은 삶의 영역에서 하나님의 은혜를 간구하기를 배워야 한다. 아무리 사소한 일이라도 하나님의 은혜 없이 행해져서는 안 된다. 「그리스도인의 연습(Christian Proficiency)」이라는 책에서 마틴 손튼(Martin Thornton)이 했던 말을 들어보라. "그리스도는 하나님이시면서 사람이셨기 때문에, 속죄와 기쁨, 두려움과 사랑, 믿음과 의심, 헌신과 노동, 일반적인 것과 특별한 것, 박애 등 인간의 모든 것이 다 함께 소중하다. 즉 어떤 것도 다른 것보다 덜 위대해서 제거될 수는 없다. 상업, 예술, 교육, 정치, 가족, 슬픔, 즐거움, 과학과 사회학의 세계 모두가 영원하시고 풍성하신 하나님의 존재와 비교하면 중요하지 않지만, 또한 모든 것들이 소중하다. … 왜냐하면 성육신 때문이다."

모든 일에 기도의 능력을 키우도록 하라. 그러면 기도가 당신 삶의 모든 것들을 영적으로 변화시키는 것을 발견하게 될 것이다. 기도는 직장을 거룩하게 해서 일상을 하나님의 처소로 만든다. 기도는 또한 우리의 관계를 거룩하게 해서 가족, 직장 동료, 친구 그리고 이웃들과의 관계를 우리가 통상 하던 것보다 덜 이기적이 되도록 만든다.

하나님 나라의 삶은 세속적인 것과 거룩한 것, 본성적인 것과 영적인 것을 보기 좋게 연합한다. 왕을 섬기는 의식을 행하는 행동은 내면의 감사를 외적으로 표현하는 것이다. 이렇게 할 때 우리는 제사장으로서 섬기는 것이고(벧전 2:5, 9), 직장이든 가정이든 상관없이 이 땅은 거룩한 처소가 된다.

## 우리의 중심을 잃게 하는 유혹

그리스도의 사랑 가운데 뿌리가 박히고 터가 굳어진 인생(엡 3:17)은 모든 관계와 환경에서 주님의 임재를 드러낸다. 하지만 우리는 여러 가지 방법으로 우리의 중심을 잃고, 통합되지 않고 이분법적인 생활로 되돌아간다. 그때 우리는 세속과 거룩에 대한 이분화로 되돌아가고, 그 둘 사이의 심각한 모순을 받아들이게 된다.

물질주의의 매력은 통합된 시각을 버리도록 우리를 유혹한다. 마치 「걸리버 여행기」에 나오는 잠들어 있는 걸리버가 땅에 묶인 것처럼, 성공을 상징하는 물질을 추구하면 우리는 이 땅에 매일 수 있다. 물질 자체는 우리를 묶어놓지 않지만, 물질적인 촉각의 다양성은 우리를 지배하는 힘을 발휘하여 우리의 시간과 에너지를 소모시킨다. 교묘한 물질주의의 단면은 목표를 바꾼다는 데 있다. 그리고 꽤나 부유한 일부 사람들조차도 자신들이 넉넉하게 소유하고 있다고 생각하지 않는 것은 말할 것도 없고, 충분히 소유하고 있다고도 생각하지 않는다. 부를 추구하는 것은 우리가 하나님과 보내는 시간 그리고 중요한 관계의 사람들과 보내는 시간을 방해한다. 부를 사용하여 사람을 섬기는 대신, 우리는 점점 부를 섬기고 사람들을 이용하도록 유혹받는다.

또 다른 유혹은, 우리에게 최선인 것에 대해서는 하나님보다 우리 스스로가 더 잘 알고 있고 소망하고 있다는 잘못된 신념이다. 이러한 거짓말을 즐길 때, 우리는 하나님과 그분의 목적을 떠나 스스로 행복을 찾는 여러 시도들을 하게 된다. 그러나 성경은 하나님을 떠나서는 참 기쁨과 평화가 결코 주어질 수 없다는 것을 가르친다. 왜냐하면 그분만이 이러한 선물들의 원천이시기 때문이다.

일부는 그리스도와 함께 자신의 삶을 통합하지 못하는데, 그 이유는 영적인 열정이 부족하고, 모든 것을 그분께 순종하는 것이 가치 있다는 사실에 대한 확신이 없기 때문이다. 말라기가 자신의 예언서에서 계시했던 사람처럼, 그들은 영적인 게으름과 무관심으로 고통당하고 있다. 이 땅에서 하나님의 부르심에 대한 감각의 날을 예리하게 세워놓지 않으면, 우리는 영적인 무기력, 권태, 의기소침 그리고 소진 상태에 빠질 수 있다.

그리스도를 향한 우리의 중심을 잃어버리는 또 다른 길은 사람들의 칭찬을 갈구하는 것이다. 만약 하나님을 기쁘시게 하는 것보다 사람들의 의견에 더 관심을 갖는다면, 우리 삶의 중심을 그리스도의 주재권 아래에 놓는 것이 불가능해진다. 사람들은 가끔 자신들이 좋아하지도 않고, 다른 사람들을 기쁘게 할 필요도 없는 것들에 돈을 쓴다. 다른 사람들의 의견에 집착할 때 우리는 그들을 교묘하게 조작하고, 이 땅에서의 삶을 향한 모든 접근들을 왜곡한다. 세상의 가치를 추구할 때 우리는 인위적인 것과 허영에 빠져들고, 우리가 누구이며 왜 여기에 와 있는지에 대한 하나님의 평가를 잊어버린다. 우리의 연극을 보고 있는 관객들이 우리 믿음의 내용을 만들게 된다. "너희가 서로 영광을 취하고 유일하신 하나님께로부터 오는 영광은 구하지 아니하니 어찌 나를 믿을 수 있느냐"(요 5:44). 우리는 다시 한 번 어린아이와 같이 되어서 그리스도 안에서 하나님이 말씀하시는 우리의 존재를 받아들일 때 교만과 허영의 부담으로부터 자유로워질 수 있다.

성경이 말하는 지혜는 우리를 창조하시고, 구속하시고, 돌보시고, 우리에게 목적과 미래와 희망을 주시는 영원하고도 인격적이신 하나님을 온전하고도 흔들림 없이 신뢰하라고 격려한다. 성경이 강조하는 이슈들 중의 한 가지는 우리가 우리 스스로의 계획을 추구할 것인가, 아니면 하나님의 계획을 추구할 것인가 하는 것이다. 그것은 우리가 우리 인생과 행복을 지배할 것인가, 아니면 모든 좋은 것을 위하여 하늘의 아버지를 바라볼 것인가 하는 것이다. 또한 그것은 우리가 우리의 노력을 신뢰할 것인가, 아니면 주님을 신뢰할 것인가 하는 것이다. 주님을 신뢰하는 것은 적극적인 것이다. 그것은 사람을 위해서가 아니라 그분을 위해 열심과 탁월함으로 우리의 일을 하며(골 3:23-24), 결과는 그분의 손에 맡기는 것을 의미한다. 결과에 대한 주권을 포기할 때 우리는 눈에 보이는 것으로가 아닌 믿음으로 살아가게 된다.

### 하나님의 눈으로 인생을 바라보기

우리 평생의 여정이 핵심을 놓친 채로 끝날 수 있다. 태평양의 작은 섬에 좌초된 세 남자에 대한 이야기가 있다. 몇 주 후에 병 하나가 해변가로 밀려 내려왔다. 그 가운데 한 사나이가 그 병을 집어 마개를 뽑자, 평소리를 내면서 한 요정이 나타나 각 사나이들에게 한 가지 소원을 들어주겠다고 했다. 첫번째 사나이가 병을 잡으면서 말했다. "나는 이 섬을 떠나 친구들 곁으로 돌아가고 싶습니다." 그러자 그 사나이가 사라지면서 병이 모래 위에 떨어졌다. 두번째 사나이도 그 병을 집어 들고 똑같은 소원을 말하고는 사라졌다. 그때, 자신의 위험천만한 미래에 대해 잘 모르는 세번째 사나이가 그 병을 집어 들고는 이렇게 말했다. "나는 외로워요. 내 친구들을 다시 돌려보내주세요!" 하나님의 눈으로 인생을 보지 못하면 우리의 관점은 왜곡되고, 우리가 이 땅에 존재해야 할 목적을 잃어버린다. 그리스도가 중심이 될 때만이 만물은 영적이 된다는 것을 깨달아야만 우리는 영원성을 향하여 통합된 삶을 살 수 있게 된다. 모든 사건의 전말은 전후 관계에 의해서 결정된다. 그러므로 만약 우리가 모든 것의 전후 관계를 눈에 보이지 않는 영원한 것으로 설명하는 법을 배우면, 만물을 하나님의 시각으로 보기 시작한다. 달라스 윌라드(Dallas Willard)는 「하나님의 모략(The Divine Conspiracy)」에서, "예수님의 제자가 되는 것은 인간의 특성에 반대되는 것을 이제는 받아들이는 것이다. 그것은 그분의 나라가 저항의 여지없이 실제로 임할 때, 모든 사람에게 강요될 것이다"라고 했다.

참 제자도는, 그리스도가 지배하는 나라를 향한 새로운 방향성과, 그분이 중심이 된 삶을 살기 위해서는 우리의 모든 것을 대가로 지불해야 한다는 사실을 깨닫도록 한다. "무릇 내게 오는 자가 자기 부모와 처자와 형제와 자매와 및 자기 목숨까지 미워하지 아니하면 능히 나의 제자가 되지 못하고 누구든지 자기 십자가를 지고 나를 좇지 않는 자도 능히 나의 제자가 되지 못하리라 … 누구든지 자기의 모든 소유를 버리지 아니하면 능히 내 제자가 되지 못하리라" (눅 14:26-27, 33). 가족, 친구, 직업, 자기 자신을 포함한 모든 것은 조건 없이 그분에게 드려져야만 한다. 무엇이든지 우리가 붙잡고 있는 것은 우리의 충성심을 대체하는 원인이 되고 예수님의 대적이 될 것이다.

## 가장 고귀한 소망

제자도와 성화의 방법은 우리가 하지 않는 것들에 근거를 두는 것이 아니다. 그것은 통제와 계산, 비교, 평가 그리고 오만의 방법이다. 대신에 제자도의 방법은 한마음으로 거룩하신 그분을 따르고 그분께 예배하기 위해 자신을 거룩하게 하며, 삶의 모든 부분에서 그분의 목적에 순종하는 것이다. 그러면 내주하시는 그분의 성령이 자유로이 모든 영역에서 우리 마음과 가치 그리고 행동을 바꿔서 하나님이 우리를 소유하시도록 하는 것이다. 인격적인 우주의 창조자와 관계를 맺는 데 있어서, 우리의 가장 고귀한 소망은 그분을 더 깊이 그리고 더 풍성하게 아는 것이다. 이것이 사도 바울이 바라던 바였다. "내가 그리스도와 그 부활의 권능과 그 고난에 참예함을 알려 하여 그의 죽으심을 본받아" (빌 3:10). 바울이 마음에 간직했던 지식은 그리스도를 인격적으로 아는 경험적 지식이었다. 성경을 공부하는 많은 학생들 중에서 하나님에 대한 인격적인 지식보다는 지적인 지식에 더 많은 관심을 갖는 미묘한 경향이 있다. 전자도 중요하지만, 하나님은 우리가 마음과 목숨과 뜻을 다하여 하나님을 더 사랑하기를 원하신다(마 22:37). 무엇보다도 바울은 전심으로 그리스도를 아는 것이 자신의 목적이었다.

이 땅에서 당신은 무슨 목적을 가지고 있는가? 당신은 변함없는 존재의 이유와 인생의 원인과 환경을 초월하는 목적을 가지고 있는가? 만약 가장 고귀한 당신의 목적이 인격적이신 하나님과 그분의 성품을 아는 지식에서 자라가는 것이 아니라면, 내가 왜 여기 있는가라는 질문에 대한 당신의 답은 성경이 바라보는 인생관과 일치하지 않는다.

빌립보서 3장에서 우리는 참된 영성이 법이나 규칙 그리고 의식에 관련된 것이 아니라 인격적이신 예수 그리스도에 관한 것이란 사실을 다시 한 번 확인한다. 성경의 관심은 종교에 있는 것이 아니라 관계에 있다. 그리스도를 아는 지식이 자란다는 것은 '그분의 부활의 권능'에 대한 것뿐만 아니라 '그분의 고난, 그분의 죽으심'을 더 많이 이해하는 것이다. 믿는 자들이 그분의 죽으심을 닮아가는 것은 갈라디아서 2장 20절에 친근한 단어들로 생생하게 묘사되었다. "내가 그리스도와 함께 십자가에 못박혔나니 그런즉 이제는 내가 산 것이 아니요 오직 내 안에 그리스도께서 사신 것이라 이제 내가 육체 가운데 사는 것은 나를 사랑하사 나를 위하여 자기 몸을 버리신 하나님의 아들을 믿는 믿음 안에서 사는 것이라." 바울은 이렇게 덧붙였다. "만일 우리가 그의 죽으심을 본받아 연합한 자가 되었으면 또한 그의 부활을 본받아 연합한 자가 되리라 … 만일 우리가 그리스도와 함께 죽었으면 또한 그와 함께 살 줄을 믿노니"(롬 6:5, 8).

그리스도의 죽으심, 장사 지내심 그리고 부활로 말미암은 우리의 정체성은 그분의 부활에 대한 경험과 고난에의 참예를 위한 기초가 된다. 성령의 통치 아래 순종할 때, 그분의 신기한 능력으로 생명과 경건에 속한 모든 것이 우리에게 주어진다(벧후 1:3). 이것은 그리스도를 위하여 고난을 참아내는 능력을 의미한다. 그 능력은 그분을 닮아가고자 하는 자들의 삶 속에 역사할 것이라고 성경이 확증했다. 그러나 우리가 또한 확신하는 것은, 현재의 고난은 장차 우리에게 나타날 영광과 족히 비교할 수 없다는 것이다(롬 8:18).

### 한마음으로 찾기

문자 역사를 통틀어, 위대한 업적을 이룬 여성과 남성의 다양성 가운데 일치되는 근본적인 능력은 한마음이었다. 맞든 틀리든 간에 모든 것은 목적을 가지고 있고, 모든 것은 지향하는 바가 있으며, 모든 것은 그것을 성취하기 위해 필요한 대가를 치른다.

이방인을 위한 사도였던 바울의 특징도 바로 이 한마음이었다. 바울에게 있어서 그리스도는 일부분이 아니라 그의 인생 전체였으며, 그가 한 말이나 행동은 모두 직접, 간접으로 이러한 주재권을 반영했다. 바울은 자신이 지향하는 바와 운명을 축약해서 한 단어로 요약했다. "이는 내게 사는 것이 그리스도니 죽는 것도 유익함이니라"(빌 1:21).

"어찌하든지 죽은 자 가운데서 부활에 이르려 하노니"(빌 3:11). 바울은 부활하신 주님의 능력과 인격적인 하나님에 대한 경험적인 지식이 자라기를 한마음으로 갈망했다. 그는 하나님의 아들을 믿음으로 말미암아 새로운 피조물이 되었고, 그분의 죽으심, 장사 지내심 그리고 부활로 말미암아 그리스도와 연합되었음을 깨달았다(고후 5:17, 롬 6:3-11). 그리고 영뿐만 아니라 혼과 육까지도 그리스도를 닮아가는 데 동참했다. 그는 이 땅에서는 순례자이지만 하늘의 시민권자임을 알았기 때문에 썩지 않을 부활의 육신을 입을 그날을 고대했다(고전 15:20-58). 바울은 죽은 자의 부활을 말한 것이 아니라 죽은 자 가운데서 부활하는 것, 즉 의로운 자의 부활에 대해 말했다(눅 20:35 참조, 바울이 사용한 단어의 의미는 '부활하여 나오는'이고 이것은 신약에 단 한 번 나온다). "어찌하든지 이르려 한다"는 표현은 "어떻게 해서든"이라고도 표현된다. 바울은 믿는 자의 부활에 자신이 동참한다는 것을 의심한 것이 아니라, 마지막까지 믿음을 지켜나가겠다는 자신의 의지를 표현한 것이다. 한 가지 불확실한 것은 그 일이 일어날 때 자신이 이 땅에 있을지 주님과 함께 있을지 모른다는 것이었다.

빌립보서 3장 12절에서 바울은 말한다. "내가 이미 얻었다 함도 아니요 온전히 이루었다 함도 아니라 오직 내가 그리스도 예수께 잡힌 바 된 그것을 잡으려고 좇아가노라." 바울은 자신이 아직 완전하게 그리스도의 사람으로 변화되지 않았다는 것을 분명하게 밝힌다. 그것은 모든 믿는 자들을 향한 부르심이고, 바울은 그 과정에서 벗어나지 않으려고 고군분투했다. 성경은 아무도 이러한 삶을 완전하게 이룰 수는 없다고 말한다. 이것은 빌립보서 3장의 전반부에 나오는 논박에서 사도들이 추구했던 율법주의와는 반대된다. 율법주의자들은 인간의 기준에서 보는 의를 얻기 위해 육신의 노력을 쏟아붓는다. 율법주의는 측정 가능한 결과물인 양적인 영성을 추구한다. 이런 식으로 그것은 그리스도의 사람이 추구하는 도전보다는 자기 만족적인 과정과 훈련을 만들어낸다.

바울은 하나님과 동행하는 상태에 만족하도록 결코 스스로를 방관하지 않았다. 그가 주님보다 사람들의 눈을 의식했다면 그럴 만도 했겠지만 말이다. 그러나 그는 자신을 다른 사람들이 아닌 그리스도와만 비교하는, 인생을 변화시키는 비밀을 배웠다.

그는 자신의 앞에 놓인 과정이 "그리스도 예수께 잡힌 바 된 그것을 잡으려는" 것임을 알았다. 그의 삶을 압도했던 열정은 그리스도를 알고 닮아가고, 마지막까지 육신의 노력이 아닌 성령의 능력으로 고군분투하는 것이었다. 우리가 갖는 마음의 소망은, 주님을 향한 더 고귀한 소망으로 바울을 이끌었던 그의 마음처럼 한결같은 한마음이어야 한다.

"의에 주리고 목마른 자는 복이 있나니 저희가 배부를 것임이요"
(마 5:6).

"하나님이여 주는 나의 하나님이시라 내가 간절히 주를 찾되
물이 없어 마르고 곤핍한 땅에서
내 영혼이 주를 갈망하며 내 육체가 주를 앙모하나이다"
(시 63:1).

"하나님이여 사슴이 시냇물을 찾기에 갈급함같이
내 영혼이 주를 찾기에 갈급하니이다
내 영혼이 하나님 곧 생존하시는 하나님을 갈망하나니
내가 어느 때에 나아가서 하나님 앞에 뵈올꼬"
(시 42:1-2).

## 그리스도 : 인생의 한 부분인가 아니면 인생의 중심인가?

인생에 대한 관점을 세속적인 것에서 성경적인 것으로 완전히 바꾸지 않고 그리스도와 동행에서 많은 진보를 이루는 것은 불가능하다. 놀랄 만큼 소수의 믿는 사람들만이 성경을 토대로 하여 규칙적으로 자신들의 마음을 새롭게 하고 있다. 이것은 대부분의 믿는 사람들이 창조자보다는 자신들의 문화에 의해 더 많은 영향을 받고 있음을 의미한다. 우리가 보아왔던 것처럼, 이분법적인 사고는 문제점을 안고 있다. 왜냐하면 많은 사람들이 기독교를 인생의 한 요소로 보기 때문이다. 성경적인 것은 주일 아침과 간혹 특정 시간에 습관적으로 하는 것이지, 주중 나머지 시간에는 거의 영향을 미치지 않는다.

그리스도는 많은 믿는 자들의 삶에 존재하시지만, 그분의 주재권은 쉽게 저항을 받거나 거부된다. 그리스도가 자신들의 삶에 분명하게 존재함을 증명하는 자들도, 일이나 돈 같은 부분에서는 자신들이 운전대를 쥐고 있다. 이것은 보통 그들이 삶의 주도권을 자신들이 쥐고 있거나, 이러한 삶의 부분들을 그분께 맡기기를

두려워하기 때문이다. 하지만 그리스도가 자신들의 존재와 추구하는 것의 중심임이 확고하게 드러나는 믿는 자들도 있다. 이런 사람들은 그리스도의 능력과 주권을 인정하고, 인생의 모든 분야를 그분의 통치와 권위에 위탁시킨다. 그런 사람들에게 있어 그리스도는 바퀴의 축이시며, 인생의 모든 부분을 명령하고 통합시키는 분이 되신다. 성경이 말하는 것이 사실이라면, 이것은 그리스도를 따르는 제자들에게 주어진 유일한 현실적인 선택이다. 다른 선택의 여지들은 우리가 운명의 주인이라는 환상에서 온 것일뿐이다. 주님께 온전하게 의지하지 않고, 인생에서 최선의 것을 성취할 수 있는 지혜와 지배력을 가지고 있다고 생각하는 것은 잘못된 가정이다.

우리가 보아왔던 것처럼, 믿는 자들이 그리스도를 인생의 여러 요소들 가운데 하나로 보는 경향이 있다. 왼쪽 원〈그림 18.1〉은 이러한 요소들을 상징하는 크고 작은 원들로 구성되어 있다.

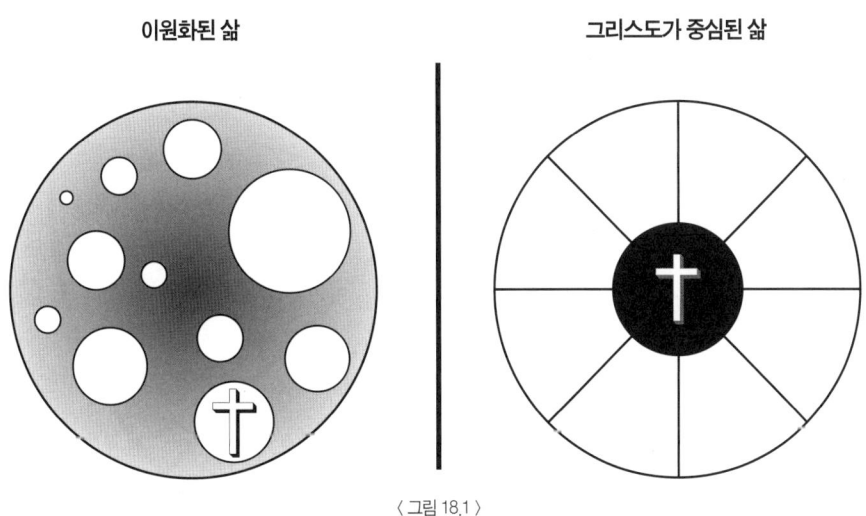

〈 그림 18.1 〉

이러한 접근에 의하면 영적인 영역은 인생의 다른 부분들과는 거의 상관이 없다. 우리가 주님을 향해 자라감에 따라 이러한 영적인 영역은 점점 더 커지지만, 다른 영역들과는 잘 연결되지 않는다. 결과적으로 영적인 영역도 있지만, 나머지는 세상적이 된다. 반대로, 오른쪽 원에서는 삶의 모든 영역이 통합과 통일이 연합된 지점인 그리스도를 중심으로 모여 있다. 그분을 향해 마음의 초점이 맞춰져 있으면 그분은 삶의 모든 부분에 연결되게 되고, 일이나 가족 그리고 다른 모든 활동에서 우리가 그리스도 앞에서 살도록 격려해준다. 그리스도가 중심된 삶에는 영적인 것과 세상적인 것의 차이가 없고, 모든 것은 그분을 위해서 그리고 그분을 통해서 행하여진다(롬 11:36, 빌 4:13).

나의 친구 마일즈 로렌젠(Myles Lorenzen)은 그리스도를 중심으로 통합된 인생의 다양한 면들을 잘 설명하는 그림을 만들었다〈그림 18.2〉.

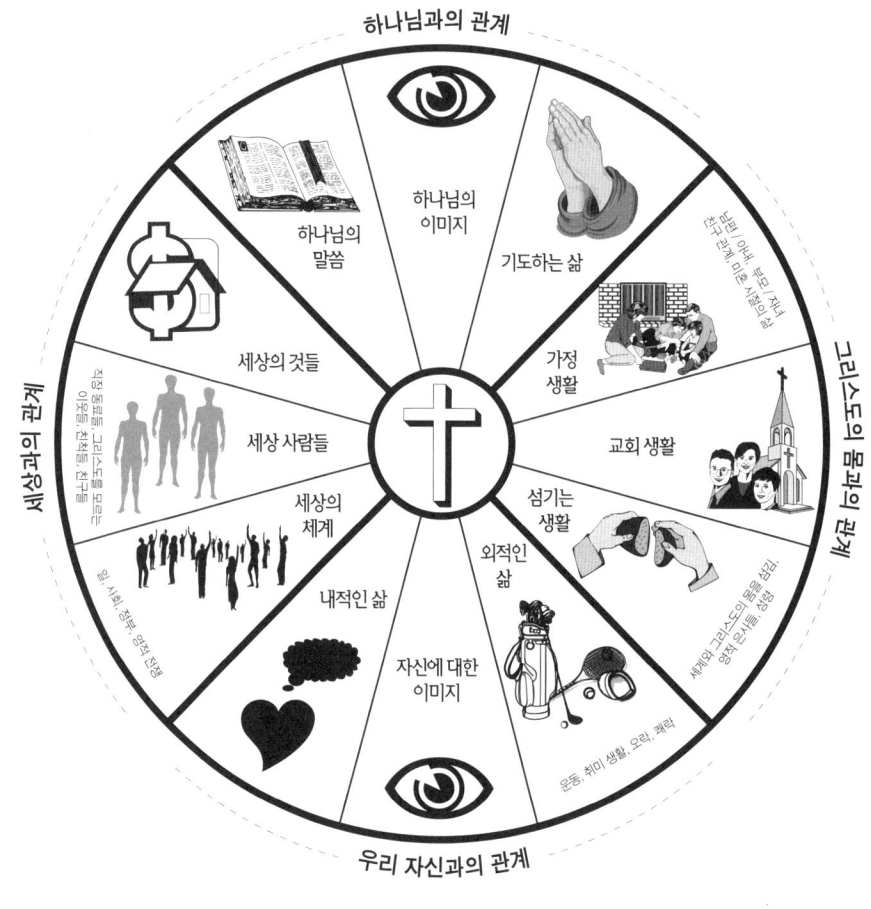

〈 그림 18.2 〉

4등분한 원의 윗부분은 하나님과 우리의 관계를 표시한다. 우리 안에 있는 하나님의 이미지는(가운데 면) 하나님의 말씀과 기도를 통해 개발된다. 4등분한 원의 아랫부분은 우리와 우리 자신과의 관계를 설명한다.

자신에 대한 이미지는(가운데 면) 우리의 내적인 삶과 외적인 삶에 의해 영향을 받는다. 4등분한 원의 왼쪽은 우리와 세상과의 관계를 의미하며, 그리스도를 모르는 사람들(가운데 면)뿐만 아니라 세상의 것들과 세상의 체계를 포함한다. 4등분한 원의 오른쪽은 우리와 그리스도의 몸과의 관계를 설명하고, 교회 생활(가운데 면), 가정 생활 그리고 섬기는 생활을 포함한다.

이 모델에서, 맨 위와 아랫부분은 하나님과의 수직 관계를 그리고 왼쪽과 오른쪽은 다른 사람들과의 수평 관계를 상징한다. 수직과 수평의 중심은 사람과 그리스도의 일 그리고 그분의 죽음, 장사 지내심 그리고 부활하신 생명과 함께하는 우리의 정체성이다. 그리스도 안에서 우리와 하나님과의 수직적인 관계는, 예수님을 아는 사람과 모르는 사람들 모두와의 수평적인 관계에서 분명하게 우리 삶에 새로운 질을 보여준다.

### 맨 위 : 하나님과의 관계

1) 하나님의 이미지

사람, 권력 그리고 하나님의 완전함에 대한 우리의 이미지는 우리 인생의 가장 결정적인 요소다. 우리가 관계적 영성에서 보았듯이, 하나님을 사랑하는 것은(우리 마음과 뜻, 정성과 힘을 다하여) 자신을 제대로 사랑하는 열쇠며(하나님이 보시는 대로 우리를 보는 것), 다른 사람을 열정적으로 사랑하는 것(우리 안에서 그리스도의 생명이 넘쳐나서 다른 사람을 섬기는 것)이다. 하나님에 대한 이미지는 그분의 아들에게 초점이 맞춰져야 한다. 왜냐하면 아무도 "아버지 외에는 아들을 아는 자가 없기" (마 11:27) 때문이다. "예수를 본 자는 아버지를 보았다" (요 14:9). 예수님을 더 많이 알고 사랑하고 순종할수록, 우리는 아버지를 더 잘 알고 사랑하고 순종하게 된다.

2) 하나님의 말씀

하나님의 말씀은 하나님이 그분과 그분의 계획 그리고 목적을 알리는 주요 수단이다. 기록된 말씀은 살아 계시고 성육신하신 말씀인 예수 그리스도에게 초점이 맞춰져 있다. "이에 모세 및 모든 선지자의 글로 시작하여 모든 성경에 쓴 바 자기에 관한 것을 자세히 설명하시니라" (눅 24:27, 24:44 참조). 자기 아들에 대한 하나님의 개인적인 계시는 그분 자신을 계시한 절정이다. 왜냐하면 예수님은 "하나님의 영광의 광채시요 그 본체의 형상이시라 그의 능력의 말씀으로 만물을 붙드신" (히 1:1-3) 분이시기 때문이다[훈련을 위해, 성육신하신 말씀 혹은 하나님의 말씀(요 1:1-18)에 관한 요한복음의 첫 부분을 묵상하거나, 히브리서 4장 12-13절에 나와 있는 기록된 말씀과 살아 있는 말씀과의 관계를 묵상해보라]. 그리스도는 하나님의 말씀이라 칭하심을 받았다(계 19:13). 우리가 말씀을 읽고, 연구하고, 묵상할 때 그분과 아버지를 더 명확히 알게 된다.

3) 기도하는 삶

경건의 시간과 매일의 삶에서 하나님의 임재를 훈련할 때, 기도의 훈련은 그리스도에게 초점이 맞춰져야 한다. "지금까지는 너희가 내 이름으로 아무것도 구하지 아니하였으나 구하라 그리하면 받으리니 너희 기쁨이 충만하리라"(요 16:24). "너희가 내 안에 거하고 내 말이 너희 안에 거하면 무엇이든지 원하는 대로 구하라 그리하면 이루리라"(요 15:7). 예수님은 하나님의 보좌 앞에서 우리의 중보자이시며 대언자이시고(롬 8:34, 요일 2:1-2), 그분은 우리의 신실하시고 자비로우신 대제사장이시기 때문에 아버지께로 가는 길을 여신다. 그래서 우리는 "은혜의 보좌 앞에 담대하게 나아갈"(히 4:16) 수 있다.

**맨 아래 : 우리 자신과의 관계**

1) 자신에 대한 이미지

하나님을 모르고서는 우리 자신을 진실로 알지 못한다. 자기 정체성을 갖기 위한 안전하고도 안정되며, 중요하고도 만족스러운 유일한 기초는 그리스도와 더불어 우리가 갖는 새로운 자아 정체성에 대한 깨달음이다. 로마서 6-8장, 갈라디아서 2장 20절, 에베소서 1장 3-23절, 3장 11-21절 그리고 골로새서 1장 9-23절, 27절, 3장 1-17절과 같은 인생을 변화시키는 구절들은, 예수님을 알게 된 모든 사람들을 새로 정의한다. 그분 안에서 우리는 아담의 계보를 벗어나 그리스도의 계보로 접붙인 바 된 새로운 기원을 갖는다. 그분 안에서 우리는 또한 새로운 운명을 갖는데, 그것은 더 이상 거룩하신 하나님의 진노를 직면해야 할 죄인이 아니라, 그리스도의 유산을 나누고 "그리스도 예수 안에서 우리에게 자비하심으로써 그 은혜의 지극히 풍성함을"(엡 2:7) 누리도록 운명 지워진 택한 자녀라는 것이다. 그리고 또한 소멸해버릴 세상에서 그리스도의 대리인과 사신으로서, 그리스도 안에서 우리는 새로운 직책과 목적을 갖는다(고후 5:17-21).

2) 내적인 삶

우리의 복잡 미묘한 내적인 삶은 그리스도가 중심이 되지 않으면 모순되는 생각과 충동의 늪이 될 수 있다. 우리의 마음, 의식, 생각, 감정 그리고 의지는 예수님의 법과 권위에 순종하지 않으면 불안정하며 문젯거리가 될 수 있다. 오직 그분 안에서 우리는 내적인 화합과 평안을 발견할 수 있다. "주께서 심지가 견고한 자를 평강에 평강으로 지키시리니 이는 그가 주를 의뢰함이니이다"(사 26:3). 우리가 예수님을 의지할 때 그분 안에서 우리 스스로를 즐거워하고, 우리의 길을 그분께 헌신하며, 그분 안에서 안식을 얻고, 그분을 인내하고 기다리며(시 37:3-7), 세상에서는 평안과 기쁨을 얻지 못한다는 것을 발견한다(요 14:27, 빌 4:6-7). 그분의 멍에를 메는 자들과 그분으로부터 배우는 자들은 영혼의 안식을 얻는다(마 11:29). 그러므로 그리스도께 집중함으로 우리 마음과 정신의 내적인 정원을 일구어야 한다(롬 8:5-10, 빌 4:8, 골 3:2-4). "내 아들아 네 마음을 내게 주며 네 눈으로 내 길을 즐거워할지어다"(잠 23:26).

3) 외적인 삶

우리의 외적인 삶은 우리의 몸으로 시작하는데, 그것은 이 땅에서 오감을 통해 알게 된 것을 표현하는 도구다. 바울은 고린도 교회 사람들의 비도덕성을 경고하면서, "너희 몸은 너희가 하나님께로부터 받은 바 너희 가운데 계신 성령의 전인 줄을 알지 못하느냐 너희는 너희의 것이 아니라 값으로 산 것이 되었으니 그런즉 너희 몸으로 하나님께 영광을 돌리라"(고전 6:19-20)고 말한다. 우리는 우리 지체를 의의 병기로 하나님께 드려야(롬 6:13) 하고, 우리 몸을 하나님의 거룩한 산 제사로 드려야 한다. 외적인 삶은 우리의 육체적인 '몸' 뿐만 아니라 취미, 운동, 쾌락이나 다른 형태의 레크리에이션과 같은 활동들로 이루어져 있다. 이런 모든 활동들에도 그리스도가 중심이 되실 수 있다. 그런 식으로 그분의 임재가 골프나 테니스, 하이킹 또는 드라이브와 같은 명백하게 세속적인 것들에도 증명될 수 있다.

### 왼쪽 부분 : 세상과의 관계

1) 세상 사람들

세상 사람들이란 그리스도를 모르는 이웃들, 직장 동료들, 친구들, 친척들 그리고 이 나라와 지구에 사는 다른 사람들이다. 그런 사람들을 단순히 이웃이나 직장 동료로 봐서는 안 되며, 흑암의 권세로부터 구원받아서 하나님의 사랑하는 아들의 나라로 옮겨져야 할 사람들로 봐야 한다(골 1:13). "그러므로 우리가 이제부터는 아무 사람도 육체대로 알지 아니하노라 … 이러므로 우리가 그리스도를 대신하여 사신이 되어 하나님이 우리로 너희를 권면하시는 것같이 그리스도를 대신하여 간구하노니 너희는 하나님과 화목하라"(고후 5:16-20). 이것은 우리가 믿지 않는 자들과 의도적으로 관계를 맺음으로(고전 9:19-23), 소금과 빛이 됨으로(마 5:13-16), 우리 속에 있는 소망에 관한 이유를 묻는 자에게 대답할 것을 예비하는(벧전 3:15) 방식으로 이뤄진다.

2) 세상의 것들

예수님은 "사람의 생명이 그 소유의 넉넉한 데 있지 아니하니라"(눅 12:15)고 가르치셨다. 소유에 대한 시각을 그리스도 중심에 맞추지 않으면, 우리는 우리 영혼을 결국 실망시키고 사라져버릴 것들과 바꾸려는 유혹을 받게 될 것이다(막 8:36-37). 오직 그리스도만이 우리 삶의 만족을 결정하도록 할 때, 우리는 만족의 비밀을 배울 것이다. "세상의 염려와 재리의 유혹과 기타 욕심들"은 우리의 영적인 생명력을 질식시키고, 우리가 열매 맺지 못하도록 유혹할 수 있다(막 4:19). 하나님이 이 땅에서 우리에게 주신 것들에 대해 우리는 하나님이 우리를 의탁하시고 책임을 지우셨다는 청지기 의식으로 이해해야 한다. 그분의 나라와 의를 이 땅의 것들보다 더 찾으면(마 6:33), 우리는 하나님을 향하여 부유해질 것이고(눅 12:21), 참된 생명을 얻을 것이다(딤전 6:17-19). 이 땅의 것들은 또한 하나님이 우리에게 의탁하신 환경에 대한 청지기 의식을 포함한다.

3) 세상의 체계

우리는 우리 존재를 만드는 조직과 체계들이 맞물려 있는 문화의 영향을 깊이 받는다. 일, 사회 그리고 정부라는 영역은 우리 삶에 영향을 주고, 우리 삶에 그리스도가 중심이 되지 않을 때 우리를 정의하고 소모시킨다. 만물에서 예수님의 주재권이 인정될 때, 이러한 체계들은 우리의 왕을 알리는 부르심을 받은 영역이 된다. 다양한 욕망을 가진 세상은(요일 2:15-17) 하나님의 사람과 목적에 반대되므로, 그리스도의 제자들은 영적인 전쟁을 치르게 된다. 우리가 그분께 순종하고 이 땅에서 그분의 뜻을 찾을 때에, 우리는 그분의 도구가 되고 "이 땅에서 빛으로 드러난다"(빌 2:15).

**오른쪽 부분 : 우리 몸과의 관계**

1) 교회 생활

교회 생활은 고립이 아니라 공동체로 살도록 의도되었다. 그리스도의 몸으로서, 교회는 전체에 기여하는 독특한 부분들이 상호 의존하는 기관이다. 그리스도는 몸의 머리로서, 그분은 모든 구성원이 영적으로 성숙하고 당신을 닮아가기까지 자라기를 원하신다. 성도들이 서로의 성장과 예배를 위하여 모일 때, 그들은 새롭게 되고 준비되며 사랑하고 섬기며 서로를 세우며, 이 땅에서 하나님의 백성이 되도록 격려받는다(엡 4:11-16). 몸이 모여서(성장, 교육, 덕을 세움) 흩어진 몸에 힘을 준다(전도).

2) 가정 생활

하나님은 생명이 형성되고 가치들을 가르친다는 의미에서 가정이 사회의 기초가 되도록 설계하셨다. 남편 - 아내의 관계는 그리스도와 그분의 신부인 교회 사이의 사랑스런 관계로 형성되었고, 부모 - 자식 관계는 양육, 훈계, 준비, 보호 그리고 성격 형성을 위해 하나님이 기름 부으신 환경이다(신 6:5-9, 수 24:15). 그리스도께 의지하고 그분이 결과를 결정하시도록 하는 것을 배우지 않으면 이런 관계들이 가진 목적들을 이룰 수 없다. 우리의 삶이 그분 중심이 될 때, 그분은 이기적이지 않게 우리의 배우자와 자녀들을 섬길 수 있는 힘을 주신다. 광범위하게 말하면, 가정 생활은 또한 친구 관계와 미혼 시절의 삶을 포함하고, 이러한 것들 역시 그리스도를 중심으로 할 때 생명력을 찾을 수 있다.

3) 섬기는 생활

모든 성도들은 성도들과 자신의 영향력 안에 있는 믿지 않는 자들을 섬기는 목적으로 영적인 은사들을 받았다. "각각 은사를 받은 대로 하나님의 각양 은혜를 맡은 선한 청지기같이 서로 봉사하라"(벧전 4:10). 그리스도께 순종할 때만 우리는 성령의 능력으로 다른 사람들을 섬길 수 있다(마 20:25-28). 이런 방식으로, 우리는 우리를 통해 사람들을 사랑하고 섬길 수 있도록 예수님을 초청하는 것이다. 섬기는 은사와 부르심은 다양하다(예 : 가르침, 전도, 가난하고 궁핍한 자를 돌보기, 훈련, 권면, 환대, 선교). 그렇지만 모든 은사들 역시 그 자체가 목적이 아니라 그리스도가 항상 중심이 되어야 한다.

**네 면과 영성의 열두 면들** 다음의 표는 그리스도인이 갖는 영성의 열두 면이 방금 논의했던 네 면들과 어떻게 연결되어 있는지를 설명한다.

| 관계적 영성 | 4등분한 면들의 중심 |
|---|---|
| 패러다임 영성 | 세상의 것들, 내적인 삶 |
| 훈련된 영성 | 4등분한 면들 |
| 교환된 삶의 영성 | 하나님과 자신에 대한 이미지 |
| 동기화된 영성 | 하나님과 자신에 대한 이미지, 내적인 삶 |
| 경건의 영성 | 윗면 |
| 포괄적 영성 | 모든 네 면들의 통합 |
| 과정 영성 | 다른 영역들과 연결된 내적인 삶 |
| 성령 충만의 영성 | 내적인 삶, 섬기는 삶 |
| 전투의 영성 | 세상의 체계들 |
| 양육의 영성 | 세상 사람들과 오른쪽 면 |
| 공동체적 영성 | 교회 생활, 가정 생활, 섬기는 생활 |

〈표 18.1〉

열두 가지 면들은 서로 포괄적으로 영향을 미친다. 경건의 영성이 주로 기여하는 바는, 그리스도 안에서 우리의 삶과 우리가 훈련하는 모든 면들이 연결되어 있다는 것을 강조한다는 데 있다.

### 적용을 위한 질문

- 당신은 두 가지 법칙에 의해 끌려다니는 자신을 얼마나 자주 발견하는가? 직업과 당신의 훈련 사이에 어느 정도의 갈등이 있는가?

- 당신의 직업에서 마음의 중심은 무엇이고, 이것이 세속과 거룩을 이해하는 데 어떻게 영향을 미치는가?

- 당신은 어떤 식으로 일상에서 하나님의 탁월성을 발견하려고 노력하는가?

- '우리의 초점을 잃게 하는 유혹들' 가운데에서 어떤 것이 당신의 상황을 가장 명확하게 말해주는가?

- 당신은 빌립보서 3장 10절이 말하는 열망을 따라 얼마나 많이 나아갈 수 있는가?

- 한마음으로 추구한다는 것이 의미하는 바는 무엇인가?

- 네 면과 열두 면들의 표를 볼 때, 당신의 삶에서 예수님은 어느 정도나 열두 면의 중심을 차지하고 있는가?

제7부 _ 포괄적 영성 HOLISTIC SPIRITUALITY

# 19

# 관계, 직업 그리고 사회

| 이 장의 개관 | 이 장은 세 가지 주된 관계(남편 - 아내, 부모 - 자녀 그리고 친구 관계)와 직업과 사회라는 두 가지 주요 영역에서의 신앙과 훈련의 통합에 관한 원리들을 제시한다. |
|---|---|
| 이 장의 목표 | • 결혼 관계에 대한 성경적인 계획을 더 잘 이해하기<br>• 부모 - 자녀 관계의 성경적인 원리들을 보다 명확하게 이해하기<br>• 좋은 친구 관계의 대가와 가치를 더 잘 알기<br>• 일터에 대해 보다 성경적으로 접근하기<br>• 성경이 말하는 사회에 적응하기 |

이 장에서 나는 부가적인 진보를 위해 가족 생활과 사회 체계에서 다섯 영역을 선택했다. 가까운 관계가 우리의 영성 형성에 어떻게 중요한 역할을 하는지 이해하는 것은 중요하다. 이러한 영역 가운데 먼저 논의될 세 가지는 남편 - 아내, 부모 - 자녀 그리고 친구라는 주된 관계며, 나머지 두 가지는 직업과 사회다. 많은 문헌들이 이 모든 영역에서 신앙과 실제를 통합하려고 노력하고 있다. 하지만 정제된 원리들을 가지는 것이 도움이 될 것이다.

## 세 가지 관계
### 남편 - 아내 관계
- 고린도전서 7장은 결혼의 정당성을 지지하면서도, 독신 생활에 대해서도 인정하고 있다. 바울은 독신주의를 인내의 은사와 연결시키고, 이런 은사를 가지고 있는 사람이 독신으로 남을 때 특별

한 장점이 있음을 주장한다. 독신은 특별히 어려운 시기들마다 사역을 할 때 많은 자유가 주어지고, 하나님께 헌신된 삶을 사는 데 방해를 덜 받는다(29-35절). 독신의 은사가 있는 사람에게 결혼을 강요하는 것은 잘못된 것이다. 결혼은 가능한 것이지 강요할 일은 아니다.

- 결혼은 사회의 기본 단위로서뿐만 아니라 영적인 진리를 설명하는 이 땅의 비유를 위해 하나님이 계획하셨다. 결혼은 남자와 여자가 영, 혼 그리고 육체의 모든 단계에서 하나 됨을 이루는 상호 헌신을 위한 일생의 약속이다.
- 이러한 배우자들 간의 연합과 친밀감은 하나님의 형상을 반영하도록 계획되었고, 사랑과 존경이 지속되는 관계를 제공한다. 이것은 고귀한 부르심이고, 하나님의 은혜와 능력을 의식적으로 의지하지 않고는 도달하기 어렵다.
- 창세기 1장 26-27절은 남자와 여자가 함께 하나님의 형상을 이룬다고 말한다. "하나님이 자기 형상 곧 하나님의 형상대로 사람을 창조하시되 남자와 여자를 창조하시고"(창 1:27). 하나님은 남자와 여자를 창조하셨고, 그들에게 다른 성품들을 부여하셨다. 그래서 각각은 하나님에 대한 다양성을 표현한다. 건강한 결혼에서는 양쪽 배우자 모두 이러한 성격상의 차이점들을 경쟁이라기보다는 보완으로 인정하고 수용한다.
- "돕는 배필"(창 2:18, 20)이라는 개념은 배우자 간에 지지해주는 관계를 말하고, 결코 한 사람이 다른 사람보다 열등하다는 것을 의미하지는 않는다. 외로움은 교제와 보완으로 대신할 수 있고, 이것이 하나님이 결혼을 계획하신 주된 목적이다.
- 창세기 2장 23-25절은 결혼이란 서로 헌신하고, 지지하며 그리고 존중하는 영원한 언약적 관계라고 가르친다.
- 결혼 생활에서 문제가 있을 때, 그런 문제들은 떠남의 실패, 나눠짐의 실패, 혹은 한 몸을 이루는 관계 확립의 실패에서 불가피하게 발생한다(창 2:24). '둘이 한 몸을 이루는 것'은 결혼의 신비다. 이 구절은 성적 관계를 의미하기도 하지만 그 이상으로, 남자와 여자가 하나 됨을 뜻하고, 이것이 하나의 과정이다. 두 사람이 육체적, 심리적, 영적으로 하나를 이루고, 신약에서는 이러한 연합이 그리스도와 그의 신부인 교회의 한 차원 높은 신비로움을 그려왔다(엡 5:31-32).
- 결혼 생활의 성숙은 태만해서는 이루어지지 않는다. 그것은 수년 간의 상호 노력(훈련)과 하나님의 은혜에 의지함(의존)으로 이루어진다.
- 최상의 결혼은 다양한 사람들의 사랑 속에 하나님의 사랑을 불어넣는다.

**에피튜미아(Epithumia).** 부정적으로 보면, 이 단어는 '욕망'으로 번역되지만, 긍정적으로는 정당한 욕구로 사용될 수 있다. 육체적인 욕망은 결혼을 하게 하는 한 요소다. 육체적 관계가 결여되어 있거나 최소한으로 존재한다는 것은 고쳐져야 할 문제들이 있다는 징후다. 이를테면 과거에 일어났던 아픈 경험들이나, 현재 일어나고 있는 갈등이나 대화의 결핍 등과 같은 것들이다. 결혼은 남자와 여자 사이에 모든 차원에서 하나 됨이 일어나도록 하신 하나님의 계획이고, 성적 기쁨을 나누는 것은 결혼이라는 연합에서 다른 형태의 사랑들을 풍성하게 하는 사랑의 중요한 한 형태다.

**에로스(Eros).** 이 단어는 신약에서는 나오지 않지만 그리스 문헌에서 주로 사용된 것으로, 감각적인 차원의 사랑에 국한되어서 사용되는 것은 아니다. 이것은 사랑하는 사람과의 로맨틱한 몰입 이상의 의미가 있다. 에로스에는 에피튜미아, 혹은 성적인 욕구가 있을 수도 있고 없을 수도 있다. 이것은 주고받는 것의 차이를 넘어선 엄청난 의미를 갖고 있다. 감정적인 사랑이기 때문에 에로스는 의지적으로 불러일으킬 수 없고, 도움이 없이는 유지할 수 없다.

**스토르게(Storge).** 에로스와 같이 이 단어도 신약에서는 사용되지 않았다. 스토르게는 감정과 소유를 향한 사랑으로서 친밀함에서 나왔다. 그것은 함께 소속되고 같이 있어서 편한 가족원들이 나누는 사랑이다. 이런 사랑은 외부 세계에 대한 안정감과 정서적인 피난처를 제공한다.

**필레오(Phileo).** 이것은 우정, 동료 관계 그리고 솔직함에서 나오는 사랑으로 관심, 시간, 통찰, 비전 그리고 경험을 나눌 때 생기는 것이다. 에로스가 말하는 연인이란 사랑하는 사람을 뜻한다. 필레오에서는 두 사람 혹은 그 이상의 사람들이 공동의 관심이나 활동을 하는 것이다. 우정의 단계가 없이는, 결혼이란 단순한 관례로 빠져드는 것이다.

**아가페(Agape).** 이것은 이타주의와 베풂, 심지어는 희생으로 특징지어지기 때문에 가장 고결한 사랑이다. 아가페는 행위로써 판단하는 조건적인 사랑이 아니다. 그것은 또한 상호 매력이나 우정의 산물로써 주어지는 사랑도 아니다. 아가페는 조건을 두지 않고, 어떤 환경에도 불구하고 굳건한 사랑이다. 그것은 다른 사람의 관심을 내 것 위에 두고, 다른 사람의 반응과는 상관없이 다른 사람을 섬기려는 의지적인 선택에서 일어난다. 그것은 감정보다는 의지의 문제다. 아가페는 행동으로 드러나기 때문에 이론적이라기보다는 실제적인 것이다.

아가페는 타고난 것이 아니다. 그것은 신의 사랑이다. 이런 식으로 다른 사람을 사랑하려면 하나님의 사랑을 담는 그릇이 되고 싶은 마음이 있어야 한다. 그것은 육신의 힘으로 만들 수 있는 것이 아니다. 아가페는 성공적인 그리스도인의 결혼 생활을 이루는 참된 기초를 마련해준다. 왜냐하면 그것은 불완전한 사람을 향한 무조건적인 헌신을 위한 약속이기 때문이다. 다른 형태의 사랑도 중요하고, 각각이 결혼 관계의 한 면들을 이룬다. 그러나 그런 사랑들은 아가페에 의해서 배양되고, 영양을 공급받으며, 잡초가 제거되어야만 하는 정원 안의 꽃들과 같다. 그것이 없으면 다른 사랑들은 퇴화하고 사라져버릴 것이다.

- 이러한 사랑을 표현하는 다양한 방법들이 있다. 게리 채프먼(Gary Chapman)은 「다섯 가지 사랑의 언어(The Five Love Languages)」라는 책에서, 배우자와 최고의 사랑의 대화를 나누기 위해서는 지배적인 언어를 이해해야 한다고 말한다. 그는 함께 보내는 시간, 칭찬의 말, 선물, 섬기는 행동 그리고 육체적인 접촉의 다섯 가지를 구분하였다. 이것을 알면 남편이나 아내의 필요를 더 효과적으로 채우는 데 도움을 받을 수 있다.
- 결혼 관계에서 남편은 아내를 기쁘게 하고 섬기며, 아내는 남편을 기쁘게 하고 섬기는 것이 바람직하다(고전 7:3-5, 33-34). 결혼 생활의 가장 큰 적은 다른 사람의 성격과 자신의 필요에 신경 쓰는 이기적인 태도다. 타인 중심의 사랑은 자신의 성격과 다른 사람의 필요에 초점을 맞춘다.
- 만약 우리가 자신의 가치를 충족시켜줄 배우자를 찾는다면, 우리는 다른 사람이 결코 해줄 수 없는 것을 갖기 위해 그 관계를 이용하는 것이 된다. 그렇지만 우리가 그리스도를 찾고 진리와 함께 우리 마음을 매일 새롭게 한다면, 우리의 필요는 그분 안에서 완전하게 채워지고, 우리의 배우자를 비현실적인 요구로부터 자유롭게 하며, 실망보다는 만족을 찾게 될 것이다. 우리를 향한 하나님의 사랑을 신뢰하고 그분의 약속을 믿을 때 우리의 가장 깊은 소망은 그분을 만족케 하는 것이 되며, 기대와 대가를 바라지 않고 다른 사람에게 베풀게 된다. 우리의 섬김이 거부를 당할 때도 우리는 하나님을 향한 우리의 마음을 알게 되고, 그리스도 안에서 참되고 변치 않는 위치를 확인하면서 고통을 느끼더라도 베풀기를 계속한다. 우리는 그리스도의 사랑 안에서 안전함을 느낌으로써 이러한 것을 알 수 있다. 우리의 참된 가치는 다른 사람이 우리에게 상처를 주고 거부할 때에도 위협받지 않는다.
- 우리 배우자들이 이 과정에서 서로 주고받기를 바라는 것은 당연하다. 하지만 이러한 소망이 우리의 목표가 되어서는 안 된다. 왜냐하면 그 소망을 이루기 위해 다른 사람에게 의존하기 때문이다. 우리는 사역의 목표를 달성하기까지 계속 노력해야 하고, 우리의 소망은 하나님의 손에 맡겨야 한다.
- 당신이 배우자를 위해서 할 수 있는 가장 최선은 예수님을 더 사랑하는 것이다. 배우자를 사랑하는 것보다 예수님을 더 사랑하면, 예수님보다 배우자를 더 사랑할 때보다 배우자를 더 사랑하게 될 것이다.
- 배우자는 가장 가까운 친구가 되어야 한다. 그러나 부부들은 자녀들 때문에 방해를 받아 서로를

잘 모르는 경우가 너무 많다. 자녀들이 떠나면, 그들은 서로를 한 지붕 아래 여러 해를 살아온 이방인처럼 느낀다. 반드시 그런 것은 아니지만, 그것을 피하기 위해 노력할 필요가 있다. 우정은 생각, 감정 그리고 경험을 나눌 때 키워진다.
- 부부는 아침이나 저녁에 잠시라도 성경을 공부하고 함께 기도함으로 영적인 하나 됨을 키워갈 필요가 있다. 규칙적으로 하는 것이 매우 중요하다.
- 영과 혼의 차원에서 하나 됨을 갖는 것은 결혼에서 육체적인 하나 됨의 기초를 제공한다. 성경적인 관점에서 보면, 섹스는 사랑을 만든다기보다는 사랑을 표현하는 것으로 이해된다. 성적인 친밀감은 영적이고 심리적인(정신, 정서 그리고 의지) 친밀감을 표현하기 위해 고안되었다. 래리 크랩(Larry Crabb)이 말한 것처럼, 함께 거하는 두 몸은 이미 함께하는 두 사람을 수용해야 한다. 성적 관계는 결코 훌륭한 결혼을 이루기 위해 만들어진 것이 아니고 훌륭한 결혼의 산물이다.

## 부모 - 자녀 관계
- 그리스도인 가정은 '관계라는 면에서 성경적인 진리를 적용해보는 실험실'로 불린다. 그것은 사랑을 주고받는 방법을 배우고, 관계를 발전시키기 위한 가치들을 전수하는 훈련의 장이다.
- 시편 127편 3-5절에, 자녀는 하나님으로부터 온 선물이라고 기록되어 있다. 자녀들은 우리의 소유가 아니라 하나님의 것이다. 하나님은 우리에게 임시로 자녀들을 돌보게 하셨고, 사실상 우리 자녀들은 18여 년 동안 우리와 한 지붕 아래 살도록 하나님이 빌려주신 것이다. 우리는 자녀들이 의존적인 상태에서 완전하게 독립하는 상태가 될 때까지 양육하는 임무를 부여받았고, 그래서 자녀들이 성숙해지면 하나님께 돌려드릴 수 있어야 한다.
- 많은 부모들은 자녀들을 통해 인생과 결혼을 꾸려가는 실수를 저지른다. 그들은 자녀들 안에서 자신의 정체성을 찾고, 자녀들을 통해 자신들의 인생을 살아감으로 말미암아 자신들의 야망과 꿈을 실현하려 한다. 성취를 위한 이런 잘못된 시도는 늘 좌절과 실망을 가져다준다. 왜냐하면 자녀들은 그러한 기대감을 충족시켜주기 힘들고, 속히 가정을 떠나기 때문이다. 그런 시도는 또한 자녀들이 육체적으로나 정서적으로 혹은 정신적으로 도달할 수 없는 수준을 과도하게 요구한다.
- 아마도 부모가 적용하기에 가장 힘든 성경적인 원리는 자녀들을 있는 그대로 받아들이라는 요구일 것이다. 참된 정체성의 근원은 자녀가 아니라 그리스도 안에 있다. 자녀들은 육체적으로나 정신적으로 부모가 원하는 만큼의 수준에 도달할 수 없을 것이다. 그러나 자녀는 부모의 소유가 아니라 하나님의 소유라는 것을 깨닫게 되면 자녀들을 있는 그대로 받아들일 수 있을 것이다. 이러

한 진리를 훈련하면 거절이나 실패의 두려움으로부터 자녀들을 자유롭게 할 수 있다.
- 부모는 자녀들의 물질적인 필요를 공급해야 할 책임이 있다. 또한 자녀들의 인격을 형성하는 것과 영적, 심리적으로, 또한 정서적으로 그들을 이끌어주는 것 그리고 육체적인 성장에 대한 책임을 부여받았다. 이러한 것들이 이행되지 않은 채로 그들을 외부 기관들에 맡겨서는 안 된다. 자녀들을 영적으로 그리고 도덕적으로 훈련하는 것은 대부분 가정에서 행해져야 하는 것이지 교회나 학교에 맡겨져서는 안 된다.
- 그리스도를 닮아가려는 태도가 부모에게 충만할 때, 그 가정의 모든 구성원들은 자신들이 가족의 중요한 구성원이라고 느낀다. 남편과 아내는 자녀들 앞에서 주 안에서 서로 존중하고 관심을 보이는 능력의 모델이 된다. 이런 분위기가 자녀들과의 관계로 확대될 때, 부모는 모든 자녀의 가치와 독특성을 진심으로 존중하게 될 것이다.
- 한 번의 부정적인 말을 극복하기 위해서는 다섯 번의 긍정적인 말이 필요하므로, 부모는 자녀들의 짐이 되기보다는 자녀들과 한 팀이 되는 것이 중요하다. 부모는 편애하거나 자녀를 서로 비교하지 않도록 해야 한다. 자녀를 당황스럽게 하거나 모욕했을 때, 약속을 어겼을 때, 혹은 그들을 잘못 다루었을 때 부모는 자신들의 잘못을 깨끗이 인정하고 그들에게 용서를 구하는 것이 특히 중요하다. 이렇게 서로에게 성실하고 서로를 존중하는 것은 자녀를 깊이 있는 존재가 되게 한다.
- 부모로서 우리가 갖지 못한 것을 자녀들에게 나누어줄 수는 없다. 그리스도 안에서 하나님과의 관계가 성장하지 않는 한, 우리 자녀들이 똑같은 소망을 가질 것이라고 기대할 수 없다. 영적인 부모가 되기 위한 선행 조건은 마음과 정성과 뜻을 다해 하나님을 사랑하는 것이다. 그리고 이것은 하나님과의 계속되는 신뢰와 의지 그리고 연합의 관계를 필요로 한다(신 6:4-5). 하나님의 사랑에 반응할 때에만 우리는 그 안에서 동행할 수 있다. 영적인 생명력은 가정보다 마음속에 먼저 존재해야 한다.
- 우리는 하나님의 사랑과 그분의 말씀에 반응해야 한다(신 6:6). 성경은 인생의 모든 중요함과 모든 분야에서 우리가 발휘하는 효율성은 그것들과 관련된 성경적인 원리들을 알고 적용하는 정도에 달려 있다고 말한다. 자녀들을 본성에 의해 양육한다면, 우리는 비효율적인 삶을 살게 될 것이다.
- 우리는 자녀들에게 살아 있는 모델이다. 우리는 말하는 것보다 훨씬 더 많은 것으로 대화한다. 그래서 영성은 가르치는 것이 아니라 이해시키는 것이다. 가정 생활에서의 친밀감은 꾸며낸 외면을 곧 드러낸다. 그러므로 우리가 실천하지 않는 것을 가르치는 것은 별로 중요하지 않다. 우리는 믿음의 실재를 삶을 통해 증명해 보여야 한다. 우리가 말하는 것이 우리 자신과 더 많은 조화를

이룰수록, 자녀들은 더더욱 우리의 기준을 완전하게 충족시킬 것이다.

- 하나님을 바라보는 어린아이들의 시각은 자신들의 아버지를 바라보는 시각에 의해 많이 결정된다. 만약에 아버지가 자녀를 무시하고 아내에게 불친절하거나 공평하지 않으면, 그 자녀는 하나님에 대해 왜곡된 이미지를 갖게 된다. 좋은 것이든 나쁜 것이든 본을 보이는 것은 가장 효과적인 가르침의 방법이다. 하나님에 대한 건강한 시각은 자신들이 진실되고 사랑을 가진, 그리스도를 닮은 사람들이 되도록 성령님께 의탁한 부모들이 잘 말해준다. 이것을 위해서 우리는 하나님께 더 많이 의지해야 한다.

- 우리는 우리가 갖는 확신을 따라 살아야 하지만, 또한 그것들을 설명해야 한다(창 18:19, 신 6:7, 사 38:19). 일부 가정에서는 신앙적인 활동들이 지나치게 교회 중심이 되는 위험을 가지고 있다. 그래서 그런 활동들이 가정에서 그리스도인의 삶을 가르치는 대안이 될 수 있다. 그러나 성경은 부모들이 자녀들에게 기독교 세계관을 가르칠 것을 위탁하였다. 부모는 아들과 딸들에게 하나님의 길을 알고 찾도록 가르칠 책임을 가지고 있다.

- "너는 또 그것을 네 손목에 매어 기호를 삼으며 네 미간에 붙여 표를 삼고 또 네 집 문설주와 바깥문에 기록할지니라"(신 6:8-9). 영적인 진리를 우리의 행위('손')와 태도('미간')에 매어야 하며, 우리의 사적이고('문설주') 공적인('바깥 문') 삶에 새겨야 한다. 다시 말하면 그것은 마음에서 가정으로 그리고 가정에서 행동으로 옮겨져야 한다.

- 하나님이 부모에게 주신 책임의 일부는 자녀들에게 복음을 전하고 훈련하는 것이다. 우리는 그들을 위해서 기도하고 그들의 성품을 통찰하도록 간구할 필요가 있다. 그러면 그들을 가장 적절하고도 인격적인 방법으로 기를 수 있을 것이다. 모든 자녀들은 하나님과 동행하는 것을 배워야 한다. 우리의 실제적인 목표는 자녀들이 예수 그리스도와 갖는 관계가 우리와 관계를 맺는 것보다 더 중요하도록 가르치는 것이 되어야 한다.

- 모든 자녀는 독특한 성격을 가지고 있으므로, 가장 효과적인 훈련은 나이와 능력 그리고 기질의 다양성에 따라 달라져야 한다. 자녀들은 독특한 사람들로 다뤄질 필요가 있다. 잠언 22장 6절은 자녀들을 하나님께 드리고, 그들의 나이와 성격에 맞는 방법으로 하나님을 알도록 그들 안에 있는 기호를 계발하라고 말한다. 자녀들이 성숙해질 때, 그들의 영적인 유산은 그들의 일부로 남을 것이다.

- 자녀들은 사랑의 철자를 시간(T-I-M-E)이라고 쓴다고 한다. 자녀들과 보내는 시간의 질은 중요하지만, 우리는 이것을 양으로 대체함으로 스스로에게 정직하지 못하다. 우리 문화 중에는 재물을

자녀들과의 친밀한 관계를 세워가기 위한 대용물로 사용하는 위험스런 경향이 있다. 자녀들은 그렇게 쉽게 살 수 있는 것이 아니다. 선물 공세로 지나치게 방임하는 것은 자녀들과 시간을 함께 보내면서 사랑을 표현하는 것에 대한 실패를 보충하지 못할 것이다.
- 어른들처럼 자녀들도 여러 가지 사랑의 표현에 다양하게 반응한다. 게리 채프먼(Garry Chapman)은 「자녀들을 위한 다섯 가지 사랑의 언어(The Five Love Languages of Children)」에서, 우리는 자녀들에게 최선으로 사랑을 전달하는 주도적인 언어를 분별하기 위해 노력해야 한다고 말한다. 그것이 함께 보내는 시간이든, 칭찬의 말이든, 선물이든, 봉사든, 혹은 육체적인 접촉이든 말이다.

**친구 관계**
- 우리들 가운데 거의 소수만이 진정한 우정을 경험한다. 안면 있는 관계, 교우 관계, 검증되지 않은 우정, 친밀감(시간과 고난을 통해 검증된)이 있는 확실한 우정 등에 이르는 다양한 관계들이 있다. 많은 사람들이 친구라고 부르는 관계는 안면 있는 관계거나 교우 관계이기 쉽다.
- 특별한 우정을 유지하고 키워나가기 위해서는 가치 있는 시간과 에너지를 의도적으로 투자할 필요가 있다.
- 우정이 개발되면, 사실의 수준에서 시작하여 의견의 수준 그리고 감정의 수준까지 자연스럽게 도달한다.
- C. S. 루이스는 「네 가지 사랑(The Four Loves)」에서 우정이란 인간이 하는 사랑 중에서 가장 자연스럽지 않은 것이라고 말한다. 왜냐하면 본능이나 필요 혹은 생존을 위한 가치에 이끌리지 않기 때문이다. 나아가 진정한 우정은 가장 최소한으로 질투하는 사랑이며, 근본적으로 필요한 존재가 되고자 하는 욕구로부터 자유롭다.
- 조정당하지 않고 사람들에 의해 소모당하지 않으면서 사람들을 사랑하는 것을 배우는 것은 중요하다. 사람들을 다룰 때, 호감을 가지되 기대하지 않는 것이 현명하다. 당신이 가진 모든 믿음을 절대로 어떤 한 사람에게 집중시키지 말라. 하나님만이 그러한 짐을 지실 수 있다.
- 바람직한 우정은 신뢰와 개방, 상호 존중, 정직 그리고 자기 개방으로 특징지어진다. 참된 우정에는 거짓이 필요 없다. 당신은 담대하게 당신 자신이 될 수 있다. 친구는 당신을 받아들이고 이해한다. 당신의 잘못뿐만 아니라 장점까지도 말이다.
- 우정은 기본적인 믿음에 대한 일치를 나누는 것에 기초한다. 즉 동일한 믿음을 감싸고 돌볼 때 세

워진다.
- 우정이란 우기(雨期)에 분명하게 드러난다. 역경과 고난의 시기는 우정의 실체를 시험한다(잠 27:10). "친구는 사랑이 끊이지 아니하고 형제는 위급한 때까지 위하여 났느니라"(잠 17:17).
- 진정한 친구는 공감하는 사람이다. 그 친구는 함께 즐거워하고 함께 눈물을 흘린다(롬 12:15). 잘못된 친구는 분노하거나 행운에 대해서 질투하고, 다른 사람의 불행을 비밀스럽게 즐긴다.
- 가장 고차원적인 수준의 우정에는 언약과 헌신이 역동적으로 어우러져 있다. 이런 언약의 관계에서 두 사람은 신뢰와 성실로 일생 동안 함께 동행할 것에 동의한다(잠 18:24, 아 4:9-12).
- 친구는 "공동의 기억과 시련을 함께 견딤, 다툼과 화해 그리고 관대한 감정이라는 보물"을 함께 나눈다. 그들은 기쁨과 아픔이라는 쌍방 간의 역사를 만든다.
- 영적인 친구는 서로가 믿고, 서로의 삶 속에서 자리잡고, 서로가 하나님과의 관계에서 성장하도록 격려한다. 그들은 신실하고, 서로의 신실함을 유지하기 위해 곤란한 질문들도 제기할 준비가 되어 있다. 그들은 서로를 날카롭게 하고(잠 27:17), 권면하고(잠 27:9), 서로를 격려한다(히 3:13).
- 참된 친구는 필요할 때는 견책하기도 하면서 정직하고 솔직하다(잠 17:10, 18:24, 27:6).
- 친구 관계를 유지하기 위해서는 허물을 덮어주고(잠 17:9), 집중해서 공감하는 마음으로 들으며(잠 18:13), 조정하거나 속임수를 쓰려고 하지 않는다.

## 일

- 원죄의 결과가 아니다. 그것은 인간을 위한 하나님의 창조 질서의 일부분이고(창 2:5, 15), 하나님을 따라 모방한 것이다(출 20:11). 그럼에도 불구하고 원죄는 일의 성격에 영향을 미친다. 예를 들면, 일이 즐거움보다는 고생과 연관되는 것처럼 말이다(창 3:17-19). 일이 그 자체로 목적이 될 때는 우상 숭배가 된다(아 2:4-11, 18-23, 눅 12:16-22). 그리고 그것은 착취와 압박의 수단이 될 수 있다(출 1:11-14, 2:23, 약 5:4).
- 그러나 성경은 게으름과 나태를 책망하고, 일은 진실된 가치를 가지고 있다고 확신한다(아 2:24, 3:12-13, 5:18).
- 주 안에서 그리고 주를 위해서 일을 할 때, 다른 사람들에게 유익을 끼치고 하나님께 영광을 돌리게 된다. 창조적인 일을 할 때 우리는 하나님의 형상으로 만들어진 사람으로서의 정체성을 구체화하게 된다.

- 그러나 정체성은 우리의 일을 초월한다. 정체성을 하나님과의 관계에서 끌어내지 않으면, 하는 일이 우리를 형성하고 정의하게 될 것이다. 사명과 소명은 직업과 경력을 포괄할 뿐 아니라 그러한 것들을 초월한다.
- 모든 종류의 정당한 직업들은 존경할 만하고, 정신적인 일뿐만 아니라 육체 노동도 존귀하다고 성경이 증언하고 있다. 참된 의미는 직업이나 명성이 아니라, 일할 때의 태도와 일을 하는 대상에 있다. 의미는 지혜나 권력 혹은 부에 의해 결정되어지는 것이 아니라(렘 9:23-24, 빌 3:8) 하나님과 우리의 관계에 의해 결정된다. 이것 때문에 우리 스스로를 다른 사람들과 비교하는 것은 잘못된 것이다.
- 열심히 일하되 과로하지는 말라. 구약과 신약에서는 게으른 자들을 꾸짖고 있다(잠 6:6-11, 12:27, 13:4, 21:25-26, 22:13, 24:30-34, 26:13-16, 마 25:24-30, 엡 4:28, 살전 4:10-12, 살후 3:6-12, 딤전 5:8, 13). 하지만 일이 우리의 중요성과 안식의 근원이 될 때, 우리는 그러한 의미와 안식과는 반대쪽 극단으로 치닫게 되며 일이 우리를 소모시킨다.
- 우리는 일을 통해 사람들이 아니라 하나님을 감동시키고 기쁘시게 하도록 부르심을 받았다(엡 6:5-8, 골 3:23-24). 고용인들은 고용주들을 대할 때 그리스도에게 하듯 책임감을 가져야 한다(엡 6:9, 골 4:1).
- 무엇을 하든지 하나님을 영화롭게 하기 위해서(고전 10:31), 다른 사람이 주목하든지 그렇지 않든지, 하는 일에서 탁월성을 추구해야 한다. 광야에서 성전을 건축했던 훌륭한 장인이었던 브살렐과 오홀리압을 생각해보라(출 35-40장). 또한 예수님이 당신의 생애 동안 목수로서 만드셨던 목조 작품들의 질과 솜씨들을 상상해보라.
- 하나님이 우리에게 재능과(롬 12:6), 지성(단 2:21), 부(신 8:18) 그리고 승진의 기회(시 75:6-7)를 주신다는 사실을 기억하라.
- 우리는 우리의 필요를 충족시키기 위해 일하지 않는다. 우리 문화는 직업과 성공, 의미, 준비, 존중 그리고 목적을 관련짓는다. 반면에 성경은 직업이 아닌 하나님을 위해서 이러한 것들을 추구해야 한다고 가르친다(고전 4:7, 빌 4:19). 믿는 자들은 하나님이 자신들의 준비를 위한 근원이시고, 자신들의 일은 필요를 공급하기 위해 하나님이 사용하시는 수단임을 알아야 한다.
- 하나님보다 고객이나 단골손님을 더 의지할 때, 우리는 그들을 섬기기보다는 그들을 조종하고 사용하는 데 훨씬 많이 치우칠 것이다.
- 일은 하나님 나라의 가치와 희망을 드러낼 수 있는 단기적인 환경이다. 일은 관계를 세우고, 성품

과 확신, 정직을 보여주며, 성실과 재능으로 일하게 함으로써 예수 그리스도를 증거할 수 있는 환경을 제공한다.

- 일 속에 세상의 것/영적인 것의 이중성이 존재해서는 안 된다. 하나님은 우리가 한 일의 산물이 결국에는 사라질 것이라고 말씀하셨다(벧후 3:10). 하나님의 관점에서 우리가 하는 일에 가치를 부여하는 것은 일의 결과가 아니라 일을 하는 우리 마음의 중심이다. 그러므로 세상 일도 하나님을 기쁘시게 하기 위해서 행할 때는 영적인 것이 되고, 종교적인 일도 사람을 기쁘게 하고 감동시키려고 할 때는 세상 일이 된다.

- 우리의 능력이나 성취가 하나님을 감동시키지 않는다. 그러나 그분을 위해서 우리가 일을 하는 것은 그분을 기쁘시게 만든다. 아이들이 그들의 부모를 위해 그린 그림들이 냉장고를 장식하는 것처럼 말이다. 이런 그림들은 화랑에 걸어둘 만한 가치가 있어서 의미 있는 게 아니라, 부모와 그 그림을 그린 자녀들과의 관계 때문에 의미가 있다.

- 우리는 하나님의 일에 도움이 될 수는 없지만(에 4:13-14, 시 115:3, 127:1-2, 아 3:14, 사 46:9-10, 고후 3:5), 동참할 수는 있다(요 4:34, 고전 3:6-9). 하나님의 작업에 뭔가를 부가할 수 있다고 생각한다면, 우리가 하는 일의 중요성이 과장되면서 관계가 미치는 영향을 압도할 것이다. 하나님이 우리가 드려야 할 무엇인가를 필요로 하신다고 생각하면, 우리는 스스로를 너무 중요하게 인식하게 된다. 지도자들이 성직이라는 제국을 세우기 위해 자신들의 비전을 따라 봉사하도록 사람들을 이용할 때, 성직을 자신들이 성취한 것으로 측정하고 자신들의 중요성의 근거로 삼는 오류를 범하게 되는 것이다.

- 열심히 일한다고 해서 반드시 더 성공하는 것은 아니다. 상관관계가 있긴 하지만 고정된 인과관계는 아니다. 많은 직업들에서(예를 들면 농업, 부동산, 공학), 결과물과 시간 투자의 비는 극히 다양하다. 열심히 일하면 필요를 충분히 채울 수 있다고 예상하지만, 수입은 우리 삶의 수준에 영향을 미치는 여러 요소 중 하나에 불과하다. 이런 진리들을 놓친다면, 사업이 덜 번창할 때는 다른 중요한 우선 순위들(하나님과 다른 사람들과의 관계)을 희생할 것이다.

- 일과 휴식 사이에는 리듬이 있어야 한다. 그러면 우리는 회복과 재생, 복구 그리고 인간관계의 시간을 즐길 수 있다. 일과 휴식은 하나님의 경제에서는 똑같이 타당한 것이지만, 우리들 가운데 대부분은 일이 더 가치 있다고 생각하는 경향이 있다. 휴식은 예배의 한 형식이고(레 16:29-31, 신 14:22-26), 우리 삶에서 나타나는 하나님의 뜻에 대한 만족의 표현이다. 성격적인 기준에서 보면, 휴식은 활동의 부재라기보다는 하나님의 임재다(출 33:14, 느 8:10-12, 마 11:28-30, 막 6:31, 롬

15:32, 히 3:11-4:11).

## 사회

- 기독교를 보수적으로 표현하면 전도와 훈련을 강조하는 경향이 있는 반면, 기독교를 자유주의에서 표현하면 사회 정의를 강조하는 경향이 있다. 전자는 개인과 내면 세계에 초점을 맞추는 반면, 후자는 사회와 외부 세계에 더 많은 관심이 있다. 양자 택일보다는 두 가지 모두의 관점에서 보는 것이 보다 균형 잡힌 사고 방식이다. 두 가지 모두 타당한 관심을 나타내므로 두 가지 모두 서로를 통해 배울 수 있다.
- 영적인 것은 한시적인 것을 포함해야 하고, 기도는 사회 참여와 직접적으로 연결점을 가져야 한다. 자선과 정의 사이에 불화가 있을 필요는 없다. 그 두 가지 모두 우리 주님의 일생에서 통합을 이루었기 때문이다.
- 신약에서는 영적이고 비가시적(非可視的)인 것은 육체적이며 가시적인 것보다 더 근원적이라고 가르친다. 길 되신 예수님을 따르는 자들은, 자신들이 이 땅에서는 순례자들이고 하늘의 시민권을 가지고 있음을 깨달아야 한다. 그러므로 예수님의 위대한 명령은 전도와 훈련과 관계가 있다. 이러한 우선 순위를 잊어버린다면 가시적인 것이 비가시적인 것을 누르게 되고, 복음은 결국 그 자체가 하나의 사회적인 행위로 축소될 것이다.
- 복음을 나누지 않고 사람들을 먹이고 입히고 집을 지어주는 것은, 그들이 빠르게 지나가는 이 세상에서의 편안함을 줄 수는 있겠지만 그들의 영원한 운명은 부인하는 행위다. 물리적이고 사회적인 필요를 위한 섬김은 예수님의 이름으로 영적인 욕구도 채워주려는 의도를 가지고 행해져야 한다.
- 우리는 하나님을 향한 우리의 사랑을 사람들을 향한 사랑의 행동으로 표현한다(약 2:15-17, 요일 3:17-18, 4:20-21).
- 리처드 포스터(Richard Foster)가 「생수의 강(Streams of Living Water)」에서 말했던 것처럼, 사회 정의의 전통은 구약의 세 가지 큰 주제다. 관계에서의 정의와 정직, 인자와 동정 그리고 평화와 일치.
- 법과 예언은 사회 정의 문제와 관계가 있는 것으로, 영적인 것과 사회적인 것을 통합한다. 믿음은 단순히 마음에 관련된 내면의 임무가 아니라 외적으로 표현이 되어야 한다.

- 정의와 평화의 영성은 레위기 19장 15절, 신명기 10장 17-18절, 시편 103편 6절, 140편 12절, 146편 9절, 잠언 14장 31절, 19장 17절, 22장 9절, 이사야 1장 17절, 11장 1-5절, 58장 6-10절, 예레미야 9장 23-24절, 아모스 2-8장, 스가랴 6장 8절, 누가복음 4장 18-19절, 7장 21-23절, 야고보서 1장 27절과 같은 성경 구절들에서 매우 다양하게 묘사되었다.
- 교회의 역사를 보면 그리스도인들은 자비를 베풀기 위해 일곱 가지 전통적인 행위를 하였다. 굶주린 자 먹이기, 목마른 자에게 마실 것 주기, 헐벗은 자에게 옷 입히기, 낯선 사람들에게 쉴 곳 제공하기, 병든 자 방문하기, 죄수들 돌보기 그리고 죽은 자 장사지내기.
- 기후와 환경에 따른 현격한 차이 때문에, 다른 이들보다 더 열정적으로 사회 활동에 종사하는 사람들이 있을 것이다. 부록 A는 정의와 평화 그리고 사회적 관련성을 위한 관심에 대한 직관과 이해를 결합시킨 것과 관련이 있다. 문화적 맥락 또한 중요하다. 제3세계 국가들에 사는 그리스도인들에게는 영성을 일반적으로 사회 구조의 급진적인 변화를 위한 헌신의 관점에서 보는 것이 보기 드문 일이 아니다.
- 이론을 현재의 이데올로기에 예속시키는 것은 늘 그렇지만 위험한 것이다. 성경적인 권위에 대한 확고한 관점 없이는 통용되는 문화적인 이슈를 영성화하기 쉽다. 케네스 리치(Kenneth Leech)는 「하나님을 경험하기(Experiencing God)」에서 "그리스도인의 현실주의는 … 현재의 사회 질서를 거룩케 하려고 시도하는 신학에 의해 동기 부여가 되는 것이 아니라 모든 현대 사회 질서에 대한 불만족의 신학, 현실에다 미래의 비전을 끌어오는 하나님의 감동으로 이루어진 미래의 신학에 의해 동기화 된다"라는 깨달음을 우리에게 준다. 교회는 세상과 섞였을 때가 아니라, 세상과 구분될 때 가장 효과적으로 세상에 영향을 미친다.
- 섬김의 초점은 하나님이 우리에게 주시는 부르심과 부담으로 이루어져야 한다. 우리는 섬김을 위한 우리의 열정이 보편화되는, 일반적으로 저지르기 쉬운 실수에 대해 잘 알고 있어야 한다. 그렇지 않으면 우리는 도덕적인 태도를 취하게 되고, 우리의 소명은 다른 사람들에 대해 책임감을 갖는 것으로 생각하게 된다.
- 그럼에도 불구하고 사회 참여에 대한 영성을 피하는 것은 비성경적이다(야고보서 1장 27절에 나오는 '순수하고 순결한 종교'에 대한 설명을 생각해보라). 개인과 사회의 거룩함은 함께 가는 것이다. 개인의 거룩함은 우리가 사람들과 사회 질서를 대할 때 넘쳐나야 하고, 사회의 거룩함은 개인의 거룩함을 통해 드러나고 힘을 실어주어야 한다.
- 영적인 삶을 은둔화하고 개인화하는 접근으로 말미암아 저지르는 실수를 피해야 하고, 반대로

신학을 사회 체계의 종으로 축소시키는 오류를 피해야 한다. 우리에게는 개인의 열정과 사회와의 연관을 조장하는 비세속적인 것과 세속적인 요소들 간의 창조적인 긴장이 필요하다.

- 사회 개혁이 사실상 복음주의를 배제하지 않는다면, 그 두 가지를 여러 가지 맥락에서 결합시키는 것도 효과적이다. 영성과 사회를 통합시키려고 노력했던 사람들로는 존 울먼(John Woolman), 윌리엄 윌버포스(William Wilberforce), 샤프츠버리 경(Lord Shaftesbury), 조지 뮬러(George Muller), 윌리엄 부스(William Booth) 제독(구세군), 다그 하마슐드(Dag Hammarskjold), 마틴 루터 킹(Martin Luther King Jr.) 그리고 테레사(Teresa) 수녀가 있다.
- 함께하는 영성과 사회 정의의 영성은 병행되어져야 하고, 서로를 보강시켜야 한다. 신앙 공동체는 사회적 관심과 구조적인 기관이라는 맥락에서 예언자적인 증거를 가질 수 있다.
- 그러나 신약 성경은 교회의 사명이 사회를 하나님의 기대에 순응시키는 것이라고는 가르치지 않는다. 교회의 사명은 개인과 공동체의 변화와 "어그러지고 거스리는 세대 가운데서"(빌 2:15) 빛과 소금이 되는 내 - 외부 과정에 초점을 맞춘다.
- 현실적인 낙천주의는 고지식한 이상주의나 운명론적인 비관주의보다 낫다. 성육신의 믿음 때문에 기독교는 개인 신학보다 적용거리가 더 많다. 그러므로 개인의 죄뿐만 아니라 사회와 구조적인 죄에 대해서 알아야 한다. 그러나 그분의 나라는 왕이 재림하실 때만 이 땅 위에서 건립될 수 있다는 깨달음으로 이것을 조절해야 한다.
- 많은 복음주의자들은 사회와의 관계에 대해 보다 넓은 시각을 가지고 깨달음을 높여 나감으로 유익을 얻었다. 이런 경향성이 없거나 사회 참여의 영성을 접해보지 못한 사람들을 위해서, 어느 정도의 참여는 훈련을 연장시킬 것이다. 우리의 기도와 행동은 사회적이고 정치적인 세계에 대해 보다 넓은 시각을 가질 때 고양될 것이다.
- 기도하면서 어려움에 처한 사람이나 그룹과 개인적인 관계를 맺는 것을 생각해보라. 과부를 돌보고, 죄수를 방문하고, 노인들을 섬기며, 직업과 관계된 일로 무료 봉사하거나, 음식과 의복, 집이 필요한 가난한 자들을 돕는 사역에 참여하는 것은 예수님의 이름으로 사람들을 사랑하고 섬기는 모든 방법들이다(마 25: 34-40).
- 성령이 이끄시는 활동과 가난한 자들과 굶주린 자, 억압받고 핍박받는 자들, 권력을 가진 자들 그리고 나라 간의 평화를 위한 중보 기도를 결합하라.
- C. S. 루이스(C. S. Lewis)는 「스크루테이프의 편지(The Screwtape Letters)」에서 기독교와 사회 정의에 대해, 고참 악마의 회의에서 후배 악마를 통해 통찰력 있는 말을 하였다. "기독교와 정치 사

이의 일반적인 연계에 대해서 우리의 입장은 다소 신중하다. 우리는 사람들이 자신들의 기독교 신앙이 정치적인 인생에 영향을 미치지 못하는 것을 방관하기를 단연코 원치 않는다. 왜냐하면 참된 정의 사회의 구현은 큰 재난이 될 수 있기 때문이다. 반면, 우리는 사람들이 기독교를 도구로 간주하기를 강력히 열망한다. 물론 되도록 자신들의 진보를 위한 도구가 되기를 바라지만, 만약 그렇게 되지 않는다면 사회 정의 같은, 다른 어떤 도구로라도 말이다. 먼저 해야 할 것은 사회 정의를 사탄이 원하는 것으로 간주하는 사람들을 만나는 것이고, 그러고 나서 그 사람이 기독교를 가치 있다고 여기는 단계에서 그 사람과 일하는 것이다. 그것이 사회 정의를 산출해낼 것이기 때문이다."

## 적용을 위한 질문들

- 결혼한 사람이라면 에피튜미아, 에로스, 필레오, 스토르게, 아가페 등을 결혼 관계에서 연습해보라. 그 후에 이것을 어떻게 평가할 것인가? 남편 - 아내의 원리 가운데 가장 주의해야 할 것은 무엇인가?

- 당신이 부모라면, 부모 - 자녀 간의 원리들 가운데 어느 것이 부모 교육 관계에서 가장 주의해야 할 필요가 있는가?

- 우정의 친밀도 스펙트럼에서, 당신은 얼마나 많이 안정된 우정을 가지고 있다고 생각하는가? 당신에게는 신뢰와 성실로 일생 동안 동행할 사람이 있는가?

- 일과 관련된 성경적인 원리들을 개관해볼 때, 당신에게 가장 분명하게 말하는 것이 무엇이며, 보다 많은 주의를 요하는 것은 무엇인가?

- 당신은 개인적이고 내향적인 것과 사회적이고 외향적인 범주 가운데 어디에 속한다고 생각하는가? 당신은 사회 정의에 대해서 얼마나 생각하고 있는가?

제7부 _ **포괄적 영성** HOLISTIC SPIRITUALITY

**20**

# 청지기 의식과 목적

| 이 장의 개관 | 청지기 의식의 성경적인 개념을 살펴본 후 이 장에서는 시간, 은사, 재물, 진리 그리고 관계라는 다섯 가지 영역에서 청지기 의식을 논의한다. 목적과 관련해서, 포괄적 영성은 하나님을 알고 사랑하는 우리의 첫번째 소명과, 우리가 하는 모든 것과 우리가 만나는 모든 사람들에게 이런 관계를 표현하는 두번째 소명을 구분한다. |
|---|---|
| 이 장의 목표 | • 청지기 의식의 다양한 차원들에 대해 더 넓은 의식을 갖기<br>• 우리 인생을 향한 하나님의 목적을 받아들이고자 하는 소망을 키우기 |

　우리는 포괄적 영성이 우리 삶의 내적인 면과 외적인 면에서 모두 그리스도의 주재권을 향하여 점진적으로 반응하는 것이라는 사실을 살펴보았다. 이론적인 우선 순위의 목록(예를 들면, 하나님이 최우선, 가족이 두번째, 사역이 세번째)을 만드는 것이 문제가 아니라, 매일 우리가 무엇을 해야 할지를 결정하고 힘을 불어 넣어주기 위해서 그리스도를 중심에 모시도록 하는 것이 문제다. 이런 식으로 보면 그리스도는 우리의 인생이고, 우리의 모든 활동의 주인이시다. 그리고 우리가 무엇을 하고 있든지 그 순간에 우선 순위의 중심이 되신다. 그리스도의 은혜가 우리 인생을 지배할 때, 우리는 하나님이 맡기신 자원들을 분배하는 법을 더 잘 분별하게 될 것이다.

## 청지기 의식

　그리스도를 따르는 자들로서, 우리는 청지기 의식이라는 사고 방식을 품어야 한다. 우리는 아무것도 소유하지 않았고, 우리의 일을 위하여 여기에 존재하는 것도 아니다. 다만 청지기로서 다른 분이 소유하신 것을 관리할 뿐이다. 즉 대사로서 다른 분의 임무를 관리한다. 왕은 모든 것을 소유하고, 우리는 그분의 사업을 위해 봉사하며 그분을 세상에 알리는 것이다.

청지기 의식은 시간, 은사 그리고 재물 등의 용어로 설명될 수 있다. 그 가운데 세번째 것에 주된 강조점을 둔다. 여기에 두 가지 목록을 더 부가하고 싶다. 그것은 바로 진리와 관계다. 이 두 가지 - 하나님의 말씀과 사람들 - 만이 현재의 하늘과 땅이 멸망하고 새하늘과 새땅으로 들어갈 때 남아 있을 것이다. 만약 이것이 사실이라면, 우리는 우리가 맺는 관계들에서 진리를 만들어내기 위해 시간, 은사 그리고 재물을 위탁받은 것이다. 성경적인 청지기 의식에 대한 개념과 청지기 의식의 다섯 가지 요소들을 간단하게 언급해보고자 한다.

**성경적인 청지기 의식의 개념** 청지기 의식을 설명하는 신약의 용어는 '오이코노미아(oikonomia)'다. 이 단어에서 '경제(economy)'가 파생하였다. 이 단어는 '가정의 관리'를 의미하고, 관리자에게 위탁된 책임감을 말한다. 청지기는 다른 사람의 일과 소유를 관리하는 사람으로 행동한다. 그는 자신의 주인을 위해 전적으로 책임을 지며, 보디발의 집사였던 요셉이 그랬던 것처럼 공정해야 한다(창 39:4-6). 혹은 예수님의 비유에 나오는 주인의 소유를 탕진한 청지기처럼(눅 16:1-13) 불공정할 수도 있다. 그리스도인으로서 우리는 청지기 의식을 위탁받았다. 그러므로 우리의 것이라고 부르는 것들은 우리 소유가 아니라 하나님의 것이다. 우리는 소유한 것이 없고, 심지어 우리 자신도 소유하지 않았다. "너희 몸은 너희가 하나님께로부터 받은 바 너희 가운데 계신 성령의 전인 줄을 알지 못하느냐 너희는 너희의 것이 아니라 값으로 산 것이 되었으니 그런즉 너희 몸으로 하나님께 영광을 돌리라"(고전 6:19-20, 3:23 참조). 우리는 그리스도께 속했기 때문에, 우리에게는 더 이상 스스로 결정할 권리가 없다.

하나님은 우리의 주인이시고, 우리에게는 그분의 소유와 일들을 관리해야 할 책임이 있다. 우리는 그분의 종이므로 우리가 가진 모든 것은 그분의 것이다. 이것이 잘못된 개념을 만연시켰는데, 그것은 바로 하나님께 그분의 몫을 드리고 그 나머지는 우리의 것이라는 생각이다. 성경에 의하면 우리는 하나님 앞에서 모든 것에 대해 책임이 있다. 많이 소유하든 적게 소유하든 간에, 그분의 청지기로서 우리의 주된 책임은 한결같이 하나로 남는다. 바로 성실이다. "사람이 마땅히 우리를 그리스도의 일꾼이요 하나님의 비밀을 맡은 자로 여길지어다 그리고 맡은 자들에게 구할 것은 충성이니라"(고전 4:1-2).

달란트 비유에서(마 25:14-30), 양은 달라도 모든 종들이 일정량을 위탁받았다. 상급은 그들이 얼마나 많이 받았느냐를 근거로 하지 않았고, 그들이 받은 것으로 무엇을 했느냐에 근거를 두었다. 중요한 것은 비록 처음 종은 다섯 달란트를 받았고 두번째 종은 두 달란트를 받았음에도 불구하고 똑같이 칭찬을 받았다는 것이다. 우리는 스스로를 다른 사람들과 비교하고 싶은 유혹을 물리쳐야 한다. 왜냐하면 비교란 모든 불만족의 근원이기 때문이다. 중요한 것은 우리가 얼마를 받았느냐가 아니라, 하나님이 우리에게 맡기시고 우리를 부르신 일에 얼마나 충실했느냐 하는 것이다(눅 12:42).

청지기 의식이라는 주제를 떠올리면 대부분의 사람들은 돈이라는 한 가지 분야만을 생각한다. 그러나 성경적인 시각에서 보면 청지기 의식은 모든 것을 포함한다. 그것은 삶의 모든 분야, 시간과 은사뿐만 아니라 금전까지 관계가 있다. 청지기 의식은 하나님이 하나님의 영광을 위해서 주신 모든 것(기회, 관심, 재능, 일, 가족, 은사, 영적인 은사, 땅, 돈)을 성실하게 사용하는 것이다. 청지기 의식이라는 주제는 하나님이 이 땅의 청지기로서 남자와 여자를 만드신 창세기 1-2장에서부터, 하나님의 자녀들을 새창조의 청지기로 세우시는 요한계시록 21-22장까지에 걸쳐 나온다.

성경적인 청지기 의식이 삶의 모든 면을 포함한다면, 그것은 모든 부분에서 기본적인 헌신을 요구한다. 즉 우리는 조건 없이 우리 자신을 하나님께 그분의 종으로 드려야 한다. 청지기 의식의 실제적인 문제는 일과 소유를 우리의 것처럼 관리하는지, 아니면 하나님의 것처럼 관리하는지에 있다. 인생을 사는 방식은 우리가 내리는 결정에 의해 만들어지며, 가장 위대한 결정은 바로 내가 인생의 주인인가 아니면 그리스도가 인생의 주인이신가에 대한 것이다. 우리는 인생을 스스로 통치하려고 노력하거나(처음 아담의 비극), 혹은 하나님의 통치에 복종한다(두번째 아담의 승리). 이것이 나의 위대한 뜻(사 14:13-14)과 하나님의 위대한 뜻(마 6:10, 막 14:36)의 차이점이다. 그것을 깨닫게 되든 아니든, 우리는 매일 여러 번 이런 결정에 부딪힌다. 이 질문에 대한 우리의 대답은 우리의 관리 아래 놓인 시간, 재능, 재물, 진리 그리고 하나님과의 관계를 어떻게 관리하는지를 결정하게 될 것이다.

**시간에 대한 청지기 의식** 우리는 이 땅에서 우리를 향하신 하나님의 목적을 성취하기 위한 충분한 시간을 부여받았다. 성경은 지혜롭게 시간을 투자하라고 훈계하며, 하나님이 우리가 이 땅에서 머무는 시간의 길이를 결정하신다고 상기시킨다. "그러므로 너희가 어떻게 행할 것을 자세히 주의하여 지혜 없는 자같이 말고 오직 지혜 있는 자같이 하여 세월을 아끼라 때가 악하니라"(엡 5:15-16). 모세는 자신의 일생의 종말을 향하여 이렇게 기도했다. "우리에게 우리 날 계수함을 가르치사 지혜의 마음을 얻게 하소서"(시 90:12).

"성공과 실패를 가르는 결정적인 선은 다섯 가지 단어로 표현될 수 있다. 내게는 가진 시간이 없다(I did not have time)"[프랭클린 필드(Franklin Field)]. 시간은 우리에게 가장 소중한 자산이지만, 적절한 계획이 없으면 그것을 어리석게 낭비하게 된다. 시간에 대한 성경적인 시각은 여러 가지를 포함한다. 인생은 짧고, 미래는 추측할 수 없다(약 4:14). 영원한 것이 한시적인 것에 의미를 부여한다(롬 13:11, 고후 4:18). 다른 자산과 마찬가지로 시간은 하나님의 것이다(시 31:15). 모든 기회에 대해 민감해져야 대부분의 기회들을 잡을 수 있다(전 8:5, 골 4:5). 우리가 사용하는 시간은 우리의 우선 순위를 반영한다(마 6:19-21, 34).

재정 자원들의 예산을 세우는 것이 지혜로운 일인 것처럼, 우리가 사용하는 시간의 예산을 세우는 것 또한 지혜로운 일이다. 대부분의 시간은 시간 단위가 아니라 분 단위로 낭비된다. 1주일 168시간을 일정하게 계산하지 않으면, 우리의 스케줄은 좋은 일이긴 하지만 최선이 아닌 활동들로 엉망이 될 것이다. 당신은 하나님과 배우자와 자녀들과 그리고 그리스도인이 아닌 친구들과 얼마나 의미 있는 시간들을 보내는가? 하나님은 우리가 하나님으로부터 위임받은 시간의 신실한 청지기가 되기를 원하시지, 낭비하는 청지기가 되기를 원치 않으신다.

**은사에 대한 청지기 의식**  우리가 보아온 것처럼 성경의 청지기 의식은 다른 사람의 소유를 관리하는 일이다. 우리의 재능이나 특별한 능력들은 하나님의 것이다. 주어지지 않은 것은 소유할 수 없다. "네게 있는 것 중에 받지 아니한 것이 무엇이뇨 네가 받았은즉 어찌하여 받지 아니한 것같이 자랑하느뇨"(고전 4:7). 하나님은 우리에게 소질과 재능을 주셨고, 선한 청지기로서 우리는 그것들을 우리의 영광이 아닌 그분의 영광을 위해서 사용해야 한다. 음악, 미술, 운동, 학업, 사업 그리고 구변의 은사뿐만 아니라 영적인 은사에도 이것은 진리다. "우리에게 주신 은혜대로 받은 은사가 각각 다르니"(롬 12:6). 그러므로 각자는 받은 은사를 발휘한다. 베드로는 특별히 성령의 은사를 청지기 의식의 개념과 연결시켰다. "각각 은사를 받은 대로 하나님의 각양 은혜를 맡은 선한 청지기같이 서로 봉사하라"(벧전 4:10). 타고난 재능과 영적인 은사에 대해서 신실한 청지기는 그것들을 하나님의 영광을 위해서, 그리고 다른 사람들에게 덕을 세우기 위해서 사용한다. 우리의 목적은 우리 자신을 기쁘게 하는 것이 아니라 다른 사람들을 섬기는 것이다. "우리 각 사람이 이웃을 기쁘게 하되 선을 이루고 덕을 세우도록 할지니라 그리스도께서 자기를 기쁘게 하지 아니하셨나니"(롬 15:2-3).

**재물에 대한 청지기 의식**  우리에게는 다양한 청지기 직분이 맡겨졌지만, 성경은 재정적인 자원인 재물을 특히 강조한다. 성경에는 기도에 대해서 5백 가지 구절이 있고 믿음에 대해서는 5백 가지 이하의 구절이 있는 반면, 돈과 소유를 다루는 성경 구절은 2,300가지 이상이다. 변명의 여지없이, 주님은 다른 여러 주제들보다 한시적인 것과 영원한 것에 대한 비교를 제외하면 돈에 대해서 더 많이 말씀하셨다. 신약 성경의 10퍼센트 이상은 재정적인 문제와 직접적으로 관계가 있다.

재정을 다루는 일에 관해서는 우리는 두 가지 다른 접근들, 즉 사회적 가치와 성경적 가치, 이 둘 중에서 선택해야만 한다. 첫번째 선택은 돈을 통해서 행복과 평안을 발견하라고 말한다. 두번째 선택은 주님 안에서 우리 마음의 소망을 발견하고, 그분이 우리에게 주시는 것으로 만족하라고 말한다. 돈은 선한 종이지만 악한 주인이다. 세상의 지혜를 따르면 돈이 우리를 지배할 것이다. "위로부터 오는 지혜"(약 3:17)에 복종하면 하나님과 다른 사람들을 섬기기 위해서 돈을 사용할 수 있는 것처럼, 돈이 우리를 섬길 것이다.

이것이 왜 중요한가? 첫번째, 하나님은 우리가 돈을 관리하는 데 어려움을 겪을 것과 돈을 벌고, 쓰고, 투자하는 데 엄청난 시간을 소비할 것이라는 사실을 아셨다. 두번째, 돈이 인간관계에 지대한 영향을 미친다는 것이다. 많은 사람들이 자신들의 시간의 반을 돈에 대해서 생각하는 데 보내고, 재정적인 어려움이 결혼 생활의 갈등과 이혼의 주된 원인이 되고 있다. 세번째, 돈을 쓰는 방법은 그리스도를 향한 우리의 헌신에 대한 실제적인 척도라는 사실이다. 성경은 돈과 하나님 사랑을 연결시켰다. "누가 이 세상 재물을 가지고 형제의 궁핍함을 보고도 도와줄 마음을 막으면 하나님의 사랑이 어찌 그 속에 거할까보냐"(요일 3:17). 우리는 기도, 봉사 그리고 성경에 대한 지식으로 영성의 겉모습을 추측할 수 있지만, 돈과 소유를 쓰는 방법을 속일 수는 없다. 우리의 수표책은 생각하는 것보다 더 여실히 우리의 성품과 주님과의 동행 여부를 드러낸다.

성경은 재물에 대한 청지기 의식에 관해 두 가지 결정적인 자세를 고수하라고 가르친다. 바로 소유권과 만족이다. 과정 영성의 마지막 부분에서 만족의 비밀에 대해 살펴보겠지만, 소유권에 대해 짧게 상고해보자.

하나님은 만물의 주인이시다. "땅과 거기 충만한 것과 세계와 그 중에 거하는 자가 다 여호와의 것이로다"(시 24:1). 우리는 이 땅에 빈손으로 왔다가 빈손으로 떠난다(욥 1:21, 딤전 6:7). 그렇지만 하나님은 이렇게 말씀하신다. "이는 삼림의 짐승들과 천산의 생축이 다 내 것이며 산의 새들도 나의 아는 것이며 들의 짐승도 내 것임이로다"(시 50:10-11). 그러므로 우리가 소유한 모든 것은 그분으로부터 온다(요 3:27, 약 1:17). 고린도전서 4장 7절에서 보았던 것처럼, 스스로 창조된 사람 같은 것은 없다.

이것을 이론으로 믿고 실천하기를 부인할지도 모른다. 그럴 때면 "내 능과 내 손의 힘으로 내가 이 재물을 얻었다"(신 8:17)라고 하는 반항적인 자세로 빠져든다. 우리는 이 땅에서 우리가 가진 모든 것이 하나님께 속하였고, 하나님이 우리에게 빌려준 것이라는 사실을 더 분명하게 깨달아야 한다. 이러한 사실은 돈과 소유뿐만 아니라 가족, 직업 그리고 장래 계획에도 해당된다. 100퍼센트 소유권에 대한 원리를 철저하게 받아들인다면, 100퍼센트 청지기 의식의 원리를 받아들일 준비가 될 것이다.

**진리에 대한 청지기 의식** "무릇 많이 받은 자에게는 많이 찾을 것이요"(눅 12:48). 진리가 청지기 의식에서 중요한 것인지에 대해 별로 생각하지 않지만, 우리는 받은 빛의 양에 대해 모두 책임을 질 것이다. 예수님은 제자들을 위하여, "저희를 진리로 거룩하게 하옵소서 아버지의 말씀은 진리니이다"(요 17:17)라고 하셨다. 예수님은 당신을 믿는 자들에게 말씀하셨다. "너희가 내 말에 거하면 참 내 제자가 되고 진리를 알지니 진리가 너희를 자유케 하리라"(요 8:31).

성령의 검인 하나님의 말씀은 마음의 생각과 뜻을 감찰한다(엡 6:17, 히 4:12-13). 하나님은 우리를 진리의 말씀 앞으로 부르사 우리로 하여금 그렇게 불어넣으신 말씀을 적용하도록 하신다(약 1:18-25). 성경은 교훈과 책망과 바르게 함과 의로 교육하기에 유익하므로, 우리는 "모든 선한 일을 행하기에 온전케 될"(딤후 3:16-17) 것이다. 우리는 진리에 대한 청지기이므로, 하나님이 가르치시는 것을 적용하고자 하는 마음으로 꾸준히 성경을 대하면서 성경 말씀을 배우는 학생이 되어야 할 책임이 있다.

**관계에 대한 청지기 의식**  「좋은 아빠가 되기(The Effective Father)」라는 책에서 고든 맥도널드(Gordon McDonald)는 사무엘 존슨(Samuel Johnson)의 전기 작가로 유명한 제임스 보즈웰(James Boswell)에 대한 이야기를 했다. 보즈웰은 아버지와 함께 낚시를 하며 보냈던 하루에 대한 어린 시절의 기억을 자주 언급했다. 그 특별한 날, 그의 아버지는 보즈웰이 일생 동안 소중하게 생각하는 많은 통찰들을 가르쳐주었다. 그 후, 어떤 사람이 보즈웰의 아버지가 남긴 일기에서 그날의 기록을 발견하였다. 그것은 겨우 한 문장으로 적혀 있었다. "아들과 낚시하러 감, 하루를 낭비함."

이 사람이 자신의 가장 중요한 투자를 시간 낭비로 생각했다는 것은 아이러니하다. 성경은 사람들에 대해 생명의 부활과 심판의 부활이 예정된 영원한 존재라고 가르친다(요 5:28-29, 단 12:2). 그렇기 때문에 우리가 사람을 사랑하고 섬기면서 관계를 가꾸는 데 투자하는 시간은 결코 낭비가 아니다.

하나님이 우리에게 위탁하신 시간, 재능 그리고 재물이라는 자원들은 결코 그 자체에서 끝나지 않는다. 지혜로운 청지기는 이러한 일시적인 자원들을 영원한 선을 위해 사용하는 법을 배우며, 이것은 하나님의 말씀을 배우고 그 뜻대로 살며 다른 사람을 위해 우리 인생을 투자함으로써 이루어진다.

**청지기 의식의 다른 영역들**  하나님은 모든 것을 소유하시고, 우리는 우리가 소유하고 사용하는 모든 것에 대해 그분을 향한 책임을 가지고 있다. 여기에는 우리의 몸(롬 12:1, 고전 6:19-20), 우리의 마음(롬 12:2, 벧전 1:13), 우리가 가진 기회(골 4:5), 우리의 환경(창 1:28-30)이 해당된다. 우리는 하나님과 우리 자신과 이웃과 그리고 창조물과 청지기의 관계에 있다. 이 모든 영역에서 우리는 그분의 자원들을 성실하게 관리하라고 부르심을 받았다. 점차 기계화되어가는 사회에서, 이것은 어려운 윤리적인 질문들과 물질주의의 매력과의 가중되는 싸움을 야기할 것이다. 청지기 의식에 대한 다양한 면들을 다룬 방대한 문헌들이 있다. 랜디 알콘(Randy Alcorn)의 「돈, 소유 그리고 영원(Money, Possessions and Eternity)」, 스콧 로딘(Scott Rodin)의 「하나님 나라의 청지기들(Stewards in the Kingdom)」 그리고 탐 사인(Tom Sine)이 쓴 「무모한 희망(Wild Hope)」

이 특히 중요한 세 가지 자료다.

## 목적

포괄적 영성은 우리의 1차적인 부르심인 하나님을 알고 사랑하는 것과, 2차적인 부르심인 우리가 하는 모든 것과 만나는 모든 사람들에게 이런 관계를 설명하는 것을 구분한다. 만약 2차적인 부르심이 주된 부르심과 관계가 없다면, 우리는 영적인 것과 세속적인 것이 통합되어야 할 때 그것들을 이분화시키게 된다. 그럴 때 하나님과 우리의 관계와 우리 삶의 활동들이 분리된다.

2차적인 부르심이 주된 부르심을 대신하는 실수도 일어난다. 그때는 일이 우리의 주된 목적이 되어버린다. 이런 식으로 가시적이고 수평적인 것들이 비가시적이고 수직적인 것을 삼켜버린다. 혹은 프란시스 쉐퍼(Francis Schaeffer)의 표현을 빌자면, "본성이 은혜를 삼킨다." 주된 부르심을 우선으로 삼고 2차적인 부르심을 통하여 그것을 표현하려고 노력할 때, 우리의 사고와 행동은 보다 포괄적이 될 것이다.

비록 당신의 삶에서 하나님의 부르심을 완전히 알거나 표현할 수 없더라도, 하나님이 당신을 이 땅에 존재하게 하신 특별한 목적에 대해 분명한 그림을 보여달라고 간구하는 것이 지혜로운 것이다. 자신의 목적 선언문을 기도하면서 만들어가는 것은, 특히 당신이 때때로 그것을 재검토하고 재고할 때 집중력과 열정을 준다.

영화 '불의 전차(Chariots of Fire)'에서 에릭 리들(Eric Liddell)은 파리에서 열리는 1924년 올림픽 게임을 위해서 자신이 얼마나 헌신했는지를 설명하기 위해 자신의 누이와 스코틀랜드의 언덕으로 산책을 나간다. 그가 누이에게 말하기를, "난 결심했어. 중국으로 돌아가기로 말이야. 선교사님들이 내가 받아들여졌다고 말씀하셨어." 제니는 이것을 듣고 기뻐한다. 그녀는 자신의 오빠가 경주에 빠져 선교에 대한 부르심을 무시할까봐 걱정했다.

그렇지만 에릭은 계속해서 말한다. "하지만 나는 경주를 많이 했어. 제니, 넌 이해하겠지. 나는 하나님이 목적을 가지고 나를 만드셨다는 걸 믿어. 바로 중국을 위한 목적 말이지. 하지만 그분은 또한 나를 민첩하게 만드셨어. 내가 달릴 때 나는 그분의 기쁨을 느껴. 그것을 포기하는 것은 그분을 무시하는 거야. 네가 맞아. 그것은 단지 재미를 위해서가 아냐. 이기는 것은 그분을 명예롭게 하는 거야."

에릭 리들은 집중력과 열정의 사람이었는데, 그것은 그가 자신의 인생을 위한 하나님의 목적을 알아가는 지각을 추구했기 때문이다. "달릴 때 나는 그분의 기쁨을 느껴." 당신으로 하여금 하나님의 기쁨을 느끼게 만드는 것은 무엇인가? 프레드릭 뷰크너(Frederick Buechner)는 「소망하는 사고: 신학적인 ABC(Wishful

Thinking: A Theological ABC)」에서 이런 식으로 표현했다. "하나님이 당신을 부르시는 장소는 당신의 내면의 즐거움과 세상의 지독한 굶주림이 만나는 곳이다." 당신이 부르심과 목적의 사람이 될 때, 당신은 하나님의 선하신 기쁨이 또한 당신의 선한 기쁨이라는 것을 깨닫게 될 것이다. 그분을 떠나서 만족을 추구하면, 당신은 결코 그것을 찾을 수 없다. 만족은 하나님을 찾을 때 오는 부산물이라는 것을 발견하게 될 것이다.

하나님이 부여하신 목적을 점차 깨닫는 것은 인생의 모든 면에 영향을 주고 존재 전체를 정화할 것이다. 당신의 부르심과 목적은 인생에서 의도적인 법칙에 의해 표현되고 강화될 것이다. 살아 있는 법칙을 받아들이는 것은, 당신이 하나님의 목적을 달성하도록 도와주기 위한 긍정적인 지침을 찾는 것이다. 이것은 훈련이지 율법주의가 아니다. 그것은 연단이지 고행이 아니다. 인생을 포괄하는 법칙은 그리스도의 주재권 아래에서 매일의 경험 - 헌신에서 시작하여 일까지 - 의 다양한 요소들을 통합하도록 도울 것이다. 법칙은 그 자체로서는 결코 목적이 될 수 없지만, 그것은 주된 부르심과 2차적인 부르심을 표현하는 목적을 위한 수단이다. 그러므로 시간과 자원들에 질서를 부여하는 방법들을 돌아보고 수정하는 데 신중을 기해야 한다.

성경의 목적을 분별하고 표현하는 부분에서 내 친구 게일 잭슨(Gayle Jackson)의 도움이 매우 컸다. 그리고 전체적인 역할 취지와 목표, 목적을 명확하게 나타내는 일에 착수하기 위해서 그의 접근 방식을 채택했다. 이러한 과정을 나타내기 위해서, 다음에 내 개인적인 취지문과 관련된 목적의 개요를 나타내보았다.

**대(Global) 목적과 역할 목적**

내 인생의 목적은 하나님과 다른 사람을 사랑하고 섬기는 사람이 되는 것이다.

세 가지 대목적이 이런 개인의 사명 선언문에 나온다.

- 대목적 1(하나님을 온전히 사랑하기): 하나님과 그분의 성품을 알고 믿음, 소망 그리고 사랑 안에서 그분의 아들을 닮도록 자라는 것.
- 대목적 2(자신을 바로 사랑하기): 하나님의 성품에 비추어 자신을 바라보고 겸손과 순종을 키우기.
- 대목적 3(열정을 가지고 다른 사람을 사랑하기): 하나님의 성품에 비추어 다른 사람을 바라보고 사랑과 섬김을 키우기.

세 가지 대목적으로부터 나오는 일곱 가지 역할 목적들
- 역할 목적 1(남편) : 아내는 하나님의 것으로 자유롭게 자신이 가진 잠재력을 완전하게 이루며 살

도록 아내를 사랑하고 섬기기.
- 역할 목적 2(아버지) : 나의 딸과 사위가 아버지와 어머니는 하나님을 알고 사랑한다는 것을 알 수 있도록 그들을 사랑하며 섬기기.
- 역할 목적 3(아들) : 나의 어머니와 아버지가 존경받고 존귀히 여김을 받는다는 것을 알도록 그분들을 사랑하고 섬기기.
- 역할 목적 4(친구) : 서로 이해하고 존중하는 관계에서 헌신, 정직 그리고 약점을 격려하면서 나의 친구들을 사랑하고 섬기기.
- 역할 목적 5(이웃) : 이웃들이 그리스도를 알고 싶어하고 그분 안에서 자라게 되기를 원하면서 이웃을 사랑하고 섬기기.
- 역할 목적 6(목회자) : 구도자들에게는 복음을 전하고 그리스도인들은 교훈하면서 믿지 않는 자와 믿는 자를 사랑하고 섬기기.
- 역할 목적 7(저자와 출판인) : 독자들을 하나님과의 친밀함으로 이끌고 그들이 살고 있는 문화를 더 잘 이해할 수 있도록 함으로써 일시적인 이 땅에서 영원한 가치들을 전파하면서 그들을 사랑하고 섬기기.

기도하면서 당신의 대목적들과 역할 목적들을 숙고해보라. 그리고 당신의 인생에서 이것들을 성취하도록 도와줄 특별한 목표들과 목적들을 생각해보라.

포괄적 영성 가운데 이 단원에 대한 부록으로, 내가 틈틈이 모아오고 재검토해온 40가지 개인의 원리와 가치 목록들을 다음에 제시한다. 나는 이 목록을 읽어내려가면서 확신을 얻는다. 그 목록들은 모두 내가 경험해보지 않은 것들이므로, 이것들을 경험해보라고 나를 설득한다. 이 목록은 당신이 그리스도 안에서의 인생과 이 땅에서의 삶을 통합하려고 노력할 때 사용할 수 있을 것이다.

1. 믿음 - 하나님의 주권과 선하심에 대한 근본적인 신뢰. 하나님이 내 마음속에 있는 최고의 관심을 아시고 통치하신다.
2. 소망 - 하나님의 약속에 머무르는 것.
3. 사랑 - 하나님과의 자라가는 친밀감에 기초를 둔 하나님에 대한 깊은 사랑(마음, 감정, 뜻, 행동).
4. 한시적인 것과 영원한 것 - 나는 보이지 않는 것과 보이는 것을 평가함으로 한시적인 것을 한시적인 것으로 그리고 영원한 것을 영원한 것으로 대한다.

5. 무엇보다도 하나님을 알고자 하는 열정.
6. 잃어버린 자들에 대한 열정.
7. 어제의 믿음으로 살 수는 없기 때문에, 하나님의 성품과 약속에 의지해서 더 많은 위험을 감수해야 할 것이다.
8. 매사에 은혜를 향한 나의 심오한 욕구를 더 잘 이해하기.
9. 나의 가장 깊은 소망은 그리스도 안에서 채워진다는 사실을 더 분명하게 이해하기. 그래서 나의 필요를 충족시키기 위해서 관계를 교묘하게 조종하지 않고도 다른 사람들을 섬길 수 있는 마음의 안정 갖기.
10. 겸손, 온전한 의지 그리고 가르침을 받는 마음을 개발하기.
11. 그리스도가 나를 용서하신 것처럼 다른 사람을 용서하려는 자발적인 마음.
12. 은혜, 성실 그리고 가능성을 가지고 사람들을 대하기.
13. 청지기 의식 - 모든 것이 하나님의 소유라는 것을 더 많이 깨닫고 매사에 만족하는 태도.
14. 영, 혼 그리고 몸을 계속해서 훈련하고 새롭게 하는 데 헌신하기.
15. 인격적인 정직 - 내적인 것과 외적인 것의 일관성.
16. 관계에서의 개방성과 정직.
17. 위대한 명령에 대한 절대적인 헌신.
18. 위대한 사명에 대한 절대적인 헌신.
19. 하나님께 복종하고 세상과 육신 그리고 사탄의 유혹에 저항함으로써 영적 전쟁에서 굳건히 서기.
20. 매사에 그리스도의 임재를 경험하고 그분의 영광을 위해서 모든 것을 하기.
21. 하나님의 사람들에 대한 책임감과 겸손함으로 사람들을 격려하고 책망함으로 스스로 속임을 당하지 않기.
22. 기사와 이적에 대해 계속적으로 어린아이와 같은 마음을 유지하기.
23. 결과가 아닌 과정에 집중하기. 진정한 사역은 내가 그리스도 안에서 어떤 존재인가 하는 것에서부터 흘러나온다는 사실을 알기.
24. 성령의 능력 가운데서 행하며 육체를 신뢰하지 않기.
25. 과거나 미래에 살지 않고 현재를 충실하게 살기.
26. 매일을 마지막 날처럼 살기. 관계를 항상 동일한 마음으로 발전시키기. 내일의 진정한 집을 기다리는 순례자와 이방인의 정신을 개발하기.
27. 하나님의 사랑 넘치는 주도권에 대해 좋은 마음과 민감함으로 반응하기.

28. 환경을 초월한 지속적인 감사와 기쁨. 삶의 아픔과 즐거움 가운데서도 하나님의 성품에 기꺼이 매달리기.
29. 그리스도 안에 거함으로 성령의 열매를 맺기.
30. 마음을 지속적으로 새롭게 하여 세상에 유혹되지 않고 하나님과 친밀하게 교제하기.
31. 하나님이 내게 하라고 하신 모든 것들은 결국 나의 선을 위한 것이며, 하나님이 내게 피하라고 하신 모든 것들은 내 영혼에 해로운 것이라는 진리에 기꺼이 붙잡혀 살아가기.
32. 선과 악이 언제나 존재한다는 사실에 대한 인식과 누가복음 16장 10절의 빛 가운데 살기를 열망.
33. 하나님이 중요하다고 하시는 것들에 나의 삶을 드리려는 열망. 세상적인 기준(역할)이 아닌 말씀의 기준(관계)에 의해 성공을 정의하기.
34. 앞서서 영적인 순례를 살아가는 경건한 멘토들을 본받기.
35. 거룩한 습관은 훈련과 의뢰함으로 형성되고, 불경스런 습관은 원치 않아도 얻어진다는 것을 이해하기.
36. 일의 결과와 그 결과에 대한 소유권을 놓아버리고 과정에 성실해야 할 것.
37. 사역은 측정될 수 없는 것이므로 하나님이 나에게 부여하신 것들에 대해 만족하며, 나의 사역을 다른 이들의 사역과 비교하지 않기.
38. 하나님을 향해 세 가지, 즉 회개, 자백, 하나님에 대한 갈망을 구하기.
39. 나의 지식과 기술에 의존하지 않고 성령의 능력에 더욱 의지하며, 하나님이 주신 재능을 지속적이며 책임 있게 개발하기.
40. 나의 전존재와 내가 하는 모든 일에 그리스도가 중심이 되시도록 헌신하는 것.

## 적용을 위한 질문

● 성경적인 청지기 의식을 어떻게 정의할 수 있는가? 청지기에게 요구되는 자격은 무엇인가?

● 시간, 재능, 재물, 진리에 대한 지식에 있어서 당신은 어느 정도 청지기 의식을 가지고 있는가? 당신의 몸과 당신이 놓여 있는 환경에 대해서는 어떠한가?

● 당신을 향한 1차적인 부르심과 2차적인 부르심에 대해 어떻게 이해하고 있는가? 당신의 인생 속에서 해야 하는 역할에 대해 목적 선언문을 만들어본 적이 있는가?

# 제8부 PROCESS SPIRITUALITY
# 과정 영성

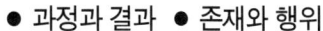

- 과정과 결과  ● 존재와 행위

문화적으로 볼 때 우리는 존재 자체보다는 행위 자체만을 추구하며 인간을 보려는 경향이 짙다. 세상은 성취되고 완성된 일들이 그 사람의 존재를 결정한다고 말한다. 그러나 성경은 그리스도 안에 있다는 사실이 우리가 무엇을 하느냐의 기초가 되어야 한다고 가르친다. 역동적인 성장은 밖에서 안으로가 아닌, 안에서 밖으로의 성장이다. 이 접근법은 삶의 과정에 얼마나 신실하게 임하는가를 보는 것이지, 한 가지 결과에서 다음 결과를 추구하지 않는다. 또한 그리스도 안에 거하는 것과 그분의 임재를 연습한다.

제8부 _ **과정 영성** PROCESS SPIRITUALITY

# 21
# 과정과 결과

| 이 장의 개관 | 과정 영성은 결과를 따라 사는 것보다는 여행이 계속되는 동안의 성실함에 관한 것이다. 미래를 살아가는 대신, 우리는 미래의 희망을 품고 현재를 살아가도록 격려받는다. 이것은 은혜 안에서의 성장과 믿음, 소망 그리고 사랑 안에서 살아가는 매일의 과정을 포함한다. |
|---|---|
| 이 장의 목표 | • 현재를 살아가는 가치에 대해 새롭게 이해하기<br>• 성장은 단계적인 과정이고 하나님의 주도권에 대해 지속적인 일련의 반응이 필요함을 알기<br>• 하나님이 현재 행하고 계신 것에 대해 우리가 자유하도록 성경적인 믿음, 소망 그리고 사랑에 대해 새로운 시각을 갖기 |

사회적으로 볼 때 우리는 존재 자체보다는 행위 자체만을 추구하며 인간을 보려는 경향이 짙다. 세상은 성취되고 완성된 일들이 그 사람의 존재를 결정한다고 말한다. 그러나 성경은 그리스도 안에 있다는 사실이 우리가 무엇을 하느냐의 기초가 되어야 한다고 가르친다. 역동적인 성장은 밖에서 안으로가 아닌, 안에서 밖으로의 성장이다. 과정 영성은 삶의 과정에 얼마나 신실하게 임하는가를 보는 것이지, 한 가지 결과에서 다음 결과를 추구하지 않는다. 또한 그리스도 안에 사는 것과 그분의 임재를 경험하는 것이 의미하는 바에 중점을 두고 있다.

이 책의 서문을 회상해보라. 거기서 나는 성경적인 진리의 다양한 차원들을 숙고해보기 위해 이 책의 열두 가지 목록을 작성했다. 그 목록은 개인적 차원과 공동 차원에서 실제적으로 경험할 수 있는 것들이다. 훈련된 영성과 경건의 영성을 포함한 일부는 역사적인 전통에 뿌리를 두었다. 그렇지만 나머지들은 실제적으로 적용할 수 있는 기독교적 원리들을 설명하고 있다. 이러한 것들은 특히 패러다임 영성, 포괄적 영성 그리고 과정 영성에 들어맞는 진리다. 과정 영성은 현재의 순간에서 생동감 있게 존재하는 것과 우리 삶에서 하나님의 사랑의 시도에 반응하는 순차적인 과정에 관한 것이다.

### 미래에 사는 삶

많은 사람들에게 있어서 인생은 미래에 '…하기만 하면'이라는 것들로 가득 차서, 오늘은 내일에 도달하는 길에 놓인 불편한 장애물이 된다. 워커 퍼시(Walker Percy)는 자신의 소설 「랜슬롯(Lancelot)」에서 "미래와 과거에 사는 것은 쉽다. 현재를 사는 것은 바늘에 실을 꿰는 것과 같다"라고 말했다. 인생을 살면서 대부분은 미래에 성취하고자 하는 목표나 업적을 위해 에너지를 투자하는 자연스런 경향을 가지고 있다. 문제는 이러한 목표가 달성될 즈음에는 이미 다음 목표를 생각하고 있다는 것이다. 그러므로 결과에서 결과로 옮겨감으로써 현실을 생동감 있게 살기는 극히 드물다. 우리는 이것을 수세기 동안 충분히 계속할 수 있다. 그러나 사실상 남아 있는 날은 얼마 되지 않고, 지나온 기억들이 넘쳐나는 그런 시점에 도달하게 된다. 이 시점에서 많은 사람들은 무의식적으로 미래 대신 과거에 사는 것으로 전환한다.

진행되는 과정을 생동감 있게 사는 것이 계획이나 목표 설정을 무시하는 것을 의미하지는 않는다. 우리가 바라는 결과에 대한 분명한 시각 없이는, 업무에 있어서든 기술을 습득하는 데 있어서든 그 결과를 만드는 방향으로 나아가지 못할 것이다. 「최소한의 저항을 위한 길(The Path of Least Resistance)」이라는 책에서 로버트 프리츠(Robert Fritz)는 주된 선택, 2차적인 선택 그리고 기본적인 선택을 구분했다. 주된 선택은 주된 결과에 대한 선택이고, 2차적인 선택은 주된 결과를 향하여 한 발자국 나아가도록 하는 것이다. 기본적인 선택은 기본적인 인생의 방향이나 기본적인 존재의 상태를 위해 자신을 헌신하도록 하는 선택이다. 프리츠는 사람들이 정말로 하고 싶은 것에 대한 분명한 생각이 없으면 게으른 인생을 살기 쉽다고 말한다.

"당신이 원하는 게 뭐죠?" 어느 워크숍에서 한 사람에게 물었다.

"나 자신과 연결되고 싶어요"라고 그 사람은 말했다.

"일단 자신과 연결되고 나면 당신은 무엇을 갖게 되나요?"라고 내가 물었다. 나는 그가 원하는 결과에 그 사람이 초점을 맞추도록 돕고 싶었다.

"그러면 나를 막는 것이 무엇인지 알 수 있죠"라고 그가 대답했다.

"당신을 막는 것을 볼 수 있게 되면 그 다음에 무슨 일이 일어나죠?"

"그러고 나면 나는 스스로 방해하는 것을 극복할 수 있죠."

"당신이 그렇게 하고 나면, 그 다음은 뭔가요?" 나는 다시 물었다.
"그러면 그것을 그만둘 수 있죠."
"당신이 그것을 그만두면 어떤 일이 일어날까요?"
"글쎄요, 잘 모르겠는데요"라는 것이 그 대답이었다.

이 대화는 두 가지를 설명한다. 첫째, 많은 사람들은 그들이 놓인 인생의 과정이 자신들을 어디로 데리고 가는지를 모른다는 것이다. 둘째, 원하지 않는 것을 피하는 데 초점을 맞추기보다는 하고 싶어하는 것을 선택하는 것이 더 낫다는 것이다.

성경적인 시각에서 보면 기본적인 선택은 주 예수를 알고 닮아가는 것이어야 한다. 그리고 그 다음은 인생에서 우리의 주된 선택과 2차적인 선택을 형성하는 것이어야 한다. 이러한 기본적인 선택은 시간이 영원을 교차하는 유일한 순간인 현재의 삶과 조화를 이룬다. 현재에 활기를 불어넣는 이러한 열망은 일상을 경험하는 과정에 생기를 불어넣어주고, 우리가 세우는 계획에 대한 정보를 준다.

반대로, 비성경적 기본적인 선택은 나태함에 의해서든 계획했든 간에 결코 우리를 만족시키지 못할 것이다. 왜냐하면 그것은 창조자이신 그분을 알고 즐거워하도록 창조된 인간으로서 우리가 갖는 가장 깊은 내면의 욕구를 채워주지 못하기 때문이다. 이런 상태에서 현재에서 느끼는 만족의 결핍은, 만족은 미래에서나 찾을 수 있다든지 그러므로 결과를 좇는 인생이 되도록 하라는 등의 생각을 하도록 우리를 속인다.

## 단계적인 여행

일반적으로 인생, 특히 영적인 삶에 대한 최고의 비유는 바로 여행이다. 문헌들에는 이것에 대한 상상으로 가득 차 있다(예를 들면, 존 번연의 「천로역정」). 길 되신 예수님을 따르는 자들로서(행 9:2, 19:9, 23, 22:4, 24:14, 22) 우리는 탐험, 항해, 방랑 여행, 순례를 하는 여행자들이다. 그리스도를 따르면 우리는 본향으로 향하지만, 그 길을 가는 도중에서 단계들과 배워야 할 교훈들이 있다. 이것이 영적인 삶을 평안한 상태나 기술과 정보만 있으면 얻어질 수 있는 상태로 볼 수 없는 이유다. 그리스도를 따른다는 것은 우리가 모르는 영역으로 들어가는 것이다. 그분의 목적에 따른 안내, 길을 벗어날 때 그분의 은혜 그리고 외롭다고 느낄 때 그분의 임재를 의지하는 것이다. 그것은 하나님의 섭리적인 돌보심에 대해서 진지하게 반응하는 것과, 이 땅을 사는 순례자로서의 불확실성과, 실패, 좌절, 예기치 않은 선물 그리고 기쁨을 받아들이는 것을 배우는 과정이다. 그것은 또한 우리가 그리스도의 형상을 점차적으로 닮아가는 과정 중에서도 다른 사람들을 사랑하고 섬길 수 있음을 기억하는 것이다.

이런 관점에서 보면, 이 땅에 존재하는 것의 주된 목적은 하늘나라의 영원한 시민권을 준비하는 것이다[드반 프롬케(DeVern F. Fromke)의 「궁극적인 의도(The Ultimate Intention)」와 폴 빌하이머(Paul E. Billheimer)의 「하늘 보좌로의 예정(Destined for the Throne)」을 보라]. 우리는 아직 과정중에 있기 때문에 이 생에서 많은 실수를 저지른다(약 3:2). 성화는 아직 완성되지 않았다. 성화는 하나의 사건[우리를 그리스도께 드릴 때 성화되었다(고전 6:11)]이면서 하나의 과정[우리는 성화되고 있다(롬 12:2, 빌 2-3장, 요일 2:28)]이다. 영성을 형성하는 것은 우리의 성품과 행동이 그리스도 안에서 새로운 피조물이 되어가는(고후 5:17) 일생에 걸친 과정이다. 그것은 하나님이 우리 안에 행하신 것을 이루어가는 것이다(빌 2:12-13).

그리스도인의 삶은 일반적인 거룩함의 기준들을 지켜가는 것이 아니라 단계적인 과정이다. 하나님이 인생에서 행하시는 것에 대해 순수하게 반응하는 이러한 과정은 눈에 보이는 결과들보다 더 중요하다. 나는 그리스도를 찾고자 하는 열망 때문에 기도할 때 가끔씩 맹세하는 한 초신자를 알고 있다. 하지 말아야 할 것(더러운 것 다섯, 불결한 것 아홉, 지저분한 것 열둘)과 해야 할 것을 적어놓은 세탁물 목록식의 율법주의는 세속과 불순종으로 인간을 평가한다. 그렇지만 나는 아는 것은 거의 없지만 그것이나마 적용하려고 그 볼품없는 기도를 하는 이 초신자가, 대중 앞에서는 감동적인 기도를 하지만 회개하지 않고 숨겨둔 죄가 있는 사람보다 훨씬 더 하나님의 마음을 기쁘시게 한다고 말하고 싶다. 이 경우에 전자는 자신의 여정에서 순종할 때 불순종하는 것처럼 보이고, 후자는 자신이 알고 있는 것을 불순종할 때 순종하는 것처럼 보인다. 자주 그렇지만, 겉으로 보여지는 것만으로는 믿을 수 없다. 이것이 하나님이 중심을 보시는 이유다.

기생 라합은 이스라엘의 하나님에 대해서 적은 지식을 가지고 있었지만 그것을 적용했다(히 11:31, 약 2:25). 바리새인들은 성경을 알았지만 하나님의 목적을 거부했다. 영적인 삶은 외적인 모습의 문제가 아니라서 측정할 수가 없다. 우리를 다른 사람들과 비교하는 대신(고후 10:12), 우리 자신의 여정에 충실하려고 노력하는 것이 낫다. 거룩은 우리가 지금 어디에 있느냐에 관한 것이지, 우리가 나중에 어디에 있어야 하느냐에 관한 것이 아니다.

우리는 살아 있는 하나님의 나라에서 예수님의 제자로 불리며, 이것은 시간과 개발 그리고 인내를 필요로 한다. 복음이 설명하는 것처럼, 그리스도를 알고 믿는 것은 역동적인 과정이다(요한복음 1장, 2장 11절 그리고 16장 30-31절에 나오는 제자들, 요한복음 4장에 나오는 우물가의 여인, 요한복음 9장에 나오는 나면서부터 소경 된 자, 요한복음 3장, 7장 그리고 19장에 나오는 니고데모를 생각해보라). 영성 형성은 점진적인 것으로, 우리가 하나님의 목적에 맞는 작은 선택들을 여러 해 동안 계속하는 과정을 거치다보면, 우리는 더 많이 알차게 되고 실질적이 된다. 순종이든 불순종이든, 모든 결정은 다음 결정을 가능하게 만든다.

## 은혜 안에서 자라기

순종, 인내, 용기, 지혜, 섬김, 겸손, 온유 그리고 사랑과 같은 그리스도를 닮은 가치 안에서 자라는 것은 결코 저절로 쉽게 되어지는 것이 아니다. 아빌라(Avila)의 테레사(Teresa)의 비유를 빌려오면, 영혼은 우리가 하나님을 초대하여 모든 방을 채워야 하는 성의 내부다. 이 길을 따라가려면 여러 차례의 죽음을 맞이해야 한다. "아무든지 나를 따라오려거든 자기를 부인하고 자기 십자가를 지고 나를 좇을 것이니라 누구든지 제 목숨을 구원코자 하면 잃을 것이요 누구든지 나와 복음을 위하여 제 목숨을 잃으면 구원하리라"(막 8:34-35). 길 되신 예수님을 따르는 것에는 영성 형성이라는 지루한 과정으로 가는 전체적이며 계속적인 헌신이 필요하다.

우리의 임무는 스스로를 성장하기에 좋은 상황 아래 두고 영성 형성을 위해 하나님을 찾는 것이다. 하나님은 사람마다 다른 속도와 방법을 사용하신다. 내면의 생명은 성장의 원리에 의해 성숙하고 열매를 맺으므로(벧전 2:2, 벧후 3:18) 시간이 성장의 중요한 부분이다. 자연이 우리에게 가르침을 주듯, 성장은 늘 균등하게 일어나는 것이 아니다. 그래서 포도덩굴이나 나무처럼, 어느 한 달 동안 그 해의 다른 달보다 더 많이 성장할 수 있다. 이런 균등하지 않은 발달 과정을 받아들이지 않는다면, 다음번의 급속 성장기나 특별한 은혜 베푸심을 기다릴 때 하나님과 다른 사람에 대해서 인내하지 못하게 될 것이다.

순간적인 만족을 조장하는 문화에서는 인내로써 하나님의 시간을 기다리는 것이 피곤한 일이 될 수 있다. 우리들 가운데 많은 사람들은 우리가 원하는 시기에 우리가 원하는 결과를 주는 방법이나 기술, 세미나 혹은 경험을 찾을 때 은혜를 무시하고 스스로 문제를 해결하려는 유혹을 받는다. 하지만 우리가 스스로의 노력으로 자신들을 변화시킬 수 없는 것처럼, 스스로를 더 빨리 변화시키기 위해 하나님을 조종할 수도 없다.

하나님은 우리가 믿음, 회개 그리고 순종을 훈련하고 그분의 방법과 시간을 신뢰함으로, 우리 삶에서 성령의 역사가 함께하시도록 은혜로 우리를 초청하셨다. 불가피하게도 하나님의 시간은 우리에게는 고통스러울 만큼 느리게 느껴진다. 그러나 우리의 지혜가 자랄수록 그분만이 언제, 무엇이 우리에게 필요한지를 아신다는 것을 깨닫게 되고, 하나님의 과정에 더 인내하는 것을 배우게 된다. 그러므로 영성 형성은 하나님의 주권적인 부르심을 위해 수년간의 훈련된 성실성을 통해 자라간다. 사실 그 과정을 통해 우리는 실패하고 불순종하며, 많은 어리석음과 고통스러운 일을 저지른다. 그렇지만 성실성이란 실패할 때마다 일어나서 예수님께로 다시 돌아가는 것을 의미한다. "한 날 괴로움은 그날에 족하니라"(마 6:34).

## 믿음, 소망, 사랑

"그런즉 믿음, 소망, 사랑, 이 세 가지는 항상 있을 것인데 그 중에 제일은 사랑이라"(고전 13:13). 위대한 신학적인 가치인 믿음, 소망 그리고 사랑은 그리스도 안에 있는 영적인 삶의 역동을 요약해서 말한다. 비록 세 가지 모두가 영원에서 영원까지 하나님의 창조 목적과 관계가 있다고는 하지만, 믿음은 과거에 그리스도가 우리를 위해 행하신 속죄 사역에 중점을 두고, 소망은 미래에 이러한 사역이 궁극적으로 완성되는 것을 바라보는 것이며, 사랑은 현재에 우리를 통하여 그리스도의 생명을 증거한다.

**믿음** 성경적인 믿음은 본질적으로 희망과 밀접한 관계가 있는데, 그것은 우리가 아직 보지 못한 분께 기초를 두기 때문이다(롬 8:24-25, 벧전 1:7-9). "믿음은 바라는 것들의 실상이요 보지 못하는 것들의 증거니 … 믿음이 없이는 기쁘시게 못하나니 하나님께 나아가는 자는 반드시 그가 계신 것과 또한 그가 자기를 찾는 자들에게 상 주시는 이심을 믿어야 할지니라"(히 11:1, 6). 믿음은 그분의 성품과 약속 안에서의 모험의 분량이므로 하나님을 기쁘시게 하는 것이다. 예수 그리스도를 믿는 자들은 그분의 약속에 희망을 두고, 그분은 또한 그것을 능히 이루실 분이시다(롬 4:21).

믿음 안에서 걷는다는 것은 하나님 한 분만이 우리에게 있어서 무엇이 최선인지를 아시고, 그분만이 능히 그것을 이루실 수 있다는 것에 대한 확신을 갖는 것이다. 믿음에 대한 문제는 그것이 인간 기질의 성향과 문화에 반대된다는 것인데, 이는 믿음이 보이지 않는 것과 통제할 수 없는 것에 기초를 두기 때문이다. 우리는 하나님 한 분만이 우리에게 최선의 것이 무엇인지를 알고 계신다는 사실을 말로만 인정하는지도 모른다. 하지만 실제로 특별한 환난이 닥치면 우리는 우리의 견해를 따르는 경향이 있다.

믿음에 대한 모험은, 반대로 나타나는 외관에도 불구하고 하나님의 증거를 존중하기 때문에 그분을 기쁘시게 한다. A. W 토저는「경건 생활의 기초(The Root of the Righteous)」에서 다음과 같이 말했다.

> 진실된 그리스도인은 어찌하였거나 특별하다. 그는 한 번도 보지 못한 분을 향해 지고한 사랑을 한다. 볼 수 없는 사람에게 매일 친밀하게 얘기한다. 다른 사람을 통해 하늘나라에 가기를 기대한다. 충만해지기 위해 자신을 비운다. 자신이 잘못이라는 것을 인정함으로 옳음을 선고받는다. 올라가기 위해 내려온다. 가장 약할 때 가장 강하다. 가장 가난할 때 가장 부유하고 가장 상심할 때 가장 행복하다. 그는 죽음으로 살 수 있다. 가지기 위해서 버린다. 버림으로 유지할 수 있다. 보이지 않는 것을 본다. 들을 수 없는 것을 듣는다. 지식 이상의 것을 안다.

하나님을 기쁘시게 하는 믿음은 세 가지 요소인 지식과 신뢰 그리고 행동을 포함한다.

1) 첫번째 요소 : 지식

진리를 모르면, 그것이 우리를 자유케 할 수 없다. 성경적인 의미에서의 믿음은 우리나 다른 사람의 감정이나 소신에 기초하지 않고 하나님의 계시에 근거한다. 마음은 생각이 거부하는 것을 좋아할 수 없기 때문에, 성경적인 믿음은 어둠 속으로 뛰어드는 것이 아니라 빛 가운데로 한 발짝 다가가는 것이라는 사실을 이해하는 것이 중요하다. 믿음은 사실에 근거를 두고 있다. 그리고 기독교에 반대해서 일어난 지적인 장애물들에 대한 믿을 만한 답변들이 있다. 이를 테면, 내가 래리 무디(Larry Moody)와 공동 집필한 「잘 질문하셨습니다(I'm Glad You Asked)」에서, 기독교에 대한 열두 가지 근본적인 반대에 대한 대답을 요약했다. 믿음에서 지식이라는 요소는, 하나님의 진리로 마음을 새롭게 할 때 더욱 풍성해질 것이다. 그리고 이것은 개인의 시간을 규칙적으로 성경과 함께 보내는 훈련을 요구한다.

2) 두번째 요소 : 신뢰

믿음은 정해진 대상만큼만 좋은 것이다. 그 대상이 믿을 만한 가치가 있으면, 믿음이 약할 때에도 우리를 유지시킬 것이다. 내가 신학교에 다닐 때, 어떤 교수가 얼음 덮인 서스쿼해나(Susquehanna) 강(메릴랜드 북쪽의 강 - 역주)을 건너고자 했던 자신의 할아버지에 대한 이야기를 들려주었다. 그는 얼음의 두께에 대해 확신이 없었다. 그래서 손과 무릎으로 조심스럽게 건너기 시작했다. 반쯤 건넜을 때, 우르르 하고 울리는 소리를 들었다. 어깨 너머로 그는 네 마리 말이 끄는 큰 마차가 얼음 위에서 자신을 빠르게 지나쳐 가는 것을 보고 당황하였다. 그의 믿음은 약했지만, 그가 바라보는 대상이 가치 있는 것이었다. 우리 영혼의 바위와 닻이 되신 그리스도보다 우리 믿음에 있어 더 가치 있는 근거는 없다. 우리가 그분을 신뢰할 때, 우리는 그분이 우리를 안전하게 반대편으로 데려다주실 것을 확신할 수 있다.

3) 세번째 요소 : 행위

지식과 신뢰는 행동으로 가장 잘 나타난다. 무엇을 말하든 간에, 행위는 마음이 진실로 믿고 신뢰하는 것을 드러낼 것이다. 그리스도 안에 있는 믿음은 순종을 통해 자라나는 재산이며, 순종하는 믿음은 하나님에 대해 더 많은 지식으로 이끈다. 그래서 믿음을 구성하는 지식과 행위 간에는 상호 관계가 있다. 그분을 더 잘 알수록 그분께 더 순종하길 원하고, 그분께 더 많이 순종할수록 그분을 더 잘 알게 될 것이다. 모든 것은 우리가 신뢰하는 것에 달려 있다. 우리의 지혜를 신뢰하면, 우리 손은 우리 자신들로 너무 꽉 차 있게 됨으로 하나님의 선물을 받을 수가 없다. 자기 신뢰, 자기 의, 자기 연민 그리고 다른 자기에 관련된 죄로부터 우리의 손을 비울 때, 우리 안에 그리스도의 생명을 받아들이고 다른 사람들에게 그분의 생명을 증거하기에 충분할 만큼 우리의 손이 비워질 것이다.

**소망**  몇 년 전, 내가 알고 있던 가장 탁월한 사람들 중 한 명의 장례식에 참석했다. 자신의 삶을 그리스도께 바친 몇 달 후, 에밀리 메리디스(Emily Meredith)는 뇌종양 진단을 받았다. 그 이후 5년 동안 그녀가 보여줬던 용기, 사랑, 소망 그리고 평안은 그녀의 삶에 살아 역사하시는 성령의 능력으로밖에 달리 설명할 수가 없다. 자신이 겪는 호된 시련에도 불구하고, 그녀는 결코 불평하는 모습을 보이지 않았다. 그리스도의 성품을 본받은 그녀의 삶은 수백 명의 사람들에게 지워지지 않는 영향을 끼쳤고, 21세까지 그녀는 자신에게 주어진 목적을 성취했으며, 하늘나라로의 귀향을 준비했다. 가족들이 그녀의 죽음을 애도하는 동안, 그들의 슬픔은 하나님의 약속과 성품 안에서 얻는 확고한 소망으로 인하여 경감되었다(살전 4:13-18).

소망은 오랜 시간을 보내고 나서야 얻어지는 약속이므로 강력한 성경적인 동기다. 우리는 믿음과 소망이 연결되었다는 것을 막 살펴보았다. 믿음은 지식에 앞서 헌신이라는 위험을 감수하고, 희망은 믿음을 감수해야 할 이유를 우리에게 준다. 히브리서 11장에 열거된 믿음의 남성과 여성들은 모두 하나님이 그분을 찾는 자와 영원한 것을 얻기 위하여 순간적인 것을 포기하는 자들에게 상을 주신다는 것을 알았다. 예를 들면, 모세는 하나님의 백성과 함께 고난받기를 잠시 죄악의 낙을 누리는 것보다 더 좋아하고 그리스도를 위하여 받는 능욕을 애굽의 모든 보화보다 더 큰 재물로 여겼는데, 이는 상 주심을 바라보았기 때문이다(히 11:25-26).

세상적인 소망은 우리에게 지나가는 낙을 좇으라고 말하지만, 성경적인 소망은 우리를 그렇게 싸게 팔아넘기지 말라고 경고한다. 하나님은 지속적이며 마지막에 우리를 실망시키지 않을 것에 우리 자신을 내어주도록 우리를 부르셨다. 마음의 중심을 영원한 것에 둔다면, 한시적인 것 또한 즐길 수 있다. 그러나 한시적인 것만을 주로 좇아 산다면, 우리는 영원한 것뿐만 아니라 한시적인 것 또한 잃어버릴 것이다.

「평신도 성경 해석 지침(A Layman's Guide to Applying the Bible)」에서 월터 헨릭슨(Walter Henrichsen)과 게일 잭슨(Gayle Jackson)은 네 종류의 사람을 설명했다. 소망이 없는 사람, 잘못된 곳에 소망을 두는 사람, 잘못 정의된 소망을 가진 사람 그리고 적절한 소망을 가진 사람.

**소망이 없는 사람.** 소망에 대한 마음 없이 오랜 기간을 살 수 있는 사람은 거의 없다. 베데(Bede) 부주교는 부활이 없는 인간 존재를 밝게 빛나는 연회장의 창문을 통해 어둠 속으로 날아가는 새에 비유했다. 그 새는 연회장을 가볍게 가로질러 다른 창문을 통하여 밤의 어둠 속으로 날아간다. 만약 이 세상이 존재하는 전부라면 인생이란 무상한 에피소드다. 그것은 우리가 이 땅이 제공하는 것 이상으로 가지고 있는 가장 깊은 열망과 갈망을 조롱한다. 일부 실존주의자들은 우리에게, 인생이 무의미하다는 생각을 받아들이고 존재의 불합리함에도 불구하고 용기를 가지고 살라고 조언한다. 하지만 그런 희망 없는 철학으로 안정되게 살 수 있는 사람은 아무도 없다.

**잘못된 곳에 소망을 두는 사람.** 우리가 만나는 사람들의 거의 대부분은 여러 종류의 소망을 지니고 있으며, 매일 아침 일어나 삶을 지속시키는 이유를 가지고 산다. 그렇지만 많은 질문을 하지 않아도 대부분의 사람들이 피상적이고 부적절한 것에 믿음과 소망을 두고 있음을 알 수 있다. 남성들이 자기의 가치와 충족을 위해 자신의 소망을 돈, 권력, 지위에 둘 때, 수많은 사람들이 그랬던 것처럼 이런 것들이 자신을 실망시킨다는 것을 발견할 것이다. 여성들이 안전과 중요성을 향한 자신들의 갈망을 충족시키기 위해 가족, 소유, 혹은 사회적 지위에 그 소망을 둘 때, 그들 역시 환멸을 느끼게 될 것이다.

예수님을 아는 자들은 잘못된 곳에 소망을 두는 문제에 면역이 되어 있지 않다. 나는 많은 사람들이 영원하고 큰 일은 무시하고 한시적인 작은 일에 끌려가는 이유가 바로 이 땅은 그들에게 현실처럼 보이는 반면 하늘나라는 모호하고 멀리 있는 것처럼 보이기 때문이라고 믿는다. 이러한 사고 방식 때문에 내세에서 그리스도를 믿는 것은 이생에서 믿는 것보다 쉽다.

**잘못 정의된 소망을 가진 사람.** 밥 호프(Bob Hope)가 한번은 번개 맞은 비행기 안에서 있었던 이야기를 해주었다. "신에게 기도라도 해봐요!"라고 자그마한 노파가 복도를 가로지르며 비명을 질렀다. "그래서 그렇게 했지요." 그 사람이 지혜롭게 말했다. "나는 헌금을 기뒀어요." 사람들은 생명의 위협을 받는 순간에 종교적인 행위를 하는 경향이 있다. 나는 애틀랜타에서 온 사업가가 그리스도를 믿기 전의 경험을 얘기하는 것을 들었다. 그는 불이 난 라스베이거스의 힐튼 호텔에 묵고 있었다. 자신이 죽을 것이라는 생각이 들자 그 사람은 하나님께 자신을 구해달라고 소리쳤다. 그 사람은 그때의 공포스러운 경험을 회상하면서 말했다. "나는 일이나 돈, 골프, 혹은 가족을 위해 신들에게 기도하지 않았습니다." 고난과 역경의 시간에 우리 소망의 본질은 분명해진다(롬 5:3-5). 좋은 상황에서 갖게 된 소망은 시험을 거치지 않았기 때문에 믿을 수가 없다. 그렇지만 하나님은 대안이 거의 없는 시간들이나 역경을 사용해서서 실망시키지 않는 소망과 접촉하도록 우리를 이끄신다.

**적절한 소망을 가진 사람들.** 소망을 위한 유일하면서도 확고한 근원은 살아계신 하나님의 불변하시는 성품이다. 그리스도 안에서 안식을 찾을 때 우리는 튼튼하고 견고하여 사라지지 않을 소망, 영혼의 닻인 소망을 붙잡는다(히 6:18-19, 벧전 2:6). 이러한 성경적인 소망은 우리를 하나님의 약속으로 이끌기 때문에 우리에게 안정감과 방향성을 준다. 이러한 약속들은 하나님의 성품이 연장된 것이므로, 올바른 소망은 그분을 신뢰하고자 하는 의지에 기초를 둔다. 사도 바울은 "보이는 것은 잠간이요 보이지 않는 것은 영원함이니라"

(고후 4:18)고 했다. 이와 같이 히브리서 11장에 나오는 믿음의 조상들은 멀리서 하나님의 약속을 환영했고, 세상의 눈으로는 보이지 않는 상급을 갈망했다. 그들의 믿음은 바라는 것들의 실상이고 보이지 않는 것들의 증거였다(히 11:1).

바울은 빌립보에 있는 성도들에게 보낸 편지에서 그리스도와의 관계를 완성하고자 하는 갈망을 표현했다. "형제들아 나는 아직 내가 잡은 줄로 여기지 아니하고 오직 한 일 즉 뒤에 있는 것은 잊어버리고 앞에 있는 것을 잡으려고 푯대를 향하여 그리스도 예수 안에서 하나님이 위에서 부르신 부름의 상을 위하여 좇아가노라"(빌 3:13-14). 사도 바울은 영적인 삶을, 하늘과 땅에서 보이는 것들과 보이지 않는 것들과 만물을 창조하시고 유지하는 분이신 예수 그리스도를 인격적으로 아는 지식이 더 높아지고 깊어지도록 이끄는 과정으로 이해함으로써 자기 위안과 자기 만족의 혼란 상태를 피했다(골 1:16-17). 바울은 한 마음으로("오직 한 일") 그리스도를 닮아가려는 목적에 집중하였다.

각색 염려와 '기타 욕심'으로 우리에게 부담을 주는(막 4:19) 세상의 일들은 마음과 영혼의 굶주림을 결코 채워줄 수 없다. 하지만 주님은 우리가 모든 무거운 것과 얽매이기 쉬운 죄를 벗어버리고 인내로써 우리 앞에 당한 경주를 경주하며, 믿음의 주요 또 온전케 하시는 이인 예수님을 바라보기 원하신다(히 12:1-2).

바울은 인생에 변혁을 일으킬 만한 훈련을 했다. 그것은 "오직 한 일, 즉 뒤에 있는 것을 잊어버리고 앞에 있는" 것에 도달하는 일이었다. A. W 토저는 "우리는 내일의 소산물인 오늘을 맞이해야 한다. 우리는 다가올 세상에 대한 확신으로 이 세상의 불확실성에 대처해야 한다"고 말했다.

많은 사람들은 후회와 과거의 성공으로 인해 현재가 지배당하는 것을 방관한다. 바울은 과거가 현재를 지배하도록 내버려두지 않았다. 만약 바울이 유대교에서 누렸던 자신의 성공에 머물렀다면, 그리스도의 은혜보다는 육체의 노력에서 자신감을 찾았을 것이다. 만약 그가 자신의 실패와 부족함을 되씹고 있었다면, 부적절감과 실망감으로 무력했을 것이다.

우리 모두는 취소하거나 고쳐버리고 싶은 일들에 대해 말해왔다. 또한 다양한 모습으로 우리는 학대와 거부의 아픔을 경험해왔다. 과거를 바꿀 수는 없지만 그러나 과거에 한 스스로의 인식을 바꿀 수는 있다. 용서와 치유 그리고 회복으로 우리를 축복하시는 그리스도의 무조건적인 사랑을 품을 때 그것이 가능하다. 성경은 우리가 부르심을 받았던 미래에 비추어 살면 과거의 속박을 극복할 수 있다고 교훈한다. 과거를 바꿀 수는 없지만, 우리의 현재 삶은 영원성의 질과 직접적인 관계가 있다. 과거를 미래의 관점에서 바라보는 것을 배울 때, 우리는 미래가 과거를 개혁하고 현재 우리의 모습을 결정한다는 사실을 깨닫게 된다. 이렇게 함으로써 우리는 영원히 거절과 비탄 속에 머물게 하는 일반적인 함정을 피해 가는 것이다.

이것이 바울이 "앞에 있는 것을 잡으려고 푯대를 향하여 그리스도 예수 안에서 하나님이 위에서 부르신 부름의 상을 위하여 좇아가노라"고 덧붙인 이유다. 이것은 경주에 이기기로 작정하고 자신의 몸을 긴장시키는 한 경주자의 비유다. 제자의 삶은 자신의 모든 활동을 결정하는 한 가지 목적에만 집중한다. 달리기를 하는 경주자와 같이, 그는 명확하게 정의된 목표를 가지고 그것에 도달하기 위해 스스로를 훈련한다. 그렇지만 그가 마음에 지니는 상은 시들어버릴 월계관이 아니다. 그것은 그리스도 예수 안에서 하나님이 위로부터 부르시는 상이다. 다른 곳에서 바울은 이렇게 썼다. "이기기를 다투는 자마다 모든 일에 절제하나니 저희는 썩을 면류관을 얻고자 하되 우리는 썩지 아니할 것을 얻고자 하노라 그러므로 내가 달음질하기를 향방 없는 것같이 아니하고"(고전 9:25-26, 행 20:24, 딤후 4:7-8을 보라).

만약 우리가 스포츠나 취미에 열성을 보이는 것처럼 하나님과 동행하는 데 열성을 갖는다면, 우리들 가운데 대부분은 이 과정을 따라갈 것이다. '우리 앞에 주어진 경주를 인내함으로 달리기' 위해서는 시간과 훈련이 필요하다. 이러한 훈련은 탁월한 소망과 우리 안에 거하시며 우리가 그분의 승리 안에서 경주하도록 허락하시는 그리스도의 영에 대한 의지라는 맥락에서 행해져야 한다.

그러므로 현재가 갖는 의미는 대체로 스스로의 운명을 이해함으로 구체화된다. 호머(Homer)의 「일리아드(The Iliad)」에 나오는 두 줄의 대사는 그리스 신화의 세계관을 잘 요약해주고 있다. "이것이 신들이 불행한 인간들의 삶을 이야기하는 방식이다. 즉 우리는 불행 속에서 살지만, 신들에게는 슬픔이 없다." 우리는 불행 속에서 살며 죽음이 모든 것을 마무리 지을 것이라는 관점과 함께, 많은 그리스 사상가들이 스토아학파와 에피쿠로스학파(쾌락주의)의 변화들 속의 불합리함으로부터 안식처를 찾았다는 사실은 놀랄 만한 것이 아니다. 하지만 그리스도를 믿는 자들에게 있어서 의미와 목적의 궁극적인 맥락은 영원한 하나님의 나라에 참여하는 것이다. 그리스도 안에서는 종말론적인 소망의 영성이 오늘이라는 모든 날에 생기를 준다. 새로운 피조물인 우리는 더 이상 짧은 과거가 아닌 무한한 미래에 의해 정의되는 것이다.

**사랑** 복음은 과거의 죄책감과 미래의 두려움이라는 쌍둥이 문제를 함께 다룬다. 그리스도 안에서 우리는 죄사함(과거)을 누리며 또한 천국을 기대(미래)한다. 종종 이 정도에서 생각을 멈추지만 복음은 용서와 영원한 생명 그 이상이다. 그것은 하나님의 나라가 현재의 삶 속에 구현되는 능력이다. 데럴 바크(Darrell Bock)는 "복음은 우리를 결국 그분이 원하시는 모습으로 만들어가시는 하나님의 능력"이라고 말했다. 그리스도 안에서 우리는 과거의 속박과 미래의 불안으로부터 풀려나, 현재에 주어진 기회에 최선을 다하게 되는 자유를 누릴 수 있다. 복음은 죄로부터 멀리하는 부정적인 것이 아니라 그리스도와 동행하며 그분을 통해 다른 사람들을 사랑하고 섬기는 긍정적인 것이다.

그리스도의 피는 과거 죄의 형벌에 대한 값을 지불했다. 그리스도의 십자가는 현존하는 죄의 능력을 극복한다. 그리스도 안에서 우리의 부활은 미래의 모든 죄를 지워버릴 것이다. 우리는 십자가와 부활 사이를 살아가지만, 그리스도의 부활의 생명은 우리로 하여금 살며 사랑하게 만든다. 우리는 땅 위에 오신 주님께 접붙임을 받아 "신의 성품에 참예하는 자"(벧후 1:4)가 되었다. 우리의 생명은 "그리스도와 함께 하나님 안에 감취어"(골 3:3)졌다. 이것이 우리의 믿음과 행동, 존재와 행위를 밀접하게 연결하여, 하나님이 우리의 내적인 삶 속에 이미 해놓으신 일들이 우리의 외적인 삶에서 완연히 드러나게 하는 것이다. 이와 같이 우리의 영광스러운 미래에 대한 소망은 우리가 지금 맺고 있는 관계들이나 환경 속에서 믿음으로 역사하게 한다.

그리스도 안의 삶은 우리 안에 있는 그리스도의 삶이다. 과거를 청산하고, 현재에 충실하며, 미래를 기대하게 한다. "그런즉 믿음, 소망, 사랑, 이 세 가지는 항상 있을 것인데 그 중에 제일은 사랑이라"(고전 13:13). 사랑은 가장 위대한 덕목이다. 왜냐하면 그것은 현재에 맺고 있는 우리의 관계들에 대한 믿음과 소망의 적용이기 때문이다.(〈표 21.1〉을 보라).

영생은 우리 안에서 영원히 지속될 새롭고 계속적인 삶의 질이다. 그러므로 아픔과 기쁨, 실패와 성공의 풍랑과 함께하는 영성 형성의 순례는 새로운 피조물을 만드는 끊임없는 과정인 것이다.

| 믿음 | ← 사랑 → | 소망 |
| --- | --- | --- |
| 과거를 청산함 | 현재에 충실함 | 미래를 기대함 |
| 용서와 은혜(공관복음) | 사랑과 공동체(사도행전) | 목적과 소망(서신서) |
| 구원 | 성화 | 영화 |
| 신분(죄의 형벌에서 구속) | 과정(죄의 능력에서 구속) | 결과(현존하는 죄로부터 구속) |
| 중요감 | 만족감 | 안전감 |
| 성찰 | 통찰 | 예측 |
| 역사 | 우리의 이야기 | 그의 이야기 |
| 겸손 | 순종 | 신뢰 |
| 알아감 | 행함 | 되어감 |
| 마음 | 의지 | 감정 |
| 보는 것 | 행하는 것 | 기대하는 것 |
| 생명 | 사랑 | 빛 |

〈표 21.1〉

## 적용을 위한 질문

- 당신은 어느 정도로 과거에 사는가, 혹은 어느 정도로 미래에 사는가?

- 거룩함의 일반적인 기준에 순응하는 것과 단계적인 과정 사이의 실제적인 다른 점은 무엇인가?

- 은혜 안에서 자란다는 것은 무엇을 의미하는가? 당신은 어떤 조건일 때 영적으로 가장 잘 성장하는가? 하나님은 당신을 다루시는 과정에서 무엇을 사용하셨는가?

- 당신은 성경적인 믿음을 어떻게 정의할 수 있는가?

- 당신은 잘못된 곳에 둔 소망과 잘못 정의된 소망으로 힘들어한 적이 있는가?

- 믿음, 소망, 사랑이 당신으로 하여금 어떻게 자유하게 하여 현재를 충실히 살게 하는가?

제8부 _ 과정 영성 PROCESS SPIRITUALITY

# 존재와 행위

| 이 장의 개관 | 현대의 분주함에 쫓기다보면 존재보다는 행위를 강조하려는 유혹에 빠지게 된다. 이 장은 하나님 앞에서 일상의 노력을 향상시킬 수 있는 여러 제안을 제시한다. 또 다른 유혹은 그리스도 보다는 목적을 더 중요시하여 하나님과의 친밀함보다는 그분을 위한 활동을 더 강조하려는 것이다. 예수님의 임재를 경험하기 위해 몇 가지를 제안하면서 이 장을 맺는다. |
|---|---|
| 이 장의 목표 | • 인생에서 분주함이 가져오는 문제들을 어떻게 처리할 것인가에 대한 보다 분명한 인식<br>• 본능적인 유혹은 하나님께로의 헌신과 친밀함을 봉사와 활동으로 대체하려는 것이라는 사실을 깨닫기<br>• 예수님의 임재를 경험하기 위한 보다 탁월한 기술 |

    과정 영성에 대한 여러 진리들을 적용하는 데 있어서 보다 심각한 위협은, 성취와 업적에 의하여 우리 스스로를 정의하는 방식에서 비롯된 분주함이다. 우리는 미래 중심적인 문화 속에서 살고 있는데, 여기에서 시간은 대체로 효율성 및 생산성을 의미한다. 우리는 인간관계를 증진시키기보다는 결과를 성취하기 위해서 그 어느 때보다도 시간을 더 많이 사용하는 경향을 가지고 있다.

### 분주함의 문제

    미국의 문명화된 종교는 진보라는 신을 숭배하며, 승리를 위해서 경쟁하고 성취하고 승리하라고 우리를 자극한다. 사업 세계에 있는 많은 사람들에게 있어서 인생은 '날려버리기와 달아나기', '음모와 계획', '자맥질과 잠수', '도망가기와 총 쏘기', '팽개치기와 밀어붙이기', '움직이기와 흔들기', '허풍과 속임수' 등이 미화되어 묘사되고 있다.

항만 노동자 출신 철학자인 에릭 호퍼(Eric Hoffer)는 "우리는 시간을 낭비하지 말라는 경고를 받지만, 인생을 낭비하도록 길러졌다"고 말했다. 이것은 비극적인 삶을 사는 많은 사람들에게서 분명하게 나타난다. 그런 사람들은 자신들의 인생의 처음 반은 부를 찾기 위해 건강을 소비하고, 나머지 인생의 반은 건강을 찾기 위해 부를 소비한다.

나의 동료인 렌 사이크스(Len Sykes)는 분주함의 문제를 다섯 가지 영역으로 나누었다.

**가정.** 과도한 활동들에 몰두해 있을 때, 우리는 관계를 위한 기회를 놓친다. 텔레비전, 자녀의 강습 그리고 스포츠, 회의, 또는 컴퓨터에 보내는 시간과 같은 활동 목록을 고려해보고 이들 가운데 줄일 수 있거나 줄여야 하는 것들을 생각해보라. 신명기 6장 5-9절은 부모들이 하나님을 알고 사랑해야 할 것과 자녀들에게 그분에 대해 가르칠 것을 교훈한다. "집에 앉았을 때에든지 길에 행할 때에든지 누웠을 때에든지 일어날 때에든지." 하나님은 가정이 사랑과 수용이라는 관계 속에서 영적이고 개인적인 발달을 위한 성소가 되기를 원하셨다. 이를 위해서는 공식적이면서도 자연스럽게 함께 시간을 보내야 한다.

**일.** 사람들은 안전과 중요감 그리고 세상의 것을 더 많이 갖고 싶은 열망으로 인해 하나님보다 일을 더 추구함으로 결국 물질주의와 분주함의 우상에 빠지게 된다. 만약 우리가 하나님, 배우자 그리고 자녀들과 질적인 관계의 개발을 위해 충분한 시간을 갖고 있지 않다면, 아마도 우리는 지금 너무 오래 일하고 있거나 지나치게 열심히 일하고 있는 것이다. 고든 달(Gordon Dahl)은 "중산층 미국인들의 대부분은 자신들의 일을 예배하며, 놀아야 할 때 일하고, 예배드려야 할 때 논다"라고 말했다.

**여가 생활.** 여가 생활과 휴가에 대해 곱지 않은 시선이 우리로 하여금 개인적이고 관계적인 회복을 즐기지 못하게 한다. 회복을 위한 안식일의 원리는 인간에게 일과 쉼에 있어서 균형 잡힌 리듬을 제공한다.

**교회 일이나 사역.** 이것은 또 다른 분주함과 괴로움의 영역이 될 수 있다. 특히 사람을 기쁘게 하기 위하거나 그들의 기대를 충족시키기 위해 활동이나 책임을 맡은 경우는 더욱 그렇다. 모든 필요들과 요구가 다 하나님으로부터 온 것은 아니다.

**하나님과 동행.** 우리는 하나님과의 관계를 그분과 함께 보내는 시간이 아닌 그분을 위한 일로 정의하려는 경향이 있다.

하나님 앞에서 매일의 삶의 과정을 향상시켜줄 몇 가지 제안들이 있다.

- 예수님처럼 자신의 사명을 명확하게 인식해야 한다. 그러면 당신은 하나님의 부르심을 염두에 두고 당신의 시간을 투자할 수 있을 것이다. 또한 자신의 한계들을 더 많이 이해해야 한다. 그러면 당신의 내적인 자원들을 회복하기 위해서 하나님과 함께하는 시간을 계획하게 될 것이다. 할 수 있는 많은 좋은 것들이 있지만, 그 좋은 것들이 최선을 이루는 데 방해가 될 수도 있다.
- 다른 사람들의 의견이나 안건 그리고 기대에 매이지 않도록 하라. 그것이 당신을 즐겁게 해줄 수도 있겠지만, 당신의 시간과 에너지를 낭비시키는 초대나 요구를 거절하는 법을 배우라.
- 휴식과 일, 재충전과 방출, 깊이와 넓이, 내부와 외부, 사고와 행동, 생각과 적용, 만족과 성취 사이의 조화를 이루라.
- 어느 정도가 충분한지 스스로에게 물어보라. 한이 없는 욕구는 만족을 꺾어버리고 우리를 더 바쁘게 만든다.
- 휴식을 침범하면서까지 일하고자 하는 유혹에 저항하라.
- 애쓰지 않아도 되는 방법을 찾아서 겉으로만 그럴싸해 보이는 많은 일을 하지 않도록 하라. 그러면 당신은 몇 가지 중요한 일을 탁월하게 할 수 있을 것이다. 우리는 하나님을 기쁘시게 하려는 욕구와 성공을 추구하려는 욕구 사이에서 갈등한다. 그리고 이러한 갈등을 성공을 위한 욕구 위에 영적인 겉치장을 함으로써 해결하고 싶은 유혹을 받는다. 사람들로부터 존경을 받아내려 애쓰기보다는 하나님의 영광을 위한 일(고전 10:31)을 탁월하게 하는 것이 더 낫다.
- 세상적인 관점에서 휴식은 비생산적으로 보이기 때문에, 휴식을 취하려면 믿음이 필요하다. 하나님 및 사람들과의 관계를 증진시키기 위해서 보내는 시간의 결과는 측정할 수 없기 때문에, 이런 식으로 많은 시간을 투자하는 것은 모험이다.
- 일상의 고된 일에 휩쓸려버릴 수도 있는 중요한 일들을 위해 먼저 시간을 계획하라. 긴급한 것들이 중요한 것 사이를 거쳐 흘러가도록 하는 것을 배우지 않으면, 중요한 것은 긴급한 것에 압도당할 것이다.
- 인간에게는 하나님의 임재 안에서 스스로를 정직하게 감찰하는 것을 피하려는 경향이 있다는 사실을 인식하라. 많은 사람들이 이런 마주침을 회피하기 위해 오락, 기분 전환 그리고 분주함을 추구한다.
- 매 순간을 살도록 노력하고, 여유를 갖고 장기 계획을 바라보도록 하라. "인생에서 가장 위대한

일은 어렴풋이 멀리 있는 것을 보는 것이 아니라 손 안에 분명하게 놓여 있는 것을 바라보는 것이다"(토마스 칼라일, Thomas Carlyle).
- 크로노스(chronos, 연대적인, 매일의 사건들)와 카이로스(kairos, 특별한 기회들과 사건들)의 차이점을 알라. 하나님의 섭리에 의해 당신에게 부여된 대부분의 기회들 혹은 카이로스의 순간들을(엡 5:16, 골 4:5) 최대한 이용하도록 하라. 왜냐하면 당신이 하루 동안 가장 중요하게 행하는 일은 당신의 스케줄에는 없는 것일지도 모르기 때문이다. 하나님이 당신에게 주신 특별한 순간을 찾기 위해 "때를 얻든지 못 얻든지 항상 힘쓰라"(딤후 4:2). 결과를 성취하기 위해서 시간을 빡빡하게 사용하지 말고, 관계를 개선시키기 위해서 충분히 느슨하게 시간을 관리하도록 노력하라.
- "당신이 어디에 있든지, 항상 거기에 있으라. 하나님의 뜻이 있다고 믿는 상황에서 철저하게 살도록 하라"(짐 엘리엇, Jim Elliott).

## 원인과 그리스도

우리들 모두는 안전, 의미 그리고 만족에 대해 깊은 욕망을 가지고 있지만, 세상은 우리가 이러한 것들을 잘못된 곳에서 찾도록 만든다. 놀랄 것도 없이, 문화에 의해 길들여진 꿈이나 목표들이 영적인 삶을 살고자 하는 우리의 소망에 영향을 미친다. 기독교 서적이나 세미나 그리고 교회들은 자기 지향, 성공, 야망과 같은 매스컴의 안건들을 영성으로 포장하여 내어놓고 있다. 많은 믿는 자들이 스스로를 그리스도에게로부터 멀어지게 하는 목표들에 그들의 희망을 걸고 있다. 그러나 이와는 반대로, 성경은 우리가 갖는 의미는 자아를 위한 추구가 아닌 하나님을 알고자 하는 부르심 안에서 찾을 수 있다고 가르친다.

**친밀감과 활동** 죽은 물고기는 강 아래로 흘러내려갈 수 있다. 하지만 시간의 흐름을 거슬러 헤엄치기 위해서 우리는 영적으로 살아 있어야 한다. 신약이 설명하는 것처럼 그리스도 안에 있는 실제 삶은 반문화적이다. 세상은 우리가 무엇을 하느냐로 우리를 정의하지만, 그리스도 안에 있는 사람 중심의 성경 말씀은 주 안에서의 새로운 정체성으로 우리를 정의한다. 존재와 행위는 상호 관계가 있지만, 성경적인 질서는 분명하다. 우리의 행위는 우리의 존재에서 흘러나오는 것이지 그 반대가 아니다. 그렇지 않으면 우리의 가치와 정체성은 성취와 달성에 의해 결정되고, 그러므로 우리가 성취하기를 그칠 때 우리의 가치도 없어질 것이다. 사람들은 당신은 누구인가라는 질문에 대해 자신들이 무엇을 하고 있는지로 대답한다. 그러면 세상은 "그렇다면 당신은 최근에 무엇을 성취하였나요?" 라는 식으로 반응하는 것이다.

그리스도 안에서 우리는 가치와 존엄에 대해 안전하고 확실한 기초를 가지고 있다. 그것은 하나님이 우리를 위해서 그리고 우리 안에서 행하신 것들에 근거하기 때문이다. 우리가 승천하신 그리스도의 영광스런 생명 속으로 재창조되고 연합될 때, 하나님이 우리 존재의 뿌리로 스며들어오시고 우리에게 새로운 성품을 주신다. 그러므로 존재는 행위보다 우선되며, 존재는 행위 속에서 드러나는 것이다. 이 두 가지를 연결시키지 못하면 이런 조화로운 상호 작용을 잃어버리게 된다. 내 친구인 스킵 카즈말렉(Skip Kazmarek)은 이러한 분리에 대해 경고하면서, 이것에 대한 우려를 갱스터인 심리학자(벽에 걸린 학위에 의하면)와 함께 소파에 나란히 앉아 있는 한 남자에 대한 만화로 설명했다. 심리학자가 말한다. "글쎄, 자네가 강도이며 살인자, 강간범이라는 사실만으로 당신이 나쁜 사람이라는 뜻은 아니야." 우리는 뿔뿔이 흩어진 것도 아니고, 단절된 것도 아니며, 가혹한 존재도 아니다. 마음, 몸 그리고 영은 통합된 전체로 존재한다. 우리가 어떻게 행동하는가가 우리의 생각에 영향을 미치고, 우리가 어떻게 생각하는가가 우리와 하나님과의 관계에 영향을 미친다. 가끔씩 우리는 스스로가 한 가지 방식으로 존재한다고 생각하면서도 계속 그 반대로 행동하기도 한다. 하지만 이것은 위험한 구조다.

외적인 행동은 내적인 실재로부터 비롯되어야 한다. 이것은 홀로 있음과 함께함, 회복과 적용, 그리스도와의 친밀감과 세상에서의 활동 간에 조화를 이룰 것을 요구한다. 예수님은 홀로 있으며 하나님 아버지와 중요한 시간을 갖는 삶의 모습을 보여주셨다(눅 5:16, 막 1:35, 6:31). 그래서 예수님은 자신의 친구들과 적대자들로부터 가해지는 외적인 압력을 다루는 힘과 평정을 가질 수 있었다. 노동과 사역에 힘쓰는 사람들이 기도와 묵상으로 적절한 재충전을 하지 않으면, 스트레스가 가득 찬 이 세상에서 성령의 열매를 맺을 수 있는 내적인 자원을 가질 수 없다. 경건한 삶을 위한 큐티를 하는 동안, 우리는 일상이 요구하는 상황 속에서((표 22.1)을 보라) 우리가 가져야 할 성품과 침착함에 대한 전망과 능력을 얻는다. "너희가 돌이켜 안연히 처하여야 구원을 얻을 것이요 잠잠하고 신뢰하여야 힘을 얻을 것이어늘"(사 30:15).

〈표 22.1〉에서 실제 삶(왼쪽 칸)은 반영된 삶(오른쪽 칸)에 활기를 주어야만 한다. 문제는 보편적으로 사람들이 자신들의 활동과 섬김이 하나님과의 관계를 더욱 친밀하게 할 것이라고 가정하면서 영적인 삶을 오른쪽 줄에 입각하여 접근한다는 것이다. 가장 위대한 계명은 주 하나님을 마음과 정성과 뜻 그리고 힘을 다하여 사랑하라(막 12:30)고 교훈하지만, 우리는 내부에서 외부로가 아닌 외부에서 내부로 나아갈 수 있다고 생각하면서 그 명령에 역행하는 경향이 있다. 하나님과 우리의 관계로부터 흘러나오는 사역을 하는 대신, 많은 사람들은 사역이 자신들과 하나님과의 관계를 결정할 것이라고 가정한다.

완벽주의와 율법주의의 끊이지 않는 문제점들은, 영적인 삶을 성취와 과업의 연속물로 보는 이러한 시각으로부터 나온다. 율법주의는 교회의 시작 단계부터 교회를 괴롭혀온 영적인 질병이다. 나는 충만한 기쁨

| 존재 | 행위 |
| --- | --- |
| 그리스도와의 친밀함 | 세상에서의 활동 |
| 홀로 있음 | 함께함 |
| 거함 | 섬김 |
| 내면 | 외면 |
| 관계적인 부르심 | 주권적인 부르심 |
| 부르심 | 성품 |
| 비가시적 | 가시적 |
| 실제 삶 | 반영된 삶 |
| 영적 에너지의 재충전 | 영적 에너지의 적용 |
| 전망 | 실행 |
| 휴식 | 일 |

〈표 22.1〉

을 지닌 율법주의자를 만난 기억이 없다. 율법주의자들은 외적으로 부여된 기준에 따른 성과를 추구하려고 노력한다. 그것이 하나님과 다른 사람의 시각에서 그들에게 득을 가져다줄 것이라고 희망하면서 말이다. 이것은 다음과 같은 여러 가지 이유에서 불안, 좌절, 거부 그리고 실패를 가져온다.

- 성경은 우리가 하나님 앞에서는 은혜를 받을 만한 것이 아무것도 없다고 말한다 왜냐하면 우리 자신의 모든 노력은 그분의 성품과 의로움에 미치지 못하기 때문이다(롬 3:23, 딛 3:5-7).
- 우리의 어떤 행위로도 하나님이 우리를 더 사랑하시게 만들 수 없는 것처럼, 우리가 생각하고 말하며 행하는 것이 그분이 우리를 덜 사랑하시도록 만들 수 없다는 것도 동일한 진리다(롬 5:6-10).
- 영적인 성장은 우리 안에 계신 그리스도의 생명으로 말미암아 이루어지는 것이지, 생명을 창조하려는 우리 자신의 노력으로 이루어지는 것이 아니다. 우리의 책임은 성령님의 능력 안에서 살아가는 것이지 육체에 의존하는 것이 아니다(갈 2:20, 5:16-25).
- 그리스도인의 삶의 중심은 행위나 행동이 아니라 관계가 되어야 한다. 즉 결과가 아니라 사람에게 초점을 맞춘다. 그것은 그리스도 예수 안에서 거하는 문제지(요 15:1-10), 일련의 종교적인 방식을 채우는 것이 아니다.

신약 성경은 그리스도를 향한 충성을 율법에 대한 헌신으로 바꾸었다고 가르치고 있다(롬 7:3-4). 그런데 인간에게는 종교적인 대체물을 통하여 하나님을 피하고자 하는 경향이 있다. 많은 사람들은 그리스도와 맺는 친밀감이 거룩함을 이끄는 반면, 거룩하고자 하는 시도는 필연적으로 친밀감을 이끌지 않는다는 핵심을 간과한다. 성화는 도덕적인 행위가 아니라 그리스도와의 관계에서 오는 은혜로 말미암아 이루어진다. 우리가 이 사실을 간과하면 그리스도께로의 부르심보다는 원인에 더 끌리게 되고, 행위가 친밀감보다 우선이 될 것이다. 쫓기는 사람은 결과적으로 기진맥진하게 된다. "만약 내가 인간성의 원인에만 헌신한다면 나는 곧 지치고 나의 사랑은 꺾이게 될 것이다. 그러나 내가 그리스도 예수를 인격적으로 그리고 열정적으로 사랑하면, 비록 사람들이 나를 현관의 흙털개처럼 취급한다 해도 나는 인류를 섬길 수 있을 것이다"(오스왈드 챔버스, Oswald Chambers).

**여호수아와 요아스**  여호수아와 요아스의 삶은 부르심에 의해 존재하는 것과 쫓겨서 존재하는 것 사이의 대조를 정확하게 설명한다. 여호수아의 인생에서 네 가지 장면이 이 신실한 사람의 마음을 사로잡는다. 그 첫번째는 회막이라 이름하는 장막 회의에서 여호수아와 모세가 함께 있는 장면이다. 모세가 이 회막에 들어설 때, 구름 기둥이 내려와 그 회막의 입구에 서고, 여호와가 모세에게 말씀하신다(출 33:7-10). 여호수아의 인생의 열쇠는 출애굽기 33장 11절에서 드러난다. "사람이 그 친구와 이야기함같이 여호와께서는 모세와 대면하여 말씀하시며 모세는 진으로 돌아오나 그 수종자 눈의 아들 청년 여호수아는 회막을 떠나지 아니하니라." 여호수아는 하나님을 알고 그분과 함께 있고자 하는 열정이 있었기 때문에 회막 앞에 남아 있었다.

하나님에 대한 이러한 인격적인 지식은 두번째 장면에서 그에게 긍정적인 기여를 했다. 바로 그와 갈렙이 12명의 정탐꾼들 중 두 사람으로 가나안 땅을 정탐하기 위해 가데스에서 보내졌을 때 말이다. 비록 12명의 정탐꾼들이 똑같은 것을 보았지만, 그들 중 10명은 인간의 시각에서 본 것을 설명하였고, 그 땅 사람들의 크기와 숫자에 의해 위축되었다. 여호수아와 갈렙만이 반대로 하나님의 시각으로 그 땅을 보았고, 백성들이 여호와를 신뢰하도록 격려하였다. "오직 여호와를 거역하지 말라 또 그 땅 백성을 두려워하지 말라 그들은 우리 밥이라 그들의 보호자는 그들에게서 떠났고 여호와는 우리와 함께하시느니라 그들을 두려워 말라"(민 14:9). 비극적이게도, 백성들은 대부분의 정탐꾼들이 두려워하며 말하는 결론을 믿었고, 이스라엘 백성들은 광야에서 방황하도록 명령받는다. 그것은 출애굽한 세대가 광야에서 멸망당할 때까지 38년 동안 문자 그대로 시간을 낭비하는 것이었다.

세번째 장면에서, 여호와는 여호수아가 가나안 땅을 정복하는 세대들을 이끌도록 준비시키신다. 여호수아 1장 1-9절에서, 여호와는 그가 용기 있고 말씀을 밤낮으로 묵상하며 말씀에 순종하는 사람이 되도록 격려하신다. 여호수아는 하나님을 알았고 사랑했으며, 자신의 마음을 하나님의 율법책으로 새롭게 했기 때문에 그는 잘 마무리할 수 있었다.

네번째 장면에서, 여호수아가 이스라엘 백성들을 모아서 오로지 여호와만을 섬기고 모든 형태의 우상을 버리라고 훈계할 때, 이 땅에서 그의 여정은 거의 마지막에 이른다. 그는 다음의 이 유명한 정신 자세로 자신의 교훈을 마무리한다. "오직 나와 내 집은 여호와를 섬기겠노라"(수 24:15). 이에 대해 밥 워렌(Bob Warren)은 그의 글 '산에서 얻은 생각들'에서 다음과 같이 언급한다. "여호수아는 다른 사람들과 친구가 되는 것보다 하나님과 친구가 되는 데 더 많은 시간을 보냈기 때문에, 비생산적인 행위의 노예가 되는 함정을 피할 수 있었다. 그렇지만 그는 행위보다는 친밀감이 더 필요함을 알았기 때문에, 그의 행위는 그가 상상할 수 있었던 것 이상의 것에 의해 활력을 얻었다."

반면에 요아스 왕은(대하 22:10-24:27) 멋지게 시작했지만 빈약하게 끝을 맺었다. 그는 왕위를 빼앗으려는 아달랴의 살해 음모로부터 도망친 유다 가문의 유일한 왕족이었다. 요아스가 제사장 여호야다에 의해 성전에서 보호받고 자란 후에, 아달랴는 죽임을 당하고 7살 난 요아스가 유다의 왕이 된다. "제사장 여호야다가 세상에 사는 모든 날에 요아스가 여호와 보시기에 정직히 행하였으며"(대하 24:2), 그는 예루살렘 성전을 회복하려는 계획을 옹호했다. 그러나 여호야다가 죽자 요아스는 어리석은 조언에 귀를 기울였고, 여호와의 집을 버렸으며, 자신을 우상에게 바쳤다. 게다가 여호야다의 아들이 요아스가 하나님을 배반한 것을 비난할 때, 그를 죽이기까지 했다.

요아스는 종교적인 행위(성전 회복 운동)에는 동참했지만, 여호야다가 하나님과 맺었던 관계를 결코 진척시키지 않았다. 그는 원인들에 의해 이끌려다녔지만 여호와를 아는 더 근본적인 부르심은 회피하였다. 자신의 어린시절에 행했던 경건한 행위들은 결코 하나님과의 친밀감에서 힘을 얻은 것이 아니었기 때문에, 그는 결국에는 비참하게 실패하고 말았다.

그리스도를 아는 것보다 선한 원인들에 더 관심을 기울이기는 쉽다. 오스왈드 챔버스(Oswald Chambers)가 「주님은 나의 최고봉(My Utmost for His Highest)」에서 말한 것처럼, "예수 그리스도를 향한 충성심과 경쟁이 되는 것을 인지하라. … 예수님을 향한 헌신의 가장 큰 경쟁자는 그분을 위한 예배다. … 우리는 그리스도인의 과업으로서 우리가 하는 것을 예배로 간주한다. 예수 그리스도는 그분을 향한 우리의 존재를 예배라고 불렀지, 그분을 위해 무엇을 하는 것을 예배라고 하지 않으셨다. … 하나님의 부르심의 한 가지 목표는 하나님의 만족이지, 그분을 위해서 무엇을 하기 때문에 부르시는 것이 아니다." 우리의 주된 목적은 그리스도를 위해서 무엇을 하는 것이 아니라 그분을 아는 것이다. 우리의 행위들과 능력들은 그분이 힘을 부여해

주시지 않으면 하나님의 나라를 위해서는 소용없는 것들이다. 또한 그것들이 그분과의 친밀함보다 우선 순위에 있으면 힘을 부여하는 일이 일어나지 않을 것이다. 우리가 감당할 수 있는 개인의 성장보다 더 많은 공적인 사역을 시도할 때 우리는 지치게 된다.

신앙적인 자녀 양육, 그리스도를 위한 친교, 성경을 알기, 사람들을 주께로 이끌기, 훈련 사역 등과 같은 가치 있는 원인들이라고 할지라도, 우리가 예수님과 인격적인 관계를 키워나가지 않으면 우리를 지탱하지 못한다. 많은 믿는 자들이 하나님을 알고 즐기는 자신들의 목적보다 하위의 목표들을 위해 노력하는 함정에 빠진다. 그럴 때면 우리는 자신의 힘으로 하나님의 일을 하려고 시도하고, 내면의 생명 없이 단조롭게 외부 활동들을 할 것이다.

거룩한 여가, 조용한 장소 그리고 하나님과만 보내는 시간의 습관을 갖는 것은 중요하다. 그것을 통해 우리는 열정과 그리스도와의 친밀감을 재충전한다. 그렇게 함으로 예배는 그분과 함께하는 우리 삶에서 흘러나올 것이고, 우리의 활동들과 능력들은 그분의 내주하시는 힘을 의지하여 활기를 얻게 될 것이다. 재충전과 재생은 열정적으로 활동한 이후의 시간에 특히 중요하다. 우리가 하나님의 의도와 부르심의 보물을 찾을 때, 그분에 대한 우리의 인격적인 지식(앎)은 우리의 성품(존재)과 행동(행함)을 형성한다. 비록 우리는 고독 속에서 보다는 섬김 속에서 예수님을 더 따르는 경향이 있지만, '한적한 장소'에서 그분과 함께 보내는 시간은(막 1:35, 6:31) 우리의 예배에 힘을 불어넣을 것이다.

## 그분의 임재를 경험하기

우리가 예수님과 함께 보내는 고독한 시간은 한적한 장소에 국한되어서는 안 된다. 우리는 일상생활을 위한 활동도 그분과의 고독을 즐기기 위해서 선택할 수 있다. 개인 기도에는 정신적인 기도(경건의 영성에서 논의한 묵상, 관상), 대화(훈련된 영성에서 논의한 하나님과의 대화기도) 그리고 회상기도(하나님의 임재를 경험하기)가 있다. 하나님을 회상하는 것은 습관적이거나 실제적이 될 수 있다. 습관적인 회상은 배우자나 자녀를 위한, 남자 또는 여자의 사랑과 비슷하며 의식적일 필요는 없다. 남편, 아내, 혹은 부모가 되는 것과 같이 습관적으로 타고난 정체성을 형성할 수 있는 것처럼, 예수 그리스도를 따르는 자로서 습관적인 마음의 상태를 형성하는 은혜를 간구할 수 있다. 실제적인 회상은 하루 중에서 규칙적인 시간에 하나님께로 돌아가는 것을 포함한다. 이것은 일상의 삶의 단조로움에서 하나님을 보다 더 의식적으로 알고자 하는 욕구 그 이상으로, 로렌스 형제(Brother Lawrence), 프랭크 로바흐(Frank Laubach) 그리고 토마스 켈리(Thomas Kelly)에 걸쳐 추구되었다.

그리스도의 임재를 계속적으로 인지할 것을 강조하는 성경에 나오는 이미지의 과정을 주목하라. 예수님 안에 거하고 그분의 말씀이 당신 안에 거하도록 하라(요 15:4-7). 성경에 나오는 것들에 당신의 마음을 정하라(롬 8:5-6). 성령을 좇아 행하라(갈 5:16, 25). 그리스도가 계신 위엣것을 찾으라(골 3:1-2). 항상 기뻐하라, 쉬지 말고 기도하라, 범사에 감사하라(살전 5:16-18). 우리의 눈을 예수님께 고정시키고, 인내로써 우리 앞에 당한 경주를 경주하라(히 12:1-2). 영적인 삶은 측정 가능한 결과가 아니라 역동적인 과정이다.

우리가 예수님의 임재를 경험할 수 있는 다음과 같은 방법들이 있다.

- 하루 중 여러 번 '짧은 기도'를 드리라. 이것은 하나님의 임재에 대한 깨달음이나 다른 사람을 하나님께 올려드리는 간단한 기도나 정신적인 노트들이다. 이런 기도들은 깰 때, 식사를 위해 앉을 때, 걸을 때, 운전할 때, 기다릴 때, 무엇을 들을 때 등에 드릴 수 있다.
- 하루 일정 동안 예수님의 기도("하나님의 아들, 주 예수 그리스도여, 나 같은 죄인에게 자비를 베푸소서")나 다른 짤막한 기도같이(예, "주님, 사랑해요", "모든 것을 인하여 감사합니다", "주여, 당신의 은혜로", "예수님, 감사합니다") 똑같은 간단한 기도를 사용하도록 노력하라.
- 기도하고 일하라(오라 에 라보라, ora et labora). 하나님의 음성에 귀를 기울이면서 일하라. 기도와 행동을 연합시킬 때, 하찮은 일도 하나님 중심이 됨으로 영적으로 될 수 있다. 하나님이 당신의 일에 활력을 주시도록 초청하라. 그러면 평범한 것도 영원한 것으로 변할 것이다.
- 한 사람의 관중이신 하나님을 위해서 연기하라. 하나님의 마음 앞에서(코람 데오, coram deo) 살아라. 대중의 칭찬보다는 무명과 익명을 추구하라. 그러면 당신은 사람을 감동시키기보다는 하나님을 기쁘시게 하기를 원할 것이다.
- 예수님이 당신의 활동에 힘을 주시기를 구하고, 당신이 지식과 기술을 가지고 있는 분야라도 그분께 의지하는 자세를 키워라.
- 당신을 유혹하는 것(육신의 정욕, 안목의 정욕, 이생의 자랑)이 생길 때 그것을 관찰하고, 그런 순간들을 당신의 눈이 예수님께로 향하게 되는 기회로 삼아라. 죄를 회피하려는 노력으로는 그것을 극복할 수 없다. 오직 예수님께 초점을 맞춤으로 죄를 극복할 수 있다.
- 기도를 실천하라. 예를 들면, 길을 걷거나 기다리거나 혹은 운전하는 동안 보이는 낯선 사람들을 위해 기도하라. 하나님이 당신의 기도를 인도하시도록 간구하고, 그분이 주시는 자극과 감동을 들으라. 당신 자신의 관심을 넘어서고, 다른 사람들에게 하나님의 은혜와 자비를 보내는 통로가

되라.
- 당신이 길을 가거나 운전할 때 하나님의 아름다움과 작품을 자연에서 찾는 눈을 개발하라. 식물들, 꽃들, 새들, 나무들, 바람, 구름, 하늘의 색 등. 창조 질서의 경이로움을 맛보는 것을 배우라. 왜냐하면 그것들은 스스로를 넘어서서 창조자의 임재와 경이로운 마음을 가리키기 때문이다.
- 이생에서의 다른 즐거움들(가까운 친구와 보내는 시간, 좋은 음악과 음식 즐기기)을, 이러한 것들을 가능하도록 만드신 그분을 경외하는 원천으로 바꾸라. 쉽게 간과되는 인생의 선함과 하나님의 부드러운 자비에 대해서 만족감을 키우라.
- 당신이 오늘 만나는 모든 사람과 직면하는 모든 상황을 하나님의 선물로 볼 수 있는 은혜를 구하라. 이런 경험들이 쓴 것이든 단 것이든, 그것들이 목적을 위해 그분의 손에서 나온 것임을 깨달으라. 만물에서 신성함을 발견하며, 추해 보여서 보통 지나쳐버리기 쉬운 사람들에게 주목하라. 우리 인생의 특별한 은혜는 목적을 가지고 존재한다는 사실을 기억하라.
- 우리는 미래에 살므로 스스로를 앞서가서 사는 경향이 있기 때문에, 가끔씩 현재 순간에 몰입해서 그것을 즐김으로 시간을 멈추는 경험을 시도하라. 예수님이 이 순간 당신과 함께 그리고 당신 안에 계시다는 사실을 깨닫고, 그분이 가장 사소한 일에도 당신을 결코 떠나거나 버리시지 않는 것을 감사하라(신 31:6, 히 13:5).

친밀감과 행위, 홀로 있음과 함께함, 내적인 것과 외적인 것, 부르심과 성품, 휴식과 일 - 이 스펙트럼들의 각 양면은 모두 중요하다. 존재와 행위가 균형 잡힌 삶은 재충전과 적용을 살찌운다.

## 적용을 위한 질문

- 당신의 인생에서 분주함의 문제를 줄이기 위해 당신이 취할 수 있는 실질적인 방법들은 무엇인가?

- 왜 사람들은 그리스도 그분 자체보다는 그리스도의 이름 안에 있는 원인들에 자연스럽게 더 끌리는가?

- 어떻게 당신은 예수님과의 소중한 친밀감을 갖는 방향으로 변화할 수 있는가? 왜 우리는 하나님을 아는 것을 그분을 위한 활동으로 대체하거나 혹은 혼동하는가?

- 당신이 그리스도의 임재를 경험하는 데 충만해지기 위해서 할 수 있는 것은 무엇인가?

제8부 _ **과정 영성** PROCESS SPIRITUALITY

**㉓**

# 신뢰, 감사, 자족

| 이 장의 개관 | 과정 영성은 외부에서가 아닌 내면에서 시작해 외부로 움직이는 점진적인 영적 형성을 강조한다. 또한 조종하려는 마음과 결과들을 내려놓는 것 그리고 (지난날 베풀어주신 하나님의 구원과 지금 누리고 있는 유익 그리고 미래의 약속들에 대하여) 감사의 마음을 고양하는 것은 현재의 우리 삶에 필요하다. 이 장은 자족의 비결을 소개하며 마치는데, 이 자족의 비결은 우리 삶의 만족을 결정짓는 것이 그리스도인가, 아니면 자기 자신인가 하는 문제와 관련이 있다. |
|---|---|
| 이 장의 목표 | • 거룩함이 점차적으로 내면에서 외부로 이동하는 새로운 삶의 질이라는 것에 대한 이해<br>• 통제하려는 마음과 결과들을 내려놓음으로써 하나님에 대한 깊은 신뢰를 고양<br>• 감사의 마음을 키우는 법<br>• 만족과 관련된 문제들에 대한 통찰 |

우리의 문화는, 사람들은 기본적으로 선하며 그들이 갖는 내적인 문제들은 외부 환경의 결과라고 가르친다. 그러나 예수님은 우리들의 근본적인 문제들은 내부에서 기인한 것이기 때문에, 외적인 어떤 방법으로도 인간의 상황을 개선할 수 없다고 가르치셨다(막 7:20-23). 새로운 존재 방식으로 나아가기 위한 어떤 행위로는 결코 거룩함에 이를 수 없다. 그 대신 하나님이 그리스도를 신뢰하는 사람들의 내면에 은혜로 주신 선물로만 가능하다. 모든 거룩함의 정체는 우리 안에 계신 하나님의 거룩하심, 즉 내주하시는 그리스도의 생명이다. 따라서 성화의 과정은 내부(존재)에서 외부(행위)로 그리스도의 생명이 점차적으로 확산되는 것이며, 그 결과 우리의 행함이 우리의 본질이 된다. 성실한 노력으로 우리는 우리의 내부에 무엇이 있는지 나타낼 수 있는데, 우리가 육신에 속하였으면 육신의 행위를 할 것이고, 성령과 동행하면 우리는 성령의 열매를 맺게 될 것이다(갈 5:16-26).

## 내부에서 외부로 가는 과정

거룩함은 내부에서 외부로 점진적으로 흘러가는 새로운 삶의 질이다. J. I. 패커(J. I. Packer)가 그의 책 「성령을 아는 지식(Keep in Step with the Spirit)」에서 말했듯이, 거룩함의 본질은 성별(聖別)을 통한 변화이고, 거룩함의 조건은 예수 그리스도를 통한 의로움이며, 거룩함의 뿌리는 주님과 함께 십자가에 못박히는 것이고 또한 그분과 함께 부활하는 것이다. 거룩함의 대리인은 성령님이시며, 거룩함의 체험은 일종의 전투다. 거룩함의 규칙은 하나님의 계시된 법이며, 거룩함의 마음은 사랑의 영이다. 예수님이 이미 우리 마음에 천국의 생명을 심어놓으셨기 때문에, 우리가 그분을 알게 되면 우리의 삶은 천국으로 방향을 잡는다. 영적인 삶의 내부와 외부는 이러한 천국의 의로움으로 점점 지어져간다. 여기에는 신뢰와 훈련을 통한 하나님과 인간의 협력이 필요하며, 그 결과 거룩한 습관이 형성되어 그것이 성령의 능력을 증폭시킨다. 어거스틴은 그것을 "하나님 없이 우리는 할 수 없고, 우리 없이 그분은 하지 않으신다"라고 표현했다. 하나님이 주신 거룩함이 순종의 행위로 표현되는 것처럼, 훈련된 은혜와 은혜로운 훈련은 동반해서 간다. 영적 형성은 전적인 수동적 태도나 혼자만의 윤리적인 노력의 문제가 아니라 하나님의 은혜로운 주도권에 대한 점차적인 반응의 문제다. 우리는 말씀에 몰입하는 거룩한 습관과 모든 것에서 하나님을 의식하는 것 그리고 터득된 순종을 통해 몰려오는 은혜를 보다 잘 받아들일 수 있으며, 이러한 것들은 우리의 열망과 행위들을 정화시켜준다.

"사랑하는 자들아 만일 우리 마음이 우리를 책망할 것이 없으면 하나님 앞에서 담대함을 얻고"(요일 3:21). 당신의 마음을 살피고, 당신 안에 "어떤 악한 행위가 있나"(시 139:23-24)를 밝히시도록 하나님을 초청하는 습관을 갖는 것은 현명하다. 행동의 근원이 되는 마음에 대해 지속적인 관심을 갖는 것은 영성 형성 과정에 불가결한 것이다. 우리의 의도와 우선 순위를 점검하시도록 예수님을 초청함으로써 그분의 선하심에 우리는 마음을 열 수 있다. 그러나 우리의 기만적이고 자기 중심적인 계획들, 마음의 강퍅함(자주 종교적인 활동들로 가려져 있지만) 그리고 경쟁하듯 몰려오는 분노와 교만을 드러내는 것은 힘든 일이다. 「그리스도를 본받아(The Imitation of Christ)」라는 책에서 토마스 아 켐피스(Thomas à Kempis)는 "심오한 지식을 추구하는 것보다 자신에 대한 겸손한 이해가 하나님께 나아가는 보다 확실한 길이다"라고 충고한다. 자기 성찰의 기도 또는 하나님의 임재 속에서 쓰는 일기를 통해서 우리는 우리의 감정과 행위들의 표층 밑으로 내려갈 수 있고, 회개와 갱신이 필요한 죄악 된 삶의 방식을 분별해낼 수 있다. 영적 형성은 과정이라는 점에서 지금의 당신 자신을 과거의 당신과 비교하는 것은 좋은 방법이다. 당신은 사랑, 인애, 친절, 용서, 긍휼, 이해, 종의 태도 그리고 희망과 같은 예수님이 지니셨던 삶의 질로 나아가고 있는가? 여기 당신을 돕기 위해 십계명, 주기도문, 팔복, 7가지 중죄, 4가지 주요 덕목과 3가지 신학적 덕목 그리고 성령의 열매들로 이루어진 성찰과 격려를 위한 기도 모음이 있다. 이것은 일종의 영적인 진찰 도구로써 당신을 도울 것이다.

"하나님이여 나를 살피사 내 마음을 아시며 나를 시험하사 내 뜻을 아옵소서
내게 무슨 악한 행위가 있나 보시고 나를 영원한 길로 인도하소서"
(시 139:23-24).

"무릇 지킬 만한 것보다 더욱 네 마음을 지키라
생명의 근원이 이에서 남이니라"
(잠 4:23).

### 십계명
너는 나 외에는 다른 신들을 네게 있게 말지니라.
너를 위하여 새긴 우상을 만들지 말라.
너는 너의 하나님 여호와의 이름을 망령되이 일컫지 말라.
안식일을 기억하여 거룩히 지키라.
네 부모를 공경하라.
살인하지 말지니라.
간음하지 말지니라.
도적질하지 말지니라.
네 이웃에 대하여 거짓 증거하지 말지니라.
네 이웃의 집을 탐내지 말지니라.

### 주기도문
하늘에 계신 우리 아버지여
이름이 거룩히 여김을 받으시오며,
나라이 임하옵시며,
뜻이 하늘에서 이룬 것같이
땅에서도 이루어지이다.
오늘날 우리에게 일용할 양식을 주옵시고,
우리가 우리에게

죄 지은 자를 사하여 준 것같이
우리 죄를 사하여 주옵시고,
우리를 시험에 들게 하지 마옵시고,
다만 악에서 구하옵소서.
대개 나라와 권세와 영광이
아버지께 영원히 있사옵나이다.

**팔복**
심령의 가난(아무것도 그리스도의 은혜에서 끊을 수 없다)
애통(통회)
온유(온순, 겸손)
의에 주리고 목마름
다른 사람에 대한 긍휼
마음의 청결(다른 무엇보다 그리스도를 갈망함)
화평케 하는 것
의를 위하여 핍박을 받는 것

**7가지 중죄**
교만
탐욕
시기
분노
나태
쾌락
폭식

**4가지 주요 덕목과 3가지 신학적인 덕목**
신중(지혜, 분별, 분명한 사고, 상식)

절제(중용, 자기 통제)
정의(공평, 정직, 진실함, 성실)
용기(대담, 신념)
믿음(하나님의 성품과 역사에 대한 믿음과 신뢰)
소망(하나님의 약속에 참여함)
사랑(이웃에 대한 자발적인 최고의 선행, 긍휼)

**성령의 열매**
사랑
희락
화평
오래 참음
자비
양선
충성
온유
절제

### 통제하려는 마음과 결과를 내려놓기

과정 영성의 가장 큰 적들 가운데 하나는 우리들의 환경을 통제하려는 열망과 노력한 결과를 가늠하려는 욕구다. 우리 대부분은 사기꾼, 욕심쟁이, 소유자 그리고 조종자가 되려는 천성적인 경향을 가지고 있다. 우리가 세상을 지배하고자 할수록, 우리는 더욱 그리스도께 저항하는 사람, 즉 하나님의 손에 잡히기를 두려워하는 사람이 된다. 우리가 삶의 소유권을 포기하기 전까지는 하나님의 선하심과 사랑의 목적들에 순종하는 거룩한 안식을 경험할 수 없다. 이것에 대해 토마스 머튼(Thomas Merton)은 「묵상의 새로운 씨앗들(New Seeds of Contemplation)」에서 이렇게 말한다.

죄가 우리 영혼에 들어왔다는 것은 커다란 모순의 하나다. 우리들이 쓸데없이 고통스럽고 즐거움이 없는 일을 하지 않으려면, 우리 자신들에게 폭력을 행사해야 한다. 그리고 쉽고도 충만한 행복을 누리기 위해서는, 바로 우리 자신이 유익에 반한다고 간주하듯이 우리 자신들을 복종시켜야 한다. 왜냐하면 우리를 위한 최소한의 저항은 엄청난 고난의 길이 되기도 하지만, 더러는 우리가 하는 그 자체로서 가장 쉬운 일이 세상에서 가장 고통스러운 일이 될 수 있기 때문이다.

하나님의 다스리심에 대한 거부는, 우리의 계획에 복을 주시고 우리가 생각하는 최선의 방법으로 우리의 필요를 채워주셔야 한다는 식의 주님을 설득하려는 기도로 이어진다. 기도를 통해 하나님의 뜻을 구하는 대신에 우리는 우리의 뜻을 이루기 위해 그분을 권유한다. 그래서 결국 기도에서조차도 종이 아닌 소비자적인 정신 상태를 보여주고 있다.

신자들이 알아야 할 가장 뼈아픈 교훈은 아마도 과정에 대한 충실과 결과를 맡길 줄 아는 지혜다(〈표 23.1〉을 보라).

| 기회 | 순종 | 결과 |
| --- | --- | --- |
| 하나님의 주권 | 인간의 의무 | 하나님의 주권 |

〈표 23.1〉

우리는 우리가 접하는 기회들과 노력의 결과들을 거의 통제할 수 없다. 그러나 우리는 그 과정에 순종할 수 있다.

왜곡된 꿈과 이기적인 야망은 우리가 부활의 진리를 알 수 있기 전까지는 죽어 있어야 한다. 통제하려는 계획을 포기하고, 우리 삶에 있는 그분의 절대적 소유권을 인정할 때까지는 우리가 하나님의 목적에 반응할 수 없다. 우리 안에 계신 그리스도의 살아계심에 대한 이 같은 굴복은 포기의 모양으로 나타난다. 그러나 우리는 이것이 인정을 받는 방법이라는 것을 발견한다. "누구든지 제 목숨을 구원코자 하면 잃을 것이요 누구든지 나를 위하여 제 목숨을 잃으면 구원하리라"(눅 9:24). 우리가 영적으로 궁핍하고 약하다는 사실을 더 잘 이해할수록 예수님이 흥하시고, 그래서 우리는 쇠하도록 기꺼이 그분을 모셔들일 수 있다(요 3:30).

과정에 머물 수 있는 또 다른 열쇠는, 그것이 무엇을 가져오든지 매일 매일 하나님의 손에서 온전히 받아들이는 것이다. 하나님의 성품은 불변하시고 선하시기 때문에, 비록 일시적으로 그렇게 보이지 않을지라도 그분의 자녀들의 삶에 허락하신 모든 환경은 그들에게 유익하다. 우리를 향한 그분의 뜻은 "선하시고 기뻐하시고 온전하시기"(롬 12:2) 때문에 우리가 만나는 시험과 낙망, 실패 그리고 수고와 역경은 영원의 관점에서 볼 때 하나님 나라와 축복이 임하는 자리다. 이러한 관점(롬 8:28-29)은 우리의 기도를 변화시킬 수 있다. 우리에게 좋은 환경을 주시기를 구하는 대신에, 그 환경을 통해 우리를 변화시켜달라고 하나님께 간구할 수 있다. "현재의 고난은 장차 우리에게 나타날 영광과 족히 비교할 수 없다"(롬 8:18)는 사실을 깨닫는다면, "그분의 부활의 권능"(빌 3:10)을 힘입어 "그리스도의 고난에 참예함"을 경험할 수 있다. 그래서 파스칼은 그의 「팡세(Pensées)」에서 이렇게 기도한다.

> 온전한 하나의 마음으로 모든 일을 받아들일 수 있도록 나를 도우소서. 우리가 무엇을 구할지 알지 못하며, 우리는 가정(假定) 없이는 다른 일 이외의 하나의 일도 구할 수 없습니다. 재판관이 되어 내리는 가정 없이는 어떤 행동도 바랄 수 없습니다. 오 주님, 저는 오직 한 가지를 알고 있습니다. 당신을 따르는 일이 선하며 당신을 거스르는 것이 악하다는 바로 그 사실입니다. 이것을 넘어서는 건강이나 질병이든지, 부요함이나 가난이든지 또는 이 세상의 무엇이든지간에, 그 중에서 무엇이 나에게 선한 것인지 알지 못합니다. 이것을 아는 지식은 인간과 천사 둘 모두의 지혜보다 더 낫습니다. 그것은 내가 경배하는, 그러나 감히 밝히 볼 수 없는 당신의 섭리 속에 비밀로 감추어져 있습니다.

우리는 근본적으로 영적인 존재들이며, 하나님의 은혜로 주어진 모든 오늘은 그분이 함께하심으로 우리의 영광스럽고 영원한 삶을 준비하고 있다. '현재의 성찬'에 대해 장 피에르 드 코사드(Jean-Pierre de Caussade)는 「하나님의 섭리로의 완전한 복종(Abandonment to Divine Providence)」에서 다음과 같이 말한다. "만일 우리가 하나님이 주시는 매 순간에 대해 만족하지 못한다면, 우리를 만족시킬 만한 그 아무것도 발견하지 못한 것으로 벌을 받을 것이라는 말은 맞는 말이다." 우리가 하나님의 뜻을 사랑하는 법을 배운다면 현재를 영적 형성의 자원으로 끌어안을 수 있다.

우리가 그리스도의 살아계심을 의지함으로 자라나고, 우리 자신을 의지하는 것을 줄여갈 때, 뭔가 우리 자신들의 것을 창조하려 할 때 오는 절망은 그의 생명을 받는 충만함으로 점차 대체된다. 의식적으로 하나님을 의지할 때 그분은 당신의 형상을 우리 안에 빚으신다. 여기서 우리는 결과에 대해서도 반드시 그분을 신뢰해야 한다. 우리는 영적인 삶을 측량할 수도 없고, 그것이 어느 정도로 큰지도 가늠할 수 없기 때문이다. 다만 우리가 형성의 과정에 있으며, 하나님은 우리에게서 아직 손을 떼지 않으셨음을 알고 있다. 또한 우리는 결과를 조작할 수도 없고 새롭게 만들 수도 없음을 반드시 기억해야 한다. 만약 이 사실을 망각한다면 우리는 다시 이 세상이 인정하는 기준에 맞춰 뭔가 위대한 일을 성취하려고 서두르게 될 것이다. 프랑소와 페넬론(Francois Fenelon)은 「완전한 그리스도인(Christian Perfection)」에서 "작은 것들을 소홀히 할 때 영혼은 충성스럽지 못한 것이 되고 만다"라고 말했다. 작은 일, 일상의 일에 대한 충성은 큰 일에도 충성하는 결과를 낳는다(눅 16:10). 헨리 나우웬(Henri J. M. Nouwen)은 하나님께 사역을 할 수 있도록 방해거리를 없애달라는 기도를 드렸다. "그런 다음 나는 방해거리들은 바로 나의 사역이라는 것을 깨달았다." 왕의 종으로서 그리고 대리자로서, 우리의 순종이 가져오는 차이를 볼 수 없을 때에도 우리는 일상의 과정에 반드시 순종해야 한다.

## 감사의 마음을 기르기

손에 붕대를 한 청년이 우체국 직원에게 다가가서 말한다. "저기요, 저 대신에 이 카드에 주소를 좀 써주시겠어요?" 직원은 상냥하게 그렇게 했고, 그 다음에는 카드에 메시지도 써주기로 했다.

그 다음 그 직원은, "뭐 다른 도와드릴 일이 있나요?" 하고 물었다. 젊은 청년은 잠시 카드를 보더니 말했다. "예, 추신을 써주세요. '손으로 쓰게 되어서 죄송합니다'라고."

우리는 감사할 줄을 잘 모른다. 도스토예프스키는 인간성을 다루고 있는 그의 글, 「지하 생활자의 수기(Notes from the Underground)」에서 이렇게 말했다. "만약 사람이 바보가 아니라면, 도무지 끔찍할 정도로 감사를 모르는 존재다. 참으로 경탄할 만큼 감사가 없다. 사실, 인간에 대한 가장 어울리는 정의는 감사를 모른 채 두 발로 걷는 짐승일 것이다." 10명의 문둥병자를 깨끗게 했던 사건을 기록하고 있는 누가복음은 은혜를 기대하면서도 막상 주어진 혜택에 대해서는 감사를 잊어버리는 인간의 성향을 잘 보여주고 있다. "열 사람이 다 깨끗함을 받지 아니하였느냐 그 아홉은 어디 있느냐 이 이방인 외에는 하나님께 영광을 돌리러 돌아온 자가 없느냐"(눅 17:17-18).

**지난날 베풀어주신 하나님의 구원을 기억하라** 우리가 가진 달력은 하나님이 베풀어주신 많은 은혜에 감사를 드리라고 1년의 한 날을 표시하고 있다. 그러나 그 한 날도 감사드리는 대신에 배불리 음식을 먹는 데 써버린다. 고대 이스라엘의 달력은 하나님의 구원의 역사와 공급하심에 대해 기억할 수 있도록 1년에 7가지 절기를 포함하고 있다. 이렇게 함으로써 감사의 마음과 주님께 의지함을 새롭게 했다.

그럼에도 불구하고 그들은 감사를 잊고 말았다. "저희가 오히려 순종치 아니하고 주를 거역하며 … 주의 많은 인자를 기억지 아니하고 … 저희가 미구에 그 행사를 잊어버리며"(느 9:26, 시 106:7, 13). 호세아 선지자는 이러한 감사하지 않는 인간 성향의 본질을 밝히고 있다. "저희가 먹이운 대로 배부르며 배부름으로 마음이 교만하며 이로 인하여 나를 잊었느니라"(호 13:6). 우리가 태평한 시절을 보낼 때, 우리는 그러한 번영을 우리들 스스로 이룩한 것이라고 생각하는 경향이 있다. 이러한 미혹된 생각은 우리를 어리석은 교만에 빠뜨리고, 교만은 하나님을 잊게 만들며, 결국 우리의 창조자이신 하나님 대신에 우리 자신들을 의지하게 만든다. 이러한 건망증은 항상 우리를 배은망덕하게 한다.

수세기 전에 모세는 이스라엘 백성들에게 약속의 땅에서 축복을 누리기 시작하면 하나님을 망각해버리는 유혹에 빠질 수 있다고 경고했다. "두렵건대 네 마음이 교만하여 네 하나님 여호와를 잊어버릴까 하노라 여호와는 너를 애굽 땅 종 되었던 집에서 이끌어내시고 … 또 두렵건대 네가 마음에 이르기를 내 능과 내 손의 힘으로 내가 이 재물을 얻었다 할까 하노라"(신 8:14, 17). 이러한 영적인 독약에 대한 해독제는 다음 구절에 나와 있다. "네 하나님 여호와를 기억하라 그가 네게 재물 얻을 능을 주셨음이라 이같이 하심은 네 열조에게 맹세하신 언약을 오늘과 같이 이루려 하심이니라"(신 8:18).

이러한 망각의 성향은 우리가 타락했다는 증거다. 그렇기 때문에 우리는 기억하고 감사하는 것을 하나의 훈련, 즉 매일 의도적으로 해야 하는 행위와 의지적인 선택으로 보아야 한다. 만약 이러한 훈련이 즉흥적으로 한순간에 하는 감정적인 감사에 그친다면, 점점 그 훈련은 약해지고 결국 우리는 하나님이 우리를 위해 행하신 일을 잊어버리며 그분의 은혜를 당연한 것으로 받아들이게 된다.

**하나님이 현재에 베풀어주신 은혜를 기억하라**  오스 기니스(Os Guinness)는 「두 마음(In Two Minds)」이라는 책에서 "하나님에 대한 반항은 무신론자의 불끈 쥔 주먹에서 비롯된 것이 아니라 '감사합니다'라고 말하기를 꺼려하는 어떤 사람의 스스로 만족하는 마음에서 시작되었다"고 말한다. 사도 바울은 이러한 생각이 잘못되었음을 다음 물음을 통해 지적한다. "네게 있는 것 중에 받지 아니한 것이 무엇이뇨 네가 받았은즉 어찌하여 받지 아니한 것같이 자랑하느뇨"(고전 4:7). 심지어 그리스도를 믿는 신자들도 우리가 가진 건강, 지식, 능력, 삶 등이 우리가 스스로 만들어낸 것들이 아니라 하나님의 손에서 비롯된 선물이라는 진실을 간과하고 있다. 우리는 이 사실을 알고 있다. 그러나 한 주간 동안 줄곧 우리가 주님께 전적으로 의지하고 있다는 사실을 실제로 깨닫는 사람은 거의 없다. 우리는 지금 누리고 있는 은택들을 재고하지 않은 채 그렇게 망각해버린다.

우리 삶에서 하나님의 은혜를 망각하는 경우, 우리는 두 가지 극단으로 치닫는 경향이 있다. 첫번째 극단은 주제를 넘는 생각이다. 이것은 우리가 토의해왔던 잘못이다. 우리 뜻대로 일이 되어갈 때, 우리는 하나님을 잊어버리거나 경박하게 또는 형식적인 태도로 하나님을 의식한다. 두번째 극단은 힘거운 환경에서 오는 분노와 괴로움이다. 좌절과 실패로 고통당할 때 우리는 왜 다른 사람과 다르게 내 일은 잘 안 풀리는지 의아해하고 중얼거리며 불평하는 마음을 갖게 된다. 우리는 운이 나빠서, 또는 불행이나 그것을 막지 못했기 때문이라고 탓할 수도 있다. 그리고 그것은 하나님의 공급하심과 돌보심에 대한 불만족으로 들끓어오른다. 만족과 감사의 결여는, 주님이 우리에게 무엇을 원하시는지는 상관치 않은 채 스스로가 삶의 만족을 만들어 보려는 노력에서 생긴다. 또한 우리가 이미 놀랍게 공급받아왔던 것들보다 우리가 아직 소유하지 못한 것들에 대해 집착하는 경향도 그러한 원인이 된다.

"항상 기뻐하라 쉬지 말고 기도하라 범사에 감사하라 이는 그리스도 예수 안에서 너희를 향하신 하나님의 뜻이니라"(살전 5:16-18). 우리는 감사를 하면서 동시에 불평할 수 없다. 감사를 드림은 우리가 받았던 영적 물질적 축복을 기억하는 것이며, 심지어 우리가 마음속으로 갖기 원했던 것과 다를지라도 사랑의 주님이 공급해주신 것들로 만족하는 것이다. 감사는 선택이지 단순한 감정이 아니다. 감사는 특히 고난의 시간에 의지적인 노력을 필요로 한다. 그러나 우리가 의식적으로 감사를 훈련하는 삶을 살기로 선택하면 그러한 감사의 삶은 보다 자연스러운 것이 되고, 전에 G. K. 체스터튼(G. K Chesterton)이 했던 대로 이러한 작은 은혜들을 하루 종일 느낄 수 있는 방법에 우리의 눈을 뜨게 된다. 그는 이렇게 말했다. "당신은 음식 앞에서 은혜를 말한다. 좋은 일이다. 그러나 나는 음악 연주회와 오페라를 보고, 연극과 무언극을 보고서도 은혜를 말한다. 책 한 권을 열기 전에도, 그림의 밑그림을 그리고 색칠하는 것에서도, 수영에서도, 펜싱과 권투, 걷기, 연주, 춤을 출 때도 은혜를 말한다. 그리고 잉크병에 펜을 적시기 전에도 은혜를 말할 수 있다." 헨리 나우웬(Henri J. M. Nouwen)은 "내가 알고 있는 모든 선물은 마침내 가장 평범하고, 분명하고 그리고 외적으로 세속적인 어떤 일에 이르기까지 모든 것이 또 다른 선물로 내가 받은 것임을 말하거나, 가득한 은혜로 주어졌다는 것을 증거한다"라고 말했다.

**미래에 대한 하나님의 약속을 기억하라**  과거에 하나님이 주신 구원과 지금의 은총들에 대해 감사하는 마음이 없다면, 우리는 그분이 약속하신 미래에 대해서도 감사할 수 없다. 성경은 그리스도 안에 있는 소망을 붙들고 범사에 그것을 새롭게 함으로써 오늘을 사는 우리가 하나님의 관점을 유지할 수 있다고 권면한다. 하나님의 자녀를 향한 그분의 계획은 우리의 상상을 초월하며, 그분의 뜻은 모든 것을 새롭게 하고 모든 이의 눈물을 닦아주며, "그리스도 예수 안에서 우리에게 자비하심으로써 그 은혜의 지극히 풍성함"을 보여주시기 위함이다(엡 2:7).

매일 매일 하루를 시작할 때나 하루를 마칠 때, 과거와 현재와 미래에 베푸신 하나님의 은혜를 돌아보는 것을 실천하라. 이런 훈련은 하나님을 기쁘시게 할 것이다. 왜냐하면 그 훈련으로 감사하는 마음과 지속적으로 감사하는 마음을 기를 수 있기 때문이다.

**자족의 비결**

"우리는 무지개 끝을 잡으려는 경주를 끝까지 하기를 원한다. 전혀 정직함도 친절함도 없으며, 지금 결코 행복하지도 않은 경주를 말이다. 그러면서도 우리는 항상 지금 우리에게 주어진 모든 좋은 선물을 미래라는 재단을 쌓기 위해 연료로 소비하고 있다." C. S. 루이스의 책 「스크루테이프의 편지(The Screwtape Letters)」에서 삼촌 스크루테이프가 그의 조카에게 해주는 이러한 유쾌하지 않은 조언은 우리 대부분이 현재보다는 미래에 살고 있다는 사실을 말해준다. 우리는 앞으로 올 날이 지금 우리가 부족하다고 느끼는 모든 것들을 보충해줄 거라고 생각한다. "이것을 가지면 또는 그런 일이 생긴다면 나는 행복할 거야"라고 생각한다. 그러나 스스로를 속이는 이러한 생각은, 우리가 막상 원하는 것들을 얻게 되었을지라도 그것들이 약속한 것들을 가져오지 못한다는 사실을 간과하고 있다.

우리들 대부분은 정확히 우리가 무엇을 원하는지 알지 못한다. 다만 그것을 가지고 있지 않다고 확신할 뿐이다. 이러한 불만족에 따라 살기 때문에 우리는 무지개 끝에 있는 보물을 잡으려 한다. 대신 우리 모두가 항상 가지고 있는, 지금 현재 우리 곁에 있는 우물에서는 가슴속 깊이 마시지 못하고 있다. 진리는 지금 가진 것에 만족하지 못한다면 미래에도 원했던 것으로 결코 만족하지 못한다는 사실이다.

자족과 관련한 근본적인 문제는 다가오는 우리 삶의 만족(예를 들면 돈, 지위, 가족, 환경)을 결정하는 것이 그리스도인가 아니면 우리인가 하는 것이다. 우리가 그 삶의 만족을 조종하려고 할 때, 우리는 사람들에게 어떻게 보여야 할지 계산해야 하기 때문에 필연적으로 비교라는 영역으로 들어간다. 문제는 이 비교하는 것이 모든 만족의 적이라는 사실이다. 비교의 영역에는 우리가 가져야 된다고 생각하는 보다 좋고 보다 많은 것들을 가진 사람들만 존재하기 때문이다. 이 때문에 비교는 탐욕을 낳는다. 우리는 이웃을 사랑하기보다는 그들이 가진 것을 사랑하는 우리 자신을 만나게 된다.

결과적으로 탐욕은 경쟁의 영을 낳는다. 우리가 마땅히 가져야 된다고 생각하는 한정된 자원을 놓고 다른 사람들과 경쟁을 벌이는 우리 자신들을 발견한다. 경쟁은 자주 정체성을 입증하거나 능력을 증명하는 수단이 되기도 한다. 이런 종류의 경쟁은 우리에게 인격을 버리라고 유혹한다. 무엇인가 충분한 것을 원할 때, 우리는 그것을 얻기 위해서 신념도 기꺼이 부숴야 한다. 그렇게 될 때 우리는 지름길을 찾고, 진리를 잘못 전달하고, 속이든지 그렇지 않으면 자신의 목적을 달성하기 위해 사람들을 도구로 이용하게 된다.

오직 삶의 만족을 결정하는 분은 그리스도이심을 받아들일 때 자족의 비결을 발견할 수 있다. 우리 자신들을 다른 사람들과 비교하는 대신, 주님 한 분만이 우리에게 가장 좋은 것이 무엇인지 아시며, 영원한 것을 얻을 수 있도록 우리에게 있는 현재의 환경을 사용하실 만큼 우리를 사랑하신다는 사실을 반드시 깨달아야 한다. 우리 삶이 사람들에게 어떻게 보일 것인가 하는 기준이 아닌 우리의 소망을 그분의 성품에 맡겨드릴 때 우리는 만족할 수 있다.

  옥중에서 쓴 빌립보에 보내는 편지에서 바울은 "내가 궁핍하므로 말하는 것이 아니라 어떠한 형편에든지 내가 자족하기를 배웠노니 내가 비천에 처할 줄도 알고 풍부에 처할 줄도 알아 모든 일에 배부르며 배고픔과 풍부와 궁핍에도 일체의 비결을 배웠노라"고 확신한다(빌 4:11-12). 자족은 모든 것을 가졌다는 것에서 오는 것이 아니라 가진 모든 것에 만족함으로써 생겨난다. 사도 바울은 디모데에게 "우리가 세상에 아무것도 가지고 온 것이 없으매 또한 아무것도 가지고 가지 못하리니 우리가 먹을 것과 입을 것이 있은즉 족한 줄로 알 것이니라"라고 말한다(딤전 6:7-8). 바울은 심지어 그를 아무것도 아닌 존재로 낮추시더라도, 자신의 환경을 하나님이 결정하실 권리가 있음을 알았다. 그의 자족은 그가 얼마나 많이 가졌느냐가 아니라 그를 소유한 하나님께 근거하고 있다. 욥은 이 사실을 알았기에 "내가 모태에서 적신이 나왔사온즉 또한 적신이 그리로 돌아가올지라 주신 자도 여호와시요 취하신 자도 여호와시오니 여호와의 이름이 찬송을 받으실지니이다"(욥 1:21)라고 말할 수 있었다. 일시적인 소유를 포기할수록 더 많은 영원한 보물을 가질 수 있다. 우리가 그리스도와 그분의 성품을 더 사랑하도록 만드시기 위해 하나님이 우리가 가진 것을 전부 가져가시는 시간도 있다.

  자족에 대한 성경적인 이해는 그리스도 안에 있는 자신감을 가져다준다. "내게 능력 주시는 자 안에서 내가 모든 것을 할 수 있느니라"(빌 4:13). 베드로는 이것을 "그의 신기한 능력으로 생명과 경건에 속한 모든 것을 우리에게 주셨다"고 말한다(벧후 1:3). "우리가 무슨 일이든지 우리에게서 난 것같이 생각하여 스스로 만족할 것이 아니니 우리의 만족은 오직 하나님께로서 났느니라"(고후 3:5). 자족은 원했던 것이 이루어지는 것이 아니라 이미 그리스도 안에서 우리가 얼마나 많은 것을 가지고 있는지를 깨닫는 것이다.

  그리스도 안에서 할 수 있다는 자신감에 대한 비전은 우리가 다른 사람에게 경쟁이 아닌 긍휼로 반응할 수 있도록 만든다. 왜냐하면 우리의 근본적인 필요가 그분 안에서 발견한 안전과 중요감으로 채워졌다는 것을 이해하기 때문이다. 우리는 그리스도 안에서 부족함이 없기 때문에 우리들의 필요를 채우기 위해 다른 사람들을 이용하지 않고 오히려 그들을 섬길 수 있는 자유함이 있다. 그래서 타협을 넘어 위로를 그리고 신념을 넘어서 인격을 추구할 만큼 자유로워진다.

| 누가 당신 삶의 만족을 결정하는가? | |
|---|---|
| 나 자신 | 그리스도 |
| 비교함 | 자족함 |
| ⬇ | ⬇ |
| 갈망함 | 자신감 |
| ⬇ | ⬇ |
| 경쟁 | 긍휼 |
| ⬇ | ⬇ |
| 타협 | 인격 |

〈표 23.2〉

〈표 23.2〉에서 네 가지 요소 사이에 있는 차이를 보라.

자족의 비결을 배울 때 숫자, 성취 그리고 서두름에는 둔감하게 되고, 현재 순간에 주어진 은혜에 대해서는 보다 많은 생동감을 얻을 수 있다.

## 적용을 위한 질문

- 스스로를 성찰하는 기도나 일기를 통해 당신이 경험한 것은 무엇인가? 영적 형성의 과정에서 당신이 있는 곳이 어디인지 알기 위해 필요한 성찰과 격려를 위한 일련의 기도를 시도해보라.

- 통제하려는 마음과 결과에 대한 집착을 내려놓는 것은 어떻게 가능한가? 당신의 삶에서 하나님께 굴복하기를 거부하는 영역은 무엇인가?

- 과거, 현재, 미래를 통해 하나님께 감사하는 마음을 고양하기 위해 당신이 할 수 있는 것은 무엇인가?

- 누가 당신 삶의 만족을 결정하는가? 〈표 23.2〉의 왼쪽 칸에서 오른쪽 칸으로 이동하기 위해서 당신은 무엇을 할 수 있는가?

# 제9부 SPIRIT-FILLED SPIRITUALITY
# 성령 충만의 영성

● 성령의 능력 속에서 살아가기

성령의 은사에 대해 여러 가지 다양한 견해가 있지만, 성령 중심의 신자들과 말씀 중심의 신자들 모두가 동의하는 사실이 있다. 성령이 영적인 삶의 원동력임에도 불구하고 다소간 무시되어왔다는 것이다. 이 접근법은 성령의 사랑, 지혜, 능력에 대해 어떻게 생각해야 하는가를 가르쳐준다. 그리고 성령이 단지 어떤 힘이 아니라 인격적인 존재라는 성경적인 의미를 강조한다.

제9부 _ **성령 충만의 영성** SPIRIT-FILLED SPIRITUALITY

# 성령의 능력 속에서 살아가기

| 이 장의 개관 | 이번 장에서는, 성령의 인격과 사역에 대한 개요를 먼저 살펴본 후 성령의 능력으로 행하는 것이 무엇인지에 대해 알아보려 한다. 또한 이성과 감성을 분리하여 생각하기보다 하나로 통합시키는 것을 추구하는 균형 잡힌 '성령 충만의 영성'의 필요성에 대해 살펴보려 한다. 이 장의 마지막에서는 세 가지 성령 중심의 운동들에 대한 비교와 성령 세례 그리고 성령 충만과 관련된 논쟁들에 대해 살펴볼 것이다. |
|---|---|
| 이 장의 목표 | • 성령의 인격과 사역들에 대한 더 깊이 있는 이해<br>• 성령의 능력으로 행하는 것에 대한 바람직한 이해<br>• 20세기에 일어났던 세 가지 성령 중심의 운동들에 대한 명확한 관점<br>• 성령의 세례와 성령 충만에 대한 확장된 이해 |

"성령은 오랫동안 삼위일체의 신데렐라로 취급되어왔다. 다른 두 언니들은 신학의 파티에 계속 참석해왔지만 성령은 그때마다 매번 홀로 남겨졌었다." 최근까지만 해도 알리스터 맥그래스(Alister E. McGrath)가 그의 책 「역사 속의 신학(Christian Theology: An Introduction)」에서 언급한 위의 주장이 대부분 그리스도인들의 경험으로 간주되어왔다. 대다수 그리스도인들은 성령의 존재 자체에 대해서는 인정해왔지만, 개인적인 만남이라는 관점에서 볼 때 그들의 관계성은 주로 성부나 성자에 대한 것으로만 제한되어 왔었다. 하지만 20세기에 들어서면서 새로운 변화의 바람이 불어오고 이전에는 찾아볼 수 없었던 새로운 흐름이 생겨나기 시작하자 성령의 인격과 사역에 대한 새로운 인식이 형성되기 시작했다. 지난 수십 년간을 살펴볼 때 전 세계적으로 엄청난 교회 성장이 있었고, 그 가운데서도 가장 빨리 성장했던 교회들은 성령의 충만에 중심을 둔 교회들이었다. 그와 동시에, 주류를 이루었던 기성 교단들에서는 교세의 현저한 감소를 경험하였고, 오

순절운동과 은사쇄신운동은 전세계적으로 수천만에서 지금 현재 수억의 교세로까지 성장하였다.

비록 20세기 전까지는 성령 충만의 영성이 기독교의 주류에서 거의 강조되지 않았지만, 사도행전에 나오는 초대교회 이후로 계속 있어왔던 영성 형성에서 없어서는 안 될 중요한 한 부분이었다. 하지만 성령 충만의 영성에 대해 사람들이 완강한 거부 혹은 지나친 집착으로 양극단화되는 경향으로 인해 그 본질이 왜곡되어왔다. 강하게 거부하는 극단은 과도하게 경험을 중요시 여기는 것이나 통제되지 못하는 것에 대한 두려움 그리고 신학적인 경직이 그 특징이었고, 집착하는 또 하나의 극단은 감정주의, 관능주의 그리고 교묘한 속임이나 거짓된 가르침에 대한 취약함으로 인식되어진다. 하지만 더 균형 잡힌 관점은 성령의 놀라운 역사에 대한 열린 마음을 갖는 것과 체험하는 것들을 말씀과 그 맺은 열매들로 검증하는 분별력을 아울러 가진다.

### 성령의 인격과 사역

성령은 그리스도인의 영성에 있어서 중심 되는 원동력으로서의 역할을 하는데, 이것은 하나님의 삼위일체에 대한 표현이기도 하다. 성부께서 성자를 세상에 보내셨을 때 성령으로 기름 부어 능력을 부여하셨다. 그리고 성자께서 구원과 화해라는 이 땅에서의 사명을 다 이루시고 마침내 성부께로 돌아가셨을 때 성령을 대신 보내시어 그리스도 안에서 다시 살리심을 받은 이 땅 위의 사람들을 통해 그의 일을 계속해나갈 수 있도록 하셨다. 이처럼 삼위일체의 하나님은 서로 간의 관계성을 가지는 존재로서 창조, 구원 그리고 화해의 우주적 사역에 있어서 모든 삼위가 연합하여 일하신다. 구약에서 하나님의 영은 하늘과 땅의 창조에 동참하셨고, 예언자들을 감동시키심으로 하나님의 말씀과 뜻을 계시하셨으며, 특정한 사람들에게 특별한 재능, 리더십 그리고 능력을 부어주셨다. 하지만 이스라엘에게 임하셨던 성령의 거하심은 삼손과 사울의 예에서 볼 수 있는 것과 같이 제한적이고 임시적인 것이었으나, 사도행전 2장에 나오는 오순절 사건 이후로는 모든 믿는 자에게 보편적으로 그리고 영구적으로 거하시게 되었다.

성령의 사역은 다양한 양상을 지니고 있는데, 그 가운데 가장 중요한 세 가지는 예수 그리스도를 증거하시는 것, 사람들 안에서 그리스도의 구원 사역을 이루시는 것 그리고 믿는 자들이 그들의 삶에서 그리스도를 닮아갈 수 있도록 개인적으로 또한 점차적으로 일하시는 것이다. 성령은 우리로 하여금 질적으로 새로운 삶을 살게 하시고, 우리가 성령의 권세와 통제하에 우리 자신을 복종시킬 때 우리를 깨끗하게 정화시키실 뿐 아니라, 우리에게 '성령의 은사들'과 기회들을 주셔서 믿음 안에서 서로를 세워나가게 하신다. 하지만 J. I. 패커(J. I. Packer)가 그의 책 「성령을 아는 지식(Keep in Step with the Spirit)」에서 언급한 것과 같이 능력, 순결 그리고 역사를 성령론의 본질들로 보는 것에는 한계가 있다. 물론 위에서 언급한 것들이 모두 성령의 역사에 있어서 중요한 요소들이긴 하지만, 가장 중요한 것은 성령을 우리의 삶 가운데 지금 현재도 살아 역사하시는 분으로 아는 것이다. 그 성령은 그리스도의 임재가 우리 삶 가운데에 임하게 하심으로 예수 그리스도를 영화롭게 하신다. 또한 성령은 우리를 향한 하나님 아버지의 사랑과 돌보심을 확증하시고, 예수님과의 개인적인 교제로 이끄시며, 우리의 성품을 변화시켜 우리가 더욱 그리스도를 닮아갈 수 있도록 하신다.

그렇기 때문에 성령을 '그것(it)'이라고 칭하는 것은 잘못된 것이다. 왜냐하면 성령은 살아계시고 우리를 사랑하시는 인격이시지 우리가 그저 사용할 수 있는 어떤 힘이나 영향력이 아니기 때문이다. 예수님은 성령을 보혜사라고 부르셨는데, 그 이름의 의미는 '옆에서 조력하시는 분'이다(요 14:16, 26, 15:26, 16:7). 보혜사를 뜻하는 파라클레토스(Paracletos)는 여러 가지로 번역될 수 있는데 조력자, 위로자, 변호자, 대변자, 중보자, 지지자 그리고 힘 주시는 자 등이 있으며, 이 같은 의미들은 성령이 우리에게 행하시는 사역들의 여러 다른 측면들을 보여준다. 보혜사는 우리를 진리 가운데로 이끄시고(요 16:13), 우리의 죄를 위해 그리스도가 하신 일이 실제적인 효력을 발생하게 하시며, 우리 삶 가운데 그리스도의 실제적인 임재가 있도록 하신다. 또한 성령은 하나님의 사람들로 하여금 그리스도의 형상으로 점진적으로 변화되게 하신다(고후 3:17-18).

성경은 성령이 하시는 여러 가지 풍성한 사역들을 여러 다른 상징들을 사용하여 표현하고 있는데, 다음의 열두 가지 사역들이 그 가운데 포함된다.

1. **책망하심**: 성령은 믿지 않는 자들에게 죄, 의로움 그리고 심판에 대해 책망하신다(요 16:8-11). 이러한 성령의 사역이 없다면 사람들은 자신들이 처해 있는 죄를 깨닫지 못할 뿐만 아니라 구속하시는 하나님의 은혜에 대한 간절한 사모함 또한 가질 수 없을 것이다.
2. **중생케 하심**: 성령은 거듭남을 통해 영생을 주시고, 또한 하나님의 자녀에게 하나님이 성품을 심어주신다(딛 3:5, 벧후 1:4). 그 결과, 죄로 죽었던(엡 2:1-3) 우리는 새로운 피조물이 되어 하나님께 대해 산 자가 되었다(고후 5:17, 롬 6:3-11, 엡 2:4-6).
3. **세례를 주심**: 모든 믿는 자들은 그리스도 안에서 성령으로 인해 "세례를 받아 한 몸"이 되었다(고전 12:13). 그리하여 우리는 성령에 의해 하나님의 가족이 되었다(롬 8:9, 15, 엡 1:5). 성령의 세례에 대해서는 몇 가지 다른 견해들이 있으므로 뒤에 가서 이 부분을 다루도록 하겠다.
4. **인치심**: 약속의 성령은 우리 기업의 보증이 되시고, 그리스도 안에 있는 모든 사람들을 구속의 날까지 인치신다(엡 1:13-14, 4:30, 고후 1:22). 하나님 아버지는 우리에게 성령을 보증과 담보로 주셔서 그 약속의 성취에 대해 보증하신다.
5. **거하심**: 하나님의 성령은 그리스도 안에 있는 모든 믿는 자 안에 거하시므로(요 14:16-17, 롬 8:9) 우리

의 육체는 성령이 거하시는 성전이 된다(고전 6:19).

6. **채우심** : 성령으로 충만케 될 때 우리는 성령의 통제 하에 놓이게 된다(엡 5:18). 성령 충만은 우리로 하여금 성령의 열매를 맺게 하고 성숙케 하신다(행 6:3, 5, 갈 5:22-23).

7. **능력 주심** : 이것은 성령 충만의 또 다른 측면인데, 사역에 있어서 우리의 말과 행동에 나타나는 성령의 주권적이고 놀라운 능력과 관련이 있다(행 4:8, 31, 13:9-10)

8. **보증하심** : 성령은 그리스도 안에 있는 우리 삶의 진리를 증거하시며, 우리의 영과 더불어 우리가 하나님의 자녀들임을 증명하신다(롬 8:16, 요일 3:24, 5:7-8).

9. **조명하심** : 성령은 하나님의 사람들을 감동시키심으로 성경을 쓰셨을 뿐 아니라, 또한 그 말씀들을 조명하심으로 "우리로 하여금 하나님께서 우리에게 은혜로 주신 것들을 알게 하려" 하신다(고전 2:10-16). 신령한 일은 신령한 것으로만 분별할 수 있기에 성령은 믿는 자들에게 영감을 부어주서서 하나님 말씀의 의미를 깨닫고 또 적용할 수 있도록 하신다.

10. **가르치심** : 예수님이 그의 제자들에게 약속하시기를 진리의 성령이 오시면 "그가 너희를 모든 진리 가운데로 인도"하시며 "장래 일을 너희에게 알리시리라"고 말씀하셨다(요 16:13). 성령의 기름 부으심은 우리를 가르치시고(요 12:27), 예수님이 하신 말씀들을 우리에게 알게 하심으로 아들을 영광스럽게 하신다(요 16:14).

11. **기도하심** : 우리가 기도할 때 무엇을 어떻게 기도해야 할지 알지 못하지만, "오직 성령이 말할 수 없는 탄식으로 우리를 위하여 친히 간구" 하신다(롬 8:26). 성령은 우리의 마음을 감찰하사 우리를 통해 하나님께 간구하신다(롬 8:27). 우리가 성령 안에서 기도할 때(엡 6:18) 우리는 그리스도를 통하여 아버지께 나아감을 얻게 된다(엡 2:18).

12. **은사를 주심** : 앞으로 살펴보겠지만, 성령은 여러 다른 은사들을 믿음의 공동체에 주셔서 한 몸을 이루는 각각의 지체들이 서로를 세워나갈 수 있도록 하신다. 이러한 은사들은 성령에 의해 작동되어지고 인도되어져서 다른 사람들을 향한 사랑으로 행하게 하신다(고전 13장).

## 성령의 능력으로 행하기

그리스도인의 삶은 그리스도가 내주하시는 삶이다. 하지만 이 같은 수준의 삶은 우리가 순간순간마다 성령께 의지하지 않고서는 불가능한 것이다. 성화란 상태와 과정 모두를 뜻한다. 우리가 예수님께로 나아올 때 우리를 위해 그리스도가 이루신 일들을 성령이 우리 삶 가운데 적용하심으로 우리를 하나님 안에 속하게 하셨다. 우리는 이러한 성화의 상태[하나님이 우리 안에서 일하심(빌 2:13)]가 우리 안에 내주하시는 그리스도의 성품을 순종하며 닮아감[우리가 구원을 이루어감(빌 2:12)]을 통해 점진적으로 일어나는 과정임을 깨달아야 한다. 이는 우리가 성령으로 살 때 성취하게 되는 것이다. "만일 우리가 성령으로 살면 또한 성령으로 행할지니"(갈 5:25). 우리가 성화되어간다는 것은 우리가 성령께 사로잡히는 것이고, 우리를 변화시키고자 하시는 성령의 뜻에 순종하는 믿음으로 응답하는 것이며, 그리스도 안에 거함으로 성령의 열매들을 맺는 것이다(갈 5:22-23). 또한 우리가 하나님과의 관계나 하나님께 속한 사람들과 그리고 세상 모든 사람들과의 관계에 있어서 거룩함으로 성숙되어가는 그 과정을 추구하는 것이다.

영적인 성숙이란 그리스도 중심적이 된다는 것과 같다. 그러므로 만일 우리가 그리스도 그 자체로 즐거워하기보다 믿음이 가져다주는 여러 가지 개인적인 혜택에만 우리의 마음을 빼앗기고 있다면 그것이 바로 우리의 미성숙함을 드러내는 것이다. 성령은 그리스도를 증거하고 또 영화롭게 하신다. 그러므로 개인적인 것이든 공동체적인 것이든 우리가 경험하는 모든 영적인 체험들은 우리 자신이 아니라 그리스도께 집중되어야 한다. 때로 어떤 사람들이나 단체들 가운데는 은사를 주시는 분보다 그분이 주시는 은사들을 더 높이는 경향들이 있는데, 이것은 성경에서 말하고 있는 성령의 사역과는 상반되는 것이다.

많은 신자들이 성령의 능력으로 살기보다 자기 자신들의 힘으로 살려고 한다. A. W 토저는 그의 책 「능력으로의 길들(Paths to Power)」에서 이렇게 말하고 있다. "자신들을 신자라고 고백하는 일반적인 그리스도인들이 너무 세상적이고 생각 없는 삶을 살고 있어서 그들을 불신자들과 구분하기란 여간 힘든 게 아니다." 심지어 하나님의 말씀을 열심히 연구하는 사람들 가운데도 내주하시는 하나님의 영을 의지하기보다 인간적인 결정이나 노력을 더 의지하려는 유혹들이 존재한다. 사실 하나님은 우리 생각의 틀 안에 가두어두거나 통제하거나 또는 조종할 수 없는 살아계신 인격체시지만, 그 하나님을 성경적인 명제들이나 신학적인 추론들의 집합체로 축소시켜버리는 것이 우리에게는 더 쉽고 부담 없는 것이 된다. 일반적으로 알려져 있는 성경적 이신론(理神論) - 아이러니컬하게도 성경적 근거가 없는 - 이 있는데, 그것은 하나님이 그의 백성들에게 더 이상 말씀하지 않으신다거나 성경 말씀 외의 방법으로는 그들을 개인적으로 인도하지 않으신다는 것이다. 우리가 만약 성령이 하시는 놀라운 일들에 대해 우리의 마음을 닫아둔다면, 그것은 우리가 하나님의 능력을 경험하는 것을 한정시키고 제한하는 것이 된다.

영적인 삶을 인간적인 힘으로 살려고 하는 개인적인 시도들은 하나님을 예배하고 섬기는 일에 있어서도 인간적인 힘으로 하려고 하는 공동체적인 시도들로 나타나게 된다. 사실 교회는 성령의 능력 안에서 시작되었고 움직여왔지만, 오늘날 많은 교회들은 성경에 기록되어 있는 하나님의 사람들의 경험보다 자기 자신들의 경험에만 한정하여 생각하고 있다. 이것은 교회가 가지는 기대에 있어서 초자연적인 요소를 제하여 버림으로, 결과적으로 우리가 우리의 예측 밖에 있는 하나님의 주권적인 역사하심에 대해 열려 있는 성경적 세계관의 영향을 받기보다 어떤 면에서는 자연주의나 닫힌 우주관의 영향을 더 받게 된다. 교회는 본질적으로 사회 경제적인 기관이 아니라 영적인 유기체다. 그러므로 계속적인 생명력을 가지기 위해서는 개인적이고 공동체적인 성령의 나타나심에 의존해야 한다. 「새 바람 강한 불길(Fresh Wind, Fresh Fire)」에서 짐 심발라(Jim Cymbala)는, 회중들이 끊임없이 하나님께 구하지 않는다면 그들의 영적 능력의 창고는 시간의 흐름과 함께 텅텅 비게 될 것이라고 말하고 있다. 성령의 기름 부으심 없이는 우리의 예배 가운데 하나님의 임재를 경험하지 못할 것이다.

### 신령과 진정

우리에게는 성령의 불과 말씀의 빛 모두가 필요하다. 하지만 많은 신자들과 교회들은 성령 중심 혹은 말씀 중심 가운데 어느 하나를 선택해야 하는 것으로 생각해서 '이것저것 모두' 대신에 '이것 혹은 저것'의 문제로 바꾸어버렸다. 건전한 가르침이 없는 능력은 얄팍해지기 쉽고 분별력이 부족하게 된다. 반면 능력이 없는 교리나 가르침은 무미건조해지기 쉽고 영적으로 무감각해지기 쉽다. 하지만 능력과 진리, 행동과 말, 경험과 해석, 현상과 성숙이 우리의 개인적인 그리고 공동체적인 삶에서 결합될 때 비로소 성령은 환영을 받게 되고 그리스도는 영광을 얻게 되는 것이다.

균형 잡힌 성령 충만의 영성은 우리의 이성과 감성을 양극단으로 분리시키려는 것이 아니라 하나로 연합하려는 것이다. 우리가 마음과 생각을 다해 하나님을 사랑할 때, 믿음과 감정은 하나가 되어 서로를 더 강화시키게 된다(벧전 1:8-9 참조). 사랑과 감정이 없는 차갑고 날카로운 진리와 진리가 없는 감상적인 사랑 모두는 바울이 에베소서 4장 15절에서 "오직 사랑 안에서 참된 것을 하여 범사에 그에게까지 자랄지라 그는 머리니 곧 그리스도라"고 말하는 비전에는 불충분한 것이다. 올바른 은혜의 신학만이 정신의 함양과 마음의 변화를 가져오게 하는데, 그것은 지성이나 의지뿐 아니라 직관과 경험적인 이해의 차원까지 모두 인정하는 것이다. 그리스도의 몸은 각기 다른 기질들과 경험들로 인해 여러 가지 다른 방법으로 성령을 경험한 많은 신자들로 구성된다. 그렇기 때문에 우리 모두가 이러한 다양성이 가져다주는 균형을 기꺼이 받아들일 때 많은 유익을 얻게 되는 것이다.

## 세 가지 성령 중심의 운동들

20세기에 들어와서 세 가지 독특한 성령 중심의 현상들이 나타나게 되는데, 그것은 '오순절운동'과 '은사쇄신운동'(개신교와 가톨릭에서) 그리고 '제3의 물결'이다.

**오순절운동**  오순절운동은 중생 이후 성화를 이루어가는 과정에 있어서 성령의 두번째 사역을 강조했던 19세기 성결운동에 그 뿌리를 두고 있다. 1901년, 찰스 파함(Charles Parham)이 주도한 부흥에서 캔자스 주의 토페카(Topeka)라는 곳에 있는 베델 성경학교의 학생들 대부분이 모든 방언의 은사를 체험하는 일이 일어났다. 그러자 파함은 방언 말하는 것을 사도행전 2장에 나오는 오순절 사건과 연관지으며 그것을 성령 세례의 첫 증거로 보았다. 1906년에는 파함의 영향을 받은 흑인 목사 윌리엄 세이모어(William J. Seymour)가 로스앤젤레스에 가서 성령 세례와 방언에 대해 설교하였다. 그러자 아주사(Azusa) 거리에서 그의 사역을 통해 부흥운동이 시작되었고, 그것은 거대한 부흥운동으로 확장되어 북미 전역으로 빠르게 번져나갔을 뿐 아니라 점차적으로 아시아, 라틴 아메리카 그리고 아프리카에까지 전파되었다. 이 오순절운동은 주류 교계에서는 거부되어 독자적인 교단을 형성하게 되었는데, 그 가운데는 하나님의 성회(the Assemblies of God), 하나님의 교회(the Churches of God) 그리고 성결 오순절 교회(the Holiness Pentecostal Church)가 있다. 국제 순복음 사업가들의 모임(the Full Gospel Business Men's Fellowship International) 또한 오순절 교리와 관습을 장려하고 있다.

**은사쇄신운동**  오순절 교단의 테두리 양극단에 있는 모두를 놀라게 하며 주류 개신교 교회들 내에서 신오순절운동(neo-Pentecostal movement)이 1960년대 초 북미 여러 곳에서 동시다발적으로 일어났다. 이 운동은 제도적 교회 안에서의 영적 갱신의 수단으로 성령의 세례와 은사들을 강조하였는데, 그 리더들로는 성공회의 데니스 베넷(Dennis Bennett)과 리타 베넷(Rita Bennett), 존 셰릴(John L. Sherrill)과 아그네스 샌포드(Agnes Sanford), 루터교의 래리 크리스텐슨(Larry Christenson), 감리교의 토미 타이슨(Tommy Tyson), 그리스도의 제자교의 돈 베샴(Don Basham) 그리고 장로교의 로드먼 윌리엄스(Rodman Williams)가 있다. 베넷의 「아침 9시(Nine O'Clock in the Morning)」, 「성령과 당신(The Holy Spirit and You)」, 셰릴의 「그들은 다른 방언으로 말했다(They Spoke with Other Tongues)」 그리고 윌리엄스의 「오늘날 성령의 은사(The Gift of the Spirit Today)」와 같은 책들은 나중에 은사쇄신운동이라고 불리게 된 운동에 많은 영향을 끼쳤다. 오순절운동 때와 달리 대다수의 은사주의자들은 주류 교단 내에 그대로 머물렀으며, 그들의 경험을 범교회적 패턴의 더 큰 범주 안에 순응하려 하였다.

1966년에 이르러서는 듀케인 대학(Duquesne University)의 몇몇 교수들이 데이비드 윌커슨(David Wilkerson)의 책 「십자가와 깡패(The Cross and the Switchblade)」에 묘사되어 있는 성령의 능력을 구하기 시작했고, 이것은 은사쇄신운동이 로마 가톨릭 교회에까지 영향을 미치게 하는 역할을 하였다. '듀케인 주말'이라 불리는 때에 학생들 가운데 놀라운 부흥의 체험이 있었고, 다른 가톨릭 대학인 노트르담 대학과 미시간 주립대학에도 영향을 끼쳤다. 이 운동은 여러 컨퍼런스들을 통해 확장되었는데, 그 가운데는 성령 안에서의 삶 세미나(Life in the Spirit seminars), 꾸르실료운동(the Cursillo movement), 하나님의 말씀 공동체(the Word of God Community) 그리고 많은 간행물들이 있었다. 〈새 언약(New Covenant)〉지의 랠프 마틴(Ralph Martin), 「성령과 능력(The Holy Spirit and Power)」의 킬리언 맥도넬(Kilian McDonnell) 그리고 「새 오순절?(A New Pentecost?)」의 레온 조셉(Leon Joseph) 쉬넨스 추기경과 같은 가톨릭 작가들은 성령의 은사를 성경신학 및 역사적 영성과 연결시키려 노력하였고, 기독교 공동체 안에서 이러한 은사들을 공동체가 함께 사용하는 것을 강조하였다.

**제3의 물결운동**  1970년대부터는 오순절이나 주류 교단에 속해 있지 않으면서 성령의 능력과 은사들을 추구하려는 교회들과 사역들이 많이 생겨나기 시작했다. 여기에 속한 많은 복음주의자들은 '오순절'이라든지 '은사주의'라는 용어를 사용하지 않으려 했는데, 이 때문에 피터 와그너(C. Peter Wagner)는 이 세번째로 나타나고 있는 성령 중심의 현상들을 이전의 것들과 구분하기 위해 그의 책 「성령의 세번째 물결(The Third Wave of the Holy Spirit)」에서 '제3의 물결'이라는 용어를 만들어냈다. 이 운동의 가장 대표적인 것으로는 빈야드 교회(Vineyard Fellowship)의 성장을 들 수 있는데, 빈야드 교회는 능력 전도와 능력 치유에 있어서 표적과 기사에 대한 열린 마음의 중요성을 강조하였던, 지금은 고인이 된 존 윔버(John Wimber) 목사에 의해 설립되었다.

앞에서 살펴본 세 가지 운동 모두가 은사들의 특성과 범위, 성령 세례의 의미 그리고 개인적, 공동체적인 경험들에 있어서 어느 범위까지를 인정할 것인가에 대한 분별의 문제 등 아주 중대한 논쟁들을 야기시켜왔던 것은 어떻게 보면 당연한 것이다. 많은 경우, 나타난 현상들을 바로 어떤 규정으로 일반화시켜버린다거나 그것에 대한 해석보다 경험 자체를 더 강조하려는 경향들이 있어왔다. 안타깝게도 처음의 두 운동 때에 많은 사람들은 방언을 받지 못했다면 성령 세례를 받은 것이 아니라고 생각해버렸다. 방언에 대한 이 같은 지나친 강조는 그리스도의 몸 안에서 많은 사람들을 양극화시키는 결과를 가져왔다. 하지만 최근에 들어서 성령의 현상에 대해 좀 더 학적이고 성경적인 관점으로 다루고 있는 많은 책들이 나오고 있다. 「나는 성령을 믿는다(I Believe in the Holy Spirit)」의 마이클 그린(Michael Green), 「벽난로 속의 불(Fire in the

Fireplace)」의 찰스 험멜(Charles E. Hummel), 「능력 주시는 하나님의 임재(God's Empowering Presence)」와 고린도전서에 대한 주석서(commentary on The First Epistle to the Corinthians)를 쓴 고든 피(Gordon D. Fee), 「조직 신학(The Gift of Prophecy and Systematic Theology)」의 웨인 그루뎀(Wayne A. Grudem), 「놀라운 성령의 능력(Surprised by the Power of the Spirit)」, 「놀라운 하나님의 음성(Surprised by the Voice of God)」의 잭 디어(Jack Deere), 「성령의 능력으로 사역하라(Receiving the Power)」의 젭 브래드포드 롱과 더글러스 맥머리(Zeb Bradford Long and Douglas McMurry) 그리고 「말씀과 능력의 교회(The Word and Power Church)」의 더그 배니스터(Doug Banister)와 같은 작가들은 더 체계적이고 신뢰할 만한 은사적 복음주의 신학을 발전시켜왔다.

성령 중심의 세 가지 운동 모두 지금도 계속되고 있으며, 서로 조금씩 겹쳐지는 부분이 있긴 하지만 각각의 고유한 특성들을 잘 간직하고 있다(사실 '제3의 물결'이라는 비유가 가지고 있는 약점은 그 이전의 두 운동들이 지금은 사라지고 없다라는 것을 암시하는 듯한 것에 있다). 그 차이점들에도 불구하고 오순절운동, 은사주의운동, 제3의 물결운동 모두는 성령의 사역과 나타나심에 중심을 두고 있다. 이러한 이유에서 나는 이 세 가지 운동에 속해 있는 사람들을 '성령 중심의 신자들(SCBs: Spirit-centered believers)'이라 칭하여 교리와 실천에 있어서 은사주의적이지 않은 '말씀 중심의 신자들(WCBs: Word-centered believers)'과 구분하려 한다. 앞으로 살펴보겠지만 양쪽 모두 장단점이 있으며, 균형 잡힌 성령 충만의 영성을 위해서는 각각의 장점을 취하기 위해 노력해야 할 것이다.

## 성령 세례

심지어는 성령 중심의 신자들(SCBs) 가운데서도 성령 세례의 의미에 대한 아주 다양한 해석들이 있어왔다. 19세기 후반의 웨슬리안 성결운동에서는 성령 세례를 '완전한 성화'의 성결을 가져다주는 회심 이후의 '두번째 축복(second blessing)'과 연결지었다. 드와이트 무디(Dwight L. Moody)와 루벤 토레이(Reuben A. Torrey)와 같은 복음주의적 지도자들 또한 성령 세례를 회심 이후의 경험으로 보았으나, 그것을 사역을 위해 하나님이 능력을 부어주시는 것으로 보았다. 그 후 오순절운동이 시작되어서야 성령 세례를 방언의 경험과 연관시키게 되었다. 은사주의운동에 속한 많은 사람들은 방언을 성령 세례의 첫번째 표징으로 보는 신오순절적 견해를 받아들였으나, 점점 갈수록 많은 은사주의적 성도들이 방언은 단지 성령 세례 때 동반될 수 있는 여러 가지 은사들 가운데 하나일 뿐이라고 결론지었다. 은사쇄신운동에 속해 있는 다른 이들은 성령의 은혜는 처음 영접하는 순간 이미 받았기 때문에 성령을 자유롭게 내어드린다는 관점에서의 성례적 성령 세례에 관심을 기울였다. 제3의 물결에 속한 사람들은 성령 세례를 성령으로 충만하게 되는 것 혹은 성령의 능력과 은사들에 대해 더 열린 자세를 취하는 것으로 더 많이 이야기했는데, 이것은 개인적이거나 또는 공동체적인 영적 갱신이라는 영적 돌파의 경험을 포함하는 것이다.

신약에서 성령 세례에 대해 언급하고 있는 본문은 7군데 있으며(마 3:11, 막 1:8, 눅 3:16, 요 1:33, 행 1:5, 11:16, 고전 12:13), 처음 6개의 본문은 오순절 사건 때 이미 이루어졌다. 어떤 사람들은 고린도전서의 본문과 나머지 다른 본문들을 나누어 구분하고 있는데, 성령의 능력으로 이끄는 성령 안에서의(in) 세례(그리스도의 몸을 이루게 하는)를 성령에 의한(by) 세례와 대비시키고 있다. 하지만 위의 모든 본문에서는 '함께(with)', '안에(in)', 또는 '의해(by)' 모두로 번역될 수 있는 같은 헬라어 전치사(en)를 사용하고 있기 때문에 성령 세례를 두 가지 다른 종류로 구분하는 것에 대한 어떠한 성경적 근거도 없다. 오순절 사건 때의 제자들의 경험(행 2:1-4), 사마리아 사람들의 경험(행 8:14-17), 이방인 고넬료 권속의 경험(행 10:44-47) 그리고 세례요한의 에베소 제자들의 경험(행 19:1-7) 등 이 모두는 어떤 한 개인에게 성령이 처음으로 임하시는 것과 관련이 있는데, 이후에 바울은 이것을 그리스도 몸의 한 지체가 되는 것과 연결지었다(고전 12:13). 그렇기 때문에 회심 이후에 겪게 되는 성령의 채우심, 능력 주심, 또는 나타나심의 경험들은 '세례'라고 하는 단어와 연관짓기보다 내주하시는 성령의 능력을 통해 우리를 새롭게 하시는 하나님의 놀라운 일하심으로 보아야 할 것이다.

오순절 사건 이후 세례를 주시고, 내주하시고, 인을 쳐주시는 성령의 새 언약 사역이 모든 믿는 자들의 중생의 순간에 임하여왔다. 하지만 그 이후에 일어나는 성령의 충만케 하심, 부어주심 그리고 능력으로 덧입게 하심의 경험들은 하나님의 주권적 뜻에 따라 많은 믿는 자들에게 주어졌다. 그러므로 회심 이후에 겪을 수 있는 갱신의 경험들에 대한 단 한 가지 처방이나 형태는 있을 수 없으며, 어느 한 사람의 경험을 다른 사람들에 대한 표준으로 삼으려는 것은 잘못된 것이다.

### 내적 충만과 외적 충만

성령의 나타나는 현상들은 다양하지만 신약에서는 모든 믿는 자들이 성령으로 충만해지는 것을 두 가지 주된 방법으로 구분한다. '성령의 내적인 사역'은 그리스도와 같은 성품과 영적 성숙을 가져온다. 헬라어 동사 '플레루(pleroo)'와 그 어원 '플레레스(pleres)'의 '채운다'라는 의미는 존재가 성장하는 상태를 뜻한다. 이 단어들은 성령에 의해 움직인 스데반과 바나바와 같은 영적으로 성숙한 사람들에 대해 이야기할 때 사용되었다(눅 4:1-2, 행 6:3, 5, 7:55, 11:24, 13:52, 엡 5:18-19). '성령의 외적인 사역'은 사역과 봉사를 위해 하나님이 능력을 부여해주시는 것과 관련이 있다. 헬라어 동사 '핌플레미(pimplemi)'에서의 '채운다'라는 의미는 어떤 행위에서 분명하게 드러나는 하나님의 주권적인 능력을 일시적으로 경험하는 것을 뜻한다. 이 단어는 엘리사벳, 베드로 그리고 사울의 삶에서 보여지는 성령의 어떤 특정한 나타나심들에 대해 이야기할 때 사용되었다(눅 1:41-42, 67, 행 2:4, 4:8, 31, 9:17, 13:9-10 〈표 24.1 참조〉).

| 성령의 내적인 사역 | 성령의 외적인 사역 |
| --- | --- |
| 채우심 : 플레루(pleroo)와 플레레스(pleres) | 채우심 : 핌플레미(pimplemi) |
| 존재의 성장하는 상태 | 일시적인 경험 |
| 성품과 지혜를 가져다 | 사역과 봉사를 위한 능력을 부여 |
| 성령의 열매 | 성령의 은사 |
| 안에 계신 성령 | 위에서 임하시는 성령 |
| 성결 | 능력 |
| 성숙 | 드러남 |
| 되어지는 것 | 행하는 것 |

〈표 24.1〉

건강한 성령 충만의 영성은 내적, 외적인 충만함 모두를 요구한다. 하지만 불행하게도 말씀 중심의 신자들(WCBs) 가운데는 성령의 내적인 역사만을 강조하고 성령의 외적인 역사를 간과하는 경향이 있으며, 성령 중심의 신자들(SCBs)에게서는 그와 정반대의 경우를 보게 된다. 이렇게 될 때, 말씀 중심의 신자들은 지식과 성품에서는 뛰어날지 모르나 능력과 행위는 약할 수 있다. 따라서 성령의 외적인 사역을 억제하는 교회들이나 개인들은 변화와 성숙의 사역에 있어서는 무기력할 수 있는 것이다. 결국 자신들의 해석이 자기들의 경험보다 더 우월한 위치에 놓이게 되는 것이다.

반면에 성령 중심의 신자들(SCBs)은 능력과 행위에 있어서는 뛰어날 수 있지만 지식과 성품에서는 약할 수 있다. 경험이 성경적인 해석을 앞서 나갈 때 그 사람은 속임수와 감정적인 조종에 쉽게 넘어갈 수 있으며, 경험이 성품을 앞서갈 때 성령이 슬퍼하시고 결국에는 능력을 잃게 된다. 인격 없는 능력은 축복이기보다 저주가 되기 쉽고, 영적인 성숙에서 오는 영적인 현상들을 구별하지 못하는 잘못을 범할 수 있게 된다.

성품과 은사 둘 다 중요하다. 즉 우리에게는 외적 사역인 성령의 능력뿐 아니라 내적 사역인 성령의 열매 또한 필요한 것이다. 성결과 능력은 서로 함께 어우러질 때 최대의 효과를 내며 서로가 서로를 강화시킨다. 성령 충만의 영성에서 또 한 가지 중요한 것은 우리가 성령의 역사를 어떤 특별한 현상에만 제한하지 말고 우리 일상에서 일어나는 평범한 일들과 문제들에 연결시켜야 한다는 것이다.

온전한 원형의 영성은 다음 그림에서 나타내고 있는 것과 같이, 성경적 진리와 건전한 교리에 근거하는 것(아는 것)과 인격이 성장하고 하나님과의 개인적인 경험을 갖는 것(되는 것) 그리고 다른 사람들을 섬기기 위한 은사들과 기술들을 개발하는 것(행하는 것) 모두를 포함한다.

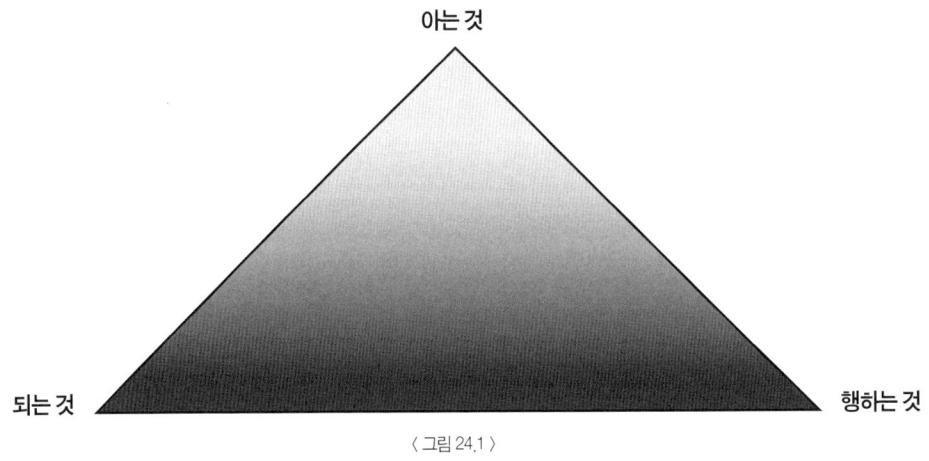

〈 그림 24.1 〉

어떤 개인이나 그룹이 이 세 가지 영역 가운데 어느 한 가지라도 간과할 때 이 삼각형은 찌그러질 수밖에 없다. 우리가 살아온 배경과 기질로 인해서 우리 가운데 어떤 이들은 '아는 것'에 더 자연스럽게 끌릴 수 있고, 어떤 이들은 '되는 것'에, 또 어떤 이들은 '행하는 것'에 더 마음이 갈지도 모른다. 그렇기 때문에 그리스도의 한 몸 안에 속하여 우리를 자극하고 권면해줄 지체들에게 자신을 정직하게 드러내는 것이 필요하다. 이를 통해 우리의 개인적인 경향들을 잘 파악하여 우리의 생각과 애착 그리고 선택에 있어서의 균형을 추구해나가는 것이 현명할 것이다.

## 적용을 위한 질문

- 이 장에서 소개한 열두 가지 성령의 사역들을 생각해볼 때, 당신에게 가장 중요하게 다가오는 것은 어떤 것들인가? 또한 더 멀게 느껴지는 것들은 무엇인가?

- 세 가지 성령 중심의 운동들이 일어난 이유가 무엇이라고 생각하는가? 그 가운데 당신이 개인적으로 경험한 것이 하나라도 있는가?

- 당신은 자신이 말씀 중심적 신자들과 성령 중심적 신자들 사이의 어디쯤에 속한다고 생각하는가?

- 당신은 성령의 외적인 사역에 더 끌리는가, 아니면 내적인 사역에 더 관심이 가는가?

제9부 _ **성령 충만의 영성** SPIRIT-FILLED SPIRITUALITY

# 25 성령의 은사

| 이 장의 개관 | 이 장에서는 성령 충만의 영성의 중요한 지표로 그리스도 안에서의 다양성과 연합 그리고 성령의 은사의 본질과 목적을 제시한다. 은사의 유익함이 제시되고 은사에 대한 논쟁이 제기된다. 은사에 대한 간략한 설명 후에, 다른 사람들을 세워가기 위해 성령이 그리스도의 몸 된 모든 사람들에게 부여하신 은사를 발견하고 개발하는 것에 대해 설명하고 있다. |
|---|---|
| 이 장의 목표 | • 성령의 은사의 본질과 목적에 대한 명료화<br>• 성령의 은사의 유익함에 대한 인식<br>• 우리의 은사에 대한 발견과 개발에 대한 고양된 이해<br>• 은사의 이용과 남용에 대한 지식 |

하나님은 모든 신자들에게 각자의 삶의 상황에 완벽히 들어맞는 기회와 은사를 허락하셨다. 모든 신자는 그리스도의 몸에 각양의 방법으로 공헌할 수 있는 성직자다. 우리 각자가 맡은 사역의 주요 영향력은 우리가 받은 영적 은사에 달려 있다. 공동체 안에서 이러한 은사의 사용은 그리스도의 몸을 세우고 양육하는 데 기여한다. 이와 같이 성령의 은사는 우리의 영성 형성의 핵심에 놓여 있다.

## 그리스도의 몸 안에서의 다양성과 연합

사도행전 2장을 보면 성령이 임했을 때 새로운 기관이 형성되었다. 새 유기체는 그리스도 안에서 영생의 선물을 받은 신자들로 구성되었다. 로마서 8장 14-17절, 갈라디아서 4장 4-7절, 에베소서 2장 19절에서 이것은 영적인 권속 혹은 가정으로 묘사되고 있다. 양자됨과 그리스도를 통해 새로 태어남으로 우리는 하나님의 아들과 딸이 되었다. 에베소서 2장 20-22절, 베드로전서 2장 4-5절에서 이 조직은 거룩한 성전으로, 또한 신자들은 그곳의 살아 있는 벽돌로 불려졌다. 그러나 이 새로운 창조물을 부르는 데 가장 많이 사용된 비유는 그리스도의 몸이다(롬 12:4-5, 고전 12:12-27, 엡 1:22-23, 3:6, 4:4-16, 5:23-30, 골 1:18, 2:19).

이러한 영적인 몸이 갖는 다양성과 통일성에 대해서 신약 성경은 잘 설명해주고 있다. 교회에 대한 바울의 비유보다 더 적절한 것은 없다. 왜냐하면 우주적인 교회(모든 믿는 자들)와 지역교회(특정 지역의 믿는 자들) 모두가 다양한 요소들로 이루어진 연합체들이기 때문이다. 그리스도는 그 몸의 머리요 지배자가 되신다(엡 1:22, 4:15, 골 1:18). 그리고 믿는 자들은 개개의 회원이거나 또는 구성원이다. 이런 모습으로 각 그리스도인들은 특별한 기능과 능력을 발휘해서 모든 구성원들에게 유익을 끼치는 것이다. 신자들이 그들의 영적인 은사를 발견하고 적극적으로 그것을 사용할 때, 비로소 그곳에 양적이며 질적인 성장이 있게 된다. 전체의 안녕을 위해 몸의 각 기관은 나머지 전체에 전적으로 의존한다. 따라서 필요하지 않은 기관은 없다. 이것이 지역교회에서 가르침과 교제를 통해 서로의 덕을 세우는 것이 필요한 이유다. 코이노니아 혹은 교제에 대한 성경의 개념에 있어서 따로 떨어져 있는 것은 곧 기능 감퇴를 의미한다. 신체의 어떤 장기도 따로 떨어져서는 제 역할을 할 수 없듯이, 어떤 믿는 자도 관계의 공백 상태에서는 영적인 활력을 가질 수 없다. 성령은 몸의 모든 구성원들에게 임의대로 영적인 은사를 나누어주셨다. 모든 은사를 혼자 다 가지고 있는 사람은 아무도 없다. 그러므로 성장은 서로 간의 사역과 상호 의존을 벗어나서는 이루어지지 않는다.

그리스도의 몸은 유기체다. 독제체제도 민주체제도 아니다. 그러므로 구성원들 속에서 영적인 은사들이 발견되고 활용될 때 지역교회는 가장 잘 형성되는 것이다.

일례로, 에베소서 4장 4-16절에서 바울이 어떻게 그리스도의 몸을 세우기 위해 하나님의 주신 은사의 역할을 말했는지 생각해보라. 4-6절에서 발견할 수 있는 연합의 7가지 요점은 무엇인가? 4장 7-10절에 따르면, 은사를 교회 앞에 내어놓는다는 것은 무엇인가? 13절은 질적인(개인의) 성장을 말하는 반면, 12절은 양적인(공동의) 성장을 말한다. 4장 11-13절은 4장 14-16절과 어떻게 연결되는가?

## 영적인 은사의 특성과 목적

가장 많이 사용되는 영적 은사에 대한 헬라어는 하나님의 은혜(카리스, charis)와 연관된 카리스마(charismata)라는 단어다. 이러한 은사들에 관해 바울은 "우리 각 사람에게 그리스도의 선물의 분량대로 은혜를 주셨나니"(엡 4:7)라고 썼다. 또 다른 단어는 프뉴마티코스(pneumatikos)로서 '영성' 혹은 '영적인 것'을 의미한다. 하나님의 역사는 오직 하나님의 능력에 의해 성취되기 때문에, 영적인 은사는 그리스도의 몸을 이루는 각 지체들에게 다른 사람들을 서로 세우도록 하기 위해 성령이 주시는 천부적인 재능인 것이다.

영적인 은사에 대해 하나님이 의도하신 열두 가지 원리를 살펴보자.

1. **모든 그리스도인은 각자가 한 가지 혹은 그 이상의 영적인 은사를 가졌다.** "각 사람에게 성령의 나타남을 주심은 유익하게 하려 하심이라 … 이 모든 일은 같은 한 성령이 행하사 그 뜻대로 각 사람에게 나눠 주시느니라"(고전 12:7, 11). "우리 각 사람에게 그리스도의 선물의 분량대로 은혜를 주셨나니"(엡 4:7). "각각 은사를 받은 대로 하나님의 각양 은혜를 맡은 선한 청지기같이 서로 봉사하라"(벧전 4:10).

2. **많은 그리스도인들이 한 가지 이상의 영적인 은사를 받았다.** 영적 은사는 참으로 다양하기 때문에 몇 가지 은사의 조합은 헤아릴 수 없이 많다. 중복된 은사를 받은 그리스도인들은 하나님이 그들에게 주신 사역에 완벽하게 들어맞는 은사의 조합을 가지고 있다. 이러한 은사들이 어떻게, 어떤 신자에게, 혹은 어떤 상황 속에서 쓰여야 하는지, 다시 말하면 어떤 특정한 상황과 특정한 필요를 채우기 위해 성령의 은사가 어떻게 활용되어야 하는지에 대해서는 의견들이 다양하다. 어떤 사람들은 로마서 12장과 에베소서 4장에 나오는 은사들을 한 개인 속에 영원토록 내재하는 것들로 보고 그것들을 고린도전서 12장에 나오는 특정한 상황에 필요한 은사들과 구분하기도 한다. 내 견해로는, 믿는 자는 그 심령 속에 내재하는 은사와 상황 속에서 활용되는 은사 모두를 가질 수 있다고 본다.

3. **영적인 은사는 거듭나는 순간에 주어질 수 있다. 그러나 그것이 오랫동안 발견되지 않고 잠재되어 있을 수 있다.** 중복된 은사를 가진 그리스도인들이 때때로 점진적인 과정 속에서 그들 안에 있는 은사의 조합을 발견하기도 한다.

4. **영적인 은사는 잘못 사용되어지거나 무시될 수 있다. 그러나 거듭나는 순간에 주어진 것이라면 우리는 그것을 결코 잃어버리지 않는다.** 고린도교회의 성도들은 은사를 많이 받았음에도 불구하고 영적으로 얼마나 미성숙할 수 있는지를 우리에게 보여주었다.

5. **영적인 은사가 성령의 은사와 같은 것은 아니다.** 영적인 은사는 모든 믿는 자들에게 주어지며(요 14:16, 행 2:38), 몸을 이루는 각 신자는 하나님이신 예수님의 능력 안에서 행하게 된다. 한편, 성령의 은사는 성령의 "그 뜻대로 각 사람에게"(고전 12:11) 나누어진다.

6. **영적인 은사가 성령의 열매와 같은 것은 아니다.** 성령의 열매는 안에서부터 맺힌다. 영적인 은사는 밖에서부터 주어진다. 열매는 그리스도를 닮은 성품과 관계가 있다. 은사는 그리스도인의 봉사와 관계가 있다. 성령의 열매, 특히 사랑은 성령의 은사를 행할 때 품어야 하는 내용이어야 한다. 바울은 고린도전서 13장에서 영적 열매가 없는 영적 은사는 아무것도 아니라는 사실을 분명히 했다.

7. **영적인 은사가 천성적인 재능과 같은 것은 아니다.** 태어날 때부터 갖게 되는 천성적인 재능과는 달리, 영

적인 은사는 그리스도 안에서 믿는 자에게 독점적으로 주어진다. 어떤 경우에는 영적인 은사가 천성적인 재능과 일치할 수도 있지만, 영적인 은사는 신적인 특질이 더해져서 천성적인 재능을 훨씬 능가한다. 이 두 가지 모두가 하나님으로부터 주어지는 것으로서(약 1:17), 충분히 개발되어야 하며 하나님의 영광을 위한 목적에 맞게 쓰여야 한다(고전 10:31).

8. **모든 그리스도인들이 사역으로 부르심을 받았다. 그러나 모두가 성직을 받은 것은 아니다.** 사역은 하나님이 부여한 은사와 기회로 인해 결정된다(엡 3:7). 성직(전도자, 교사, 집사, 장로)은 그리스도의 몸 안에서 사람들에 의해 인식되고 그들이 결정한 사역의 영역이다.

9. **어떤 영적인 은사들은 다른 것에 비해 지역교회에 더 유익하다. 왜냐하면 그리스도의 몸을 더욱 세우기 때문이다.** 바울은 고린도교회 성도들에게 "너희는 더욱 큰 은사를 사모하라"(고전 12:31, 14:5 참조)고 권면했다.

10. **카리스마는 문자적으로 '은혜로운 은사'를 의미한다.** 은사는 성령에 의해 주권적으로 그리고 과분하게 주어진다. 그렇기 때문에 자랑하거나 부러워할 근거가 없다. 그리스도의 몸 안의 모든 지체들은 각자의 위치와 목적을 가지고 있다. 사람들의 눈에 많이 드러나든 적게 드러나든 모두 동일한 기준이 적용된다. 즉 신실함을 필요로 하는 청지기 의식이 요구된다는 사실이다(고전 4:2). 하나님이 당신에게 주신 일과 함께하라(딤후 1:6). 그리고 사람들을 기쁘게 하기보다는 하나님을 기쁘시게 하라(갈 1:10, 살전 2:4).

11. **은사는 효과적인 사역과 몸을 세우기 위해 하나님이 주신 영적인 도구다.** 그것은 자기 과장이나 성령의 특별한 임재를 증명하기 위한 것이 아니고, 그리스도의 몸을 세우고 유익을 끼치기 위해 주어진 것이다. 은사를 소유한 자는 단지 도구일 뿐이지 영광을 받는 자가 아니다. 은사의 목적은 "범사에 예수 그리스도로 말미암아 하나님이 영광을 받으시게 하려 함"(벧전 4:11)이다.

12. **영적인 은사가 최대한으로 활용되는 것은 신약시대의 교회가 급속하게 배가할 수 있었던 열쇠였다.** 윌리엄 맥도날드(William MacDonald)는 그의 책 「그리스도께서 사랑하신 교회(Christ Loved the Church)」에서 이런 배가의 원리를 두 개의 그림으로 설명했다. 첫번째 그림은(〈그림 25.1〉) 에베소서 4장 12절에 언급된 은사의 목적을 설명한다("이는 성도를 온전케 하며 봉사의 일을 하게 하며 그리스도의 몸을 세우려 하심이라"). 두번째 그림은(〈그림 25.2〉) 디모데후서 2장 2절의 역동성을 묘사하는 것으로써, 그것은 많은 신자들이 그들의 은사를 적극적으로 사용할 때 나타난다.

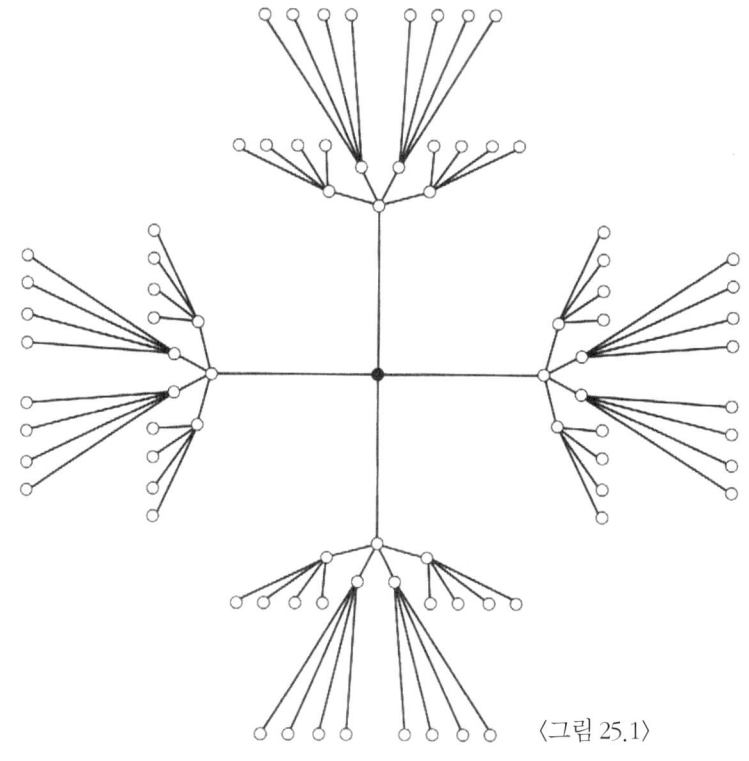

〈그림 25.1〉

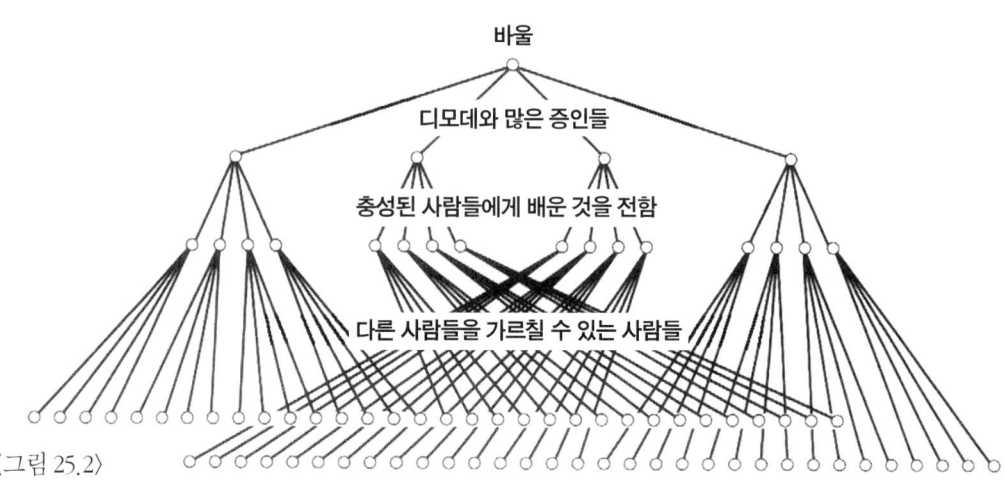

〈그림 25.2〉

William MacDonald, Christ Loved the Church, ⓒ 1966, Walterick Publishers 허락하에 사용.

## 은사의 유익

하나님이 당신에게 부여하신 영적인 은사를 발견하고 개발하는 것은 중요하다. 은사는 다음과 같은 세 가지 기본적인 이유 때문에 추구되어야 한다.

**당신에게 만족함을 줄 것이다.** 당신의 은사가 무엇인지 알고 또한 그것을 사용하는 것은, 그리스도의 몸 안에서 당신이 성취하도록 부름받은 독특하고 필수적인 사역을 이해하도록 도와줄 것이다. 당신은 이 땅에서의 존재 목적의 중요한 부분을 발견하게 될 것이다. 또한 하나님이 당신을 영원토록 지속될 중요한 것을 생산할 수 있는 유능한 자로 창조하셨음을 인식하게 될 것이다. 당신은 성령님이 일하실 수 있는 유용한 도구가 됨으로써, 타인을 섬기는 데 있어서의 성취감과 기쁨을 맛볼 것이다. 또한 은사에 대한 지식은 삶의 다양한 지점에서 하나님의 뜻을 분별하고 확인할 수 있게 해줄 것이다. 하나님은 감당할 능력을 허락하지 않으신 채로 임무를 완수하라고 부르시지 않는다. 당신은 그리스도의 몸 안에서 하나님이 허락하신 직분에 따라 당신이 참여 가능한 특정한 기회와 훈련에 대해 더 현명한 결정을 내릴 수 있을 것이다(롬 12:4). 당신은 또한 소질이 없는 부분에 힘을 낭비하기보다는 당신의 은사에 집중함으로써 시간을 더 효과적으로 사용할 수 있다.

**다른 지체들이 세워질 것이다.** 성령의 은사의 주요 목적은 교회적인 것이다 - 은사는 교회를 그리스도의 몸으로 세우고 그의 신부로 정결케 하기 위해 주신 것이다. 은사를 사용할 때 당신은 다른 지체들을 섬기고 그들을 온전케 하는 실질적인 역할을 감당하게 된다(엡 4:12-16). 은사를 개발하지 않거나 사용하지 않아 소멸시킨다면 그리스도 안에 있는 다른 지체들은 연약해질 것이다. 왜냐하면 그들의 삶에서 당신만이 행할 수 있는 독특한 사역을 당신이 그들에게 공급하지 않았기 때문이다.

**하나님 영광 받으신다.** 베드로전서 4장 10-11절에 따르면 은사는 궁극적으로 하나님께 영광을 돌리기 위함이다. 이것은 최고의 부르심으로서 성부, 성자, 성령 삼위에 모두 관계된다. 당신이 영적인 은사를 성령의 능력과 그 열매(특히 사랑) 그리고 예수 그리스도의 이름과 주 되심의 맥락에서 사용할 때 아버지가 영광을 받으신다.

## 은사에 대한 논쟁

모든 신자들은 영적인 은사의 사용을 믿는다는 점에서 카리스마적이다. 그러나 한편으로는 모든 신자들이 다 카리스마적인 것은 아니다. 성령 중심의 신자들과 말씀 중심의 신자들의 주요 차이점은 예언과 신유, 방언과 같은 논쟁의 여지가 있는 은사에 대한 관점의 차이에 있다. 성령 중심의 신자들은 모든 은사들이 현재에도 여전히 주어진다고 생각하나 말씀 중심의 신자들은 그 논쟁적 은사들은 이제 더 이상 주어지지 않는다고 믿는다. '세대주의자들'은 주로 기적의 은사들과 덕의 은사들을 구분짓는다. 소위 기적의 은사들은 1세기에 사도들의 권위와 하나님이 계시하신 말씀을 입증하기 위해 사용되었다. 신약이 완성되었을 때 기적의 은사들은 더 이상 필요 없게 되었고 교회에서 점차 소멸되었다. 말씀 중심의 신자들은 히브리서 2장 3-4절을 예로 들면서 표적과 기사는 두번째 세대 신도들에게서 끝났다고 주장한다. 어떤 이들은 고린도전서 13장 8-10절을 예로 기적의 은사는 끝났음을 주장한다.

나도 전에는 세대주의자였으나 이러한 성경적인 역사적 주장이 신빙성이 없다고 믿게 되었다. 예를 들면, 이 은사들의 중지된 시점에 관해, 바울이 말한 "온전한 것이 올 때에는"(고전 13:10)에 대해서는, 여기서의 때를 정경의 완성으로 보기보다는 그리스도의 재림을 의미하는 것으로 보는 것이 더 설득력이 있다. 또한 교회사는 이 특별한 은사들이 소멸된 것이 아니라 쇠퇴되었다는 것을 보여준다[잭 디어(Jack Deere)의 「놀라운 하나님의 음성(Surprised by the Voice of God)」 참조]. 그리고 이 쇠퇴함은 은사로서의 사역을 어떤 제도적 모형으로서의 직책으로 대체시킨 것과 관련이 있다. 기적과 예언이 이 시대에 더 이상 효력이 없다는 가르침은 말씀에서 비롯된 신학적 원리가 아니다. 이 논의에 대한 우리의 믿음은 주변 분위기와 전통 그리고 가르침에서 비롯되었다. 우리가 그것을 목격하지 않거나 혹은 악용되는 경우에 대해서만 듣게 된다면 어떤 특정한 은사들이 더 이상 효력이 없다고 결론내리기 쉽다.

## 각종 은사에 대한 설명

은사의 사용은 성령 충만의 영성에 필수적이므로, 은사의 본질에 대해 간단히 살펴보고 그것을 발견하고 개발하고 사용하는 것에 대한 지식을 갖는 것이 필요하다.

"각각 은사를 받은 대로 하나님의 각양 은혜를 맡은 선한 청지기같이 서로 봉사하라 만일 누가 말하려면 하나님의 말씀을 하는 것같이 하고 누가 봉사하려면 하나님의 공급하시는 힘으로 하는 것같이 하라 이는 범사에 예수 그리스도로 말미암아 하나님이 영광을 받으시게 하려 함이니 그에게 영광과 권능이 세세에 무궁토록 있느니라 아멘"(벧전 4:10-11). 이 말씀은 두 부류의 은사를 제시한다. 말씀의 은사와 사역 그리고 섬김의 은사와 사역이 그것이다. 로마서 12장, 고린도전서 12장, 에베소서 4장에 제시된 은사들은 다음과 같다.

**예언**(롬 12:6, 고전 12:10, 28-29, 14:1-40, 엡 4:11) - 하나님의 음성을 받아서 선포하는 능력. 예언의 주 목적은 고린도전서 14장 3절에 나타나듯 하나님께 받은 것을 사람에게 밝히는 것이나, 이는 미래를 예견하는 것도 포함한다. "예언하는 자는 사람에게 말하여 덕을 세우며 권면하며 안위하는 것이요." 이러한 의미에서 이 은사는 설교 중 권면하고 강권하기 위해 권위와 성령의 능력을 동반할 때 나타난다. 많은 성령 중심의 신자들은 예언이 꿈이나 환상, 혹은 말씀을 통한 하나님의 계시(고전 14:26)를 포함한다고 주장한다. 이는 모든 신자에게 주어진 정경의 하나님의 말씀이나 정경의 예언과 혼동되어서는 안 된다. 정경의 예언과는 달리 회중 예언은 특정한 사람, 장소, 시간에 대한 하나님의 음성이며, 이것은 교회의 리더로부터 검증되어야 한다(고전 14:29). 사랑으로 예언이 행해졌는가? 회중을 세우는 것인가? 성경 말씀에 부합하는가? 하나님을 경외하는 말씀인가?

**섬김**(롬 12:7) - 다양한 수단을 통해 지체들의 실질적 필요를 분별하여 채우는 은사. 이 은사에 대한 헬라어는 '사역' 혹은 '집사'라는 단어와 같다. 그러나 이 은사가 직책으로 혼동되어서는 안 된다.

**가르침**(롬 12:7, 고전 12:28-29, 엡 4:11) — 하나님의 말씀의 진리를 명확하게 설명하고 적용하여 사람들로 하여금 깨닫게 하는 능력. 이는 사람들에게 효과적으로 전달하기 위해서, 말씀을 정확하게 해석하고 필요한 정보를 수집하며 결론을 체계화하는 능력을 필요로 한다.

**권면**(롬 12:8) - 상담과 격려와 위로를 통해 성도들이 진리에 따라 살도록 동기를 부여하는 능력. 이 은사를 통해 성도들은 삶 속에서 하나님의 진리에 따라 살도록 도전받는다.

**구제**(롬 12:8) - 성도의 이익과 하나님의 영광을 위해 관대함과 즐거움으로 물질을 베푸는 은사. 이 은사를 가진 신자들은 꼭 부유할 필요는 없다.

**다스림**(롬 12:8) - 어떤 모임에 대한 하나님의 목적을 분별하고, 적합한 목표를 세워 전달하며, 하나님께 봉사하기 위해 그것을 성취하도록 협력을 장려하는 능력. 이 은사를 가진 사람은 조작이나 강압 없이 사람들에게 효과적으로 일을 위임한다.

**긍휼**(롬 12:8) - 신체적, 정신적, 감정적으로 고통받는 사람들의 아픔을 자신의 것처럼 이해하고 깊이 배려하는 능력. 이 은사를 가진 자들은 소외된 자들에게 관심과 친절을 보인다.

**지혜**(고전 12:8) - 하나님의 말씀의 원리를 구체적으로 특정한 상황에 적용하고, 최선의 조처를 적시에 제시할 수 있는 능력. 이 은사는 통찰력과 분별력을 통해 최고의 조언을 산출한다.

**지식**(고전 12:8) - 지체들의 이익을 위해 진리를 발견하고 분석하고 종합하는 능력. 이 은사를 지닌 사람은 예지와 통찰력으로 말한다. 그러나 '지식의 말씀'은 동시에 다른 사람들을 섬기기 위한 목적으로 사용되는 초자연적인 인식이나 분별력을 포함한다.

**믿음**(고전 12:9) - 하나님이 이루시기 원하는 비전을 보고, 그것이 상황적인 역경에도 불구하고 성취될 것을 담대히 믿는 능력. 믿음의 은사는 비전을 현실로 바꾼다.

**치유**(고전 12:9, 28, 30) - 질병을 고치고 건강을 회복케 하시는 하나님의 능력의 도구로 쓰임받는 은사. 이 은사를 지닌 자 자신이 능력의 근원이 아니라 하나님이 고치시기로 작정한 자를 고치는 도구일 뿐이다. 이 은사는 예수님과 사도들에 의해 행해진 이상과 기적과 혼동되어서는 안 된다. 또한 인기를 노리는 치유 사역자들의 은사 남용으로 인해 불신되어서도 안 된다. 가르침이나 전도와 같은 다른 은사들과 같이 치유의 은사 또한 개발과 효력의 정도가 다양하다. 치유를 위한 기도는 신체적 질병에만 국한되는 것이 아니라 정서적, 관계적, 영적인 영역까지 포함한다. 따라서 내적 치유나 기억의 치유는 억압된 두려움, 분노, 수치심과 거절감 등을 다룬다.

**능력 행함**(고전 12:10, 28, 29) - 하나님이 행하시는 초자연적인 능력을 성취하는 도구로 쓰임받는 은사. 능력 행함은 하나님의 임재와 선포된 말씀의 진리를 증거하고, 주로 선교 현장에서 빈번히 일어난다. 복음의 말씀은 그 자체로도 권위를 지니나, 때로 하나님이 그리스도 안에서의 용서와 생명을 입증하고 보이시기 위해 기적을 사용하신다.

**영 분별**(고전 12:10) - 진리의 영과 미혹의 영을 분별할 수 있는 능력(요일 4:6 참조). 이 은사는 진실과 허위, 하나님의 것과 마귀의 것, 진리와 거짓 가르침을 구분하며, 때로는 영적인 동기와 육신의 동기를 구분한다.

**방언**(고전 12:10, 28, 30, 14:1-40) - 배운 적이 없는 새로운 언어로 영적인 메시지를 받아 전하는 능력. 다른 지체들의 유익을 위해 이 메시지는 말씀을 받은 자나(고전 14:13) 혹은 통역의 은사가 있는 자에 의해 통역되어야 한다(고전 14:26-28). 논쟁의 여지가 많은 이 은사의 본질에 대해 몇 가지 관찰을 할 필요가 있다. 첫째, 바울은 이 은사를 공적으로 사용하는 것을 인정하면서, 교회의 모임에서 두 사람 혹은 세 사람이 차서를 따라 방언을 말하되 통역하는 사람이 반드시 참여하여 교회의 덕이 세워져야 한다고 말하고 있다(고전 14:26-28). 둘째, 오순절 방언의 나타남(행 2:1-13)과 고린도에서의 방언의 사용(고전 14장)에는 많은 차이가 있으며, 이는 그 둘이 동일한 것이 아님을 시사한다. 후자는 회중을 향한 메시지가 아닌, 통역될 때와 마찬가지로 교회에 덕을 세우는 하나님께 드려지는 찬양(고전 14:2)이라고 논의된다. 그렇다면 이것은 예언적이기보다는 예배에 가깝다. 그러나 바울은 고린도전서 12장 10절과 28절에 나타난 영적인 은사에 대한 논의에서 다양한 '각종 방언'이 있음을 언급하고 있다. 바울이 방언은 믿지 않는 자들에 대한 표적(고전 14:22)이라고 말한 데에는, 그 방언이 통역이 필요한 이미 알려진 언어임을 시사한다. 셋째, 고린도전서 14장 2절, 4절, 14-15절, 28절에서 바울이 각종 다른 방언에 대해 인정함을 볼 때, 소위 방언 기도(14:14-15)라 불리는 개인적 방언의 사용과 반드시 통역되어야 하는 공적인 방언의 사용이 구분될 필요가 있다. 바울은 "만일 통역하는 자가 없거든 교회에서는 잠잠하고 자기와 및 하나님께 말할 것이요"(14:28)라고 말하고 있다. 사람들은 이 기도 방언을 경배나 중보를 돕기 위해 많이 사용하지만, 방언의 은사의 주 목적은 상호 간에 덕을 세우기 위함이다. 넷째, 방언의 은사는 쉽게 가장되고 자주 남용된다. 이는 영적인 교만, 과도한 심취, 분열의 요인이 되기 쉽다. 그러기에 교회에 분별과 통역의 은사가 중요하다. 다섯째, 방언의 은사는 그것이 마치 성령받은 자의 필수 능력인 것처럼 가정되어 많은 폐해가 있었다. 그러나 많은 성령 중심의 신자들은 방언이 성령 세례의 유일한 표적은 아니며, 모든 신자들이 이 은사를 가진 것은 아니라는 것을 인정한다(고전 12:17-19, 30).

**방언 통역**(고전 12:10, 30, 14:5, 13, 26-28) - 방언으로 공적으로 선포된 메시지를 본국어로 통역하는 능력. 이 은사는 방언의 은사를 겸하기도 하고(고전 14:13) 혹은 따로 행해질 수도 있다(고전 14:26-28).

**사도**(고전 12:28, 29, 엡 4:11) - 신약에서 사도들은 12명에 국한되지 않고 바울과 바나바, 안드로니고, 유니아, 또한 그 외의 사람들을 포함한다(행 14:14, 롬 16:7, 고전 15:5, 7, 살전 2:6). 사도의 직책이 부활한 예수님을 목격한 것을 필수로 한다면(행 1:22, 고전 9:1), 이 직책은 2세기까지만 존속한다. 그러나 많은 사람들이 사도의 은사가 계속해서 주어진다고 믿고 있다. 영적인 은사로서 이것은 자발적으로 인식된 권위를 가지고 새로운 교회와 사역을 시작하고 감독하는 능력이다.

**도움**(고전 12:28) - 교회의 지체들의 사역을 효과적으로 증진시키는 능력. 이 단어는 신약에서 유일하게 이곳에서만 쓰이며, 이것은 섬김의 은사와는 다르게 나타난다. 혹자는 섬김의 은사는 좀 더 단체 중심적이고, 돕는 은사는 개개인 중심이라고 제안한다.

**관리**(고전 12:28) - '도움'과 같이 이 단어 역시 신약에서는 이곳에서만 발견된다. 이것은 성경 밖에서는 목적지로 배를 모는 키잡이에 쓰이는 단어다. 관리하는 영적인 은사는 업무를 처리하고 필요한 계획을 이행함으로써 교회나 기독교 단체를 이끌어가는 능력을 말한다. 다스림의 은사가 있는 사람 가운데는 관리의 은사가 없는 사람도 있다.

**전도**(엡 4:11) - 불신자들을 탁월하게 그리스도의 구원으로 이끄는 능력. 이 은사를 지닌 어떤 사람들은 개인 전도에 특히 유능하고, 어떤 이들은 대중 전도나 타문화 선교에 유능하다.

**목양 혹은 목회**(엡 4:11) - 베드로는 예수님으로부터 양 무리를 칠 것을 위임받았다(요 21:16). 그리고 베드로는 소아시아 교회의 장로들에게 동일한 것을 권고했다(벧전 5:2, 참조 행 20:28). 이 은사를 지닌 사람은 이끌고 양육하며 보호하고 양의 필요를 직접적으로 채우는 능력을 가지고 있다. 목사(혹은 장로, 감독)의 직책을 가진 모든 사람이 이 은사를 가지고 있는 것은 아니며, 꼭 이 은사를 필요로 하지는 않는다. 또한 이 은사를 지닌 많은 사람들이 그러한 직책을 가지고 있지 않다.

## 그 외의 은사

로마서 12장, 고린도전서 12장, 에베소서 4장에 나타난 은사 목록이 은사의 전부는 아니다. 위에 기록된 은사 외에 분명히 다른 영적 은사들도 있다. 피터 와그너(C. Peter Wagner)는 「은사를 발견하라(Your Spiritual Gifts)」라는 저서에서 일곱 가지 다른 은사들을 소개하고 있다. 독신(미혼의 생활을 즐기고 성적인 유혹을 이길 수 있는 능력, 고전 7:7-9), 자발적 빈곤(물질적 안정을 포기하고 상대적으로 빈곤한 삶을 선택할 수 있는 능력, 고전 13:3), 순교(믿음을 위해 고난과 심지어 죽음 가운데서도 기뻐할 수 있는 능력, 고전 13:3), 대접(음식과 숙박이 필요한 자를 환대하여 필요를 채우는 능력, 롬 12:13, 벧전 4:9), 선교(타문화에서 효과적으로 사역하는 능력), 중보(다른 이들의 사역과 필요를 위해 정기적으로 오랜 기간 기도할 수 있는 능력), 축사(악한 영을 분별하여 그리스도의 권위로 쫓는 능력), 그 외의 다른 은사들(음악, 손재주 등)이 그리스도의 몸의 지체들에게 서로의 덕을 세우기 위해 주어진다.

## 은사의 조합과 다양성

많은 신자들이 둘이나 그 이상의 영적 은사를 가지고 있다. 어떤 은사들은 특이하게 결합하기도 하고 또 어떤 은사들은 상식적으로 결합하기도 한다. 서로 동반되는 은사들은 목양 - 가르침, 다스림 - 관리, 전도 - 가르침, 방언 - 통역 그리고 영분별 - 축사 등이다. 바울은 고린도전서 12장 4-6절에서 '은사(charismaton)', '사역(diakonion)', '역사(energematon)' 등의 세 가지 변수들을 구별해서 말했다. 레이 스테드만(Ray Stedman)은 그의 저서 「생명의 몸(Body Life)」에서 은사는 특별한 능력 혹은 기능이라고 말하면서 은사를 성령과 연결짓는다. 또한 사역은 그 은사가 수행되는 영역이라고 말하면서 그것을 예수님과 관련짓는다. 그리고 역사를 하나님 아버지와 연결시키면서, 그것은 은사가 발현되거나 특별한 경우 사용되는 능력의 정도라고 말한다. 은사와 그 조합에 다양함이 있을 뿐 아니라 은사의 영역과 발현에도 다양함이 존재한다. 예를 들면, 가르치는 영적 은사에 많은 다양성이 존재한다. 소그룹 인도에 더 효과적인 사람이 있는가 하면, 또 어떤 사람은 큰 모임에 효과적이기도 하다. 장년을 가르치는 데 은사가 있는 사람이 있는가 하면, 청소년을 가르치는 데 더 효과적인 사람도 있다.

## 자신의 은사 발견하기

**3가지 필수 요소**  자신의 은사를 발견하려고 할 때 이렇게 자문해보라. 내가 그리스도 안에서 구원의 선물을 받았는가? 천성적 재능과는 달리 영적인 은사는 믿는 자들에게만 부여된다. 내가 주님과의 교제 가운데 걸어가고 있는가? 실제로 영적 은사는 성령의 열매와 관련해서만 나타나야 한다. 고백되지 않은 죄나 그리스도 안에 거하지 못하는 삶(요 15:4)은 열매를 맺는 데 거침돌이 된다. 나는 은사를 개발하기 원하는가? 이것은 우연히 일어나지 않는다.

### 여섯 가지 제안

1. **묻기**. 하나님께 자신의 은사를 보여달라고 구하라(빌 4:6-7, 약 1:5). 하나님은 그분이 주신 것을 당신이 개발하고 성취해나가길 원하신다. 당신은 담대함과 기대로 하나님께 그것들을 위해 간구할 수 있다.

2. **인식**. 로마서 12장, 고린도전서 12-14장, 에베소서 4장을 연구함으로써 영적인 은사에 대한 성경의 가르침에 민감하라. 도움이 될 만한 영적 은사에 관련된 저서를 찾아 읽으라. 자신의 은사를 분명히 알고 사용하고 있는 다른 신자들을 찾아 만나라. 그들에게 그들의 은사와 어떻게 그것을 발견했는지를 물어보라.

3. **사모함**. 하나님은 당신의 불행이 아닌 기쁨에 관심이 있으시다. "여호와를 기뻐하라 저가 네 마음의 소원을 이루어주시리로다"(시 37:4). 다양한 은사를 위해 기도하고 배우는 동안 당신이 가장 원하는 것이 무엇인지 자신에게 물어보라. "너희 안에서 행하시는 이는 하나님이시니 자기의 기쁘신 뜻을 위하여 너희로 소원을 두고 행하게 하시나니"(빌 2:13). 당신의 감정이 절대 기준이 될 수는 없지만, 그것이 당신이 가야 할 방향을 도와줄 것이다. 예를 들면, 바울이 디모데에게 말하기를, "사람이 감독의 직분을 얻으려 하면 선한 일을 사모한다 함이로다"(딤전 3:1)라고 기록하고 있다.

4. **실행**. 다양한 것을 시도함으로써 우리의 재능을 알 수 있듯이, 영적인 은사도 여러 가지를 시도해봄으로써 은사가 무엇인지 발견할 수 있다. 실행에 옮겨보지 않고는 결코 알 수 없다. 이러한 노력은 우리의 약점과 강점을 알아가려는 의지와 개방성을 필요로 한다.

5. **능력**. 실행은 결국 능력을 보여준다. 능력은 연습으로 향상되므로 성급히 평가하지 말라. 향상의 여지가 있는 영역에 민감하라. 당신이 속해 있는 신앙 공동체 안에서 다른 성숙한 신자들이 당신의 은사 수행을 평가할 수 있도록 기회를 찾으라. 은사는 자신이 평가하는 것보다 다른 지체들이 더 정확하게 인식할 수 있다.

6. **확인**. 영적인 은사의 최종 확인은 그것을 발휘함으로써 얻게 되는 축복에 있다. 당신이 은사들을 사용

할 때, 하나님이 당신의 사역을 인정하시고 확고히 하실 것이다. 또한 당신이 사역하는 대상들로부터 끊임없는 긍정적인 반응을 보게 될 것이다. "마음의 소원함이 길을 열고, 능력은 그것을 확신하며, 축복이 그것을 따라올 것이다"라는 말이 있다.

### 자신의 은사 개발하기

자신의 은사를 발견했다면, 당신은 성령이 당신 안에 허락하신 것을 당신 자신과 다른 사람들 그리고 하나님을 위해 개발하고 발전시킬 책임이 있다. 「영적인 은사의 역동성(Dynamics of Spiritual Gifts)」에서 윌리엄 맥래이(William McRae)는 다음 세 가지를 통해 은사가 개발된다고 제안하고 있다.

- **연습.** 다른 재능과 마찬가지로 영적인 은사도 단지 소원함을 통해서가 아니라 연습을 통해서 개발된다. 정기적인 연습 없이는 은사들은 쇠퇴하게 된다. 은사를 사용할 수 있는 기회를 잡으라. 가정에서의 소그룹 모임은 은사를 연습하고 경험을 쌓기에 가장 적합하다. 또한 교회 안에 있는 그러한 모임에 참여하거나 새로 모임을 시작하는 것이 필요하다.
- **평가.** 다른 신자들의 평가와 조언에 민감하라. 신실한 자들에게 당신의 사역의 강점과 약점 그리고 개선할 수 있는 방법에 대해 정기적으로 조언을 구하라.
- **교육.** 요즈음은 전에 비해 많은 교육 개발 자료들이 구비되어 있다. 하나님께 받은 능력의 향상을 위해 도움이 되는 책, 수업, 테이프 등을 적극 활용하라.

### 악용의 위험성

영적인 은사의 발휘는 그리스도의 몸의 양적, 질적 성장을 위해 필수적이다. 그러므로 우리는 은사와 관련된 함정에 빠지지 않도록 다음 사항에 주의를 기울여야 한다.

1. **영적 은사는 단지 개인을 위한 것이 아니다.** 은사는 다른 지체들에게 덕을 세우기 위함이다. 첫번째로 다른 이들에게 유익해야 하며, 다음으로는 사용하는 자에게 유익이 있어야 한다.
2. **영적 은사는 공로로 혹은 조른다고 얻어지는 것이 아니다.** 카리스마타(charismata)라는 단어는 그것이 순전히 하나님의 은혜로만 얻어지는 것을 말한다(엡 4:7). 은사란 성령이 "그 뜻대로 각 사람에게" 나눠

주시는 것이다(고전 12:11).

3. **영적 은사는 육신을 위해 사용될 때 악용될 수 있다.** 만약 은사가 성령의 능력과 그리스도의 사랑으로 사용되지 않을 때 그것은 아무 소용이 없다(고전 13:1-3).

4. **영적 은사의 발견과 사용은 게임이나 선택이 아니다.** 당신의 은사 때문에 당신의 사역이 결정되고, 그 사역은 영원한 중요성을 지닌다. 하나님은 우리를 그분께 헌신하고 충성하도록 부르셨고, 이는 하나님이 우리에게 허락하신 능력과 기회를 청지기로서 얼마나 잘 감당하는가에 의해 실천될 수 있다.

5. **자신의 은사 때문에 낙담해서는 안 된다.** 은사는 점차적으로 개발되며, 시간과 노력을 필요로 한다. 살펴본 바와 같이 은사는 그 종류와 조합, 범위와 강도가 각각 다르다. 은사의 부여는 하나님의 절대적 주권 아래 있으며, 하나님이 당신의 성격과 상황에 가장 적합한 은사를 주셨다. 그렇기 때문에 다른 사람들의 사역을 부러워할 필요가 없다. 하나님은 우리에게 신실함을 원하시지 성과를 원하시지는 않는다.

6. **자신의 은사 때문에 교만해져서는 안 된다.** 은사는 하나님의 절대적인 주권 아래서 은혜 가운데 주어진 것이므로 지위의 상징이나 업적 혹은 상으로 여겨져서는 안 되며, 하나님께 부여받은 책임으로 간주되어야 한다. 그리스도인의 인격과 성숙도는 영적 은사가 아닌 성령의 열매(갈 5:22-23)에 의해 측정되는 것이다.

7. **영적 은사 자체가 목적이 되어서는 안 된다.** 때로 은사를 주신 분이신 하나님보다 은사 자체가 칭송을 받는 경우가 많다.

8. **말씀으로 검증되지 않은 은사에 대한 극단적 의견들을 주의하라.** 그 예들로는 영적 은사를 구해서는 안 된다거나, 성령 충만한 신자는 모든 은사를 받게 된다는 것 등이 있다.

9. **영적 은사는 육신의 정욕에 의해서뿐만 아니라 사탄의 세력에 의해서도 위조될 수 있다.** 성경은 이 문제에 대해 민감할 것을 가르친다. 마태복음 7장 22-23절, 24장 24절, 고린도후서 11장 13-15절, 디모데전서 4장 1절, 베드로후서 2장 1절을 보라.

10. **당신의 은사를 다른 사람에게 그대로 투영하려 하지 말라.** 우리의 생각은 자연스럽게 우리가 받은 은사에 의해 영향을 받게 된다. 그리고 우리의 방식을 마치 모든 사람에게 적용되는 기준인 것처럼 강요하기 쉽다. 이것은 나와 다른 방식의 은사를 가진 다른 사람을 판단케 하고, 상대로 하여금 죄의식을 갖게 한다.

## 은사 사용의 원리

은사를 사용할 때 지켜야 할 네 가지 원리가 있다.

1. **성령이 은사를 발휘하는 진정한 원동력임을 명심하라.** 은사는 성령의 능력을 의지해서 발휘되어야 한다.
2. **영적 은사는 사랑 안에서 최고의 능력을 발휘한다.** 바울은 성령의 은사에 대해 가장 잘 집약된 고린도전서 12장과 14장 사이에 사랑에 대한 최고의 서술인 고린도전서 13장을 써넣었다. 성령의 은사에 대해 설명하고 있는 또 다른 말씀(롬 12장, 엡 4장)에서도 사랑에 대한 권유(롬 12:9-10, 엡 4:15-16)를 잊지 않고 있는 것은 은사 사용에서 사랑의 중요함을 보여준다.
3. **사역에 있어서 생산적인 영역에 당신의 힘을 집중시키라.** 당신의 은사가 있는 활동에 시간을 더 많이 투자하고, 당신의 은사가 없는 일에는 시간을 줄이라.
4. **성경은 개인의 은사에 상관없이 모든 신자들이 행해야 할 사역에 대한 명령을 하고 있다.** 중보, 믿음, 섬김, 돕기, 긍휼, 구제 등은 그런 은사를 받은 자뿐 아니라 모든 신자들이 행해야 할 의무다. 예를 들면, 전도에 특별한 은사가 있는 사람도 있지만, 모든 신자들은 기회가 주어질 때마다 전도의 사명을 감당해야 한다.

## 적용을 위한 질문

- 은사를 창조하신 하나님의 열두 가지 원리 중에 어떤 것이 당신에게 가장 잘 적용되는가?

- 은사에 대한 논쟁에서 당신은 어느 편에 속하는가? 그러한 논쟁을 경험한 적이 있는가?

- 당신은 어떤 성령의 은사를 받았다고 생각하는가? 명확하지 않다면 기도하면서 은사 발견을 위한 여섯 가지 제안을 적용해보고, 연습과 평가와 배움을 통해 그것들을 개발하려고 노력해보라.

- 은사의 악용에 대한 열 가지 위험 중에 어떤 것이 가장 위험해 보이는가?

- 은사 사용의 네 가지 원리 가운데 어떤 것이 당신에게 가장 중요한가?

제9부 _ 성령 충만의 영성 SPIRIT-FILLED SPIRITUALITY

**26**

# 개방성과 분별력:균형

| 이 장의 개관 | 이 장에서는 성령을 중심으로 하는 활동의 강점과 약점에 대해서 살펴보고, 진리와 능력 그리고 말씀과 성령의 균형에 초점을 맞춘다. 또한 진정한 성령이 그리스도의 영광을 드러내는 방식과 성령의 능력이 적합하게 드러나는 방식 등의 배경과 특질을 살펴본다. |
|---|---|
| 이 장의 목표 | • 성령의 역사에 대한 균형 있는 개방성과 분별력에 대한 이해<br>• 말씀(진리) 중심 접근과 성령(능력) 중심 접근의 강점을 포괄하고자 하는 노력<br>• 성령의 능력을 승인하는 법에 대한 더 깊은 이해 |

　성령 충만의 영성에서 새로운 경험에 대한 지나치게 순진하고 무비판적인 수용을 주의해야 하나, 다른 한편으로는 그에 대한 지나친 폐쇄성이나 그에 대한 무조건적 비판도 바람직하지 않다. 대신에 성령의 놀라운 역사에 대한 열린 자세와, 진리의 영과 미혹의 영(요일 4:6)에 대한 성경적 분별력 사이의 균형을 추구할 필요가 있다. 부정확한 말로 사람을 조작하고 정죄하는 예언이나 또는 감성주의, 마귀에 대한 지나친 강조, 영성을 과시하기 위해 드러내보이는 행위 등은 성령 중심의 신자들에게서 나타나는 은사의 오용과 남용의 실례다. 반면 말씀 중심의 신자들은 그러한 예 때문에 성령에 관한 모든 것을 배척한다. 이러한 태도는 율법주의와 바리새주의와 위선주의가 복음을 왜곡시켰던 것처럼 은사 자체를 왜곡시키고 있다. 기괴한 행동에 집착하여 무조건 비난하기보다는 성령의 역사를 받아들이면서 영적인 분별력을 기르는 것이 더 바람직하다. 창문은 열어놓되, 거기에 여과망을 치는 것이 더 현명한 자세다.

　이 균형에 관한 탁월한 예를 조나단 에드워즈(Jonathan Edwards)의 「애정의 영성(Religious Affections)」에서 찾아볼 수 있다. 통찰력 있는 이 작품에서 에드워즈는 신비한 외적 현상에는 양립하는 면이 있기 때문에, 신비한 체험에 대한 냉소적이지 않으면서도 신중한 결론에 이르렀다. 외적으로 드러나는 현상은 자연의 힘이나 성령의 역사에 의해 나타날 수 있다. 그 때문에 진정한 초자연적인 현상은 경험 자체로만이 아닌 그리스도 중심성과 지속적인 성향('은혜로운 감성')이라는 더 넓은 맥락에서 이해되어야 한다.

고린도전서 14장 39-40절에서 바울은 균형 있는 개방성과 분별력의 조화에 대해 명백히 권고하고 있다. "그런즉 내 형제들아 예언하기를 사모하며 방언 말하기를 금하지 말라 모든 것을 적당하게 하고 질서대로 하라." 여기서 '질서대로'라는 말은 육체적인 표현을 배제하지 않는다. 이는 성경에 종종 나타나는데, 우리가 바울이 말한 범위를 너무 제한한다면 성령의 불을 끄는 실수를 범하게 될 것이다. 그러나 하나님의 나라는 "성령 안에서 의와 평강과 희락"(롬 14:17)이므로 은사를 드러내는 행위는 열매 자체에 비해 부수적인 것이다.

## 양자의 강점과 약점

살펴본 바와 같이, 말씀이 없는 성령(A)과 성령이 없는 말씀(E)의 양극의 대립 사이에는 연속성이 나타난다. 말씀이나 성령이 전혀 없는 신자는 없다. 성령 중심의 신자를 C 지점의 왼쪽에 표시하고(B 지점 근처) 말씀 중심의 신자를 C 지점 오른쪽(D 지점 근처)에 표시할 수 있다. 그렇다면 중앙 지점 C가 양자의 강점을 포괄하는 성령과 말씀의 균형점이라고 할 수 있다.

〈그림 26.1〉

말씀 중심의 신자들의 강점은 성경적 교리에 대한 강조, 깊이 있는 설교와 가르침, 그리스도를 닮은 성숙한 성품에 대한 관심이다. 그러나 이들은 다음과 같은 약점에 빠지기 쉽다(이는 일반적인 가능성이며 모든 말씀 중심의 신자들에게 적용되는 것은 아니다). 후기 계몽운동의 세계관에 영향을 받은 초자연주의에 반대하는 이성주의적 편견, 모든 것이 정해진 대로 되어야 하는 통제적 심리, 예배에서의 자유로운 표현에 대한 비판, 거만하고 생색내는 태도, 하나님과의 삶보다 교리를 더 중시하는 경향 등이 그 예다.

성령 충만의 영성은 하나님의 사람 안에 역사하는 성령에 관심을 가지기 때문에 성령 중심의 신자의 강점과 약점에 관해서 좀 더 자세히 살펴볼 것이다. 다음의 아홉 가지 긍정적, 부정적인 묘사들은 일반적인 것이며, 모든 성령 중심의 신자에게 적용되는 것이 아님을 기억하라.

**성령 중심 신자들의 강점**
- 삼위일체의 강조와 성령의 실재에 대한 확신
- 은사의 보편성과 모든 지체의 사역 인정
- 그리스도의 몸 안에서 상호 간에 덕을 세우는 것 강조
- 하나님의 능력을 의존, 성령으로 힘입는 삶
- 감정과 열정 표현의 합리적 필요에 대한 인식
- 예배와 삶에서의 기쁨, 예배의 새로운 국면
- 말씀을 사모함
- 그리스도를 전하는 데 담대함, 전도에의 열정
- 소그룹 사역에 헌신

**성령 중심 신자들의 약점**
- 은혜 없는 은사 : 은사가 인격보다 중요시 됨, 외부로 드러나는 것을 중요시하다가 내면을 소홀히 하게 됨
- 극적인 체험에 대한 건전하지 못한 추구 : 영적인 도취를 추구하다 집회 중독자가 되기도 함, 정상적이지 않은 흥분된 체험을 바탕으로 한 영성 : 즉각적인 결과 기대
- 영적인 체험에 대한 교만과 자만심
- 초자연적인 것과 자연적인 것 사이의 심한 단절 : 극적이지 않은 은사를 무시함
- 과도한 감성주의와 자기 과시
- 성경적 교리와 가르침에 대해 무지 : 반 지성주의 성향
- 조작, 속임수, 권위주의에 잘 넘어감
- 기복 신앙과 축복과 고난에 대한 비성경적인 가르침에 영향 받기 쉬움
- 마귀의 활동에 관한 과도한 집착

## 진리와 능력, 말씀과 성령, 내면과 외면

성령 중심의 신자와 말씀 중심의 신자들 간의 논쟁은 현장 사역자들과 신학자들 사이에서 너무나 빈번히 일어난다. 각각은 제한된 시각을 가지고 있는데, 이는 상호 간에 보완될 필요가 있다. 실제적 체험과 깊이

있는 교리, 성령의 충만함과 권위 있는 성경 주석, 능력 있는 전도와 섬김 그리고 상황에 맞는 말씀의 이해, 하나님의 능력을 구하는 열정적인 기도와 하나님의 진리에 대한 사모함을 조화시킬 수 있도록 간구해야 한다. 단지 하나님이 성령의 은사를 통해 말씀하실 것만을 고집하지 않고, 성경 가운데 말씀하시는 권위 있는 하나님의 음성을 들어야 한다. 성령 중심의 신자들은 능력과 기사와 이적에 너무 치중되어 성령의 인격적인 면을 간과해서는 안 된다. 이것은 초자연적인 능력에만 혹하였던 마술사 시몬이 범한 죄다(행 8:9-24). 말씀 중심의 신자들은 하나님의 나라를 추구함에 있어서 말씀에서뿐만 아니라 사람을 변화시키고 자유케 하시는 성령의 능력과 권위를 인정해야 한다. 우리 모두는 내면의 여정을 통해 계속적으로 하나님의 진리와 사랑의 토양에 뿌리를 내리며, 외면의 여정을 통해 그 진리와 사랑을 하나님의 능력 가운데 전할 필요가 있다.

## 체험과 기대, 배경과 기질

하나님이 행하시는 일의 성격과 범위에 대한 기대는 우리의 가설이나 세계관에 의해 형성된다. 이러한 기대는 우리의 체험과 깊이 관련되어 있다. 말씀 중심의 신자들은 성령 중심의 신자들이 신비주의적인 하위문화에 의한 기대를 바탕으로 하는 체험을 가지고 있다고 비난한다. 그러나 이 주장은 양자에게 모두 해당되는 것이다. 왜냐하면 비신비주의적인 전제를 바탕으로 한 사람들은 성령의 놀라운 사역에 무감각하기 때문이다. 만약 우리가 하나님이 기이한 일을 행하시길 소망하고 기도하고 기대하지 않는다면(행 4:29-31), 우리는 하나님의 능력이 나타나는 것을 보지 못할 것이다. 그러나 이 기이한 일들은 평범한 방법으로 나타날 수도 있으며, 우리는 자연적인 것과 초자연적인 것 사이에 명확한 선을 긋지 않는 것이 좋다. 이는 우리가 그것이 치유이든 가르침이든 간에 후자를 우리의 일상생활에서 제하여버리지 않고, 또한 하나님이 모든 사역과 은사 가운데서 일하시는 것을 놓치지 않기 위함이다. 말씀 중심 편에서는 성경의 가르침과 설교가 내용과 깊이와 적절성이 있어야 한다고 주장하는 반면, 성령 중심 편에서는 성령으로 힘을 입어 기름 부음을 받아야 한다고 주장한다.

영적인 생활에 대한 다른 접근들(예를 들면 훈련된 영성, 경건의 영성)과 같이 성령 충만의 영성은 개인의 배경과 성향의 요인이 강하게 작용한다. 이러한 차이점 때문에 어떤 이들은 진리와 성령의 열매를 중시하는 말씀 중심으로 끌리게 되고, 다른 이들은 체험과 성령의 은사를 강조하는 성령 중심에 자연스럽게 매력을 느낀다. 이것에 비추어볼 때, 그리스도의 몸은 각자의 강점을 받아들이면서 약점을 보완하는 상호 교류가 필요하다.

### 회복과 부흥

성령 중심의 회복운동은 많은 경우 단체적으로나 개인적으로 생명력과 활기를 불러왔다. 그러나 그 기쁨과 풍성함이 유익한 만큼, 이러한 회복운동은 부흥과는 다르다. 부흥은 하나님의 거룩하심을 드러내는 성령의 은혜롭게 흘러넘치는 역사와 함께 그에 뒤따르는 경건한 애통함, 극적인 회개와 겸손에의 필요를 수반한다. 부흥에서 하나님은 순결함과 말씀으로 기름 부으신 그의 종을 통하여 사람들을 만나시고, 이를 통해 깊은 회개와 회심, 회복을 이루신다. 그러므로 회복은 하나님의 거룩하심과 죄성에 대한 깊은 자각을 통해 심화되어야 한다.

### 그리스도에 초점 맞춘 성령

성령으로 시작하는 어떠한 운동도 그리스도로 끝나야 한다. 성령에 관해 예수님이 말씀하시기를, "그가 내 영광을 나타내리니 내 것을 가지고 너희에게 알리겠음이니라"(요 16:14)고 하셨다. 성령은 은사의 능력을 더하지만, 은사 자체가 목적이 아니라 그 지체로 하여금 그리스도의 모습을 닮아감으로 그분이 영광을 받으시도록 성숙시키는 수단인 것이다. 에베소, 빌립보, 골로새 교회를 향한 바울의 기도는 일의 수행이나 체험에 빠지게 해달라는 것이 아니었음을 기억하라. 바울의 기도는 그들이 그리스도를 알고 그분의 성품을 나타내며, 하나님을 아는 지식과 그분의 사랑과 내적인 능력 안에서 자라가게 해달라는 것이었다(엡 1:17-19, 3:16-19, 빌 1:9-11, 골 1:9-12).

### 성령의 능력 인정하기

성령의 능력은 예수 그리스도의 삶에 있어서 가장 핵심적인 것이었다. 예수님은 성령으로 잉태되셨고, 예수님이 세례를 받으실 때 성령이 강림하였으며, 성령으로 인해 광야에 이끌려가셨다. 또한 성령의 능력으로 갈릴리로 돌아오셨고, 성령의 기름 부으심을 통해 복음을 전하시며, 사람들을 치유하시고, 마귀의 구속으로부터 자유케 하셨다. 예수님은 성령으로 거듭나야 함을 말씀하셨고, 성령 안에서 크게 기뻐하셨으며, 제자들에게 진리의 영이 오실 것을 약속하셨다. 부활 후에 "성령을 받으라"고 말씀하시며 제자들에게 생기를 불어넣으셨다. 그리스도는 하나님의 영에 몰두하셨으며, 모든 것을 성령의 능력에 의지하여 하셨다. 동일한 능력이 유대인이나 이방인, 예수님을 따르는 모든 자들에게 거하며, 하나님의 나라를 살아가는 데 능력을 불어넣는다. 하나님의 나라는 '이미' 왔으나, '아직' 완전히 실현되지 않았다. 임재하게 될 하나님의 나라와 하나님의 능력이 지금 현재 그의 백성들에게 거한다(고전 4:20). 우리는 한편으로는 하나님 나라의 완성을 기다리는 동안 고통받고 신음하지만(롬 8:23), 다른 한편으로는 이미 도래한 하나님 나라의 삶과 그리스도의 능력을 통해 고난 중에도 이를 극복하고 즐거워할 수 있다(롬 5:3-5, 빌 4:4-5, 벧전 4:13).

우리의 능력만으로 그리스도인의 삶을 사는 것은 불가능하다. 하나님 나라에 속한 새로운 삶은 그리스도만을 통해서 가능하며, 주님은 우리가 내주하는 성령의 능력과 동행할 때 그러한 삶을 살 수 있음을 약속하셨다. 우리 자신의 능력 대신 하나님이 우리를 통치하시도록 내어드릴 때 우리는 성령으로 가득 차게 된다(엡 5:18). 우리는 인격과 지혜를 위한 성령의 내적 충만과 함께 사역과 섬김을 위한 성령의 외적 충만이 필요함을 기억해야 한다.

어떻게 하면 성령을 우리 삶에 초청할 수 있을까? 성경에서 단계적인 공식을 제공하지는 않지만, 성경적 원리와 사도들의 경험을 통해 그것의 필수적인 요소들을 알 수 있다.

**우리의 연약함 인정하기.** 우리가 겸손과 통회함과 부서짐 가운데서 하나님께 부르짖을 때 우리는 하나님을 절실히 필요로 함을 인정한다. 하나님의 능력은 우리의 연약함 가운데서 완전하여진다(고후 12:9-10).

**우리의 의지 굽히기.** 농부가 밭을 경작할 때, 씨를 뿌리고 열매를 기다리기 전에 먼저 밭을 쟁기질과 써레질로 갈아야 한다. 이는 고통스럽고 괴로운 과정이다. 그러나 하나님이 이 고통의 시간을 통해 우리의 의지를 하나님께 순복하게 만드신다. 우리의 능력과 노력이 소진될 때, 우리 자신의 불완전함에 대한 좌절이 우리로 하여금 하나님을 의지하게 한다. 우리의 무능함을 깨달을수록 하나님을 더욱 의지하게 되고, 이로 인해 하나님의 영을 더욱 실감하게 된다. 하나님을 위해 우리가 일하는 대신, 그분을 초청하여 우리 안에서 우리를 통해 일하게 하심을 배우는 것이다.

**우리의 불순종 고백하기.** 정결함은 능력의 근원이다. 우리의 죄를 고백하지 않는 것과 의심스러운 행동, 순결하지 않은 생각, 인격의 결여, 부정직함, 이기심, 부도덕 그리고 여러 다른 불순종의 모습들은 성령을 근심시키고 소멸하는 것이다. 성경은 우리 자신을 죽은 자 가운데서 다시 산 자같이 의의 병기로 하나님께 드릴 것을 권고하고 있다(롬 6:13). 우리는 성령을 소유하는 것에 집중하기보다는, 성령이 우리를 소유하시도록 하는 것에 관심을 기울여야 한다. "그의 계명들을 지키는 자는 주 안에 거하고 주는 저 안에 거하시나니 우리에게 주신 성령으로 말미암아 그가 우리 안에 거하시는 줄을 우리가 아느니라"(요일 3:24).

**우리의 욕구 성화시키기.** 성령의 정화와 능력과 활력을 갈망하는 사람들은 거룩한 열망 가운데 하나님께 부르짖는다. 이것은 장 피에르 드 코사드(Jean-Pierre de Caussade)의 신앙고전 「하나님의 섭리로의 완전한 복종(Abandonment to Divine Providence)」의 핵심이다. 정결하며 회개하는 심령 그리고 하나님의 사랑에 철저하게 복종하는 것은 그의 은혜의 보화를 맛보게 한다. 기도와 그리스도와의 연합으로 우리는 영적인 능력을 얻을 수 있다.

**우리를 채우신다는 하나님의 약속을 신뢰함.** 성경은 우리에게 성령으로 충만할 것(엡 5:18)을 명령하고, 성령과 동행하며(갈 5:16, 25), 성령으로 인도함을 받고(롬 8:14-16, 갈 5:18), 성령과 함께 거하며(롬 8:11-13, 갈 5:25), 우리의 생각을 하나님께 고정시킬 것(롬 8:5-9)을 권고하고 있다. 이를 통해 하나님이 그의 자녀들을 성령으로 채워주기 원하신다는 것을 확신할 수 있다. 우리가 신뢰하며 그의 약속이 우리를 채우실 것을 인정할 때, 우리는 하늘 아버지가 기쁨으로 우리에게 주실 것이라는 사실을 확신할 수 있다.

## 적용을 위한 질문

- 당신은 개방성 쪽으로 더 가까운가, 혹은 분별력 쪽으로 더 가까운가? 이 영역에서 어떻게 균형을 유지할 수 있겠는가?

- 성령 중심의 신자들의 강점과 약점에 대한 개인적인 평가는 무엇인가?

- 성령 충만의 영성을 이해하는 데 있어서 체험과 기대의 조합은 어떤 역할을 하는가?

- 다섯 가지의 필수 요소들 - 우리의 연약함 인정하기, 우리의 의지 굽히기, 우리의 불순종 고백하기, 우리의 욕구 성화시키기, 우리를 채우신다는 하나님의 약속을 신뢰함 - 각각에 대해 당신은 어떤 상태인가?

# 제10부 WARFARE SPIRITUALITY
# 전투의 영성

● 세상, 육신 그리고 마귀

영적 전쟁은 그리스도 안에 있는 신자들에게 선택 사항이 아니다. 성경은 세상, 육신, 마귀에 대한 이 전쟁의 역동성에 대해 가르치고 묘사하고 있다. 세상적이고 마귀적인 구조가 믿는 자에게는 외적인 요소로 작용한다. 그래서 믿는 자를 유혹하고, 육체를 위한 여러 기회를 제공하여 죄를 짓게 만든다. 이 전투의 영성은 이런 장애를 극복하는 전략을 개발하여 영적 성장을 갖도록 한다.

제10부 _ **전투의 영성** WARFARE SPIRITUALITY

# 육신과 세상과의 전쟁

| 이 장의 개관 | 전투의 영성은 세상, 육신, 마귀의 세 전선과의 영적인 전투의 역동성에 집중한다. 이 전쟁에 관한 우리의 인식은 우리의 세계관에 의해 형성되나, 구약과 신약은 하나님과 우리 사이에 존재하는 고도로 정렬된 영적인 세계에 대해 밝히고 있다. 이번 장은 육신과 세상의 두 전선에 대한 영적 전쟁을 다룬다. |
|---|---|
| 이 장의 목표 | • 영적 전쟁의 이해와 우리의 세계관과의 관계성 인식<br>• 신약과 구약에 나타난 영적 전쟁에 대한 관점<br>• 육신과의 전쟁의 본질과 유혹을 극복할 수 있는 방법에 대한 더 나은 이해<br>• 세상과의 전쟁을 위한 명확한 전략 |

그리스도를 따르는 자로서, 인식하든 인식하지 않든 우리는 영적 전쟁에 가담해 있다. 성경은 세상, 육신, 마귀에 대한 이 전쟁의 역동성에 대해 가르치고 묘사하고 있다. 세상적이고 마귀적인 구조가 믿는 자에게는 외적인 요소로 작용한다. 그래서 믿는 자를 유혹하고, 육체를 위한 여러 기회를 제공하여 죄를 짓게 만든다. 이번 장에서는 이런 장애를 극복하는 전략을 개발하여 영적 성장을 갖도록 한다.

### 세계관과 영적 전쟁

우리의 세계관은 현실에 대한 기본 가설로 이루어져 있다. 거의 모든 원시 시대의 문화는 현대 서구의 세계관에 기인한 사고에 의해 가정된 현실로 이루어져 있다. 이 세계관은 현실에 접근하는 이성적이고 논리적인 방법을 발달시켜왔지만, 이상적이고 비과학적인 영적인 세계를 배제시킨다. 그 결과로 서구 기독교인들은 종종 현실에 대한 이중 관점을 가지는데, 이 관점에서는 종교와 과학 사이에 배제된 중간 영역이 있다. 그들은 궁극적인 질문에 대해 신학적 용어로 답하고, 세상에 대해 경험주의적이고 자연주의적인 용어로 이야기하지만, 이 두 영역 사이에 존재하는 영적 세력인 천사와 귀신의 중간 영역에 대해서는 일반적으로 배제한다. 대조적으로 제2, 제3세계 문화의 많은 사람들(아프리카인, 아시아인, 라틴 아메리카인, 오세아니아 거주인)은 직관적으로 영적인 세계의 현실을 알지만 이것을 신학적 틀 안에서 조직화시키지 못했다. 극단적 애니미즘(물활론)과 심령술, 이성주의와 물질주의 둘 다 성경의 세계관에 의한 현실을 간과하고 있다.

생각보다 더욱 자주, 무의식적인 전제 조건과 의심의 여지없는 원리들이 우리의 신학 체계에 영향을 미친다. 우리 각자에게는 일련의 신학적, 문화적, 감정적인 여과 장치가 있다. 이 여과 장치들은 우리가 보고 체험하는 것을 지각하고 해석하는 데 영향을 미친다. 우리는 순환 논법에 빠져 있는 것 같다. 즉 경험이 신학에 영향을 미치고 신학은 경험에 영향을 미친다. 뿐만 아니라, 신학은 성경을 해석하는 방법에 영향을 미치고, 성경을 해석하는 방법은 신학에 영향을 미친다. 이런 이유 때문에, 우리의 경험과 신학을 계속적으로 재평가해야 한다. 그렇게 하지 않는다면 우리는 새로운 통찰력을 알 수 없는 어떤 체계에 갇히게 된다. 문화적 전제에 이의를 제기하는 데 성경을 사용하기보다는 그것을 옹호하는 데 사용하는 사람들은, 영적인 세계의 본질을 성경적으로 증언하는 일을 무시하거나 반대할지도 모른다.

## 영적 전쟁의 실제

구약의 시작부터 신약의 마지막까지 성경은 하나님과 우리 사이에 존재하는 광대하고 조직화되고 복잡한 영적인 세계에 대해 밝히고 있다. 성경은 자연적인 것과 초자연적인 것 사이의 엄격한 이분화 대신, 자연 세계에 초자연적인 것의 직접적인 개입을 보여주고 있다. 성경을 자세히 분석하면, 현세 우주적 - 세상의 충돌을 수반하는 초자연적 전쟁의 편만함을 알 수 있다. 이러한 현실을 외면하고 부인하는 사람들은 세상의 악한 영적 세력을 다루기에 불충분하다.

### 구약에서의 영적 충돌

- 구약은 타락하여 악의 사신이 되거나 사람과 하나님의 목적에 원수가 된, 보이지 않는 영적인 존재에 대해 확언하고 있다. 뱀(창 3장, 시 74:14, 사 27:1), 악한 영(삼상 16:14-23, 18:10, 19:9), 속이는 영(왕상 22:21-23), 귀신들(레 17:7, 신 32:17, 시 106:37), 하나님의 천사들을 대적하는 지역의 권세(단 10:13, 20-21) 이 모두가 악한 영적 세력들이다.

- 유혹과 타락의 이야기는(창 3장) 하나님의 법에 대한 인간의 반항이 이전에 이미 하나님을 배반했던 악한 영적 세력에 의해 조장된 것임을 보여주고 있다. 그 결과로 하늘에서의 반항은 이 땅까지 확대되었고, 하나님의 피조물에 대한 구속만이 그 저주의 비극을 극복할 수 있다(롬 8:19-23). 의심과 속임의 술수로 뱀은(후에 요한계시록 12장 9절에서 용, 마귀, 사탄이라고 정의됨) 인류의 타락을 선동했다.
- 하나님의 형상으로 지어진 자들의 타락으로 인하여, 여자의 후손이 뱀의 머리를 상하게 할 것이라는 예언에 따라(창 3:15) 인류와 사탄 간에는 끊임없는 적대감이 있어왔다. 이는 그리스도의 구속 사역과 사탄의 패배로 인해 완결되었다.
- 두 씨앗 간의 전쟁은 가인과 아벨의 이야기(창 4장)와 인간의 악함이 세상에 가득하게 되는 것으로 잘 묘사되고 있다(창 6장). 바벨탑 사건(창 11장)은 반복되는 인간의 독자성과 하나님에 대한 도전의 양상을 예증한다. 한 민족이 창조주 대신 자신들의 이익을 위한 우상 숭배 종교를 고안해 내는 것은 이스라엘의 재앙과 출애굽 이야기에 명백히 드러난다. 열 가지 재앙을 통해, 하나님은 애굽의 모든 신들을 반박하며 하나님 당신의 실재와 능력을 나타내셨다(출 7:4-5, 9:14-16, 12:12, 15:11).
- 인생의 말년에 여호수아는 사람들에게 여호와를 경외하고, 메소포타미아, 애굽, 가나안의 이방신을 제하여버릴 것을 권고하였다(수 24:14-24). 이스라엘 백성들은 사사시대와 왕정시대에 종종 주변국의 우상 숭배에 빠져들었다. 이러한 이교도 의식은 마귀에게 아이를 제물로 바치기도 하였다(왕하 3:27, 16:3, 시 106:37-38, 겔 16:20-21, 23:37).
- 사울이 점진적으로 악귀 들린 이야기(삼상 16:14-23, 18:10-11, 19:9-10, 20:33, 28:7-19), 아합의 바알 숭배(왕상 16:30-33), 엘리야의 바알 선지자에 대한 도전(왕상 18:20-40) 모두 영적인 충돌이다.
- 이런 충돌은 우상 숭배, 산당에서의 이교 의식, 바알과 아세라상에서 나타나며 그리고 음란한 종교 의식에 대한 비난은 이사야(57장), 에스겔(8, 14장), 호세아(2:13, 4:12-14)와 그 외의 이스라엘과 유다의 선지자들의 예언에서 자명하게 드러난다.

**신약에서의 영적 충돌**
- 신약은 하늘과 땅의 영적 전쟁에 대해 더욱 명확하게 보여주고 있다. 예수님은 사탄을 악의 근원이라고 정의하셨고(요 8:44), 광야에서의 40일 간의 유혹 속에서 그와 정면으로 대결하셨다(눅 4:1-13).

- 예수님의 사역은 귀신의 영들에게 도전을 받았으나(막 1:23-27), 수차례 그들을 쫓아내심으로 예수님의 권세를 드러내셨다(막 1:34, 39). 예수님이 귀신들을 하나님의 영으로 쫓아내실 때, 영적인 속박에서 사람들을 자유케 하셨고 하나님 나라의 권세를 나타내셨다(마 12:22-29, 눅 13:10-16).
- 예수님의 거라사 지방에서의 축사 사역은(막 5:1-20), 귀신의 지배력의 실재와 능력의 범위에 대해 여실히 나타내준다. 마귀의 영들로부터 사람들을 해방시키는 것이 예수님의 사역의 중요한 부분을 차지하고 있음을 복음서는 보여주고 있다. 이러한 주님의 사역을 간과하기가 쉽다. 그러나 복음서는 귀신의 행각으로 인한 사람들의 고통에 대해 자주 기록하고 있다.
- 예수님이 12제자를 부르실 때 그들에게 귀신을 쫓아내는 권세를 주셨다(막 3:14-15, 6:7, 13, 마 10:7-8). 또한 70인을 세우셨을 때에도 그들은 축사 사역의 능력을 받았다(눅 10:17-20).
- 예수님의 부활과 승천 이후, 그의 제자들은 영적인 세계에 대한 관심이 줄었다고 몇몇 기자들은 기록하고 있다. 실제로 예수님의 사역은 하나님의 나라로 어둠의 나라를 단호하게 공격하는 것이었고, 그러기에 예수님이 귀신의 대적에 대해 정면 대결하신 것은 놀라울 것이 없는 일이다. 또한 그분은 사탄과 그 귀신들을 패배시켰고, 이러한 영적 전쟁이 계속되는 동안 예수님의 제자들은 적들을 무찌르고 있었다. 그러나 복음서보다(약 150회) 사도행전, 에베소서, 요한계시록(178회)에 영적인 세계에 대한 언급이 더 많은 것은 주목할 만한 사실이다. 또한 신약에는 사탄에 대한 언급(120회)보다 악한 영에 대한 언급(208회)이 더 많이 수록되어 있다.
- 사도행전은 제자들의 사역에서 여러 차례 귀신을 대적하는 것을 기록하고 있다(행 5, 8, 16, 19장). 영적 전쟁은 에베소서와 요한계시록에서 반복되는 주제다(참고, 롬 16:17-20, 고전 5:5, 7:5, 고후 2:11, 10:3-5, 11:13-15, 12:7-10, 엡 2:2, 6:10-20, 살전 2:18, 3:5, 살후 2:1-12, 딤전 1:18-20, 4:1, 5:15, 딤후 2:26, 벧후 2:4, 요일 4:1-6, 5:19, 유 6장, 계 2:9, 13, 24, 9:11, 20, 20:12-13, 16:13-14, 20:1-3, 7-10).
- 하나님께 그의 거룩한 천사들이 있는 것처럼 마귀에게도 악한 정사와 권세의 위계 질서가 있다(엡 3:10, 계 12:3-4, 7-9). 그러나 사탄과 그를 따르는 타락한 천사들은 영원한 불에 들어가게 되어 있다(마 25:41).
- 신약은 중생하지 않은 사람에 대해 세상 풍속을 좇고, 육신의 정욕에 매이고, "공중 권세 잡은 자"(엡 2:1-3)인 사탄에게 매인 자라고 묘사하고 있다. 그리스도 없이는 인간은 영적으로 죽었으며, '세상의 신들'에 의해 복음의 진리에 대해 눈이 가려졌고(고후 4:3-4), 그의 일을 하도록 마귀

에게 사로잡힌 상태다(딤후 2:26).
- 구속받지 못한 자들은 "악한 자의 아들들"(마 13:37-39), "마귀의 자녀들"(요일 3:8-10, 요 8:44)이라고 불린다. 그들은 사탄의 지배 아래 있으며(행 26:18), 흑암의 권세에 종속되었다(골 1:13). "온 세상은 악한 자 안에 처한 것이며"(요일 5:19), 예수님은 악한 자를 "세상의 주관자"(요 12:31, 14:30, 16:11)라고 부르셨다.

## 세 전선에서의 전쟁

"칠십 인이 기뻐 돌아와 가로되 주여 주의 이름으로 귀신들도 우리에게 항복하더이다 예수께서 이르시되 사단이 하늘로서 번개같이 떨어지는 것을 내가 보았노라"(눅 10:17-18). "하나님의 아들이 나타나신 것은 마귀의 일을 멸하려 하심이니라"(요일 3:8 하).

그리스도가 이미 승리하셨으나, 그분이 재림할 때까지 세상, 육신, 마귀의 세 전선에서 전쟁은 맹렬히 계속된다(엡 2:2-3).

- **세상**. "세상에서는 너희가 환난을 당하나 담대하라 내가 세상을 이기었노라"(요 16:33 하). "대저 하나님께로서 난 자마다 세상을 이기느니라 세상을 이긴 이김은 이것이니 우리의 믿음이니라"(요일 5:4).
- **육신(육체)**. "내가 이르노니 너희는 성령을 좇아 행하라 그리하면 육체의 욕심을 이루지 아니하리라 육체의 소욕은 성령을 거스리고 성령의 소욕은 육체를 거스리나니 이 둘이 서로 대적함으로 너희의 원하는 것을 하지 못하게 하려 함이니라"(갈 5:16-17).
- **마귀**. "이 세상 임금이 심판을 받았음이니라"(요 16:11 하). "하나님의 말씀이 너희 속에 거하시고 너희가 흉악한 자를 이기었음이라 … 너희 안에 계신 이가 세상에 있는 이보다 크심이라"(요일 2:14 하, 4:4 하).

성경은 성도들의 삶을 묘사하는 데 있어서 충돌, 전쟁, 적이라는 군사적인 이미지로 가득 차 있다. 우리가 영적 전쟁에 참전하고 있다는 것은 의문의 여지가 없다. 중요한 것은 얼마나 효과적으로 싸우는가 하는 것이다. 우리가 예수 그리스도를 신뢰하기로 한 순간부터 우리는 그분의 군대에 군사로 입대하였다. 바울이 디모데에게, "네가 그리스도 예수의 좋은 군사로 나와 함께 고난을 받을지니 군사로 다니는 자는 자기 생활에 얽매이는 자가 하나도 없나니 이는 군사로 모집한 자를 기쁘게 하려 함이라"(딤후 2:3-4)고 말했다. 예수 그리스도 안에 있는 새로운 피조물(고후 5:17)로서 우리는 세상과 육체의 소욕과 "악한 영적 세력"(엡 6:12 하)이라는 도전 세력에 대해 매일의 전쟁을 치르고 있다. 우리가 승리하기 위해서는 훈련, 저항력, 영적 무기의 숙련된 사용 그리고 하나님의 능력에 의지함이 요구된다.

우리가 전쟁에 대해서 고려할 때 성경적 균형을 유지하는 것이 중요하다. C. S. 루이스는 「스크루테이프의 편지(The Screwtape Letters)」 서문에서 "우리 종족이 마귀에 대해 빠지기 쉬운 두 가지 오류가 있다. 하나는 그들의 존재를 믿지 않는 것이다. 다른 하나는 믿되, 그에 대한 건전하지 못한 과도한 관심을 갖는 것이다. 마귀들은 두 오류 모두를 기뻐한다"고 말하고 있다. 적의 실재와 전쟁의 무기에 대한 성경의 가르침을 무시하는 사람들은 공격 받을 위험에 처하게 된다.

귀신의 세력에 대한 과도한 심취 또한 동일하게 위험하다. 모든 충동, 욕망, 악재의 원인을 귀신에게서 찾기 쉽다. 사실 육체 자체가 이러한 행동들을 할 만한 충분한 능력이 있다. 아무도 이기심, 교만, 탐욕, 자기 연민, 정욕에 강제로 끌려갈 필요는 없다. "마귀 때문에 이렇게 되었다"라는 것은 우리의 태도와 행동에 대한 책임감을 회피하게 되는 변명이 된다. 그리스도인들이 주 예수 그리스도와 그의 능력보다 사탄의 왕국을 더 의식하는 것은 문제가 있다.

## 육신과의 전쟁

육신과의 전쟁은 교환된 삶의 영성과 직접적으로 관련되므로 이 전선에 대해서는 간략히 설명하기로 한다.

'육신'이라는 단어는 성경에서 한 가지 이상의 뜻으로 사용된다. 갈라디아서 2장 20절과 골로새서 2장 24절처럼 때로 그것은 신체를 언급한다. 다른 구절에서 바울은 그것을 '내 지체 속에 있는 죄의 법'이라고 부른다. "내 속 사람으로는 하나님의 법을 즐거워하되 내 지체 속에서 한 다른 법이 내 마음의 법과 싸워 내 지체 속에 있는 죄의 법 아래로 나를 사로잡아오는 것을 보는도다"(롬 7:22-23).

빅토르 위고(Victor Hugo)의 이야기 「Ninety-Three」에서, 맹렬한 폭풍우에 휩싸인 배의 선원들은 폭풍우 자체보다 배 아래에서 들려오는 엄청난 소음 때문에 공포에 사로잡힌다. 그들은 그것이 느슨해진 대포알이 사나운 파도 때문에 배에 부딪히는 소리라는 것을 알았다. 그리고 두 명의 선원이 대포알이 배를 부수어 침몰시키기 전에 목숨을 걸고 그것을 고정시키러 배 밑으로 내려간다.

우리도 그 배와 같다. 우리의 영혼은 세상과 마귀라는 외부의 폭풍우보다는 내면의 죄의 힘에 의해 위태롭게 된다. 성경에서의 개인의 책임에 대한 강조를 고려할 때, 이 안에 거하는 '죄의 법'이 영적 전쟁의 중심지다.

깊은 영적인 수준에 있을 때, 우리는 그리스도 안에서의 구원으로 말미암아 하나님께로 산 새로운 피조물이다. 그러나 육신의 수준에 있을 때, 우리는 여전히 구속의 완성을 기다리고 있다(롬 8:23). 그때까지 옛 욕구, 태도, 기억, 습관은 수시로 고개를 들어 우리 안에서 그리스도를 따르는 삶과 전쟁을 벌이게 된다. 이것은 속사람과 겉사람(롬 7:22-23), 즉 우리 영에 내주하는 성령과 육신과의 충돌이다. 이 충돌은 회심을 통해 감소하는 것이 아니라, 우리가 영적인 삶을 추구할수록 더욱 강렬해진다.

바울은 갈라디아서 5장 19-23절에서 육체의 행위와 성령의 열매를 대조시킨다. 육체는 "음행과 더러운 것과 호색과 우상 숭배와 술수와 원수를 맺는 것과 분쟁과 시기와 분냄과 당 짓는 것과 분리함과 이단과 투기와 술 취함과 방탕함과 또 그와 같은 것들"을 행한다. 이 목록은 도덕적 죄(음행과 더러운 것, 호색)로 시작하여, 종교적 죄(우상 숭배, 술수)를 지적하고, 사회적 죄(원수를 맺는 것, 분쟁, 시기, 분냄, 당 짓는 것, 분리함, 이단, 투기)와 무절제의 죄(술 취함, 방탕함)로 결론을 맺는다. 대조적으로 성령의 열매는 "사랑, 희락, 화평, 오래 참음, 자비, 양선, 충성, 온유, 절제"며, 이 가운데 어떤 것도 육신으로 말미암은 것은 없다. 육신은 사랑 대신 용서하지 못함, 증오, 거절, 적대감을 낳는다. 또한 희락 대신 비통함, 원한, 자포자기, 우울, 불안정, 근심을 낳는다. 육신은 화평 대신 두려움, 불화, 다툼, 질투, 신경과민을 가져온다. 그리고 인내 대신 관용 없음, 성급함, 흥분을 가져온다. 육신은 자비 대신 무자비함, 가혹함, 공격성을 낳는다. 육신은 양선 대신 적의, 사악함, 악행을 낳는다. 육신은 충성 대신 불충성, 배신, 부정직함을 낳는다. 육신은 온유 대신 완고함, 교만, 악담을 낳는다. 그리고 절제 대신 반항, 육욕, 폭식을 낳는다.

아무도 동일한 육신의 경향을 지니고 있지는 않다. 어떤 사람은 성미 급함과 투기의 문제가 있는 반면 어떤 이는 용서하지 못함과 육욕으로 어려움을 겪고 있다. 우리의 육신을 효과적으로 다루기 전에 먼저 우리는 정확한 육신의 경향을 알기 위해 자신에 대해 솔직해져야 한다.

연습으로 위에 제시된 육신의 경향의 목록과 고린도전서 6장 9-10절, 갈라디아서 5장 19-21절, 에베소서 4장 25-31절, 골로새서 3장 5절, 8-9절을 살펴보라. 당신이 종종 끌리는 영역이 어디인지 지적해보라. 당신 자신을 진단하는 동안 성령께 당신의 삶에서 고백되지 않은 죄를 깨닫게 해달라고 구하라. 우리의 죄를 회개하지 않는 한 하나님과의 친밀감을 누릴 수 없을 것이다.

세상과 어둠의 세력과의 갈등과 마찬가지로 육체와의 전쟁도 우리가 세상에 사는 동안 계속될 것이다. 육신은 절대로 개선되거나 향상될 수 없다. 그것은 단지 죽을 수 있을 뿐이다. "그리스도 예수의 사람들은 육체와 함께 그 정과 욕심을 십자가에 못박았느니라"(갈 5:24).

그리스도를 신뢰할 때, 우리는 어둠의 영역에서 하나님의 왕국으로 옮기게 된다(골 1:13). 하나님이 우리를 아담의 족보에서 빼내어 그리스도 안으로 옮기셨다. 그리스도 안에 우리의 새로운 정체성이 있다. 우리는 그와 함께 죽었고 함께 장사되었으며, 그와 함께 부활하였다. 그리고 그와 함께 하늘 보좌에 앉았다(롬 6:3-11, 엡 2:5-6). 옛사람은 죽었고 새사람으로 다시 살았다. "우리가 알거니와 우리 옛사람이 예수와 함께 십자가에 못박힌 것은 죄의 몸이 멸하여 다시는 우리가 죄에게 종노릇하지 아니하려 함이니 이는 죽은 자가 죄에서 벗어나 의롭다 하심을 얻었음이니라 … 이와 같이 너희도 너희 자신을 죄에 대하여는 죽은 자요 그리스도 예수 안에서 하나님을 대하여는 산 자로 여길지어다"(롬 6:6-7, 11).

그리스도의 죽음과 부활과 연합한 우리들은 영적인 전쟁에 승리의 자세로 다가갈 수 있다. 로마서 7장에서 말하듯이 육체와 죄의 법이 여전히 우리 안에 있으나, 더 이상 그것이 우리의 삶을 지배할 수 없다. 로마서 6-8장은 육체의 정욕을 극복하기 위해 우리가 할 수 있는 두 가지를 언급하고 있다. 첫번째는 우리 자신을 죄에 대하여는 죽고 하나님께 대하여는 산 자로 여기는 것이다. 우리가 어떻게 느끼느냐에 상관없이 하나님이 말씀하신 것이 우리에게 진리인 것을 믿어야만 한다. 이 믿음은 우리를 행동으로 이끌어야 한다. "그러므로 너희는 죄로 너희 죽을 몸에 왕노릇하지 못하게 하여 몸의 사욕을 순종치 말고 또한 너희 지체를 불의의 병기로 죄에게 드리지 말고 오직 너희 자신을 죽은 자 가운데서 다시 산 자같이 하나님께 드리며 너희 지체를 의의 병기로 하나님께 드리라"(롬 6:12-13). 우리는 더 이상 죄의 종이 아닌 의의 종으로서, 순종하며 우리 자신을 하나님께 드려야 한다(롬 6:19).

두번째로 우리가 할 수 있는 것은 로마서 8장 12-13절에서 찾을 수 있다. "그러므로 형제들아 우리가 빚진 자로되 육신에게 져서 육신대로 살 것이 아니니라 너희가 육신대로 살면 반드시 죽을 것이로되 영으로써 몸의 행실을 죽이면 살리니."

바울은 갈라디아서 5장 16절, 25절에서 더하여 쓰고 있다. "내가 이르노니 너희는 성령을 좇아 행하라 그리하면 육체의 욕심을 이루지 아니하리라 … 만일 우리가 성령으로 살면 또한 성령으로 행할지니." 성령의 능력으로 인해 육체는 정과 욕심과 함께 십자가에 못박혔다. 육체는 우리의 결단이나 자기 노력에 의해 정복된 것이 아니라 성령의 도에 순종함으로써 극복되었다.

이 사실을 숙지하지 못한다면 우리는 육신의 영역에 종속될 것이다. 이는 연달아 우리를 다른 두 전선, 세상과 마귀와의 영적 전쟁에서 공격받기 쉽게 만든다. 세상과 그 정욕은 육체를 유혹하고 거기에 불을 당긴다. 귀신의 세력 또한 신자들의 삶에 침투하는 도구로 육체를 사용한다. 이러한 육신의 죄에 대한 자의적 탐닉은 다른 형태의 속박을 유발한다. 죄는 생각에서 시작된다(이는 육체, 세상 혹은 마귀의 유혹으로 야기될 수도 있다). 그리고 그것이 억제되지 않는다면 계속되는 흐름을 따라 선택, 습관, 통제의 손실, 속박에 이르고, 마침내 완전한 지배 아래 이르게 된다. 에드 머피(Ed Murphy) 가 「영적 전쟁 핸드북(The Handbook for Spiritual Warfare)」에서 말한 바와 같이 마지막 두 단계는 마귀적 신비주의와 관련이 있다.

**유혹을 다루기 위한 개인적 확신** 이 확신들은 네 가지 주요 유혹들에 대한 예방책으로, 하나님의 은혜 가운데 개인이 사용할 수 있다. 습관적인 유혹과 전투에 있어서 특별한 사고 방식이 필요하다는 것을 감지했기에 나는 이 확신들을 개발하였다. 이는 영적인 능력 안에 거할 것인가, 혹은 육체의 능력 안에 거할 것인가 하는 선택의 전체적 역동성을 신비롭게 조명하는 것으로, 유혹과 그 선택의 갈림길의 순간에 특별히 도움이 된다. 전쟁이 더 격렬해질 때 우리를 성경적인 사고로 이끌 수 있는 영적인 훈련과 도구를 사용하는 것이 도움이 될 수 있다. 마치 격투기인 유도가 지레의 효과로 반대편의 힘을 자신에게 유리하게 되받아 사용하듯, 이 확신들은 유혹의 힘을 긍정적인 영적 촉진제로 바꿀 수 있다.

이것들은 자동적으로 그렇게 되는 공식이 아닌 것을 기억하라. 이것들은 당신의 삶에서 하나님의 은혜에 의존하는 인간의 진행 과정이어야만 한다.

### 분노에 대한 유혹

1. 이것은 죄다. "사람의 성내는 것이 하나님의 의를 이루지 못함이니라"(약 1:20). [이는 죄에 대한 분노를 말하는 것이 아니라(겔 7:3 참조, 막 3:5) 죄스러운 분노를 말하는 것이다(갈 5:20)].
2. 나는 죄 짓기를 원치 않는다. 죄는 내가 그리스도를 통해 이룬 인격보다 하등한 것이다(엡 2:4-7).
3. 나는 죄 지을 필요가 없다. 나는 더 이상 죄의 세력 아래 있지 않으며, 그리스도 안에서 하나님에 대하여 산 자가 되었다(롬 6:11, 8:12-14).
4. 그렇다면 왜 성내게 유혹을 받는가? 왜냐하면 내가 잘못된 생각을 가지고 있기 때문이다. 나는 비현실적인 계획에 전념했다('비현실적 계획'이란 어떠한 이유에서건 성취되지 못한 계획을 의미한다. 예를 들면, 나는 모임에 정시에 도착하기 위해서 시간이 빠듯한 비행기를 잡아타려는 계획을 세웠다. 만약 타이어에 펑크가 나서 비행기를 놓쳤다면 이는 비현실적인 것이다. 계획이 실현되지 않았으므로. 문제는 모임에 제시간에 도착하려는 바람에 있는 것이 아니라, 나의 이익을 위해 그것에 의존한 것에 있다. 우울증의 원인이 분노가 내면으로 승화된 것이라면 이 확신들은 우울증에도 적용된다).
5. 바른 생각은 하나님이 통치하고 계시며 그분이 나에게 가장 유익한 것이 무엇인지 알고 계심을 명심하는 것이다(롬 8:28).
6. 이 사실에 대해 첫째로, 주님을 의지하고 나의 이해력에 의지하지 않는다(잠 3:5-6). 5번이 사실이라면 하나님은 내가 현재 이해할 수 없는 상황 가운데서도 온전한 계획을 가지고 계심이 틀림없다.

7. 둘째로, 나는 성령과 동행할 것이고 육체의 소욕을 이루지 않을 것이다(갈 5:16). 성령의 열매는 사랑, 희락, 화평, 오래 참음, 자비, 양선, 충성, 온유, 절제다(갈 5:22-23).

**복수에 대한 유혹**

1. 이것은 죄다. "아무에게도 악으로 악을 갚지 말고 … 할 수 있거든 너희로서는 모든 사람으로 더불어 평화하라 … 너희가 친히 원수를 갚지 말고"(롬 12:17-19).
2. 나는 죄 짓기를 원치 않는다. 죄는 내가 그리스도를 통해 이룬 인격보다 하등한 것이다(엡 2:4-7).
3. 나는 죄 지을 필요가 없다. 나는 더 이상 죄의 세력 아래 있지 않으며, 그리스도 안에서 하나님에 대하여 산 자가 되었다(롬 6:11, 8:12-14).
4. 그렇다면 나는 왜 복수하고자 하는 유혹을 받는가? 왜냐하면 나는 정의를 원하기 때문이다(이는 작게는 누군가가 내 차 앞으로 끼어드는 것부터 깊게는 수년 동안 어떤 사람에 대해 원한을 품는 것이다).
5. 그러나 하나님은 나에게 (내가 받아 마땅한) 정의로 대하시지 않고, (내가 받을 자격이 없는) 자비와 (내가 받기에 넘치는) 은혜로 대하셨다.
6. 내가 용서받았기 때문에 나는 다른 이들을 용서할 것이고, 그들을 자비와 은혜로 대할 것이다(골 3:12-15). (내 삶에서 하나님의 자비와 은혜를 더 많이 알수록 누군가가 내게 죄를 지었을 때 더 기꺼이 용서할 수 있게 된다.)
7. 나는 성령과 동행할 것이고 육체의 소욕을 이루지 않을 것이다(갈 5:16). 성령의 열매는 사랑, 희락, 화평, 오래 참음, 자비, 양선, 충성, 온유, 절제다(갈 5:22-23).

**성적 유혹**

1. 이것에는 미래가 없다. 이는 나와 하나님과의 관계를 손상시키고 나의 배우자와 아이들과의 관계를 파괴시키며, 또한 나의 명성에 손상을 입히고 나의 사역의 신뢰도를 떨어뜨린다(고전 6:18).
2. 나는 상대방을 격하하지 않고 존엄성 있게 대할 것이다. 나는 상대방을 객체가 아닌 주체로 대할 것이다. 그 사람 또한 하나님의 형상으로 창조되었기 때문이다.
3. 상대의 매력을 창조주의 위대함을 찬양하는 데 돌리겠다(이것은 일종의 '영적인 유도'로 당신은 민첩한 동작과 지레의 작용으로 적을 물리친다. 이러한 경우, 당신은 다가오는 유혹의 힘을 찬양으로 그 방향을 바꾼다).
4. 나는 더 이상 죄의 세력 아래 있지 않으며, 그리스도 안에서 하나님에 대하여 산 자가 되었다(롬

6:11). 나는 피부로 포장된 몸뚱이가 아니라 그리스도 안에서 새로운 피조물이다(고후 5:17).
5. 나는 성령과 동행할 것이고, 육체의 소욕을 이루지 않을 것이다(갈 5:16, 딤후 2:22).
6. 나는 시선을 믿음의 주요 온전케 하시는 예수님께 고정시킬 것이다(히 12:2).

**탐심에 대한 유혹**
1. 이것은 죄다. "탐내지 말지어다"(출 20:17).
2. 나는 죄 짓기를 원치 않는다. 죄는 내가 그리스도를 통해 이룬 인격보다 하등한 것이다(엡 2:4-7).
3. 나는 죄 지을 필요가 없다. 나는 더 이상 죄의 세력 아래 있지 않으며, 그리스도 안에서 하나님에 대하여 산 자가 되었다(롬 6:11, 8:12-14).
4. 그렇다면 나는 왜 탐심의 유혹을 받는가? 내가 가지고 있는 것에 만족하지 않기 때문이다.
5. 내가 만족하지 못하는 이유는 다른 사람과의 비교에서 비롯된다(나보다 더 많은 소유, 더 나은 지위, 결혼, 자녀, 사역을 가진 사람은 항상 있게 마련이다. 이것에 초점을 맞출수록 더 시샘하고 질투하며 분개하게 된다).
6. 나는 다른 사람들의 소유에서 눈을 떼어 믿음의 주요 온전케 하시는 예수님께 시선을 집중할 것이다(히 12:2).
7. 하나님이 통치하고 계시며, 그분은 나에게 가장 유익한 것이 무엇인지 알고 계신다(롬 8:28). 그러므로 나는 하나님이 나의 주님이신 사실에 만족하고 감사할 것이다.

각 사람은 저마다 다른 '육신의 특징'(사람들은 저마다 다른 방법과 정도로 유혹받는다)을 가지고 있기 때문에, 당신은 이 확신 구조를 다른 유혹의 영역으로 조정할 수 있다. 당신이 반복적으로 끊임없이 범하고 있는 죄를 솔직하고 명확하게 명명하여 유혹에 더 잘 대응할 수 있도록 하는 것이 현명한 일이다. 일곱 가지 치명적인 죄의 시간 순서의 목록은 유용한 진단의 도구가 될 수 있다. 교만, 시기, 분노, 나태, 탐욕, 탐식, 육욕, 자기 과장과 남을 비하함, 개인적 야심, 주제넘음, 허영심을 동반한 교만은 다른 죄들을 유발하는 근본적인 죄다. 따라서 기도하며 겸손을 추구하는 것은 육체와의 전쟁에서 영적 진보와 승리를 위해 결정적이다. 성경적으로 말해서, 겸손은 하나님을 떠나서는 우리는 아무것도 아니며 영속적으로 가치가 있는 어떤 것도 성취할 수 없다는 것을 하나님 앞에서 깨달아가는 것과 관계가 깊다. 모든 만물이 "주에게서 나오고 주로 말미암고 주에게로 돌아감이라"(롬 11:36). 잠언 3장 5-7절은 여기에 적절하게 적용되는데, 특히 7절의 권고가 그렇다. "스스로 지혜롭게 여기지 말지어다 여호와를 경외하며 악을 떠날지어다."

## 세상과의 전쟁

패러다임 영성에 관한 부분이 세상과의 전쟁과 연결되므로, 이 영적 전쟁에 대해서는 간략히 언급될 것이다.

신약에서는 '세상'이 세 가지로 나타나고 있는데, 각각 다른 의미로 쓰이고 있다. 코스모스(kosmos, 헬라어로 세상)라는 이 중요한 단어가 다음 세 구절에서 어떻게 쓰이고 있는지 주목하라.

"하나님이 세상을 이처럼 사랑하사 독생자를 주셨으니 이는 저를 믿는 자마다 멸망치 않고 영생을 얻게 하려 하심이니라"(요 3:16).

"너희가 세상에 속하였으면 세상이 자기의 것을 사랑할 터이나 너희는 세상에 속한 자가 아니요 도리어 세상에서 나의 택함을 입은 자인고로 세상이 너희를 미워하느니라"(요 15:19).

"이 세상이나 세상에 있는 것들을 사랑치 말라 누구든지 세상을 사랑하면 아버지의 사랑이 그 속에 있지 아니하니"(요일 2:15).

첫번째 구절에서 '세상'은 사람들, 하나님의 사랑의 대상을 의미한다. 그러나 나머지 두 절에서의 '세상'은 우리의 적이다. 이 문맥에서 그것은 세속적 가치의 조직된 체계로 성도들 안에 있는 그리스도의 생명에 대적한다. 「대적(The Adversary)」에서 마크 부벡(Mark Bubeck)은 세상을, "하나님의 주권적 지배에 도전하는 인간의 타락과 사탄의 지배 음모의 종합적 표현"이라고 정의하였다. 그와 같이 세상은 하나님으로부터의 독립적인 태도를 조장한다.

에베소서 2장 1-3절은 세상, 육체, 마귀의 세 전선의 상관관계를 밝힌다. "너희의 허물과 죄로 죽었던 너희를 살리셨도다 그때에 너희가 그 가운데서 행하여 이 세상 풍속을 좇고 공중의 권세 잡은 자를 따랐으니 곧 지금 불순종의 아들들 가운데서 역사하는 영이라 전에는 우리도 다 그 가운데서 우리 육체의 욕심을 따라 지내며 육체와 마음의 원하는 것을 하여 다른 이들과 같이 본질상 진노의 자녀이었더니."

세상의 체계는 육체의 소욕에 탐닉하는 기회를 제공하고 부추김으로써 육체와의 전쟁을 악화시킨다. 그런 다음 세상은 그 육체의 나타남과 하나님의 계획에 대항하는 사탄적 전쟁에 의해 형성된다. "이는 세상에 있는 모든 것이 육신의 정욕과 안목의 정욕과 이생의 자랑이니 다 아버지께로 좇아 온 것이 아니요 세상으로 좇아 온 것이라"(요일 2:16). 또한 "공중의 권세 잡은 자"(엡 2:2)는 "세상 임금"(요 12:31)이며, "온 세상은 악한 자 안에"(요일 5:19) 처해 있다.

세 전선 중에 세상이 가장 간과되기 쉽다. 그러나 이것이야말로 우리가 태어나는 순간부터 우리 생각의 대부분을 프로그래밍하는 강력한 힘이다. 세상은 끊임없이 그 기준에 우리를 순응하도록 유혹하는 강력한 자석이다. 그것은 하나님보다 사람들의 인정과 칭찬을 더 추구하도록 부추긴다. 세상은 부, 권력, 명예, 지위, 인기의 세속적인 가치 체계에 말려들도록 하고, 우리를 말씀 속에 계시된 영원한 가치 체계로부터 멀어지게 한다. 세속적인 것은 단지 바람직하지 않은 행동의 문제가 아니다. 그것은 또한 마음의 태도다. 그리스도인들이 "세상의 초등학문"(골 2:8)에 속박될 때 그들은 그리스도 안에서의 자유와 승리를 누릴 수 없다.

하늘의 시민, 이 땅의 순례자로서 우리는 세속과 영원 사이의 끊임없는 긴장을 경험한다. 우리는 세상 속에서 살도록 부름을 받았으나, 세상의 한 부분으로 부름 받은 것은 아니다. 우리는 세상에 의해 영향 받지 않고 세상 속에서 살아야만 한다. 세상의 가치를 극복하는 열쇠는 마음을 말씀의 진리로 새롭게 하는 것이다. "너희는 이 세대를 본받지 말고 오직 마음을 새롭게 함으로 변화를 받아 하나님의 선하시고 기뻐하시고 온전하신 뜻이 무엇인지 분별하도록 하라"(롬 12:2). 우리는 날마다 말씀을 읽고 암송하고 묵상하고 적용함으로 말씀의 가치를 내면화할 필요가 있다. 이것은 값을 치러야 하는데, 시간과 훈련이 필요하다. 그러나 그것은 그 값보다 훨씬 더 가치가 있는데, 이는 이보다 더 삶을 바꿀 수 있는 것은 없기 때문이다. 영적 전쟁에서 승리자가 되기 위한 더 나은 방법은 없다. "청년들아 내가 너희에게 쓴 것은 너희가 강하고 하나님의 말씀이 너희 속에 거하시고 너희가 흉악한 자를 이기었음이라"(요일 2:14 하). 오직 이를 통해서만 말씀이 우리 생각의 기초가 된다. 마음은 두 상반되는 세계관, 즉 세속적인 것과 영적인 것이 우리의 충성을 요구하며 경쟁하는 전쟁터다. 사도 요한은, 믿음은 "세상을 이긴 이김"(요일 5:4)이라고 말한다. 우리의 믿음은 우리가 하나님의 진리에 동화된 정도에 비례한다. 우리는 그리스도와 연합했다는 사실로 우리의 마음을 새롭게 해야만 한다(갈 2:20, 6:14). 예수께서 세상(요 16:33)과 그 주관자(요 16:11, 골 2:15)를 이기셨다. 그의 생명은 우리의 승리를 견고히 하고, 우리를 현재의 악한 세대에서 능히 구원할 수 있다(갈 1:4, 히 2:14-15, 요일 4:4).

모든 인간의 문화가 복음과 상반되는 것은 아니다. 어떤 것은 양립하고(결혼의 정절, 자녀에 대한 사랑), 어떤 것은 중립적이며(의식주), 어떤 것은 모순된다(종교, 강신술). 복음은 현세적 문화적 경계를 뛰어넘으므로, 단지 양립할 수 없는 문화적 요소만이 거부되고 대체되어야 한다. 문제는 다양한 문화 속에서 많은 성도들이 그리스도의 통치에 위배되는 문화적 풍습들을 완전히 끊지 못한다는 것이다. 혼합주의는 성도들로 하여금 그들이 그리스도인이 되기 전에 숭배한 신에 대한 경외와 순종에 매달리도록 유혹한다["본질상 하나님이 아닌 자들"(갈 4:8)]. 서양에서는 전통 종교나 주술을 복음과 접목시키기 위해 성경적 권위를 강등시키는 문화적 그리스도인의 움직임이 증가하고 있다. 문화적 상대주의, 다원주의, 세속화, 실용주의, 자연주의, 다신주의, 뉴에이지운동은 그리스도의 진리와 생명에 대한 성경적 이상과는 완전히 모순된다. 그에 더하여, 서구에서의 물질주의는 악한 영향력을 더욱 부추기고 있다.

세상 사람들의 생각과 행동에 동화되는 유혹을 막기 위해 훈련과 분별력이 요구된다(롬 12:1-2). 교육, 미디어, 연예의 널리 퍼진 영향은 죄를 사소하고 가볍게 여기도록 우리를 유혹한다. 과거에는 그리스도인들은 특정한 장소나 물건, 행동들을 피함으로써 세속적인 것을 구체화했었다. 하지만 최근에는 소비자중심주의와 물질 축재에 대한 분별력을 잃어버림으로써 완전히 반대 방향으로 가고 있다.

세속주의는 외면적인 동시에 내면적이기 때문에, 우리는 그것을 분리해낼 수 있는 고도의 감각을 배양해야만 한다. 우리는 세상의 헛됨, 인생의 짧음, 앞으로 올 영원한 삶에 대해 묵상하는 고대의 훈련으로 돌아가는 것이 좋을 것이다. 그것은 헛된 것으로부터 우리의 소망과 주체를 끌어내어 그것을 하나님의 영원한 약속으로 돌이키는 굴복과 쇄신의 고통스러운 과정일 수도 있다. 우리가 주님을 전심으로 섬기지 않는다면, 우리는 세상의 신을 섬기게 될 것이다. "오늘날 너희가 섬길 신을 택하라"(수 24:14-23). 성경은 세상에서 육신의 정욕, 안목의 정욕, 이생의 자랑은 다 지나가는 것임을(요일 2:15-17, 고전 7:29-31), 그리고 세상과 벗된 것이 하나님과는 원수된 것임을(약 4:4) 상기시키고 있다. 중간 입장이나 중립적 영역이란 없다. 우리는 우리의 주인을 선택해야만 하고(눅 16:13), 그가 그리스도 주님이라면 거기에는 우리 자신을 부인하고 십자가를 지고 그분이 명하는 어떤 곳이든 따라가야 하는 엄청난 대가가 뒤따른다(마 16:24-26). 이 대가 가운데 하나는 세상이 그리스도를 미워한 것처럼 세상이 그를 따르는 사람들을 미워한다는 것이다(요 15:18-21, 16:20, 17:14, 요일 3:13). 우리가 "그리스도가 계신 위엣것을 찾을 때"(골 3:1), 우리는 세상에 이용당하지 않고 세상을 이용할 수 있을 것이다.

연습으로 다음의 구절들이 어떻게 세상 체계와 우리의 갈등을 언급하고 있는지 묵상해보라. 누가복음 9장 23-25절, 요한복음 15장 18-19절, 17장 14-17절, 고린도후서 4장 17-18절, 5장 7절, 10장 3-5절, 빌립보서 4장 8절, 골로새서 2장 8절, 3장 1-4절.

## 적용을 위한 질문

- 당신의 문화나 세계관이 천사나 귀신의 영적인 능력을 이해하는 데 어떤 영향을 미쳤는가?

- 현재의 하늘 - 지상의 갈등을 어떻게 이해하는가?

- 세상, 육체, 마귀의 세 전선에서 당신 자신의 영적 전쟁을 어떻게 묘사할 수 있는가?

- 육체와의 전쟁에서 당신은 어떤 수단을 사용하는가? 당신은 자신만의 특별한 육체적 약점을 알고 있는가? 당신의 유혹의 영역에 이 장에서 소개된 확신 구조를 적용해보라.

- 세상과의 전쟁에서 당신은 어떤 수단을 사용하는가? 어떤 식으로 당신의 마음과 감정과 의지가 부, 권력, 명예, 지위, 인기, 쾌락에 영향을 받는가?

제10부 _ **전투의 영성** WARFARE SPIRITUALITY

# 마귀와 그의 천사들과의 전쟁

28

| 이 장의 개관 | 이 장에서는 세번째 전선, 사탄과 그의 무리들과의 영적 전쟁에 대해서 다룬다. 사탄과 귀신들의 본질과 그 활동을 개관하고, 그 정도와 징후, 활동의 목적 그리고 사탄의 준동을 쫓아내는 사역에 대해 다룬다. |
|---|---|
| 이 장의 목표 | • 영적인 대적들의 본질과 역사에 대한 성경적인 이해<br>• 귀신의 역사와 축사 사역의 자원에 대한 실제적인 이해 |

"종말로 너희가 주 안에서와 그 힘의 능력으로 강건하여지고 마귀의 궤계를 능히 대적하기 위하여 하나님의 전신갑주를 입으라 우리의 씨름은 혈과 육에 대한 것이 아니요 정사와 권세와 이 어두움의 세상 주관자들과 하늘에 있는 악의 영들에게 대함이라 그러므로 하나님의 전신갑주를 취하라 이는 악한 날에 너희가 능히 대적하고 모든 일을 행한 후에 서기 위함이라" (엡 6:10-13).

최근 들어 이런 주제에 대한 많은 문헌들이 나타났다. 대표적인 작품을 열거하면 다음과 같다. 메릴 엉거(Merrill F. Unger)의 「성서적 마귀론(Biblical Demonology)」, 「Demons in the World Today」, 「성도를 향한 귀신들의 도전(What Demons Can Do to Saints)」, 쿠르트 코흐(Kurt Koch)의 「Occult Bondage and Deliverance」, 제시 펜 루이스(Jessie Penn-Lewis)와 에반 로버츠(Evan Roberts)의 「성도들의 영적 전쟁(War on the Saints)」, 마크 부벡(Mark I. Bubeck)의 「대적(The Adversary)」, 「대적의 극복(Overcoming the Adversary)」, C. 프레드 딕카슨(C. Fred Dickason)의 「천사, 선민, 악마(Angels, Elect and Evil)」, 닐 앤더슨(Neil T. Anderson)의 「이제 자유입니다(The Bondage Breaker)」, 「내가 누구인지 이제 알았습니다(Victory Over the Darkness)」, 마이클 그린(Michael Green)의 「Exposing the Prince of Darkness」, 피터 와그너(C. Peter Wagner)의 「Engaging the Enemy」, 「기도 전투(Warfare Prayer)」, 빅터 M. 매튜(Victor M. Matthews)의

「영적 전쟁(Spiritual Warfare)」, 조지 오티스 2세(George Otis Jr.)의 「The Twilight Labyrinth」, 찰스 크래프트(Charles H. Kraft)의 「능력 그리스도교(Christianity with Power)」, 「사악한 영을 대적하라(Defeating Dark Angels)」, 「Behind Enemy Lines」, 토마스 화이트(Thomas B. White)의 「능력 전투(The Believer's Guide to Spiritual Warfare)」, 데이비드 포올리슨(David Powlison)의 「능력 대결(Power Encounters)」 등이다. 영적 전쟁에 관한 가장 유익한 세 가지 책으로는 그레고리 보이드(Gregory A. Boyd)의 「전쟁에서의 하나님(God at War)」, 에드 머피(Ed Murphy)의 「영적 전쟁 핸드북(The Handbook for Spiritual Warfare)」, 클린턴 아놀드(Clinton E. Arnold)의 「영적 전쟁에 관한 세 가지 결정적인 질문들(Three Crucial Questions about Spiritual Warfare)」 등이 있다.

그리스도의 몸의 지체들로서, 우리는 '하늘의 사악한 영적 세력'들과의 우주적인 대결에 있어서 결정적인 역할을 하고 있다. '마귀의 궤계'는 정교한 조직으로서 신자들에게 끊임없는 싸움을 걸어온다. 사탄의 보이지 않는 군대는 군주들, 권력자들, 세계적인 지도자들 그리고 영적인 세력들로 구성되어 있다. 다윗과는 다르게 우리에게는 인간적인 대적들이 많지 않을 수도 있다. 그러나 시편에서의 그의 경험은 우리가 지금 당하는 일들과 유사하다. 왜냐하면 우리의 영적인 대적들도 충만하기 때문이다.

신약 성경은 우리에게 전쟁이 진행중이라는 사실을 인식하고 적들의 전략과 그들과 어떻게 싸워야 할지를 알라고 권면한다. 늦게나마 우리에게 이런 영적 전쟁에 있어서 우리가 더욱 적극적이어야 한다는 깨달음이 생겼다. 이것은 특히 성령 충만의 영성에 민감한 많은 사람들에게 중요하다. 많은 신자들은 여전히 삶 속에 스며 있는 사탄과 귀신의 역사에 대해 미심쩍어 하거나 순진한 반응을 보인다.

병적으로 끌린다거나 혹은 극도로 두려워하는 등의 두 가지 극단은 더욱 위험하다. 어떤 사람들은 이런 주제에 지나치게 집착한 나머지 그리스도보다 귀신에 대해 더 많이 연구하고 생각한다. 반대로 어떤 사람들은 두려워하게 되거나, 스스로를 파멸된 자라고 확신한다. 성경의 진리를 주장하는 대신에 그들은 실패의 경험으로 인해 사탄은 결코 이길 수 없는 존재라거나, 사탄을 극복하기 위해서 자신들이 할 수 있는 일이 아무것도 없다는 식으로 생각해버린다. 두려움은 믿음의 반대말로서 우리를 실패하게 만든다. 사탄의 공격의 주요한 표적은 바로 이런 마음이다(고후 4:4, 10:3-6, 11:3). 하나님의 자녀인 우리에게는 그리스도 안에서 권세와 능력 그리고 승리가 주어졌다. 우리의 느낌과는 상관없이 우리가 죄와 사탄의 지배에 대해 죽은 자라는 성경의 진리를 적극적으로 주장하는 것은 우리의 책임이다(롬 6:12-14). 우리 자신의 힘으로는 영적인 능력을 소망할 수 없다. 그리스도 한 분만이 멸망치 않으실 분이며, 다만 우리는 "이 모든 일에 우리를 사랑하시는 이로 말미암아 우리가 넉넉히"(롬 8:37) 이기는 것이다. 그분은 다시 오실 때까지 우리를 완전하게 보호하시고, 그분의 뜻을 따라 모든 일을 할 수 있도록 준비시키시며, 또한 우리를 곤란으로부터 지켜주신다

(살전 5:23-24, 히 13:20-21, 유 24절).

## 사탄의 본질과 역사

구약과 신약 성경 모두 사탄의 역사를 반복적으로 설명하고 있다. 성경은 사탄이 지성과 감성 그리고 의지를 소유한 인격적 존재라고 가르친다(슥 3:1-2, 눅 4:1-13, 고후 11:3, 계 20:7-8). 그는 하나님으로부터 천사로 지음을 받았으며(사 14:12-13, 마 25:41, 계 12:9), '기름 부음을 받은 천사장'으로서 하나님을 대적하기 전까지 원래 모든 일에 흠이 없고 완벽하게 아름다운 존재였다(겔 28:12-15). 그는 분명 하나님이 만드신 피조물 중에 가장 능력 있는 자였다(유 9절). 그러나 그 아름다움으로 인해 그의 마음이 높아졌고, 그의 지혜로 인해 그의 광채가 타락했으며, 결국은 스스로의 호언장담으로 인해 하나님을 대항하여 높아졌다(에스겔 28장 16-17절, 이사야 14장 12-15절, 이 두 예언서의 본문은 사탄의 역사적인 특성을 언급한다. 시가서도 역시 사악한 영의 우주적인 특징을 설명하기 위해 이런 모습을 곧잘 사용한다).

이런 반역으로 인해 사탄의 특성은 왜곡되어, 우주 안에서 그는 가장 사악한 힘으로 전락하고 말았다. 그는 타락한 천사의 수많은 군대를 지배하며 세계 전체를 다스린다. 그의 직함과 이름은 그가 가진 지위, 능력 그리고 역사를 잘 드러낸다.

### 지위와 능력을 드러내는 이름들

- 이 세상의 주관자(요 12:31, 16:11) – 그는 이 세계의 왕자다.
- 공중 권세 잡은 자(엡 2:2) – 그의 능력은 지구를 둘러싸고 있다.
- 이 세대의 신(고후 4:4) – 그는 이 지상의 모든 철학과 정치에 영향을 끼친다.
- 귀신들의 우두머리(마 12:24, 눅 11:15) – 그는 귀신의 군대를 이끌고 있다.
- 루시퍼(사 14:12, 고후 11:14 참조) – 그는 창조 당시 고유한 빛을 가지고 있었으나 타락한 이후 광명의 천사로 자신을 가장한다.
- 옛 뱀(계 12:9) – 인간의 역사에 개입한 이후로 그는 지금까지 역사하고 있다.
- 큰 용(계 12:3-4, 7, 9) – 그는 흉폭하며 파괴를 일삼는 대적이다.

### 그 역사를 드러내는 이름들

- 사탄 혹은 대적하는 자(렘 3:1, 눅 22:3, 벧전 5:8) – 그는 신자들의 잔인한 대적이다.
- 악마 혹은 비방하는 자(눅 4:2, 벧전 5:8, 계 12:9) – 그는 하나님과 그분의 자녀들을 비방하기 위해

일한다.
- 사악한 자(요 17:15, 요일 5:18) - 그는 완전히 타락했다.
- 파괴자(계 9:11) - 그는 육체적, 영적인 삶을 파괴하려 한다.
- 미혹하는 자(마 4:3, 살전 3:5) - 그는 사람들에게 악을 부추긴다.
- 참소하는 자(계 12:10) - 그는 하나님 앞에서 우리를 고소하며, 우리 스스로를 정죄하도록 사주한다.
- 속이는 자(계 12:9, 20:3) - 그는 거짓된 철학과 영적 위조품들을 조장한다.
- 살인자(요 8:44) - 그의 희생자들을 죽인다.
- 거짓말하는 자, 거짓의 아비(요 8:44) - 그의 약속과 유혹은 모두 거짓이다.

어떤 신자도 이렇게 강력한 대적의 역사를 무시할 수는 없다. 마귀의 역사는 전략적이며 손에 잘 닿지 않는다. 그의 궤계와 방법은 교활하고 빈틈이 없다(고후 2:11, 엡 6:11). 마귀와 그의 귀신 세력의 결정적인 전략 중 하나는 변장, 은폐, 환상, 속임수 그리고 미혹 등이다.

**인간을 대항하는 그의 계획**
- 그는 사람과 하나님의 계획을 반대한다. 그는 스스로 "지극히 높은 자"(사 14:14)가 되기를 원한다. 따라서 그는 하나님 한 분께만 드려야 하는 예배를 받고 싶어한다.
- 그는 자신을 광명의 천사로 가장하여 자기의 정체를 숨기고 진리를 왜곡한다(고후 11:13-15). 그는 잘못된 방법을 통해 그리고 잘못된 목적을 위해 좋은 일을 하라고 권한다(마 4:3-10).
- 그는 나라들을 속이고(계 20:3) 정부에 압력을 넣어 복음이 전파되는 것을 방해한다.
- 그는 불신자들의 마음에서 하나님의 말씀을 빼앗아가고(눅 8:12) 복음에 대해 마음의 눈을 멀게 함으로써(고후 4:3-4) 그들을 대적한다.
- 그는 거짓된 종교와 예언 등과 같은 영적 위조품들을 장려한다(요일 2:18, 22, 4:3).
- 그는 마술을 조장하여 숨겨진 지식이나 능력을 추구하게 한다(신 18:9-13).
- 그는 인간의 마음에 사악한 생각과 계획을 심는다(요 13:2, 행 5:3).
- 그는 사람들에게 죽음이나 병을 줄 수도 있다(욥 2:1-7, 행 10:38, 히 2:14).

### 신자를 대항하는 그의 계획

- 그는 신자들의 명예와 사역을 직접적으로 파괴하려 한다(눅 22:3, 딤전 3:7). 그리스도인의 사역을 파괴하지 못하면 간접적으로 신자들이 사랑하는 사람들을 공격한다.
- 성도들을 핍박한다(계 2:10).
- 사탄은 믿는 자들의 계획을 막는다(살전 2:18).
- 그리스도인들로 하여금 하나님의 사랑에 의심을 갖게 한다. 하나님을 헐뜯고 하나님의 선하심에 의문을 품게 한다(창 3:1-5).
- 신자들을 하나님 앞에서 참소한다(계 12:10).
- 신자들로 하여금 그들의 죄로 인해 죄책감을 갖게 하고, 스스로 정죄하게 하며, 그 죄의 값을 치러야 한다고 속인다.
- 죄의 자백을 무시하게 하고(엡 4:26-27), 그리스도인들로 하여금 같은 죄를 반복해서 짓기 때문에 하나님이 결코 자신들을 용서하지 않으실 것이라고 느끼게 하여 계속 패배하게 한다.
- 신자들로 하여금 하나님과는 무관한 계획과 행동을 통해 자기 자신의 힘을 의지하게 한다(왕하 16:7-10).
- 여러 영역에서 그리스도인들을 유혹한다. 예를 들면 거짓말(행 5:3), 성적인 범죄(고전 7:5), 용서하지 않는 것(고후 2:10-11), 교만과 자화자찬(딤전 3:6), 낙심(벧전 5:6-10), 세상적인 집착(요일 2:15-17, 5:19) 등이다.

### 귀신들의 본질과 역사

성경은 귀신들의 존재를 상세히 뒷받침하고 있다. 마귀는 구약(레 17:7, 신 32:17, 시 106:37)뿐만 아니라 예수님의 가르침과 서신서(마 1:23-27, 딤전 4:1, 벧후 2:4)에도 언급되어 있다. 복음서에서는 귀신들이 "불결한 영"(막 7:25-26)과 "악한 영"(눅 8:2)뿐만 아니라 마귀의 천사(마 25:41)로 불린다. '귀신(다이모니온, daimonion)'이라는 단어가 '마귀'를 의미하지는 않는다. 그 단어는 디아볼로스(diabolos) 혹은 '중상하는 자'라는 말에서 왔으며, 사탄의 이름이다. 분명히 귀신들은 하나님을 대적하는 일에 사탄과 동조한 타락한 천사들이다(마 25:41, 유 6절, 계 12:4). 사탄은 "귀신의 왕"(마 12:44)이며, 하나님의 왕국을 전복시키려는 그들의 계획을 완성하기 위해 조직되었다(엡 6:11-12, 계 12:7).

사탄과 같이 귀신들 역시 인격적인 존재다. 미신도, 비인격도, 심리적 상태도 아니다. 그들은 지적이며(막

1:23-24, 눅 8:27-33), 감정적이고(눅 8:28, 약 2:19), 의지적이다(마 12:44, 눅 8:32). 그들은 계급과 능력의 차이가 있으며(엡 6:12), 사악함의 정도가 다르다(마 12:45). 어떤 귀신들은 어리석음과 몰상식함을 가져다주며, 또 어떤 귀신들은 타락과 파멸을 부추긴다.

### 귀신들의 특징
- 그들은 자신들의 성품과 역사에 있어서 타락했다. 타락한 상태에서 귀신들은 뒤틀려 있고 왜곡되어 있다. 어두움을 만들어내며 하나님의 거룩한 성품에 완강하게 저항한다.
- 그들은 영적인 존재로서(마 8:16, 눅 10:27, 20), 일상적인 육체적 장벽에 제한을 받지 않는다. 예를 들면, 한 사람 안에 군대 귀신이 존재한다(눅 8:30). 비물질적인 존재로서 귀신들은 유한하며 제한이 있다(마 16:13-14).
- 그들은 보이지는 않지만 자신들을 드러낼 수 있다(계 9:7-10, 16:13-14).
- 그들은 거처를 삼고 있는 그 사람을 통해 말할 수 있는 능력을 가지고 있다(막 1:24).
- 그들은 인간보다 훨씬 뛰어난 지성을 가지고 있다. 그리스도의 참된 정체성을 알고 있으며(막 1:24, 34, 5:7), 한 소녀로 하여금 미래의 일을 예견하게 할 수도 있다(행 16:16).
- 그들은 초자연적인 능력을 가졌으므로 인간을 육체적으로 제압하며 괴롭힐 수 있다(마 8:28, 행 19:13-16). 그들은 또한 마음과 감정을 괴롭힐 수도 있다.

### 귀신들의 계획
- 그들은 사탄에게 복종하며(마 12:24, 계 12:7), 능력을 최대한 확장하여 사람들과 나라들 그리고 이 세상의 모든 체제에 영향을 끼친다(단 10:13, 20, 요 12:31, 엡 2:2, 요일 5:19).
- 그들은 육체적, 정신적인 질병을 유발한다(마 12:22, 막 9:17-29, 눅 8:27-33, 고후 12:7). 예를 들면 예수님은 열등감의 영, 귀머거리의 영 그리고 벙어리 귀신을 쫓아내셨다.
- 그들은 우상 숭배를 조장한다(레 17:7, 신 32:17, 시 96:5).
- 그들은 사람들을 마술에 사로잡히게 한다. 여기에는 강신술, 미래 예언, 육체적 혹은 심리적 현상, 마술 그리고 주술 등이 포함된다(레 19:31, 신 18:9-12, 행 13:6-11).
- 그들은 한시적인 가치 체계와 철학을 지원한다(고후 10:3-5).
- 그들은 사람들 사이에 무법주의, 부도덕 그리고 반역을 조장한다(살후 2:3-4, 7). 그들의 두목과 같이 귀신들은 도적질하고 죽이고 멸망시킨다.

- 그들은 은혜의 복음을 왜곡시킨다(딤전 4:1-3, 골 2:18).
- 그들은 거짓의 교사들과 영적 모조품들을 양산한다(고후 11:13-15, 벧후 2:1-2, 요일 4:1-4). 그들은 이방종교와 사이비 기독교 집단의 일부다.
- 그들은 성도들을 방해하며 그들의 영적인 삶을 무너뜨리려 한다(엡 6:10-11). 귀신들은 다툼, 시기, 이기적인 야망, 교회 안의 분열을 조장하는 데 능숙하다(딤전 4:1-3, 딤후 3:1-8, 약 3:14-16). 마귀와 그의 귀신들은 그들의 뜻을 좇게 하려고 우리를 사로잡는다(딤후 2:26).

### 귀신의 활동 정도

귀신의 존재와 영향력을 부인하는 것은 귀신들의 올무로부터 사람들을 구한 그리스도의 사역을 설명하는 복음서의 많은 이야기를 무시하고 신화화시킨다. 이는 심리적인 망상 이상의 것이다. 사도행전의 1세기 교회에서부터 현재까지 귀신의 압제와 지배에 대한 명확한 증거들이 있다.

성경은 '귀신 들림' 이란 말을 사용하지 않는다. 일반적인 표현은 어떤 사람이 귀신이나 더러운 영을 '가진다' 는 것이다. 헬라어 다이모니조메노이(daimonizomenoi)는 '귀신 들리다' 라는 말이다. 이 용어는 귀신 들림의 다양한 정도를 포함하는데, 영향을 미침에서 시작해서 억압, 지배하는 정도에까지 이른다.

**영향을 미침.** 모든 그리스도인들은 사탄의 세력의 목표물이다. 그들은 우리의 삶을 타락시키고, 사역을 무너뜨림으로써 우리를 신체적, 심리적으로 공격할 수 있다. 귀신들은 자신의 생각을 우리의 마음에 심으려 하고, 우리의 감성에 영향을 미치며, 우리의 의지를 약화시킨다. 그들은 말씀의 진리와 반대되는, 속이고 비난하고 정죄하는 생각과 태도를 주입한다(고후 10:3-6, 11:3). 사탄의 세력은 성도들을 유혹하고 부추기는 데 끊임없이 활동적이다(고전 7:5, 12:2-3, 딤전 5:14-15). 그들은 우리의 성숙과 복음의 진보를 막기 위해 방해한다(살전 2:18, 롬 15:22). 이 단계에서의 사탄의 공작은 배교와 교리의 변조다(딤전 4:1-3).

마태복음 16장 22-23절에서 베드로에 대한 예수님의 꾸짖음은 성도의 삶에서 사탄의 능력에 의한 1단계의 영향력을 보여준다. 이 단계에서 공격은 밖으로부터 오지만, 그것은 아주 강력할 수 있다. 그럼에도 불구하고 귀신들은 성령에 의존된 성도의 삶의 어떤 부분도 패배시킬 수 없다. 만약 어둠의 세력이 우리 안에 요새를 치도록 우리가 허락하지 않는다면 공격은 더 심화될 수 없다.

**억압.** 그리스도인이 하나님께 순종하고 성령의 능력을 받는 것에 다양한 정도가 있는 것과 마찬가지로, 귀신의 세력에 종속되는 정도에도 다양한 단계가 있다. 비그리스도인과 그리스도인 모두 더러운 영에 의해 시달리고, 억압당하고, 눌림당하고 고통받을 수 있다. 성도들이 귀신의 제안과 유혹에 굴복하기 시작하면 이는 영향력을 넘어서 더 강력한 공격의 단계에 이르게 된다.

귀신의 억압은 강박적인 생각과 행동이 그 특징이다. 격렬한 공격이 있을 때에는 전인격이 뒤틀리고 알 수 없는 충동, 암흑 같은 기분, 주체할 수 없는 분노, 강박적인 거짓말에 사로잡힌다.

귀신 들림은 신체와 인격이 하나 혹은 그 이상의 사악한 영에 의해 공격받을 때 외부에서 내부로 이동한다. 아나니아와 삽비라의 이야기는 사탄의 세력에 의한 내적인 영향을 보여주고 있다. "베드로가 가로되 아나니아야 어찌하여 사단이 네 마음에 가득하여 네가 성령을 속이고 땅 값 얼마를 감추었느냐"(행 5:3). 불의한 화와 분노는 또 다른 침입구다. "분을 내어도 죄를 짓지 말며 해가 지도록 분을 품지 말고 마귀로 틈을 타지 못하게 하라"(엡 4:26-27).

**지배.** 귀신의 활동이 가장 극심한 수준은 마음과 언어 그리고 행동을 지배하는 것이다. 이 상태에서 희생자는 그 안에 거주하는 귀신(들)에 의해 성격이 바뀌고, 그 몸이 매개물로 사용됨으로써 귀신에게 지배되는 증상을 드러낸다. 그 사람을 통해 귀신이 말할 때 그들은 그 희생자를 3인칭으로 표현한다.

귀신의 지배는 의지에 의할 수도 있고(예: 강신술, 마법) 아닐 수도 있다(예: 가계의 흐름). 귀신 들림으로 인해 정신병이 생길 수도 있으나 구분되어야 할 것이 있다. 정신 질환은 뇌의 화학작용, 정서적인 충격, 우울증, 끊임없는 죄책감, 악에 사로잡힘, 의식적인 말씀에의 불순종 등 수많은 이유에서 기인될 수 있다. 이 때문에 사역을 할 때, 특히 축사 사역에서 분별력을 발휘하는 것이 현명한 일이다.

그리스도인이 귀신의 지배를 받을 수 있는가? 이것은 논쟁적인 주제다. 어떤 저자들은 성령의 내주하심이 성도의 몸에 귀신이 침입하는 것을 막는다고 주장한다(요 14:17, 롬 8:9, 고전 6:19-20). 그러나 우리 안에 육체와 죄의 세력이 분명히 실재하므로 내주하는 성령이 성도들 안에 악이 거하는 것을 배제하지 않는다(롬 7:15-24, 갈 5:16-17). 성경은 그리스도인이 귀신의 침입에 대해 면역성이 있다고 가르치지 않으며, 많은 선교사들과 상담가들의 경험에 비추어볼 때 성도들도 내적으로 귀신의 압제를 받는 것이 분명하다. 그러나 이것은 귀신의 세력에 사로잡혀 지배받는 소위 귀신 들림과는 다르다.

성령은 다른 악한 영이 미칠 수 있는 깊이보다 더 깊이 성도들의 삶에 내주하신다. 그러나 습관적으로 죄를 지을 때 성도들의 몸과 정신(마음, 정서, 의지)을 귀신에게 내어주게 된다. 귀신은 그 사람의 인격을 더 강력하게 지배하기 위해 다른 귀신들을 불러들이려 노력한다. 그들이 사람의 생각, 느낌, 선택에 영향을 미치면 그 생각과 충동이 귀신의 것인지 그 사람의 것인지 구분하기 어렵게 된다. 그러나 귀신들은 일시적으로 침입하므로 머물 수 있는 이유가 제거되면 그들의 지배도 사라진다.

### 귀신들의 활동의 징후

문제의 발생이 육체인지, 세상인지, 혹은 마귀인지를 어떻게 분별할 수 있는가? 신체적, 심리적 질환은 기질에 의한 것일 수 있으며(예를 들면 심한 알레르기, 저혈당증), 이 가능성을 먼저 고려해보는 것이 현명하다. 식단 개선이나 약물에 의해 치료될 수 있는지 신체 검사를 통해 알 수 있을 것이다.

대부분의 문제는 육신적으로 행하기 때문에 생긴다(앞장에서 육신의 죄의 목록을 참고하라). 죄를 선택하거나 혹은 하나님께 순종하는 것이 우리의 책임이기 때문에 우리 자신을 영적 전쟁의 담보물로 생각하는 것은 어리석다. 세상과 사탄에 책임을 돌리는 많은 일들이 육신의 결과다. 우리가 내면에서부터 죄의 세력과 세상의 유혹에 굴복함으로써 사탄에게 종속되는 기회를 제공하는 것이다. 그리스도 안에서의 방법을 전적으로 추구하고 죄를 고백하며 마음을 새롭게 했음에도 불구하고 승리하지 못한다면, 영적인 분별을 구하고 귀신의 영향력의 가능성을 고려해보아야 한다.

귀신 들림의 실재에 대한 성경적 가르침을 무시하는 극단주의와, 또 모든 문제와 유혹을 귀신들에게 돌리는 극단주의 모두를 피해야 함을 기억하라. 다음의 흔한 증상들은 가능한 귀신의 활동을 나타낸다. 이들은 신체적, 심리적, 영적인 문제에서 야기될 수도 있으므로 속단하지는 말라. 그러나 여러 증세가 동시에 일어나면 귀신 들림의 증거가 더 명확해질 수도 있다.

- 자기 파괴, 자살, 살인의 생각
- 주체할 수 없는 분노, 격분, 폭력
- 강박적인 저주, 모독
- 예수님의 이름, 성경, 기도에 대한 강한 반감
- 깊은 우울증, 침울, 절망
- 강력한 비판과 증오
- 강박적인 유혹 혹은 과도한 심취
- 죄책감과 자기 비하에 사로잡힘
- 반복되는 죄를 떠나지 못함
- 이유 없는 갑작스런 신체적 증상(예를 들면 압박, 목 메임, 발작, 무의식 상태)
- 통제할 수 없는 두려움
- 반복되는 악몽
- 초자연적인 지식, 투시력, 영매의 능력
- 표정과 목소리의 갑작스런 변화와 일그러짐
- 다중 인격 장애

- 초인적인 힘
- 요정 현상과 허깨비

이 목록들이 전부는 아니다. 이런 증상 자체가 귀신의 활동은 아니다. 우리는 스스로 귀신 감정가로 여기며 무조건 쫓고 보자는 식의 태도를 피해야 한다.

**귀신의 활동의 원인**

우리는 점점 부도덕하고 사악한 사회에 살기 때문에 그에 동화될 수 있는 압박과 기회가 전보다 많아졌다. TV, 라디오, 잡지, 신문, 영화, 수많은 인터넷 사이트들에 우리의 가치, 태도, 믿음 체계는 노출되어 있고, 이는 우리의 생각을 왜곡하고 결단을 약화시킨다. 육신은 세상과 마귀의 영향의 침입구다. 대부분의 경우 그리스도인의 귀신 들림은 마음과 몸의 반복적인 죄의 결과다(예를 들면 막 7:21-22, 갈 5:19-21).

성도들이 양심과 말씀의 경고와 성령의 자각에 응답하지 않을 때, 그들은 육신에 종속된다. 육신의 행위와 어둠의 세력은 후자에 의해 전자가 노예화되는 결속 관계에 있다. 우리가 불순종의 행위로 주님을 저버리기 때문에, 말씀은 죄에 대하여 우리가 보통 생각하는 것 이상으로 심각하게 다루고 있다(대하 24:20). 죄를 회개하고 버리지 않고는 승리할 수 없기 때문에, 죄를 고백하지 않고 감추는 것은 위험하다(시 32:1-6을 보라). 의지가 점차 약해질수록 죄의 생각과 행동은 점점 강력해진다. 이러한 상태에서 사람들은 적에게 계속 영역을 양보하고 귀신의 주도권을 허용하게 된다. 악한 세력은 성도들의 삶에서 죄에 의해 그들에게 양보된 영역을 차지한다. 그들은 그 기반이 없어지지 않는 한 물러나지 않는다.

그리스도인이 되는 것이 자동적으로 모든 과거의 요새를 정복하는 것은 아니다. 예를 들면 어떤 형태든 신비주의를 숭배하는 것은 반드시 해결해야 할 귀신 들림 문제를 남겨놓는다. 신비주의 숭배는 하나님 보시기에 가증한 것이고(레 20:6), 마술, 점성술, 부적, 손금술, 심령술, 무당, 뉴에이지, 비기독교적 종교 행위는 위험한 것이다.

모든 귀신의 요새들이 본인의 죄에 의해 발생하는 것은 아니다. 어떤 것들은 성적, 신체적, 심리적, 종교적 학대 같은 어린 시절의 충격에 기인될 수도 있다. 어떤 경우 귀신 들림은 영적인 유전의 결과일 수도 있다. 부모나 조부모의 신비주의 숭배, 저주, 마법의 죄들은 다음 세대들에게 영향을 미칠 수 있다(이는 마가복음 9장 17-29절의 소년이 어린 시절부터 귀신 들린 이유다). 우상 숭배를 금지한 이후 주님은 "나 여호와 너의 하나님은 질투하는 하나님인즉 나를 미워하는 자의 죄를 갚되 아비로부터 아들에게로 삼사 대까지 이르게 하거니와"(출 20:5)라고 선포하셨다.

### 귀신의 활동으로부터의 해방

적의 방법과 세력을 무시하는 것은 어리석다. 이는 사탄과 그의 세력이 보이지 않게 우리와 우리 가족을 공격하게 만드는 행위다. 많은 사람들이 복음서에 기록된 예수님의 사역의 25퍼센트가 귀신의 압제로부터 해방하는 것에 관련되어 있음을 간과한다. 예수님이 승천하실 때 악의 세력들은 사라지지 않았다.

성도들은 요새를 뿌리 뽑는 법(고후 10:40)과 정사와 권세에 맞서 싸우는 법(엡 6:12) 그리고 사탄을 대적하는 법(약 4:7)을 배워야 한다. 메릴 F. 엉거(Merrill F. Unger)는 「성도를 향한 귀신들의 도전(What Demons Can Do to Saints)」이라는 책에서 그리스도인의 갑옷은 외부의 적에 대한 것이지 내부의 적에 대한 것이 아니라고 말했다. "만약에 그리스도인들이 이 갑옷을 사용하지 못한다면, 적들이 침입하여 신자는 적의 노예가 된다. 그렇기 때문에 그리스도인 용사들은 기도의 전장으로 부름을 받는 것이며, 그 기도를 통해 그리스도인들은 사탄의 덫에서 벗어나 '하나님께 사로잡힌 바 되어 그 뜻을 좇을'(딤후 2:26) 되는 것이다."

우리는 영적인 전쟁에서 우리에게 권능과 승리가 주어졌음을 인식해야만 한다(마 10:1, 눅 9:1, 10:19). C. 프레드 딕카슨(C. Fred Dickason)이 「천사, 선민, 악마(Angels, Elect and Evil)」에서 관찰한 대로 "사도들과 그를 따르는 자들은 그들의 시대에 마귀를 물리쳤고(행 5:16, 16:16-18), 바울은 성도들이 전쟁에서 사탄을 물리치기 위해 필요한 모든 것을 갖추고 있다고 주장했다(엡 6:10-18). 우리 자신의 자원은 없을지라도 우리는 그리스도와의 연합을 통해 그 안에서 필요한 모든 것을 갖추었다(골 2:9-15)." 십자가로 인해 사탄은 패배했다(요 12:31). 그리스도가 "정사와 권세를 벗어버려"(골 2:15), 정사와 권세와 능력과 세상 주관자 위에 뛰어나게 높임을 받으셨다(엡 1:21, 빌 2:9-11, 벧전 3:22). 그에 더하여 그리스도를 믿는 성도로서 우리는 그분과 함께 일으킴을 받아 예수님과 함께 하늘에 앉는다(엡 2:6). 주님이 "우리를 흑암의 권세에서 건져내사 그의 사랑의 아들의 나라로 옮기"(골 1:13)셨다. 우리는 이 새로운 자리에서 그리스도의 권세와 성령의 능력을 가지는 것이다.

문제는 많은 성도들이 그들의 권세를 사용하지 않으므로 어둠의 세력들이 이를 이용한다는 것이다. 우리는 우리가 예수 그리스도의 보혈로 마귀의 권세로부터 자유함을 받았다는 것을 기억할 뿐 아니라 이 사실에 부응해서 행동해야 한다.

육체를 이기는 성경적 방법을 사용한 후에도 귀신의 활동이 계속된다면 악의 세력과의 정면 대결이 필요하다. 다시 말하지만, 귀신의 영향력은 신체적 정신적 질환의 가능성 있는 원인 중에 하나일 뿐이며, 너무 그것을 강조하거나 쉽게 결론에 이르지 않도록 주의해야 한다.

귀신의 영향력 또는 압제로부터의 해방을 위한 명백한 조건들이 있다.

**구원.** 그리스도 없이 악의 세력에 대한 승리의 소망은 없다. 하나님의 아들을 통해서만 사탄과 죄의 속박으로부터 자유할 수 있다(요 8:36). 당신은 예수 그리스도를 믿는 믿음을 견고히 해야만 한다.

**의지.** 당신은 자유함을 갈망해야 한다. 만약 증상이 육체의 문제를 다룬 후에도 계속된다면, 당신은 귀신의 활동 가능성을 인정하고자 하는 의지가 있어야만 한다.

**죄의 고백.** 자신의 죄를 인식하지 못하는 성도들은 하나님과의 교제에서 끊어지고 사탄의 공격을 받기 쉽다. 교제의 회복은 회개를 필요로 하는데, 이는 죄가 거룩한 하나님에 대한 반항이기 때문이다(마 3:8, 약 4:8-9). 당신은 정직하게 자신을 살핀 후 알고 있는 죄악된 생각, 언어, 행위를 고백해야 한다(시 32:5, 139:23-24, 고전 11:31, 요일 1:9). 이런 식으로 당신이 적에게 내주었던 고지를 다시 탈환할 수 있다(엡 4:27). 죄의 고백은 가능하면 매우 구체적이어야 하는데, 그것이 신비주의 숭배와 관련되었을 때는 더욱 그러하다. 주님께 과거의 그러한 죄들을 그의 빛으로 조명하시도록 구하라.

**포기.** 당신은 사탄을 완전히 떠나 그의 일을 포기해야 한다(고후 4:2). 말로써 가계의 전 세대의 저주와 죄와 관련된 것을 끊어야 한다. 특별히 신비주의와 거짓 종교의 영역일 때는 더욱 그렇다(출 20:3-5). 무당과의 접촉을 완전히 떠나고, 점성술, 부적, 마술 등을 끊어야 한다(행 19:18-19 참조).

**용서.** 당신에게 잘못한 모든 이들을 용서해야만 한다(마 6:14-15, 18:21-35). 주님께 당신이 용서하지 못하고 있는 부분을 보여주시기를 구하고, 은혜로 당신 자신과 타인을 용서할 수 있도록 하라. 이렇게 해야만 귀신의 요새가 될 수 있는 원한과 증오, 분노의 뿌리로부터 자유할 수 있다. 하나님을 초청하여 감추어져 있는 고통, 불의, 거절감과 학대를 드러나도록 하고, 주님의 임재와 진리의 빛 가운데 과거와 화해하는 것이 필요하다. 린 페인(Leanne Payne)이 「치유하시는 임재(The Healing Presence)」와 「영혼의 회복(Restoring the Christian Soul)」에서 말하듯이 이러한 내적 치유나 감정 치유는 영적 전쟁과 직접 연결될 수 있다. 내적 치유는 이 사역에 훈련된 사역자들을 통해서 이루어질 수 있다.

**하나님께 순종.** 당신은 하나님 앞에 겸손하고 그분께 완전히 의지해야 한다. "그러나 더욱 큰 은혜를 주시나니 그러므로 일렀으되 하나님이 교만한 자를 물리치시고 겸손한 자에게 은혜를 주신다 하였느니라 그런즉 너희는 하나님께 순복할지어다 마귀를 대적하라 그리하면 너희를 피하리라"(약 4:6-7). 하나님과 그분의 뜻에 당신을 복종시키지 않고는 사탄에게 승리할 수 없다(롬 12:1-2).

**저항.** 구원, 죄의 고백, 포기, 용서, 하나님께로의 순종이라는 조건이 만족되었을 때 마귀와 그의 귀신들은 당신을 괴롭힐 수 있는 아무런 권리가 없다. 그리스도 안에서 주어진 권위를 사용하여 악한 세력에 대항하여 견고히 서라. 주님께 끊임없이 부르짖을 때 영적인 요새는 부서질 것이다. "근신하라 깨어라 너희 대적 마귀가 우는 사자같이 두루 다니며 삼킬 자를 찾나니 너희는 믿음을 굳게 하여 저를 대적하라"(벧전 5:8-9 상).

만약 악한 영들이 당신의 삶에 발판을 두고 있다면, 그들을 직접적으로 대적할 필요가 있다. 예수님의 이름과(막 16:17, 눅 10:17, 행 16:18, 빌 2:9-10) 성령의 능력에 의지하여(마 12:28) 그들이 떠날 것을 명하라. 강력한 억압이 있을 때에는 이 사역의 영역에 훈련된 다른 성도의 도움을 얻는 것도 악의 세력을 물리치기 위해 필요할 것이다.

### 적용을 위한 질문

- 악한 영적 세력을 경험할 때 당신은 회의주의 / 무관심 쪽으로 끌리는가? 혹은 도취 / 두려움쪽으로 끌리는가? 성경적 균형을 이루기 위해 당신이 할 수 있는 것은 무엇인가?

- 당신은 사탄과 귀신들의 역사에 대해 어느 정도 알고 있는가? 당신의 영성 형성에 이것이 미치는 영향은 어느 정도인가?

- 명백한 귀신 들림을 당신의 삶이나 다른 사람에게서 경험한 적이 있는가?

- 구원, 의지, 죄의 고백, 포기, 용서, 하나님께 순종, 저항의 일곱 가지 조건은 귀신의 활동이 아니더라도 우리에게 유익하다. 기도할 때에 이 일곱 가지 요소들을 사용해보라.

제10부 _ **전투의 영성** WARFARE SPIRITUALITY

# 29

# 전쟁의 무기

| 이 장의 개관 | 이 장에서는 세상, 육체, 마귀와의 전쟁에서 승리하기 위해 하나님이 우리에게 허락하신 수단들을 살펴봄으로써 전투의 영성을 마무리하고자 한다. 하나님의 전신갑주에 더해서, 열두 가지 다른 방법들이 제시되어 있고, 전쟁에서의 균형과 통찰력의 필요, 하나님의 천사들의 사역 그리고 세 전선에서의 미래의 전쟁으로 본장을 결론지을 것이다. |
|---|---|
| 이 장의 목표 | • 진리, 의, 평안, 믿음, 구원, 말씀, 기도의 전신갑주에 대한 새로운 이해<br>• 세상, 육체, 마귀에 대한 영적 전쟁을 수행함에 있어서 우리 재량껏 쓸 수 있는 자원을 인식 |

"우리가 육체에 있어 행하나 육체대로 싸우지 아니하노니 우리의 싸우는 병기는 육체에 속한 것이 아니요 오직 하나님 앞에서 견고한 진을 파하는 강력이라"(고후 10:3-4).

영적 전쟁은 끊임없는 과정이다. 그 강도의 차이는 있지만 전쟁은 매일 계속된다. 주님과 동행함이 더해 갈수록 성도의 삶에서 갈등을 더욱 경험하게 된다. 이 때문에 우리에게는 치유와 축사의 경험에 있어서 자라고 성숙하는 것이 중요하다. 우리의 대적은 격렬하기 때문에 말씀은 우리에게 "주 안에서와 그 힘의 능력으로 강건하라"(엡 6:10)고 권면한다. 우리는 우리의 승리를 위해 하나님이 허락하신 무기를 사용함으로써 갑작스런 싸움에 대비해야 한다.

이는 훈련과 신뢰를 요구한다. 영적인 삶은 세 전선에서의 전쟁과 하나님의 약속에 대한 믿음 두 가지로 이루어진다. 훈련의 영역에서, 예수님은 날마다 십자가를 지고 자신을 따르라고 말씀하셨다(눅 9:23). 우리는 더 이상 육체의 지배를 당하지 않는다. 그리스도로 인하여 우리의 정과 욕심을 육체와 함께 십자가에 못 박았다(갈 5:24). 육체의 소욕에 지는 것과 하나님이 경멸하시는 것을 행하는 것은 영적으로 공격받게 되는 것이다.

신뢰의 측면에서, 하나님은 우리가 우리 자신의 힘이 아닌 성령의 능력과 동행할 것을 원하신다. "만일 우리가 성령으로 살면 또한 성령으로 행할지니"(갈 5:25). 너무나 많은 성도들이 성령 충만한 삶을 하나의 선택이라고 생각한다. 성령의 충만함은 진정한 승리와 사역을 위한 필수조건이다(엡 5:18). 고백하지 않은 죄는 성령을 근심시키고 소멸한다(엡 4:30, 살전 5:19). 우리는 우리 자신의 노력에 의존하는 죄를 인식하고, 삶의 모든 영역을 하나님께 의탁해야 한다(롬 6:13, 19). 우리가 인도하심과 능력을 구하며 성령님께 의존할 때, 그리스도가 우리의 삶에서 영광을 받으신다.

## 하나님의 전신갑주

바울은 "마귀의 궤계를 능히 대적하기 위하여 하나님의 전신갑주를 입으라"(엡 6:11)고 권면한다. 이 은유는 영적 전쟁은 적극적 태도로 이루어져야 함을 명백히 하고 있다. 우리는 대비하여야 하며, 저항할 준비가 되어야 하고, 적의 영역에 전진할 수 있게 무장되어야 한다. 그리스도는 승리자로서 그분이 이미 보혈로 정복한 고지에 서라고 우리를 부르신다. 우리가 전쟁에 대비하는 한 적에게서 후퇴할 필요가 없다. 우리는 하나님의 갑옷 없이는 공격받을 수밖에 없기 때문에 매일 아침 그것을 위해 기도하는 것이 지혜롭다. 마크 부벡(Mark I. Bubeck)의 「대적(The Adversary)」과 「대적의 극복(Overcoming the Adversary)」에서의 기도문은 이를 위해 탁월하다. 이것은 특별히 내성적이고 수동적인 성격의 사람들에게 중요한데, 만약 그들이 그리스도의 권세에 의지하여 능동적인 자세를 취하는 훈련을 하지 않으면 전쟁에서 지기 쉽기 때문이다.

이미 살펴보았듯이 육체와의 전쟁에서의 열쇠는 깨닫는 것이다. 세상과의 전쟁에서의 열쇠는 새롭게 하는 것이다. 그리고 마귀의 전쟁에서의 열쇠는 저항하는 것이다. 에베소서 6장 14-18절의 영적인 전신갑주는 이 세 가지 세력 모두에 대해 승리할 수 있는 도구다.

**진리의 허리띠**   로마 군인들의 허리띠는 그의 긴 상의와 칼집을 고정시키기 위해 사용되었다. 사탄과 그의 세력들은 속이는 자들이다. 그러므로 성경의 진리의 허리띠는 그들의 거짓에 대하여 우리를 방어한다. 우리가 그리스도와 그 안에서 우리의 강력한 위치를 더 깊이 이해할수록 우리는 악의 세력에 대항하여 그리스도의 권세에 더욱 견고히 설 수 있을 것이다. 우리는 그리스도 안에서 승리하고도 남은 자이므로 적들을 두려워해서는 안 된다. 주 예수님이 사탄을 갈보리에서 이기셨고, 우리는 그분의 십자가, 무덤, 부활, 승천 그리고 영원한 통치에서 그분과 연합해 있다. 예수님이 우리에게 그분의 생명을 주셨고, 우리는 그 안에서 안전하다. 우리가 그리스도와의 관계에 집중하며, 그것이 단순한 신학이 아닌 우리의 생각과 행동의 현실이 되도록 하나님께 구할 때, 하나님의 말씀이 우리 안에 거하고 우리는 악한 자를 극복할 수 있다.

**의의 흉배**  군인의 흉배는 공격받기 쉬운 중요한 기관을 보호해준다. 마찬가지로 우리도 그리스도의 의로 옷 입지 않고는 공격받기 쉽다. 우리가 그리스도를 신뢰할 때 이 의는 우리의 것이 된다.

주님은 우리가 그 지위에서만 의로운 것이 아니라 우리의 실제에서도 의롭기를 원하신다. 바울은 "믿음과 사랑의 흉배를 붙이라"(살전 5:8)고 말하는데, 이는 그리스도인의 삶을 통해 의를 표출하는 것이다. 우리는 우리 자신의 선함이 아닌 그리스도의 의를 의지하며 동행하도록 주의해야 한다. 우리가 실패할 때 우리의 죄를 신속히 처리하고, 우리에게 죄 지은 사람들을 빨리 용서해야 한다. 이는 우리가 용서하지 못함, 증오, 적개심, 분노의 희생양이 되지 않기 위해서다.

**평안의 신발**  군인의 신발은 발을 보호할 뿐 아니라 그 바닥이 징으로 가득 박혀 있어서 땅을 밀어 빨리 움직이도록 도와준다. "평안의 복음의 예비한 것"은 싸움에 재빨리 들어가 하나님의 평안에 이르는 유일한 복음(롬 5:1)을 나누는 것을 의미한다. 성도의 경험에서 하나님과의 평화(화해)는 하나님의 평안(빌 4:7)에 기본이 된다. 우리 자신을 겸손히 하고, 우리의 근심을 하나님께 맡기고(벧전 5:6-7) 하나님과의 교제 가운데 동행하면, 우리는 역경 가운데서도 내면의 평안을 누릴 수 있다(롬 16:20).

우리의 삶을 하나님의 목적에 순복할 때 우리는 하나님과의 교제 가운데 있는 것이다. 동일하게 "그리스도를 경외함으로 피차 복종하면"(엡 5:21) 우리는 다른 성도들과 평안 가운데 교제할 수 있다. 우리는 그리스도의 지체로서 누리는 능력이 필요하다. 무리에서 방황하는 양이 가장 공격받기 쉽다. 히브리서는 우리에게 이렇게 권면한다. "서로 돌아보아 사랑과 선행을 격려하며 모이기를 폐하는 어떤 사람들의 습관과 같이 하지 말고 오직 권하여 그날이 가까움을 볼수록 더욱 그리하자"(히 10:24-25). 이는 또한 영적인 권위에 순종하는 것을 의미하기도 한다(히 13:17).

**믿음의 방패**  로마 군인들의 큰 직사각형의 방패는 창과 불화살을 막아 그들을 보호하기 위해 쓰였다. 모든 상황에서 주님은 우리의 방패며 보호자다. 우리의 믿음은 우리의 환경이나 노력에 있는 것이 아니라 주님께 있다. 우리가 그분을 의지할 때 그분은 우리의 담대함과 소망의 근거가 되신다. 믿음의 자세를 취할 때 사탄은 격파되고, 우리는 이미 그리스도가 우리를 위해 얻은 승리 안에서 걷게 된다. 우리는 주님께 사로잡혀 우리의 시선을 그분에게만 고정시키는 것이 중요하다. 우리의 시련과 역경을 이해할 수 없을 때조차도 주님은 그분의 주권적인 목적에 순종하도록 우리를 부르신다. 우리가 그분의 뜻을 확신하고, 역경의 때에 그리스도께 의지하면 성령의 열매가 맺힌다. 완전한 헌신은 우리의 가족이나 직업 혹은 열망이 아니라, 하나님이 우리 존재의 중심이 되는 것을 의미한다(마 22:37, 요 12:26).

**구원의 투구** 현명한 군인은 머리에 쓰는 것 없이 전장에 나가지 않는다. 그리스도인으로서 우리는 그리스도 안에서 우리의 새로운 위치를 염두에 두고 우리의 마음을 감싸고 보호해야 한다. 이는 하나님으로부터 온 것이 아닌 것들(예를 들면 험담, 비난, 부도덕한 생각, 자기 정죄, 두려움)을 버리고 참되고 경건하고 옳고 정결하고 사랑할 만하고 칭찬할 만하고 덕 있고 기릴 만한 것들(빌 4:8)을 함으로써 우리의 생각을 검토하는 것이다. 이는 또한 우리의 생각을 왜곡시키고 우리를 악한 생각에 이르게 하는 환경, TV, 공연, 영화, 인터넷, 서적을 피하는 것을 의미한다.

데살로니가전서 5장 8절에서 바울은 투구를 '구원의 소망'이라고 표현한다. 어려움이 닥쳤을 때 우리는 감정에 초점을 맞추지 말고 하나님의 선하심과 사랑의 진리를 믿는 믿음에 서야 한다. 그리스도 안에 우리의 분명한 소망이 있으며, 그 안에서 적으로부터 오는 절망적이고 부정적인 생각을 극복할 수 있다.

**성령의 검** 이 좌우의 날선 검은 성도의 병기 가운데 공격적인 무기다. 말씀의 무기를 휘두를 때 성도들은 수동적인 관객이 아닌 공격적인 전사가 되어야 한다. 그러나 우리가 그 검의 사용에 미숙하다면 그것은 우리에게 별로 이익이 될 수 없다. 효과를 높이기 위해서 우리는 말씀을 다루는 기술을 습득하여 그것을 모든 상황에 지혜롭게 적용해야 한다.

이를 위해 날마다 시간을 투자하여 기도하며 열정으로 성경을 읽는 훈련이 필요하다. 우리가 정기적으로 말씀을 암송하고 묵상할 때 우리의 마음은 새로워진다. 이렇게 함으로써 우리는 그리스도의 마음을 덧입을 수 있다.

예수님이 유혹을 받으실 때, 적을 대적하기 위해 말씀을 사용하셨다(눅 4:1-13). 하물며 우리가 그와 같이 할 수 없다면 어떻게 유혹과 방해물을 극복할 수 있을까? 하나님의 말씀은 등불(시 119:105), 정결케 하는 도구(시 119:11, 엡 5:26), 영적인 양식(마 4:4, 벧전 2:2) 그리고 영혼의 거울(약 1:23-25)이다. 우리가 그것을 알고 이해할 때, 적의 거짓말과 올무를 뚫기 위해 하나님의 말씀을 사용할 수 있을 것이다. 우리는 또한 "진리의 영과 미혹의 영"(요일 4:6)을 분별할 수 있을 것이다.

**기도와 간구** 말씀과 같이 기도는 모든 성도들에게 가능한 공격적인 무기다. 기도만큼 성취력이 뛰어난 것은 없다. 그것은 우리가 주님께 우리의 힘을 고정시키는 수단이다. 기도를 통해 우리는 하나님의 전신갑주를 입고 성령의 능력과 동행한다. 찬양과 감사로 적을 잠재우고 하나님의 임재에 들어가게 된다(시 100편). 이는 믿음 없음에서 오는 불평과는 반대되는 것이다.

우리는 끈질기게 기도해야 한다. 우리 기도의 질은 영적인 활력의 정도를 결정한다. "항상 기뻐하라 쉬지 말고 기도하라 범사에 감사하라 이는 그리스도 예수 안에서 너희를 향하신 하나님의 뜻이니라"(살전 5:16-18). 성경 읽기와 연구에서와 같이 인내로 기도하는 것은 훈련이 필요하다. 그 훈련은 하나님을 지속적으로 신뢰하며 우리의 위치와 하나님의 약속을 붙잡고 의심하지 않고, 방해에 굴하지 않는 것이다.

바울은 우리 자신을 위해서 기도할 뿐 아니라 기도의 용사로서 성령이 인도하시는 대로 다른 사람들을 위해 중보할 것을 권면한다(엡 6:18-19).

## 그 밖의 자원들

- 영적 전쟁의 조직적 국면을 간과하기가 쉬운데, 이 때문에 바울이 에베소서 6장에서 집합적인 용어들로 하나님의 전신갑주를 그린 것이다. 영적인 도구는 고립된 개인들의 모임을 위한 것이 아니라 군대를 위해 설계된 것이다. 그 때문에 그리스도의 몸은 예배하고 봉사하고 전도하고 공동의 적에 대항하여 함께 싸우기 위해, 그들의 영적인 은사를 사용하는 성도들의 공동체로서 사역한다.
- 영적 전쟁은 진리와 거짓의 대결 이상의 것이다. 그것은 진리의 선포와 성령의 능력을 행하는 것 모두를 포함한다(눅 24:29, 행 1:8, 고전 2:4).
- 영적인 요새로부터의 해방은 다른 지체의 도움으로 개인적인 수준에서 이루어질 수도 있고, 목회적 수준이나 혹은 분별과 축사의 사역에 부름받은 사람들을 통해 이루어질 수도 있다.
- 하늘에서 악한 영적인 세력에 대한 궁극적인 승리의 원천은 그리스도가 이미 사탄과 그의 귀신들을 십자가에서 이기셨다는 사실이다(눅 10:18, 요 12:31-32, 16:11).
- 주님이 어두움의 나라를 정복하여 영혼들이 그리스도께로 돌아오게 하고 하나님의 나라에 인도하기 위해 우리를 준비시키시려고, 우리에게 권세와 팀 사역을 위한 자원을 부여하셨다.
- 구속받지 못한 자들은 영적으로 잃어버린 자며 사탄의 권세 아래 있으므로, 하나님은 주 예수님의 강력한 이름의 권세를 통해 그들을 위해 중보할 수 있는 막강한 자원을 우리에게 주셨다.
- 새로운 마음과 헌신된 의지는 영적 전쟁의 자원에서 필수적이다. C. S. 루이스는 「스크루테이프

의 편지(The Screwtape Letters)」에서 마음속의 전쟁에 대해 창의적으로 묘사했는데, 이것은 우리에게 생각하는 삶의 중요성을 깨닫게 한다. 우리의 생각을 구체적이고 솔직하게 검토하는 것이 유익한데, 한 가지 좋은 방법은 반복적으로 발생하는 부정적인 생각을 지속적으로 기록하는 것이다. 나는 사탄과 귀신들이 우리의 생각을 읽을 수 있다는 성경적 근거를 찾지는 못했지만, 그들이 우리의 마음을 허무하고 거짓된 생각으로 불타오르게 할 수 있다는 것을 발견했다. 죄로부터 유혹을 구분해내지 못함으로써 너무나 세심한 것은 가능하다. 그러나 무의식적인 생각과 강박적인 생각을 구분하는 것을 간과하는 것도 동일하게 가능하다. 잘못되고 부정적인 생각을 극복하는 최고의 방법은 당신의 마음을 성령(롬 8:5-9)과 진리(빌 4:8, 골 3:2)에 고정시키는 것을 연습하는 것을 통해서다.

- 의지에 관하여서는 야고보서 4장 7절의 말씀이 중요하다. "그런즉 너희는 하나님께 순복할지어다 마귀를 대적하라 그리하면 너희를 피하리라." 먼저 당신의 의지를 당신을 향한 하나님의 계획과 목적에 순종시키지 않는 한 사탄을 성공적으로 대적할 수 없다. 당신이 하나님께 가까이 하기로 하면, 그분도 당신에게 가까이 하실 것이다(약 4:8).
- 훈련된 영성은 전투의 영성에 필수적이다. 기도, 연구(말씀 읽기와 암송), 묵상, 금식, 죄의 고백, 교제, 예배는 육체와 세상, 마귀에 대항하는 전쟁에서 중요한 수단이다. 예수님이 마귀의 유혹에 대항하기 위해 그분이 암송한 말씀들을 어떻게 사용하셨는지 기억하라(눅 4:2-13).
- 많은 사람들이 매일의 믿음의 확신과 영적 전쟁 기도[빅터 M. 매튜(Victor M. Matthews)의 「영적 전쟁(Spiritual Warfare)」을 마크 부벡(Mark I. Bubeck)의 「대적(The Adversary)」과 에드 머피(Ed Murphy)의 「영적 전쟁 핸드북(The Handbook for Spiritual Warfare)」에서 개정한 것]가 능력과 회복을 위한 효과 있는 자료라고 생각한다.
- 성 패트릭(St. Patrick)의 방패는 수세기를 거쳐 수많은 성도들을 격려한 기도다. 5세기 아일랜드의 선교사였던 패트릭은 영적인 보호를 위한 기도를 작성할 때 삼위일체 하나님과 그리스도의 성육신의 감동을 받았다.

오늘 내 자신을 삼위일체의 이름에 매어답니다,
삼위 안에 하나이시며, 하나 안에 삼위이신, 동일하신 분을 의지하여
이 날을 나에게 영원히 매어답니다,
믿음의 능력으로, 그리스도의 성육신으로, 요단강에 세례받으심으로.

나의 구원을 위한 그분의 십자가 죽음
향내 진동하는 무덤으로부터의 그의 나아오심
하늘 길을 향한 그의 오르심
종말의 날에 그의 강림하심
오늘 내 자신을 매어답니다.

오늘 내 자신을 붙드시고 이끄시는 하나님의 능력에 매어답니다,
감찰하시는 그분의 눈, 머무시는 그분의 강력, 필요를 들으시는 그분의 귀,
내 하나님의 가르치시는 지혜, 인도하시는 손, 보호하시는 방패,
내 입에 주시는 하나님의 말씀, 내 안내가 되시는 하늘의 군대.

사탄의 온갖 속삭임과 계략에 맞서, 이단들의 잘못된 가르침에 맞서,
더러운 지식에 맞서, 마음의 우상 숭배에 맞서,
사악한 마귀의 간계에 맞서, 죽음의 얽어맴과 태움에 맞서,
숨막히는 파도와 독기 어린 번개에서,
그리스도시여 나를 보호하소서, 당신이 다시 오실 때까지.

나와 함께하시는 그리스도, 내 안에 계신 그리스도,
내 뒤에 계신 그리스도, 내 앞에 계신 그리스도, 내 옆에 계신 그리스도,
나를 이기게 하시는 그리스도, 나를 안위하시고 회복하시는 그리스도,
내 밑에 계시는 그리스도, 내 위에 계시는 그리스도,
조용히 계시는 그리스도, 위험 속에 계시는 그리스도,
나를 사랑하는 모든 마음 안에 계신 그리스도, 친구와 낯선 사람의 입에 계신 그리스도.

오늘 내 자신을 삼위일체의 이름에 매어답니다,
삼위 안에 하나이시며, 하나 안에 삼위이신, 동일하신 분을 의지하여,
모든 만물을 창조하신, 영원한 아버지, 성령, 말씀.
나의 구원의 주를 찬송합니다. 나의 구원은 내 주 그리스도이십니다.

- 하루의 시작에서 사람들의 마음을 새롭게 하는 것을 돕기 위해 내가 개발한 아침 선언문이 있다. 이 선언문은 사람의 궁극적인 문제에 대해 성경적인 관점으로 당신을 인도한다. 나는 누구인가? 나는 어디서 왔는가? 나는 왜 여기에 있는가? 나는 어디로 가는가? 이런 식으로 당신의 믿음, 정체성, 목적과 희망에 대한 하나님의 관점을 살펴보게 된다. 이 선언은 삼중의 영적 전쟁에 유용한 도구로 사용될 수도 있다.

## 아침 선언

### 1. 하나님께 순복
- 당신이 나를 위해 행하신 모든 것 때문에 나의 몸을 오늘 산제사로 당신께 드립니다. 당신의 선하시고 기뻐하시고 온전하신 뜻을 따라 나의 마음을 새롭게 함으로써 변화되기를 원합니다(롬 12:1-2).

### 2. 찬양과 감사
- 하나님의 성품(예를 들면 사랑과 인정, 은혜, 자비, 거룩, 선하심, 전능, 무소부재, 전지, 진실, 동일하심, 영원하심)과 위대하신 일(예를 들면 창조, 돌보심, 사랑 넘치는 목적, 구속, 재림)을 생각하며 간단한 찬양을 드리라.
- 당신 삶에 허락하신 좋은 것들에 대하여 감사하라.

### 3. 점검
- 성령께 당신의 마음을 살피사 고백하지 않은 죄를 밝혀달라고 구하라. 이를 주께 아뢰고 그의 용서하심을 감사하라(시 139:23-24).

### 4. 그리스도 안에 있는 나의 정체성
- "내가 그리스도와 함께 십자가에 못박혔나니 그런즉 이제는 내가 산 것이 아니요 오직 내 안에 그리스도께서 사신 것이라 이제 내가 육체 가운데 사는 것은 나를 사랑하사 나를 위하여 자기 몸을 버리신 하나님의 아들을 믿는 믿음 안에서 사는 것이라"(갈 2:20).
- 그리스도께서 나를 위하여 죽으심으로 말미암아 나는 죄의 형벌로부터 용서함을 얻었다(롬 5:8, 고전

15:3).
- 내가 그리스도와 함께 죽었으므로 나는 죄의 세력에 대해 자유하다(골 2:11, 벧전 2:24).
- 그리스도가 내 안에 사시므로 나는 오늘도 만족하다(빌 1:20-21).
- 믿음으로, 그리스도가 나의 삶을 통해 드러나시도록 할 것이다(고후 2:14).

### 5. 성령으로 채우기
- 성령이 오늘 당신을 지배하시고 채우시길 간구하라.
- 성령으로 채워지길 원하라(엡 5:18). 성령과 동행할 때 육체의 소욕을 이루지 않을 것이다(갈 5:16). 성령으로 살면 또한 성령으로 행할 것이다(갈 5:25).

### 6. 성령의 열매
- 성령의 열매를 위해 기도하라. 사랑, 희락, 화평, 오래 참음, 자비, 양선, 충성, 온유, 절제(갈 5:22-23).
- "사랑은 오래 참고 사랑은 온유하며 투기하는 자가 되지 아니하며 사랑은 자랑하지 아니하며 교만하지 아니하며 무례히 행치 아니하며 자기의 유익을 구치 아니하며 성내지 아니하며 악한 것을 생각지 아니하며 불의를 기뻐하지 아니하며 진리와 함께 기뻐하고 모든 것을 참으며 모든 것을 믿으며 모든 것을 바라며 모든 것을 견디느니라"(고전 13:4-7).

### 7. 내 삶의 목적
- 나는 내 마음과 목숨과 뜻을 다하여 주 하나님을 사랑하고, 내 이웃을 내 몸과 같이 사랑하기 원한다(마 22:37, 39). 내 삶의 목적은 하나님을 온전히 사랑하고, 나 자신을 바르게 사랑하고, 다른 이들을 온정으로 사랑하는 것이다.
- 나는 주의 나라와 의를 먼저 구할 것이다(마 6:33).
- 나는 그리스도를 따르고 사람을 낚는 어부로 부름을 받았다(마 4:19).
- 나는 하나님을 모르는 자들에게 증인이 되고 가서 제자 삼기 위한 대 사명을 따를 것이다(마 28:19-20, 행 1:8).
- 나는 많은 열매를 맺음으로 아버지께 영광을 돌리고 그리스도의 제자 됨을 나타낼 것이다(요 15:8).

### 8. 오늘의 상황

- 나는 온 맘으로 주님을 신뢰하고 나의 생각에 의지하지 않을 것이다. 범사에 그분을 인정할 것이고, 주님이 나의 길을 바르게 하실 것이다(잠 3:5-6).
- "하나님을 사랑하는 자 곧 그 뜻대로 부르심을 입은 자들에게는 모든 것이 합력하여 선을 이루느니라" (롬 8:28-29).
- 나는 주님이 내 삶의 모든 것을 통치하시며 나의 필요를 아심을 인정합니다. 이 때문에 나는 오늘도 주님을 신뢰하며 순종하겠습니다.
- 오늘의 일을 점검하고 주님의 손에 맡기라.

### 9. 영적 전쟁에서의 방어

#### 세상에 대하여: 새롭게 하기

- 나는 성령의 것에 내 마음을 고정시킬 것이다(롬 8:5).
- 나는 그리스도와 함께 다시 살리심을 받았으므로, 나는 위엣것을 구할 것이다. 거기는 그리스도가 하나님 우편에 앉아 계신다. 나는 위엣것을 생각하고 땅의 것을 생각지 않을 것이다(골 3:1-4, 히 12:1-2).
- 나는 아무것도 두려워하지 않고, 모든 것을 기도와 감사의 간구로 나의 필요를 하나님께 아뢸 것이다. 모든 지각에 뛰어나신 하나님의 평강이 그리스도 안에서 나의 마음과 생각을 지키실 것이다. 무엇에든지 참되며 무엇에든지 경건하며 무엇에든지 옳으며 무엇에든지 정결하며 무엇에든지 사랑할 만하며 무엇에든지 칭찬할 만하며 무슨 덕이 있든지 무슨 기림이 있든지 이것들을 마음에 생각할 것이다(빌 4:6-8, 9).

#### 육체에 대하여: 심사숙고하기

- 나의 옛자아는 그리스도와 함께 십자가에 못박혔다. 그리스도의 죽음이 나를 죄에서 해방시켰으므로 나는 더 이상 죄의 노예가 아니다. 나 자신은 죄에 대하여 죽었고, 그리스도 안에서 하나님께 살았다. 나는 내 육신을 불의의 도구로 죄에 내어주지 않을 것이다. 대신 하나님께 나를 죽음에서 산 자로 드리고 나의 몸을 의의 병기로 드릴 것이다(롬 6:6-7, 11, 13).

마귀에 대하여: 저항하기
- 내가 하나님께 순복하고 사탄을 대적할 때 사탄은 나로부터 떠날 것이다(약 4:7).
- 나는 늘 깨어 있을 것이다. 나의 적, 사탄이 우는 사자와 같이 두루 다니며 삼킬 자를 찾는다. 그러나 나는 믿음을 굳게 하여 그를 대적할 것이다(벧전 5:8-9).
- 나는 저항하며 굳게 서기 위하여 하나님의 전신갑주를 입을 것이다. 진리의 허리띠를 띠고 의의 흉배를 붙이고 평안의 복음의 예비된 신을 신을 것이다. 적의 모든 화전을 소멸할 믿음의 방패를 취하고 구원의 투구와 성령의 검, 곧 하나님의 말씀을 취할 것이다. 모든 기도와 간구로 성령 안에서 늘 기도하고 이를 위하여 깨어 구하기를 항상 힘쓰며 모든 것들을 위하여 간구할 것이다(엡 6:13-18).

## 10. 그리스도의 재림과 나의 미래

- 주님의 나라가 이루어지며 주님의 뜻이 이루어질 것입니다(마 6:10).
- 주님은 곧 오신다고 하셨습니다. 주 예수님 곧 오시옵소서. 아멘(계 22:20).
- 나는 현재의 고난이 장차 올 미래의 영광과 비교할 수 없음을 안다(롬 8:18).
- 내가 낙심하지 아니하는 것은 겉사람은 후패하나 우리의 속은 날마다 새롭기 때문이다. 내가 겪는 잠깐 동안의 작은 고난이 지극히 큰 영원한 영광을 이룰 것이므로, 나는 보이는 것은 돌아보지 않고 보이지 않는 것을 바라볼 것이다. 보이는 것은 잠깐이지만 보이지 않는 것은 영원하다(고후 4:16-18).
- 나의 시민권은 하늘에 있기에 나는 주 예수 그리스도, 나의 구원자를 전심으로 기다린다(빌 3:20).
- (또한 디모데후서 4장 8절, 히브리서 11장 1, 6절, 베드로후서 3장 11-12절, 요한일서 2장 28절, 3장 2-3절을 보라.)


## 균형과 분별력

균형 잡힌 영적 전쟁에 대한 관점은 단지 악한 영, 육체, 세상 각각에 국한되지 않고, 세 가지 전부의 다양한 조합을 인식한다. 여러 다른 교회들에서 어떤 이들은 내적인 개인의 악(육체), 또 어떤 이는 외적인 구조적인 악(세상) 그리고 악한 영 각각에 치중하는 경향이 있었다. 이 중에서 어떤 것이 지나치게 강조되거나 무시될 수도 있는데, 악한 영에 대하여 그랬다. 말씀은 악과의 전쟁은 다차원적인 것임을 확언하고 있다. 각각을 분리하는 대신에 우리를 공격하는 육체적, 개인적, 문화적, 영적인 영향을 모두 고려해야 한다. 유기적, 심리적, 영적인 요소들이 문제의 이유일 수도 있으므로 이들을 배제하는 실수를 범해서는 안 된다.

어두움의 영적 세력에 관한 두 가지 기본 접근은, 한쪽은 무시하거나 부인하는 것이고 다른 한쪽은 두려워하거나 심취하는 것이었다. 전자는 현장에서 사역하는 그리스도인들의 수많은 현실의 경험을 토대로 그들의 신학을 재점검할 필요가 있고, 후자는 성경의 진리에 맞추어 그들의 경험을 해석하고 점검할 필요가 있다. 사탄과 더러운 영의 실재를 확신하고, 영적인 무기를 사용하고 영성의 다른 면과 조화를 이루는 것이 이 주제에 관한 보다 나은 접근이다. 교회는 군대이면서 동시에 가족, 병원, 학교, 선교 센터 그리고 유기체다. 균형과 분별력을 요구하는 또 다른 주제는 지역의 영, 즉 지정학적인 영역(예를 들면 도시, 지역, 국가)에 자리 잡은 귀신의 세력을 대적하는 상대적으로 새로운 영역이다. 이것은 미가엘 천사장과 페르시아와 그리스의 강한 세력 간의 영적인 갈등(단 10:12-21, 12:1), 구약의 '산당'과 지역의 신(신 12:2, 왕상 18:18-19) 그리고 아시아에서의 아데미 여신 숭배(행 19:24-37)의 이야기를 근거로 한 것이다. 소위 영적인 지도 그리기는 도시와 나라 안에 하나님 나라의 전략적 진보를 위한 중보 기도뿐만 아니라 부흥의 영적 방해 요소에 대한 연구를 포함한다. 이 증가하는 움직임은 말씀에 근거하지 않고 귀신에 대한 과도한 강조로 인해 비판받아왔다. 클린턴 E. 아널드(Clinton E. Arnold)는 「영적 전쟁에 관한 세 가지 결정적인 질문들(Three Crucial Questions about Spiritual Warfare)」에서 개인을 공격하는 귀신을 대적하는 기도와 지역의 영을 대적하는 기도를 구분함으로써 더 나은 관점을 피력하고 있다. 전자에서는, 성도는 하나님께 기도하며 악한 영이 그 고통받는 사람을 떠날 것을 명령한다. 후자에서는, 하나님께 지역의 영을 방해하고 꺾도록 간구하지만, 성도 자신이 지역의 영에게 그곳을 떠나라고 할 권세가 없다. 양자 모두에서 귀신들의 존재가 아닌 하나님의 임재를 연습하는 것이 중요하다.

## 천사의 활동

하나님이 택한 천사들도 영적인 전쟁에서 중요한 역할을 한다. 주님이 천사들을 다양한 방법으로 우리에게 사역하도록 사용하신다(예를 들면 보호, 공급, 기도의 응답).

천사의 존재와 활동은 의심의 여지가 없다. '천사'라는 단어는 성경에 270번 이상 등장하고, 천사들은 구약에서 17번, 신약에서 17번 언급된다. 그들은 많은 성경 이야기에서 등장하는데, 그들을 배제하고는 그리스도와 사도들의 가르침과 역사적인 이야기는 왜곡될 수밖에 없다.

지구가 존재하기 전에 천사들은 하나님에 의해 완전한 영적인 존재로 창조되었다(욥 38:7). 그들은 번식력이 없으므로(마 22:28-30) 모든 천사들은 동시에 같은 시험을 받는다. 사탄과 함께 반역하거나 하나님께 남아서 순종하는 것이다. 타락한 자들은 다시는 속죄될 수 없다. 그들의 타락은 확정되었고, "마귀와 그 사자들을 위하여 예비된 영영한 불"(마 25:41)에 들어가게 예정되었다. 주님의 통치를 인정하는 자들은 거룩하게 되어 하나님의 사자와 사역자로 영원히 그분을 섬길 것이다.

택함받은 천사들은 셀 수 없이 많으며(히 12:22, 계 5:11), 하나님의 지혜와 능력을 발휘하도록 고도로 조직되었다[예를 들면 보좌, 주관, 정사, 권세(골 1:16)]. 그들은 지능(마 28:5), 감성(욥 38:7, 사 6:3), 의지(히 1:6)를 가진 인격적 존재다. 피조물로서, 천사들은 지역에 보냄을 받으며(히 1:14), 능력과 지식에 한계가 있다(벧전 1:12). 천사들은 죽지 않으며 하나님께 종속된다. 성경에서 그들은 사람의 형상으로 나타나고(창 18:1-8, 눅 24:4), 위엄과 영광으로 가득 찬 기이한 형상으로 나타나기도 한다(겔 1:5-21, 10, 단 10:5-6, 계 4:6-8). 우리의 생명의 한계에 있어서 우리는 천사들보다 못하지만(시 8:4-6), 그리스도 안에서 우리의 위치는 그들보다 높다. 그것은 우리가 영광된 부활의 몸을 입을 때 자명하게 드러날 것이다(고전 6:3, 빌 3:21).

'천사'에 해당하는 히브리어 말라크(malak)와 헬라어 엔젤로스(angelos)는 둘 다 '사자'를 의미한다. 천사의 다른 이름은 '능력자의 아들들, 하나님의 아들, 엘로힘, 거룩한 자들, 별들, 사역자들, 군대'다. 성경에서는 천사의 세 부류를 언급한다. 그룹(cherubim, 겔 1:5-8, 10:18-22), 스랍(seraphim, 사 6:2, 6), 생물(계 4:6-9)이다. 두 천사의 이름이 언급되는데, 그들은 가브리엘과 천사장 미가엘이다.

천사들은 하나님을 경배하고 그분의 뜻을 수행함으로 그분을 섬긴다(시 103:20-21). 그리스도가 지상에서 사시는 동안 천사들이 그의 탄생을 예견하고 알렸고, 아기 예수를 보호하였고, 광야의 유혹과 겟세마네의 기도 이후 힘을 더하여주었다. 이와 동일하게 천사들은 주님을 신뢰하는 자들을 섬기고 보호하고 힘을 주고 격려한다. 말씀에서 하나님은 그분의 백성들에게 하나님의 말씀과 뜻을 전달하고, 그들을 인도하고, 그들을 위해 공급하고, 신체적 영적인 위험에서 건지기 위해 천사들을 사용하신다. 그들은 "부리는 영으로서 구원 얻을 후사들을 위하여 섬기라고 보내심을 받았다"(히 1:14). 우리는 천사들이 우리를 위해 행하는 일을 거의 인식하지 못한다.

### 영적 전쟁의 미래

아버지는 심판을 아들에게 맡기셨다(요 5:22). 어떤 귀신들은 이미 심판을 받고 묶였다(벧후 2:4, 유 6절). 환난의 시대에 풀려나오는 귀신들도 있다(계 9:1-11, 16:13-14). 십자가를 통해 그리스도가 사탄의 왕국을 패배시켰다(요 12:31, 눅 10:18). 그분이 정사와 권세를 벗기시고 승리하셨다(골 2:15, 벧전 3:22). "하나님의 아들이 나타나신 것은 마귀의 일을 멸하려 하심이니라"(요일 3:8하). "이 세상 임금이 심판을 받았으며"(요 16:11), 주님이 다시 오실 때 선고가 집행될 것이다. 마지막 때 전에 사탄이 불법자를 강화하게 되면 영적 전쟁은 더욱 치열해질 것이다. 적그리스도와 거짓 선지자들을 통해서 사탄은 성도들을 박해한다(계 13:4-8). 미가엘과 그의 천사들은 사탄과 그의 사자들과 전쟁하며, 그들을 하늘에서 쫓을 것이다(단 12:1, 계 12:7-9). 그리스도의 재림과 함께 사탄은 묶일 것이다(사 14:15, 계 20:11-3). 이후로는 마지막 전쟁이 있고, 사탄과 그의 세력들은 영영히 불에 던져질 것이다(마 25:41, 계 20:7-10).

육체와의 전쟁은 우리가 부활하여 영광을 얻을 때 끝나게 된다(롬 8:18-25, 고전 15:50-58, 살전 4:17). 예수 그리스도의 재림은 또한 세상과의 전쟁을 끝낼 것이다. 그분은 흉악, 잔인, 불의로 가득한 현재의 세상 조직을 헐고 의로 통치하실 것이다(마 25:31-34). 마귀와 그의 무리와의 전쟁 또한 그리스도가 오실 때 종식될 것이다. 우리의 소망은 종말론적이다. 우리는 주님이 확실히 오실 것과 하나님이 그분의 백성과 거하실 것을 기다리며, "모든 눈물을 그 눈에서 씻기시매 다시 사망이 없고 애통하는 것이나 곡하는 것이나 아픈 것이 다시 없는"(계 21:3-4) 새하늘과 새땅을 기다리고 있다.

"그러므로 내 사랑하는 형제들아 견고하며 흔들리지 말며 항상 주의 일에 더욱 힘쓰는 자들이 되라 이는 너희 수고가 주 안에서 헛되지 않은 줄을 앎이니라"(고전 15:58, 고후 4:16-18, 딛 2:13, 계 22:20 참조)

### 적용을 위한 질문

- 당신은 얼마나 자주 하나님의 전신갑주의 일곱 가지 요소를 놓고 기도하는가?

- 열두 가지 그 밖의 자원들 가운데 당신에게 도움이 되는 세 가지는 무엇인가?

- 성 패트릭의 방패를 이용하여 기도하라. 어떤 부분이 당신에게 가장 의미가 있는가?

- 다음 주부터 날마다 아침 선언을 가지고 기도해보라.

- 당신은 얼마나 자주 천사들의 다양한 사역에 대해 생각하는가?

- 미래의 영적 전쟁에 대한 이해가 어떻게 당신이 오늘을 살아가는 데 영향을 미치는가?

# 제11부 NURTURING SPIRITUALITY
# 양육의 영성

● 전도와 제자도

사역에 있어서 신자의 가장 고상한 소명은 다른 사람 안에 그리스도의 생명을 재생산하는 것이다. 재생산은 그리스도를 모르는 사람을 전도하는 것이다. 그리고 주님을 아는 사람들의 덕을 세워주는 것이다. 이 접근법은 전도와 덕을 세우는 일을 삶의 한 방식으로 간주한다. 생활 방식으로서의 전도와 제자도는 불신자들과 우리의 영향권 안에 있는 신자들에게 가장 효과적이고 실제적으로 접근하는 방법이다.

제11부 _ **양육의 영성** NURTURING SPIRITUALITY

**30**

# 제자도의 철학

| 이 장의 개관 | 양육의 영성은 제자도와 전도에 관한 것이며 이 둘은 서로를 보완한다. 제자도는 영성 전체에서 회심 이후의 반을 차지한다. 이 장에서는 제자도의 실천을 인도하고 풍성하게 할 열 가지 성경적 기본 원리들을 소개한다. |
|---|---|
| 이 장의 목표 | • 덕의 함양과 전도를 통해 다른 사람들을 양육함으로써 자라고자 하는 강한 의지<br>• 삶의 방법으로서 좀 더 광범위한 제자화의 철학 |

    첫번째 탄생에서 우리는 생물학적 삶, 즉 바이오스(bios)의 선물을 받았다. 두번째 탄생에서 우리는 영적인 삶, 즉 조에(zoe)의 더 큰 선물을 받았다. 생물학적으로 우리가 성숙하고 번식하는 것과 같이 하나님은 우리가 영적인 차원에서도 "생육하고 번성하여 땅에 충만"(창 1:28, 9:1)할 것을 원하신다. 이 신성하게 제정된 성장과 재생의 과정은 영적인 삶에서 중요한 일면이다. 왜냐하면 그것은 우리로 하여금 더욱 그분의 아들을 닮게 하시고, 다른 이들에게 예수님의 삶을 재현하기 원하시는 우리를 향한 하나님의 목적에 직접적으로 연결되기 때문이다. 하나님은 사람들을 세우고 먹이고 보호하고 격려하고 훈련하고 성숙하도록 도와줌으로써 그들을 영적으로 양육하도록 우리를 부르셨다.

## 다른 이들을 양육하는 생활 방식

    양육의 영성은 전도와 제자도의 삶의 방식과 관계가 있다. 우리가 사람들을 예수님께로 인도하고 그들이 예수님을 안 후 자랄 수 있도록 격려할 때, 우리 자신의 열정과 영적인 생명력이 한층 고양되는 것을 발견할 수 있다. 한 영혼이 그리스도 안에서 새 생명을 얻는 것을 보는 기쁨과 비교할 만한 것은 없다. 삶의 가장 깊은 만족감 가운데 하나는 한 사람이 회심하고 변화되어 제자가 되어가는 점차적인 기적을 보는 것이다. 반대로 제자의 삶이 아닌 평범한 삶은 성령의 열매를 맺지 못하고, 사랑과 희락과 평안이 결핍되게 된다. 「영성 훈련(The Spirit of the Discipline)」에서 달라스 윌라드(Dallas Willard)는 이렇게 쓰고 있다.

> 제자도를 따르지 않는 삶은 지속적인 평안, 사랑으로 관철된 삶, 합력하여 선을 이루는 하나님의 통치로 모든 것을 바라보는 믿음, 낙심되는 상황 가운데서도 견고히 설 수 있는 풍성한 소망, 옳은 것을 행하고 악한 것에 대항할 수 있는 능력을 대가로 치러야 한다. 간단히 말해 그것은 예수님이 가져오신 생명의 풍성함(요 10:10)을 그 대가로 지불해야 한다.

전도와 제자도는 사랑과 목적의 구체적인 표현이다. 하나님의 사랑인 '아가페'는 다른 이의 최고의 선을 위한 지속적인 관심에 관련되어 있으므로, 그것은 신자나 불신자 모두를 위한 최고의 선을 간구하게 된다. 명확하게 말해서, 그리스도를 알지 못하는 자들에게 최고의 선은 어둠, 죽음, 정죄의 지배에서 벗어나 빛의 나라, 생명, 하나님의 나라로 옮기우는 것이다(골 1:13-14). 그리고 신자들에게 최고의 선은 그분의 형상을 본받아감으로 점점 그분을 닮아가는 것이다(롬 8:29). 따라서 양육의 영성은 전도(불신자)와 덕의 개발(신자)을 통해 하나님의 아가페 사랑을 표현하는 것이다. 가장 큰 계명은 우리의 마음과 목숨과 뜻과 힘을 다해 하나님을 사랑하는 수직적인 차원과, 우리 이웃을 우리 자신과 같이 사랑하는 수평적인 차원을 말한다(막 12:30-31). 이 사명은 열방을 제자 삼는(마 28:18-20) 지상명령이라는 화살에 힘을 실어주는 활과 같다. 우리가 하나님을 사랑한다면 하나님이 원하시는 대로 다른 사람들을 사랑할 수 있는 능력을 우리에게 주신다. 그리고 이 상대방 중심의 사랑은 전도와 덕의 개발에서 표현된다. 따라서 우리는 다른 이들에게 그리스도의 삶을 드러내고 재현하기 위해 사명을 부여받았다. 우리는 왕의 사신(고후 5:14-21)으로 임명되었고, 우리가 이 사명을 신중히 여길 때 우리의 영혼이 분명한 목표로 풍성해지는 것을 발견할 수 있다. 우리가 화해의 도구로 왕의 일을 행할 때, 왕국 시민의 마음을 갖게 되고, 주님의 목적에 부합하는 질서 있는 삶을 살게 된다.

우리 모두는 그것이 일시적이건 영원하건 간에 무언가를 위해 산다. "사람이 만일 온 천하를 얻고도 제 목숨을 잃으면 무엇이 유익하리요 사람이 무엇을 주고 제 목숨을 바꾸겠느냐"(마 16:26). 우리가 지혜롭다면 우리는 사람들을 위해 우리 삶을 내어줌으로써 예수님을 따를 것이다. 사도 바울은 이것이 가장 고상한 삶의 방식인 것을 알았다. "우리가 이같이 너희를 사모하여 하나님의 복음으로만 아니라 우리 목숨까지 너희에게 주기를 즐겨함은 너희가 우리의 사랑하는 자 됨이니라"(살전 2:8). 다그 하마슐드(Dag Hammarskjold)는 이렇게 말한다. "다수의 구원을 위해 부지런히 노력하는 것보다 한 사람을 위해 당신 자신을 완전히 내어주는 것이 더 고귀하다."

### 영성의 스펙트럼

영성 형성의 전체 스펙트럼은 그리스도를 인정하지 않음에서 시작해서 예수 그리스도의 삶을 재현하는 영적인 성숙까지에 걸쳐 있다(〈그림 30.1〉 참조).

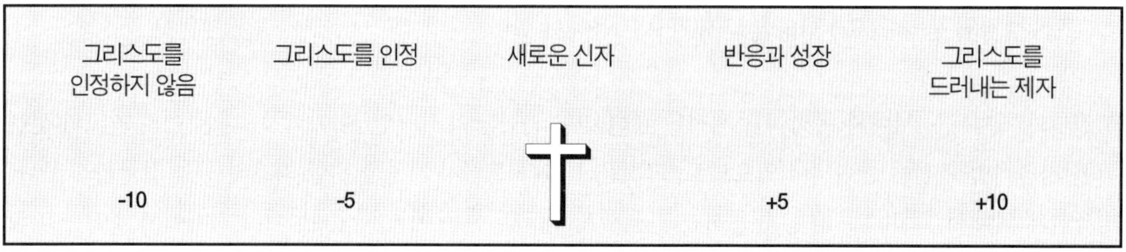

| 그리스도를 인정하지 않음 | 그리스도를 인정 | 새로운 신자 | 반응과 성장 | 그리스도를 드러내는 제자 |
|---|---|---|---|---|
| -10 | -5 | ✝ | +5 | +10 |

〈그림 30.1〉

전도는 스펙트럼의 왼쪽 반을 대상으로 하고, 덕의 함양은 오른쪽 반에 해당한다. 이 척도에서 아무도 그 삶에서 +10에 이르지 못한다. 이 세상의 삶에서 우리는 이 과정을 완수할 수 없다. 문제는 그리스도를 영접한 많은 사람들이 영적인 성숙에서 큰 진보를 이루지 못한다는 것이다. 태양을 도는 행성들처럼 어떤 신자들은 다른 이들보다 가까이 궤도를 돈다. 수성, 금성, 지구와 같은 사람들은 태양과 가까운 교제권에 있다. 반면 천왕성, 해왕성, 명왕성들과 같은 사람들은 태양계의 한계를 결정짓는다. 어떤 그리스도인들은 몇 년에 한 번씩 나타나는 혜성과 같다. 다른 비유를 들자면, 중동에서 양 떼는 목동의 뒤를 따른다. 어떤 양은 목동의 뒤를 바짝 좇으며 열심히 따르는 반면, 어떤 양들은 자기 앞의 양이 움직이므로 따라 움직인다. 또한 무리의 바깥에 처져 있는 양들도 있다. 이 뒤처져 있는 양들처럼 많은 신자들이 목동과 직접적인 관계를 유지하기보다는 간접적인 수준에 머무르고 있다.

주권적인 은혜의 측면에서, 왜 어떤 이들은 영성 형성의 진보를 이루고 어떤 이들은 그렇지 못한지 알 수 없다. 그러나 인간의 책임의 측면에서 많은 걸림돌들이 진보를 방해한다. 어떤 사람은 자신의 관계적, 신체적, 정서적, 금전적인 문제를 해결하기 위해 예수님께로 온다. 그들의 어려움이 원하는 방법으로 해결되지 않으면 실현되지 않은 기대가 그들의 성장을 가로막는다. 예수님께 우리를 따르라고 하면서 우리가 그분을 따를 수는 없다. 예수님을 우리의 문제 해결사로 보는 시각에서 벗어나 우리의 생명 되신 주님으로 바라보지 않고는 우리의 영적인 성장은 제한될 수밖에 없다.

어떤 이들은 종교 행위 자체를 그 목적으로 생각하거나, 교회 안에서 관객 혹은 소비자의 심리를 가지고 있는 사람들이 있다. 맡은 의무나 안전과 편안함의 추구가 그리스도의 사람이 되고자 하는 열정을 빼앗아 간다.

많은 사람들이 제자도의 대가를 알게 되면 뒤로 물러선다. 그리스도 안에서의 삶의 대가가 자기 자신에 대하여 죽는 것(요 12:24-26)임을 눈치 채면 그들은 십자가를 붙드는 대신 그들의 권리를 주장할 것이다. 자기 실현, 자기 충족, 자아 존중을 통해 육신의 본성적 욕구를 채워가는 현 문화에서 자기 부인(막 8:34-38)이라는 성경적 원리는 별 호소력이 없게 들린다. 예수님을 따르면 우리의 권리를 포기하고 모든 삶이 우리 자신이 아닌 그를 위한 것이 된다는 개념은 영원한 선이 아닌 일시적 자산을 추구하는 시대에는 잘 들어맞지 않는다.

세상, 육체, 마귀는 예수님의 제자가 되는 것을 방해하기 위해 음모를 꾸미는 막강한 세력이다. 그러나 대사명의 요지는 단지 회심자가 아닌 제자를 만들라는 것이다. 마태복음 28장 19-20절 가운데 가서, 세례를 주고, 가르치라는 세 개의 분사는 제자를 삼으라는 명령을 수식한다. 이것이 바로 양육의 영성에서 전도 전에 제자도에 대해 먼저 다루는 이유다. 그러나 둘 사이에는 필수적인 상관관계가 있다. 제자도는 수많은 회심자들을 낳아야 하고 전도는 제자를 만들기 위한 노력과 연결되어야 한다.

나는 리플렉션스 미니스트리(Reflections Ministries)라는 사역 팀에 있었는데, 그 사역의 목적은 '사람들에게 그리스도를 인정할 수 있는 분위기를 만들어주고, 그들이 그리스도와의 관계에서 성숙하여 열매를 맺을 수 있도록 도와주는 것'이다. 단지 사람들이 그리스도께로 오는 것뿐만 아니라 영적인 유아에서 그리스도를 닮은 성품과 영적인 재생산의 성숙에 이르도록 돕는 것이 우리의 목적이다. 신자들이 예수님을 닮아가고(롬 8:29) 많은 열매를 맺을 때(요 15:8), 아버지가 영광을 받으시며, 그것이 제자도의 궁극적 목적이다.

영성 스펙트럼의 오른쪽 절반에 대해 리로이 아임스(LeRoy Eims)는「제자 삼는 사역의 기술(The Lost Art of Disciple Marking)」에서 성숙을 네 단계로 구분하였다. 회심자, 제자, 일꾼, 지도자. 이 네 단계는 전도하기, 세우기, 준비시키기, 능력주기의 활동과 연관되어 있다(〈표 30.1〉참조).

이 제자도의 과정을 논의하기 전에, 그것을 제자도의 성경적 철학의 맥락 안에서 살펴볼 필요가 있다.

| 전도하기 | 세우기 | 준비시키기 | 능력주기 |
|---|---|---|---|
| 회심 | 제자 | 일꾼 | 지도자 |

〈표 30.1〉

## 제자도의 성경적 철학

제자도의 철학으로부터 시작하지 않는다면 제자도의 과정과 산물이 철학을 대체할 것이다. 우리의 관점이 실제를 형성해야 하므로, 제자도의 실제를 인도하고 풍성하게 할 수 있는 성경적 원리를 간단하게 살펴보는 것으로 시작하자.

**제자 삼기 위해 우리가 제자여야 한다**   우리는 우리가 믿는 것을 가르치고, 우리 있는 모습 그대로를 재현하게 된다. 하나님의 은혜로 주님은 우리를 연약함에도 불구하고 사용하시지만, 우리는 보통 우리가 가지지 않은 것을 줄 수 없다. 제자도는 우연히 생겨나지 않는다. 그것은 지속적인 마음의 의지에 의해 생겨나는 과정이다. 아무도 갑자기 영성으로 뛰어들 수는 없으며, 우리가 예수님의 권위에 우리를 훈련시키기로 결정하지 않는 한 우리는 그의 제자가 될 수 없다. 이와 동일하게, 만약 우리가 다른 사람들 안에 그리스도의 삶을 재현하는 것을 의식적으로 의도하지 않고는 제자 삼으라는 우리의 사명을 잃게 될 것이다.

그리스도를 더 알아갈수록 우리는 그분을 더 잘 전할 수 있다. 바울이 고린도 사람들에게 "내가 너희 중에서 예수 그리스도와 그의 십자가에 못박히신 것 외에는 아무것도 알지 아니하기로 작정하였음이라"(고전 2:2)라고 말할 때, 그는 자신에 대해 그가 친밀한 관계를 맺고 있는 예수님을 고린도 사람들에게 전하기 위해 보냄받은 전달자라고 생각하였다. 바울은 사람들이 자신보다 예수님에게 더 감명받기를 원했는데, 이것은 예수님의 속성에 대한 목록이 아닌 예수님을 인격적으로 받아들이는 것이 필요하다. 우리가 영적인 친밀함으로 다른 사람들을 인도하기 전에 먼저 우리가 그리스도를 인격적으로 만나야 한다.

개인적인 부흥은 새로운 헌신에서 시작해서 철저한 순종에 이르며, 그리스도의 집중적인 임재가 우리 안에 우리를 통해 표현된다. 우리는 농부와 같이(딤후 2:6) 뿌린 것을 거둔다. 우리는 가진 것을 따라 재생산하므로, 영적인 양육은 우리 자신의 영성 형성에서 분리될 수 없다.

**제자도는 의존적인 과정이다**   제자도는 하나의 사건이 아니라 성령의 임재와 능력(요 16:8-14)에 대한 의식적인 의존을 요구하는 지속적인 과정이다. "우리가 세상의 영을 받지 아니하고 오직 하나님께로 온 영을 받았으니 이는 우리로 하여금 하나님께서 우리에게 은혜로 주신 것들을 알게 하려 하심이라 우리가 이것을 말하거니와 사람의 지혜의 가르친 말로 아니하고 오직 성령의 가르치신 것으로 하니 신령한 일은 신령한 것으로 분별하느니라"(고전 2:12-13). 성령의 일하심을 떠나서는 우리는 영속적인 선을 행할 힘이 없다. 오직 하나님 한분만이 영적인 성장을 이루시는 분이다(고전 3:6). 제자도는 성화다. 곧 그리스도에 대한 경험적인 지식의 성숙이다.

우리는 하나님의 영의 사역보다 재주, 지식, 프로그램, 서적들에 더 의지하는 경향이 있다. 그렇기 때문에 그리스도의 능력이 우리 안에 거하도록(고후 12:9-10) 연약함, 깨어짐, 겸손으로 사역하는 비밀을 배워야 한다. 종종 착각하곤 하지만, 삶의 다른 영역에서도 우리에게는 통제권이 없다. "사람이 마음으로 자기의 길을 계획할지라도 그 걸음을 인도하는 자는 여호와시니라 … 너의 행사를 여호와께 맡기라 그리하면 너의 경영하는 것이 이루리라"(잠 16:9, 3). 인간이 아닌 하나님에게 온전히 의존하는 겸손은 제자도의 과정을 가속화시킨다.

**집중력은 증식에 필수적이다**  예수님이 군중들에게 사역하실 때, 적은 수의 제자들에게 그분의 시간과 훈련을 집중하셨다. 그분은 70명보다 열둘과 더 가까우셨으며, 열둘 가운데서도 베드로, 야고보, 요한 이 세 제자와 더 가까우셨다. 주님은 호기심 많은 대중에게 그분의 힘을 분산하기보다는, 가르칠 만하고 헌신된 몇 명의 사람들에게 집중하셨다. 이들을 위해 그분의 삶을 투자함으로써 제자들이 단지 더하는 정도가 아닌 배가의 속도로 많은 사람들에게 전도할 수 있도록 그들을 준비시키셨다. 로버트 콜먼(Robert E. Coleman)은 「주님의 전도 계획(The Master Plan of Evangelism)」에서 "전성도를 대상으로 평생 프로그램을 돌리는 것보다 그리스도를 위한 정복이 무엇인지를 아는 한두 사람에게 한두 해를 투자하는 것이 더 효과적이다"라고 말한다. 우리 자신을 위해 사람들을 모으기보다는, 하나님이 우리로 하여금 양육하기 원하시는 사람들에게 우리를 보내시도록 우리를 내어드려야 한다. 실전에서 기도하며 인내로 분별력을 가지는 것은 장기적으로 볼 때 훨씬 효과적이다. 진정한 제자도는 막대한 시간과 노력의 투자가 필요하며, 우리는 우리의 제한된 자원으로 가능한 한 많은 열매를 맺을 수 있기를 원한다.

**사람들은 우리의 제자가 아니다**  제자 사역에 활동적인 사람들이 직면하는 가장 위험한 요소는 양육하는 사람들이 그들의 제자라고 생각하는 것이다. 이럴 경우 몇 가지 부정적인 결과가 따른다. 사역자는 성과를 통제하려고 할 수 있다. 그들은 그리스도와의 관계에서보다 그 성과로부터 그들의 정체성을 끌어내려 한다. 또한 그들은 제자들이 그들 자신의 사역에만 지나치게 의존하게 하려는 경향이 있다. 이러한 소유적 심리는 제자들이 다른 가치 있는 자료를 접할 수 있는 기회를 막는다. 이러한 반복적인 오류는 모든 사역이 더 큰 기반의 일부분이라는 것을 이해할 때 감소된다. 진정한 제자도는 크고 작은 영향력의 중복으로 이루어진다. 우리가 사랑하고 섬기고 양육하는 자들이 우리가 아닌 예수님의 제자들이라는 것을 깨달을 때, 우리는 열린 마음으로 그들에게 사역할 수 있다. 우리는 사역의 더 큰 기반의 일부분으로, 하나님의 영이 그들의 삶 속에서 행하시는 작은 조각에 참여하도록 부름을 받은 것이지 그 전체가 아니다. 주님이 당신을 잠시 동안 혹은 장기간 어떤 이들을 양육하도록 부르실 수 있지만 그들은 당신의 것이 아니다. 그들은 항상 주님의 것이다. 그 사람들이 다른 기회를 갖도록 허락하는 것은 그리스도 안에서 진정한 안정감과 겸손의 표징이다. 양육의 어떠한 과정에 참여하든지 우리는 감추어지고 예수님만이 드러나는 것이 그 목적이다.

부모로서의 영적인 양육을 통해 제자도를 볼 때 거기에는 발달 과정이 있는데(요일 2:12-14 참조), 제자의 필요와 사역자의 필수적인 역할이 점차적으로 변화한다. 나의 친구 브루스 위트(Bruce Witt)와 나눈 통찰력을 토대로 작성된 표가 〈30.2〉에 나와 있다.

어떤 제자훈련가도 제자 사역의 모든 영역에 효과적으로 역할을 감당할 수는 없다. 그러나 우리가 성도들과 어떤 과정에 있더라도 우리는 그들을 사랑, 관심, 인애, 격려의 관계 속에서 양육해야 함을 기억해야 한다.

| 발달 단계 | 발달상의 | | 제자 훈련가의 역할 | 영적 발달의 초점 |
| --- | --- | --- | --- | --- |
| | 필요 | 목표 | | |
| 유아(새신자) | 사랑, 보호, 영양 | 건강, 성장 | 엄마 | 새 생활 |
| 어린이(제자) | 한계 설정, 순종 | 훈련, 배움 | 아빠 | 그리스도 안에서의 삶 |
| 청년(일꾼) | 성장, 독립심, 활동 | 공헌, 성숙 | 지도자 | 우리 안에 그리스도의 삶 |
| 성인(지도자) | 관계 | 배가 | 동료 | 우리를 통한 그리스도의 삶 |

〈표 30.2〉

**재생산은 제자도의 증표다**

"또 네가 많은 증인 앞에서 내게 들은 바를 충성된 사람들에게 부탁하라 저희가 또 다른 사람들을 가르칠 수 있으리라"(딤후 2:2). 바울이 디모데와 '많은 증인들'에게 가르침과 훈련을 한 것처럼, 그는 그들에게 제삼자인 '충성된 사람들'에게 배운 것을 전하라고 권면하고 있다. 그러나 훈련을 받고 전달하는 과정은 이 충성된 사람들이 '다른 사람들'인 네번째 세대를 어떻게 가르치는가를 배우고 나서야 완성된다. 성경적 제자도는 사람들이 자신의 우물을 팔 수 있고, 다른 사람들을 사역할 수 있는 기술을 개발하도록 준비시킨다. 제자들에게 어떻게 사람들을 훈련하여 다른 사람들에게 이를 수 있도록 하는가를 보여주면서 우리는 세대 간의 연결고리가 된다.

**사역이 없이는 성숙이 없다**

그리스도를 따르는 이들에게 사역은 절대로 선택이 될 수 없다. 그것은 전문인들의 전유물이 아닌 모든 성도들의 사명이다. 평신도들은 그들이 가르치거나 설교할 수 없다면 그것을 할 수 있는 사람들을 위한 경제적 지원으로 대신함으로써 많은 사역의 기회를 회피한다. 방관자적인 심리는 하나님이 그들에게 사용하라고 주신 상황과 능력을 간과하도록 만든다. 그것이 가족에게 국한된다 할지라도 모든 성도들은 제자도에 어떤 식으로든 참여할 수 있다. 보상은 사역의 크기에 있는 것이 아니라 그에 대한 충성에 있으므로, 어떤 영역도 중요하지 않은 것은 없다. 우리가 영원한 가치를 마음에 두고 다른 사람들을 섬기는 것을 게을리 한다면 우리의 성장은 늦어질 수밖에 없다.

### 우리는 우리의 사역을 평가할 수 없다

사람들이 종종 이것을 시도하긴 하지만, 양육 사역의 진정한 핵심은 이생에서 평가될 수 없다. 회심한 자들의 수를 세고 제자화를 수량화하는 인간의 노력은, 이 세상에서 우리의 영향력은 감추어져 있으며 오직 하나님만이 우리 사역의 진정한 본질을 아신다는 점을 놓치게 한다. 이 세상에서 엄청난 영향력을 미치는 사람들이 하늘의 관점에서는 눈에 띄지 않는 많은 충성스런 신자들보다 덜 효과적일 수도 있다. 우리는 하나님의 일에 참여할 수 있으나, 그분이 우리 안에서 우리를 통해 하시는 것을 측정하거나 통제할 수 없다. 그 때문에 사람과 사람을 혹은 사역과 사역을 비교함으로써 유능함을 비교하는 것은 현명하지 못하다.

인간적인 입장에서 전도와 제자 사역은 사회 봉사 사역에 비해 잘 드러나지 않고 양을 측정하기가 어려우므로 자금을 모으기도 어렵다. 그러나 심지어 양육 사역에서도 사람들은 클수록 좋다는 비성경적인 가정을 종종 한다. 이것이 많은 사람들이 관계 중심보다 사업 모형을 변형한 사역에 관심을 갖는 이유다. 주님은 양쪽 모델 모두를 사용하시므로, 어떤 것이 다른 것보다 더 낫다고 말할 수 없다. 그러나 영원의 측면에서 우리는 어떤 사람이나 혹은 사역의 궁극적인 효과를 측정할 수 없다. 대신에 우리는 보이는 것이 아닌 믿음으로 살도록 부름을 받았다. 종종 하나님은 격려와 사람들의 감사를 통해 우리가 맞는 방향으로 가고 있다고 힌트를 주시지만, 너무 많은 피드백을 받으면 우리는 결과를 위해 살게 되고, 우리가 사람들에게 미친 영향력을 우리의 존재를 정당화하기 위한 수단으로 이용하는 위험에 처하게 된다. 우리가 성공의 관점을 영원성에 비추어 다시 생각할 때 우리의 동기는 사람들이 아닌 하나님의 마음에 기쁨이 되는 것이 될 것이다.

### 제자도는 프로그램 그 이상이다

프로그램과 교육 과정 중심의 제자훈련이 자리를 잡고 있지만, 양육 사역의 성경적 관점은 인간의 전 존재를 대상으로 한다. 제자도는 인지훈련 그 이상이다. 가르치는 것과 훈련이 중요한 요소지만, 그것은 인간적인 연합과 공동체의 맥락 안에서 행해져야 한다. 우리가 누구인가 하는 것이 우리가 말하는 것보다 더 호소력이 있다. 그러므로 양육이 구체적이고 다차원적이기 위해서 사람들을 다양한 환경 가운데 우리와 함께 있도록(막 3:14) 하는 관계적인 측면은 다른 어떤 것과도 대체될 수 없다. 이것은 막대한 시간과 노력의 헌신이 필요하지만, 개인의 변화를 통한 영적인 재생산이 가장 효과적이고 완전한 방법이다.

관계적인 제자 사역을 언급하면서 바울은 "나의 자녀들아 너희 속에 그리스도의 형상이 이루기까지 다시 너희를 위하여 해산하는 수고를 하노니"(갈 4:19)라고 말하고 있다. 성경적 제자도는 프로그램이나 과정으로 전락할 수 없다.

### 제자도는 종의 태도를 요구한다

"신부를 취하는 자는 신랑이나 서서 신랑의 음성을 듣는 친구가 크게 기뻐하나니 나는 이러한 기쁨이 충만하였노라 그는 흥하여야 하겠고 나는 쇠하여야 하리라 하니라"(요 3:29-30). 제자사역자가 권위적인 역할로 빠져들고, 그들 자신을 영적인 지도자라고 생각한다면 그들은 신랑의 친구가 되는 기쁨을 놓치게 된다. 세례요한은 자신이 아닌 신랑, 예수님께 관심을 집중시켰다. 요한은 기다리며, 예수님의 음성을 듣고 기뻐하면서, 또 예수님을 시중들면서 결혼에 초대받은 종으로서 즐거워할 수 있었다. 예수님은 제자들에게 "이와 같이 너희도 명령 받은 것을 다 행한 후에 이르기를 우리는 무익한 종이라 우리의 하여야 할 일을 한 것뿐이라 할지니라"(눅 17:10)고 말씀하셨다. 우리가 종의 태도를 갖출 때 예수님은 우리가 다른 이들을 위해 한 희생을 그분에 대한 봉사로 돌린다는 것을 알아야 한다. "너희가 여기 내 형제 중에 지극히 작은 자 하나에게 한 것이 곧 내게 한 것이니라"(마 25:40).

### 영적인 우정은 제자도의 구성 요소다

바울과 실라가 데살로니가에서 그들의 삶을 그들이 섬기는 사람들을 위해 나누었듯이(행 17:1-9, 살전 2:7-12), 제자 삼는 사람들에게 우리 자신을 투명하게 내어주어야 한다. 영적인 우정은 은혜와 인격 가운데 서로를 성장하도록 돕는 목적으로, 그 상호성을 기반으로 한다(이것은 영적인 지도나 멘토링과는 다르다. 이에 대해서는 공동체적 영성에서 살펴볼 것이다). 주님은 우리에게 모두를 사랑하라고 명령하셨지만, 우리가 친구가 될 수 있는 사람은 몇 명에 불과하다. 거룩한 우정은 제자훈련을 제자훈련가와 제자가 서로 주고받을 수 있는 양방통행의 길로 만들어준다. 영적인 우정은 개인적인 고마움의 수준을 넘어서서 그리스도의 덕을 함양하고(벧후 1:5-9), 서로에게 개방적이며, 하나님의 목적에 깨어 있기 위한 부지런한 노력을 요구한다. 서로를 위해 함께 기도하는 것은 상호 관계를 위한 필수적인 부분이다.

**효과적인 제자도는 한 가지 이상의 방법을 요구한다**

영적인 양육에 있어서 한 가지 방법이 모두에게 효과적이지는 않다. 제자 양육 사역에서 그 방법과 모델을 전문화시키려는 경향이 있다. 어떤 방법이 누군가에게 잘 맞으면 그것이 모두에게 적합할 것이라는 가정이다. 결과적으로, 그 기질이 제시된 방법과 잘 맞지 않는 사람은 그들의 영적인 헌신에 무엇인가 결핍된 것이 있다고 결론 내리게 된다.

동질성을 향한 이런 그릇된 경향은 제자훈련을 복제품 생산의 과정으로 전락시킨다. "당신이 이 과정을 마치면 당신은 이와 같이 될 것이다." 개인적인 기질과 문화적 요소들의 다양성이 고려되지 않는다면(부록 A의 '다양성의 필요'를 보라), 제자도는 개인의 특수성이 아닌 프로그램 자체가 목적이 된다. 한 개인에게 효과적인 가르침의 방법이 다른 사람에게는 비현실적이고 부적합할 수도 있다. 이것을 인식하지 못하는 제자훈련가는 사람들에게 좌절감과 부적절한 느낌을 심어줄 수 있다. 제자 양육의 사역과 그 접근법에는 다양성이 있기 때문에 다양한 방법이 요구된다. 어떤 것은 프로그램 중심적이고, 어떤 것은 관계적이고, 어떤 것은 인지적인 반면, 어떤 것은 정서적이고, 혹은 의지적인 것도 있다. 하나님이 우주를 매우 다양하면서도 통일성을 이루게 창조하신 것처럼 그리스도의 몸도 다양성 가운데 화합을 이룬다.

### 적용을 위한 질문들

- 당신이 영적인 순례에서 다른 사람을 양육하는 것이 어떻게 당신의 영성 형성에 도움이 되었는가?

- 전도와 제자도는 사랑과 목적에 어떤 식으로 연결되는가?

- 양 떼의 비유를 생각할 때 당신은 목자를 따르는 사람으로서 어느 위치에 있는가?

- 열한 가지 제자화의 원리 가운데 어느 것이 가장 당신에게 와닿는가?

제11부 _ 양육의 영성 NURTURING SPIRITUALITY

# 제자훈련의 과정, 산물 그리고 상황

31

| 이 장의 개관 | 제자훈련의 과정은 보이기, 무장하기, 격려 / 권면하기의 세 단계의 주요 원동력이 통합되어야 한다. 이는 아는 것(가르침)과 행하는 것(훈련)뿐 아니라 되어짐(인격)과 관련되어 있다. 이 장은 제자훈련의 산물과 제자훈련이 이루어지는 상황에 대한 논의로 마무리된다. |
|---|---|
| 이 장의 목표 | • 제자훈련의 보이기, 무장하기, 격려하기, 권면하기의 과정에 대한 구체적 이해<br>• 제자훈련의 목적과 제자화가 이루어질 수 있는 상황의 이해 |

## 제자훈련의 과정

제자훈련 과정에는 세 가지 주요 원동력이 있다. 보이기, 무장하기, 격려하기 / 권면하기가 그것이다. 첫 번째는 훈련을 시키는 자의 모범과 인격에 중점을 두고, 두번째는 가르침과 훈련의 본질 그리고 세번째는 제자의 책임과 인격에 중점을 둔다〈표 31.1〉.

이들은 시간의 흐름에 따라 차례로 일어나는 것이 아니라 동시 발생적이다.

왼쪽과 오른쪽 열은 훈련을 시키는 자와 제자의 마음 자세에 중점을 둔다. 아는 것과 됨됨이와 행하는 것(스 7:10) 모두 중요하지만, 됨됨이와 인격과 마음의 요소가 제자훈련 과정에서 가장 간과되기 쉬운 요소다.

**보이기** 앞에서 말한 바와 같이 제자를 삼기 위해서는 먼저 제자가 되어야 한다. 훈련을 시키는 자가 그리스도의 은혜와 진리의 삶을 구체화하면서 자라갈 때 그들은 진실함과 권위에서도 자랄 수 있다. 훈련시키는 자가 매력으로 넘칠 때, 그들의 거룩한 열망과 개인적인 열정이 전염되는 것이다. 그들의 말은 그들의 모범에 의해 힘을 얻으며, 하늘나라를 사는 그들의 삶의 비전이 다른 사람들로 하여금 같은 비전과 열정을 갖도록 활기를 준다. 그러나 훈련을 시키는 자가 주님과 동행하는 성장에서 멈추거나 퇴보하면 과거의 생명력을

| 보이기 | 무장하기 | | 격려 / 권면하기 |
|---|---|---|---|
| 모범(본보이기) | 가르치기 | 훈련하기 | 순종과 책임 |
| | 생각하기 | 습관 | |
| | 이론 | 기술 | |
| | 진리 | 숙련 | |
| | 원리 | 실행 | |
| 됨됨이(제자훈련가) | 알기 | 행하기 | 됨됨이(제자) |
| 인격 | 확신 | 행위 | 인격 |
| 마음 | 머리 | 손 | 마음 |

〈표 31.1〉

빌어 사역하게 되고, 영의 충만함이 아닌 지식과 기술에 의지하게 된다. 그들의 진실성과 영적인 카리스마가 붕괴되고, 그들은 더 이상 다른 이들에게 자신에게 듣고 본 바를 행하라고 격려할 수 없다(빌 4:9).

하나님과 빛 가운데 동행하는 사람들을 보는 것은 제자의 삶에 강한 원동력이 된다. 왜냐하면 이는 성경의 진리를 매일의 삶에 적용할 수 있는 구체적인 실례를 제공하기 때문이다. 그러한 훈련가들은 말과 행위, 입술과 삶 그리고 태도와 행동을 통해 사람들을 고무시킨다. 그들은 교훈과 모범을 통해 가르치면서 그들이 경험한 그리스도를 다른 이들에게 전한다. 이 가르침과 본보기의 조합은 양육의 과정을 살찌우고 윤택하게 한다.

**무장하기** 무장하기는 제자훈련 과정의 두번째 주요한 원동력으로, 가르침과 훈련을 동반해야 한다. 불행하게도 대부분의 제자훈련 프로그램은 이 영역에만 국한된 듯하며, 지식 전달(가르침) 혹은 계발하는 기술(훈련)만을 강조한다.

무장하기의 목적은 사람들에게 어떻게 말씀을 배우고 적용하는지를 가르쳐서 진리를 매일의 삶 가운데서 통합하고 이해하는 데 있다. 이를 통해 제자들은 원리와 실제, 이론과 기술, 확신과 행위에서 진보를 이루게 된다.

**가르치기** 살아계신 하나님의 말씀, 예수 그리스도는 문자화된 하나님의 말씀을 통해 알 수 있다. 그리고 이 문자화된 하나님의 말씀은 설교와 가르침을 통한 말씀의 선포에 의해 드러나게 된다. 견고한 가르침은 마음을 새롭게 하고, 성도들로 하여금 말씀의 세계관에 비추어 그들의 생각을 조정하게 한다. 우리의 생각은 우리의 삶을 형성하고, 진정한 영성의 진보는 성경적인 필터 작용을 요구한다. 우리의 생각이 세상보다 말씀에 더 순응할 때 우리는 하나님의 주권적인 사랑의 목적 가운데 점점 더 담대해지고, 이 신뢰를 바탕으로 우리 삶의 우선 순위와 결정들이 영향을 받는다. 우리의 관점이 우선 순위를 결정하고 우선 순위가 우리 행실을 결정하기 때문에, 관점의 변화 없이 영원한 변화는 있을 수 없다.

교육 자료는 엄청나게 많이 있고, 그 가운데 몇몇이 다음에 소개될 것이다. 기본적인 교육 프로그램은 주로 구원, 영적 성장의 요소, 성경 읽기, 기도, 결혼과 자녀 양육, 전도, 청지기훈련과 같은 핵심 주제를 다룬다. 중급과 고급 프로그램에서는 변증법, 성경 연구, 신구약 개관, 조직신학, 교회사들을 다룬다.

그러나 몇몇 중요한 영역들이 종종 제자훈련 프로그램에서 빠지는데, 이 중 다수가 실제적인 깊은 영향력이 있기 때문에 이는 매우 유감스러운 일이다. 그 영역들은 다음과 같다.

- 말씀의 권위와 진리에 대한 성경적 관점
- 성경적 가치관
- 성경적 소망관
- 성경적 목적관
- 성경적 동기관
- 성경적 감사와 만족관
- 개인적 확신의 개발
- 우리 삶에 있어 고난의 역할
- 일과 여가에 관한 성경적 관점
- 성경적 진리 적용에 대한 현 문화의 도전
- 영적 전쟁과 영적 자원의 본질
- 영성 형성의 과정

평신도들이 이러한 주제에 대해 생각하도록 가르칠 때 그들은 날마다의 경험 속에서 변하지 않는 진리를 적용할 수 있도록 준비될 것이다.

**훈련하기** 지식 전달에만 국한된 제자훈련 프로그램은 구체성이 없는 정통주의, 적합한 적용이 없는 정확한 사고의 위험이 있다. 가르침은 제자들을 진리로 준비시키고, 훈련은 그들을 숙련됨에 이르게 한다. 훈련 프로그램은 거룩한 습관과 구체적인 기술에 집중하여, 제자들이 날마다 마주치는 기회, 도전, 유혹에 대해 반응하는 방법을 터득하도록 한다. 훈련이 없는 가르침은 사람들이 믿어야 한다고 주장하는 것과 그들이 삶의 증거로 믿는 것 사이의 불균형을 가져온다. 사람들은 믿는 것과 행동하는 것 사이의 불균형을 경험할 때 보통 행동 대신 그들의 믿음을 바꾼다. 이 과정은 주로 무의식적이기 때문에 사람들은 그들의 가치와 실제 사이의 큰 괴리감 속에서도 살 수가 있다. 그러므로 원리만큼이나 실제에 초점을 맞추는 것이 중요하다.

긍정적인 습관 형성과 삶의 방법을 훈련하는 것은 영적인 삶의 훈련과 관계가 있다. 이들은 예수님이 하셨던 훈련을 따른다(예를 들면 고독, 침묵, 연구, 묵상, 기도, 금식). 이런 식으로 제자들은 생각, 느낌, 행동의 습관에서 주인을 닮아갈 수 있는지를 배웠다. 이러한 습관의 개발과 숙련은 그들로 하여금 사람들과 상황 가운데 성경적으로 자연스럽게 반응하도록 준비시켰다.

제자훈련 프로그램은 다양한 기술을 강조하나, 공통적인 훈련 목표는 성경 공부 능력(예를 들면 읽기, 귀납적인 연구 방법, 암송, 묵상), 매일 큐티의 수양, 기도 방법, 자신의 신앙을 다른 이들과 나누는 법, 하나님의 뜻을 분별하기, 영적인 은사 분별과 활용, 영적인 자료 활용, 유혹을 물리치는 법, 지도력 개발을 포함한다.

생각과 습관, 태도와 행동, 믿음과 행위 사이에는 상호 관계가 있으므로 이론과 실제의 양극단을 피하는 것이 중요하다. 제자훈련 과정의 역동성은 가르침과 훈련의 균형 있는 조화를 이루는 데 있다.

모든 성도들이 알아야 하고 실습해야 할 기본적인 것들이 있지만, 가능한 많은 교육 훈련 방법들을 습득하는 것이 도움이 된다. 한 방법만을 고수한다면, 다양한 개인과 그룹들에 적합하도록 제자화 과정을 조정할 수 없게 된다.

몇몇 교육과 훈련을 위한 자료와 서적을 소개한다

Bible Study Fellowship

CBMC Operation Timothy series

Christian Leadership Concepts' two-year equipping program

Navigators 2:7 series

Precept Ministries

Search Ministries' *Foundations, Questions*, and *Connexions* workbooks

Vision foundation's Ministry in the Marketplace series

디트리히 본회퍼(Dietrich Bonhoeffer), 「제자도의 대가(The Cost of Discipleship)」

로버트 클린턴(J. Robert Clinton), 「영적 지도자 만들기(The Making of a Leader)」

로버트 콜먼(Robert E. Coleman), 「주님의 전도 계획(The Master Plan of Evangelism)」

리로이 아임스(LeRoy Eims), 「제자 삼는 사역의 기술(The Lost Art of Disciple Marking)」

오스 기니스(Os Guinness), 「소명(The Call)」

하워드 헨드릭스, 윌리엄 헨드릭스(Howard Hendricks and William Hendricks), 「철이 철을 날카롭게 하듯이(As Iron Sharpens Iron)」

월터 헨릭슨(Walter A. Henrichsen), 「훈련으로 되는 제자(Disciples Are Made-Not Born)」

월터 헨릭슨, 윌리엄 게리슨(Walter A. Henrichsen and William N. Garrison), 「평신도여, 보라! 하나님은 너를 위한 장소를 가지고 계신다(Layman, Look Up! God Has a Place for You)」

존 머슬맨(John Musselman), 「제자 삼는 자: 멘토들을 위한 참고(The Disciplemaker: A Reference for Mentors)」

헨리 나우웬(Henri J. M. Nouwen), 「예수님의 이름으로(In the Name of Jesus)」

짐 피터슨(Jim Peterson), 「제자의 생활 양식(Lifestyle Discipleship)」

유진 피터슨(Eugene H. Peterson), 「제자도(A Long Obedience in the Same Direction)」

오스왈드 샌더스(J. Oswald Sanders), 「영적 리더십(Spiritual Leadership)」

폴 스탠리, 로버트 클린턴(Paul D. Stanley and J. Robert Clinton), 「인도 : 삶으로 전달되는 지혜(Connecting: The Mentoring Relationships You Need to Succeed in Life)」

데이비드 왓슨(David Watson), 「부르심과 헌신(Called and Committed: World-Changing Discipleship)」

마이클 윌킨스(Michael J. Wilkins), 「제자도 : 예수님을 따르는 제자들의 정신(Following the Master: Discipleship in the Steps of Jesus)」

달라스 윌라드(Dallas Willard), 「하나님의 모략(The Divine Conspiracy)」

에버리 윌리스(Avery T. Willis Jr.), Master Life I and II

칼 윌슨(Carl Wilson), With Christ in the School of Disciple Building

**격려하기와 권면하기**  제자훈련 과정의 세번째 주요 역동성은 제자의 인격과 마음에 관심을 둔다. 영적인 성장의 진보는 잘 수용하고 잘 반응하는 훈련을 요구한다. 배우고자 하는 자세와 가르침, 책망, 바르게 함, 의로 교육함(딤후 3:16)에 반응하고자 하는 의지의 겸손함이 없이는 제자훈련을 끝까지 달성할 수 없다. 효과적인 양육은 전인격을 다루므로 제자훈련 관계는 성실함, 진실함, 정직함을 요구한다. 누군가가 그랬듯이 제자양육자와 제자 모두 FAT(faithful - 성실, available - 유용한, teachable - 가르칠 만한)과 HOT(honest - 정직한, open - 개방적인, transparent - 투명한) 해야 한다.

많은 사람들에게 자율성과 개인주의의 문화가 낯설기 때문에 이러한 자질의 형성이 쉽게 다가오지 않는다. 그러나 여기에서 말씀에의 순종과 개인적인 책임이 생겨난다. 양육자는 그리스도의 주 되심에 대한 순종과 복종이 최고의 기준이 되는 분위기를 창출해야 한다. 가르침과 훈련 자체는 절대 목적이 되어서는 안 되며, 제자훈련의 중심 목표인 예수님께의 철저한 헌신을 돕는 조력자일 뿐이다. 헌신의 정도는 개인적 헌신, 자기 부인, 십자가를 지는 순종으로 결정된다. 책임감 없이는 이러한 성경적 기준과 말씀은 타협의 대상이 된다.

영적인 견습생들에게 특별한 과제를 주어서 그들이 배운 것을 수행하고 내면화할 수 있는 구체적인 기회를 주는 것이 현명하다. 이러한 과제는 자기 만족에 빠지는 것을 막아주고, 격려와 권면, 지도, 반성, 평가를 위한 구체적인 틀을 제공한다. 이를 통해 훈련시키는 자는 그들의 생각과 비전 형성을 돕고, 실패하고 낙담되었을 때 격려하며, 인격과 확신의 형성을 위해 달려가도록 권면할 수 있다.

## 제자훈련의 산물

앞에서 양육 사역의 핵심은 이생에서 평가될 수 없다는 것을 살펴보았다. 이 내면적인 활동은 인간의 관찰로 이루어지는 수량적인 개념이 아니므로, 우리는 제자훈련의 존재적, 인격적, 양심적인 면을 측정할 수 없다(고전 4:3-5). 오직 하나님만이 "어두움에 감추인 것들을 드러내고 마음의 뜻을 나타내시리니 그때에 각 사람에게 하나님께로부터 칭찬이 있으리라"(고전 4:5).

그러나 양성의 측면(가르침과 훈련)은 평가가 가능하기 때문에 특정한 지식과 기술의 측면에서 제자훈련의 결과를 측정하려는 경향이 자연스럽게 생겨난다. 계산하고 통제하고 측정하고 조정하려는 인간의 성향 때문에 제자훈련이 수량적인 결과를 산출하는 프로그램으로 전락하게 된다. 이러한 경향을 간과한다면, 우리는 제자훈련을 내면적인 변화가 아닌 외형적 순응의 측면에서 정의하게 될 것이다. 이것은 영성 형성의 핵심 - 그리스도를 믿음에서 그리스도의 믿음으로 이동함으로 주님을 닮아가는 것 - 을 놓치는 것이다.

이것에 관하여 성경에서는 우리가 닮아가고 실현시켜야 할 성품과 덕에 대하여 여러 가지를 언급하고 있다. 사랑(요 13:35, 요일 3:23), 정결한 마음(딤전 1:5, 딤후 2:22), 자기 부인(마 16:24-26, 막 8:34-37), 순종(요 14:21, 15:10), 의를 위해 기꺼이 고난받음(딤후 3:12, 벧전 4:1-2, 12-16), 영원을 인식하는 삶(눅 14:25-35, 고후 4:16-18), 책임감(눅 12:42-28) 긍휼, 자비, 겸손, 온유, 인내(골 3:12, 약 5:7-11)가 그것들이다.

요한복음 17장의 주님이 하신 제사장적인 기도를 살펴보면 제자도의 추가적인 특징을 알아볼 수 있다. 하나님을 영화롭게 하고자 하는 소망(1, 4-5절), 아버지의 뜻을 이루고자 함(4절), 하나님의 이름을 다른 사람들에게 나타냄(6, 26절), 하나님의 말씀을 다른 사람들에게 나눔(8절), 중보 기도(9, 20절), 세상 속에서 역동적으로 살아감(11, 15, 18절), 다른 성도들과의 조화(11, 21-23절), 다른 사람들을 양육하고자 함(12절), 세상과 구별됨(14, 16절), 말씀으로 거룩하게 됨(17, 19절), 하나님의 임재와 영광에 대한 소원함(24절), 아버지를 알고자 하는 사모함(25절).

시드 버젤(Sid Buzzell)과 빌 퍼킨스(Bill Perkins)와 나는 인격 계발, 기술, 인간관계에 관련된 43가지의 리더십 특성을 「리더십 바이블(The Leadership Bible)」로 엮었다.

### 인격 계발
성품(잠 2:1-11)
삶을 온전히 드림(롬 12:1-2)
용기 / 위험을 무릅씀(수 1:1-9)
하나님을 의지함(마 6:25-34)
겸손(빌 2:1-11)
정직(삼상 12:1-4)
지도자적 자질(딤전 3:1-12)
하나님께 순종(삼상 15장)
우선 순위(눅 12:16-21)
목적 / 열정(빌 3:7-9)
자기 훈련(고전 9:24-27)
가치(시 15편)
계시(고후 12:1-6)
지혜(잠 8장)

### 기술
책임감(삼하 11:1-5, 27)

변화 / 개혁(막 2:18-22)

계시의 전달(대상 28장)

의사소통 기술(잠 18:13)

갈등 해결 능력(마 5:23-24, 18:15-17)

결정 능력(느 1장)

문제의 근원을 파악할 수 있는 지식(요 21:15-19)

능력을 부어줌(행 1:8)

정의(암 5:24)

리더십 개발(눅 10:1-24)

배움을 위한 기관(삿 2:1-11)

장기적 계획(창 3:15)

인력 자원 관리와 개발(엡 4:11-16)

문제 해결(느 6:1-14)

탁월함(골 3:23-24)

보상(히 11장)

상황 판단적 리더십(눅 6:12-16)

청지기 의식(마 25:14-30)

스트레스 관리(삼상 18:6-11)

체계화 / 조직(출 18장)

조직으로서의 생각(고전 12:12-29)

팀 형성(삼하 23:8-17)

시간 관리(시 90:12)

**인간관계**

격려(행 9:27)

권면(딤후 2:14-21)

건전한 연합(삼상 22:1-5)

대인 관계(호 2장)

능력과 영향력(시 82편)

섬기는 지도력(요 13:1-17)

「제자 삼는 사역의 기술(The Lost Art of Disciple Marking)」에서 리로이 아임스(LeRoy Eims)는 회심자, 제자, 일꾼, 지도자의 구체적인 특성에 대해 언급하고 있다. 이러한 특성들은 우리가 양육 사역의 존재적 - 인격적 - 양심적 측면을 측정할 수 없다는 것을 명심하는 한, 제자훈련의 산물을 평가하는 데 도움이 될 수 있다.

## 제자훈련의 상황

**결혼, 자녀 양육, 우정, 일, 사회** 제자훈련 사역을 하고 있는 사람들을 만나면 우리가 듣는 것은 대부분 특정한 그룹이나 개인을 위해 사용되고 있는 프로그램이나 방법에 관한 것이다. 소그룹과 일대일 제자양육 방법이 영적인 양육의 전략이 되면서 그것이 전부인 것처럼 생각하는 경향이 있다. 제자훈련 사역에 활발하게 참여하기 때문에 다른 중요한 기회들을 놓칠 수가 있는 것이다. 예를 들면, 중고등부 사역자가 다른 이들의 자녀를 양육하다가 정작 자신의 자녀들을 간과할 수 있다는 것이다.

앞의 포괄적 영성에서 우리는 결혼, 자녀 양육, 우정, 일과 사회에 대해 간단히 살펴보았다. 우리가 양육의 영성과 포괄적 영성을 접목시킬 수만 있다면, 이것은 가장 명확한 제자훈련을 위한 장이 될 것이다. 예를 들면, 결혼한 사람들은 결혼 생활 자체가 상호 간의 제자훈련 관계가 될 것이다. 지속적으로 함께 기도하고 말씀을 보는 커플들이 이혼율이 낮다는 것은 놀라운 일이 아니다. 남편들이 자발적으로 자상하고 협조적인 방법으로 아내들을 영적으로 양육할 때, 그들은 영적으로 하나 되는 환경을 만들고 심리적이며 육체적인 하나 됨을 이루어가는 것이다.

이와 비슷하게, 부모와 자녀와의 관계도 또 다른 주요한 제자훈련의 환경으로 볼 수 있다. 부모가 예수님을 사랑하고 동행하는 것이 무엇인지 본을 보이면, 자녀들을 가르치고 훈련시키는 데 권위와 신뢰를 얻게 될 것이다. 자녀를 영적으로 기르는 것을 결코 우연한 순간에 맡겨서는 안 된다. 그것은 자녀들이 우리를 사랑하는 것보다 예수님을 더 사랑하고자 하는 열망을 갖게 하는 의도적인 과정으로 보는 것이 좋다.

제자훈련의 여러 기회들에 우리 눈을 계속 열어놓는다면, 우리는 결혼과 부모로서의 역할뿐만 아니라 우정과 일터에서의 모든 관계 속에서도 이런 것을 발견할 수 있다. 우리는 직업과 사역을 분리하려는 일반적인 실수를 피해야만 한다. 일은 우리에게 영향력과 상호 작용의 범위를 제공하기 때문에 일터에서 거룩하고 현명하며 지혜로운 성품을 개발한다면 바로 그곳이 그리스도를 위한 대사로서 개인적인 사역을 할 수 있는 열린 문이 되는 것이다. 우정도 이와 비슷하게 영원한 목적을 가슴에 품고 사람들을 사랑하며 섬기는 장으로 받아들일 때 제자훈련의 새로운 범위가 되는 것이다.

우리가 이 세상에서 그리스도의 사랑과 긍휼을 그것이 필요한 사람들에게 적극적으로 표현할 것에 대한 특별한 부담을 인식한다면, 사회 역시 양육의 영성의 잠재적인 영역이 될 수 있다. 이에 대한 적절한 반응은 그렇지 않았다면 쉽게 넘어갔을 매일의 기회에 민감하며 개방적인 태도를 갖는 것이다.

**소그룹과 일대일 제자훈련**    영적 성장을 위한 목적으로 소그룹 혹은 개인과의 정기적인 만남에 헌신하는 것은 언제나 가치 있는 시간과 노력의 투자다. 일대일과 소그룹 제자훈련은 초보적인 단계와 좀 더 진보된 단계에서 이루어질 수 있는데, 모든 경우에 있어서 관계적 요소가 가장 중심적인 내용이 되어야 한다. 우리는 결코 양육의 영성의 성육신적 역동성을 얕잡아 보아서는 안 된다. 가르치고 훈련하는 무장의 역동성은 복음의 변증에서부터 리더십 훈련에 이르는 모든 과정을 포함할 수 있다. 그러나 제자훈련의 과정은 보이기, 무장하기, 격려 / 권면하기가 모두 동시에 일어날 때 가장 효과적으로 진행된다.

「제자 삼는 자 : 멘토들을 위한 참고(The Disciplemaker: A Reference for Mentors)」에서 존 머슬맨(John Musselman)은 그룹 생활의 다섯 가지 요소를 말했다.

1. 책임감의 문제들(개인 생활, 가정 생활, 공동 생활)
2. 영적인 훈련(예배, 큐티, 기도의 삶, 성경 공부, 성구 암송, 전도)
3. 성경 공부 / 토론
4. 나눔(좋은 소식 / 승리, 유혹 / 실패, 기도 제목, 일반적인 정보)
5. 기도

제자훈련에서 갖추어야 할 요소(성경 공부 / 토론)는 제자훈련의 됨됨이 / 성품 / 마음이라는 요소의 측면에 있다는 사실을 주지하라. 보통 다른 요소들보다 성경 공부와 토론에 더 많은 시간이 투자되는 것이 보통이다. 그러나 이들 요소 모두가 그룹에 최상의 효과를 가져다주는 것이다.

소그룹과 일대일 제자훈련에서 우리의 비전은, 실습생들이 다른 사람의 삶 속에서도 그들과 똑같은 질적인 일들이 일어나게 할 수 있고 또 기꺼이 그렇게 하려는 수준까지 이르게 하는 것이어야 한다.

**팀 사역**    개인주의를 추구하는 문화적 성향에서 벗어나는 한 가지 방법은 교회 혹은 사역 단체와 연합하는 팀 사역의 일부가 되는 것이다. 복음은 우리에게 예수님의 주위에 만들어졌던 팀에 대해 말한다. 사도행전과 서신서들은 사도들이 다른 사람들과 협력하는 사역을 시행함으로써 그리스도의 본을 따랐다는 사실을 보여주고 있다.

팀 사역은 교제, 상호 의존, 격려, 수고, 협력, 시너지 그리고 광범위한 집합된 재능을 제공한다. 사역 팀의 일원은 공동의 비전과 미션에 언약을 맺음으로써 공동의 목적에 헌신한다. 또한 그들은 공동체에 헌신하며, 이러한 협력은 평화와 신뢰 속에서 동행하는 것을 통해 은혜와 상호 결속의 아름다운 환경을 만들어간다.

어떤 팀 사역에서도, 개인과 공동체 간에 창조적인 긴장을 만나는 것은 정상적인 것이다. 그러나 많은 프로젝트들의 다양성은 이런 프로젝트들을 상황화시키고 한 개인이 성취하기에는 너무 벅찬 더 큰 비전의 통일성 안으로 들어올 수 있어야 한다.

팀에서 일하는 것의 값을 계산해보는 것이 지혜롭다. 그리고 이것은 지속적인 관계에의 헌신이라는 빛에 비추어 다른 사람들의 긍정적인 기여에 초점을 맞추기로 의식적으로 선택하는 것을 포함한다. 팀은 좋아하는 마음 사이의 상호 인격적인 화학 작용, 동정적인 협력 관계 그리고 상호 존중을 필요로 한다. 구성원들이 서로 만날 때, 그들은 서로 "사랑과 선행을 격려"(히 10:24-25)한다. 팀 사역은 공동체적 영성의 필요와 관계가 있다. 이것에 대해서는 다음 장에서 살펴볼 것이다.

## 적용을 위한 질문

- 당신은 보여주기, 무장하기, 격려 / 권면하기의 세 영역에서 강한 제자훈련을 경험한 것이 있는가? 이런 제자훈련이 왜 드물며, 왜 각 요소가 쉽게 무시되는가?

- 당신은 아는 것, 되는 것, 혹은 행하는 것 중 어느 것에 더 쉽게 끌리는가?

- 성경이 우리에게 열심히 배우고 실행하라고 권면하는 특성과 덕으로 돌아가보자. 이런 자질에 대해 당신 스스로를 어떻게 평가할 수 있는가?

- 당신은 어떤 상황에서 제자훈련에 가담한 적이 있는가? 어떤 영역을 간과했었는가?

제11부 _ **양육의 영성** NURTURING SPIRITUALITY

# 32

# 전도의 철학

| 이 장의 개관 | 전도의 중요성과 더불어 이 장에서는 여덟 가지 전도의 성경적인 원리들을 살펴보고자 한다. 전도는 과정이다. 전도의 결과는 하나님께 속해 있다. 경작은 추수보다 더 많은 시간이 든다. 전도는 교회들이 퍼져나가는 것과 폭넓게 관계한다. 전도는 영원에 대한 투자다. 우리는 잘못된 동기로 전도할 수 있다. 전도는 말과 행위 모두를 포함한다. 전도는 제자도와 융합되어야 한다. |
|---|---|
| 이 장의 목표 | • 삶 속에서 관계 전도의 열정을 증가시키기<br>• 삶의 방식으로서 더욱 확고한 전도 철학을 정립하기 |

「멋진 신세계(Brave New World)」의 저자, 올더스 헉슬리(Aldous Huxley)는 그의 생의 말기에 다음과 같은 결론에 도달했다. "사람의 생애 동안 일어나는 인간의 문제를 줄곧 다루어왔음에도 불구하고 '사람에게 좀 더 친절하게 대하라' 는 말 이상의 더 좋은 충고는 있을 수 없다는 사실을 발견하는 것은 당황스럽다." 마찬가지로 이 땅에서 일어나는 질문에 대하여 하나님 없는 인간적인 대답은 지극히 평범하고 진부할 수밖에 없다.

## 전도의 중요성

**관점** 성경은 인간의 상태에 대해 진지하고 실제적인 묘사를 하고 있다. 사람은 잠깐 동안의 기분이나 즐거움에 도취될 수 있으나, 인간의 삶에 대한 보다 철저한 분석은 결국 이래도 저래도 소망 없이 죽어야 하는 절망을 보여준다. 만약 죽음으로 모든 것이 끝난다면, 인간의 삶은 우주 공간 속에 우연히 던져진 존재로서 광대한 시간 속에 의미 없이 사라져가는 작은 소음과 같다.

'졸업생을 위한 연설'에서 우디 알렌(Woody Allen)은 아이러니한 유머로 이러한 문제를 말한다. "역사상 다른 어떤 때보다 더 인류는 기로에 놓여 있습니다. 한쪽 길은 절망으로 우리를 인도하고 희망을 빼앗아갑니다. 다른 길은 인류의 종말입니다. 좋은 길을 잘 택할 수 있는 지혜를 달라고 기도합시다. 나는 어떤 허무주의적인 생각으로 이 말을 하는 것이 아닙니다. 다만 사람들이 흔히 염세주의로 오해하고 있는 철저한 인간 존재의 무의미성에 대한 강한 신념을 가지고 말하고 있습니다." 집단이든 개인이든 초월적이고 영구적인 인간 존재의 의미가 없다는 점에서 이러한 그의 풍자는 웃기기도 하고, 동시에 슬프기도 하다.

전도서 3장 11절에서 하나님은 인간에게 영원을 사모하는 마음을 주셨다고 말한다. 그렇기에 사람은 결코 인간적인 행복에 절대 만족할 수 없는 삶의 의미와 성취에 대한 욕구를 내면 깊숙이 가지고 있다. C. S. 루이스는 그의 책 「영광의 무게(The Weight of Glory)」에서, "우리가 하고 있는 거의 모든 교육이 이러한 수줍음, 인내, 내면의 소리를 없애는 쪽으로 행해져왔고, 우리가 가진 대부분의 근대 철학은 인간의 선은 이 땅에서 발견될 수 있다는 확신을 주기 위해 생겨났다"라고 했다. 어떤 이는 우리들의 문화 속에서 살고 있는 사람들이 〈타임〉지를 읽는 동안, 우리는 분명 영원을 읽고 있는 것이라고 말한다. 우리가 성경적인 관점을 발전시킬수록 우리는 보다 분명하게 그리스도 없는 인간 삶의 공허와 희망 없음을 보게 된다.

**목적** 예수님을 만난 사람들은 자신들의 삶에 목적이 있음을 안다. 그러나 신자라 할지라도 분주한 일로 그 중요성을 잊어버리는 경향이 있다. 마치 가데스 바네아에서 하나님을 거역하고 광야에서 정한 연수가 차기까지 방황해야 했던 이스라엘처럼, 우리의 삶도 반복되는 빽빽한 시간 계획으로 가득 차 있는 광야가 될 수 있다. 급한 일로 우리 마음을 빼앗길 동안 우리는 중요한 일들을 뒤로 미루고 그것들을 잊어버릴 수 있다. 우리는 중요한 일일지라도 최고로 중요한 일에 우선 순위를 둠으로써 중요한 일을 뒤로 미루지 말아야 한다.

우리에게는 지혜의 마음이 필요하다(시 90:12). 우리가 처한 현실을 제대로 보지 못한다면, 소로우(Thoreau)가 말했듯이, "마치 당신이 영원이라는 시간을 손해보지 않고도 당신의 시간을 죽일 수 있는 것처럼" 우리의 가치관은 제구실을 하지 못한다. 영원은 순간에 의미를 부여한다. 우리 인생이 가야 할 참된 길을 비추는 빛 속에서 살 때, 우리는 인생의 부르심과 목적을 성경적인 관점에서 볼 수 있다. "내 삶 뒤에 무엇을 남길 것인가?"를 질문하는 대신에 "나는 무엇을 앞서 보낼 것인가?"를 질문하는 것이 좋다. 그리스도의 대사로서 우리에게는 버려지고 죽어가는 세상을 향한 화해의 일이 주어졌다(고후 5:16-21).

예수님은 당신이 하셨던 사역의 목적을 다음과 같은 감동적인 말씀으로 요약하셨다. "인자의 온 것은 잃어버린 자를 찾아 구원하려 함이니라 … 인자의 온 것은 섬김을 받으려 함이 아니라 도리어 섬기려 하고 자기 목숨을 많은 사람의 대속물로 주려 함이니라"(눅 19:10, 막 10:45). 그분이 하셨던 사역의 목적을 숙고해 볼 때, 그것은 우리에게도 변함없는 자산이다.

우리는 제자도에 대해 얘기할 때, 우리가 이 땅에서 나그네와 행인(벧후 2:11)으로 사는 것은 영적인 성장과 재생산에 목적이 있음을 본다. 우리는 그리스도를 닮아가는 삶에 부름을 받았고, 삶의 시험과 어려움은 그것을 통해 그리스도를 더욱더 의지함으로써 우리가 그분과 같은 인격을 형성하게 해준다. 우리는 또한 그리스도의 생명을 다른 사람들에게 전해주는 위대한 특권을 부여받았다. 하나님은 전에 어둠과 사망이 있던 자리에 영원한 생명을 창조하는 위대한 사역을 우리와 같이 평범한 사람들에게 맡기셨다. 아마도 하나님이 직접 자신이 예정했던 사람들과 교통하는 것이 더 쉬웠을지 모르지만, 그분은 복음의 귀중한 소식을 전하는 일을 자신이 직접 하시는 대신 우리에게 맡기셨다. 하나님에 의해 영적인 산과(産科) 의사로서 그리고 소아과 의사로서 쓰임받는 이 일보다 더 위대한 부르심이 어디 있겠는가?

**우선 순위** 인간의 업적은 빠르게 쇠퇴하든지 사라져버리지만, 영존하시는 하나님이 우리 안에서 우리를 통해 하신 일은 영원하다. 성경은 하나님의 목표를 우리 삶의 최우선 순위에 놓는 영원한 것에 대한 투자를 촉구한다. 예수님은 제자들에게 남기신 마지막 말씀에 영적 증가의 중요성을 강조하셨다(마 28:19-20, 행 1:8). 잃은 자를 찾는 것은 예수님의 가르침과 사역에서 가장 중요한 주제였고(눅 15장), 그분은 자신을 따르는 제자들의 삶도 그렇게 되기를 원하셨다.

잃은 자를 찾으려는 이러한 주님의 열정은 사도 바울에게 있어서도 가르침의 핵심이었고, 그에게 모범이 되었다(고전 9:19-27, 고후 5:16-21). 바울은 그의 생애 말기에 디모데에게 선한 싸움을 싸우고 달려갈 길을 마쳤다고 말했다(딤후 4:7-8). 예수님처럼 그는 다른 사람들이 하나님의 나라에 들어가는 것을 최우선 순위에 놓고 아버지의 사역을 시작했다. 그는 유대 동포의 구원을 위해서라면 기꺼이 저주라도 받겠다고 말할 정도였다(롬 9:1-3). 많은 신자들은 아직 구원받지 못한 친구들을 위해서 거리 건너편으로 가는 것도 기꺼이 하지 못한다. 전도가 우리 삶의 우선 순위에 없다면, 그것이 우리 삶의 한 부분으로 자리 잡을 가망은 없어 보인다.

## 전도의 성경적 철학

**전도는 과정이다** 탐사 사역 단체의 허락을 얻어 나는 생활양식 전도 연구회들 중 두 곳에서 다음의 많은 개

제11부_양육의 영성 : 전도의 철학

념들을 얻었다. 탐사 사역 팀의 래리 무디(Larry Moody), 데이브 크루거(Dave Krueger), 빌 크랩슨(Bill Kraftson), 에드 디아즈(Ed Diaz), 밥 셸리(Bob Shelley) 그리고 다른 팀원들에게 은혜를 입었음을 말하고 싶다.

대부분의 사람들은 전도를 어떤 일회적인 사건(회심)과 결부시키지만, 성경적 관점에서 볼 때 그것은 과정이라 볼 수 있다. 사실 성경은 전도의 다양한 과정을 설명하기 위해 농업적인 이미지를 사용한다(요 4:35-39, 고전 3:6-9). 곡식은 갑자기 생겨나는 것이 아니다. 추수는 결코 무시되거나 빠뜨릴 수 없는 일련의 긴 과정의 결과다.

첫번째 단계는 토양의 준비다. 땅이 깨끗이 손질되고 쟁기로 갈아지지 않으면 아직 씨를 받아 심을 수 없다. 흙을 써레질하고 밭고랑을 세는 것은 두번째 단계로서 이때 씨를 뿌린다. 세번째 단계는 재배기로서 농사 과정에서 가장 긴 단계다. 이 단계는 관개, 거름주기, 잡초 제거 등의 작업을 포함한다. 곡식이 다 여물었을 때에야 비로소 네번째 단계인 추수에 들어간다.

우리가 영혼을 토양에 비유한다면, 다음과 같은 전도의 4단계 과정을 분명하게 나타낼 수 있다(〈표 32.1〉을 보라).

| 토양을 준비함 | 씨를 뿌림 | 땅을 경작함 | 수확물을 거둬들임 |
|---|---|---|---|

〈표 32.1〉

사람들이 말씀의 씨앗을 받기 전에, 그들의 영혼은 반드시 준비되어야 하고, 그러한 준비에는 많은 방법들이 있을 수 있다. 하나님은 종종 역경과 실패를 통하여 사람들의 자기 중심적인 착각에서 탈피하게 하신다. 그런 후 사람들은 영적으로 고갈되어 있는 자신의 참 모습을 보게 된다. 씨를 뿌린다는 것은 진리의 말씀을 드러낸다는 것이다. 그리고 재배의 과정은 이러한 진리가 그들의 깊은 필요들에 대해 말하고 있다는 것을 점차 깨닫는 것이다. 주님은 그리스도 없이 살아가는 사람들을 위해 기도하는 것과 같이 각 단계에서 그분의 종들을 사용하신다. 주님은 같은 삶의 자리에서 그들과 관계를 맺으시며, 때가 되었을 때에는 그들의 삶 여정을 공유하셨다.

예수님은 사마리아 우물가의 여인에게 마실 물을 구하실 때 토양을 준비하셨다(요 4:7-10). 그 여인에게 말씀을 건네시는 예수님은 세 가지의 장벽을 극복하고 계시다. 첫째, 유대인은 사마리아 사람들과 상종하지 않는다는 인종 차별적인 장벽이다. 둘째, 유대 랍비는 여자들과 더불어 말하지 않는다는 성 차별의 장벽이다. 셋째, 그 여자는 마을 사람들 사이에서 평판이 좋지 않다는 사회적 장벽이다. 예수님은 과거 그녀가 했던 모든 일을 아셨다. 그러나 예수님은 온화하고 사랑스런 마음으로 영생의 생수를 그녀에게 소개하셨다.

마태복음 13장 3-9절과 마가복음 4장 1-20절에 나타난 땅의 비유는 씨 뿌리는 단계를 보여주고서 생명의 말씀을 받아들이는 일의 필요를 강조하고 있다. 씨 자체는 토양이 준비되지 않으면 뿌리를 내릴 수 없다는 것이다.

재배 단계는 예수님이 세리들과 죄인들의 친구시라는 사실에 나타나 있다(마 11:19). 바울의 경우에는 유대인과 이방인을 얻기 위해 그들과 같이 되려고 하는 그의 열정에 나타나 있다(고전 9:19-23).

마지막 단계로 추수는 사마리아를 희어져 추수하여야 할 들판에 비유하신 예수님의 말씀에 나타나 있다(요 4:35-38). 이 비유는 예수님을 믿기 위해 나아온 사마리아인들에 대한 언급 직후에 사용되었다.

이러한 전도 과정의 원칙들을 조사하는 가운데 발견되는 중요한 개념은, 우리가 이러한 4단계의 어느 과정에라도 참여하고 있다면 우리는 지금 전도를 하고 있다는 사실이다. 토양을 준비하거나 씨를 뿌리고, 또는 씨가 심겨진 땅을 경작하는 신자들은 익은 곡식을 추수하는 특권을 가진 사람들과 마찬가지로 전도의 한 부분을 감당하고 있다. 그리고 우리가 하나님이 우리 인생 여정에 주시는 기회에 대해 민감하게 반응할 때, 우리는 전도의 어느 한 과정에 참여하고 있는 우리 자신을 발견할 것이다. 그것은 우리가 처한 개인적인 상황과 하나님의 의도에 따라 다를 수 있다. 우리가 성경의 진리를 어느 한 사람과 나눔으로써 씨를 뿌리는 과정에 참여하는 기회를 얻게 된다. 다른 경우로 우리는 이미 영적인 진리가 뿌려진 사람들에게는 물을 주거나 거름을 줄 수 있는 기회를 가질 수 있다. 우리의 친구들이 그리스도께 나아오기(추수)를 소망한다면, 우리가 준비하고 뿌리고 물 주고 또는 거두는 어느 과정에 있든지, 우리는 똑같은 과정에 참여하고 있다는 것을 확신해야 한다.

**전도의 결과는 하나님께 속해 있다**  우리의 삶과 사역 어느 영역에서든지 우리는 하나님의 목표에 기여한 것이 없다는 사실을 기억해야 한다. 그분은 부족한 것도 없으시고 궁핍한 것도 없으시다. 우리가 뭔가 기여했다는 것도 하나님에게 없는 것을 우리가 그분 식탁에 가져갔다는 의미는 아니다. 그러나 하나님은 성령이 사람들 속에 행하시는 일의 한 부분을 우리에게 감당케 하심으로 그분의 목표에 동참하도록 우리를 초대하신다. 이것은 삶의 다른 영역과 마찬가지로 전도에 있어서도 우리가 그 과정에 성실히 임해야 하며 그 결과는 하나님께 맡겨야 함을 의미한다. 우리가 어떤 성과를 만들어내려는 시도를 포기하고 성령의 움직임에 즉각적으로 순종하기만을 구할 때, 하나님이 우리가 만나며 기도하는 외인들을 위해 우리를 사용하신다는 그 사실로 만족할 수 있다. '외인들'과 '밖에 있는 자들'의 이미지는 성경에서 아직 예수님을 믿는 믿음에 나아오지 못한 사람들을 가리키는 데 사용되었다(막 4:11과 골 4:5을 보라). 전도의 과정에 깃든 우리의 소망은 그러한 외인들이 하나님 가족의 일원이 되는 데 있다.

자주 시도는 하지만, 실제로 우리가 사람들을 변화시킬 수는 없다. 우리가 사람을 변화시키는 것을 목표로 삼는다면, 그들을 조종하거나 뭔가를 강요하는 데 우리 자신을 드리는 것이다. 그러나 전도의 모든 과정이 하나님 안에서 시작되고 끝나는 것을 깨달을 때, 그분이 직접 통제하시며 다만 우리는 그 과정에 참여하는 특권을 받았다는 사실에 평안할 수 있다.

"나는 심었고 아볼로는 물을 주었으되 오직 하나님은 자라나게 하셨나니 그런즉 심는 이나 물주는 이는 아무것도 아니로되 오직 자라나게 하시는 하나님뿐이니라 심는 이와 물주는 이가 일반이나 각각 자기의 일하는 대로 자기의 상을 받으리라 우리는 하나님의 동역자들이요 너희는 하나님의 밭이요 하나님의 집이니라"(고전 3:6-9). 자라게 하시는 이는 하나님이시다. 우리가 아니다. 땅으로 인도하는 것 말고는 우리가 사람을 확신과 거듭남으로 인도할 수는 없다. 그렇다고 해도 그분의 자녀들을 전도의 과정에 사용하시는 이는 주님이시다. 기도와 같은 영역에서 그러하듯이 전도에서도 신적인 섭리와 인간의 노력이 신비하게 맞물려 돌아간다. 경건한 농부가 하나님이 자라게 하실 것을 기대하면서도 인내와 부지런함으로 땅을 준비하고, 심고, 돌보듯이, 우리는 전도를 하나님과 인간의 상호 과정으로 보아야 한다.

우리가 이 사실을 간과하면 두 가지의 대립된 잘못에 쉽게 빠진다. 첫번째 실수는, 우리가 노력했던 한 사람이 그리스도를 믿지 않게 되면 실패했다고 생각하는 것이다. 복음에 대해 사람들이 받아들이지 않고 무시할 때, 우리는 그것을 개인적인 거절로 받아들여야 한다. 이때 전도는 과정이며, 그 결과는 하나님께 속했다는 사실을 염두에 두는 것은 잘못된 생각으로부터 우리를 구해준다.

두번째 실수는, 우리가 누군가를 그리스도께 인도하는 기쁨을 맛보았을 때 그것을 과신하는 것이다. 사람들이 복음에 반응을 보이기까지는 많은 갈등의 노출을 수반한다. 추수하는 신자는 많은 영향력들 중 하나일 뿐이다. 누군가 그리스도께로 왔다는 소식을 접할 때, 우리는 그 사람이 믿음으로 나아오기까지 기도와 관심의 사연이 있었다는 것을 알아야 한다. 더욱이 하나님이 우리에게 복음을 전하는 기회를 주셨지만 성령의 능력을 떠나서는 우리가 전하는 것은 아무것도 아니다. 우리의 임무는 외인들을 위해서 사랑하고 섬기며 기도하는 것이고, 기회가 주어질 때 복음을 전하는 것이라는 사실을 깨달을 때 우리는 하나님의 주권 안에서 쉼을 얻고, 그 결과는 하나님 손에 맡길 수 있다.

**경작은 추수보다 더 많은 시간이 든다**  대부분 전도의 모델들은 농업적인 시간대에서 추수에 집중되어 있다. 추수는 모든 과정이 목표로 삼던 결과라는 점에서 이것은 이해할 만하다. 그러나 문제는 이것이 대부분의 사람들이 바라는 것보다 더 경쟁적인 전도의 모습을 부추긴다는 것이다. 그리고 또한 의문스런 회심이나 전반적인 양육의 부재를 야기하고 있는 치고 달리는 식의 전도 기술을 양산한다는 데 있다(〈그림 32.2〉를 보라). 왼쪽 그림의 불안정한 구도는 경작을 최소화한 추수 위주의 전도 방식의 문제를 보여준다. 예외가 있긴 하지만, 전도에 있어서 우리는 추수 단계보다 경작 단계가 더 많은 시간을 필요로 한다는 것을 예상해야 한다. 그렇지 않으면 열매를 너무 빨리 따려는 우리의 시도는 결국 열매를 상하게 하고 말 것이기 때문이다. 오른쪽 그림의 안정된 삼각형은 복음의 씨앗을 잘 준비된 토양에 뿌리는 일의 중요성을 보여준다. 이 경우 추수는 꾸준히 그리고 인내했던 경작의 부산물이 될 것이다.

팀 다운(Tim Down)의 「공통점 찾기(Finding Common Ground)」에서 빌려온 다음의 대조표는 이에 대한 교훈을 주고 있다〈표 32.3〉.

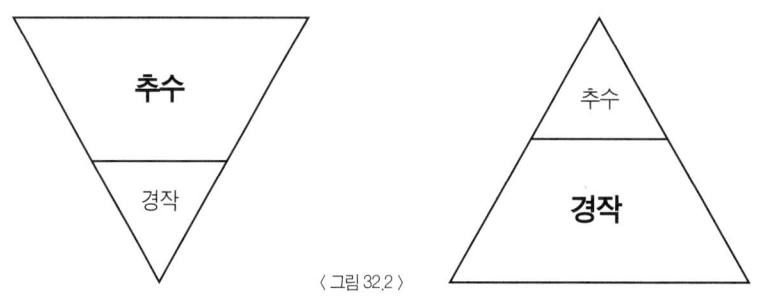

〈그림 32.2〉

| 추수꾼의 초점 | 씨 뿌리는 자의 초점 |
|---|---|
| 최종 결과 | 과정의 준비 |
| 선포 | 설득 |
| 즉각적 반응 | 점진적인 변화 |
| 개인의 노력 | 팀의 영향력 |
| 다른점 | 공통점 |
| 정의 | 사랑 |
| 용기 | 지혜 |

〈표 32.3〉

**전도는 교회들이 퍼져나가는 것과 폭넓게 관계된다**   교회의 우선적인 관심은 교육이다. 이것은 긍휼, 자비, 겸손, 온유, 오래 참음과 사랑의 터 위에 신자들이 한 건물로 서로 지어져갈 때, 영적인 은사들과 말씀 사역의 목표가 된다(골 3:12-14). 전도는 교회에서 시작한다. 그러나 대부분의 전도는 교회가 흩어져 있는 현장에서 행해져야 한다(이것은 그리스도가 중심이 된 가정과 같은 공동체가 서로 사랑하는 자신들의 모습을 통해 이웃의 외인들을 감동시키는 행위들도 포함한다). 신자들의 믿음이 자랄수록 그들이 속한 공동체나 직장 그리고 이웃, 친구들에게 예수님을 소개하고자 하는 소망이 생기는 것은 자연스런 현상이다. 그러나 교회로 외인들을 데려와야만 비로소 목사가 그들을 그리스도께 인도할 수 있다고 생각하는 경우가 있다. 그렇게 되면 교회는 평신도가 바라만 보고 있는 동안 사역자는 '이끼 낀 유리 수족관'에서 고기를 잡아야 하는 그런 곳이 될 것이다. 반대로 교회와 사역자는 평신도들이 자신들이 영향력을 발휘하는 일정 영역에서 탁월한 그리스도의 대사가 되도록 준비시키는 것이 중요하다. 교육(모여 있는 지체)은 전도(흩어진 지체)를 할 수 있도록 신자들을 잘 훈련하는 것이다.

**전도는 영원에 대한 투자다**   누가복음 15장의 잃은 양, 잃은 동전, 잃은 아들에 대한 세 가지 비유는 하나의 비유라 할 수 있다. 각 비유는 어떤 귀중한 것에 대한 분실, 그것을 찾기 위한 노력 그리고 그것을 찾았을 때의 기쁨과 축하를 담고 있다. 이러한 이야기들이 적용되는 바는 "죄인 하나가 회개하면 하나님의 사자들 앞에 기쁨이 되느니라"(10절) 하는 것이다. 모든 사람은 하나님께 매우 귀중하다. 우리가 사람들이 아버지 집에 올 수 있도록 그들을 돕는 과정에 참여할 때, 우리는 아버지와 함께 기쁨을 나눈다. 누가복음 16장의 불의한 청지기에 대한 비유에서 예수님은 우리가 가진 시간, 재능, 재산 그리고 진리라는 일시적인 자산들을 영원한 소득을 위한 투자로 활용하라고 가르치신다. "내가 너희에게 말하노니 불의의 재물로 친구를 사귀라 그리하면 없어질 때에 저희가 영원한 처소로 너희를 영접하리라"(9절). 이 말은 바울이 데살로니가 사람들에게, "우리의 소망이나 기쁨이나 자랑의 면류관이 무엇이냐 그의 강림하실 때 우리 주 예수 앞에 너희가 아니냐 너희는 우리의 영광이요 기쁨이니라"(살전 2:19-20)고 말했던 것과 같다. 우리의 삶과 가진 것을 남을 섬기는 영적인 봉사에 투자할 때, 우리는 그것으로 천국 증권을 형성하고 우리의 앞으로 자산을 보내고 있는 것이다. 그것은 또한 하나님을 기쁘시게 하고 그분의 목표에 참여하는 것이기도 하다.

우리가 이 땅에서 할 수 있는 것보다 천국에서는 우리가 할 수 있는 더 많은 것들이 있다. 음악, 기도, 교제, 예배 그리고 일반적이고 특별한 계시에 대한 연구들이 거기에 해당된다. 그러나 우리가 이 땅에서 할 수 있는 것, 즉 극도로 궁핍한 어떤 사람들을 돌보는 것과 같은 일들은 천국에서는 할 수 없다는 한 가지를 우리는 간과하고 있다. 우리가 이 행성을 떠날 때, 우리는 결코 다시는 복음을 나누고 잃어버린 자를 섬기는 그 특권을 가질 수 없다.

하나님을 위한 부자가 되고자 하는 사람들은 그들의 삶을 그분이 중요하다고 말씀하신 것과 바꿀 것이다. 예수님은 누가복음 16장 15절에서, "예수께서 이르시되 너희는 사람 앞에서 스스로 옳다 하는 자이나 너희 마음을 하나님께서 아시나니 사람 중에 높임을 받는 그것은 하나님 앞에 미움을 받는 것이니라"고 말씀하셨다. 아버지의 뜻을 구하는 자는 그 아들의 부르심에 응하는 자들이다. "나를 따라오너라 내가 너희로 사람을 낚는 어부가 되게 하리라 하시니"(마 4:19).

**우리는 잘못된 동기로 전도할 수 있다**    빌립보 사람들에게 보내는 편지에서 바울은, 어떤 이들은 "투기와 분쟁으로, 어떤 이들은 착한 뜻으로 그리스도를 전파하나니"(1:15)라고 말한다. 전자들은 이기적인 야심으로 전도하는 이들이고 후자들은 사랑으로 하는 이들이다(1:16-17). 그러나 여기에 대한 바울의 현명한 반응은, "외모로 하나 참으로 하나 무슨 방도로 하든지 전파되는 것은 그리스도니 이로써 내가 기뻐하고 또한 기뻐하리라"(1:18)였다. 우리의 의도와는 상관없이 복음이 전해지기만 한다면, 전하는 자의 동기에도 불구하고 하나님의 말씀은 그분의 목적을 이루실 것이다(사 55:10-11). 우리는 여전히 그리스도의 대사로서 우리의 믿음을 나누는 이유들을 잘 살펴보고 하나님이 기뻐하시는 것과 우리의 의도를 조율해야 한다.

복음을 전하는 두 가지 상반되는 동기는 죄책감과 교만이다. 많은 신자들이 외인들과 복음을 나누는 일에 실패할 때 죄의식을 느껴야 한다고 배웠다. 이럴 경우 너무 큰 부담감으로 인해 그들은 또 다른 죄책감이 생기기도 전에 잠시 생각할 겨를도 없이 갑자기 아무나 붙들고 장시간 얘기를 하거나 무심결에 불쑥 복음을 꺼낼지도 모른다. 이러한 '수류탄 복음'을 던지는 것은 모두에게 매우 당황스러운 것이다.

한편, 어떤 이들은 자신의 영성을 과시하거나 성경보다 더 많은 스스로의 해설을 하기 위해 자신들의 믿음을 나누려 하는 교만에 빠져 있다. 숫자와 남들과 비교되는 결과를 자랑으로 삼는 사람들은, 마치 서명 난에 서명을 받기 전까지는 문에서 한 발자국도 움직이려 하지 않는 판매원처럼 결단을 강요하는 전도의 방식을 취한다.

고린도후서 5장에서 바울은 이와는 반대되는 복음을 전하는 세 가지 성경적인 동기들을 언급한다. 첫째, 그는 하나님을 기쁘시게 하기 위해 한다는 것이다. "그런즉 우리는 거하든지 떠나든지 주를 기쁘시게 하는 자 되기를 힘쓰노라"(9절). 우리가 사람들에게 하나님의 아들을 좋게 말할 때 하나님은 기뻐하신다. 둘째, 그는 하나님이 그에게 주신 기회들에 최선을 다함으로 그리스도가 심판하시는 보좌에서 주님이 주실 상급을 소망했다(10절). "우리가 주의 두려우심을 알므로 사람을 권하노니"(11절). 우리의 풍성한 상급은, 하나님이 그들을 위해 가지고 계셨던 목표에 참여하는 특권으로 영원히 함께할 친구를 얻는다는 것이다. 셋째,

바울은 자신에 대한 그리스도의 사랑과 그리스도를 향한 그의 사랑 때문에 이 세상에서 그리스도의 대사가 되었다는 것이다(14-20절). 사랑할 수 없는 자를 사랑하는 신비는 사람들을 사랑하신 그리스도의 사랑 때문이다.

**전도는 말과 행위 모두를 포함한다**   최근 몇 년 동안 삶의 방식과 인간관계, 또는 우정을 통한 전도의 새로운 개념이 많은 교회들과 사역에 보급되었다. 이러한 삶의 방식을 통한 관계 전도는 경작의 과정을 중요시하고, 기존의 무작위적인 만남으로 하는 전도 방식보다 신자들에게 덜 위협적이라는 장점을 가지고 있다. 그러나 전도가 없는 우정이나 우정을 기본으로 하지 않는 전도는 피해야 할 두 극단이다. 성령께 의지하고 그분이 주시는 기회에 민감하게 반응함으로써 우리는 성화와 선포의 바른 균형을 잡을 수 있다〈표 32.4〉.

성경적인 전도는 지금 살고 있는 생활 양식이다. 가르쳐야 할 교훈이 아니다. 이것은 프로그램보다는 과정이기 때문이다.

| 우정 | 전도 |
|---|---|
| 사랑 | 진리 |
| 행동 | 동기 |
| 걷기 | 대화 |
| 삶 | 입술 |
| 성화 | 선포 |
| 의도 | 정보 |

〈 표 32.4 〉

**전도는 제자도와 융합되어야 한다**   제자도가 전도로 이어져야 하듯이, 전도도 결국은 제자도로 이어져야 한다. 전도는 예수님을 알아가는 여정의 시작이다. 전도가 끝이 아니다. 우리 주님은 제자를 삼으라는 사명을 주셨지 결단하라고 하신 것이 아니다(마 28:18-20). 이 여정은 회심과 더불어 시작되어 성숙함으로 나아간다. 영적인 아버지로서 바울은 데살로니가의 회심한 사람들에게 온전한 그리스도의 모습까지 자라기를 소망했다. "우리가 너희 믿는 자들을 향하여 어떻게 거룩하고 옳고 흠 없이 행한 것에 대하여 너희가 증인이요 하나님도 그러하시도다 너희도 아는 바와 같이 우리가 너희 각 사람에게 아비가 자기 자녀에게 하듯 권면하고 위로하고 경계하노니 이는 너희를 부르사 자기 나라와 영광에 이르게 하시는 하나님께 합당히 행하게 하려 함이니라"(살전 2:10-12).

영적인 산과 의사는 자연스럽고도 부드럽게 영적인 소아과 의사가 되어야 한다. 성장은 점진적이며 어린 아이들은 혼란스럽다는 것을 감안하다면, 여기에 따르는 과정은 사랑과 인내 그리고 받아들임이다.

### 적용을 위한 질문들

- 당신은 어떻게 생활 전도에 참여하게 되었는가?

- 여덟 가지 전도의 원칙들 가운데 당신에게 직접적으로 와닿는 것은 무엇인가?

- 전도는 과정이며 그 결과는 하나님께 속해 있다는 원칙들에 대해 당신은 어떻게 반응하겠는가? 어떤 것들이 당신에게 맞는가?

- 왜 전도를 하는 많은 사람들이 경작보다 추수에 더 관심을 가지는가?

- 당신은 잘못된 동기로 전도를 한 적이 있는가? 그렇다면 그것은 당신의 전도하는 태도에 어떤 영향을 주었는가?

제11부 _ 양육의 영성 NURTURING SPIRITUALITY

# 33

# 전도의 장벽 극복

| 이 장의 개관 | 전도의 문 양쪽에는 장벽들이 있다. 신자들에게 이러한 장벽들은 강매 방식, 두려움, 부족함, 무관심, 제한된 시간 그리고 불신자들부터의 분리를 포함한다. 불신자들에게 적용되는 세 가지 장애는 감정적, 지적 그리고 의지적이라는 것이다. 이러한 장벽들은 신뢰의 관계, 아니라고 답할 수 있는 넉넉함 그리고 기도로써 극복할 수 있다. 마지막으로 이 장은 전도할 수 있는 상황을 살펴보는 것으로 끝을 맺는다. |
|---|---|
| 이 장의 목표 | • 신앙을 나눔으로써 대부분의 신자들이 어려워하는 전도의 장벽들에 대해 깊은 통찰력을 갖게 함<br>• 그리스도와의 관계로부터 사람을 단절시키는 감정적, 지적, 의지적인 장벽들을 자각<br>• 불신자들과 매력적인 관계를 개발할 수 있는 자연적인 환경이 우리에게 주어졌다는 자신감 |

실제로 신자나 불신자 모두에게 전도는 불편하다. 에든버러 대학의 신약학 교수 제임스 스튜어트(James Stuart)는 그것을 다음과 같이 말한다. "기독교에 대한 위협은 무신론, 물질주의, 또는 공산주의가 아니다. 기독교에 대한 가장 큰 위협은 그들의 믿음을 다른 사람과 전혀 나누지 않고서 천국에 몰래 들어가려고 하는 천국 잠입범 같은 그리스도인들이다."

## 신자들에게 있는 장벽들

예수님은 제자들에게 "추수할 것은 많되 일꾼은 적으니 그러므로 추수하는 주인에게 청하여 추수할 일꾼들을 보내어주소서 하라"(마 9:37-38)고 말씀하셨다. 일꾼들이 추수할 들판으로 나가는 것을 방해하는 몇 가지 장벽들이 있다.

**방법론적인 장벽**   나는 교회 사무실에서 세 사람이 전도를 놓고 토론하고 있는 것을 묘사한 만화를 보았다. 그 중 한 사람이 "내가 누군가의 집 앞에 도착했을 때, 나는 초인종을 울리고 잽싸게 도망쳐버렸지. 나는 지금도 그걸 하는데, 근데 우리 교회는 그걸 '아웃리치 훈련'이라고 부르더군." 다른 만화에서는 어떤 부흥사가 설교단을 잡고 있고, 모든 청중들은 예배당 앞쪽에 서 있다. 겁에 질린 한 사람을 제외하고 모든 사람들은 자리에서 찬송가로 머리를 가리고 있었다. 그 부흥사는 "우리가 찬송가 '나처럼'의 314번째 소절을 부를 때, 올 사람이 한 명은 더 되지 않습니까?"라고 말한다. 그러나 다른 만화는 쭉 뻗은 면도날을 가죽 끈에 갈고 있는 이발사를 그리고 있다. 이발사는 그의 손님에게 "당신은 죽을 준비가 되어 있나요?"라고 묻는다.

많은 사람들은 전도를 공격적으로 물건을 파는 강매 방식이나 겁주는 기술로 연상한다. 이와 같이 전도의 실제로부터 사람을 멀어지게 하는 비성경적인 수많은 고정관념들이 있다.

**머리가죽 사냥꾼**. 그의 영적인 전리품 수집에 하나를 더 보태려는 의도로 영혼을 구하려 하는 사람을 가리킨다.
**구두주걱식 접근**. 아무리 맞지 않아도 이 사람은 어떤 가능성이든지 복음으로 끌고가는 사람이다.
**사기꾼 접근**. 이 접근법은 거짓된 과장으로 복음을 소개한다.
**2 × 4 접근**. 부흥사가 불신자에게 축복의 광풍을 구하고 천국으로 몰아치면서 무한정한 압력을 가하는 방식.

우리가 공격하지 않더라도 복음을 공격하는 것들은 아주 많다(고전 1:18-24). 바울은 그의 편지를 읽는 사람들에게 "유대인에게나 헬라인에게나 하나님의 교회에나 거치는 자가 되지 말고 나와 같이 모든 일에 모든 사람을 기쁘게 하여 나의 유익을 구치 아니하고 많은 사람의 유익을 구하여 저희로 구원을 얻게 하라"(고전 10:32-33)고 말하고 있다.

성경은 전도의 다른 방법들을 보여준다. 그 가운데 세 가지는 선포형, 조우형 그리고 관계형 전도다. 사도 베드로는 오순절 설교에서 선포형 접근법을 사용했다(행 2장). 그날 약 3,000명의 사람들이 하나님의 가족이 되었다(41절). 이러한 대중 선포식의 전도 방식은 특별한 은사와 성령의 기름 부음이 필요하다. 따라서 오직 소수의 신자들만이 이 일을 잘 감당할 수 있다.

빌립 집사는 에티오피아 내시 유니게와의 한 만남에서 조우형 접근법을 보여주었다(행 8:26-39). 우리 모두는 그리스도를 대표하도록 부름 받았다. 그러나 소수의 신자들만이 개인 전도의 특별한 은사를 받는다. 이들은 외인들과 관계를 발전시키기 위한 특별한 노력 없이도 복음을 효과적으로 전할 수 있는 사람들이다.

관계형 접근법은 바울의 데살로니가 교인들과의 개인적인 친밀한 관계에 나타나 있다(살전 2:1-12). "우리가 이같이 너희를 사모하여 하나님의 복음으로만 아니라 우리 목숨까지 너희에게 주기를 즐겨함은 너희가 우리의 사랑하는 자 됨이니라"(8절). 앞의 두 접근법과는 달리, 관계형 접근법은 외인들과의 개인적인 관계를 경작하기 원하는 모든 사람들에게 가능하다. 우리들 대부분의 경우, 강요가 없는 대화형 방식의 인간관계를 따라 이뤄지는 전도가 가장 성공하기 쉽다.

「예수를 전염시키는 사람들(Becoming a Contagious Christian)」의 저자 마크 미텔버그(Mark Mittelberg)와 빌 하이벨스(Bill Hybels)는, 신약 성경에는 오늘날 사람들이 그 중 한 가지를 사용해도 편안하게 느낄 수 있는 적어도 여섯 가지의 전도 형태가 있다고 제안한다. 그 형태들은 상호 관계형, 간증형, 지식형, 초대형, 조우형 그리고 봉사형이다. 미텔버그는 이러한 전도 형태들을 「전염적인 교회 만들기(Building a Contagious Church)」에 연결시키고 있다.

**두려움의 장벽**   우리가 비록 세상에 소금의 맛을 내고 빛을 비추도록 부름 받았지만, 우리들 대부분은 소금 맛을 희석시키고 빛을 가리는 역할을 한다. 많은 신자들이 그들의 믿음을 나누지 못하는 두 가지 중요한 이유는 거절의 두려움과 실패의 두려움 때문이다. 미움 받고, 따돌림당하며, 놀림당하거나 또 소외되는 것을 좋아하는 사람은 아무도 없다. 많은 그리스도인들은 어쩌면 듣는 사람들이 적극적으로 반응하지 않을지도 모른다는 생각에 그리스도에 대해 다른 사람과 나누는 것을 두려워한다 그러나 이러한 두려움은 하나님에 대한 미숙한 관점에서 시작된다. 우리들은 그리스도를 믿는 신자로서 우리의 안전과 정체성은 그분 안에서만 찾을 수 있다는 것을 분명히 인식해야 한다. 이것은 흔들리는 다른 사람들과의 관계 속에서는 찾을 수 없다. 우리는 또한 사람들이 우리가 전하는 소식을 거절할 때, 그것이 우리를 거절하는 것이 아님을 깨달아야 한다. 그들은 그리스도 안에서 주신 하나님의 생명의 선물을 거절한 것이다.

거절의 두려움은 하나님에 대한 미숙한 관점에서 생겨나는 반면, 일반적인 실패의 두려움은 전도에 대한 미숙한 관점에서 기인한다. 우리가 보았듯이 전형적인 전도의 형태는 대화형보다는 조우형이다. 판매가 끝나는 파장 시간이나 농사가 끝나는 추수 때만을 강조하는 식의 전도 방식에 편안함을 느낄 사람은 거의 없다. 관계형 전도는 전도가 몇 날, 몇 주 또는 몇 년의 과정을 요한다는 것을 보여주는 대안적인 형태다. 우리가 전도 과정의 어느 시점에 참여하든지 그 결과를 하나님 손에 맡겨드릴 때 우리는 하나님과의 관계에서 안식할 수 있고 그분의 능력을 신뢰할 수 있다. "하나님이 우리에게 주신 것은 두려워하는 마음이 아니요 오직 능력과 사랑과 근신하는 마음이니"(딤후 1:7, 시 56:3-4, 느 4:14). 우리가 하나님의 자녀라는 것과, 우리가 복음을 전할 때 그분이 우리와 함께 계시며 능력을 주겠다고 약속하신 사실을 우리가 신뢰할 때 우리는 그분 안에서 안식할 수 있다.

**부족함의 장벽**   전도에 대해 두려워하거나 죄의식을 느끼는 사람들의 문제는 부족함의 장벽에서 생겨난다. 그렇지 않더라도 믿음을 나누려고 하는 많은 사람들은 아직 자신들이 전도하기에는 준비되지 않았다고 느낀다. 우리가 다음 두 가지를 기억한다면 그런 장벽은 극복할 수 있다. 첫째, 우리의 만족함은 우리들 자신이 아닌 그리스도에게서 나온다. 그를 떠나서는 우리가 사람들을 그리스도께 인도했다 치더라도 우리는 그들을 변화시킬 수 없다. "우리가 그리스도로 말미암아 하나님을 향하여 이 같은 확신이 있으니 우리가 무슨 일이든지 우리에게서 난 것같이 생각하여 스스로 만족할 것이 아니니 우리의 만족은 오직 하나님께로서 났느니라 저가 또 우리로 새 언약의 일꾼 되기에 만족케 하셨으니"(고후 3:4-6 상). 전도의 과정에 참여한다는 것은 우리를 통하여 역사하시는 하나님이 아니시면 결코 일어나지 않을 어떤 일에 우리를 드리는 것이다.

둘째, 복음을 나누거나 사람들이 내놓을 반대 의견에 대답할 준비가 되어 있지 않다면, 해결책은 "진리의 말씀을 옳게 분변하여 부끄러울 것이 없는 일꾼으로 인정된 자로 자신을 하나님 앞에 드리기를 힘쓰는 것"(딤후 2:15)이다. 상당수 신자들은 간략한 복음 제시를 어떻게 해야 할지 모른다. 성경은 그들에게 너무 밋밋하게 보이기 때문이다. 그러나 그것을 배우는 것은 어렵지 않다. 비슷한 예로, 대부분의 사람들은 말씀이라는 씨앗을 심으려 할 때도 생겨날 수 있는 평범한 질문에 어떻게 대답해야 할지를 모른다. 그러나 우리에게는 이미 충분한 답들이 준비되어 있다. 우리는 그러한 질문들 때문에 복음 전파의 현장으로 나가기를 꺼려할 필요가 없다. 하워드 헨드릭스(Howard Hendricks)가 말한 대로, 만약 당신이 준비하는 것에 실패하면 당신은 실패할 준비를 하는 것이다.

**무관심의 장벽들**   윌리엄 제닝스 브라이언(William Jennings Bryan)이 버지니아 서부의 어느 작은 회중에게 부탁을 받고 설교를 할 때의 이야기다. 그는 다음과 같이 말했다. "오늘 저는 여러분에게 말씀드릴 세 가지 요점이 있습니다. 첫째, 수백만의 사람들이 죽어가고 있으며 그들이 지옥으로 가고 있다는 사실입니다. 둘째, 여기 모인 여러분들이 그런 저주를 하지 않았다는 것입니다. 셋째, 그러나 여러분들 가운데 어떤 분들은 수백만의 사람들이 죽어 지옥으로 간다는 것보다 내가 말한 저주라는 단어에 더 많은 신경을 쓰고 있다는 것입니다." 우리는 잃어버린 자를 구하기 위해 자신의 아들을 내놓으신 하나님을 섬기고 있다. 그러나 우리는 그러한 하나님의 마음보다는 보다 주변적인 문제에 더 많은 신경을 쓰는 경향이 있다.

대부분의 신자들이 그리스도인이 된 지 2년 안에 불신자 때 사귀었던 친구들을 거의 다 잃어버린다는 것은 충격적이다. 교회에서 실시한 조사에 따르면, 신앙 연수가 오랠수록 믿지 않는 친구가 없다고 한다. 종종 복음을 전하고자 노력하는 사람들은 전부 이제 막 예수님을 믿기 시작한 새신자들이다. 오히려 더 많이 성숙하고 잘 준비된 그리스도인들은 그들이 예전에 했던 것과 같은 전도를 하지 않고 있다.

승객은 4명인데 낙하산은 3개밖에 없었던 비행기 이야기를 해주고 싶다. 비행기에는 조종사, 천재, 목사 그리고 보이스카우트 소년이 타고 있었다. 비행 도중 엔진에 불이 붙고 비행기가 추락하게 되었다. 조종사는 조종석에서 낙하산 하나를 가지고 먼저 탈출했다. 천재는 "나는 이 세상에서 가장 영리한 사람입니다. 세상에는 내가 채워주어야 할 필요들이 많습니다"라고 일어서서 말했다. 그리고 낙하산 하나를 잡고 목사와 보이스카우트 소년을 남겨두고 뛰어내렸다. 목사는 소년에게, "네가 살 인생이 네 앞에 있구나. 마지막 낙하산을 가지렴"하고 말했다. 그때 소년은 "걱정하지 마세요, 아저씨. 세상에서 가장 영리한 사람이 가지고 뛰어내린 것은 제 가방이었어요!"라고 대답했다. 실제로 세상은 화염 속에서 곤두박질치고 있다. 사람들은 일, 업적, 재산, 지위 그리고 권력이라는 가방에다 희망을 걸고 있다. 그러나 복음은 우리에게 진정한 낙하산은 예수 그리스도라고 말한다.

우리는 무엇이 진정 위태로운 것인지 알 필요가 있다. "아들이 있는 자에게는 생명이 있고 하나님의 아들이 없는 자에게는 생명이 없느니라"(요일 5:12). 이 말씀이 보여주는 위기는 실로 크나큰 것이다. 그 위기는 사람들의 영원한 운명을 결정하기 때문이다.

**시간의 장벽** 우리는 뭔가에 참여하길 원하지만, 더없이 바쁜 우리의 모습을 발견한다. 이런 경우에는 우리의 관점이 삶의 우선 순위를 결정하고, 우선 순위가 우리 습관을 결정짓는다는 것을 생각해볼 필요가 있다. 우리가 천국에 재물을 쌓기 원한다면 "먼저 그의 나라와 그의 의"(마 6:33)를 구해야 하고, 우리가 하는 일에 힘을 주실 하나님을 신뢰해야 한다. 성경은 자주 이 땅의 시간이 짧다는 것과 그래서 우리는 그것을 가능한 한 최선으로 투자해야 한다는 사실을 알려준다. "그런즉 너희가 어떻게 행할 것을 자세히 주의하여 지혜 없는 자같이 말고 오직 지혜 있는 자같이 하여 세월을 아끼라 때가 악하니라"(엡 5:15-16, 시 90:12, 전 8:5, 골 4:5, 약 4:14-17).

예수님은 결코 아버지의 뜻을 행하실 때 서두르지 않으셨다. 그러면서도 자신에게 맡겨진 일은 시간을 가지고 완수하셨다. "아버지께서 내게 하라고 주신 일을 내가 이루어 아버지를 영화롭게 하였사오니"(요 17:4). 우리에게도 우리 삶에 주어진 하나님의 목적을 이루는 시간은 충분히 주어져 있다.

매주 우리에게 주어진 168시간을 15분 단위로 나누어 우리 행동들을 조사해본다면 아마도 낭비된 시간, 부산스럽기만 한 안건들로 보낸 시간 그리고 어떤 일에 지나친 몰두 등으로 소비했던 상당한 양의 시간을 찾아낼 수 있을 것이다. 우리의 시간 계획이 가족, 동료 그리스도인 그리고 믿지 않는 친구들과 함께하는 시간 같은 중요한 것들을 잘 반영하고 있는지 성경적인 우선 순위의 관점에서 다시 한 번 살펴볼 필요가 있다. 우리가 영원을 바라보는 관점으로 시간을 경작하지 않는다면, 우리의 우선 순위와 실천은 별 수 없이 무너지고 말 것이다.

**분리의 장벽**  접촉이 없이는 충격도 없다. 그러나 일부 신자들은 외인들과의 관계로부터 떨어져 있어야 한다는 생각을 지지해왔다. 그들은 외인들과의 접촉으로 그들의 사고와 행동이 오염될 것을 염려했다. 이러한 사람들은 격리에 대한 성경적 가르침을 자신들의 비성경적인 소외의 관행과 혼동하고 있다. 차이는 분리와 같은 것이 아니다. 성경은 외인들로부터 우리가 분리되어 있어야 한다고 가르치지 않는다. 그 대신 부도덕한 행실로 그리스도의 말씀을 욕되게 하는 그리스도인들을 멀리하라고 말씀한다. "내가 너희에게 쓴 것에 음행하는 자들을 사귀지 말라 하였거니와 이 말은 이 세상의 음행하는 자들이나 탐하는 자들과 토색하는 자들이나 우상 숭배하는 자들을 도무지 사귀지 말라 하는 것이 아니니 만일 그리 하려면 세상 밖으로 나가야 할 것이라 이제 내가 너희에게 쓴 것은 만일 어떤 형제라 일컫는 자가 음행하거나 탐람하거나 우상 숭배를 하거나 후욕하거나 술 취하거나 토색하거든 사귀지도 말고 그런 자와는 함께 먹지도 말라 함이라"(고전 5:9-11).

우리는 누구와도 죄악되고 불순한 행동들에 빠져서는 안 된다(고후 6:14-18). 그러나 우리는 타협하지 않고도 믿지 않는 친구들과의 관계 속에 넓은 영역에서 공감할 수 있는 부분을 가질 수 있다(고전 9:19-23). 우리는 세상과 친구가 될 수는 없지만(약 4:4, 요 2:15-17), 세상 사람과 친구가 되어 예수님을 따라야 한다(마 11:19). 사람들은 자주 죄는 사랑하고 죄인은 미워하지만, 주님처럼 우리는 죄는 미워하되 죄인은 사랑해야 한다. 우리의 사명은 자신들의 행실을 깨끗이 할 수 있는 사람을 얻는 것이 아니다. 오직 그를 안팎으로 변화시킬 수 있는 그분께로 인도하는 것이다.

분리의 또 다른 이유는 '거룩한 뒤죽박죽' 또는 앉고, 젖고, 신 증후군이다. 갈릴리 바다는 물이 흘러들어오고 나가기 때문에 생명체가 풍부하다. 그러나 사해는 이름대로 죽어 있다. 들어온 물이 나갈 곳이 없기 때문이다. 교육과 코이노니아는 영적인 건강과 신자의 영양에 중요하다. 그러나 우리 안으로 들어오는(행 2:42) 가르침과 교제는 밖으로 나가는 이웃 전도와 균형을 이루어야 한다(행 2:47). 그리스도를 알아가는 것(교육)은 그분을 소개하는 것(전도)과 한 짝이 되어야 한다.

## 불신자들에게 있는 장벽들

**감정의 장벽** 대부분의 불신자들은 조직화된 종교나 그리스도인들에 대해 부정적인 자세를 가지고 있다. 억압적이거나 율법적인 가정에서 자라거나 기독교의 위선과 착취를 경험했던 사람들은 자연적으로 복음에 대해 감정적인 장벽이 있다. 이러한 장벽을 극복할 수 있는 효과적인 방법은, 공통의 관심사를 중심으로 외인들을 사랑하고 섬기는 관계로 다리를 놓는 것이다. 벽은 다리보다 쉽게 생길 수 있다. 우리가 지금 사는 이 땅에서 그들을 원하지 않으면, 우리가 그들이 천국 가기를 원한다는 사실도 결코 믿으려 하지 않을 것이다. 불신과 부정적인 고정 관념은 신중하고, 사심이 없으며, 사랑의 마음이 있고 그리고 믿을 만한 친구가 곁에 있다면 극복될 수 있다. 사람들은 당신이 얼마나 그들을 사랑하는지 알기 전까지는 당신이 얼마나 그들을 아는지에 대해서 신경 쓰지 않는다. 우리가 믿지 않는 친구들을 위해 기도하고, 함께할 수 있는 활동을 같이 함으로써 관계를 발전시켜나갈 때, 그들은 무슨 이유가 있을 것만 같은 우리 안에 있는 높은 삶의 질과 소망을 발견하기 시작한다.

긴장감이 있는 관계 속에서는 우리가 불신자들에게 사상적인 긴장감이 있는 예수님의 말씀을 제대로 소개할 수 없다. 오직 사랑과 관심을 통해서만 그들에게 말씀이 들리게 할 수 있다. 불신자들과 공통의 활동을 통해 형성된 우정은 그들을 우리 세계로 데려오기 위해 우리를 그들 세계에 들여보낼 수 있는 다리와 같다. 우정을 발전시키는 데에는 시간과 노력이 든다. 그러나 그것은 예수님이 삶으로 보여주신 말씀을 그들에게 전할 수 있는 가장 효과적인 도구다.

많은 신자들은 외인들과 시간을 보내는 것을 두려워한다. 이러한 두려움 때문에 그들은 그들의 신념을 타협한다. 그러나 바울은 "여러 사람에게 내가 여러 모양이 된 것은 아무쪼록 몇몇 사람들을 구원코자 함이니"(고전 9:22, 19-27)라고 말한다. 사람들이 누구든 간에 또는 그들의 영적인 순례의 여정이 어디쯤이든지 상관없이 바울은 가능한 한 그들과 같이 되려고 했다. 사람들을 그리스도께로 이끄는 그의 최고의 노력은 타협함 없이 그들과 공통의 관심사를 세워나가는 것이었다. 바울은 그들의 사상에 물들지 않고 일관되게 자신의 의사소통 원칙을 적용했다.

일반적으로 이 세상에 그리스도를 전파한다고 말할 때, 우리는 전파할 곳이 바로 우리가 살고 있는 이 세상이라는 것을 잊을 때가 있다. 우리의 임무는 하나님이 우리의 영향력이 미칠 수 있는 범위 안에 거하게 하신 사람들에게 성실하게 관심을 집중하는 것이다. 누가복음 15장 3-7절에 있는 잃은 양의 비유는 잃어버린 사람에 대해 개인의 관심과 공동의 노력이 필요함을 보여준다. 잃은 양 한 마리는 잊어버리고 대신 아흔아홉 마리의 양들과 편안한 시간을 보내는 것은 쉽다. 그러나 목자는 풀밭에서 풀을 뜯는 양 무리를 떠나 열심히 잃어버린 양을 발견하기까지 찾아 헤맨다. 잃어버린 하나에 그분은 관심을 집중하셨다. 그분에게는 한

마리 한 마리가 모두 중요하기 때문이다. 죄인 하나가 회개하면 천국에서도 기뻐하는 이유가 바로 이 때문이다(눅 15:7, 10, 32).

**지적인 장벽들** 소크라테스는 검증이 안 된 인생은 살 만한 것이 못 된다고 보았다. 마찬가지로 검증되지 않은 신앙도 믿을 만한 것이 못 된다. 존 스토트(John Stott)는 우리가 지적인 교만에 영합할 수 없다면 지적인 정직함에 힘써야 한다는 현명한 말을 했다. 사람들이 질문을 하는 이면에는 다른 의도들이 있다. 그러나 누군가 진정으로 대답을 듣길 원할 때, 그 책임은 우리에게 있다. 만약 어떤 교수가 학생들에게 다가오는 시험에 나올 문제들을 전부 말해주었다면, 답을 하지 못한 학생들에게는 변명의 여지가 없다. 이와 같이 효과적인 전도를 위한 준비는 사람들이 우리에게 할 수 있는 질문들의 답을 준비하는 것이다. 만약, 예상 못한 질문들이 나와서 우리가 대답을 모를 때에는 정직하게 그것을 인정하라. 이것은 우리가 답을 찾아 다시 우리 친구들을 찾아볼 수 있는 기회다. 그러나 만일 우리가 똑같은 질문에 접하고도 대답을 하지 못한다면 그 책임은 우리에게 있다.

대답해야 할 수천 가지의 반론 때문에, 많은 신자들은 그들의 믿음을 지식적으로 방어하는 법을 전혀 배우지 못했다고 생각한다. 그러나 실제로 기독교에 대한 반론의 상당 부분은 12가지 기본적인 질문들의 변형이나 조합이다. 「당신의 질문에 기쁨으로(I'm Glad You Asked)」라는 책에서 래리 무디(Larry Moody)와 나는 그러한 공통적인 반론에 대한 대답들을 정리했다.

1. 하나님이 정말로 계십니까?
2. 기적을 믿을 수 있나요?
3. 기독교는 단지 심리적인 도움이 아닙니까?
4. 성경을 믿을 수 있습니까?
5. 만일 하나님이 선하시다면, 왜 악과 고통이 있습니까?
6. 왜 그리스도만이 하나님께 이르는 유일한 길입니까?
7. 그리스도에 대해 한 번도 들어보지 못한 사람도 하나님이 심판하십니까?
8. 만일 기독교가 참되다면, 왜 그렇게 많은 위선자들이 있습니까?
9. 도덕적으로 선한 삶으로도 천국에 갈 수 있지 않습니까?
10. 그리스도를 믿는 것이 그렇게 쉬운가요?
11. 믿는다는 것은 무엇을 의미합니까?

12. 사람들이 자신들이 구원받았다는 것을 확신할 수 있습니까?

　이러한 질문들에 대해 어떻게 대답할 것인가를 배우면, 이러한 반론 하나 하나는 예수님의 말씀을 분명히 할 수 있는 기회가 된다. 만약 사람들이 우리가 잘 대답할 수 없는 지엽적이고 특수한 질문을 할 때도 당황할 필요가 없다. 일단 좋은 질문을 했다고 칭찬을 하고 당신이 대답을 찾는 대로 다음에 알려주겠다고 말하라. 이러한 방식으로 전도의 과정에 참여하면서 당신은 필요한 기술과 지식을 습득할 수 있다. 여기 좋은 대답을 위한 많은 자료들이 있다.

　케네스 보아, 래리 무디(Kenneth Boa, Larry Moody), 「당신의 질문에 기쁨으로(I'm Glad You Asked)」
　케네스 보아, 로버트 보먼 2세(Kenneth Boa, Robert M. Bowman Jr.), 「An Unchanging Faith in a Changing World」, 「Faith Has Its Reasons」
　폴 코판(Paul Copan), 「True for You, but Not for Me」
　윌리엄 레인 크레이그(William Lane Craig), 「Reasonable Faith」, 「No Easy Answers」
　데이비드 드위트(David Dewitt), 「Answering the Tough Ones」
　노먼 게이슬러(Norman Geisler), 「Christian Apologetics」
　노먼 게이슬러, 론 브룩스(Norman Geisler, Ron Brooks), 「When Skeptics Ask」
　더글러스 게이베트, 게리 하버마스(R. Douglas Geivett, Gary R. Habermas, eds.), 「In Defense of Miracles」
　게리 하버마스(Gary R. Habermas), 「Ancient Evidence for the Life of Jesus」, 「The Resurrection of Jesus」
　피터 크리프트(Peter Kreeft), 「Making Sense out of Suffering」, 「Fundamentals of the Faith」
　C. S. 루이스(C. S. Lewis), 「고통의 문제(The Problem of Pain)」, 「기적(Miracles)」
　조쉬 맥도웰(Josh McDowell), 「Evidence That Demands a Verdict」
　알리스터 맥그래스(Alister McGrath), 「Intellectuals Don't Need God and Other Modern Myths」, 「A Passion for Truth」
　J. P. 모어랜드(J. P. Moreland), 「Scaling the Secular City」
　티모시 필립스, 데니스 오크홈(Timothy R. Phillips, Dennis L. Okholm, eds.), 「Christian Apologetics in the Postmodern World」

라비 재커라이어스(Ravi Zacharias), 「Can Man Live without God?」

또한 궁금한 것이 많은 불신자들에게 줄 수 있는 좋은 자료들이 많이 있다. 다음은 그러한 자료들이다.

그레고리 보이드(Gregory Boyd), 「Letters from a Skeptic」
폴 챔벌린(Paul Chamberlain), 「Can We Be Good without God?」
피터 크리프트(Peter Kreeft), 「현대의 이교도를 위한 기독교(Christianity for Modern Pagans, Yes or No: Straight Answers to Tough Questions about Christianity, Between Heaven and Hell)」, 「Socrates Meets Jesus」
C. S. 루이스(C. S. Lewis), 「순전한 기독교(Mere Christianity)」
조쉬 맥도웰(Josh McDowell), 「More Than a Carpenter」
존 스토트(John R. W. Stott), 「기독교의 기본 진리(Basic Christianity)」
리 스트로벨(Lee Strobel), 「예수 사건(The Case for Christ)」, 「특종! 믿음 사건(The Case for Faith)」

머리가 거부하는 것은 가슴으로도 기뻐할 수 없다. 많은 지적인 장벽들이 잘못된 지식에서 생겨나기 때문에, 그리스도를 소개할 때 우리는 친구들이 잘 알고 반응할 수 있도록 도와야 한다. 그러나 그렇게 할 때 애정을 가지고 부드럽게 하는 것도 중요하다. 성경은 "마땅히 주의 종은 다투지 아니하고 모든 사람을 대하여 온유하며 가르치기를 잘하며 참으며 거역하는 자를 온유함으로 징계할지니 혹 하나님이 저희에게 회개함을 주사 진리를 알게 하실까 하며"(딤후 2:24-25)라고 말하고 있다.

베드로 또한 지적인 장애를 다루는 좋은 안목을 주고 있다. "너희 마음에 그리스도를 주로 삼아 거룩하게 하고 너희 속에 있는 소망에 관한 이유를 묻는 자에게는 대답할 것을 항상 예비하되 온유와 두려움으로 하고"(벧전 3:15). 이 구절은 우리의 격 있는 삶의 질이 사람들로 하여금 자신들의 삶과 무엇이 다른지를 알고 싶어하게 하는 요인이라는 사실을 전제하고 있다. 여기에는 지적인 준비("항상 예비하되")와 관계적인 준비("온유와 두려움으로 하고")뿐만 아니라 영적인 준비("너희 마음에 그리스도를 주로 삼아 거룩하게 하고")도 필요하다. 우리는 지식(무엇을 말할 것인지)과 기술(어떻게 말할 것인지) 모두가 필요하다.

베드로는 방어적이 되지 말고 자신을 방어하라고 말한다. 유다서 또한 공격적이 되지 말고 공격을 하라고 말한다. "사랑하는 자들아 내가 우리의 일반으로 얻은 구원을 들어 너희에게 편지하려는 뜻이 간절하던 차에 성도에게 단번에 주신 믿음의 도를 위하여 힘써 싸우라는 편지로 너희를 권하여야 할 필요를 느꼈노니"

(유 3절).

기회가 생겼을 때 성경에 나와 있는 구원의 말씀을 간단하고 분명하게 제시할 줄 아는 것은 중요하다. 많은 도움이 될 만한 도구들을 이용할 수 있다. 가장 효과적인 자료 가운데 하나는 「탐사(The Search)」라는 탐사 사역(Search Ministries)에서 출판한 책이다. 이 소책자는 하나님의 위치, 우리의 상태, 하나님의 섭리 그리고 우리의 결정으로 이루어져 있다. 또 다른 도움이 될 만한 자료로는 전도 폭발과 빌리 그래함 전도협회에서 나온 것들이 유용하다.

도움이 되는 질문을 하고 감정적, 지적 장벽들뿐 아니라 사람들의 필요와 관심을 나타내는 표현까지 귀담아 들을 때, 우리는 사람의 말을 애정을 가지고 듣는 법을 터득하게 된다(잠 18:2, 13, 약 1:19). 친구들에게 집중적인 관심의 선물을 주고, 그들에게 진정한 흥미를 가짐으로써, 우리는 복음의 씨앗이 심겨질 수 있는 사랑과 용납의 환경을 만들 수 있다.

**의지적 장벽** 감정적 장벽들은 부정적인 경험 그리고 일반적인 종교나 특정 종교로서 기독교에 대한 좋지 않았던 접촉에서 생겨나는 것임을 보았다. 그리고 이러한 감정상의 장벽들을 극복하는 열쇠가 우정이라는 다리를 놓는 것이라는 것도 알았다. 두번째, 지적인 장벽은 성경적인 세계관에 대한 잘못된 개념과 선입관으로 발생했으며, 이러한 사고의 장벽들은 반론들을 예수님의 진리를 나누는 기회로 사용함으로써 극복해야 함을 배웠다. 세번째, 의지적인 장벽은 하나님에 대한 반목에서 비롯된 죄된 인간의 본성에서 발생한다. 이러한 의지의 장벽은 오직 기도와 성령의 죄를 깨닫게 하시는 사역을 통해서만 극복될 있다(요 16:8-11).

효과적인 전도는 방법과 기술이 아닌 견고한 기도의 기초가 관건이다. 그리스도와 맺는 관계의 질을 발전시키는 모든 과정은 반드시 기도로 시작해서 기도로 유지되며, 하나님이 열매를 맺게 하실 때 기도로 끝난다. 진정한 전쟁터는 기도의 자리다. 따라서 기도가 전도의 뒷전이 되는 것은 마차 수레가 달리는 말 앞에 있는 것과 같다.

사도 바울은 이러한 기도와 복음 전파의 중요한 관계를 깨닫고, 에베소와 골로새 교회에 보내는 글에서 이것을 기록하고 있다.

"모든 기도와 간구로 하되 무시로 성령 안에서 기도하고 이를 위하여 깨어 구하기를 항상 힘쓰며 여러 성도를 위하여 구하고 또 나를 위하여 구할 것은 내게 말씀을 주사 나로 입을 벌려 복음의 비밀을 담대히 알리게 하옵소서 할 것이니 이 일을 위하여 내가 쇠사슬에 매인 사신이 된 것은 나로 이 일에 당연히 할 말을 담대히 하게 하려 하심이니라"(엡 6:18-20).

"기도를 항상 힘쓰고 기도에 감사함으로 깨어 있으라 또한 우리를 위하여 기도하되 하나님이 전도할 문을 우리에게 열어주사 그리스도의 비밀을 말하게 하시기를 구하라 내가 이것을 인하여 매임을 당하였노라 그리하면 내가 마땅히 할 말로써 이 비밀을 나타내리라"(골 4:2-4).

위 두 구절을 합쳐보면 효과적인 전도와 관련된 기도의 세 가지 질문에 대한 해답을 발견할 수 있다. 어떻게 기도할 것인가, 무엇을 기도할 것인가 그리고 누구를 위해 기도할 것인가?

1) 어떻게 기도할 것인가?

첫째, 기도하는 데 혼신을 다해야 한다(골 4:2). 남을 위해 기도할 때 인내하고 마음을 놓지 않아야 한다. 둘째, "무시로 성령 안에서"(엡 6:18) 기도해야 한다. 반드시 고백하지 않은 죄나 불순한 동기가 우리 마음속에 없어야 한다. 셋째, 바울은 위 두 구절에서 기도할 때는 깨어서 기도하라고 말한다. 기도가 너무 길어지면 기도의 힘이 바닥난다. 넷째, "감사함으로"(골 4:2) 기도해야 한다. 이것은 하나님이 우리 삶과 우리가 기도하고 있는 사람들의 삶 속에서 역사하고 계시다는 것을 믿는 바람직한 태도다.

2) 무엇을 위해 기도할 것인가?

첫째, 말씀의 문이 열리도록, 즉 복음을 나눌 수 있는 좋은 기회를 위해 기도해야 한다. 둘째, 입을 열어달라고 기도함으로써 성령이 예비하신 기회들을 잘 활용하도록 해야 한다(엡 6:19). 셋째, 우리가 복음을 분명하게 제시할 수 있도록 기도해야 한다(골 4:4). 넷째, 복음의 비밀을 선포할 때 담대함을 달라고 기도해야 한다(엡 6:19-20). 이 담대함은 뻔뻔함이나 무감각과 같지 않다. 이것은 기회가 찾아왔을 때 당황함이 없이 자유스럽고 개방된 마음으로 말을 하는 것이다.

3) 누구를 위해 기도할 것인가?

골로새서 4장 3절에서 바울은 "또한 우리를 위하여 기도하되"라고 말하고 있다. 관계 전도의 최전방에 서 있는 신자들은 서로를 위해 기도할 필요가 있다. 그리고 하나님이 우리에게 맡겨주신 외인들을 위해서도 구체적으로 기도할 필요가 있다.

기도는 모든 효과적인 전도의 전주곡이다. 하나님에 대해 사람들에게 말하기 전에 우리는 반드시 하나님께 그 사람들에 대해 먼저 말해야 한다고 했던 무디(Dwight L. Moody)의 말처럼, 경작의 과정은 우리들의 무릎에서 시작된다.

일부 그리스도인들은 불신자들은 우리의 적이라는 생각을 하면서, '우리 대 그들' 이라는 사고 방식을 발전시켰다. 그러나 불신자들은 적이 아니다. 그들은 다른 적의 희생자일 뿐이다.

"만일 우리 복음이 가리웠으면 망하는 자들에게 가리운 것이라 그 중에 이 세상 신이 믿지 아니하는 자들의 마음을 혼미케 하여 그리스도의 영광의 복음의 광채가 비취지 못하게 함이니 그리스도는 하나님의 형상이니라" (고후 4:3-4).

"너희의 허물과 죄로 죽었던 너희를 살리셨도다" (엡 2:1).

"거역하는 자를 온유함으로 징계할지니 혹 하나님이 저희에게 회개함을 주사 진리를 알게 하실까 하며 저희로 깨어 마귀의 올무에서 벗어나 하나님께 사로잡힌 바 되어 그 뜻을 좇게 하실까 함이라" (딤후 2:25-26).

이 구절들에 따르면, 그리스도 없는 사람들은 영적으로 장님이며, 영적으로 죽었고, 사탄의 포로인 상태다. 그러나 그들을 함부로 대하거나, 벌레 보듯 피한다거나, 그들을 정죄함으로 생겨나는 잘못된 반응을 피해야 한다. 정작 우리 자신들을 판단하고 충고해야 할 때, 우리는 세상 사람들을 판단하고 충고하는 경향이 있다.

불신자들은 복음을 이해하고 그에 대해 반응하는 데 어려움이 있다는 사실을 깨닫는 것이 중요하다. 열매는 뿌리에서부터 나온다. 아직 변화가 안 된 사람에게서 완전히 변화된 행동을 기대하는 것은 무리다. 마지막으로, 그들의 영적인 상태를 보면서 우리 또한 과거에 똑같은 입장에 있었던 사람이었다는 것을 생각해보아야 한다.

## 전도의 환경

시각적이고 언어적인 도구는 전도의 효과적인 수단이다. 그러나 개인적인 접촉보다 더 강력한 것은 없다. 보이지 않는 하나님의 보이는 표현이 되신 그리스도는 영생하시는 하나님의 마음과 성품 그리고 그분의 존재를 개인 계시라는 가장 분명한 방법으로 드러내기 위해 오셨다. 그리고 그분은 자신의 삶을 세상에 개인적으로 증거하는 일에 교회를 부르셨다. 그러므로 우리는 모든 사람들이 알고 읽는 그리스도의 편지다

(고후 3:2-3). 우리는 세상 사람들이 절대적으로 들어야 할 소식의 전달자이며, 이 소식은 우리의 입술뿐 아니라 우리의 삶으로도 반드시 증거해야 한다. 우리의 말은 우리 인격과 우리가 하는 사랑의 진실함, 사람들의 섬김 그리고 그리스도인 공동체 내 상호 간의 사랑의 정도로 입증된다.

예수님을 모르는 우리의 친구들도 그들이 누구든 간에 자신들이 우리에게 중요한 존재라는 사실을 알아야 한다. 왜냐하면 그들은 우리가 같이 믿고 싶어하는 따뜻한 지체들이기 때문이다. 그런 우리의 바람은 우리의 말, 태도 그리고 행동으로 나타난다. 우리의 말과 행동이 맞지 않으면, 우리가 아무리 목청 높여 말한다 해도 다른 사람들은 우리가 하는 말을 듣지 않을 것이다. 사람들은 우리의 역할이 무엇인가를 보는 것이 아니라 우리의 진실을 보고 있다.

골로새서 4장 5-6절은 우리의 말과 우리의 행동이라는 두 가지 문제에 대한 균형을 정확하게 맞추고 있다. 〈표 33.1〉

| 지혜롭게 행함 | 은혜롭게 말함 |
|---|---|
| 골로새서 4장 5절 | 골로새서 4장 6절 |
| 전도할 기회를 만들기 위해서 외인들에게 지혜롭게 행동하라 | 소금으로 맛을 내듯, 당신의 말에 항상 은혜가 머물게 하라 |
| 관계 | 전도 |

〈표 33.1〉

비행기의 두 날개처럼 말과 행동은 반드시 조화와 균형이 있어야 한다. 우리는 행동이 전혀 없는 말이나 말이 없는 전적인 행동 위주의 양극단을 삼가해야 한다. 전자는 우정이 배제된 전도이고, 후자는 전도가 없는 우정에 해당한다.

골로새서 4장 5절과 에베소서 5장 15-16절은 둘 다 주님이 우리 길에 예비하신 카이론 (kairon : 시간, 기회)을 잘 활용할 수 있도록 지혜롭게 행하라고 말한다. 우리는 평생 말씀을 전할 기회에 소망을 두고 깨어 있도록 부르심을 받았다. 우리는 이런 기회들을 볼 수 있는 안목과 그것을 행할 수 있는 훈련된 의지가 필요하다. 이것은 우리의 외적인 시간을 통제하는 내적인 시간의 문제다. 그 반대의 문제가 아니다.

우리들 대부분은 우리가 아는 것보다 훨씬 더 많은 사역의 기회들을 가지고 있다. 하나님은 탁월하게 네 가지 영역에서 우리에게 관계의 네트워크를 주셨다.

1. 가족 - 생물학적 네트워크
2. 친구들 - 사회적 네트워크
3. 직장 동료들 - 직업적 네트워크
4. 이웃들 - 지역적 네트워크

우리는 각각의 영역에서 우연한 만남부터 친밀한 친구 사이에 이르기까지 각기 가까운 정도가 다른 관계들을 접하고 있다. 각 네 가지 네크워크에 있는 사람들을 생각해보고, 하나님이 그분의 뜻을 위해 당신에게 어떤 관계를 개발시켜야 할 것인가에 대해 말씀하시도록 그분의 가르침을 구하는 기도를 하는 것은 도움이 된다. 주님이 당신에게 사랑하고 섬겨야 할 사람들을 보여주실 때, 그 사람들과 함께할 수 있는 공통의 관심사(예: 운동, 육아, 소풍, 오락, 예술, 동호회, 음식, 여행)가 무엇인지 창조적으로 생각하라. 그 다음에는 당신이 기도하고 있는 불신자들과 함께할 수 있는 활동들에 대해 시간 계획을 세워야 한다.

사람들은 당신이 제출해야 할 숙제가 아니라는 사실을 기억하라. 그들의 구원을 소망하고 그것을 위해 기도하는 것은 좋은 일이다. 그러나 그 일의 결과가 결코 당신의 개인적인 목표가 되어서는 안 된다. 사람을 구원하는 일이 당신의 개인적인 목표로 전락하면 그들과 맺는 관계는 당신의 목적을 위한 수단이 되고, 결국 부정적인 결과를 초래할 것이다. 당신의 역할은 그들을 조건 없이 사랑하고 섬기는 것이며, 그 결과는 하나님께 맡겨야 한다.

당신이 누구와 어떤 사소한 이야기를 하다가 영적인 주제들로 바뀔 때는 상투적인 말이나 신학적인 어려운 말은 피하라. 그리고 너무 강압적이거나 논쟁적이 되지 않는 민감함을 유지해야 한다. "온유와 두려움"(벧전 3:15)을 가지고 외인들을 대하라. 그리고 자유스러운 토론을 방해하기보다는 고무시킬 수 있는 반응을 보이도록 한다.

전반부에 이야기했던 영성의 스펙트럼을 다시 생각해볼 때, 왼쪽 스펙트럼(-10에서 -1까지)처럼 사람에게 적합한 다양한 전도의 방법들이 많이 있다. 일대일 방식, 공개 포럼(가정에서 열리는 토론 마당), 소그룹 전도 방식, 개인이나 그룹으로 진행되는 탐험적인 성경 공부 그리고 특별 전도행사 등이 그러한 방법들이다. 하나님이 주신 영향력 안에서 보다 능률적인 전도를 할 수 있도록 준비시키고 격려하는 자료들 중에 특히 유용한 것들이 있다.

「Search Ministries' Beginnings, Foundations, Questions, Connexions」, 「The Search Open Forum workbooks」, 「Heart for the Harvest seminar」

조셉 알드리치(Joseph Aldrich), 「생활 전도(Life-Style Evangelism)」, 「Gentle Persuasion」

조지 바나(George Barna), 「Evangelism That Works」

마이클 코코리스(Michael Cocoris), 「Evangelism: A Biblical Approach」

라이먼 콜먼, 피터 멘코니, 리처드 피스(Lyman Coleman, Peter Menconi, Richard Peace), 「Support Group Series」

로버트 콜먼(Robert E. Coleman), 「주님의 전도 계획(The Master's Way of Personal Evangelism)」

팀 다운스(Tim Downs), 「Finding Common Ground」

레이턴 포드(Leighton Ford), 「The Power of Story」

마이클 그린(Michael Green), 「Evangelism Now and Then」

조엘 헤크(Joel D. Heck), ed., 「The Art of Sharing Your Faith」

하워드 헨드릭스(Howard G. Hendricks), 「Say It with Love」

로베르타 헤스테네스(Roberta Hestenes), 「Using the Bible in Groups」

빌 하이벨스, 마크 미텔버그(Bill Hybels, Mark Mittelberg), 「예수를 전염시키는 사람들(Becoming a Contagious Christian)」

밥 잭스, 베티 잭스, 론 웜서(Bob Jacks, Betty Jacks, Ron Wormser Sr.), 「Your Home a Lighthouse」

제임스 케네디(James Kennedy), 「Evangelism Explosion」

폴 리틀(Paul Little), 「How to Give Away Your Faith」

마크 맥클로스키(Mark McCloskey), 「Tell It Often-Tell It Well」

아서 맥피(Arthur G. McPhee), 「Friendship Evangelism」

J. I. 패커(J. I. Packer), 「Evangelism and the Sovereignty of God」

아치 패리쉬, 존 패리쉬(Archie Parish, John Parish), 「Best Friends」

리처드 피스(Richard Peace), 「Small Group Evangelism」

짐 피터슨(Jim Peterson), 「Living Proof」, 「Evangelism as a Lifestyle」

레베카 M. 피퍼트(Rebecca Manley Pippert), 「Out of the Salt Shaker and into the World」

매튜 프린스(Matthew Prince), 「Winning through Caring」

론 랜드(Ron Rand), 「Won by One」

리 스트로벨(Lee Strobel), 「Inside the Mind of Unchurched Harry and Mary」

도슨 트로트먼(Dawson Trotman), 「Born to Reproduce」

제리 와일스(Jerry Wiles), 「How to Win Others to Christ」

우리 주님은 전도의 필요가 급박하고 그 상급은 영원하다고 가르치신다.

"너희가 넉 달이 지나야 추수할 때가 이르겠다 하지 아니하느냐 내가 너희에게 이르노니 눈을 들어 밭을 보라 희어져 추수하게 되었도다 거두는 자가 이미 삯도 받고 영생에 이르는 열매를 모으나니 이는 뿌리는 자와 거두는 자가 함께 즐거워하게 하려 함이니라"(요 4:35-36).

"이에 제자들에게 이르시되 추수할 것은 많되 일꾼은 적으니 그러므로 추수하는 주인에게 청하여 추수할 일꾼들을 보내어주소서 하라 하시니라"(마 9:37-38).

예수님은 자신의 지상 사역을 전도로 채우셨다. 그분은 제자들을 사람 낚는 어부로 부르심으로(마 4:19) 그분의 사역을 시작해서, 세상에서 제자들에게 주님의 증인이 되라는 사명을 맡기심으로(행 1:8) 자신의 사역을 마치셨다.

우리가 영원의 관점을 개발해나가고, 전도의 과정에 참여하며, 하나님의 능력을 의지하고 그리고 하나님께 그 결과를 맡겨드릴 때, 살아계신 하나님의 영원한 목적의 한 부분을 감당하는 기쁨을 누리게 될 것이다.

## 적용을 위한 질문

- 신자들에게 있는 장벽들 가운데 당신의 삶 속에서 가장 어려운 것은 무엇인가? 그 장벽을 넘기 위해서 당신이 해야 할 일은 무엇인가?

- 선포형, 조우형 그리고 관계형 전도 방식 중 당신이 경험했던 방법은 무엇인가?

- 불신자들과 사심 없는 인간관계를 만들어가는 것이 당신에게 어느 정도 편안하게 느껴지는가?

- 열두 가지 기본 질문에 대해 어느 정도 답할 수 있는가? 만약 그 가운데 몇 가지에 대해 자신이 없다면, 이 장에 소개된 자료들 중 일부를 참고하는 것이 좋다.

- 당신의 영향력 안에 있는 불신자들을 위해 당신은 얼마나 구체적으로 그리고 꾸준히 중보 기도를 하고 있는가?

# 제12부 CORPORATE SPIRITUALITY
# 공동체적 영성

● 격려 ● 책임 ● 예배

우리는 개인적으로 믿음을 가졌지만, 우리는 공동체 안에서 자란다. 이 장은 공동체의 필요, 공동체에 대한 도전과 공동체의 창조자들, 교회의 속성과 목적, 영혼 돌보기, 종의 지도력, 책임 의식 그리고 갱신을 다루고 있다.

제12부 _ **공동체적 영성** CORPORATE SPIRITUALITY

**34**

# 공동체의 필요

| 이 장의 개관 | 공동체적 영성은 영적인 건강과 성숙에 절대적으로 필요한 요소로서, 성령 안에서 함께하는 삶의 역동성에 집중한다. 영적 형성은 개인적 그리고 공동체적인 측면 둘 다를 포함한다. 그리고 말씀은 공동체에 대한 강력한 기반을 제공한다. 사역은 경건과 공동체 모두를 타고 흘러야 한다. 그러나 문화 속에 있는 공동체는 많은 도전을 안고 있다. |
|---|---|
| 이 장의 목표 | • 영적 형성의 공동체적 측면에 대한 깊은 이해<br>• 영적 여정중의 홀로 있음과 공동체 그리고 사역에 대한 더 나은 깨달음<br>• 문화 속에 내재하는 공동체에 대한 위협들과 영적인 삶의 공동체적 측면을 세워나가는 방법에 대한 이해 |

우리는 하나님의 형상을 따라 창조되었기 때문에 공동체 안에서 가장 잘 번영할 수 있는 관계적인 존재들이다. 공동체적 영성은 영적인 강건함과 성숙에 필요한 절대적인 요소로, 성령 안에서 함께하는 공동체적인 삶의 역동성에 집중되어 있다. 그러나 공동체적 영성은 또한 이러한 과정의 어려움과 그것을 방해하는 많은 요인들도 안고 있다.

서구 세계에서 공동체는 쇠퇴해왔다. 그리고 몇 가지 당면한 문제들로 그 존재는 도전을 받고 있다. 우리는 늘어가는 익명성과 자기 결정권을 추구하는 현상을 보아왔다. 우리 문화는 자립, 자기 보호, 통제, 사유화, 책임의 회피, 피상적인 인간관계 그리고 자기 소외에 대한 의문들을 그 특징으로 갖고 있다. 사람들은 유례없이 바쁘고, 그 어느 때보다 더 외로워보인다. 이것은 케네스 J. 저겐(Kenneth J. Gergen)의 「포화된 자아(The Saturated Self)」와 로버트 푸트남(Robert Putnam)의 「혼자 치는 볼링(Bowling Alone)」에 소개돼 있다. 기술, 기동성, 대중매체, 오락, 기분 전환, 여행, 정보의 홍수 그리고 무상함 등 이 모든 것 때문에 사회적인 불안감과 사람 사이의 긴장감의 무게는 가중되고 있다. 시간을 절약하는 발명품들은 우리의 삶을 분주하게 하고 스트레스로 가득하게 한다. 바쁜 일과 목표 달성에 중독된 우리는 내면의 부름보다 외적인 부름에 따라 움직인다. 그러나 이러한 개인주의에 대한 문화적 강조는 제도와 전통 그리고 권위에 대한 증가하는 불신으로 저지를 당하고 있다.

우리는 과거로 돌아갈 수 없다. 그러나 우리는 수단이 아닌 목표로서 인간관계를 어떻게 소중히 가꿀 수 있는지 배울 수는 있다. 그리고 시대를 초월한 헌신에 대한 성경적인 비전과 우리를 보다 인간답게, 그러면서도 문화에는 좀 더 적게 영향을 받도록 도와주는 공동체에 대하여 재조명할 수 있다.

## 개인과 공동체

우리는 모두 개인적으로 믿음을 갖는다. 그러나 우리는 공동체에서 성장한다. 예수님의 삶은 고독과 개인주의가 아니라 나누는 삶이요 집합적인 삶이셨다. 우리가 그리스도 앞에 섰을 때, 우리는 행한 일에 따라 개인적으로 심판을 받는다(고후 5:10, 롬 14:12). 그러나 우리는 주님과 그리고 이웃들과 함께할 영원한 삶을 신앙 공동체를 통해서 준비해야 한다.

복음주의자들은 스펙트럼의 개인주의적 영역을 강조하고, 반면에 자유주의자들은 공동체적 영역을 강조하는 경향이 있다. 신학적 우파의 최대 관심은 하나님 앞에서 의롭게 되는 것과 사후 생애에 대한 소망이다. 신학적 좌파에서 강조하는 것은 사회 정의와 현재 환경의 적합성의 문제다. 우파는 복음이 사유화될 수 있고, 사회와는 무관하다고 하는 위험이 있다. 좌파는 복음이 사회 윤리로 축소되고, 일체주의와 다원주의를 낳을 위험이 있다.

성경의 모든 충고는 개인과 집단 사이의 균형을 이룰 보다 나은 방법을 제시하고 있다. 그것은 하나님 나라가 바로 이 시간에 존재한다는 복된 소식을 확인하는 것이다. 죄의 용서와 천국 소망은 우리에게 오늘을 주님과 같이 동행하며, 매일 매일의 수고와 사건들로 이루어진 일상이라는 환경 속에서도 그분으로 인한 우리의 삶을 구현하는 자유를 준다. 예수님과 맺는 이러한 현재적인 관계는 기회와 요구 그리고 삶을 개방해야 하는 도전에 대해 우리를 깨어 있게 만들어준다. 영적인 삶은 개인적이면서도 사회적이다. 그것은 하나님(초월적)께 의지하면서도 세상(내재적)에서는 적극적으로 사는 삶이다. 그것은 또한 개인적인 거룩함이 사회적인 거룩함과 혼인하는 것이며, 예수님께 드린 헌신이 이웃들을 향한 봉사로 녹아지는 것이다.

## 공동체에 대한 성경적 근거

성경은 커다란 우주의 이야기라는 점에서 구원은 끝이 아니며 하나님, 우리 자신, 이웃 그리고 죄로 인한 비극으로 초래된 인간성과 멀어진 관계를 극복할 수 있는 필요한 수단이다. 하나님과 절교하고 죄된 상태에 있던 인간들이 죄를 극복할 수 있도록 하나님은 구원이라는 희생적인 선물을 주시는 관계적인 존재이시다. 그 일 때문에 우리는 형벌받을 이방인의 자리에서 벗어나 사랑받는 자녀로서 그분과 맺은 관계를 누릴 수 있게 되었다. 이 책 전반부에서 우리가 하나님을 부를 때의 신비는 공동체적인 존재시라는 사실을 살펴보았다. 사랑하는 자, 사랑받는 자 그리고 사랑 등이 그분의 호칭들이며 공동체적인 존재는 그들 사이에 계신다. 하나인 동시에 다수이신 분, 다양성 속의 일치, 하나 속에 셋이라는 이러한 삼위일체적인 계시는 오직 성경에만 존재한다. 해석상 구약은 신약에 나타난 세 인격의 하나님에 대한 풍부한 표현들을 가지고 있다. 그래서 사람들은 "신약에 구약이 계시되어 있으며, 구약에는 신약이 계시되어 있다"고 말한다. 하나님의 인격을 구분하는 다른 많은 구절들(예 : 시편 110편 1절에서 야훼와 아도나이, 다니엘 7장 9-14절의 옛적부터 항상 계신 이와 인자)뿐만 아니라 복수 대명사(창세기 1장 26절의 "우리의 형상을 따라 우리의 모양대로 우리가 사람을 만들고", 창세기 11장 7절의 "자, 우리가 내려가서 거기서 그들의 언어를 혼잡케 하여")의 사용은 하나님이 세 분의 영원하고도 평등한 인격으로 존재하시는 한 본체라는 신약의 신비를 뒷받침한다.

하나님이 그분의 형상과 모양을 따라 우리를 지으셨을 때, 우리는 그분과 그리고 다른 사람들과의 공동체로 만들어졌다. 성경은 언약을 만들고 지키는 분으로서 그러한 하나님에 대한 묘사가 독특하다. 그리스도의 보혈을 통해 새로운 언약의 은혜로 들어갈 때(렘 31:31-33, 눅 22:20), 우리는 하나가 되어서 하나님의 영광을 드러내는 일에 부름을 받은 새로운 공동체의 일원이 된다(요 17:22-26). 두 가지 가장 큰 명령은 하나님을 사랑하고 이웃을 사랑하라는 것이다(막 12:30-31). 하나님을 사랑하는 가장 분명한 표현은 이웃에 대한 우리의 사랑이다(요일 4:7, 11, 20-21). 실제로 주님은 우리에게 "너희가 나를 사랑하면 내가 사랑하는 사람들을 너희도 사랑하느니라"고 말씀하셨다.

인간 타락(창 3장)의 비참한 결과는 하나님, 우리 자신들, 다른 이들 그리고 자연의 네 가지 차원에서 일어난 소외다. 각 차원에서 그리스도인들을 위한 중대한 치유가 일어났다. 그러나 우리의 몸과 태초의 질서가 회복될 때까지 치유는 끝나지 않았다(롬 8:19-23). 이 두 가지, 곧 '지금' 그러나 '아직' 이라는 긴장 속에서, 그리스도 안에서 새로워진 우리들은 이미 새로운 피조물이 되었다(고후 5:17). 하나님의 구원 계획은 모든 차원, 즉 하나님, 우리 자신, 이웃들 그리고 창조에서의 관계를 회복하는 것이다. 그렇게 함으로써 우리는 삼위일체 하나님의 샬롬(평화, 사랑, 하나 됨, 조화)을 경험하고 나타낼 수 있다. 존 D. 지지우라스(John D. Zizioulas)가 「연합된 존재(Being as Communion)」에서 말했듯이, 우리는 생물학적인 실재(내용 또는 본질)

에서 교회적인 존재의 실재로 변화되었다. 우리는 거듭남으로 더 이상 자연적인 존재가 아니다. 우리는 하나님과 믿음의 공동체 안에서 그리스도가 주신 생명의 자유를 가진 존재다.

## 극단을 수용하기

상대적으로 구약은 신약에 비해 공동체적인 삶에 대해 더 많은 강조를 하고 있다. 반면 신약은 공동체적인 삶의 사회적 측면과 더불어 개인적 측면을 더욱 충분히 묘사한다. 그러나 신구약 모두는 개인적 그리고 공동체적인 삶의 뗄 수 없는 관계와 더불어 두 가지 모두를 긍정한다. 예수님의 임재와 역사를 통해 깨닫는 개인적인 삶의 내적, 외적 변화는 곧 다른 이들과의 화해와 새롭게 맺어지는 인간관계를 의미한다. 영성은 홀로 자라는 것이 아니라는 점에서 제자도의 공동체적인 훈련 과정은 개인적인 제자도를 가르치고 보완한다. 그럼에도 불구하고 개인주의와 제도주의의 극단에 끌리는 자연적인 경향이 있다는 것은 불행한 일이다. 개인주의적 극단은 공동체적인 삶의 가치를 최소화시킨다. 한편 제도주의의 극단은 제도가 제공하는 편의 속에 자신을 잃게 만든다.

이러한 문제의 두 극단을 피하는 가장 좋은 방법은 개인과 공동체 사이에 존재하는 이 긴장을 포용하는 것이다. 디트리히 본회퍼(Dietrich Bonhoeffer)는 「신도의 공동생활(Life Together)」이라는 책에서 이것을 잘 보여준다.

홀로 있을 수 없는 사람에게는 공동체에 대해 주의를 시켜야 한다. 그는 반드시 자신과 공동체에 상처를 줄 것이다. 하나님이 당신을 부르셨을 때 당신은 그분 앞에 홀로 서 있었고, 부르심에 홀로 응답해야 했으며, 홀로 고민하고 기도해야 했고 그리고 당신은 홀로 죽을 것이며 하나님 앞에 변론할 것이다. 당신은 당신으로부터 도망칠 수 없다. 하나님이 당신을 혼자 살도록 만드셨기 때문이다. 당신이 홀로이기를 거부하는 것은 그리스도의 부르심을 거부하는 것이다. 그리고 당신은 부르심을 받은 사람들의 공동체의 한 부분이 될 수 없다. … 공동체에 속하지 않은 사람에게는 홀로 되는 것에 대해 주의를 시켜야 한다. 당신이 공동체에서 부름받았을 때 그것은 당신 혼자만을 의미하는 것이 아니다. 공동체에서 당신의 십자가를 지라고 부름받았을 때 당신은 고민하고 기도한다. 당신은 혼자가 아니다. 비단, 죽음에서뿐만이 아니다. 그리고 마지막 날에 당신은 그리스도의 거대한 회중들 중 유일한 한 사람이 될 것이다. 만약 당신이 형제들과의 교제를 혐오한다면, 당신은 예수 그리스도의 부르심을 거역하는 것이고 그리고 당신의 홀로 됨은 당신을 해칠 수 있다.

우리가 홀로 있음과 공동체의 극단을 받아들일 때, 하나님과의 개인적인 동행이 다른 사람과의 연합으로 풍성해진다는 사실과, 다양함 중에서도 일치되고 많음 중에서도 하나가 되는 삶이 삼위일체의 삶을 반영한다는 사실을 우리는 발견할 수 있다.

### 홀로 있음, 공동체, 사역

"홀로 있음에서 공동체와 사역으로의 이동"이라는 시리즈에서 헨리 나우웬(Henri Nouwen)은 주님의 삶 속에 있었던 이러한 세 가지 훈련의 조합을 보여주기 위해 누가복음 6장 12-19절을 이용한다. 예수님은 하나님과 함께 홀로 되는 데 밤 시간을 사용하셨다. 그리고 아침에는 주위의 제자들을 불러 모아 공동체를 이루셨다. 그리고 오후에는 그분의 말씀을 듣기 위해 온 사람들의 육신적, 영적인 필요를 채우심으로써 제자들을 가르치셨다. 같은 방법으로 우리도 안에서 밖으로, 즉 그리스도에 대한 헌신(홀로 있음)이 공동체에 대한 헌신, 복음에 대한 헌신(사역)으로 옮겨가는 순서를 본받아야 한다. 공동체는 고독(하나님과의 친밀성)을 신자와 불신자들을 위한 사역으로 연결시키는 다리다.

**그리스도와 십자가를 위한 헌신(고독)** 포괄적 영성에 대한 토론에서 보았듯이, 우리가 그리스도를 중심으로 살아갈 때 삶의 각 요소들(예: 가족, 직장, 재정, 친구)은 자기 자리를 찾는다. 교환된 삶의 영성을 이야기할 때, 우리가 아버지께 사랑받는 존재요 그리고 아들의 삶에 동참하는 참여자라는 정체성을 갖는 것이 우리를 안정되게 하고 중요한 존재라는 인식을 주는 것을 보았다. 경건의 영성 부분에서는, 하나님과의 내적인 친밀감이 우리의 외적인 행동에 힘을 부어주는 것을 보았다. 훈련된 영성은 우리가 주님과의 친밀감을 개발하는 방법에 집중되어 있다. 그리고 과정 영성은 우리의 행동이 우리의 존재의 지배를 받게 함으로써 현재의 소중함에 대해 깨어 있어야 함을 강조한다. 관계적 영성은 자신을 바르게 사랑하고 다른 사람을 긍휼히 여김으로써 사랑할 수 있는 열쇠가 바로 하나님을 사랑하는 것이라는 사실을 강조한다. 성령 충만의 영성과 전투의 영성은, 우리가 세상, 육체 그리고 악에 대하여 성령의 무기를 가지고 전쟁을 하고 있으며, 성령은 우리의 승리하는 삶에 능력을 공급하신다는 사실을 상기시킨다. 양육의 영성은 그리스도를 모신 우리의 내적인 삶이 외적인 전도 사역과 교육에 나타나도록 한다. 동기화된 영성은 하나님이 중요하다고 말씀하시는 것들에 대해 신속히 대처하도록 우리를 격려한다. 그리고 패러다임 영성은 영원한 것을 얻기 위해 순간적인 것들에 투자하는 것을 말해준다.

이러한 영성의 각 국면은 그리스도와 그분과의 동행이 중심이다. 우리가 그분을 알아가고 그분의 것을 얻기 위해 우리 삶을 희생하는 십자가를 질 때, 우리는 하나님을 귀히 여기는 법을 배우게 된다. 그분과의 개인적인 만남과 증가되는 경이감, 신뢰감, 경외감 그리고 하나님의 사랑과 그리스도 안에서 우리를 받아 주시는 용납을 통해서 우리는 하나님이 우리 안에 계신 그분의 성령을 통해 하나님 자신을 기뻐하시게 할 수 있다.

**공동체를 위한 헌신**   신자들이 주님과의 친밀감 있는 고독을 통해 성장할 때, 공동체적인 삶에 대한 수용 능력 또한 증가한다. 그리스도 안에 있는 참된 공동체는 외롭고 소외된 개인들의 집합이 아니다. 주님의 공동체는 자신들이 주님 안에서 용납받고 사랑받는 것을 알고 있는 사람들이 모여 이루는 상호 작용의 결과다. 하나님은 우리를 널리 퍼져 사는 그리스도인이 되라고도, 또는 수도승 집단이 되라고도 부르시지 않았다. 대신 그리스도를 머리로 모시고 남을 위해 사는 사람들의 살아 있는 유기체가 되라고 하셨다. 참된 개인의 고독과 공동체는 하나님 그리고 사람을 사랑하는 씨실과 날실처럼 창조적인 상호 역할을 통해 서로를 향상시킨다.

그리스도의 몸 안에서 이렇게 합력하는 삶은 선택 사항이 아니다. 비록 공동체가 쉽지는 않더라도, 우리에게 그것이 없다면 우리는 더욱 영적으로 빈곤하게 된다. 그러나 공동체는 그 결점보다는 유익이 훨씬 크다. 무엇보다도 공동체는 다음 사항들의 기반을 제공한다.

- 관계의 향상과 헌신
- 신뢰, 사랑, 용납
- 그리스도를 경외하는 데서 나오는 상호 순종
- 격려와 책임감
- 용서와 십자가 아래서의 상호 고백
- 육신적, 정신적, 영적 치유
- 말씀, 묵상 그리고 기도의 삶을 통한 영적인 공급
- 집합적인 부르심과 목표에 참여
- 영적인 삶의 본질적 표현으로서 이웃에 대한 사랑
- 사역과 봉사
- 하나 됨과 다양성의 표현
- 영적 훈련의 안내와 지지

- 육체적, 정서적, 재정적 필요에 대한 지원
- 성장과 변화의 환경
- 서로의 은사에 대한 축복
- 남을 위한 존재

그리스도와 함께하는 개인의 삶은 그리스도 안에 있는 공동체적인 삶을 후원하고 또한 그것에 의해 공급을 받아야 한다. 우리 각자는 후퇴와 전진, 친밀함과 행동, 남을 섬기고 섬김받는 것 그리고 개인의 성장과 서로의 성장 같은 개인적 고독과 공동체의 리듬이 필요하다.

**사역을 위한 헌신** 우리는 사역에 유능한 사람이 되기 위해 부름받았기보다는 그리스도께 헌신한 사람으로 부름받았다. 그러나 그분과의 친밀감(홀로 있음)은 신자들이 함께 모여 서로를 섬기고 돌보는 성도와의 결합 속에서 표현되고 풍성해진다. 신자들의 몸을 세우는 사역(교육)과 외인들을 위한 사역(전도)은 하나님(홀로 있음)과 다른 이들(공동체)과의 상호 연계에서 비롯되어야 한다. 하나님께 대한 헌신(롬 12:1-2)은 그분의 목적에 대한 헌신(롬 12:3-8)과 하나님의 사람들에 대한 헌신(롬 12:9-12)으로 나타난다. 외적인 사역들이 개인과 단체의 친밀감을 결정하는 것은 아니지만, 하나님과 사람들의 친밀감에 그 근본을 두어야 한다. 우리는 하나님의 용납과 용서 그리고 사랑을 경험했기 때문에 고통당하고 있는 사람들을 위한 이러한 은혜를 생각해볼 수 있다. 믿음의 공동체가 하는 양육과 더불어 그리스도 앞에 드리는 깨어짐과 회개 그리고 순종은 신자들과 불신자들을 위한 우리의 사역에서 열매를 맺도록 우리를 준비시켜준다.

## 공동체에 대한 도전

교회는 늘 속이는 사람들, 조종자들, 반대자들 그리고 파당짓는 사람들로 시달려왔다. 그리스도의 몸에 이러한 혼란을 일으키는 사람들은 우리 모두가 답습할 수 있는 육신의 습관을 보여준다. 설상가상으로 그러한 사람들은 자신들이 주고 있는 공동의 상처를 깨닫지 못한다. 왜냐하면 그룹의 최고 관심 사항들에 대해 배려하는 듯한 영적인 겉치레로 자신들의 기만적인 행동들을 정당화하는 것이 쉽기 때문이다.

고린도 교회에는 분파, 교만, 비교, 음란, 경쟁, 시기, 비난, 부도덕, 고소, 우상 숭배, 불평, 이기주의 그리고 교리적인 오류로써 공동체를 죽이고 있는 사람들이 있었다. 우리가 계산하고, 조종하고, 비교하고, 경쟁할 때, 이것은 그리스도와 다른 이들의 이익을 구하기보다 우리 자신과 우리의 이익을 정당화하고 있는 것이다. 하나 된 마음과 사랑, 생각 그리고 하나 된 목표를 추구하라는 호소에서 바울은 "아무 일에든지 다툼이나 허영으로 하지 말고 오직 겸손한 마음으로 각각 자기보다 남을 낫게 여기고 각각 자기 일을 돌아볼 뿐더러 또한 각각 다른 사람들의 일을 돌아보아 나의 기쁨을 충만케 하라"는 말로 권면하고 있다(빌 2:3-4). 이것은 오직 우리가 성령 안에서 행하고, 사람들의 불완전한 견해가 아닌 그리스도로부터 나온 우리의 정체성을 붙잡을 때만이 가능하다. 이 책 전반부에서 우리는 사람들의 기대와 판단의 속박에서 자유로워졌을 때 오히려 우리가 그 사람들을 훨씬 더 잘 섬기게 되는 아이러니한 결과가 나온다는 것을 살펴보았다. 그리스도를 기쁘게 하고자 하는 소망은 우리가 그분의 백성을 섬기는 일에 힘을 북돋워준다.

독실하다고 하는 신자들은 어떤 기관을 설립하는 일에 힘을 쓰는 반면, 그리스도 중심의 사람들은 그리스도를 사랑하고 믿는 이들의 몸을 세우는 일에 집중한다. 내 친구는 이것에 대해 이렇게 말한다. 신자들은 만약 네 가지 사항, 즉 많이 내고, 많이 참석하고, 교회 지도자들이 무엇을 원하든지 지지해주는 것과 그리고 개인적인 죄의 목록은 부끄럽지 않을 정도로만 최소화하는 것을 유지한다면 이사회의 의장이 될 수 있다. 만약 그렇게 되지 않았거나 불만족스러우면, 더 이상 참석하지 않고 헌금하는 것을 중단하는 절대권을 행사해버린다.

공동체에 대한 최고의 위협이 자기중심주의라면, 공동체를 세우는 핵심은 타인중심주의다. 지옥은 바로 자기중심주의와 분리주의일 것이다. 왜냐하면 천국은 타인중심주의와 관계적이기 때문이다. 공동체적 영성은 사유화와 지배라는 타락한 본능에 대항하는 일이기에 높은 대가를 요구한다. 그러나 성경은 크나큰 기쁨의 경험은 그것을 이웃과 나눌 때 일어나기 때문에, 상호적 영성은 그럴 만한 가치가 있다고 말한다. 기쁨 자체는 시간이 지나면 금방 사라진다. 영적인 삶은 단순히 한 개인과 하나님 사이의 어떤 일이 아니다. 그것은 사유화되거나 개인화되는 것이 아니라 하나님의 백성들과 공동체 안에서 나누어져야 한다. 그리스도와 우리의 개인적 관계는 우리가 주위 사람들과 관계를 맺는 방식에서 드러나고 표현된다.

내 친구 빌 스미스(Bill Smith)는 현대의 개인주의적 세계관과 보다 성경적인 공동체적 세계관을 비교하였다〈표 34.1〉.

이러한 차이는 또한 신세대와 구세대의 삶의 경향과 전략을 보여주고 있다. 〈표 34.2〉는 래리 크랩(Larry Crabb)의 「인도(Connecting)」에서 인용하였다.

어떤 점에서 신자들은 육신의 힘과 또 그것을 추구하면서 살 수 있고, 또는 성령의 능력과 목적을 위해 살 수도 있다. 이것은 지식뿐만 아니라 의지의 문제다. 오직 우리가 성령의 지배에 순복할 때(엡 5:18) 우리 자신을 넘어 이웃을 고려할 줄 아는 능력 안에 거하게 된다. 이 경우에 우리는 신자들의 집합체인 몸의 건강과 복지에 기여한다.

|  | 현대적 세계관(개인주의적) | 성경적 세계관(공동체적) |
|---|---|---|
| 근간 | 계약적 | 언약적 |
| 자신에 대한 관점 | 독립적 | (사회적, 관계적)상호 의존 |
| 인간관계에 대한 관점 | (계약적)교환관계 | (언약적)공동 생활 |
| 도덕적 규범의 근원 | (스스로 만든)상대적 기준 | (하나님이 제정하신)초월적 기준 |
| 교회 참여의 이유 | 필요의 여부 | 서로 주고받기 |
| 최고의 가치 | 자기 존중 | 사랑 |
| 문제 해결의 방법 | 대화(타협) | 윤리적 방법(회복, 화해) |
| 삶의 목적 | 자기 만족 | 자기 초월(사랑) |
| 용서의 근원 | 자기 용서 | 용서받음 |
| 용서의 우선적인 동기 | 건강(기능적 도움) | 하나님의 영광과 공동체의 조화 |

〈 표 34.1 〉

## 공동체의 창조자들

심리학자 알프레드 애들러(Alfred Adler)는 "마지막에 가서는 우리의 삶에는 문제가 없어도 사회 문제가 남아 있다. 그러한 문제들은 오직 우리가 타인에 대해 관심을 가질 때에만 해결될 수 있다"라고 말했다. 윌리엄 제임스(William James)는 그의 독자들에게, "사람들의 내면의 위대함에 희망을 두라"고 말한다. 그러나 성경은 우리에게 그리스도 안에 있는 새로운 마음이 없이는 그런 일을 완전하게 해낼 수 없다고 가르친다. 아마도 토마스 머튼(Thomas Merton)은 가장 간명하게 인간 상태를 표현하고 있다. "우리는 우리 자신과 화평하지 않기 때문에 다른 사람들과의 사이에도 화평은 없다. 그리고 우리 자신들과 화평하지 않기 때문에, 하나님과도 화평하지 못한다." 그러나 우리는 믿음으로 의롭다 하심을 얻었으므로 우리 주 예수 그리스도로 말미암아 하나님으로 더불어 화평을 누릴 수 있으며(롬 5:1), 이러한 새로운 상태에서 우리는 자신과 그리고 타인들로 더불어 화평하게 지낼 수 있다. 그리스도 안에서의 자발적인 순종과 자기 부인이 주는 위안이 바로 성경적인 공동체의 열쇠다. 우리가 예수님 안에 거하게 되면 어거스틴이 했던 말의 참 뜻을 이해할 수 있다. "주여, 당신의 가장 좋은 종들은 자신들의 소망 위에 당신의 응답을 만들어가는 자들이 아니라, 당신의 응답의 터 위에 자신들의 삶을 지어가는 자들입니다." 그리스도께 우리의 삶을 드리면, 우리는 점차 자기 중심적인 사람에서 남에게 팔을 벌릴 줄 아는 '타인 중심'의 사람으로 변해간다. 여기서 우리는 "이 교회는 나에게 먹여주는 게 없어"라고 말하는 것은 교회를 떠나야 할 만한 좋은 이유가 못 된다는 것을 깨닫는

## 나쁜 충동이 생겨나는 옛 마음 또는 육신

### 개인의 문제들

| | | |
|---|---|---|
| 다른 사람들과의 단절 | 개인의 인생 전략 : 자신에게 도움이 되는 일은 하고 그렇지 않은 일은 하지 않는다. | 나에게 가장 소중한 건 나 자신이야! |
| 다른 사람들과의 단절 | 삶의 문제와 마주칠 때 자신을 보호하는 역동성 | 나 괜찮죠? 같이 할래요? |
| 자신과의 단절 | 거절된 소원 / 정당화된 이기주의 | 내가 할 수 있는 것은 내가 한다! |
| 하나님과의 단절 | 불신 : 그분이 그렇게 좋을 리가 없어! | 하나님으로부터 독립 / 스스로를 의지 |

## 선한 충동이 생겨나는 새 마음 또는 영

### 시련을 통한 성실함

| | | |
|---|---|---|
| 다른사람들과의 연결 | 기본 인생 전략 : 좋은 것은 양보하고, 나쁜 것은 제지한다. | 나에게 가장 소중한 건 하나님이야! |
| 다른 사람들과의 연결 | 우리의 삶을 대할 때 영적인(자기 부인의) 역동성 | 그리스도 안에서 충분해. 나는 주기 위해 여기 있습니다. |
| 자신과의 연결 | 소망의 간직 / 경건한 양심 | 그분을 위해 살기 원합니다. |
| 하나님과의 연결 | 믿음 : 그분은 그렇게 좋으셔! | 삶을 주님께 의지 |

〈표 34.2〉

다. 오히려 우리는 다른 사람들을 먹이는 일을 위해 그러한 공동체에 부름받았기 때문이다.

그리스도 안의 참된 공동체는 존재 그 자체를 위해 생겨나지 않았다. 공동체는 타인 중심의 부산물이다. 그리고 이것은 예수님을 위해 우리 자신의 삶을 드림으로써 다시 찾았던 삶의 부산물이다(마 16:25). 공동체적 영성의 제일 큰 적은 이기주의며, 공동체에 우선하는 기여는 자기 부인으로 일어나는 종의 태도다. 세상은 유명인의 명성을 귀히 여기지만, 말씀은 종들이 귀하다고 말한다. 예수님이 수건과 대야를 가져와 무릎을 꿇고 제자들을 섬기는 종이 되셨을 때(요 13:3-7), 하나님의 나라에서 큰 자는 세상 사람들의 눈에 크게 보이는 자와 같지 않다는 것을 보여주신 것이다. "하나님은 예수님같으신 분이다. 그분께는 예수님같지 않은 부분이 전혀 없다"[마이클 램지(Michael Ramsey)의 요한일서 1장 5절의 인용]. 우리도 하나님처럼 되기 위해서는 그분의 아들의 삶을 반드시 따라야 한다.

우리가 예수님 앞에 회심했다면, 반드시 그분의 십자가 앞에서도 회심해야 한다. 십자가에 대한 회심은 죽음을 포함하여 현재 진행되는 과정이다. 여기서 말하는 죽음은 우리가 아는 대로 육신의 죽음과 편안함과 행복에 대한 요구를 죽이는 것이며, 우리들 자신을 위한 꿈을 죽이고 스스로의 자유와 독립을 죽이는 것이다. 죽음은 부활에 이르는 유일한 길이다. 이러한 어떠한 죽음도 하나님보다 크지 않다. 신약에서 영적인 삶에 대한 십자가적인 관점은 피할 수 있거나 선택할 수 있는 사항이 아니다. 예수님의 제자들이 갈보리의 길을 택하는 것은 하나의 규범이다[프랑소와 페넬론(Francois Fenelon)의 「완전한 그리스도인(Christian Perfection)」, 로이 헤시안(Roy Hessian)의 「갈보리의 길(The Calvary Road)」, 존 화이트(John White)의 「헌신의 대가(The Cost of Commitment)」를 참조하라].

그리스도와 십자가 앞의 회심은 결국 공동체에 대한 회심의 결과를 낳는다. 이것은 주님이 산상 수훈에서 말씀하신 팔복에 분명하게 그려져 있다(마 5:1-12).

1. "심령이 가난한 자는 복이 있나니 천국이 저희 것임이요." - 영적인 가난은 우리가 하나님 앞에서 파산당한 자들이며, 그래서 하나님의 지속적인 은혜가 필요하다는 것을 깨닫는 것이다.
2. "애통하는 자는 복이 있나니 저희가 위로를 받을 것임이요." - 우리 죄가 깊다는 것에 대한 자라나는 깨달음은 통회와 회개로 나아가게 한다.
3. "온유한 자는 복이 있나니 저희가 땅을 기업으로 받을 것임이요." - 하나님 앞에 자신들의 진정한 영적인 상태를 아는 사람들은 자랑할 것이 전혀 없다. 대신에 모든 것을 하나님께 의지하는 철저한 겸손 속에 살아간다.
4. "의에 주리고 목마른 자는 복이 있나니 저희가 배부를 것임이요." - 하나님과 그분의 성품을 본받고자 하는 열정을 가진 사람들은 자신들의 만족이 사람들의 인정이 아닌 하나님의 인정을 구할 때 생기는 부산물이라는 것을 발견한다.
5. "긍휼히 여기는 자는 복이 있나니 저희가 긍휼히 여김을 받을 것임이요." - 과거에나 지금이나 하나님이 우리를 얼마나 긍휼히 대하시는지를 깨달을수록, 우리에게 상처를 주었던 사람들에게 베푸는 긍휼과 은혜는 더욱 커진다.
6. "마음이 청결한 자는 복이 있나니 저희가 하나님을 볼 것임이요." - 마음이 청결한 사람은 무엇보다도 한 가지에 집중하는 사람들이다. 이들은 두 마음이 아닌 한 가지 마음을 품은 사람들이다. 그리고 이중적이 아닌 단순함으로 행하는 삶을 산다.
7. "화평케 하는 자는 복이 있나니 저희가 하나님의 아들이라 일컬음을 받을 것임이요." - 하나님 그리

고 자신들과 화평한 사람들은 다른 사람들과의 관계에서도 화평케 하는 사람들이다.

8. "의를 위하여 핍박을 받은 자는 복이 있나니 천국이 저희 것임이라." - 신자와 외인들에게 최선의 유익을 주고자 진실하게 섬기는 사람들은 거절과 오해 그리고 배신의 위험을 감당한다. 그러나 그들의 눈이 예수님만 바라볼 때, 그들은 고통을 통과하여 그것을 이겨낸다.

팔복을 공동체에 적용하여보라. 우리의 성품이 그리스도를 중심으로 모실 때, 다른 사람들에게 하는 우리의 행동은 겸손, 긍휼, 온유, 성실, 자비, 신뢰, 화해 그리고 보호로 나타난다.

그리스도의 몸은 다양성 속에서 관계적인 일치와 다원화 가운데서 하나 됨을 추구하는 신약의 바탕이다. 다음 장에서 우리는 살아 있는 유기체로서 교회의 속성과 목적을 살펴볼 것이다.

## 적용을 위한 질문

- 당신은 공동체와 가까이 있는가? 아니면 멀리 있는가? 개인과 공동체의 스펙트럼에서 당신은 어디쯤에 있는가? 좀더 균형이 필요한가?

- 공동체의 성경적인 기초는 무엇인가?

- 당신은 요즘 홀로 있음, 공동체 그리고 사역의 세 가지 측면을 어떻게 종합하고 있는가? 당신의 삶에서 이 가운데 가장 강한 측면은 무엇인가? 또 가장 약한 측면은 무엇인가?

- 당신이 그리스도의 몸에 있으면서 경험한 것 중 공동체에 대한 도전은 무엇이었는가?

- 당신의 영적 형성에서 개인주의를 멀리 떨쳐버리기 위해 할 수 있는 일은 무엇인가?

제12부 _ **공동체적 영성** CORPORATE SPIRITUALITY

# 35

# 교회의 속성과 목적

| 이 장의 개관 | 이 장에서는 교회의 속성에 대해 성경적인 입장을 살펴보고 교회의 일곱 가지 목적을 살펴본다. 그것은 공동체적인 사랑과 긍휼, 공동체적 정체성과 목적, 공동체적 양육과 봉사, 공동체적 분별, 공동체적 용서와 화해, 공동체적 권위와 순종 그리고 공동체적 예배와 기도다. |
|---|---|
| 이 장의 목표 | • 영적 형성에 있어서 그리스도의 몸의 속성과 역할에 대한 보다 깊은 이해<br>• 공동체에 대한 성경적인 목적을 보다 확실히 이해 |

영적인 삶은 혼자가 아닌 같은 마음을 가진 공동체의 토양에서 사는 것이다. 그리스도의 몸된 다른 지체들의 격려, 후원, 가르침, 사랑, 위로 그리고 기도가 없이는 우리의 믿음이 자랄 수 없고, 우리 문화와 전혀 상반되는 기독교의 가치도 품을 수 없을 것이다. 야고보서는 "하나님 아버지 앞에서 정결하고 더러움이 없는 경건은" 상호 관계를 고려하지 않는, 개인의 문제가 아니라고 말한다(약 1:26-27). 자라나고 있는 그리스도와의 수직적인 관계는 우리들 삶의 모든 국면에 흘러넘쳐야 하며, 수평적인 관계의 각 국면에도 영향을 끼치는 것을 의미한다. 그리스도인의 성숙은 고립에서 갑자기 생겨나는 것이 아니라, 참여를 통해 자라나 육성되는 것이다.

그럼에도 불구하고 루크 티모시 존슨(Luke Timothy Johnson)의 말을 빌리면, 교회는 '번잡한 은혜' 다. 즐거움 넘치는 존재에서 두려움 넘치는 존재에 이르기까지 교회 안의 다양한 인간의 속성은 아직도 수수께끼다. 성경 공부 그룹이나 교제 그룹에서 지극히 정상적으로 보이는 사람들은 당신이 그들을 '교회' 라고 부르는 순간 변한다. 기대가 올라가고, 조종하려는 사람들이 전면에 나타나며, 개인적인 비평이 난무하게 된다. 그리고 소수의 사람들은 완전히 이상해진다. 그러나 이러한 모든 오류들과 공동체적인 특성이 있음에도 불구하고 여전히 교회의 삶에 참여하는 것은 필요한 훈련이며 은혜다. 특히 독단과 개인주의로 치닫는 오늘날의 문화에서는 더욱 그렇다.

## 교회의 속성

신약의 교회에 대한 은유는 그리스도의 몸(고전 12:27, 엡 5:29-30, 골 1:18), 그리스도의 신부(고후 11:2, 엡 5:23-32, 계 19:7), 성령의 전(고전 3:16-17, 엡 2:19-22, 벧전 2:5), 하나님 가족의 일원(엡 2:19) 그리고 하나님의 소유된 백성(벧전 2:9) 등이다. 이러한 이미지는 교회가 어떤 조직이라기보다는 하나의 유기체에 가깝다는 것을 보여준다. 유기체의 제도적 측면은 유기체의 공동체적이고 관계적인 측면을 섬겨야 하는데도 불구하고 일반적으로 다른 일을 하고 있다. 그것의 주된 이유는 조직은 유기체보다 실체적이고 측정이 가능하며 그리고 조종이 용이하기 때문이다.

신약은 에클레시아(ekklesia), 집회, 회중 또는 공동체의 의미로 교회를 말한다. 스탠리 그렌츠(Stanley J. Grenz)가 「하나님의 비전(Created for Community)」에서 보았듯이 이 단어는 어떤 건물이나 조직보다는 관계성을 가진 사람들을 지칭한다. 사도행전과 서신서들은 많은 장소에도 하나의 교회가 있으며, 교육을 위해 여러 장소에서 만나는 신자들도 그리스도를 머리로 가진 몸의 한 지체라는 것을 가르친다. 교회는 형제와 자매들로 구성된 영적인 가족이다. 그들의 개인적이고 공동체적인 정체성은 그리스도의 사랑에 뿌리를 내리고 있다(엡 3:17). 교회가 가족같이 서로 만날 때, 가르침, 코이노니아(koinonia, 교제), 나눔, 기도(행 2:42), 상호 봉사와 격려(히 10:23-25), 영적 은사의 활용(롬 12장, 고전 12-14장, 엡 4장), 성찬(고전 11:17-30) 그리고 드리는 감사와 예배(엡 5:19-21, 골 3:16)를 통해 서로를 섬긴다.

에베소서 4장 16절은 "온 몸이 각 마디를 통하여 도움을 입음으로 연락하고 상합하여 각 지체의 분량대로 역사"하는 몸이라는 유기체적 이미지를 사용한다. 이러한 유기체적 이미지는 교회가 각각 분리된 개인들의 집합이라기보다는 공동체적 실체임을 보여준다. 따라서 교회가 자라나기 위해서는 기관을 이루고 있는 세포들이 서로 반드시 협력해야 하고, 기관들 또한 조직을 만들기 위해 함께 기능해야 하며, 조직도 두뇌의 명령에 따라 동시에 움직여야 한다. 세포가 몸을 위해 일하듯, 몸 또한 모세혈관을 통해 세포들에게 영양을 공급하고 유지시키는 역할을 한다. 그래서 교회는 역동적이고, 전체가 각 지체를 합한 것보다 더 큰 힘을 내는 상승작용이 있는 공동체다.

다른 이미지를 이용한다면, 교회는 지상에는 존재하지 않는 도시(히 11:10, 16, 계 21:2, 10)의 시민으로서 임시적인 사회를 구성하고 있는 이방인들의 거류지라 할 수 있다. 이들은 바로 그들의 참된 시민권을 천국에 가진 사람들의 가족들이다. 그리고 순례자, 이방인, 망명자(히 11:13, 벧전 2:11)로 머물렀던 지상의 삶은 집, 곧 천국의 본향에 대한 동경으로 특징지어져야 할 것이다. 왜냐하면 만물의 때가 가까이 왔기 때문이다 (벧전 4:7). 이 가족적인 공동체는 넓은 의미로 세상의 소금과 빛이라고 불린다. 사람들의 공동체는 그들의 고독을 통해 그리스도와 연결되며, 또한 그들의 고통과 찬양을 통해 삼위일체 하나님과 연결된다.

## 교회의 목적

**여섯 가지 왜곡** 공동체적인 유기체로서 그리스도의 몸에 대한 성경적인 시각은 권력, 지배권 그리고 재산을 둘러싼 인간적인 다툼으로 수세기 동안 왜곡되어 왔다. 게다가 제도주의라는 질병은 교회를 살아 있는 신자들의 몸이라기보다는 건물이라는 딱지로 정의할 정도로 교회의 유기체성을 경직시켰다. 근래에 나타난 왜곡의 세번째 이유는 교회를 자기 정체성의 연장으로 보며, 교회 건축을 중요하게 생각하는 '건축 콤플렉스'를 가진 목사들의 증가 때문이다. 이러한 세 가지 왜곡은 유기체를 위해 일하는 조직이 아닌 조직을 위해 일하는 유기체를 만들었다. 공동체가 장소, 프로그램 그리고 행사들로 축소될 때 공동체적인 생명력은 약화되어간다. 꼭 대형 교회를 두고 하는 말이 아니다. 왜냐하면 그리스도를 중심으로 공동체적 삶을 강조하는 대형 교회도 많기 때문이다.

그리스도의 몸에 대한 성경적 견해를 왜곡하는 네번째 이유는 후기 계몽주의 때 일어난 자유주의의 발흥과 그리고 좀 더 최근에는 다양한 교단과 지역 교회에서 일어난 포스트모더니즘과 관계한다. 종교 지도자들이 문화적인 의제들을 영적인 언어들로 다시 포장할 때, 교구 신자들은 더 이상 말씀이 주는 우유와 고기를 받지 못하고 대신 영적으로, 도덕적으로 세상이 주는 찌꺼기를 먹고 야위어간다.

신약 성경이 보여주는 생명 있는 몸의 목적에 대한 다섯번째 왜곡은 교외 거주자들의 급속한 증가와 관련이 있다. 자동차의 증가로 기존의 질서가 바뀌었다. 예를 들면, 더 이상 지역 중심의 교구 형태는 교외 거주자들에게 적용되지 못한다. 이것은 선택에 대한 커다란 유동성을 낳았다. 사람들은 교회를 선택하는 데 있어서 보다 주관적인 이유들의 영향을 많이 받는다. 반면에 거리나 교단 그리고 신학에는 보다 적은 영향을 받게 되었다. 또한 비교구 상태의 이러한 커다란 이동성은 과도한 사회적, 경제적, 인종적 동질성으로 인한 문제를 증가시켰다. 이동성은 다양성을 감소시켰을 뿐만 아니라 헌신의 정도마저 약화시켰다. 어떤 사람들에게 교회는 마치 레스토랑 같다. 음식이 맘에 안 들면 언제나 갈 수 있는 다른 곳이 있기 때문이다.

참된 공동체에 대한 여섯번째 왜곡은 교회 성장, 리더십, 보살핌 그리고 프로그램을 위해 마케팅, 경영, 심리학, 오락 등을 부추기는 요즘의 경향 때문이다. 이러한 기술들의 무비판적인 도입은 사역보다는 조작의 결과를 낳는다. 교회는 사회적 분위기나 지역 문화가 아닌 하나님의 이야기에 따라 움직여야 한다.

**일곱 가지 목적**   우리는 신약이 교회를 그리스도의 신부, 성령의 전, 하나님의 가족 그리고 하나님의 소유된 백성으로 보는 시각이 유기체적인 관점이라는 것을 살펴보았다. 이것은 개인의 독립성이나 자기 의지의 의미로는 파악될 수 없다. 하나님 안에서 서로의 삶을 나누는 공동체의 상호 의존은 그리스도 안에서 개인과 공동체의 성숙을 함께 이뤄가려는 고상하면서도 세속적인 일의 다양성 속에서 나타난다.

믿음의 공동체는 전인격적으로 사람을 지도해야 한다. 이것은 지성(논리적인 지식), 감성(영적 체험) 그리고 의지(순종적인 행동)의 측면 모두를 말한다. 앎, 존재, 행함의 세 요소는 견고한 믿음과 그리고 인간관계 속에서 나타나는 예수님을 닮은 성품을 통해 개발된다.

교회를 신자들로 구성된 유기체적인 공동체로 보는 신약의 시각에는 일곱 가지 교회의 목적들이 있다.

### 1) 공동체적 사랑과 긍휼

우리가 일상에서 매일 같이 지내는 사람들보다 우리가 사랑하는 사람들의 중요성을 말하는 것이 더 쉬울 것이다. 누군가는 그것을 빗대어 이렇게 말했다. "우리가 사랑하는 성인들과 격 있는 삶을 사는 것, 오, 그것은 영광스러울 것이다. 그러나 우리가 그저 아는 성도들과 평범하게 사는 것, 글쎄, 그건 좀 다른 이야기다." 그럼에도 불구하고, 하나님은 다양성 속에서도 하나 됨을 가능하게 하는 하나의 사랑을 소개하심으로 우리를 그 하나 됨으로 부르셨다.

"그러므로 너희는 하나님의 택하신 거룩하고 사랑하신 자처럼 긍휼과 자비와 겸손과 온유와 오래
참음을 옷 입고 누가 뉘게 혐의가 있거든 서로 용납하여 피차 용서하되 주께서 너희를 용서하신 것
과 같이 너희도 그리하고 이 모든 것 위에 사랑을 더하라 이는 온전하게 매는 띠니라"(골 3:12-14).

성경적인 사랑은 다른 사람들의 최선의 유익을 도모하겠다는, 하나님이 힘을 주심으로써 하는 의지적인 헌신이다. 우리를 통해 표현되는 그리스도의 사랑은 사심이 없고(고전 13:4-7), 종의 마음가짐을 갖는 것이며(갈 5:13-14) 그리고 허다한 죄를 덮는 것이다. 이러한 사랑은 몸된 지체들의 필요들을 보게 하는 용납과 신뢰 그리고 자발성의 분위기를 불러일으킨다. 이것은 곧 하나님의 사람들이라 할 만한 인격의 아름다움을 중요시하며, 서로 하나님의 사랑과, 긍휼, 은혜를 묵상하는 것이다.

### 2) 공동체적 정체성과 목적

홀로 사는 삶에서는 우리의 정체성을 발견할 수 없다. 우리는 한 이야기로 연결된 존재들이다. 첫째는

하나님, 그 다음은 이웃들로 이루어진 관계성의 바탕에서 우리의 목표와 정체성이 정의된다. 이러한 공통된 정체성은 우리가 우리 자신이 아닌 주님과 이웃을 위해 산다는 자각에서 시작된다. 우리는 '그의 소유된 백성'이 되었고, 이것은 우리를 어두운 데서 불러내 이 땅의 종말과 이 세대의 종말이라는 두 개의 사건 위에 그의 기이한 빛으로 들어가게 하신 그분의 아름다운 덕을 선전하기 위함인 것이다(벧전 2:9).

예수님께 우리 자신을 드리면 드릴수록, 나의 유익을 넘어 다른 사람들의 유익을 구하는 더 큰 능력을 얻게 된다. 우리의 믿음, 소망 그리고 사랑은 신자들로 이루어진 몸의 생명을 통해 표현되고 양육되면서 공동체의 소유가 된다(고전 13:13). 이러한 세 가지 주요한 덕목들이 공동체적인 환경에서 어떻게 형성되었는지 주목해보라.

"우리가 마음에 뿌림을 받아 양심의 악을 깨닫고 몸을 맑은 물로 씻었으니 참 마음과 온전한 믿음으로 하나님께 나아가자 또 약속하신 이는 미쁘시니 우리가 믿는 도리의 소망을 움직이지 말고 굳게 잡아 서로 돌아보아 사랑과 선행을 격려하며 모이기를 폐하는 어떤 사람들의 습관과 같이 하지 말고 오직 권하여 그날이 가까움을 볼수록 더욱 그리하자"(히 10:22-25).

세례와 성찬의 성례는 공동체적인 우리 정체성의 표현이다. 전자는 믿음의 공동체의 일원으로서 그 정체성을 보증하는 것이며, 후자는 재확인하는 것이다. 세례는 복음의 이야기로 정체성을 공표하는 것이며, 성찬은 그 이야기를 다시 이어가는 것이다.

우리들 각자가 개인적인 사명 선언을 개발해야 하듯이, 각 지역교회도 신자들이 지금 자신들이 처한 역사적인 위치와 시간 속에서 공통의 비전을 품을 수 있도록 기도하는 마음으로 공동 사명 선언을 만들어야 한다. 이런 방식으로, 우리는 어떤 한 사람의 목표를 초월해 공동의 목표에 대해 보다 깊은 헌신을 이끌어낼 수 있다. "그러므로 그리스도 안에 무슨 권면이나 사랑에 무슨 위로나 성령의 무슨 교제나 긍휼이나 자비가 있거든 마음을 같이하여 같은 사랑을 가지고 뜻을 합하며 한 마음을 품으라"(빌 2:1-2, 1:27 참조).

신약은 자주 그리스도 안에서 형제자매들의 하나 됨의 중요성을 강조한다. 교회는 인종차별주의, 성차별주의, 민족주의 그리고 엘리트주의의 장벽들이 깨어지는 다양성 속에서 하나 되는 공동체가 되어야 한다(갈 3:28). 주님은 하나님의 자녀들의 하나 됨은 구세주가 오셨다는 것을 세상에 증거하는 것이라고 말씀하셨다. 주님의 제자들과 그분을 믿는 자들을 위한 대제사장으로서의 기도에서 예수님은 "아버지께서 내 안에, 내가 아버지 안에 있는 것같이 저희도 다 하나가 되어 우리 안에 있게 하사 세상으로 아버지께서 나를 보내신 것을 믿게 하옵소서"(요 17:21)라고 기도하셨다.

### 3) 공동체적 양육과 봉사

신자들이 함께 모여야 하는 중요한 목적들 가운데 하나는, 서로를 격려하고 공동체의 몸에 주어진 영적인 은사들을 활용해 서로를 가르치는 뜻 깊은 환경을 조성하는 데 있다. 성령 충만의 영성에서 우리는 영적 은사의 목적과 역동성에 대해 토론했다. 거기서 우리는 그러한 은사들은 "봉사의 일을 하게 하며 그리스도의 몸을 세우려"(엡 4:12) 하는 타인 중심의 은혜라는 것을 보았다. 그리스도의 몸에 있는 은사와 기질의 풍부한 다양성은 성령이 능력을 부여하실 때 공동체의 성숙과 일체성을 향상시킨다.

우리가 서로에게 독립된 개인이 아닌 여행의 협력자라는 사실을 깨달을수록, 우리는 한 개인의 영적인 성장은 관계성의 진공 상태에서 일어나지 않는다는 사실을 보다 분명히 보게 된다. 이 세상에서 우리들은 하나님이 계신 곳을 향해 여행하고 있는 순례자 공동체의 한 부분이다. 이것은 우리가 길을 가면서 서로 돕고, 양육하며, 격려해야 한다는 것을 의미한다. 지역적인 믿음의 공동체에 대한 헌신은 정체성, 참여 그리고 사역에 대한 공동체적인 환경을 형성함으로써 개인적인 성장을 강화시킨다. 이러한 상호 양육과 봉사에 대한 헌신은 상호적인 의미의 '서로'라는 명령으로 신약 성경에 매우 분명하게 나와 있다.

**긍정적인 권면**

- 서로 발을 씻기라(요 13:14).
- 서로 사랑하라(요 13:34).
- 서로 형제 사랑에 헌신하라(롬 12:10 상).
- 존경하기를 서로 먼저 하라(롬 12:10 하).
- 서로에게 한 마음을 품으라(롬 12:16, 15:5).
- 서로를 세우라(롬 14:19).
- 서로 용납하라(롬 15:7).
- 서로 권하라(롬 15:14).
- 서로 문안하라(롬 16:16, 고전 16:20).
- 서로 기다리라(고전 11:33).

- 서로 같이하여 돌아보게 하라(고전 12:25).
- 사랑으로 서로 종노릇하라(갈 5:13).
- 짐을 서로 지라(갈 6:2).
- 서로 용납하라(엡 4:2).
- 서로 인자히 대하라(엡 4:32 상).
- 서로 용서하라(엡 4:32 하).
- 시와 찬미와 신령한 노래들로 서로 화답하라(엡 5:19).
- 피차(서로) 복종하라(엡 5:21).
- 각각(서로) 자기보다 남을 낫게 여기라(빌 2:3).
- 서로 가르치고 권면하라(골 3:16).
- 서로 위로하라(살전 4:18).
- 서로 격려하라(살전 5:11 상, 히 3:13).
- 서로 세워주라(살전 5:11 하).
- 서로 화목하라(살전 5:13).
- 서로의 선을 추구하라(살전 5:15).
- 서로 선을 좇으라(히 10:24).
- 서로 사랑과 선행을 격려하라(히 10:24).
- 서로에게 죄를 고백하라(약 5:16 상).
- 서로를 위해 기도하라(약 5:16 하).
- 서로 열심히 사랑하라(벧전 4:8).
- 서로 대접하라(벧전 4:9).
- 서로를 섬기는 데 은사를 사용하라(벧전 4:10).
- 서로 겸손함으로 허리를 동이라(벧전 5:5).

**부정적인 권면**

- 서로 판단하지 말라(롬 4:13).
- 서로 물고 먹지 말라(갈 5:15).
- 서로 자랑하고 격동하지 말라(갈 5:26 상).

- 서로 투기하지 말라(갈 5:26 하).
- 서로에게 거짓말하지 말라(골 3:9).
- 서로 비방하지 말라(약 4:11).
- 서로 불평하지 말라(약 5:9).

성경적인 종의 자세는 여러 면에서 나타난다. 이것은 이름을 불러가며 하는 기도와 같이 다른 사람에 대한 개인적인 관심에서 드러난다. 또한 이것은 서로의 육신적 또는 감정적 필요를 돕고자 할 때 나누어지며, 다른 사람들의 영적인 상태에 대한 진지한 관심에서도 볼 수 있다. 더 나아가 이것은 사랑과 용기를 표현하는 말 속에서도 증거되며, 잘못한 사람에게 하는 관대하고 온유한 충고에서도 드러난다.

우리는 그리스도 안에서 우리의 가장 깊은 필요들이 온전히 채워지는 것을 보았다. 이것은 우리를 자유하게 하는 진리며, 그것을 더 많이 가질수록 우리는 이기적인 욕망의 속박에서 더 멀리 헤어나올 수 있다. 이러한 이해를 바탕으로 성장하는 신자들은 먹을 것에 덜 집착하며, 그들의 안전과 존재의 중요성을 보장하기 위한 관계들을 잘 다룰 수 있다. 그들은 다른 사람들과 비교하고 그들을 지배하거나 경쟁할 필요가 없다. 왜냐하면 그들의 존재 가치는 무한하고 흔들리지 않는 살아계신 하나님과의 관계성에 기초하고 있기 때문이다. 그들은 움켜잡는 대신 다른 이들에게 조건 없이 줄 수 있다. 그리스도는 절대 자신을 위해 살지 않으셨고, 다른 사람들을 위해 자신을 비우고 겸손하셨다(빌 2:5-8). 이와 같이 그분 안에서 중요한 존재이며 안전히 거하는 우리들도 다른 사람들의 유익에 초점을 맞추라는 바울의 권고를 따라야 한다(빌 2:3-4). 마가복음 10장 45절에서 예수님은 자신의 지상 사역을 다음과 같이 요약하셨다. "인자가 온 것은 섬김을 받으려 함이 아니라 도리어 섬기려 하고 자기 목숨을 많은 사람의 대속물로 주려 함이니라." 그분의 삶이 우리를 통해 증거될 때, 우리는 하나님과 이웃을 위한 참다운 종이 된다.

예수님의 마음을 닮은 추종자들은 하나님과의 교제를 통해 생겨난다. 거룩함은 혼자서는 이룰 수 없다. 우리는 서로에 대한 사랑과 종의 자세를 가진 신자들의 공동체라는 환경이 필요하다. 고백하지 않은 죄 때문에 하나님과의 교제가 방해를 받는다면, 다른 사람들과의 관계도 비틀어진다. 죄는 가식과 투명성의 결여 그리고 섬기기보다 섬김을 받으려는 욕망을 낳는다. 반면 하나님의 빛 가운데서 하는 행함은 겸손과 개방성 그리고 움켜잡기보다는 주려는 욕구를 낳는다.

### 4) 공동체적 분별

하나님의 뜻을 분별하는 일은 혼자가 아닌 공동체에서 일어난다. 그리스도의 몸을 이루는 다른 지체들의 신뢰와 격려, 긍정 그리고 후원은 형제자매들이 바른 결정을 할 수 있는 영적인 안목을 위한 풍성한 자원이다. 그러나 우리는 공동체 안에 이미 존재하고 있는 분별에 대한 많은 방해들을 주의해야 한다. 「선택의 시간에 하나님의 음성 듣기(Listening to God in Times of Choice)」에서 고든 스미스(Gordon T. Smith)는 그러한 일곱 가지 방해 요소들을 관찰했다. 그것은 공동의 기대, 조종하고 지배하려는 사람들, 사람을 감정적으로 이용하는 사람들 그리고 아첨하거나 그렇지 않으면 부정직한 사람들이다. 우리가 공동체의 기만적인 어두운 면을 깨달을 때, 우리는 공동체의 긍정적인 면에 더 집중할 수 있다.

건강한 공동체는 우리가 하나님과 다른 사람들 그리고 우리 자신들에게 정직하도록 격려하는 신뢰의 환경을 만들 수 있다. 그러한 환경은 우리가 우리의 욕망과 느낌에 대해 솔직하도록 자극함으로써 우리의 자기 인식 능력을 향상시킨다. 공동체는 또한 우리가 낙심과 우울 때문에 분별을 잘 할 수 없을 때 서로에게 격려와 소망이 되는 환경을 창조할 수 있다. 축복과 긍정의 말을 잘 하는 언어의 은사뿐 아니라 남의 말을 분명하게 잘 듣는 은사는 경건한 분별을 위한 매우 소중한 자원이다.

### 5) 공동체적 용서와 화해

아버지가 자비하신 것같이 우리도 자비로워야 한다는 주님의 권고는 개인의 용서뿐 아니라 주님의 몸인 공동체의 용서에도 적용된다. 바울은 고린도 교인들에게 교회의 교훈을 받은 후 회개한 한 형제에 대해 용서하고 위로하라는 권고를 했다(고후 2:6-11). 개인과 공동체의 용서와 화해는 우리를 대신한 그리스도의 은혜로운 일에 기초한다. "서로 인자하게 하며 불쌍히 여기며 서로 용서하기를 하나님이 그리스도 안에서 너희를 용서하심과 같이 하라"(엡 4:32). 전반부의 관계적 영성에 대한 토의에서 우리는 용서가 망각이나 우리에게 해악을 끼쳤던 일이 괜찮은 일인 것처럼 가장하는 것이 아님을 보았다. 용서는 선택이다. 용서는 다른 사람을 자비와 은혜로 대하겠다는 자발적인 결단이다. 다른 사람의 죄로 인한 상처를 깨닫고도 그 영향을 감수하며 사는 것은 희생이 따르는 일이다. 그러나 개인과 공동체의 용서는 치유와 화해를 위해 반드시 필요한 길이다. 이러한 선택이 없다면 우리는 고통의 무거운 짐을 질 것이며, 하나님의 사랑과 용서의 체험을 축소시켜야 할 것이다.

"할 수 있거든 너희로서는 모든 사람으로 더불어 평화하라"(롬 12:18). 수없이 다양한 개인적인 기질로 생겨나는 사람 사이의 갈등의 형태 중 어떤 것은 자연스럽고 이롭게 보일 때가 있다. 우리는 다양성을 통해 성장하기 때문이다. 이것은 또 하나 됨이 획일성과 같지 않은 이유다(엡 4:1-13). 하나님의 경제학에서 볼 때, 사람들이 겪는 거친 위기는 그들을 성화시키는 예상치 못한 계기가 될 수 있다.

갈등의 다른 형태는 죄악된 동기와 행동에서 비롯된다(막 7:20-23, 약 4:1-2). 물론 이 경우에도 갈등은 다른 사람들을 사랑하고 섬기며, 그리스도의 형상을 더욱 닮아가는 계기가 될 수 있다. 상황이 허락한다면 어떤 사람에 대해 다른 사람들에게 말하는 대신 그 사람에게 먼저 나아가는 용기와 정직으로 화해를 도모하는 것이 바람직하다(마 18:15). 이렇게 다른 사람에게 온유, 겸손, 관심, 긍휼 그리고 그 사람의 입장을 이해하려는 참된 소망을 가지고 나아간다면 갈등의 해결은 그렇게 멀지 않다. 물론 회개와 고백도 우리 쪽에서 먼저 해야 할 사항임을 깨달아야 한다.

개인적인 대면으로 해결되지 않는 심각한 상황에서는 마태복음 18장 16-17절이 명시한 것처럼 공동체의 다른 구성원들을 참여시키는 두번째 또는 세번째 단계로 갈 필요가 있다. 공동체적인 훈계 뒤에 있는 성경적인 의도는 결코 벌이 아니라 화해여야 한다.

### 6) 공동체적 권위와 순종

가정, 일터, 교회 그리고 국가에게 하나님은 각기 다른 권위의 영역을 규정하셨다. 우리의 번영과 보호를 위해서 우리 모두가 어떤 형태의 권위의 지배를 받는 것은 중요하다(마 8:5-10). 권위와 평등성이 하나님의 삼위일체의 모범을 따른다면 두 가지 극단, 즉 평등을 최소화시키는 권위주의와 권위를 최소화시키는 인류평등주의를 피할 수 있다. 지역 교회에서 장로와 집사의 역할은 인도, 가르침 그리고 목회적인 돌봄을 통해 몸된 구성원들을 섬기는 일이기 때문에, 이러한 경건한 영향력에 대한 순종은 개인의 자유와 안전의 바탕이 되어야 한다. 우리가 공동체를 이끌도록 임명된 지도자들의 권위에 순종함으로써 그들은 우리의 연약함으로부터 우리들을 보호한다.

### 7) 공동체적 예배와 기도

놀랍게도 신약에는 교회의 예배에 대한 언급이 거의 없다. 그러나 요한계시록은 사도행전과 다른 서신들을 합한 것보다 더 자주 하나님께 드리는 예배를 언급하고 있다. 서신서에서 공동체적 예배에 관한 가장 분명한 언급은 에베소서 5장 19-20절과 골로새서 3장 15-16절에서 찾아볼 수 있다.

"시와 찬미와 신령한 노래들로 서로 화답하며 너희의 마음으로 주께 노래하며 찬송하며 범사에 우리 주 예수 그리스도의 이름으로 항상 아버지 하나님께 감사하며."

"그리스도의 평강이 너희 마음을 주장하게 하라 평강을 위하여 너희가 한 몸으로 부르심을 받았나니 또한 너희는 감사하는 자가 되라 그리스도의 말씀이 너희 속에 풍성히 거하여 모든 지혜로 피차 가르치며 권면하고 '시와 찬미와 신령한 노래'를 부르며 마음에 감사함으로 하나님을 찬양하고."

심지어 이러한 구절들에서도 "시와 찬미와 신령한 노래"들의 부분적인 목적은 서로를 가르치고 훈계하는 데 있다. 가장 분명한 예배의 한 측면은 하나님께 드리는 공동체적인 감사다.

예배는 항상 공동체적 영성의 중심된 요소였고, 초대교회는 빠르게 회당의 의전을 받아들여 적용시켰다. 2세기경에는 성체성사Eucharist, '유카리스테오(eucharisteo)'에서 유래, '감사를 드리다'의 뜻 또는 성찬식(Holy Communion)이 공동체 예배의 중요한 수단이 되었고, 이러한 고대의 예식은 오늘날에도 지켜지고 있다.

20세기의 많은 그리스도인들은 예배를 음악과 같은 것으로 취급하는 잘못을 해왔는데, 일반적으로 그것은 전통적이든 현대적이든 상관없이 특정 종류의 음악을 말한다. 음악은 예배의 뜻 깊은 도구다. 그러나 공동체적인 기도, 말씀 사역 그리고 성찬 등과 같은 다른 요소들도 항상 예배의 중요한 요소로 지켜왔다. 따라서 음악을 예배 수준으로 대하는 것은 예배의 한 부분을 위해 예배 전체를 약화시키는 오류를 초래한다.

근래에 상당히 많은 복음주의 교회에서는 의전적인 예배의 가치와 영향력을 발견하고 있다. 성례는 역사적 전통과 관습을 우리 마음속에 심어주고, 두려움, 경이, 신비 그리고 위엄에 대한 의식을 키워준다. 이 예배는 회중들의 보다 적극적인 참여(가르침을 받을 때는 앉고, 찬양을 할 때는 일어서고, 기도할 때는 무릎을 꿇는 등의 행위)가 필요하다. 그리고 그것은 미각(빵과 포도주를 맛보는 것), 촉각(조각을 나누는 것), 후각(꽃향기, 향냄새), 청각(시낭송, 음악, 성가) 그리고 시각(예술적인 장식) 등을 사용하는 감각적인 참여를 포함한다. 성례는 또한 강림절, 성탄절, 현현절, 사순절, 부활절 그리고 오순절의 연중 절기에 대한 공동체적인 인식과 함께 그것을 기념할 것을 장려한다.

공동체적 예배와 기도 역시 다양한 종류의 성격으로 이루어진 창의적인 혼합물이다(부록 A를 보라). 예를 들어, 느끼는 기능은 공동체로 행해지는 예식의 경험에서 나타난다. 사고 기능은 말씀을 받아들일 것인지를 음미한다. 감각 기능은 전에 그리스도가 행하신 일을 기념하는 것을 즐거워한다. 그리고 직관 기능은 그리스도의 재림에 대한 기대의 측면을 중요시한다[체스터 P. 마이클(Chester P. Michael)과 마리 C. 노리시(Marie C. Norrisey)의 「기도와 성격(Prayer and Temperament)」, 로이드 에드워즈(Lloyd Edwards)의 「우리는 어디에 속해 싸우고 기도할 것인가 (How We Belong, Fight, and Pray)」, 그리고 찰스 J. 키팅(Charles J. Keating)의 「우리가 누구냐 하는 것은 어떻게 기도하는가에 달렸다(Who We Are Is How We Pray)」는 사람들의 성품이 회중의 역동성과 어떻게 연관되는지를 알려주는 자료들이다].

"우리가 예배를 드리는 것같지 않을 때, 공동체는 예배 속으로 우리를 인도해야 한다. 우리가 기도할 수 없을 것같을 때, 공동체의 기도는 우리를 감싸 안아야 한다. 말씀이 우리에게 닫혀져 있는 것만 같을 때에도 공동체는 우리 옆에서 말씀을 낭독해주고, 확신을 심어주며 그리고 그 말씀을 성육신시켜야 한다"[로버트 멀홀랜드 2세(M. Robert Mulholland Jr.), 「순례로의 초대(Invitation to a Journey)」].

그리스도의 몸에 대한 신약의 시각은 공동체적인 사랑, 긍휼, 정체성, 목표, 양육, 봉사, 분별, 용서, 화해, 권위, 순종, 예배 그리고 기도를 포괄한다는 사실을 살펴보았다. 다음 장에서는 공동체적인 영혼에 대한 관심, 지도력 그리고 책임과 갱신에 대해 살펴보도록 하자.

## 적용을 위한 질문

- 조직으로서의 교회가 왜 유기체로서의 교회보다 앞서는가? 이것은 신약의 교회에 대한 이미지와 어떻게 다른가?

- 그리스도의 몸에 대한 성경적 시각의 여섯 가지 오해 가운데 당신이 경험했던 것은 무엇인가?

- 교회의 일곱 가지 목적 중에서 당신에게 가장 의미 있었던 것은 무엇인가? 그 중에서 오늘날의 교회들이 적어도 공통적으로 깨닫고 있는 것은 무엇이라고 생각하는가?

제12부 _ **공동체적 영성** CORPORATE SPIRITUALITY

**36**

# 영혼 돌보기, 리더십, 책임, 갱신

| 이 장의 개관 | 이 장에서는 영적 우정에서 영적인 인도, 영적인 멘토링, 영적인 지도에 이르는 영혼 돌보기의 영역들을 살펴보고, 치유 상담, 목회 상담 그리고 영혼 돌보기 사역 등을 생각해본다. 또한 여기서 우리는 내적 치유, 종의 지도력, 책임감, 갱신 그리고 공동체의 미래에 대해서도 다룰 것이다. |
|---|---|
| 이 장의 목표 | • 영적인 우정, 영적인 인도, 영적인 멘토링 그리고 영적인 방향 제시를 다루는 영혼 돌보기 사역에 대한 이해<br>• 상담과 내적 치유, 종의 지도력, 책임감 그리고 공동체적인 갱신에 대해 명확한 관점 |

    공동체적인 영성은 우리들의 영적 성장이 전인격적이며 혼자가 아닌 사람들과의 관계성 속에서 향상된다는 사실을 확인해준다. 영적인 성숙으로 나아가는 성장은 예수 그리스도의 모습과 성품을 형성해나가는 점진적인 과정이다. 이것은 성령의 능력과 영적인 훈련 그리고 참된 공동체의 관심어린 후원이 뒷받침되어야 한다. 우리의 생각, 성품 그리고 삶의 적용은 영적인 여정을 우리와 나눌 수 있는 사람들, 특히 우리보다 더 많은 경험을 쌓은 권위 있는 사람들과 맺는 관계 속에서 발전한다. 이런 방식으로 우리는 현실적인 요구와 필요에 대해 성경적으로 어떻게 대처할 것인가를 배운다.

    점차로 많은 사람들이 꼭 교회에 가는 것이 공동체적인 삶의 역동성을 경험하는 방법은 아니라고 생각한다[랜디 프레지(Randy Frazee)의 「21세기 교회 연구 : 공동체(The Connecting Church: Moving Beyond Small Groups to Authentic Community)」를 보라]. 사람들은 빈번히 교회를 유기체가 아닌 건물이나 프로그램, 예산, 행정으로 이루어진 조직으로 보고 있다. 반면에 치유 공동체는 하나님과 이웃 그리고 우리 자신들을 서로 연결시키는 데 집중한다. 그리고 그러한 공동체는 지역 교회의 안팎으로 존재한다. 크고 작은 기도 그룹과 성경 공부 그룹, 교제 그룹 그리고 예배 그룹(기도와 찬양)은 참가자들에게 공동체적인 역동성을 제공한다. 다른 그룹들은 지역교회가 조직하지만, 이러한 그룹들은 어떤 특정 교회나 교단과 관계하고 있지 않다.

## 영혼 돌보기와 상담

목사와 교회 지도자들은 진정한 공동체의 필요성을 점차 깨달으면서 그러한 필요를 채울 수 있는 새로운 교회 조직을 강구해왔다. 일부 교회들은 축제, 회중, 소그룹 그리고 핵심 그룹의 네 가지 요소로 이루어진 모델을 개발했다[예 : 빌 헐(Bill Hull)의 「목회자가 제자 삼아야 교회가 산다(The Disciple-Making Pastor)」, 「모든 신자를 제자로 삼는 교회(The Disciple-Making Church)」]. 의식을 통해 교회는 예배와 설교 그리고 기도를 위해 하나로 모인다. 회중을 통해서는 교제와 배움을 위한 적당한 크기의 그룹으로 모인다. 소그룹은 후원과 지도, 기도 그리고 책무들을 위한 그룹이다. 핵심 그룹은 교회 내에 각 가정 단위로 구성된다. 그러나 이러한 그룹들 전부가 참여하는 사람들에게 공동체의 역동성을 제공하지는 않는다. 특히 그러한 그룹들이 살아 있는 몸으로서 은혜를 표현하는 환경을 조성하는 것이 아닌 어떤 특정한 목표를 위해 조직되었을 때 더욱 그렇다.

크고 작은 규모의 그룹을 통한 경험 이외에도, 그리스도 안에서 함께하는 삶의 또 다른 중요한 측면 하나는 일대일 사역이다. 직접적인 사람과 사람 사이의 상호 교류는 그룹 생활의 부산물이며, 이것은 그룹 밖에서도 일어날 수 있다. 브루스 디마레스트(Bruce Demarest)가 「영혼을 생기나게 하는 영성(Satisfy Your Soul)」에서 지적한 대로 영혼을 돌보는 사역은 비공식적이고 비구조적이며 상호적인 사역에서 공식적이며 구조적이고 일방적으로 진행되는 사역에 이르는 영역이 있다〈표 36.1〉.

이러한 사역들 사이에 고정된 경계는 없다. 각 사역은 다양한 범위에서 겹쳐지기도 한다. 그러나 늘 하나님의 사람들 사이에 있었던 개인적인 사역을 네 단계로 나누어보는 것이 도움이 된다.

| 비공식적 비구조적 상호적 | | | 공식적 구조적 일방적 |
|---|---|---|---|
| ➡ | ➡ | ➡ | ➡ |
| 영적인 우정 | 영적인 인도 | 영적인 멘토링 | 영적인 지도 |

〈표 36.1〉

**영적인 우정**   영적인 우정은 개인적인 영혼 돌보기의 가장 자연스럽고도 자발적인 형태다. 그리고 이것은 화목과 신뢰 안에서 함께하는 친구 사이에 비구조적인 상호 교류를 주고받는 것을 포함한다. 이러한 관계를 가진 사람들은, 치유와 영적 성장에 대한 필요가 새로운 그룹이나 또 다른 사람들과의 관계가 아닌, 우리들의 삶 주위에 하나님이 주권적으로 심어놓으신 사람들과의 깊은 관계성의 개발을 통해 채워진다는 것을 발견한다. 영적인 친구들 사이의 돌봄과 섬김은 예수님을 체험한 사람들이 나누는 가장 심오한 단계의 일들이다. 이러한 영적인 유대 관계는 또한 모든 결혼의 중심 요소가 되어야 한다.

**영적인 인도**   영혼 돌보기의 다음 형태는 누가 더 영적인 권위가 있는가 하는 것과 상관없는, 성숙의 정도가 다른 사람들 사이의 비공식적인 상호 교류를 포함한다. 인도는 상호 연락과 지정된 독서 그리고 필요에 따라 제공되는 영적인 상담을 통해 이루어진다. 영적인 인도자로서 다른 사람들을 섬기는 사람들은 격려의 말과, 위로 그리고 충고를 통해 도움과 치유를 베풀 수 있다.

**영적인 멘토링**   영혼 돌보기의 좀 더 공식적이고 구조적인 측면은 자신들의 영적인 지식과 경험을 다른 사람들을 세우는 데 쓸 수 있는 사람들에 의한 목양 사역이다. 멘토들은 그리스도와의 동행에서 다른 사람들을 드러내고 세우며 격려하고 위로하는 훈련자들이다(양육의 영성에 나와 있는 처음 두 장을 보라). 많은 멘토들은 다른 사람들과 함께 협력할 수 있는 단계에 이르도록 하는 의도를 가지고 반응하는 사람들을 가르치고 훈련한다. 멘토들은 사람들 안에 잠재된 가능성을 보고 기쁨을 맛보며, 그들이 그것을 성취해가는 과정을 즐거워한다.

폴 스탠리(Paul D. Stanley)와 로버트 클린턴(J. Robert Clinton)이 그들의 멘토링 책 「인도(Connecting)」에서 관찰한 대로, 멘토링에는 의도적인 참여에서 우연적이고 수동적인 참여에 이르기까지 다양한 멘토링의 형태와 정도가 있다[또한 키이스 앤더슨(Keith R. Anderson)과 랜디 리스(Randy D. Reese)의 「영적 멘토링(Spiritual Mentoring)」과 하워드 헨드릭스(Howard Hendricks)와 윌리엄 헨드릭스(William Hendricks)의 「철이 철을 날카롭게 하듯이(As Iron Sharpens Iron)」를 보라]. 멘토들은 훈련자, 영적 인도자, 코치, 상담자, 선생, 후원자 또는 동료의 역할을 수행할 수 있다. 또한 지금은 주님과 함께 있지만 남겨진 글을 통해 여전히 우리에게 말하며 인도하고 있는 역사적인 멘토들도 있다.

영적인 성장과 사역에 진지한 사람들은 수직적(멘토들)이고 수평적(동료 또는 협력 멘토)인 관계를 아우르는 관계 네크워크에 참여할 필요가 있다. 멘토링은 적용성, 분명한 목표, 규칙성, 책임감, 열린 대화, 비밀 보장, 고착된 생활 주기, 정기적 평가와 계획 수정 그리고 마치는 때가 있을 때 가장 효과적이다.

**영적인 지도**   최근까지 개신교는 개인적인 영혼 돌보기 사역의 네 단계 가운데 가장 공식적이고 일방적인 영역에 해당하는 영적인 지도의 고대 기술에 대해 거의 고려하지 않았다. 그러나 점차로 많은 사람들은 기도와 분별 그리고 영적 진리의 적용에 초점을 두고 있는 목회적 돌봄의 여러 유익들을 재발견하고 있다.

기독교 초기 교회에서 영적인 지도는 사막의 수도원 생활과 관계가 있었고, 집약적인 개인들의 인도를 위한 수단으로 수도원적인 환경 속에서 발전이 계속되었다. 삶 속에서 하나님의 역사하심을 이해하도록 돕는 '영혼의 의사'로서 영적인 지도자는 반드시 지혜와 깊이, 기술 그리고 기도의 사람이어야 했다. 이러한 영혼 돌보기 형태의 효율성은 지식(성경, 영적인 고전과 영적인 신학, 심리학, 인간 영혼의 기질과 생각), 분별(영혼의 본질을 간파하는 능력, 성령의 역사와 육신 또는 거짓된 영들의 역사를 구분하는 감수성) 그리고 성품(믿음의 생명력, 기도, 거룩한 삶, 개인적인 고통을 통한 겸손과 상함, 애정 어린 관심, 성령의 역사에 대한 열린 마음)의 조화로 나타난다.

영적인 지도자는 사람들이 그들의 삶에서 은혜의 역사를 분별할 수 있도록 돕고, 그들이 기도와 순종에 대한 발전을 추구하는 데 필요한 안내와 도움을 제공한다. 영적 지도자들이 이러한 자신들의 사역을 찾고 있는 사람들과 맺는 관계는 권위주의적이거나 전문적 봉사 차원의 관계가 아니라(예 : 상담자와 피상담자 모델), 내적인 소망을 고취하고 성령의 움직임을 분명히 하고자 영적인 여정에 함께 오른 사람으로서 맺는 동반자적 관계다. 그들은 정결, 분별, 선포 그리고 실행을 통해 영혼을 돌본다.

그러한 지도자들은 반드시 찾아야 하지만 쉽지는 않다. 우리가 그들을 찾는 일을 할 때, 그들이 우리에게 아첨하거나 또는 그러한 잘못된 생각에 그들이 맞춰줄 거라는 기대는 하지 말아야 한다. 그 대신에 우리는 겸손한 마음으로 그들에게 나아가고, 우리가 무엇을 생각하고 느끼고 원하는지 반드시 알려주어야 한다. 좋은 지도자는 적절한 질문을 하고, 요령 있게 들어주며, 성장의 장애들을 지적하고, 고백과 참회를 도와주며, 어떻게 하나님의 음성을 듣고 어떻게 영적인 훈련을 실천할 것인가를 보여주며, 필요하다면 꾸짖고 격려하며 그들의 존재와 긍휼을 보여주는 사람들이다. 영적인 지도자들은 영적인 문제와 심리적인 문제를 구별하는 기술을 가지고 있다(예 : 영적인 부족 상태와 심리적인 질병 또는 유아기적 변덕을 구별하는 것).

영적인 지도를 다루는 유익한 많은 책 중에 토마스 머튼(Thomas Merton)의 「영적 지도와 묵상(Spiritual Direction and Meditation)」, 마틴 손톤(Martin Thornton)의 「그리스도인의 연습(Christian Proficiency)」, 케네스 리치(Kenneth Leech)의 「영혼의 친구(Soul Friend)」, 사이먼 챈(Simon Chan)의 「영성 신학(Spiritual Theology)」 그리고 유진 피터슨(Eugene H. Peterson)의 「목회 영성의 흐름, 주일과 주일 사이(The Contemplative Pastor)」 등 몇 권의 책이 있다.

하나님은 성장의 도구로 동료 신자들을 사용하시며, 이것은 참다운 영적인 우정, 인도, 멘토링 그리고 지도에 해당한다. 우리는 우리 자신들에게 너무 집착한 나머지 사물을 있는 그대로 보지 못한다. 그리고 때로 우리는 이러한 우리 자신을 속이는 것과 둔함으로 인해 쉽게 "죄의 속이는 유혹으로 강퍅하게"(히 3:13) 된다. 우리 모두는 영혼의 친구들이 줄 수 있는 안목, 소망, 확신 그리고 부드러운 마음이 필요하다.

**상담의 역할** 20세기에 들어서 심리학, 정신 병리학 그리고 정신 치료와 같은 다양한 학문의 발전은 여러 분야에서 교회에 영향을 미쳤다. 성격 이론은 인간의 정신을 바라보는 시각을 변화시켰고, 환자 치료를 위한 정신병리학적 접근은 환자의 정신 질환 치료라는 의학적 모델에 집중되었다. 개인 병원이나 사무실에서 환자를 만나는 전문 상담자는 이러한 '대화식 치료'를 도입했고, 교회도 급속도로 이를 도입하여 사용하고 있다.

최근 들어 많은 사람들이 이러한 치유적 접근의 배후에 있는 여러 가정들에 대해 의문을 제기하고 있다 [예: 래리 크랩(Larry Crabb)의 「인도(Connecting)」]. 첫째, 이러한 상담운동이 공동체라는 환경 그리고 그에 따른 지속적인 사람들과의 참여와는 매우 동떨어져 있다. 이러한 상담은 믿음의 공동체라는 유기체적 모델(롬 15:1, 갈 6:1-2)보다는 개인들을 치료하는 전문 치료자들에 의해 만들어진 치유 모델을 제시한다. 둘째, 상담 치유는 영혼의 돌봄보다는 병 자체만을 치료하는 데 더 집중되어 있다. 그것은 개인의 영적인 공급과 건강을 보면서 드러난 상처 입은 영혼을 치유하는 대신에 일정 시기에 나타난 정신 질환의 치료를 강조한다. 셋째, 상담 치유는 뿌리 깊은 문제에 대한 치유 능력이 관계적 요인(돌보는 일, 마음을 다해 경청하는 것, 지속적인 관심)과 영적인 요인(그리스도 안에 거하는 것, 깨끗케 하는 성령의 역사, 예수 안에서의 선과 희망에 대한 확신)보다는 기술 훈련과 의학적 전문 기술에서 비롯된다고 가정한다.

그렇다고 전문 상담자가 필요 없다고 하는 것도 무책임한 말이다. 우리는 두 가지 극단 사이의 길을 조율하는 지혜가 필요하다. 첫번째 극단은 모든 심리학을 거짓말이나 사악한 것이라고 모욕하는 것이다. 또 다른 극단은 인간의 영혼이나 영을 현재의 심리학적 범주의 하나로 평가 절하하는 것이다. 한편, 검증된 전문가들은 인식, 행동, 불안을 다루는 두뇌 화학 같은 유기적 요인과 관계된 문제들과, 경험적인 의사소통과 인간관계 기술로 접근해야 하는 어려움들을 극복할 수 있는 최고로 준비된 사람들이다. 심리학은 훈련의 도구로써 어떤 동기와 행위를 유발하는 기질, 방어 기제, 상한 감정과 하나님에 대한 허상이 주는 영향, 완벽주의의 요인 그리고 강제적인 행위와 불필요한 죄책감의 영향에 대한 많은 것을 가르쳐준다.

한편, 광범위한 문제들과 질병들을 치유하는 가장 좋은 환경은, 보살피는 공동체의 보다 자연스럽고도 관계적인 분위기다. 성숙한 많은 신자들은 교회나 기타 공동체적 기반을 가진 단체에서 상담과 영적 자원들을 조합할 수 있는 효과적인 후원자로 준비될 수 있다.

치유 상담, 목회 상담 그리고 영혼을 돌보는 사역(예 : 영적 지도)은 구별되면서도 중복되는 영역을 가지고 있으며, 각각은 강점과 한계를 가지고 있다. 우리는 전인격적이고 통합된 존재이기 때문에, 믿음의 공동체는 처음 두 영역의 강점을 활용하고, 보다 적극적으로 세번째 영역(영혼 돌보기 사역)을 개발해야 한다.

심리학과 영적 형성의 관계에 대한 방대한 작품들이 있다. 도움이 될 만한 유익한 책들은 다음과 같다. 고든 올포트(Gordon W. Allport)의 「The Individual and His Religion」, 어네스트 베커(Ernest Becker)의 「The Denial of Death」, 돈 브라우닝(Don S. Browning)의 「Religious Thought and Modern Psychologies」, 토마스 베커(Thomas J. Becker, ed.)의 「Man and Mind: A Christian Theory of Personality」, 로렌스 크랩 주니어(Lawrence J. Crabb Jr.)의 「Basic Principles of Biblical Counseling」과 「Effective Biblical Counseling」, 스테판 에번스(C. Stephen Evans)의 「Preserving the Person」, 피터 호먼스(Peter Homans)가 편집한 「The Dialogue Between Psychology and Theology」, 말코 제베스(Malcolm A. Jeeves)가 편집한 「Behavioral Sciences: A Christian Perspective」와 「Human Nature at the Millennium」, 킬패트릭(Kilpatrick)의 「Psychological Seduction」과 「The Emperor's New Clothes」, 데이비드 마이어스(David Myers)와 R. 탈보트(R. Talbot)가 편집한 「Limning the Psyche」, 메리 스튜어트 반 레벤(Mary Stewart Van Leeuwen)의 「The Person in Psychology」와 「The Sorcerer's Apprentice: A Christian Looks at the Changing Face of Psychology」, 폴 비츠(Paul C. Vitz)의 「Psychology as Religion」.

**내적 치유** 기억의 치유라고 불리기도 하는 내적 치유 사역은 상처 입은 감정의 원인을 치유하기 위해 그리스도의 능력과 임재를 활용하는 기도를 포함한다. 이 분야에 은사가 있고 숙련된 사람들은 성령의 인도하심을 따라 근원적인 기억을 찾아내고, 상처 입은 영혼을 회복하는 데 필요한 치유의 기도와 성경적인 이미지들을 사용한다.

죄의 실상은 우리들을 죄의 희생자인 동시에 대행자로 만드는 데 있다. 우리가 갖고 있는 영혼의 상처는 외적인 요인(예 : 육체적, 성적, 언어적 또는 감정적 학대, 율법주의, 완벽주의, 거부, 배신, 실적 위주의 평가)들뿐만 아니라 우리 자신(예 : 부인, 합리화, 음모, 비통, 용서하지 못하는 것, 증오, 편견)에 의해서도 생긴다.

복음서 기록의 5분의 1을 차지하고 있는 예수님의 치유 사역은 우리 존재 전체를 상관하시는 하나님을 우리가 섬기고 있다는 사실과, 대속은 영적인 영역뿐만 아니라 동시에 우리의 육체적, 심리적인 영역에도 일어난다는 사실을 분명히 한다(사 53:4-5, 마 4:24, 막 1:34, 눅 4:18). 주님은 그분의 백성들에게 치유의 은혜와 능력을 전달하신다(눅 9:1, 10:9, 행 3:1-10, 4:7-10, 5:14-16, 8:6-7, 9:32-41, 14:8-10, 19:11-12, 28:8-9, 고전 12:9, 28, 약 5:14-16). 그리고 그분은 상처 입었던 사람들을 치유된 후원자로 변화시키신다.

내적 치유를 논하는 영향력 있는 책들은 다음과 같다. 프랜시스 맥너트(Francis MacNutt)의 「치유(Healing)」, 린 페인(Leanne Payne)의 「치유하시는 임재(The Healing Presence)」와 「Restoring the Christian Soul」, 마크 피어슨(Mark Pearson)의 「그리스도인의 치유(Christian Healing)」, 존과 폴라 샌포드(John and Paula Sanford)의 「The Transformation of the Inner Man」, 아그네스 샌포드(Agnes Sanford)의 「The Healing Gifts of the Spirit」, 데이비드 씨맨즈(David A. Seamands)의 「상한 감정의 치유(Healing for Damaged Emotions)」와 「상한 감정과 억압된 기억의 치유(The Healing of Memories)」, 존 윔버(John Wimber)의 「능력 치유(Power Healing)」.

## 종의 지도력

월터 헨릭슨(Walter A. Henrichsen)과 윌리엄 게리슨(William N. Garrison)이 「평신도여, 보라! 하나님은 너를 위한 장소를 가지고 계신다(Layman, Look Up! God Has a Place for You)」라는 책에서 말한 대로 신약에는 사역에 있어서 성직자와 평신도의 사역을 둘로 나누는, 즉 평신도를 두번째 자리로 격하시키는 이분법적인 근거가 없다. 종교 개혁이 평신도들의 손에 성경을 안겨줬듯이, 이제 사역을 성도들 손에 맡길 필요가 있다는 깨달음이 일고 있다. 그리스도 안에서 모든 신자들이 거룩하고 왕 같은 제사장직을 서로 공유한다(벧전 2:5, 9)는 사실은 우리 모두가 찬양과 감사 그리고 봉사의 희생(히 13:15, 롬 12:1, 벧전 4:10-11)을 바치기 위해 성전의 성소에 나아간다는 의미다. 신자들의 제사장직에 대한 성경의 교리는 우리 모두가 우리의 영향력이 미치는 삶의 영역에 전임 사역자로 부름받았다는 사실을 가르쳐준다. 주님과 함께하는 우리의 동행을 개발하고 제자도와 삶의 증거를 통해 다른 이들을 양육할 때 우리는 하나님의 지속적인 사역에 참여하게 된다.

동시에 하나님은 어떤 이들은 교회와 사역의 목양과 지도자의 위치로 부르셨다. 이들은 은사와 성품의 완숙도가 다른 사람들이 따를 만한, 본보기가 될 만한 사람들이다(고전 11:1, 딤전 3:1-13, 딛 1:5-9, 벧전 5:1-5, 히 13:17). 그리스도의 몸에 있는 그러한 지도력은 훈련과 경험을 통해 배우고, 봉사를 통해 습득되며, 공동체가 판별한다. "하나님의 말씀을 너희에게 이르고 너희를 인도하던 자들을 생각하며 저희 행실의 종말을 주의하여 보고 저희 믿음을 본받으라"(히 13:7). 이러한 종된 지도자들은 하나님이 다른 사람들의 삶에서 무엇을 행하시는지에 대한 통찰력을 가지고 있으며, 그들의 가능성을 개발하고 발견하는 일에 기쁨을 느낀다. 그러한 지도자들은 사람들을 가르치는 프로그램보다 사람들을 훈련하는 일에 보다 큰 관심이 있다. 이러한 지도자들이 새로운 지도자에게 본을 보이고 그들을 가르치고 훈련하고 개발할 때, 그들을 자기 중심의 사람에서 타인과 그리스도 중심의 사람으로 변하도록 돕는 것이다. 이런 방식으로 지도자들은 상처 입은 사람들을 치유하고, 치유를 성숙시키며 그리고 그러한 성숙을 보여주는 일에 참여한다.

고통스런 경험을 통해서 헨리 나우웬(Henri J. M. Nouwen)은 지도자들이 종이 되는 것을 방해하는 세 가지 유혹들을 경고하고 있다. 그리스도의 몸에서 지도자가 되고자 하는 모든 사람들은 「예수님의 이름으로(In the Name of Jesus)」라는 그의 통찰력 있는 책을 읽어야 한다. 첫번째 유혹은 동시대의 사람들에게 커다란 기여를 하려고 하는, 즉 필요한 인물이 되려는 유혹이다. 여기에 필요한 훈련은 하나님의 음성을 들으며, 우리가 성취하려고 하는 것보다 예수님을 더 사랑함으로 그러한 필요성에서 기도로 옮겨가는 것이다. 두번째 유혹은 박수갈채와 사람들의 칭찬을 받고자 하는, 즉 유명해지려고 하는 유혹이다. 여기에 필요한 훈련은 고백과 공동체를 돌보는 일에 전념함으로써 인기에서 벗어나 사역으로 옮겨가는 것이다. 세번째 유혹은 자기가 섬기는 하나님의 이름으로 세상을 지배하고 그 힘을 이용하려고 하는, 즉 강해지려는 유혹이다. 여기에 필요한 훈련은 힘보다는 사랑을 선택하고, 그분은 흥하고 우리는 쇠해지기 위해 예수님의 지도력에 순복하려는 낮아짐을 구함으로, 이끌기보다는 이끌림 받는 존재가 되는 것이다.

종된 지도력을 다루는 그 밖의 책들로 로버트 클린턴(J. Robert Clinton)의 「영적 지도자 만들기(The Making of a Leader)」, 로버트 그린리프(Robert K. Greenleaf)의 「종의 리더십(Servant Leadership)」, 헨리 나우웬(Henri J. M. Nouwen)의 「상처 입은 치유자(The Wounded Healer)」, 오스왈드 샌더스(J. Oswald Sanders)의 「영적 리더십(Spiritual Leadership)」 등이 있다.

## 책임 의식과 규칙

**책임 의식**  지난 몇 년간 개인과 그룹의 책임 의식의 문제가 광범위하게 토의되었다. 그리고 다른 것들과 마찬가지로 이 문제에 대한 불균형적인 접근은 두 가지 극단을 야기했다. 첫번째 극단은 다른 사람들에 대한 책임 의식의 부재다. 이것은 한때 경건하고 신실한 말로, "나는 오직 하나님께만 책임이 있다"라고 표현되기도 했다. 또 다른 극단은 누군가의 복종이라는 개념 속에 사람들을 억압하고자 사용되는 책임 의식에 대한 냉혹하고 독단적인 접근 방식이다. 이러한 상황에서는 율법이 자꾸만 은혜를 억누르는 방식으로 권고가 확신을 퇴색시킨다.

책임 의식에 대한 균형 잡힌 접근은, 우리를 사랑한 나머지 필요하다면 정직과 공평을 위해 위험을 감수할 정도로 우리를 사랑하는 사람들과 맺는 관계의 가치를 존중한다.

성경적인 책임 의식은 외적인 의무 이행의 문제가 아니라 자발적인 순종의 문제다. "너희를 인도하는 자들에게 순종하고 복종하라 저희는 너희 영혼을 위하여 경성하기를 자기가 회계할 자인 것같이 하느니라 저희로 하여금 즐거움으로 이것을 하게 하고 근심으로 하게 말라 그렇지 않으면 너희에게 유익이 없느니라"(히 13:17). '양떼의 영혼에게서 눈길을 떼지 않는' 장로가 있는 교회는 거의 없다. 그러나 여전히 우리 삶에 그러한 사역이 필요하다.

책임 의식은 명백한 죄(삼상 13:13), 교리적인 오용(갈 2:14), 다른 사람들이 갖는 우리에 대한 인상(롬 14:15-16) 그리고 의사 결정(왕상 22:6-8)과 관계될 수 있다. 추측, 스스로 속이는 것 그리고 합리화의 죄에서 우리를 보호하는 것이 책임 의식의 목표다. 그리고 책임 의식은 "나도 남의 수하에 있는 사람"(마 8:9)이라는 사실을 말해준다. 우리가 현명하다면, 우리의 확신을 내가 아닌 그리스도에게 두어야 한다(빌 3:3, 고후 3:5). 참된 책임 의식은 육체에 있는 확신과 반비례한다. 그러므로 우리는 책임 의식을 선택 사항이라고 보는 것에서 벗어나 우리의 영적 건강을 위한 필수 영양소로 볼 필요가 있다. 다윗의 간음과 살인을 질책하는 나단의 이야기를 이용한다면(삼하 12장), 우리는 나단이 우리 죄를 따지기 위해 우리를 찾아나서기 전에, 우리의 고뇌를 함께 나눌 수 있는 나단 같은 사람을 우리가 먼저 찾아야 한다.

문제는 현실성 없는 책임감의 겉모양만을 전달하기가 쉽다는 것이다. 예를 들어, 기독교 지도자들이 무엇을 말하든지 간에 그들을 지지하려고 하는 사람들을 '책임질' 때, 겉모습이 본질을 무색케 한다. 책임을 가장하는 또 다른 방법은 정보를 알려주지 않는 것이다. 이것이 우리가 책임을 지고 있는 사람들과 정기적으로 대화를 해야 할 뿐만 아니라 정직과 투명성을 유지해야 할 필요가 있는 이유다.

책임 의식은 부과되기보다는 요청되어야 하고, 그것은 주고받는 식이 아니어야 한다. 우리가 개인이나 그룹의 책임 의식이 주는 유익을 구한다면, 우리는 기도하는 마음으로 하나님과 살아 있는 동행을 하고 있는 사람들을 찾아야 한다. 그들은 두드러진 성실, 정직 그리고 인품을 가지고 있으며, 우리가 내려야 할 의사 결정에 대해 객관적일 수 있는 사람들이다. 이런 식의 공동체의 후원은 훈련에서 우리를 지탱해주고, 우리가 제자의 길에 머물 수 있도록 격려해준다.

**규칙** 책임 의식에 대한 또 다른 시간 중심의 접근은 규칙이다. 이 단어는 라틴어 레귤라(regula)에서 유래되었고, '규칙, 모형, 보기'의 의미가 있다. 일반적인 그리스도인은 영적인 삶에서 규칙의 어떤 형태를 따라 사는 사람이다. 비록 규칙은 개인과 소그룹에도 적용될 수 있지만, 그보다 공동체가 실행하고 있는 훈련의 내용과 관계가 있다(예 : 성 베네딕트의 규칙). 규칙은 기도, 학습, 침묵, 고독 그리고 다른 훈련을 하는 삶의 질서와 관계하고 있으며, 그것의 의도는 엄중함이나 율법주의보다는 진정한 자유와 기술 중 하나일 것이다. 개인 규칙은 영적인 지도자와의 합의로 만들 수 있고, 공동체의 규칙은 영적인 사랑과 원조라는 공통의 끈으로 하나 되기를 소망하는 친구들끼리 세울 수 있다. 그룹이 공동체의 규칙과 기도에 헌신할 때, 유형의 교회와 갱신 요원으로 존속할 수 있다.

## 갱신

우리가 보았듯이 개인적인 영적 형성은 같은 마음을 가진 신자들로 구성된 공동체의 토양에서 잘 자란다. 개인적 갱신과 공동체의 갱신 사이에는 또한 상호 역동성이 존재한다. 이것은 교회의 역사에서 일어났던 각성운동의 모형에서 분명히 볼 수 있다. 다양한 갱신과 개혁운동이 종교 개혁 이전에도 있었다(부록 B, '우리 유산의 풍성함'을 보라). 종교 개혁 다음으로 나타난 청교도와 독일의 경건주의는 더 이상 명목상의 교인이 아닌 회개와 구원받을 만한 믿음으로 나아가야 할 필요가 있음을 역설했다. 두 그룹은 개인적인 깨달음이 없을 때 교회의 개혁 교리와 제도가 주는 공허함을 깨달았다. 그들은 계속적으로 개혁을 할 줄 아는 개혁 교회를 원했다.

18세기 초에 동시에 일어났던 눈에 띄는 세 가지 갱신운동이 있었다. 그것은 다음과 같다. 제1차 미국 대각성운동[예: 조나단 에드워즈(Jonathan Edwards)], 영국 복음주의 부흥[예: 존 웨슬리(John Wesley), 조지 휫필드(George Whitefield)] 그리고 대륙 경건주의[예: 콩트 루트비히 판 진젠도르프(Count Ludwig von Zinzendorf)]. 이러한 운동의 다양성(칼빈의 경건주의, 웨슬리의 알미니안주의, 루터의 경건주의)에도 불구하고, 이 운동들은 모두 말씀과 성령을 통해 성경의 진리를 체험적으로 적용하는 것을 추구했다.

18세기 후반과 19세기 초에 일어났던 제2차 대각성운동은 미국에서는 라이먼 비처(Lyman Beecher)가 주도했고, 영국에서는 윌리엄 윌버포스(William Wilberforce)와 찰스 시몬(Charles Simeon)이 주도했다. 그 후 19세기와 20세기의 복음주의 갱신운동은 정규적인 신학 교육을 받지 않은 평신도 복음전도자들이 주도적으로 추진했다[예: 찰스 G. 피니(Charles G. Finney), 드와이트 L. 무디(Dwight L. Moody), 빌리 선데이(Billy Sunday)]. 이 시기에 일어났던 부흥은 새로운 대중 전도의 방식을 취했다. 그리고 1857-1859년 사이에 일어났던 기도 부흥이나, 1904-1905년의 웰시(Welsh) 부흥운동과 같이 성령의 임재도 또한 강조했다.

20세기 초반의 디퍼 라이프(Deeper Life)운동과 오순절운동은 성령의 체험적인 만남의 다른 측면들을 강조했다. 근래에 일어났던 선교단체의 전도와 제자화운동, 즉 1960년대와 70년대의 예수운동, 1960-1980년대의 카리스매틱운동 그리고 그 뒤에 이어지는 제3의 물결운동 모두는 공동체적 갱신의 다양성을 보여주고 있다.

각성, 갱신 그리고 부흥이라는 용어는 그리스도인이 하는 체험 중에 성령의 임재에 대한 성경적인 은유에 기초하고 있다(예: 롬 6:4, 8:2-11, 엡 1:17-23, 3:14-19, 5:14). 일반적으로 그러한 단어들은 공동체적인 영적 깨달음을 지칭하는 동의어로 사용되었다.

에드윈 오어(J. Edwin Orr)는 사도행전 1장과 2장에 나타난 전후관계를 이용해 이러한 다양한 운동들에게 존재하는 공통적인 형태를 찾고자 노력했다. 사도행전 1장의 성령을 의지해서 드리는 공동체적인 기도는 사도행전 2장에서 성령의 능력으로 행해지는 설교, 가르침, 전도 그리고 치유 사역을 통해 일어났던 교회의 활성화와 성장으로 이어진다. 부흥의 다른 형태는 요시야와 히스기야 왕의 통치 기간중 일어난 말씀 회귀운동에서 찾을 수 있다. 그밖에도 리처드 러브레이스(Richard F. Lovelace)는 갱신의 주기성과 연속성 모델을 구별하고 있다.

갱신의 영성은 많은 기도의 준비와 성령의 주권적이고 갑작스런 역사에 대한 기다림뿐만 아니라 회개와 개인의 회심에도 그 중심을 두고 있다. 갱신은 하나님의 주권적인 역사이며, 그것은 몇 가지 특별한 법칙의 이행이나 인간의 인위적인 노력을 의지하지 않는다. 갱신은 하나님이 그분의 백성을 합심으로 드리는 공동체적인 기도에 지속적으로 깨어 있게 하실 때, 성령에 의해서 주권적이고 놀랄 만한 방법으로 시작된다. 「영적 생활의 역동성(Dynamics of Spiritual Life)」과 「삶의 방식이 된 갱신(Renewal as a Way of Life)」이라는 책에서 리처드 러브레이스(Richard F. Lovelace)는 갱신의 전제 조건, 1차 요소, 2차 요소를 개괄했다. 〈표 36.2〉는 러브레이스의 개요를 인용한 것이다.

| I. 갱신의 조건 : 복음의 준비 ||
|---|---|
| A. 하나님의 거룩함에 대한 자각 | • 그분의 공의<br>• 그분의 사랑 |
| B. 죄의 깊이에 대한 자각 | • 당신의 삶에서<br>• 당신의 공동체에서 |
| II. 갱신의 1차 요소 : 복음의 깊이 ||
| A. 의롭다고 인정됨 :<br>　당신은 받아들여졌다. | • 그리스도 안에서 |
| B. 성화 :<br>　죄의 속박에서 당신은 자유하다. | |
| C. 내주하는 성령 :<br>　당신은 혼자가 아니다. | |
| D. 영적인 갈등에 있는 권위 :<br>　당신에게는 권세가 있다. | |

| III. 갱신의 2차 요소 : 교회의 삶 속에 있는 복음의 외부 사역 | |
|---|---|
| A. 선교 : <br> 세상 속에서 그리스도를 따르고 복음을 전파하기 | • 선포에서 <br> • 사회적 표현에서 |
| B. 기도 : <br> 성령의 능력에 의지함을 표현하기 | • 개인적으로 <br> • 공동체적으로 |
| C. 공동체 : <br> 그분의 몸과 하나가 됨 | • 소 공동체 <br> • 거대 공동체 |
| D. 신학적 조합 : <br> 그리스도의 마음을 가짐 | • 계시된 진리를 향해 <br> • 당신이 속한 문화를 향해 |

〈표 36.2〉

진정한 갱신은 하나님의 거룩하심과 더불어 우리 죄의 깊이에 대하여 성령이 주시는 마음의 깨달음에서 시작한다(요 16:8). 그것은 네 가지의 개인적인 깨달음, 즉 그리스도께 받아들여지는 것(의롭게 인정되는 것, 롬 5:1-11), 죄의 속박에서 벗어난 자유(성화, 롬 6:1-18), 하나님의 능력(내주하시는 성령, 롬 8:1-27) 그리고 신자의 권세(영적 전쟁에서 굳건히 서 있는 것, 엡 6:10-18, 약 4:7)를 깨닫는 것이다. 이러한 개인적인 갱신의 1차적인 요소들은 신자들을 개인적 단계에서 공동체의 단계로 나아가게 한다. 공동체적 갱신의 2차적인 요소에는 선교에 동참하기(행 1:8), 공동체의 기도 속에서 하나님을 기다리기(행 1:13-14), 공동체에 참여하기(행 2:42-47) 그리고 그리스도의 마음을 반영하는 신학적인 마음의 갱신(고전 2:1-16)이 있다. 그러므로 두 가지 개인의 영적 형성과 공동체적 갱신은 원심운동이라 할 수 있다(중심에서 밖으로 나가려 하는).

종종 1차적, 2차적인 요소들의 일부가 무시되거나 지나치게 강조되기 때문에, 실제 갱신운동은 이러한 이상적인 계획의 변형들이다. 그밖에 부흥은 세상과 육체 그리고 악의 부패한 힘 때문에 정도를 벗어난 형태를 취할 수 있다. 게다가 거짓 신학은 부흥운동을 망치는 또 다른 원인이다. 그렇다고 건전한 신학이 항상 공동체적 갱신을 일으키고, 빈약한 신학이 또 항상 공동체적 갱신을 방해하는 것은 아니다. 이러한 운동들의 일부는 시작하자마자 끝나기도 하고, 어떤 운동들은 오랫동안 잔잔한 영향력을 지니기도 한다.

점점 더 많은 교회들과 사역자들이, 진리의 말씀과 성령의 임재에 대해 둘 다 반드시 믿음의 공동체에 전적으로 필요하다는 사실을 깨닫고 있다. 두 가지 예가 짐 심발라(Jim Cymbala)의 「새 바람 강한 불길(Fresh Wind, Fresh Fire)」 그리고 더그 배니스터(Doug Banister)의 「말씀과 교회의 힘(The Word and Power Church)」에 나와 있다. 그러나 이와 같은 교회들이 서로 똑같은 형태의 체험을 하지는 않는다. 어떤 한 교회에서 하나님이 행하셨던 것이라고 해서 다른 교회에도 적용될 수 있는 약 처방전이나 요리법처럼 간주하는 것은 옳지 않다.

참된 갱신은 제도적인 재조직이나 대중적인 호응 여부의 문제가 아니다. 오히려 참된 갱신은 그리스도의 몸에 거하는 헌신된 신자들 안에 있는 성령(불)의 능력과 말씀의 권위(연료) 그리고 일치된 기도(교제)가 중심이 된다. 기도가 널리 일어나고, 열정이 퍼져나가며, 하나님의 능력이 확실히 나타날 때, 믿음의 공동체는 질적(제자도)으로 그리고 양적(복음 전파)으로 성장한다.

## 공동체의 미래

성경은 완벽했던 우주의 질서와 타락, 그 질서의 파괴와 더불어 아들의 사역을 통해 새로운 질서를 창조하고자 하시는 하나님의 구원 프로그램에 대한 이야기다. 그리고 자신들을 사랑하신 하나님의 뜻 안에서 자유를 찾았던 이 땅의 사람들이 완벽한 균형과 안전 그리고 기쁨이 있는 하나님 나라의 공동체를 온전히 깨닫는 것에 대한 이야기가 또한 성경이다. 탐 사인(Tom Sine)은 「무모한 희망(Wild Hope)」이란 책에서 다가올 공동체에 대한 하나님의 의도를 다음과 같이 서술하고 있다.

- 모든 방언과 족속, 모든 나라의 사람들이 살아계신 하나님 안에서 화목하게 되는 새로운 인간성을 창조하시는 것이다.
- 개인적이든 구조적이든 더 이상의 죄가 없는 의로운 새 공동체를 건설하시는 것이다.
- 가난한 자들이 더 이상의 억압을 당하지 않는 공평에 대한 새로운 질서를 만드시는 것이다.
- 전쟁 무기들이 평화의 도구로 변하는 새로운 국제적인 공동체를 건설하시는 것이다.
- 장님이 보며, 귀머거리가 들으며, 눌린 자가 자유하게 되는, 하나 되는 새로운 사회를 건설하시는 것이다.
- 모든 인종과 문화적 배경의 사람들이 우리들의 한가운데서 행하시는 하나님의 통치를 진심으로 기뻐하는 거대한 축하의 잔치를 배설하시는 것이다.
- 우리가 하나님과 다른 사람들뿐만 아니라 창조된 모든 질서와도 화평하게 지낼 수 있는 새로운 미래를 선도하시는 것이다.

## 적용을 위한 질문

- 영적인 우정을 경험했던 적이 있는가? 영적인 인도, 영적인 멘토링, 영적인 지도 중 어떤 것이었는가? 그 가운데 현재 당신 삶의 영적인 여정에 가장 유익이 되었던 것은 무엇인가?

- 대부분의 개신교도들이 영적인 지도를 받지 못한 것은 무슨 이유 때문이라고 생각하는가?

- 내적 치유에 대한 어떤 경험이 있는가?

- 때때로 종의 리더십(servant leadership)에 대해서 논의할지라도, 기독교 교회나 기독교 조직에서 실제로 거의 실행되지 않는 이유는 무엇 때문이라고 생각하는가?

- 당신은 당신의 삶에 대한 참된 책임 의식이 있는가? 현실성이 없는 피상적인 책임 의식을 쉽게 갖는 이유는 무엇인가?

- 당신의 영성의 성립에 있어서 당신이 가지고 있는 개인적인 규칙은 무엇인가?

- 당신은 공동체 갱신의 어떤 요소들을 경험한 적이 있는가?

결론 _ 계속되는 여정 CONTINUING ON THE JOURNEY

# 경주를 잘 마치기 위해 필요한 것들

> **이 장의 개관**    경주를 계속하는 데 필요한 것은 무엇인가? 이 장에서는 잘 마치는 것과 관계되는 다양한 요소들을 다룬다. 그러한 요소에는 그리스도와의 친밀감, 영적 훈련의 성실, 삶의 환경에 대한 성경적인 시각, 학습 능력, 개인의 목적, 건강한 인간관계 그리고 지속적인 사역이 있다.

1987년 63세의 나이에 심장 발작으로 사망한 배우 리 마빈(Lee Marvin)은 언젠가 절망적인 말을 한 적이 있다. "사람들이 자네의 이름을 헐리우드 길에 있는 별표 위에 새겨놓으면 자네는 그것 위에 수북이 쌓여 있는 개 거름 더미를 볼 걸세. 여보게, 그것이 이야기의 전부라네." 우리가 이 세상의 시민으로 사는 것이 전부라면 마빈의 말이 맞다. 명예, 지위, 재산 그리고 권력을 얻는 것은 오래 가지도 못하고 만족할 만한 것도 못 된다. 우리의 업적과 성취는 허무하게 사라지고 잠깐 머물렀던 이 땅의 삶이 끝날 때는 어떤 위로도 주지 못한다.

그러나 반대로 「삶의 세 가지 철학(Three Philosophies of Life)」에서 말하는 피터 크리프트(Peter Kreeft)의 말을 들어보자.

그리스도가 없다면 세상에서 가장 순수한 정금도 오직 거름 덩어리에 불과하다. 그러나 그리스도가 함께한다면 가장 보잘것없는 쇳조각도 정금으로 변한다. 연금술의 소망은 성취될 수 있다. 그러나 영적인 경지에서 본다면 그것은 화학작용이 아니다. 거기에는 어떤 것도 금으로 변화시키는 '철학자의 돌'이 있다. 그 돌의 이름은 그리스도다. 그와 함께라면 가난도 부유하고, 약함도 강함이며, 고통은 기쁨이요, 멸시받는 것도 영광이다. 그가 없다면 부요함도 가난이요 강함도 쓸모없고, 행복이 불행이며 영광은 멸시를 받는다.

일단 우리가 그리스도께 우리 삶을 헌신했다면, 다시 과거로 돌아가는 일은 없어야 한다. 이것을 생각해 볼 때, 우리를 그분에게서 멀어지게 하는 어떤 참된 것도, 영원한 것도 있을 수 없다. 이러한 진리에도 불구하고 생애 중반에 경주를 포기하는 신자들의 전염병이 있다. 시작은 잘했으나 끝은 초라하다. 일련의 작은 타협들로 인해 생기는 점차적인 침식이나 갑작스런 시작이 그 원인이 될 수 있다. 그러나 어떤 작은 것들이라도 우리가 달리도록 부름받은 길에서 우리를 이탈시킬 수 있다.

그러면 경주를 잘 마치기 위해서는 무엇이 필요한가? "내가 선한 싸움을 싸우고 나의 달려갈 길을 마치고 믿음을 지켰으니"(딤후 4:7, 행 20:24, 고전 9:24-27)라고 했던 바울처럼 되기 위해서 우리는 어떻게 달려야 하는가? 많은 연구가들이 "인내로써 (그들) 앞에 당한 경주를 경주"(히 12:1)했던 사람들의 특징을 조사했다. 나는 그러한 특징을 7가지로 정리해보았다.

1. 그리스도와의 친밀감
2. 영적 훈련에 대한 성실성
3. 삶의 환경에 대한 성경적인 시각
4. 배우려 하고 반응하며 겸손하고 순종하는 마음가짐
5. 개인의 목적과 부르심에 대한 분명한 인식
6. 지혜가 풍부한 사람들과 맺는 건전한 관계
7. 다른 사람들의 삶에 대한 지속적인 사역의 투자

7개의 주요 단어는 친밀감, 훈련, 관점, 배우려 함, 목적, 관계, 사역이다. 그리고 이러한 특징들은 내면에서 외부로 이동한다는 사실을 염두에 두는 것이 중요하다. 처음 두 가지 특징은 하나님과의 관계(존재)며, 다음 세 가지 특징은 개인적 사고와 경향(앎)이고, 마지막 두 가지 특징은 다른 사람들과 갖는 수평적 관계(행위)다. 이러한 7가지 중요한 특징들에 대해 간략히 설명하면 다음과 같다.

### 그리스도와의 친밀감

히브리서 12장 1절의 "인내로써 우리 앞에 당한 경주를 경주하며"라는 권면은 곧바로 12장 2절의 "믿음의 주요 또 온전케 하시는 이인 예수를 바라보자"라는 말로 이어진다. 우리가 인내함으로 경주를 잘 마치기 원한다면, 우리 환경이나 다른 주자들을 보는 대신 예수님을 계속해서 바라보아야 한다. 누가복음 14장 26절에 기록된 예수님의 강력한 말씀을 기억하라. "무릇 내게 오는 자가 자기 부모와 처자와 형제와 자매와 및 자기 목숨까지 미워하지 아니하면 능히 나의 제자가 되지 못하고." 성경은 이러한 사람들을 사랑하고 섬기라고 우리를 부른다. 그러나 주님은 우리가 가장 사랑하는 것이 당신이서야 한다고 말씀하셨다. 그분에 대한 우리의 사랑과 추구 때문에 상대적으로 다른 모든 관계는 미움의 대상이 되어야 한다.

태양의 망원 사진은 자주 흑점이라 불리는 태양 광구의 거대한 영역을 보여준다. 이러한 흑점은 태양을 둘러싸고 있는 보다 뜨거운 광구와 대조적으로 어둡게 보이며 일시적으로 차가운 지역이다. 그러나 만일 맨눈으로 흑점을 보면 그것은 굉장히 밝을 것이다. 이와 마찬가지로, 다른 사람을 향한 우리의 사랑은 주 예수 그리스도에 대한 사랑과 비교할 때만을 제외하고는 언제나 밝게 빛나야 한다. 우리가 아직 예수님을 보지는 못했지만, 우리를 위해서 당신을 내어주시고 먼저 사랑해주신 그분을 사랑하고 그분 안에서 소망을 가질 수 있다(벧전 1:8, 엡 5:2).

우리를 향한 높은 부르심은 그리스도를 아는 지식에서 자라는 것이며, 다른 사람들에게 그리스도를 전하는 것이다. 어떤 사람이든, 소유든, 혹은 지위든 우리 마음과 감정에서 주 예수님보다 높아진다면, 우리는 이 위대한 부르심을 성취할 수 없을 것이다. 그것은 이 덧없는 세상의 허무한 약속에 우리 자신을 값싸게 팔아먹는 행위다.

우리는 가끔 마음과 인생의 방향을 점검하기 위해 스스로 이런 지혜로운 질문을 던져보아야 한다. "그리스도를 알고 싶은 욕망이 다른 모든 야망보다 훨씬 큰가?" 만약 그렇지 않다면, 그리스도의 제자로서 영적인 열매를 맺고 살아가는 기쁨을 맛보기 위해서는 그것이 무엇이든지 다른 야망들은 우리 마음의 중심에서 제거되어야 한다.

끝까지 경주를 잘 마치는 사람들의 한결같은 비밀은 죄를 짓지 않으려는 것보다 예수님을 사랑하려는 데 더 초점을 맞추었다는 것이다. 예수님을 더 사랑할수록 우리는 더욱 우리의 자신감을 오직 그분 안에만 두는 것을 배우게 된다. 다시 「현대의 이교도를 위한 기독교(Christianity for Modern Pagans)」에서 크리프트(Peter Kreeft)가 한 말을 인용해보자.

> 엄청난 분리, 영원한 분리는 유신론자와 무신론자 혹은 행복과 불행 사이에 있는 것이 아니다. 그것은 진리(하나님은 진리이시므로)를 찾는 자(사랑하는 자)와 찾지 않는 자(사랑하지 않는 자) 사이에 있다. … 우리는 건강, 행복 혹은 거룩함을 추구할 수 있다. 우리의 최고의 선으로 육체적 건강, 정신적 건강 또는 영적 건강을 추구할 수 있다. … 요한이 전한 복음에서 예수님이 던지신 첫번째 질문이 결정적인 것이었다. "너희가 무엇을 찾느냐"(요 1:38). 이 질문이 우리가 찾게 될 것, 우리의 영원한

운명 그리고 우리의 모든 것을 결정하는 것이다.

## 영적 훈련에 대한 성실성

훈련된 영성에서, 우리는 훈련이라는 것이 그 자체로 끝나는 것이 아니라 그리스도와의 친밀함과 영적 형성으로 귀결된다는 사실을 살펴보았다. 문제는 모든 것이 결국은 타락하고 부패한다는 것이다. 어떤 닫혀 있는 계통(시스템)에서라도 가용한 에너지의 양은 점점 감소한다는 열역학 제2법칙은 정보 이론에서부터 관계론에 이르기까지 다른 계통에서도 광범위하게 적용될 수 있다. 외부에서 에너지가 주입되지 않으면 엔트로피(Entropy, 무질서의 정도)는 증가한다. 목표와 관계에 있어서도 작정된 의도와 노력의 주입 없이는 질서를 유지하고 성장을 도모할 수 없다.

앞에서 생각했던 열두 가지 훈련들은(홀로 있음, 침묵, 기도, 영혼의 일기, 학습, 묵상, 금식, 자비, 비밀 간직, 자백, 교제, 복종, 인도, 단순한 삶, 종의 도, 희생, 예배, 축제, 섬김, 증거) 우리의 성품, 사고 그리고 행동을 개선시킬 수 있다. 그러나 아무도 이 모든 훈련을 지속할 수는 없다. 어떤 항목이 어떤 사람에게는 덜 중요할 수도 있다. 그러나 우리의 영적 여정에서 가장 필요로 하는 영역을 성실하게 훈련하는 것이야말로 우리로 하여금 정도를 걷게 하고 끊임없이 개인적인 영적 갱신을 가능하게 하는 것이다.

## 삶의 환경에 대한 성경적인 시각

절망에 대한 성숙한 이해가 없다면 우리는 하나님께 집중할 수 없다. 주님은 사랑하는 마음으로 우리 삶에서 다양한 창조적인 방법으로 시련과 역경을 사용하신다. 그리고 이러한 고통을 주시는 목적의 일부는 오직 우리가 그분만 의지하게 하려는 데 있다. 이것은 우리 인생의 중반기, 즉 능력은 감소되고 대신 책임이 증가되는 시기에 들어서면서 일어난다. 일반적으로 삼십대 후반에서 사십대 중반에 우리는 경험적으로 우리 자신들에게 있는 죽음의 운명을 받아들인다. 그것을 좀 더 빨리 깨닫는 사람도 있고, 몇 년이 더 소요된 후에 깨닫는 사람도 있다.

하나님의 자녀로서 우리에게 닥친 고통을 통해서 우리는 묻고 구하며 문을 두드린다(마 7:7-8). 그리고 그분의 때에 하나님은 보다 분명하게 당신을 우리에게 보여주신다. 이러한 개인적인 깨달음은 우리의 믿음과 그분의 성품과 약속을 신뢰하는 능력을 키워준다. 오직 우리는 하나님 없이는 우리가 살 수 없다는 것을 경험적으로 깨달을 때에야 비로소 고통의 한가운데서도 기꺼이 그분의 목적에 헌신하게 된다. 자라나는 믿음은 우리가 하나님의 목적과 그분의 방법을 이해하지 못할 때에도 그분을 신뢰하는 것이다.

시련은 희망을 보다 분명히 보여주는 역할을 한다(롬 5:3-5을 보라). 시련을 통해서 우리는 보다 커다란 그림을 볼 수 있기 때문이다. 패러다임 영성에서 보았듯이 우리가 로마서 8장 18절의 "현재의 고난은 장차 우리에게 나타날 영광과 족히 비교할 수 없도다"라는 말씀을 이해하기 위해서는 지금 이 시간에 영원의 관점을 개발해야 한다. 우리들의 환경에 비추어 하나님의 성품을 보는 대신에, 하나님의 성품에 비추어 우리의 환경을 바라보아야 한다. 그때 우리는 하나님께서 결코 우리에게 무관심한 분이 아니시며, 우리에게 고통을 사용하시는 것이 우리의 유익을 위함이고, 결국 우리가 그리스도와 보다 완전하게 연합할 수 있도록 하기 위함임을 깨달을 수 있다(히 12:10-11, 벧전 4:12-17). 또한 하나님은 고통 가운데 있는 우리를 위로하시며(고후 1:3-5), 그러한 고통이 영원하지 않을 것임을 우리에게 상기시켜주신다(고후 4:16-18).

C. S. 루이스는 「고통의 문제(The Problem of Pain)」라는 그의 책에서, 하나님은 우리의 삶에 고통을 허락하시는데, 그 이유는 하나님이 우리를 덜 사랑해서가 아니라 오히려 우리가 원하는 것보다 더 우리를 사랑하시기 때문이라고 말한다.

> 어린아이를 그냥 즐겁게 하는 그림을 그리는 것에 대해 화가는 그다지 큰 어려움이 없을 것입니다. 비록 그가 생각한 대로 정확하게 그리지 못할지라도 그림을 그려주는 것만으로도 만족해할 것입니다. 그러나 그가 사랑하는 작품, 예를 들어 남자가 여자를 사랑하듯 혹은 어머니가 자녀를 사랑하듯이 그려야 하는 인생의 명작을 그리는 데에는 끝없는 고통이 그에게 따릅니다. 그리고 만약 그 그림에게 의식이 있다면, 그는 그 그림에게도 끝없는 고통을 주었을 것입니다. 그 그림은 약 1분 안에 완성될 수 있는 간결한 스케치일 거라고 쉽게 상상할 수도 있습니다. 그렇지만 그것은 문지르고, 오려내고, 열 번에 걸쳐 다시 시작한 후에야 살아 있는 그림이 되는 것입니다.

우리가 삶의 경험과 그것을 둘러싼 환경에 대해 성숙한 성경적인 관점을 가지고 우리 마음을 새롭게 할 때, 우리 인생은 이 땅 위에 덧없는 재산을 늘리기 위한 것이 아닌 영원의 씨앗을 뿌리기 위한 시간임을 알게 된다. 그러한 관점은 우리의 염려는 줄여주고(마 6:25-34), 만족은 증가시키며(딤전 6:6-8), 우리의 신뢰와 소망을 더 강하게 한다(히 6:13-20). 공간성은 줄어들고 시간은 가속화되어가는 포스트모던 시대에 우리는 리듬과 페이스가 필요하다. 그렇지 않으면 결국에 가서는 소용돌이 속에 추락하거나 사라져버리는 위험에 빠지게 된다. 우리의 페이스를 보다 큰 이야기에 맞추어 항상 살펴보고 적응시켜나가는 것이 현명한 방법일 것이다.

## 배우려 하고 반응하며 겸손하고 순종하는 마음가짐

경주를 잘 마치고자 하는 사람들은 그들 삶의 모든 계절에 걸쳐 지속적으로 배우려는 자세를 유지한다. 독선과 자기도취의 태도는 배움의 길에서 사람들을 안주하거나 퇴보하게 만드는 원인이다. 그리고 이러한 태도는 영적인 생명력에 해롭게 작용한다. 우리가 어렸을 때는 어리석음과 집중력의 결여라는 문제가 있었고, 인생의 중반기에 이르러서는 결정하지 못하는 마음과 삶의 뒤엉킴으로 괴로워한다. 그리고 인생의 말년에 이르러서는 배움이라는 커다란 도전이 남는다. 어린아이와 같은 경이로움과 놀람 그리고 두려움을 간직하고 있는 사람들은 완고함이나 강퍅함이라는 범주로 분류되지 않는다. 은혜 속에서 계속 성장하는 그러한 사람들은 "여호와의 집에 심겼음이여 우리 하나님의 궁정에서 흥왕하리로다 늙어도 결실하며 진액이 풍족하고 빛이 청청할 것이다"(시 92:13-14).

겸손과 즉각적인 순종은 배우려 하는 마음가짐에 필요한 열쇠다. 겸손은 우리 영혼이 삶의 모든 것은 하나님을 신뢰하는 것이며, "만물이 주에게서 나오고 주로 말미암고 주에게로 돌아감이라"(롬 11:36)는 사실을 깨닫는 성품이다. 하나님이 주신 은혜의 신비는 우리의 죄성보다 더욱 우리를 겸손하게 한다. 왜냐하면 은혜는 우리를 자신들이 아닌 하나님께 우선적으로 집중하도록 가르쳐주기 때문이다. 우리가 이 은혜에 순복하고 하나님을 모든 것 중에 모든 것 되시는 분으로 모셔들일 때, 우리의 자아는 그분의 왕 되심을 인하여 제거된다. 앤드류 머레이(Andrew Murray)의 「겸손(Humility)」이라는 책에서 인용한 다음의 기도를 우리 경건 생활의 일부로 삼는다면, 우리는 그 일을 보다 잘할 수 있을 것이다.

"주 하나님, 당신의 지극한 선을 나에게 알게 하시기 원하나이다. 악한 영이 주었든, 아니면 나의 타락한 본성에 의한 것이든 나의 마음에 있는 모든 종류, 어떤 모양이나 어느 정도의 교만도 없이 하여주시고, 내가 당신의 빛과 영을 따라 살 수 있도록 겸손의 지극한 깊음과 진리를 내 안에 일깨워 주소서."

육신을 입고 계셨을 때의 주님과 같이 우리는 우리가 겪는 고난을 통해 반드시 순종을 배워야 한다(히 5:7-8). 토마스 머튼(Thomas Merton)은 이것을 「영적 지도와 묵상(Spiritual Direction and Meditation)」에서 다음과 같이 표현하고 있다. "우리를 위로하는 은혜뿐만 아니라 우리는 우리를 겸손하게 하는 은혜에도 협력할 수 있도록 준비되어야 한다. 우리를 높이는 빛뿐만 아니라 우리들의 자기만족을 불태워버리는 빛에도."

순종은 우리에게 위험을 감수할 것을 요구한다. 그것이 바로 보이지 않고 아직 존재하지 않는 것들에 대한 믿음의 성경적인 적용이기 때문이다(히 11:1). 우리가 그리스도 안에서 성숙해져갈수록, 대조적으로 보이는 상황에서도 하나님의 성품과 그분의 약속을 신뢰함으로써 이 세상의 불확실성 속에서 살아나가는 법을 배우게 된다.

### 개인의 목적과 부르심에 대한 분명한 인식

목적이라는 투명한 지표가 없는 삶은 의미 없이 하는 운동일 수 있다. 말콤 머거리지(Malcome Muggeridge)는 그것을 이렇게 말한다.

> 나는 우주가 창조되었다는 사실과, 소위 우리가 역사라고 부르는 계속적으로 반복되는 똑같은 등장 인물들과 상황들로 이루어진 지루한 아침 드라마에 출연하기 위해, 이른바 호모 사피엔스라 불리는 우리가 세대를 거듭하면서 짧게나마 이 작은 지구에 머물다 가는 존재가 되었다는 사실을 믿을 수 없었다. 이것은 깜빡거리는 작은 불빛을 보기 위해서 커다란 운동경기장을 짓는 것과 같다. 또는 하모니카 하나를 연주하기 위해 거대한 오페라 하우스를 짓는 것과도 같다. 다시 말하면, 인간의 존재와 우주의 존재에 대해서 우리의 인생을 잘 보내는 것 이상의 다른 이유와 단순히 그러한 육체적, 지적 그리고 영적인 창조성을 활용했던 것이 우리를 존재케 했다는 것 이상의 다른 운명이 필요하다는 것이다.

우리가 비록 그러한 삶에 결코 도달하지 못한다는 것을 깨닫더라도, 하나님은 우리 각자를 위험이 따르시만 신실함과 자라나는 소망이 붙들고 있는 목적이 있는 인생 여정으로 부르셨다. 이러한 부르심과 사명은 우리의 직업을 넘어서는 것이며, 우리의 경력이 끝날 때에도 지속된다. 개인적인 비전을 개발하고 사명을 분명히 하고자 주님의 인도를 구할 때, 우리는 일과 그 일에 대한 성취의 단계를 넘어서 우리가 살고 기동하며 존재하는 목적을 구하는 단계로 나아가야 한다(행 17:28). 우리는 우선 사람으로 부름받았다. 다음으로 우리 삶의 최종 결과는 하나님의 손에 달려 있음을 깨닫고 우리가 맡고 있는 일들 속에서 이렇게 정의된 관계성을 나타내도록 부름받았다. 우리는 운명에 대한 의식이 있다. 그러나 새로운 창조를 보지 못하는 우리의 무지는 하나님이 우리를 어떤 사람으로 부르셨는지에 대해 우리가 반드시 하나님을 신뢰해야 한다는 것을 의미한다. 라인홀드 니버(Reinhold Niebuhr)는 그것을 잘 말해준다.

우리는 행할 만한 가치가 있는 어떤 것도 우리 인생 동안 성취할 수 없다. 그러므로 우리는 소망으로 구원받아야 한다. 진실되거나 아름답거나 좋아 보이는 어떤 것도 역사라는 순간적인 상황에서는 완전한 의미를 갖지 못한다. 아무리 덕스럽다 하더라도 우리가 하는 어떤 일도 혼자 힘으로 성취되지 않는다. 그러므로 우리는 사랑으로 구원받아야 한다.

우리의 야망과 성취 그리고 우리의 능력과 기여 사이에는 항상 간격이 있게 마련이다. 이러한 차이는 절망의 사건이, 우리가 그것을 우리의 진정한 본향에 대한 동경으로 볼 때 소망의 기회로 변하면서 생겨난다. 이 소망은 우리의 목적이 측량할 수 없는 것이며, 이 땅에서의 부르심은 오직 영원한 창조적인 활동과 천국의 공동체를 위한 시작에 불과하다는 것을 깨닫는 것이다.

### 지혜가 풍부한 사람들과 맺는 건전한 관계

공동체적 영성을 다루는 장에서 우리는 영적 우정이 영적 인도로, 영적 멘토링으로 그리고 영적 지도로 변화되는, 호의적으로 영혼을 돌보는 관계가 갖는 영역들을 살펴보았다. 우리는 또한 개인과 그룹의 책임감뿐만 아니라 종의 지도력의 중요한 측면들을 고찰했다. 이러한 각 관계는 우리가 부르심을 받아 달려가는 길에서 벗어나지 않도록 우리를 격려하고, 준비시키며, 위로하는 귀중한 자원이다. 경주를 잘 마치고자 하는 사람들은 그리스도의 몸에 있는 다른 자라나는 지체들의 따뜻한 후원 없이는 할 수 없다. 이러한 관계는 그리스도와의 친밀감을 증대시키고, 필요한 훈련을 계속 받도록 우리들을 격려한다. 더 나아가 이러한 관계는 우리의 장기적인 안목을 키워주고, 배우려는 자세를 유지하며, 우리의 목적과 부르심을 개발하도록 도와준다.

### 다른 사람들의 삶에 대한 지속적인 사역의 투자

우리는 교환된 삶의 영성을 다루는 장에서 예수 그리스도가 우리를 위하여 그의 생명을 내어놓으셨으며(구원), 그 결과로 예수님은 우리에게 그의 생명을 주셨고(성화), 그의 생명이 우리를 통해 살 수 있게 되었다(예배)는 사실을 보았다. 성령 충만의 영성은 우리가 받았던 영적인 은사를 발견하고 개발하며, 그것을 다른 사람들의 덕을 세우기 위해 성령의 능력 안에서 활용하는 일의 중요성을 강조했다. 양육의 영성은 전도와 훈련의 생활 방식을 개발하는 것에 집중되어 있다. 이는 우리가 사람들에게 예수님을 소개하고, 사람들이 예수님을 알게 된 후로 그들의 영적인 성장을 돕는 과정에 참여하는 데에 목적이 있다. 하나님이 우리 안에 심어놓으신 새로운 삶은 우리 존재에 영향을 줄 뿐만 아니라 다른 사람들의 삶에서도 감동을 일으키며 퍼져나간다. 경주를 잘 마치고자 하는 신자들은 다른 사람들의 유익을 위하여 지속적인 전도와 희생적인 사역을 감당하는 특징이 있다. 자원과 은사, 경험 그리고 어렵게 터득한 하나님이 주신 안목을 다른 사람들의 삶을 위해 더 이상 투자하지 않음으로써 그것들을 낭비하는 사람들은 곧 쇠퇴하고 사라지고 만다.

## 경주를 잘 마치는 데 장애가 되는 것들

경주를 잘 마치는 사람들의 일곱 가지 특징을 역으로 보면 분명히 각 특징에 상응하여 진행되는 장애 목록을 얻을 수 있다. 그러나 그보다 먼저, 첫번째 특징(그리스도와의 친밀감)을 견지하는 것에 실패하는 것이 나머지 여섯 가지 모두에 영향을 끼치는 가장 큰 장애라는 것을 살펴보아야 한다. 사실 여섯 가지 요소들은 우리가 맺는 그리스도와의 친밀감을 돕는 역할을 한다. 그러나 예수님과 맺는 관계의 쇠퇴는 곧 나머지 모두를 약화시킨다. 그렇다면 진짜 문제는 '무엇이 우리가 그리스도와 거하는 것에서 멀어지게 하는가?' 이다. 어떤 면에서 교만과 독선의 영적인 죄가 일반적으로 그 목록의 첫머리에 해당한다. 이 죄는(대개 불안정하게 시작된) 자기 중심적 야망, 다른 사람에게서 배우는 것을 싫어하는 기피증, 비교의식과 질투, 권위에 대한 불순종, 고통이나 상처를 기피하려는 획책 그리고 개인적인 고통과 상실에 대해 하나님께 분노하는 것과 같은 다양한 형태의 문제를 일으킨다.

도덕적 또는 윤리적 타락과 실패와 같은 보다 분명한 죄는 일반적으로 성한 눈(마 6:22-23)과 청결한 마음 (마 5:8, 딤전 1:5, 딤후 2:22)의 상실에서 유래한 내면적인 영적 붕괴의 부산물이다.

## 관점과 반응 그리고 목적에 대한 추가적인 생각들

**문제에 대한 관점** 분명한 성공의 시대를 살다간 사람들의 성품과 내면을 본받아서 성장하고 있는 어떤 사람을 본적이 있는가? 우리도 만일 그렇게 했다면 결과적으로 우리에게 큰 유익이 되었을 것은 분명하다. 그러나 자기중심주의와 근시안적인 태도 때문에 그런 경우는 찾아보기가 힘들다. 예수님이 다시 오실 때까지 우리는 세상이 말하는 성공을 통해 배우기보다는 좌절과 실패를 통해 더 많이 배우고 성장하는 것을 계속할 것이다. 사람들이 볼 때 눈부시도록 성공적인 생애를 살다간 어떤 사람의 의견을 들어보자.

나는 기대했던 것과는 달리, 어떤 만족이 오히려 더 특별히 쓸쓸하고 고통스럽게 보였던 경험들을 뒤돌아본다. 참으로 나는 이 땅에서 살았던 75년 동안 배웠던 모든 것, 실제로 나를 강하게 만들었고 내 존재에 대해 눈 뜨게 만들었던 모든 것은 행복이 아닌 고난을 통해서 이룩된 것이라고 진실하게 말할 수 있다. 내가 자초한 것이든 아니면 우연히 생긴 것이든 간에 말이다.
 - 말콤 머거리지(Malcolm Muggeridge)

만약 우리가 단 5분만이라도 천국을 방문할 수 있다면, 돌아온 후의 이 지상의 삶은 결코 그 전과 같지 않을 것이다. 처음에 우리는 이 땅의 삶이 덧없고 짧다는 것을 아는 바른 관점을 가졌을 것이다. 그러나 결국은 영원하지 않을 것들에 우리의 마음을 빼앗기는 어리석음으로 산다.

존 화이트(John White)는 다음과 같이 말한다. "우리가 자꾸만 천국의 보물보다 이 땅을 더 좋아하는 이유는 믿음이 부족하기 때문이다. 우리가 진정으로 천상의 보물이 있다는 것을 믿는다면, 우리 중 어느 누가 이 땅에서 금을 사리려고 하는 바보짓을 하겠는가? 우리는 믿지 않고 있다. 천국은 우리에게 꿈이요, 우리가 정통이라는 것을 확인시켜주는 종교적 몽상일 뿐이다. 만약 사람들이 천국의 존재를 믿는다면, 사람들은 그곳의 영원한 처소를 준비하는 데 시간을 사용할 것이다. 그러나 아무도 그렇게 하지 않는다."

그것이 한시적이든 영원한 것이든, 삶을 바라보는 우리의 관점은 우리가 추구해야 할 삶의 기준과 모양새, 소망을 주는 삶의 재료들 그리고 하나님의 뜻과 원칙에 대한 순종과 불순종의 차이와 같은 우리가 살고 있는 삶의 규칙을 결정한다.

C. S. 루이스는 그의 책 「연장 창고에서 하는 묵상(Meditation in a Toolshed)」에서 빛에서 뻗어나오는 광선을 보는 것과 광선을 따라 뭔가를 보는 것과의 차이를 묘사했다. 그가 연장 창고에 들어갔을 때, 창고 문 꼭대기에 난 틈새 사이로 들어오는 태양빛 외에는 아무것도 볼 수 없었다. 처음에는 그 빛줄기 안에서 무수하게 떠다니는 작은 먼지 알갱이를 볼 수 있었다. 그리고 우리 모두가 한두 번쯤은 해봤을 만한 일을 그도 했다. 태양 광선과 눈을 마주칠 때까지 몸을 움직였을 때 곧 창고 안은 어두워지고 태양 광선은 사라져버렸다. 그러나 그는 그 태양 광선을 따라 바깥에서 한들거리고 있는 녹색의 나뭇가지와 그리고 그 너머에 있는 태양을 보았다. 관점이 모든 차이를 만드는 것이다.

사람들이 그리스도를 믿자마자 그들의 문제들이 사라져버리는 세상을 상상해보라. 갑자기 사람들이 만성적인 질병에 대한 면역성을 갖게 되고, 개인적으로 그리고 직업적으로 완벽한 조화를 이루는 인간관계를 누리며, 성공과 풍요가 원하기만 하면 주어진다. 그러나 모든 일에 문제가 전혀 없는 상태는 복음을 편만하게 전했던 전도자들의 의도와는 거리가 멀다.

처음에는 언뜻 좋게 들릴지 모른다. 그러나 몇 가지 실례들을 살펴보자. 구원을 얻기 위해 사람들은 그리스도를 신뢰한다. 그러나 그들이 다른 모든 일들에 대해 세상을 보지 않는다는 것은 매우 어렵다. 아무런 어려움이 없기 때문에 곧 그들은 하나님의 존재를 당연하게 여기고 그분의 은혜를 기대한다. 그들의 기도는 주님의 사랑을 깨닫고 그분께 의지하기보다는 마술의 속임수에 더 가까운 어떤 것이 될 것이다. 모든 것이 잘 되고 있기 때문에, 진정한 그리스도인의 성품을 개발하는 것은 거의 불가능하다. 그들은 인내(약 1:3), 견고함(고전 15:58), 감사(살전 5:18), 근면, 도덕적 탁월함, 자기 절제, 인내, 경건(벧후 1:5-6), 긍휼, 겸손, 온유, 오래 참음, 성실(갈 5:22)과 같은 자질들을 개발하지 않는다. 이러한 자질들이 개발되는 것은 고통의 환경 속에서 하나님을 소망하는 일과 관계되어 있기 때문이다.

편하고 번영하는 삶을 약속하는 대신, 신약은 그리스도를 따르는 사람들은 새로운 차원의 어려움을 만날 것이며, 주님께 삶을 드리기 전까지 알지 못했던 고난을 경험할 것이라고 말한다. 사실 영적 전쟁의 치열함은 제자도에 반응하는 신자들의 진지함에 비례한다. "무릇 그리스도 예수 안에서 경건하게 살고자 하는 자는 핍박을 받으리라"(딤후 3:12). 이것이 바로 바울이 소아시아의 제자들에게 계속 믿음에 거하라고 격려하는 이유다. 바울은 "우리가 하나님 나라에 들어가려면 많은 환난을 겪어야 할 것이라"고 말한다(행 14:22). 제자들에 대한 마지막 가르침에서 예수님은 "이것을 너희에게 이름은 너희로 내 안에서 평안을 누리게 하려 함이라 세상에서는 너희가 환난을 당하나 담대하라 내가 세상을 이기었노라"는 말씀으로 제자들에게 확신을 갖게 하셨다(요 16:33).

우리가 만나는 시험은 주님의 주권과 선하심을 우리가 얼마나 신뢰하는가를 보여준다. 렘브란트 그림의 특별 전시에서 한 관리인은 박물관 후원자들 중 어떤 사람들이 그의 작품에 대해 비판적인 말을 하는 것을 들었다. 관리인은 낮은 목소리로 "시험에 든 사람은 미술가가 아니라 관람자들이요"라고 말했다.

갈등과 고통의 시간들을 통과할 때, 하나님께 잘못된 태도를 취하는 것이 나에게 너무나 쉬운 일이있음을 고백한다. 그러나 그분이 그러한 문제를 통해 이루실 일에 대해 감사를 드리는 것은 결코 쉽지 않았다. 감사하게도 나는 내가 거역하는 것을 멈추고 그분의 주권과 사랑과 선하심과 지혜를 신뢰하기 시작할 때, 그분은 결코 나를 버리시지 않는다는 사실을 깨달았다. 당신도 과거를 뒤돌아보면 나와 같은 고백을 할 수 있을 것이다.

**하나님의 주도권에 대해 반응하기** "너희가 나를 택한 것이 아니요 내가 너희를 택하여 세웠나니 이는 너희로 가서 과실을 맺게 하고 또 너희 과실이 항상 있게 하여"(요 15:16).

하나님의 은혜가 언제나 우리의 반응보다 앞선다. 우리가 하나님을 찾을 때마다 그것은 그분이 이미 우리를 찾으셨기 때문이다. 우리가 하나님을 사랑할 때마다 그것은 그분이 먼저 우리를 사랑하셨기 때문이다

(요일 4:8-21). 우리가 기도드릴 때마다 그것은 그분이 기도하도록 이미 우리를 초청하셨기 때문이다.

**1) 하나님의 주도권에 대한 반응** 그럼에도 불구하고 우리는 하나님의 주도하심에 대해 반응해야 할 책임이 있다. 실제로 그분과 맺는 관계성의 깊이와 우리 삶의 전적인 방향은 우리 삶에서 그분이 주시는 사랑의 자극에 대해 우리들이 반응하는 태도에 달려 있다. 우리에게는 이러한 하나님의 주도권에 반응할 수도 있고 무시할 수도 있는 반응 능력이 주어져 있다. 그리고 인간적인 기준으로 볼 때, 우리가 맺는 하나님과의 관계는 서로 교감하고자 하는 자발성이 결정한다. 인격적인 하나님께 우리들이 지속적으로 인격적인 반응을 하지 않는다면 그분과의 관계는 아주 가볍거나 아예 존재하지 않는 것일 수도 있다.

우리가 할 수 있는 가장 중요한 반응은 복음, 즉 그리스도가 베푸신 용서와 새로운 삶에 대한 좋은 소식과의 관계다. 그리스도께 나아감으로 반응하지 않는 한 이 선물은 우리 것이 아니다. 이것은 단순한 지적인 동의라기보다는 개인적으로 영접하는 것을 말한다. 그리스도께 나아가는 것은 과거에 하나님의 은총을 얻거나 누리기 위해 우리의 힘을 의지하던 것에서 돌아서서, 그리스도에 대한 무한한 신뢰와 우리를 대신한 그분의 의로움으로 나아가는 의지적인 결단이다. 이러한 믿음의 반응은 우리의 천성적인 교만에 맞서는 것이다. 이것은 예수님이 절대적으로 필요하며, 그분 없이는 희망이 없다는 사실을 인정하는 것이다.

1938년 북대서양에서 일어난 폭풍 한가운데에 독일 상선 한 척이 있었다. 그 배는 바다의 압력으로 선체의 판자들이 뒤틀리기 시작하더니 순식간에 침몰했다. 한 선원이 기적적으로 방수가 되고 잘 뜨는 간이침대 매트리스를 붙잡고 떠 있었다. 잠시 후 남쪽 방향에서 영국 경비정 한 척이 왔고, 그 독일 선원이 가라앉은 배의 파편 속에서 발견되었다. 폭풍 속에서 뭔가를 한다는 것은 매우 위험했지만 그 영국 경비정은 '해야 했다.' 독일 선원이 일어서다가 큰 파도에 넘어졌다. 갑판 위의 영국 선원은 구명구를 던졌다. 커다란 도넛 모양의 구명구가 독일 선원 옆에 떨어졌다. 그때 그 독일 선원은 고개를 들어 영국 깃발과 영국 글자를 보았다. 그때 그는 이 사람들이 독일의 오랜 숙적임을 기억해냈다. 그는 구명구에서 등을 돌렸다. 그리고 서서히 그가 타고 있던 매트리스는 파도 속으로 가라앉고 말았다. 그 선원은 사라졌다.

나는 이 이야기를 읽었을 때, 하나님이 주시는 구원을 떠올렸다. 영적인 죽음에서 구원하시는 예수님의 선물은 그 구명구이며, 우리가 예수님을 몰랐을 때 하나님과 원수되었던 것처럼 우리들 중 일부는 천성적으로 그것을 붙잡기를 거부한다(롬 5:10). 독일 선원처럼 우리는 고집스럽게 하나님의 제안을 거절한다. 그러나 만일 우리가 그렇게 할 경우 우리의 멸망에 대해 그분을 원망할 수 없다. 심판은 정도의 문제가 아니다. 크리프트(Kreeft)는 「사랑은 죽음보다 강하다(Love Is Stronger Than Death)」에서 다음과 같이 말한다. "세상에는 오직 두 종류의 사람이 있다. 그것은 좋고 나쁜 사람들의 구분이 아니라 살아 있거나 죽은 사람, 즉 거듭난 사람과 그렇지 못한 사람, 하나님의 자녀들과 아담의 자녀들, 잉태할 수 있는 사람과 잉태할 수 없는 자들을 말한다. 이것은 천국과 지옥의 차이에 해당한다."

우리 삶에서 가장 중요한 반응은 복음에 대해 '예'라고 말하는 것이다. 「사자와 양(The Lion and the Lamb)」에서 브레넌 매닝(Brennan Manning)은 다음과 같이 말한다. "그리스도인의 체험에서 주된 두 가지 요소가 있다. 첫째는 사람이 하나님으로부터 '네가 그 사람이다'라는 말을 듣는 것이며, 두번째는 '당신은 나의 하나님이십니다'라고 대답하는 것이다." 전자는 죄를 깨닫는 시점이고(삼하 12:7을 보라), 후자는 자신으로부터 그리스도께로 돌아서는 시점이다.

**2) 계속되는 반응들** 이런 식으로 그리스도께 일단 나아왔다면, 영적인 삶은 우리 삶에서 주님의 인도하심에 대해 매일 반응하는 것이다. 각 상황에서 우리는 눈에 보이는 것 아니면 믿음으로, 율법 또는 은혜로, 의뢰함 또는 독단으로, 세상적인 지혜 또는 신성한 지혜로, 하나님의 약속과 성품에 모든 것을 걸거나 또는 우리 힘으로 세상을 움직여보려는 노력으로, 일시적으로 또는 영원성으로, 우리 삶을 찾으려 하거나 그리스도를 위해 그것을 포기하는 것으로 그리스도와의 동행을 선택할 것이다. 그리스도를 보기 전까지 우리는 믿음으로 순종하는 훈련에서 매일 우리를 낙오시키려고 유혹하는 이러한 싸움에 항상 휘말려 있을 것이다.

유혹과 침체의 시간에 다시 한 번 나에게 바른 관점을 갖도록 도와주는 한 가지는, 1967년 6월에 내가 그리스도께 나아온 이래로 일어났던 일들을 뒤돌아보는 것이다. 나는 결코 순종의 행위를 후회해본 적이 없다. 대신 나는 항상 불순종의 행위들을 후회했었다. 그러나 순종은 여전히 어렵다. 왜냐하면 순종은 때때로 나의 직관과 반대가 되며 문화와도 종종 대치되기 때문이다. G. K. 체스터튼(Chesterton)은 이렇게 말한다. "기독교의 문제는 기독교가 시험을 당하고 그래서 결함이 발견됐다는 데 있는 것이 아니라, 그것이 어려운 것임을 알고 방치했다는 것이다."

꽉 쥔 주먹으로는 가장 필요한 선물을 받을 수 없다. 죄는 성령을 방해하고 우리의 기쁨, 확신 그리고 평화를 빼앗아간다. 그래서 하고 있는 일을 멈추고 자신의 삶에 성령을 방해하고 있는 무엇이 있는지 하나님께 계시해달라고 요청하는 것은 현명한 일이다. 그것의 정체를 밝히고 하나님께 맡김으로써 막혔던 것은 풀릴 것이다.

로마서 12장 1-2절이 분명히 보여주듯이 하나님은 그분이 우리를 위해 하신 일들에 대해서 우리에게 알려주시기 전까지 우리에게 하나님을 위해 뭔가를 하라고 요구하지 않으신다. 그러나 진리가 너무 많이 계시되었음에도 그에 대한 반응이 저조할 때 우리는 강퍅한 마음이 된다. 하나님은 우리가 얼마나 많이 아는가보다 우리의 반응에 더 기뻐하신다. 기생 라합이 히브리서 11장의 믿음의 실례가 된 이유는, 그녀가 비록 많이 알지는 못했지만 아는 그대로 삶에 적용했기 때문이다. 이와 반대로 바리새인들은 엄청나게 많이 알고 있었음에도 가슴으로 반응하지 않았다. 동방 박사들은 메시아에 대한 지식이 거의 없었으나 그를 찾기 위한 길고도 지루한 여정을 마다하지 않았다. 한편, 예루살렘의 서기관들은 메시아가 베들레헴에서 태어날 것을 알았음에도 예루살렘에서 베들레헴까지 10여 킬로미터의 여정에 동방박사들과 동행하는 일조차 꺼려했다.

하나님이 신뢰하고 삶에 적용하도록 우리를 부르신 일들에 대해 믿음과 순종으로 반응할 수 있는 은혜를 우리에게 주시기를 바란다.

**성경적인 목적의 개발**  우리는 동기화된 영성과 포괄적 영성을 토론할 때 목적의 중요성을 언급했었다. 다음은 그에 대한 보충 설명이다.

### 1) 생명선의 분실

"지금 그의 생애 최초로 모든 것을 그렇게 분명히 볼 수 있는 일이 어떻게 일어났는가? 그동안 무엇인가가 그로 하여금 현재를 살지 못하게 했다. 전생애 동안 그는 단 한 번도 자신의 조용한 내면에서 쉬어보도록 자신을 허락하지 않았다. 대신 그가 기억하지 못하는 어두운 과거로부터 자신이 존재하지 않았던 미래로 영원히 자신을 던졌었다. 현재라는 것은 그의 생애 동안 단 한 번도 존재치 않았다. 그래서 그의 인생은 꿈처럼 지나가버렸다. 어떤 사람이 비행기를 놓치는 것과 같이 사람들이 그들의 삶을 놓치는 것이 가능한가?"

워커 퍼시(Walker Percy)의 소설 「재림(The Second Coming)」에서 제기된 이 질문에 대한 대답은 그렇다이다. 어떤 사람이 언젠가 이렇게 말했다. "당신의 삶이 끝나는 것을 두려워하지 말고, 대신에 결코 앞으로도 시작은 없을 것이라는 사실을 두려워하시오."

영화 '깨어남(Awakening)'에서 30년 동안 긴장성 질환 상태에 있었던 많은 환자들이 새로운 약물 치료로 일시적으로 온전한 정신 상태로 돌아온 적이 있었다. 어떤 사람들은 우쭐거렸고, 어떤 사람들은 그동안 그들 삶의 상당 부분이 없어져버렸다는 사실에 비통해했다. 그러나 그들의 이러한 정상적인 상태가 단지 일시적이라는 사실을 알았을 때부터 그들 모두는 매일 매일을 귀중하게 사용했다.

많은 사람들이 진정으로 깨어나지 못한 채 생각과 질문도 없이 그리고 경이로움과 두려움의 감각도 없이 살고 있다. 심지어 그리스도를 믿는 사람들도 이 땅에 사는 동안 하나님이 그들 각자에게 주신 독특한 목적을 나타내는 분명한 청사진을 개발시키지 못한 채 비틀거리며 살기 쉽다.

## 2) 목적이 없는 사람들

바츨라프 하벨(Vaclav Havel)이 한 말 중에 이런 말이 있다. "현대인의 비극은 그들이 인생의 의미를 점점 더 모른다는 것이 아니라, 그 인생의 의미가 주는 자극이 점점 줄어든다는 데 있다." 우리 행성에 사는 사람들 상당수가 왜 그들이 여기에 있으며 마지막 때에 그들의 삶이 무엇을 남기기 원하는가 하는 근본적인 질문에 대한 심각한 고민도 없이, 수년 그리고 심지어 수십 년이라는 인생의 항해를 하고 있다는 사실은 실로 놀랍기만 하다. 많은 사업가와 전문인들은 성공이라는 눈에 보이지 않는 비전을 좇기 위해 지름길로 올라선다. 그들은 지금 자신들이 설령 그것을 얻을지라도 결코 만족함을 주지 못할 어떤 것에 자신들의 귀중한 세월을 투자함으로써 너무 쉽게 자신들을 팔고 있다는 사실을 모른다. 이것은 마치 세찬 뒷바람 때문에 즐거운 시간을 보내게 되었다는 좋은 소식과 함께 기계 고장으로 길을 잃었다는 나쁜 소식을 전하는 비행기 조종사의 상반되는 두 이야기와 같다. 많은 사람들이 헛된 것을 위한 여행에서 좋은 시간을 보내는 것처럼 보인다. 그들은 줄이 자신들의 발목이나 허리가 아닌 목에 걸려 있는 것은 깨닫지 못한 채 번지 점프의 스릴을 만끽하는 사람들이다.

「이상한 나라의 앨리스」에 나오는 대화에서 앨리스는 체셔(Cheshire) 고양이에게 "제발 제가 여기서 어디로 가야 하는지 말해주실래요?" 라고 묻는다. 그러자 고양이는 "네가 어디로 가길 원하는지에 달렸어"라고 말한다. "어디로 가든 상관없어요." 앨리스가 말한다. 그러자 고양이는 "그렇다면 어느 길로 가든 상관없잖아"라고 대답한다. 만약 우리가 어디로 가야 할지 결정하지 못했다면, 다른 길과 마찬가지로 어떤 길도 충분하지 않다. 문제는 시험해보지 않은 인생의 결과가 거의 만족스럽지 못하다는 데 있다. 우리가 사는 동안 하나님의 목적을 추구하는 것에 실패한다면 목적지 증후군에 시달릴 것이다. 우리가 목적지에 도달할 때, 그것은 전부 부서져 날아가버린다는 것을 발견하다. 그 증후군은 존 스타인벡(John Steinbeck)의 「에덴의 동쪽(East of Eden)」에 나오는, 마지막에 그를 죽게 만드는 일에 자신의 삶을 다 투자했던 한 인물의 짧은 문구를 통해 잘 묘사돼 있다. "그는 쉬지 않았고, 여가도 없었다. 그리고 기쁨이 없는 부자가 되었고, 친구가 없는 존경을 받았다."

## 3) 운명이 결정하는 인생 여행

삶을 정의할 때는 살아왔던 삶을 회고함으로써 하고 그리고 삶은 앞을 향하여 살라는, 즉 운명으로 시작해서 그 운명에 비추어 인생 여정을 정의하는 키에르케고르(Kierkegaard)의 조언을 따르는 일은 매우 현명하다. 대부분 우리는 어디로 가야 할지 또는 무엇을 할 것인지에 대한 일체의 계획 없는 2주간의 여행을 떠날 것을 생각하지 않는다. 겨우 그 정도의 기간을 두고서도 그런 여행은 꿈도 꾸지 않는 수많은 사람들이 있다. 그러나 의외로 그들은 이 땅에서 존재하는 가장 긴 여정에 해당하는 그들의 인생 여행에도 계획이 없다. 이러한 결정적인 잘못을 피하기 위해서는 우리 자신에게 "나는 내 삶이 어떤 의미를 갖길 원하는가? 그렇다면 왜 그것을 원하는가?" 또는 "이 땅에서 머무는 시간이 다할 무렵 내가 뒤를 돌아볼 때 무엇을 보기 원하는가?" 라는 질문을 해야 한다. 성경적인 관점에서 보면, 진정한 질문은 우리 뒤에 무엇을 남길 것인가 아니라(이 질문에 대한 답은 항상 똑같다. 우리는 모든 것을 남겨두고 떠나기 때문이다), 우리의 다음 삶에 무엇을 보낼 수 있는가이다(마 6:20 참고).

많은 사람들이 그들이 했던 활동과 이루었던 업적들로 삶을 정의한다. 그러나 그리스도 안에서 은혜와 용서 그리고 새로운 삶을 체험한 사람들은 이 땅의 삶에서 그들의 사명과 목적을 다시 정의해주는 새로운 정체성을 부여받는다. 그들은 이제 다른 사람과 비교해서 얻는 삶의 목적 대신에, 계시된 말씀에 비추어 그들의 인생에 대해 하나님이 원하시는 목적을 발견할 수 있다.

### 4) 하나님의 궁극적 목적

성경에는 목적의 세 가지 측면이 나타나 있다[도움이 되는 비전의 기초 소책자 「당신의 목적을 발견하라(Establishing Your Purpose)」를 보라]. 첫째는 만물의 창조에 깃든 하나님의 궁극적 목적이다. 시간과 공간, 에너지 그리고 물질을 창조하기 전에 하나님은 홀로 계셨고 스스로 완전하시며 완벽한 분이셨다. 하나님은 삼위일체 사랑의 공동체로서 부족함이 없으셨고, 그분이 천사와 인간들의 영역에 창조하셨던 외로움이나 지루함의 어떤 것에서도 자유하셨다. 우리는 말씀을 통해 창조에 깃든 하나님의 궁극적 목적은, 그분의 형상을 닮았으며 하나님의 성품과 능력 그리고 완벽함에 대해 찬양과 경외로 반응할 수 있는 지적, 도덕적 존재들에게 그분의 영광을 나타내시려는 것임을 어느 정도 알 수 있다. 그러나 지금 우리의 상태에서, 창조 질서에서 그분의 궁극적인 목적이 무엇인지, 그 측량할 수 없는 하나님의 지혜의 일부분이라도 아는 것은 불가능하다.

### 5) 하나님의 우주적 목적

성경적 목적의 두번째 측면은 하나님의 우주적 목적이다. 이것은 예수님의 주 되심을 인정하는 모든 사람들에게 갖는 하나님의 생각이다. 이 단계에서 신자들은 하나님의 목적을 나누며 많은 말씀 속에서 그것을 이해한다. 목적을 표현하는 다양한 방법이 있을 수 있지만, 두 가지 본질적인 부분으로 축소할 수 있다. 그것은 경험적으로 하나님을 아는 것(영적 성장)과 다른 사람들에게 하나님을 알리는 일(영적 재생산)이다.

다락방에서 가르치신 후에 예수님이 드리신 대제사장의 기도에서 주님은 "영생은 곧 유일하신 참 하나님과 그의 보내신 자 예수 그리스도를 아는 것이니이다"(요 17:3)라고 말씀하셨다. 이 앎은 명제적이고 신학적인 것일 뿐만 아니라 또한 개인적이고 헌신적인 것을 말한다. 영생은 하나님을 경험적으로 아는 것이며, 그것은 사람이 그리스도를 신뢰하고 용서와 새 삶을 선물로 받을 때 생겨나는 성장의 과정도 포함한다. 사람이 가질 수 있는 최고의 보물은 모든 피조물의 주가 되시는 살아계신 그분과 맺는, 갈수록 친밀해지는 관계다. 그러나 이것이 우리의 최고의 바람이 되어야 함에도 불구하고, 많은 신자들은 더 좋지 못한 물질에 마음을 빼앗기고, 멸망하기로 예정된 것들을 자랑하고 그것들을 즐거워한다. 우리가 예레미야 9장 23-24절의 강력한 말씀을 자주 주의 깊게 상고해야 하는 이유가 거기에 있다. "여호와께서 이같이 말씀하시되 지혜로운 자는 그 지혜를 자랑치 말라 용사는 그 용맹을 자랑치 말라 부자는 그 부함을 자랑치 말라 자랑하는 자는 이것으로 자랑할지니 곧 명철하여 나를 아는 것과 나 여호와는 인애와 공평과 정직을 땅에 행하는 자인 줄 깨닫는 것이라 나는 이 일을 기뻐하노라 여호와의 말이니라"(렘 9:23-24).

성경은 우리가 창조된 목적을 분명히 전달하고 있다. "하나님이 미리 아신 자들로 또한 그 아들의 형상을 본받게 하기 위하여 미리 정하셨으니 이는 그로 많은 형제 중에서 맏아들이 되게 하려 하심이니라"(롬 8:29). 우리에게 있는 하나님의 목적은 다름 아닌 우리가 그리스도를 닮은 존재가 되는 것이다. 여기서 우리는 높고도 거룩한 네 가지 목적을 볼 수 있다. ① 우리 힘으로 그렇게 되는 것은 불가능하다. 우리는 그리스도의 모습을 닮기에 너무 연약하고 무능하다는 사실을 인정해야 한다. 그때에야 비로소 주님의 생명이 우리 속에서 살 수 있도록 우리가 준비된 것이다. 이것이 영적인 삶의 본질이다. ② 동전의 양면처럼 우리의 영적인 성장은 우리가 선택한 대로 일어난다. 하나님의 말씀과 기도에 규치적인 시간을 드리는 것과 같은 제자도 훈련을 하지 않는다면, 우리는 하나님과 더 이상 친밀해질 수 없다. ③ 하나님과 함께하며 자라나는 친밀감은 예수님 같은 성품을 닮는 데 결정적이다. 인격적, 경험적인 하나님에 대한 앎은 사람의 마음을 변화시키고, 이웃을 향한 희생적인 사랑의 행동과 봉사로 표현되기 때문이다. ④ 만일 우리를 향한 하나님의 목적이 우리의 삶에 집중되어 있지 않다면, 그것이 무엇이든 간에 전적인 순종을 할 만한 가치가 없다. 그러므로 하나님의 기쁨이 되는 것이 당신이 가진 최고의 소원이 되게 해달라고 은혜를 구하라(고후 5:9).

우리는 그리스도를 아는 모든 사람들에게 있는 하나님의 우주적인 목적을, 하나님을 경험적으로 알며(영적 성장), 이웃들에게 그분을 알리는(영적 재생산) 것으로 정리했다. 전자는 '주님, 제가 어떤 사람이 되기를 원하십니까?' 하는 질문과 관련되어 있다. 후자는 '주님, 제가 무엇을 하기를 원하십니까?' 라는 질문과 관련이 있다. 성경적으로 볼 때 존재가 행위보다 앞선다는, 즉 우리가 그리스도 안에 거한다는 사실이 우리가 하는 모든 일의 기초라는 면에서, 두번째 질문보다 첫번째 질문을 먼저 생각해보는 것이 현명하다. 그러나 일반적으로는 목적보다 행동이나 목표를 미리 정하며, 경건한 성품보다는 측정 가능한 성취들로 우리 자신들을 평가한다. 하지만 이런 식으로 전개된 목적들은 동료나 역할 모델의 비교에서 생겨난 것으로, 하나님이 우리 각자에게 부여하신 그분의 우주적이고 독특한 목적에는 결코 이를 수 없다. 우리는 목적에 대한 성경적 관점을 마음에 품어야 한다. 그리고 그것으로 우리들의 목표와 행동을 결정해야 한다.

### 6) 당신의 특별한 목적이 갖는 비전을 개발하라

만일 우리를 향한 하나님의 우주적인 목적이 그리스도를 알아가는 가운데(교육) 성장하고, 그분을 알리게(전도) 되는 것이라면, 우리의 삶 가운데 그 목적을 실천하기 위해 그분이 원하셨을 그 독특한 방법이 갖는 비전을 어떻게 알 수 있을까? 대답은 하나님이 우리에게 은사로 주셨고, 부르셨으며, 우리가 무슨 일인가를 하도록 공급해주신 것들을 사려 깊게 고려하는 것을 포함해서, 우리는 그것을 찾고자 하는 기도의 과정을 반드시 거쳐야 한다는 것이다. 모든 신자들은 각자의 경험, 은사 그리고 사역의 분야를 결정하는 상대적인 네트워크로 이루어진 독특한 조합을 가지고 있다. 주님은 당신이 준비시키지 않은 일을 위해 우리를 부르시지는 않는다는 것을 우리는 확신한다(살전 5:24). 또한 우리 삶의 의미와 목적은 갑자기 생겨나는 것이 아니라는 것도 확신한다.

우리 삶의 독특한 목적을 분별해내는 일 가운데 가장 중요한 요소는 기도다. 우리 스스로의 힘으로는 결코 부르심의 비전을 발견할 수 없기 때문에, 그것을 분명히 하기 위해 하나님께 구하는 일을 꾸준히 해야 한다. 이것은 준비와 깨달음을 위한 인간의 신성한 과정에 해당한다. 이것을 통해 하나님의 능력 안에서 다른 사람들의 삶에 계속되는 영향을 줄 수 있도록, 하나님은 주권적으로 우리 각자의 긍정적, 부정적 경험 모두를 사용하신다. 그러나 지식보다는 헌신이 반드시 우선되어야 한다. 그분이 우리에게 어떤 존재가 되라고 하시든, 무슨 일을 하라고 하시든, 그것에 앞서 우리에게는 우리 자신을 드릴 수 있을 만한 하나님에 대한 신뢰가 반드시 있어야 한다.

성경이 말하는 이러한 과정에서 중요한 또 다른 요소는 우리의 시간이다. 하나님은 사역을 위한 훈련과 준비를 위해서 그분의 말씀을 사용하신다. 또한 우리의 효율성은 성경 읽기, 공부 그리고 암송의 정도와 관련이 있다. 가격은 시간과 훈련이다. 그러나 그 유익이 항상 지출과 비례하는 것은 아니다. 우리가 말씀을 깊이 있게 알지 못한다면 하나님을 아식 지식이 빈약하며, 다른 사람들과 맺는 관계도 효과적일 수 없다.

　당신의 독특한 목적과 관련된 다른 요소들은 당신의 영적 은사와 더불어 개인적인 경험, 기술, 교육, 기질 그리고 역할이다. 이러한 각 요소는 하나님이 당신의 삶에 의도하신 우주적인 목적을 구체적으로 실현하려고 하는 당신의 비전과 관계가 있다.

　먼저 하나님께 생의 목적에 필요한 개인적 비전을 분명히 알게 해달라고 요청하라. 이것은 활동을 많이 한다고 해서 아는 것이 아니라, 기도와 말씀 그리고 성찰의 시간들을 통해서 알 수 있다. 이 과정은 몇 달 또는 몇 년이 걸릴 수도 있다. 그 기간을 통해서 당신은 당신의 목표와 활동들을 결정하고 평가하는 데 사용될 수 있는 간단한 사명 선언서를 얻어야 한다. 이런 경우 외부 세계의 압력보다는 바로 하나님의 말씀이 당신의 활동들을 결정할 것이다.

　성경적인 목적은 항상 변함없는 인간 존재의 이유다. 그것만이 환경이나 인생의 계절에 상관없이 당신을 진리로 붙들어준다. 그리스도 중심의 목적이 당신 인생의 초점이 될 때, 가정, 일, 재정 그리고 사역과 같은 다른 영역들과도 조화를 이루게 된다.

## 열두 가지 면을 마치면서

　도입 부분에서 영적 형성의 열두 가지 면들은 보석의 각 부분들이며, 그래서 서로 뗄 수 없는 관계라고 말했던 것을 상기해보자. 예를 들어, 성령 충만의 영성은 다른 모든 영역에 생기를 불어넣는다. 왜냐하면 우리는 오직 성령의 능력으로만 그리스도의 형상으로 빚어질 수 있기 때문이다. 하나님을 사랑하고 이웃을 사랑하는 것은 우리 믿음의 중심된 표현이라는 점에서 관계적 영성도 다른 모든 영역에 영향을 끼친다. 다른 열 가지도 이와 마찬가지다.

　또한 우리 자신들의 서로 다른 기질 때문에 우리 각자가 갖는 그 열두 가지 다양한 측면에 대한 호감이나 저항감의 정도는 개인의 독특한 패턴에 따라 다르다. 우리가 좋아하는 것에 자연스럽게 끌리는 것은 괜찮다. 그러나 우리가 싫어하는 영역에 대해서도 섬세한 분석을 통해 기호의 영역을 넓혀보는 것 또한 도움이 된다.

　영적인 성장을 이루기 위해 사용되었던 다양한 접근 방식을 통해 당신이 유익을 얻고, 당신이 그동안 친숙하지 못했던 몇몇 측면들도 경험해보기를 나는 기도한다.

"여호와는 네게 복을 주시고 너를 지키시기를 원하며

여호와는 그 얼굴로 네게 비취사 은혜 베푸시기를 원하며
여호와는 그 얼굴을 네게로 향하여 드사
평강 주시기를 원하노라 할지니라 하라"
(민 6:24-26).

### 적용을 위한 질문

- 경주를 잘 마치는 사람들의 일곱 가지 특징에 비추어볼 때 당신은 자신을 어느 정도로 평가하겠는가? 더욱 많은 주의를 기울여야 할 덕목들은 무엇인가?

- 첫번째 특징(그리스도와 갖는 친밀감)이 왜 나머지 여섯 가지 특징의 열쇠가 되는가?

- 문제들을 바라보는 당신의 관점은 무엇인가?

- 당신의 삶에 있는 하나님의 주도권에 대해 어떻게 반응해왔는가? 반응하는 방법과 시간에 대해 당신이 갖고 있는 패턴을 알고 있는가?

- 삶을 인내하는 데 있어서 성경적인 인생의 목적과 사명을 개발하는 것이 그렇게 중요한 이유는 무엇인가?

- 당신 인생의 독특한 목적이 갖는 삶의 비전은 무엇인가?

**부록** APPENDIX

# 다양성의 필요

> **이 장의 개관**
>
> 영적인 삶에는 다양한 접근법이 있다. 그러나 이것은 부분을 모두 모아놓은 전체보다 훨씬 큰 보석의 여러 면이다. 이 책은 이 모든 면들을 관찰하고 각각이 전체에 어떻게 기여하고 있는지를 살펴봄으로써 광범위하고 종합적으로 영적인 삶에 접근하려는 시도다. 어떤 사람들은 영성의 어떤 특정한 면에 끌릴 것이다. 이런 현상은 바로 우리의 인격 형성과 관련이 되어 있다 - 이런 목적을 위해서는 마이어스-브릭스(Myers Briggs)의 성격테스트가 유용하다. 독자는 이 책을 읽음으로써 가장 매력적인 면과 가장 흥미 없는 면을 발견해내어, 지금까지는 추구하지 않았던 영성의 다른 면들에까지 자신을 확장하도록 격려를 받게 될 것이다.

서론에서 언급한 영성의 여러 모습은 주 예수 그리스도라는 구심점에 모여진다. 그리고 각각은 영적인 삶이라는 보석의 독특한 한 면을 이룬다. 그러므로 영성의 한 방법을 성화 과정의 전부인 양 이해하면 안 된다. 그런데 이와 같은 실수가 일반적으로 나타난다. 예를 들면, 교환된 삶의 진리를 강조하는 많은 작가들은 실제로는 믿음의 훈련에 대한 필요나 영적 성장의 종합적인 모습을 무시한다. 영적 전쟁의 실재에 지나치게 치중한 나머지 매일의 일상적인 삶 속에서 그리스도와 관계를 맺어가는 통합적인 과정을 간과하는 사람들도 있다.

성령의 능력이나 종합적인 예배, 혹은 영적 훈련이나 관계 속에서 믿음을 나누는 일 등에 흥미를 가질 경우, 이런 한두 영역에서 얻은 통찰에 너무 지나치게 집중한 나머지 이 방법을 마치 영성 개발의 만병통치약으로 생각하기 쉽다. 그 결과 한쪽으로 치우쳐 이 방법이 가지고 있는 보이지 않는 약점에 취약하게 된다. 예를 들면, 경건의 영성만을 추구하다보면 개인적인 감상주의에 빠지기 쉽다. 한편 훈련된 영성만을 추구하다보면 의지력과 자기 노력을 지나치게 강조하게 된다. 그러나 두 가지를 종합하면 서로에게 필요한 정보를 나누고 균형을 이룰 수 있다. 이 영성들이 상호 보완적이라는 사실을 염두에 두면 한두 가지 방법을 어떤 공식이나 처방전으로 보지 않게 될 것이다.

영성의 열두 가지 요소들 각각은 진실로 의존과 훈련 모두를 필요로 하는 하나님과 인간의 공생 관계에 역동성을 부여한다. 그런데 이런 접근을 기술적인 의미로 축소시켜서는 안 된다. 항해가 아닌 사랑을 통해서 하나님께 돌아왔다는 어거스틴 식의 진리를 놓칠 수 있기 때문이다. 스스로 자기를 실현하시는 하나님 은혜의 탁월성을 깨닫는 것이 중요하다. 그렇지 않으면 우리의 노력이나 방법으로 영적 성장을 할 수 있다는 착각에 빠지게 된다. 그리고 자신의 공식과 관례대로 하나님을 조절하려 든다.

영적인 삶의 성숙을 향한 여러 가지 타당하고 보완적인 접근법이 있다는 사실을 인정하면서도, 우리는 개성에 가장 잘 들어맞는 어떤 한 가지 방법에 자신을 국한시킨다. 그리고 효과가 있으면 다른 모든 사람들에게도 효과가 있어야 한다고 여긴다. 이러한 경향 때문에 많은 새신자들이 한두 가지 정도의 접근법만을 경험하고 있다. 사람에 따라 기질과 개성에 전혀 맞지 않을 수도 있는데 말이다.

최근에 많은 저자들이 이 영역에 관심을 가지고 있다. 이들은 기독교 영성에 접근하는 다양한 방법을 찾고 있으며, 각각의 형태와 정신적, 감정적 특성 사이의 관계를 연구한다. 예를 들면, 앨런 H. 세이거(Allan H. Sager)는 「복음 중심의 영성(Gospel-Centered Spirituality)」이라는 책에서 영성의 현상론을 도입한다. 이것은 어반 T. 홈즈(Urban T. Holmes)가 「기독교 영성의 역사(A History of Christian Spirituality)」라는 중요한 책에서 개발한 개념이다. 이러한 유형학은 수평적, 수직적 연속성을 가지고 있다. 수직적 관점은 개인과 하나님에 대한 관계를 다룬다. 이 관점은 한편으로는 완전히 인식적이고 사색적인 지성을 나타내며, 또 다른 한편으로는 완전히 감정적이고 정서적인 감성의 다른 면을 조명한다. 수평적인 관점은 영적인 삶을 추구하는 개인의 선호에 관한 문제로 완전히 '카타패틱(kataphatic)' 한 경향에서부터 완전히 '아포패틱(apophatic)' 한 경향까지 다루고 있다.

'카타패틱' 이라는 말은 그리스어의 '긍정하는' 이라는 말에서 유래했으며, '비아 어퍼머티바(via affirmativa)' 의 전통, 즉 확증하는 방법이다. 좀더 서양적인 특성을 갖는 이 방법은 일반 계시와 특별 계시를 통해 하나님에 대한 지식을 쌓아가는 것을 강조한다. '아포패틱' 은 부정적인 의미를 가진 그리스어에서 유래한 말로서, '비아 네가티바(via negativa)' 의 전통, 즉 단정하지 않으려는 경향을 갖는다. 이것은 좀 더 동양적인 특성을 가지면서 하나님의 초월성과 신비를 강조한다. 그래서 카타패틱의 영성은 상징, 이미지, 은유를 사용하고, 아포패틱의 영성은 하나님의 '숨겨져 있음' 을 강조한다.

사실 감정을 가지지 않은 채 사색적인 사람은 아무도 없다. 또한 지성적이지 않으면서 감성적인 사람은 없다(수직적인 관점). 마찬가지다. 하나님이 완전히 숨겨져 있거나 또는 완전히 알려져 있다고 믿는 사람은 아무도 없다(수평적인 관점). 대신에 기독교 영성은 도표가 보여주듯이 광범위하게 다양한 유형이 있고 각

부록 A : 다양성의 필요

각의 요소들은 다양한 방법으로 결합되어 있다(〈표 A.1〉을 보라).

## 기독교인 영성의 형태

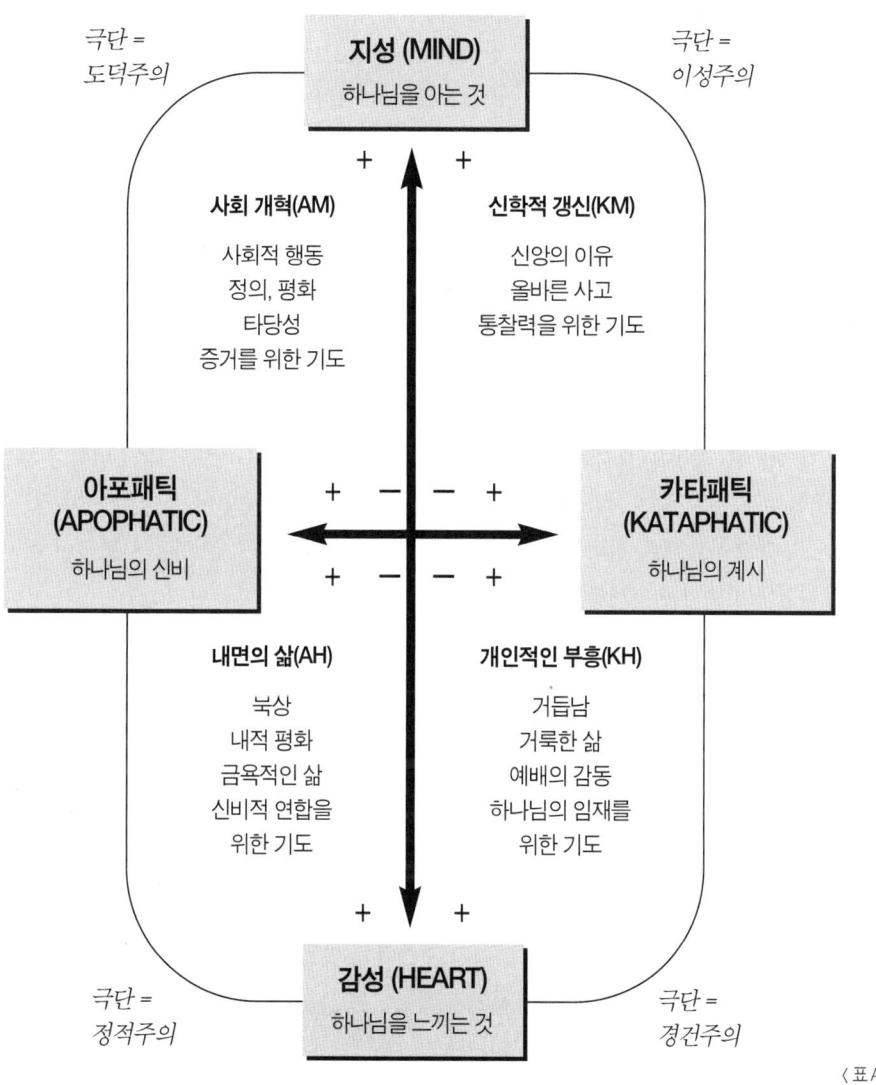

〈표 A.1〉

'A Circle of Sensibility' from A History of Christian Sprituality ⓒ 1980 by Urban Holmes III. 허락하에 사용.

AK+/M+(초 카타패틱/초 지성)은 A+/H+ (초 아포패틱/초 감성)과 성향과 유형에 있어서 매우 다르다. 각각의 사분면 안에서도 다양성이 존재한다. 예를 들면, K/H 영역에서만 K-/H- 에서 K+/H+ 까지 아홉 개의 조합이 존재한다.

아포패틱/감성(A/H) 영성은 직관과 감정을 동시에 추구한다. 이들의 조합은 하나님에 대한 내적인 자각을 부지런히 추구하면서 기도와 홀로 있음을 강조한다. 클레르보의 버나드(Bernard of Clairvaux), 토마스 아 켐피스(Thomas à Kempis), 토마스 머튼(Thomas Merton)과 같은 시토회 수도사 등 내적 생활을 추구하던 신학자들이 이 영역에 해당한다. 이 형태의 영성은 정도가 지나치면 정적주의를 초래할 수 있다. 세상을 무시하고 지나치게 자아 성찰을 추구하게 되는 것이다.

카타패틱/지성(K/M) 영성은 계시와 깨달음을 동시에 추구한다. 이들은 영적인 진리와 함께 이성에 따라 실현하는 것을 장려한다. 토마스 아퀴나스, 로욜라의 이그나티우스(Ignatius of Loyola), 마틴 루터, 존 칼빈, 칼 바르트(Karl Barth) 등 신학 갱신을 주창했던 사람들이 여기에 속한다. 이러한 영성은 정도가 지나치면 이성주의를 초래하여, 전체적으로 교리를 강조하고 신비를 부인하며 개인의 반응보다는 명제적인 진리를 강조하는 논리를 추구하게 된다.

카타패틱/감성(K/H) 영성은 계시와 감정을 동시에 추구한다. 이들의 조합은 내적 변화와 사회적 변화에 대한 외적인 표현을 동시에 장려한다. 성 베네딕트(St. Benedict), 몇몇의 청교도 작가들, 찰스 웨슬리(Charles Wesley) 그리고 많은 현대의 전도자들과 같이 개인적 부흥을 지지하는 사람들이 여기에 속한다. 정도가 지나치면 경건주의를 초래할 수 있다. 과도한 감상주의, 경험주의, 반지성주의를 추구하게 되는 것이다.

아포패틱/지성(A/M) 영성은 직관과 깨달음을 동시에 추구한다. 이들은 대담한 행동과 사회 정의에 대한 관심을 장려한다. 아모스 선지자, 아시시의 프란시스, 알베르트 슈바이처(Albert Schweitzer), 마틴 루터 킹(Martin Luthur King Jr.) 목사 등 사회 재건의 투사들이 여기에 속한다. 정도가 지나치면 도덕주의를 초래할 수 있다. 또 문화적으로 정죄하는 경향을 띠며 존재보다는 행동을 지나치게 강조하게 된다.

앞서 제시된 12가지 형태의 영성을 살펴보면, 우리가 방금 논의한 영성의 네 가지 유형과 매우 일반적인 상관관계를 발견할 수 있다(표 A.2).

분명히 이런 일반화에는 많은 예외가 있다. 각각의 12가지 영성은 위의 네 부분의 각 요소들과 관련이 있기 때문이다. 예를 들면, K/H 성향의 사람들은 공동체적인 영성을 추구한다. 그리고 A/M 성향이 강한 사람들은 사회 정의를 강조하기보다는 교환된 삶의 영성을 추구하거나 성령 충만의 영성에 이끌리기 쉽다.

| 아포패틱 / 지성 (A/M) | 카타패틱 / 지성 (K/M) |
|---|---|
| • 공동체적 영성<br>• 포괄적 영성<br>• 전투의 영성 | • 패러다임 영성<br>• 동기화된 영성<br>• 양육의 영성 |
| 아포패틱 / 감성 (A/H) | 카타패틱 / 감성 (K/H) |
| • 경건의 영성<br>• 훈련된 영성<br>• 과정 영성 | • 관계적 영성<br>• 교환된 삶의 영성<br>• 성령 충만의 영성 |

〈표A2〉

조금 다르지만 영적인 성향을 가늠하는 유익한 방법으로 마이어스 - 브릭스의 분류법(Myers-Briggs Type Indicator : MBTI)이 있다. 이것은 캐서린 브릭스(Katharine Briggs)와 이사벨 마이어스(Isabel Myers)가 그들의 책에서 칼 G. 융(Carl G. Jung)의 심리학적 유형에 관해 쓰면서 소개한 성격 분류 방법에서 따온 것이다. (최근에 융은 기독교계뿐 아니라 뉴에이지에서도 상당히 유명한 사람이 되었다. 기독교 저자나 상담가들이 융의 방법을 사용할 때는 실행에 앞서 신중한 분별이 필요하다. 융은 총체화와 개체화에 대한 선입견을 가지고 있을 뿐만 아니라 만다라, 동방의 신비주의, 연금술, 신비 요법에 매료되었다. 그래서 그의 이론은 불가피하게 형이상학적 뉘앙스와 함께 사색적이고 복잡하며 난해한 심리학적 이론으로 발전하고 있다. 대부분의 성격 이론가와는 달리 융은 분명히 영적인 것을 중요하게 여겼다. 그러나 신조가 빠진 영적 상징주의의 부활을 시도하면서 경쟁 종교에 가까운 심리학과 영성을 혼합하고 교리를 무의식의 세계로 대체했다. 그리고 하나님이라는 개념을 몰아내고 객관적이고 초월적 존재라는 개념을 도입했으며, 하나님 대신 초월적인 개념이 벗겨진 원시적인 상징에 눈을 돌렸다. 이 책에서 융의 이론을 사용한다고 해서 그의 사고 체계를 인정한다는 뜻은 아니다.)

MBTI는 네 쌍의 요소를 사용하고 있으며, 각 쌍은 연속성을 갖는다.

1. 외향적/내향적(Extraversion/Introversion : E/I) 성향은 사람과 사물이 있는 바깥 세계와 내적 사고의 세계에 대한 개인의 상대적인 선호를 말해준다. 외향적인 사람은 활동적이고, 밖으로 나가는 것을 좋아하고, 참여하고, 마음이 열려 있으며, 생각하기보다는 말로 표현하는 사람이다. 내성적인 사람은 명상적이고, 내부로 향하며, 제한적이고, 말하기보다는 생각하는 사람이다.

2. 감각적/직관적(Sensing/Intuition : S/N) 성향은 정보를 인지하고 추진할 때 주어진 사실에 근거하느냐

아니면 가능성과 연관성에 의존하느냐에 대한 개인의 상대적인 선호를 말해준다. 감각적인 사람들은 손으로 만질 수 있는 자료, 세부 항목, 나타난 현실에 의존한다. 직관적인 사람들은 관념적이고, 이상적인 연상, 미래의 가능성, 이론적인 모형을 선호한다.

3. 지적/감정적(Thinking/Feeling : T/F) 성향은 사람들이 결론에 도달하는 방법을 말해준다. 지적인 사람들은 판단을 할 때 비인간적이고 객관적인 분석에 더 많은 근거를 두면서 정의, 진리, 논리를 추구한다. 반면 감정적인 사람들은 인간적이고 주관적인 분석에 더 많은 근거를 두면서 조화, 재치, 인도주의적 처리를 추구한다.

4. 판단/이해(Judging/Perceiving : J/P) 성향은 바깥 세계에 대한 사람들의 선호를 말해준다. 판단하는 사람들은 조직적이고, 유기적이며, 계획적인 삶을 통하여 목표, 최종 시한, 통제된 절차를 추구한다. 이해하는 사람들은 융통성 있고, 자발적인 삶을 통하여 변화와 깜짝 놀랄 만한 일을 추구하며, 개방적인 접근을 시도한다.

이 네 쌍의 성향을 조합하면 ESTJ부터 INFP까지 16가지 기본적인 성격의 유형이 나온다. 그러나 각각의 유형 안에는 많은 미묘한 뉘앙스가 존재한다. 각 쌍이 어떤 연속성을 이루고 있기 때문이다. 예를 들면, 강한 E에서 경계선 근처의 E, 평범한 I에서 강한 I까지 다양하게 변화할 수 있다. 그러므로 MBTI는 개개인의 독특성을 설명해주면서 동시에 성향에 따라 사람들을 묶어줄 수 있는 통찰을 제시한다(이것은 우월함이나 열등함에 대한 어떤 힌트를 제시하는 것이 아니다. 다만 개인적인 기호에 근거를 둔다. 그리고 지능, 능력, 기술, 추진력, 성숙도 등과 같은 부가적인 요소들이 엄청나게 많은 변수를 더한다).

그리스도를 따르는 사람들은 그들의 기호에 맞는 영적인 활동을 추구하려는 경향이 있다. 이것은 어느 정도까지는 건강한 모습이다. 그리스도의 몸이라는 통일성 안에 많은 다양성을 제공하기 때문이다. 그러나 M. 로버트 멀홀랜드 2세(M. Robert Mulholland Jr.)가 「순례로의 초대(Invitation to a Journey)」라는 책에서 지적했듯이, 네 쌍의 성향이 각각에 대한 극단과 만나면(예를 들면, 감정적 요소가 하나도 없이 완전히 지적인 경우 혹은 지적인 요소가 전혀 없이 완전히 감정적인 경우) 한쪽으로 치우쳐 영적으로 건강하지 못하게 되는 결과를 초래할 수 있다. 외향성이 너무 지나쳐 영적인 삶의 사회 활동만을 강조하면 홀로 있음과 묵상이 주는 깊이를 경험하지 못하게 되는 것이다. 이와 반대로, 너무 내향적이면 공동체에서 맛볼 수 있는 유익을 회피하고 영적 격리만을 추구하게 된다. 너무 지적인 성향은 지나치게 분석적이거나 조직적으로 영적 삶에 접근하기 쉽다. 또한 너무 감정적인 성향은 감상적인 생각, 감정 표출, 반복으로 입증된 경험주의로 흐를 수 있다.

부록 A : 다양성의 필요

**영적인 행동을 발견하기** (이 표는 하나의 제언일 뿐 정의나 이해에 제한을 두려는 것이 아니다)

| 선호하는 태도, 역할, 생활 방식 | 외향적 E | 내성적 I | 감각적 S | 직관적 N | 지적 T | 감정적 F | 판단 J | 이해 P |
|---|---|---|---|---|---|---|---|---|
| 일차적 영역 | 세상 / 다른 것 | 생각 / 자아 | 몸 | 영 | 지성 | 감정 | 의지 | 깨달음 |
| 선호하는 것 | 행동 | 묵상 | 감각의 실체 / 세부 항목 / 현상 | 가능성 / 패턴 / 변화 | 객관적 가치 | 주관적 가치 | 주도권 | 반응 |
| 현실의 주요 측면 | 외부 | 내면 | 즉각성 / 구체성 | 예상 / 비전 | 이론 / 원리 | 감정 / 기억 / 이상 | 결과 / 분류 | 과정 / 잠정적 |
| 하나님의 계시를 받는 참구 | 사람들 / 행사 / 성경 / 자연 세계 | 개인 / 경험 / 영감 / 내면 세계 | 사회 / 제도 보이는 것 | 통찰 / 상상 보이지 않는 것 | 이성 / 숙고 | 관계 / 감정 | 질서 / 당연함 | 우연히 발견하는 능력 / 그러함 |
| 하나님에 대한 주요 측면 | 내재 / 창조자 / 하나님의 형상 | 초월자 / 하나님의 정체성과 내면의 하나님 | 성육신 | 신비 / 성령 | 절대적 / 원리 / 초기 원인 | 관계적 / 가족적 (예: 아버지) | 심판자 / 통치자 | 구속자 / 치유자 |
| 성경에 대한 접근, 종교적 경험 | 사회적 | 홀로 | 실제적 / 문자적 | 상징적 / 은유적 | 분석적 / 관념적 | 개인적 / 즉자적 | 조직적 | 순간적 |
| 피하는 것(지옥) | 배제 / 외로움 | 참염 / 혼돈 | 모호함 | 제한 / 반복 | 모순 / 무시 | 갈등 / 불화 | 무기력 / 무질서 | 규격화 / 최종 기한 |
| 추구하는 것(천국) | 참여 / 화합 | 결합 / 성취 | 유체적 조화 / 신실함 / 순종 | 심미적 조화 / 신비적 결합 | 개념적 조화 / 계몽 / 정의 / 진리 | 개인적 조화 / 친교 / 감사 | 결말 / 효율성 / 노동윤 | 개방 / 수용성 / 순응성 |
| 기도 | 집단적 | 개인적 | 감각적 (손, 귀, 코, 손, 입) | 직관적 | 인지적 | 감정적 | 계획적 | 무계획적 |
| 자연스러운 영적 행로 | 행동 | 묵상 | 봉사 | 자각 | 지식 | 헌신 | 훈련 | 자발성 |
| 온전함을 위해 요구되는 것 | 묵상 | 행동 또는 참여 | 자각 또는 구체화 | 봉사 또는 이해 | 헌신 | 지식 | 자발성 | 훈련 |

〈표 A.3〉

Earle C. Page. Copyright © 1982 Center for Applications of Psychological Type, Gainesville, Florida. 허락하에 사용.

**영적인 행동을 따라가기** (우리의 목표는 균형잡힌 영성이다. 이 표는 이해를 쉽게 하기 위한 것이지 개성을 일상화하려는 것이 아니다.)

| 영적인 행동 | 행동 E | 독서 I | 봉사 S | 지각 N | 지식 T | 헌신 F | 훈련 J | 자발성 P |
|---|---|---|---|---|---|---|---|---|
| 긍정적인 표현들 | 단호함, 공동체를 세움, 독립 | 독립성, 공동체를 깊게 함 | 사랑, 기쁨 | 환희, 기대 | 평정, 객관성 | 긍휼, 친밀, 신뢰 | 분별, 능력 | 용납, 평안 |
| 부적절한 표현들 | 분노, 공격 | 두려움, 움츠림 | 집착 | 의기양양함, 침체 | 무관심, 비평적 | 감성적 과잉보호 | 부적절한 조정, 남을 판단함 | 해답을 지지 않음 |
| 미개발시 예상되는 결과 | 교만, 부주의 | 공허함, 의존 | 추상화, 간과 | 정체 | 혼돈 | 냉정함, 불신 | 무목적, 우유부단 | 미숙한 충동, 근거 없는 결론 |
| 과개발시 예상되는 결과 | 조급함, 천박함 | 약게/기행, 부적절한 강도(强度) | 맹목적 순배, 경솔함, 부적절한 일치 | 착각, 비현실적인 고집, 변덕스러움 | 환원주의*, 냉소주의, 교조주의, 변주 | 쉽게 믿음, 개인화, 비난 | 경직, 완벽주의 | 수동적, 충동적, 연기(지연) |
| 특별한 유혹과 취약점 | 주의 산만, 임시 능력 | 무릎동 군중 속에 은거 | 미신/의심, 변화에 대한 두려움 | 임시적, 순진, 정신적 게으름 | 감정의 폭발, 착취, 방종, 타락한 사고 | 이성화된 권위, 개인갈등서 생겨난 감정 | 자기 의(義), 주도면밀 | 반항적, 무사경함 |
| 온전함을 위해 요구되는 것 | 묵상 | 행동 또는 참여 | 지각 | 봉사 또는 구현 | 헌신 | 지식 | 자발성 | 훈련 |

*환원주의 : 생명 현상이 물리적, 화학적으로 모두 설명된다는 주장(역주)

〈표 A. 4〉

Earle C. Page. Copyright ⓒ 1982 Center for Applications of Psychological Type, Gainesville, Florida. 허락하에 사용.

부록 A : 다양성의 필요

| 내성적인 성격 | 자신 안에서의 기도 - 복합적인, 확증하지 않는, 개인 기도 |
|---|---|
| 외향적인 성격 | 공개 기도 - 외적인 방향, 공동체 기도 |
| 직관적인 성격 | 소망의 기도 - 기능성, 영적 연합, 묵상 |
| 감각적인 성격 | 실제적인 기도 - 환경과의 접촉, 현실적 방향 |
| 감정적인 성격 | 감정적인 기도 - 감정의 흐름, 개인적인 수용 |
| 지적인 성격 | 이성적인 기도 - 지성에 의한 논리적 접근, 진리 추구 |
| 판단하는 성격 | 규칙적인 기도 - 모호하지 않음, 구조적인 것을 추구 |
| 이해하는 성격 | 생기 있는 기도 - 모호함 수용, 몇 가지 접근 허용, 열광적 |

〈표 A.5〉

### ISTJ
지성을 가진 내성적인 감각

- 심각함, 조용함, 철저함, 질서 있는, 논리적인, 사적인
- 책임감
- 사적인 영성
- 계획되고 지속적인 기도를 즐긴다
- 자각 중심 : 하나님의 뜻

### ISFJ
감성을 가진 내성적 감각

- 의존적, 보수적, 강한 의무감, 가끔 당연한 일로 여김
- 하나님을 기쁘게 하기를 열망함
- 순서가 짜여진 영적 관례에 매력을 느낌
- 침묵, 사적인 기도
- 공동체 중심 : 영성의 현재적 표현

### ISTP
감각을 가진 내성적 지성

- 실제적, 자세함, 말수가 적음, 객관적
- 기도를 넘어선 행동 : 하나님의 임재를 체험함
- 기도와 영적 성장에 대한 개인적 접근
- 사적인 묵상을 위한 시간이 필요
- 사고와 집중, 그러나 실제 적용이 필요

### ISFP
감각을 가진 내성적 감성

- 자유로운 영, 충동적, 강렬한 느낌, 예술적, 생에 대한 감사
- 개인 영성의 사회적 차원에 대해 개방적
- 융통성 있는 기도 형식 : 묵상 훈련이 필요하다
- 현재적 경험 중심

| ESTP<br>지성을 가진 외향적 감각 | ESFP<br>감성을 가진 외향적 감각 |
|---|---|
| • 행동 중심적 : 실용적, 현실적, 예측할 수 없음, 융통성이 있음<br>• 공동체의 경험, 찬양, 노래<br>• 최소한의 영적 구조를 요구<br>• 자발적인 기도<br>• 공동의 신학을 선호 | • 카리스마적, 매력적인 개성 소유<br>• 일정 기간 동안 단순하게 산다<br>• 사람 중심의 영성<br>• 종교적 외형에 끌린다<br>• 관대한 봉사자, 타인을 받아들임<br>• 공동체 중심 |
| ESTJ<br>감각을 가진 외향적 지성 | ESFJ<br>감각을 가진 외향적 감성 |
| • 책임감이 있음, 질서가 있음,<br>  행정 기술이 있음, 현실적, 보수적<br>• 영적 성장에 조직적으로 접근, 성실함<br>• 제도적인 영성<br>• 실천적 신학 중심 | • 매우 사회적, 다정함, 동정적, 감상적, 타인을 보살핌<br>• 기도 그룹에 끌린다<br>• 중보기도<br>• 영성의 실천적인 적용<br>• 경험적 신비주의에 끌린다 |
| INFJ<br>감성을 가진 내성적 직관 | INTJ<br>지성을 가진 내성적 직관 |
| • 친절함, 동정적, 용납함,<br>  영감이 있음 : 완고할 수 있음<br>• 형식적, 반복적 기도에 끌리지 않는다<br>• 침묵이 필요 : 묵상 또는 대화식 기도<br>• 매일의 사건에 대한 영적 묵상<br>• 신비주의적 경향 | • 자긍심, 결단성, 실용적, 성실함, 독립적<br>• 성취욕이 높은 : 통제력이 있는, 단호한, 논리 지향적인<br>• 새로운 통찰, 착상, 영감, 개선에 끌림<br>• 자기 성찰적 기도의 삶<br>• 영적인 묵상의 시간이 필요 |
| INFP<br>직관을 가진 내성적 감성 | INTP<br>직관을 가진 내성적 지성 |
| • 이상적, 주관적 해석 : 다른 사람의 유익을 위한 숭고한 봉사<br>• 침묵과 홀로 있음의 기도<br>• 하나님에 대한 개인적, 자발적인 반응<br>• 매일의 활동에 대한 영적 묵상<br>• 영적 개발에 대한 인간적 후원을 열망함 | • 좋은 기억력, 지적인, 집중력이 있는 문제 해결자<br>• 혼자 기도하기를 선호 : 논리적이고, 일관성 있는 기도<br>• 집중, 영적 통찰의 평가를 위한 공간이 필요<br>• 신학적 개념에 끌린다 : 새로운 영적 통찰에 대한 평가자 |

| ENFP<br>감성을 가진 외향적 직관 | ENTP<br>지성을 가진 외향적 직관 |
|---|---|
| • 낙천적, 열정적, 상상력이 있음, 매우 직관적, 사람을 다루는 기술이 있음<br>• 기도하는 마음으로 묵상하는 중요한 시간이 필요<br>• 자발적이고 조직적이지 않은 기도<br>• 제도적인 것에 동기 부여되지 않는다<br>• 사람 중심의 영성 : 다른 종류의 사람과 일을 처리할 수 있다 | • 영리함, 새로운 가능성에 열린 마음, 자원이 풍부, 열정적, 혁신적<br>• 진기함, 독창적인 것, 새로운 형식의 기도를 즐긴다<br>• 자발적이고 즉흥적인 기도<br>• 영적인 관례에 매이지 않는다<br>• 타인과의 영적인 대화에 끌린다 |
| **ENFJ**<br>직관을 가진 외향적 감성 | **ENTJ**<br>직관을 가진 외향적 지성 |
| • 사람에 의해 동기 부여됨, 설득적이고 타고난 지도자<br>• 다양한 기도 형식에 적응한다 : 묵상을 위한 시간이 필요<br>• 반복과 일상적인 것을 싫어한다<br>• 사람 중심의 영성을 추구 | • 효과적인 지도자, 능력과 권력을 추구, 외향성의 조직자<br>• 신학적인 영성<br>• 공동체 경험이 필요<br>• 조직적, 논리적, 지속적인 기도 형식에 끌림 |

〈표 A.6〉

얼 C. 페이지(Earle C. Page)는 「심리학적 유형의 적용(Center for Applications of Psychological Type)」이라는 책에서 MBTI 기호와 영적인 성향과의 몇 가지 연관성을 예시하는 두 가지 도표를 개발했다. 첫번째 도표〈표 A.3〉을 보라)는 '영적인 행로를 발견하기'로서 진단에 매우 유익한 도구다. 두번째 도표〈표 A.4〉를 보라)는 '영적인 행로를 따라가기'로서 네 쌍의 성향과 연관된 긍정적 혹은 부정적인 영적 특성들이다.

몇몇 저자들은 이러한 성격의 스타일을 영성 훈련과 기도에 접근하는 특이한 방법에 연관시켰다. 찰스 J. 키팅(Charles J. Keating)의 「우리가 누구냐 하는 것은 어떻게 기도하는가에 달렸다(Who We Are Is How We Pray)」라는 책에서 소개된 기도의 유형을 도표에 요약해놓았다(표 A.5).

키팅과 다른 자료들을 조합하면 영적 성향과 기도라는 관점에서 사람의 성격을 〈표 A.6〉과 같이 16가지로 정리할 수 있다.

오토 크뢰거(Otto Kroeger)와 쟈넷 M. 튜슨(Janet M. Thuesen)의 「유형 이야기(Type Talk)」, 데이비드 키어시(David Kiersey)와 메릴린 베이츠(Marilyn Bates)의 「나를 이해해주세요(Please Understand Me)」, 산드라 허쉬(Sandra Hirsh)와 진 쿠머로우(Jean Kummerow)의 「삶의 유형(Life Types)」 등과 같은 책들은 당신의 성격을 이해하고 분별하는 데 유익한 자료들이다. 이런 정보들을 통해 왜 당신은 매력을 느끼는 특정한 영성에 대해 당신의 배우자나 친구들은 전혀 관심을 보이지 않고 도리어 다른 것에 끌리는지 이해하게 될 것이다. 이 책들 가운데 처음 두 권의 책은 16가지의 유형을 네 가지의 기본적인 기질로 나누었다(〈표 A.7〉).

| SJ 기질 | SP 기질 |
|---|---|
| ESTJ, ISTJ, ESFJ, ISFJ | ESFP, ISFP, ESTP, ISTP |
| NF 기질 | NT 기질 |
| ENFJ, INFJ, ENFP, INFP | ENTJ, INTJ, ENTP, INTP |

〈표 A.7〉

| SJ 기질 | SP 기질 |
|---|---|
| • 야고보<br>• 의무<br>• 마태복음<br>• 이그나티우스 식의 영성<br>• 한 분이신 하나님<br>• 기도 스타일 : 조직적, 감각적, 상상력 사용<br>• 미국 인구의 약 38%<br>• 에피메티안(Epimethean) - 실제적, 보수적, 의무, 도덕, 역사<br>• 전통적(과거 지향)<br>• 경제적 / 상업적<br>• 주도적인 (D)<br>• 결과에 의해 동기 부여됨<br>• 압박을 받을 때 : 독재적<br>• 과업의 주도자<br>• 화를 잘냄 | • 베드로<br>• 행동<br>• 마가복음<br>• 프란시스 식의 영성<br>• 아름다우신 하나님<br>• 기도 스타일 : 비형식, 자발적, 간략, 실제적<br>• 미국 인구의 약 38%<br>• 디오니시안(Dionysian) - 영의 자유함, 충동적, 활동적, 카르페 디엠(carpe diem, 현재를 즐겨라 – 역주)<br>• 모험적(현재 지향)<br>• 심미적 / 예술적<br>• 영향력을 미치는 (I)<br>• 인정(認定)에 의해 동기 부여됨<br>• 압박을 받을 때 : 적대적<br>• 관계의 주도자<br>• 쾌활함 |
| NF 기질 | NT 기질 |
| • 바울<br>• 비전<br>• 누가복음<br>• 어거스틴 식의 영성<br>• 선히신 하나님<br>• 기도 스타일 : 명상적, 창조적 상상력 사용<br>• 미국 인구의 약 12%<br>• 아폴로니안(Apollonian) - 개인적 입증, 언어의 독창성, 문학적 기술<br>• 이상적(미래 지향)<br>• 신앙심이 깊음 / 윤리<br>• 착실한 (S)<br>• 관계에 의해 동기 부여됨<br>• 압박을 받을 때 : 유연함<br>• 관계에 대한 반응자<br>• 점액질 | • 요한<br>• 아이디어<br>• 요한복음<br>• 토미스 식의 영성<br>• 진리의 하나님<br>• 기도 스타일 : 광범위한 묵상, 통제된 변화<br>• 미국 인구의 약 12%<br>• 프로메시안(Promethean) - 지성, 권세, 능력, 이해<br>• 독창적(가능성 지향)<br>• 이론적/과학<br>• 순응 (C)<br>• 옳은 것에 의해 동기 부여됨<br>• 압력을 받을 때 : 회피<br>• 과업에 대한 반응자<br>• 우울질 |

〈표 A.8〉

| SJ 기질 | SP 기질 |
|---|---|
| • 훈련된 영성<br>• 동기화된 영성<br>• 포괄적 영성 | • 공동체적 영성<br>• 성령 충만의 영성<br>• 전투의 영성 |
| NF 기질 | NT 기질 |
| • 관계적 영성<br>• 경건의 영성<br>• 교환된 삶의 영성 | • 패러다임 영성<br>• 과정 영성<br>• 양육의 영성 |

〈표 A.9〉

이 네 가지 기질은 16가지의 유형보다는 광범위하게 일반화시킨 것이다. 이 구분은 체스터 P. 마이클(Chester P. Michael)과 마리 C. 노리시(Marie C. Norrisey)가 「기도와 기질(Prayer and Temperament)」에서 제시한 것과 같이 영성의 근본적인 유형을 구분하는 귀중한 도구가 된다. 마이클과 노리시는 교회사에서 중요한 네 명의 영적 지도자를 이 네 가지 기질과 연관시켰다. 로욜라의 이그나티우스는 SJ, 아시시의 프란시스는 SP, 토마스 아퀴나스는 NT, 히포의 어거스틴은 NF라는 것이다(부록 B의 간략한 기독교 영성의 역사는 이들과 다른 인물들을 상황화시켰다). 〈표 A.8〉은 네 가지 기질과 그것과 관련된 영적인 차원에 대해 설명하고 있다.

위의 네 가지 기질과 퍼포맥스 개성 분석 체계(Performax Personal Profile System)인 DISC는 넓은 범위에서 들어맞는 부분이 있지만, 개개인의 독특성으로 많은 예외가 있음을 강조하고 싶다. 예를 들면, NT 기질을 가진 사람이 매우 순응적(high C)이기보다는 매우 주도적(high D)일 수 있다. 모든 사람이 오직 한 가지 기질만을 가지고 있는 것이 아니라는 사실을 기억하라. 우리 각자는 이러한 여러 성격들이 독특하게 조합되어 있다. 이상적으로 볼 때 인격적으로나 영적으로 성숙해가는 것은 네 가지의 모든 기질들이 적당히 조합되는 과정이다. 그래서 다른 사람들과 환경에 점점 더 융통성 있고 적합하게 적응해가는 것이다.

앞서 소개된 12가지의 영성을 사용하기 전에 우리는 12가지 요소와 위의 네 가지 기질과의 매우 일반적인 상관관계를 생각해볼 수 있다(〈표A.9〉를 보라).

영성과 기도에 관한 당신의 기질적인 경향을 인정하고 감사하는 것이 중요하다. 그래야 다른 사람들에게 잘 맞는 영성 훈련법이 자신에게는 효과가 없다는 이유로 스스로를 영적이지 못하다고 낙심하지 않을 수 있다. 예를 들면, SP 기질은 자발적이고 비형식적인 사람들로서 SJ 기질의 사람들처럼 조직적인 기도와 영적 성장 방법에 매력을 느끼지는 않는다. 한편 NT 기질은 개념 지향적인 사람들로서 SP 기질의 사람들처럼 공동체적 영성이나 성령 충만의 영성에 잘 맞지 않는다.

그런데 자신의 선호, 유형 그리고 기질과 반대되어 평소에 잘 하지 않는 방법을 시도함으로써 자신을 확장시키는 연습을 하는 것이 지혜로울 뿐 아니라 영적인 건강에도 좋다. 평소에 회피하는 스타일이나 영성 훈련법에 계획적으로 참여하면 자신의 영적 성장과 균형에 도움이 되는 훌륭한 자원을 확보할 수 있다.

예를 들어, 네 쌍의 성격 선호를 살펴보자. 홀로 남게 될 경우 우리는 기호 패턴의 '세력권' 으로부터 멀어지게 된다. 외향적인 사람은 명상과 홀로 있음을 피하는 경향을 갖고, 내성적인 사람은 영적인 공동체 안에서의 사회적인 어울림을 회피하는 경향을 갖게 된다는 사실을 쉽게 발견할 수 있다. 직관적인 사람은 감각적인 입력의 현실성과 균형을 회피하려 하고, 감각적인 사람은 영성의 명상적이고 묵상적인 면을 피하려 든다. 지성적인 사람은 영성의 정서적이고 감정적인 면을 피하려 하고, 감성적인 사람은 믿음의 개념적이고 이성적인 면을 피하려 한다. 판단적인 사람은 성령의 사역에 자연스럽게 마음을 열지 않고, 이해적인 사람은 영성의 계획되고 구조적인 면의 장점을 받아들이려 하지 않는다.

연습 삼아 네 쌍의 성격 선호, 16가지의 유형, 네 가지의 기질 가운데서 당신은 어디에 가장 잘 맞는지 생각해보라. 그 다음 심원한 깊이와 균형을 가져다주는 영성 혹은 기도 방법을 선택하여 새롭고 익숙하지 않은 영역으로 당신을 확장시켜보라. 타고난 기질을 인정하는 것과 존재와 행동 방식에 있어서 덜 선호하는 방법에 착수하는 것 사이에 역동적인 긴장이 필요하다는 사실을 더 많이 깨달을수록 영적 순례에 있어서 당신은 더욱더 원만하고 그리스도를 닮은 인격으로 성장할 수 있다. 주 예수님은 하늘의 아버지와 신비로운 연합의 부요함을 즐기셨다. 그러나 이러한 심오한 개인적 경험과 동시에 사람들 속에 열정을 가지고 동참하셨다.

J. I. 패커(J. I. Packer)는 「거룩함의 재발견(Rediscovering Holiness)」이라는 책에서 '현실성 없는 열광' 과 '연관성 없는 규정 지키기' 의 문제점을 언급하면서 우리 모두는 타고난 기질과 적성과는 상관없이 교리, 경험, 실행에 있어서 건강한 균형이 필요하다고 주장했다. 우리는 하나님이 우리에게 앎과 존재와 행함 사이에서 성경적인 조합을 선택하고자 하는 갈망과 능력을 주시도록 은혜를 구해야 한다.

부록 APPENDIX

# 우리 유산의 풍성함

**이 장의 개관**  여기서는 고대, 중세 그리고 현대 교회들의 영적 삶에 대한 돋보이는 연구들을 추적해봄으로써 간략하게 영성의 역사를 개괄한다. 이렇게 함으로써 우리는 영적인 삶에 대한 넓은 안목과 우리보다 앞서 하나님과의 친밀한 관계를 추구했던 사람들 사이에 일관성을 갖게 될 것이다. 이 개괄에는 열두 가지 주제들이 되풀이되어 나타나며, 우리의 영적인 순례를 조명하는 다양한 접근법에 대해 한 마디의 결론으로 정리될 것이다.

## 더 넓은 관점

대부분의 개신교 신자들은 마치 1세기 신약 성경의 마감과 16세기 개신교 종교 개혁 사이에 어떠한 중요한 일도 일어나지 않은 것처럼 교회사와 영성 형성에 접근하고 있다. 오늘날에 이르기까지 루터, 칼빈, 웨슬리, 에드워즈, 휫필드, 스펄전 그리고 무디에 의한 자각 사이에 몇 번의 전형적인 공백만이 있을 뿐이다. 더우기 현대의 그리스도인 가운데 아주 소수만이 진지한 독자(당신이 그 가운데 한 명임이 다행이다)이며, 그들 가운데 극소수만이 지나간 세기의 위대한 영적인 작품을 접하고 있다. 결과적으로 대부분의 신자들은 편협한 관점으로 메말라가면서 교회의 탄생 이래로 도를 따르던 사람들이 남겨놓은 풍부한 유산을 누리지 못하고 있다.

이 부록은 영적인 유산에 지대한 공헌을 한 몇몇 사람들과 그 시대의 동향을 소개하고 있다. 당신으로 하여금 더 넓은 관점을 갖게 하고 지나간 세기에 하나님과 친밀한 교제를 추구했던 사람들과의 연속성을 일깨워주기 위해 준비되었다. 나는 시대와 지역을 초월하여 그리스도인의 제자도에 대해 인상적이고도 다양한 접근을 강조할 것이다. 그리고 몇 가지 영성의 스타일에 대한 강점과 약점을 소개하겠다. 이 과정을 통해 당신의 자각이 확장되고, 가정(假定)이 도전을 받으며, 영적인 삶의 또 다른 영역을 개발하고자 하는 의욕이 생기기를 바란다.

20세기 동안 발전되어온 기독교 영성의 특별한 상속자로서 우리는 다른 어떤 세대보다 임의대로 쓸 수 있는 엄청난 자원을 가지고 있다. 이러한 관점에서 볼 때, 많은 교회들이 전례 없이 피상성을 띠고 오늘날 문화에 지나친 애착을 보이는 현상은 모순이 아닐 수 없다. 경영 모델에 대한 강조, 심리학에서 따온 반짝이는 기술, 적당한 프로그램 등은 관계 중심의 제자도와 영성 형성보다는 건물이나 예산, 숫자에 관심을 갖게 한다. 그러나 이러한 상태에 매력을 느끼지 못하고 진정한 영성의 놀라운 깊이와 뿌리를 찾는 신자들이 증가하는 희망적인 조짐이 보이고 있다.

로마 가톨릭 신학자들이 '신비 신학' 혹은 '영성'을 특수 분야로 여겨 교리에서 분리시킨 것은 불과 지난 2세기 전의 일이다. 앞으로 살펴보겠지만 신학과 실천 사이에는 완전한 관계성이 있다. 비성경적이고 균형을 잃은 교리는 실제적인 왜곡을 초래한다. 아직도 정통 신학의 범주 안에는 놀랄 만큼 다양한 영적인 표현을 할 수 있는 여지가 매우 많이 남아 있다.

## 초대, 중세, 현대의 영성 : 서론

교회 역사 학자들은 교회사에 있어서 초대, 중세, 현대의 조합이 마치 모래시계 모양과 같다는 긴 주석을 달고 있다. 초대교회(성령 강림 - 600년)는 아시아, 아프리카, 유럽에 이르기까지 빠른 확장을 그 특징으로 한다. 중세교회(600 - 1500년)는 내부 분열과 이슬람의 발흥으로 아시아와 아프리카에 기독교의 영향력이 크게 감소한 것으로 기록되어 있다. 현대교회(1500년 - 현재)는 유럽의 지경을 넘어 새로운 확장이 관찰된다. 실제로 지난 수십 년 동안 제3세계의 교회들이 놀라운 생명력을 가지며 확장되었고 선교의 열정을 보여왔다.

로마 제국에서 기독교가 공식적으로 국교가 된 후 초대교회는 주기적으로 핍박을 받던 신자들의 연락 조직에서 정치적, 경제적 권력을 거머쥔 제도로 빠르게 변형되었다. 지역교회들은 지역의 주교 아래 조직되었고, 주교들은 교리적이고 실제적인 문제들을 논의하고 분명하게 하기 위해 교회 평의회로 모였다. 교부들이 몬태니즘, 영지주의, 신 플라톤주의 등과 같은 다양한 이단들과 싸울 때, 다른 사람들은 극단적인 금욕주의를 발전시켜 지역교회가 사막과 같은 영성을 추구하도록 만들어버렸다. 이러한 사막의 은둔자들과 수도사들은 수도원적인 공동체 안에서의 금욕적인 훈련이 혼합된 영성 형성에 대한 신비적인 접근법을 발전시켰다. 여기에서 정화, 계몽, 연합이라는 세 가지 영성의 단계가 개발되었고, 수도사 체제의 회원들이 이를 훈련했다.

기독교는 중세의 유럽 지역에 지배적인 현상이 되었다. 이 기간 동안 서방과 동방의 교회가 분리되었다.

동방교회의 영성은 점점 더 아포패틱하고 '헤시캐스틱(hesychastic, 고요함과 신비적인 기도를 시행)' 하게 되었다. 수도원운동은 중세의 서방교회에서 유행했다. 베네딕트 수도회, 카르투지오 수도회, 시토회가 영성에 대한 명상적인 접근을 계속 발전시켜나갔다. 도미니크 수도회, 프란시스코 수도회 등과 같은 새로운 탁발 수도회가 생겨났고, 예배와 성찬의 영성과 함께 스콜라 철학이 일어났다. 중세의 말기에는 유럽 대륙과 영국에서 신비주의가 정점에 달했으며, 유럽과 영국의 신비에 대한 뛰어난 저작들이 하나님을 향한 영혼 여정의 내적 지형을 탐험했다.

이 부록의 '중세교회의 영성'에 관한 부분은 개신교 종교 개혁의 네 가지 지류의 영향으로부터 시작하여 루터교, 개혁주의, 재침례교, 성공회의 영성에 대해 언급하고 있다. 가톨릭에서는 16세기에 스페인에서 그리고 17세기와 18세기에 프랑스에서 중대한 형태의 영성이 등장한다. 종교 개혁 후 일어난 개신교운동(청교도, 퀘이커교도, 경건주의자, 복음주의자, 부흥론자, 감리교도, 성결주의 그룹, 오순절파)의 다양한 영성 후에는 근대적인 영성을 추구하는 몇몇의 인물들이 뒤를 잇는다. 또 최근에 개발된 영성들(바티칸 II, 에큐메니칼운동, 오순절운동, 열두 단계의 영성, 심리학적 접근, '창조 중심'의 영성)로 결론을 맺으며, 현대 정통파와 라틴 아메리카, 아프리카, 아시아의 영적인 발전상을 덧붙였다.

초대, 중세, 현대의 기독교 영성의 역사를 고찰하면서 이것이 아주 간결한 형식의 개요라는 점을 강조하고 싶다. 이 주제에 대하여 자세하게 탐구한 많은 책들이 있다. 체슬린 존스(Cheslyn Jones), 제프리 웨인라이트(Geoffrey Wainwright), 에드워드 야놀드(Edward Yarnold), SJ가 편집한 「영성의 연구(The Study of Spirituality)」, 마이클 콕스(Michael Cox)의 「기독교 영성 핸드북(Handbook of Christian Spirituality)」, 루이스 보이어(Louis Bouyer)의 「기독교 영성의 역사(A History of Christian Spirituality)」 3권, 어반 T. 홈즈(Urban T. Holmes)의 「기독교 영성의 역사(A History of Christian Spirituality)」, 브래들리 P. 홀트(Bradley P. Holt)의 「기독교 영성사(Thirsty for God)」 등이 그것이다.

## 초대교회의 영성

**성경적 기초** 성경 전체는 인간의 역사 속에 나타난 하나님의 결정적인 계시로서 예수 그리스도를 가리킨다. 예수님의 구속의 역사는 타락과 함께 네 가지 소외, 즉 자신과 하나님, 자신과 자신, 자신과 다른 사람, 자신과 창조 질서의 문제를 극복하는 기초가 된다. 완전히 균형 잡힌 성경적인 영성은 그리스도 안에서 이 네 가지 영역에 대한 본질적인 치유가 가능하고, 새하늘과 새땅에서 누릴 완전한 조화를 기대할 수 있다는 사실을 말해준다. 예수님은 다락방 강좌(요 13-17장)에서 영적인 삶의 정수를 제시하셨고, 서신서들은 "너희가 내 안에 내가 너희 안에"(요 14:20)의 의미를 발전시키고 있다.

**초기와 후기 교부들(기독교 교부들)**   교회는 유대주의 안에서 메시아를 따르는 집단으로부터 이방을 향한 운동으로 급속하게 변화되었다. 그들은 콘스탄틴이 기독교를 로마 제국의 정당한 국교로 선언한 313년까지 꾸준히 핍박을 받았다. 교회의 교부들이 삼위일체와 그리스도의 인성과 사역의 교리에 대하여 토론하고 정리해나갈 때, 전체적으로 교회는 점점 더 막강한 정치력과 경제력을 가진 제도 집단으로 자리를 잡아갔다.

**초기 기독교 예배**   초기의 교회는 기도, 시편 노래, 성경 읽기, 가르침, 설교 등 회당 예배에서 사용되던 요소들을 도입했다. 초기의 집회에서는 '카리스마(charisma)', 혹은 영적인 은사를 강조했으나 2세기에는 점점 쇠퇴해갔다.

**디다케**   '디다케(Didache)' 혹은 12사도의 가르침은 2세기 교회의 구조와 성직 계급의 체제를 빠르게 드러냈다.

**몬태니스트(Montanist)**   몬타누스(Montanus)의 추종자들은 2세기 소아시아의 지도자들로서 그리스도의 '파루시아(parousia)', 즉 재림의 급박성을 강조했다. 그러나 과다한 카리스마와 교리적 탈선으로 비판을 받았다.

**순교자들**   2세기와 3세기에 걸친 교회의 핍박으로 순교라는 주제가 그리스도를 향한 궁극적인 헌신의 표현으로 발전되었다. 안티옥의 주교 이그나티우스(Ignatius, 35-107)는 트라얀 황제가 제위할 당시 콜로세움의 순교 현장으로 가는 길에 몇 편의 편지를 썼다. 약 200년 경 믿음 때문에 죽임을 당했던 카세이지의 퍼페튜아(Perpetua)와 같은 많은 여인들 역시 순교를 당했다.

**영지주의**   교회는 물질의 창조를 열등한 신성(조물주) 탓으로 돌리는 영지주의로 몸살을 앓게 되었다. 그들은 절대적인 영이 성육신될 수 있다는 사실을 부인했다. 이 주장은 두 가지의 극단인 금욕주의와 도덕 폐기주의를 초래했고, 구원은 숨겨진 지혜(영지)를 통해 얻을 수 있다고 강조했다. 2세기의 저술가인 순교자 저스틴(Justin), 이레니우스(Irenaeus), 터툴리안(Tertullian)은 저술을 통해 영지주의의 이단성을 논박했다.

**금욕주의**   금욕주의를 표방하는 영적 실천이 초대교회 시대에 두 가지 모습으로 나타났다. 하나는 창조의 선함을 부인하고 하나님의 은혜를 인간의 노력으로 대치하는 건강하지 못한 모습이다. 또 하나는 조금 나은데, 전자의 문제점들을 피하면서 자아 형벌보다는 자아 훈련을 강조했다. 라틴교회의 교부로서 교리신학에 특별한 은사를 가진 터툴리안(160-225)은 세상과 분리를 추구하는 금욕적 실천에 있어 대단히 엄격했다.

**헬레니즘의 영향**   알렉산드리아의 오리겐(Origen of Alexandria, 185-284)은 그리스 철학에 완전히 심취했던 사람으로서 수세기에 걸쳐 우화적인 성경 해석 방법으로 교회에 심대한 영향을 끼쳤다. 그와 그 이후의 사람들은 당시의 신 플라톤주의의 영향을 받았다. 그와 동시대 사람인 플로티누스(Plotinus)는 신 플라톤주의의 핵심 사상가로서 인생의 주된 목표가 절대자 혹은 유일자와의 연합이라고 가르쳤다. 오리겐은 이러한 사상을 각색하여 하나님을 향한 영혼의 순례를 세 가지 차원의 영적 단계로 발전시켰다. 도덕적 단계는 잠언에 상응하는 것으로 행동과 관계가 있다. 자연적 단계는 전도서에 상응하는 것으로 지적인 발전과 관계가 있다. 명상의 단계는 아가서에 상응하는 것으로 하나님과의 영적 연합과 관계가 있다(수세기 동안 영적 저술가들은 아가서에 대한 오리겐의 우화적인 해석을 즐겨 사용했다).

**신비주의**   4세기 경에는 신비주의가 기독교 영성의 주요한 주제가 되었다. 금욕주의라는 용어처럼 신비주의는 건강한 관습과 비성경적인 관습 모두를 가지고 있었다. 좀더 성경적인 면에서 볼 때 신비주의는 초월적이고 궁극적인 존재에 대한 개인적인 이해다. 이러한 하나님의 임재에 대한 경험은 창조 질서에 변화와 의미를 부여한다.

이와는 대조적으로 비성경적인 신비주의에는 하나님 안에서 완전한 흡수와 정체성의 상실을 추구하는 단일 신비주의와 만물과 하나 됨을 찾는 자연 신비주의가 있다. '연합'이라는 말은 신비주의 유신론 혹은 범신론적인 모습과 관련될 수 있다. 반면에 '친교'라는 말은 두 사람 사이, 즉 나와 당신의 사랑의 관계를 언급하는 것으로서 창조주와 피조물의 구별을 확증한다. 여기에는 분별이 필요하다. 어떤 신비주의적인 그리스도인들은 '연합'이라는 단어를 다른 사람들과는 달리 '친교'라는 의미로 사용하기 때문이다.

**사막 영성**   3세기 초반에 한 무리의 남녀가 이집트의 사막으로 들어가서 고립된 채 금욕적인 삶을 살면서 하나님과의 깊은 친밀함을 추구했다. 아타나시우스(Athanasius)가 쓴 「안토니의 생애(Life of Antony)」에 의하면 안토니는 초기 사막의 은둔자 가운데 가장 알려진 사람이다. 어떤 수도사와 수녀들은 극단적이고 기괴한 금욕적 방법으로 훈련을 했다고 한다. 은둔자들은 또한 시리아 사막에서도 살았다. 그들 가운데는 장로 시메온(Simeon)과 다니엘 스타이라이츠(Daniel Stylites)와 같이 기둥 꼭대기에 좁게 만든 평평한 곳에서 수십 년을 살던 사람도 있었다.

또 다른 금욕주의자로서 시리아 수도사들이 모방했던 상징적인 시들을 쓴 에프렘(Ephrem, 306-373)이 있다. 그는 영적인 삶을 '데오시스(theosis)', 즉 신격화를 향한 진전으로 보았으며, 이러한 관점은 동방의 기독교에 많은 영향을 미쳤다. 이 개념은 베드로후서 1장 4절의 "신의 성품에 참예하는 자"의 이미지로서, 동방교회 영성의 근본적인 주제가 되었다.

**수도원 영성** 파코미우스(Pachomius, 290-346)는 일단의 수도원과 수녀원을 조직했는데, 다른 사람들이 홀로 은거하는 동안 많은 사막의 교부와 수녀들이 이 수도원 공동체에 참여했다. 요한 크리소스톰의 제자였던 존 카시안(John Cassian, 360-435)은 수도원 생활을 배우기 위하여 이집트로 갔다. 그곳에서 그는 폰투스의 에바그리우스(Evagrius of Pontus, 349-399)의 가르침을 받았다. 에바그리우스는 기독교 플라톤주의자로서 인생에는 세 가지 단계, 즉 실제적, 자연적, 신학적 단계가 있다고 가르쳤다. 존 카시안은 학회와 협의회에 에바그리우스의 가르침을 도입했고, 다른 사막의 수도원 생활을 서방 세계에 전파하여 베네딕트 수도원 제도에 영향을 끼쳤다.

베네딕트(480-547)는 베네딕트 수도원의 창시자로서 '오라 에트 라보라(ora et labora)', 즉 기도와 육체 노동의 조합을 제시하는 규정을 통해 수도원 통치 체제를 발전시켰다. 베네딕트의 규율인 매일의 '렉티오 디비나(lectio divina)', 즉 거룩한 독서가 그랬던 것처럼 베네딕트회의 규정은 서방의 모든 수도원 체제에 영향을 주었다.

동방에서 에바그리우스는 갑바도시안 교부 카에사리아의 바실(Basil of Caesarea, 330-379), 바실의 형제인 나이사의 그레고리(Gregory of Nyssa, 330-395) 그리고 그들의 친구인 나지안주스의 그레고리(Gregory of Nazianzus, 320-389) 등과 친분이 있었다.

카에사리아의 바실은 두 개의 수도원 규율을 썼다. 하나는 자의지에 대립하는 것으로서 순종과 모든 일에 대한 감사를 강조했고, 다른 하나는 하나님 형상으로의 회복에 대한 영적인 과정을 강조했다. 나이사의 그레고리는 승천에 대한 신비적인 교리를 발전시켜 이해할 수 없는 하나님에 대하여 점진적인 깨달음을 갖게 했다.

**어거스틴** 라틴 교부 가운데 가장 위대한 히포의 어거스틴(Augustine of Hippo, 354-430)은 교회의 권위에 대한 강한 존경심을 통해 하나님과 인간과의 화해를 추구했다. 사고하는 자로서 그는 강력한 직관과 예리한 지성을 결합시켰다. 실천가로서의 그는 묵상적인 삶의 방식과 세상에서의 역동적인 삶을 연결시켰다. 그는 자전적 이야기인 「참회록(Confessions)」을 통해 영적인 삶의 개발에 새로운 장을 열었다.

어거스틴의 내적 순례는 하나님을 향한 강렬한 열망에 의해 이끌렸다("당신은 당신 자신을 위해 우리를 지으셨습니다. 당신 안에서 안식을 찾기 전까지 우리 마음에 안식은 없습니다"). 그는 삼위일체를 믿는 묵상과 때때로의 신비적 경험으로 영적 만족을 누렸다.

**수도-디오니시우스** 약 500년경에 살았던 신비주의적 신학자(아마도 시리아의 수사였을 것이다)인 수도-디오니시우스(Pseudo-Dionysius)는 아레오바고 재판관(행 17:34)의 이름을 딴 '디오니시우스' 라는 필명 아래 그리스어로 된 네 권의 책을 썼다. 수도-디오니시우스의 작품으로는 「신의 이름(The Divine Names)」「신비주의 신학(The Mystical Theology)」「천국의 계급 조직(The Celestial Hierarchy)」「교회의 계급 조직(The Ecclesiastical Hierarchy)」 그리고 서신 모음 등이 알려져 있다. 이 작품들은 신 플라톤주의의 영향을 받았으며, 차례로 동방과 서방의 기독교 영성과 특히 세 가지 영적 단계의 해석에 강력한 영향을 주었다.

정화의 단계에서는 영혼이 깨끗함을 얻는다. 조명의 단계에서는 영혼이 하나님의 빛을 받는다. 연합의 단계에서는 영혼이 하나님과 하나 됨을 경험한다. 수도-디오니시우스는 또한 아포패틱 신학의 발전에 영향을 주었다. 그는 '비아 네가티바(via negativa)', 즉 하나님의 지적인 이미지와 속성을 떨쳐버리려는 소극적인 방법을 따랐다. 그는 카타패틱 접근은 오직 영적 초심자에게만 필요하다고 주장했다.

**켈트(Celtic) 영성** 패트릭(Patrick, 389-461)은 켈트 족에게 전도를 한 후 아일랜드 전역에 남녀를 위한 수도원을 설립했다. 대수도원장과 브리지드(Brigid)와 같은 대수녀원장은 영적인 감독을 하는 한편, 엄격한 금욕 수행을 강조하는 사막 교부들의 작품들을 제공했다. '순백의 순교'를 표방하는 금욕주의는 매일 시편 150편 전부를 암송하는 훈련을 시행했다. '푸른 순교'는 죄의 철저한 회개(예를 들면, 얼음물 속에서 오래 기도하기)를 강조했다. '붉은 순교'는 실제로 피를 흘리는 것을 의미했다.

구체적인 회개를 강조하는 개인적 고백의 켈트 전통은 후일에 나머지 서방교회 전지역에 확산되었다. '아남카라(anamchara)', 즉 '영혼의 친구' 라는 켈트의 개념은 가톨릭 전통의 영적 방향에 영향을 주었다. 켈트의 전통은 유명한 '성 패트릭의 흉패' 와 같은 아름다운 기도문으로 특징지어진다.

## 중세교회의 영성

**일반적인 추세**  600년에서 1500년 사이에 북부와 동부 유럽 전역에 걸쳐 교회가 확산되고 강화되었다. 이 기간에 앵글로색슨, 독일, 스칸디나비아, 우크라이나 그리고 러시아 문화가 '기독교화' 되었다. 같은 기간에 아프리카와 아시아에서는 기독교 영향이 감소되었다. 덧붙여, 라틴의 서방교회(로마 중심)와 그리스의 동방교회(콘스탄티노플 중심)가 눈에 띄게 멀어지기 시작하여 1054년에 공식적으로 분리되었다. 서방에서는 로마 가톨릭 교회의 지나친 스콜라 철학의 발흥기 이후에 암흑시대가 뒤따랐다. 그리고 신학적 체계화는 신비주의로부터 대체로 분리되었다. 이와 대조적으로 동방 정교회는 신학과 신비주의를 구별하지 않았다. 정교회에서는 교회의 교리와 신적 신비의 개인 경험이 풀 수 없을 만큼 결합되어 있었다.

**동방교회**  삼위일체주의자들은 325년부터 787년까지 7개의 에큐메니칼(ecumenical) 평의회를 강조했다. 그리스 신학의 전통과 서방과 동방교회의 지리적, 문화적 차이로 인하여 동방 정교회 내에서 믿음과 실천에 관한 개념을 구별하게 되었다. 동방 정교회 영성은 주로 아포패틱 신학을 특징으로 한다. 존 클리마쿠스(John Climacus, 570-649), 신 신학자 시메온(Simeon, 949-1022), 그레고리 팔라마스(Gregory Falamas, 1296-1359)와 같은 신비주의적 신학자들의 작품이 그 증거다. 은둔자(완전한 고독)가 되기 전에 시나이 산 수도원의 대수도원장이었던 존 클리마쿠스는 그의 저서 「신적 승천의 사다리(The Ladder of Divine Ascent)」에서 영혼이 하나님께 오르는 신비적인 단계를 묘사했다. 시메온과 그레고리는 고요함, 침묵, 신비적 기도를 추구하는 헤시케즘(hesychasm)의 주창자였다. 그레고리는 인간이 알 수 있는 하나님의 에너지와 인간이 알 수 없는 하나님의 본질을 구별해냈다. 하나님의 비전은 이 세상에서는 완전하지 못할지라도 하나님의 은혜와 인간 의지의 상승 작용을 통해 가능하다는 것이다.

이러한 모든 신학자들은 하나님의 은혜에 의한 끊임없는 기도의 훈련, 즉 '마음의 기도'를 강조했다. 이 지속적인 '예수 기도' 가운데서 가장 일반적인 것이 "주 예수 그리스도여, 저에게 자비를 베푸소서"라는 기도였다. 그 가운데 몇 가지는 변형되기도 했다. 예수 기도는 호흡 기도라고도 알려졌다. 왜냐하면 이 기도는 숨쉬는 것과 연관되어 있으며, 생각을 넘어서 마음과 생각이 연합되는 '헤수키아(hesuchia)', 즉 고요함에 이르기 때문이다.

비잔틴 시대 이후의 동방 정교 영성의 또 다른 특징은 존경의 대상으로 삼기 위해 독특한 모양의 그림을 사용했다는 점이다. 이런 그림은 영원을 향한 창문 같은 역할을 했고, 그림 속에 나타난 사람을 존경하는 도구로 사용되었다.

**수도원 제도**　중세의 서방교회에서는 전체 수도원 체계가 혁신되고 확장되었다. 사람들은 가난과 절제와 순종이라는 세 가지 서약과 자기 부인의 영적 훈련을 통하여 안정적인 공동생활을 유지했다. 조직 신학과 철학 신학으로 잘 알려진 초기 스콜라 사상가 켄터베리의 안셈(Anselm of Canterbury, 1033-1109) 역시 수도 생활에 몰두했다. 켄터베리의 대주교가 되기 전에 안셈은 노르망디 벡 수도원의 대수도원장이었다. 그곳에서 그는 「기도와 묵상(Prayers and Meditations)」이라는 책을 통해 친밀하고 개인적인 경건의 시를 개발했다.

브루노(Bruno, 1032-1101)가 1084년에 설립한 카투시안 수도원은 엄격한 묵상 생활을 강조했다. 이 엄격한 수도원 영성은 완벽한 포기, 고행, 침묵, 홀로 있음을 요구했다.

클레르보의 버나드(Bernard of clairvaux, 1090-1153년)는 수도원 제도의 개혁가로서 서부 유럽 전역에 걸쳐 시토회 수도원의 광대한 조직을 관장했다. 그는 '멜리플루스(Mellifluus) 박사'라고 불렸는데, 이는 중세의 많은 작가들의 거칠고 무미건조함에 반하는 부드러운 가르침 때문이었다. 그는 「하나님의 사랑(The Love of God)」이라는 책에서 영적인 삶의 세 가지 단계(동물적, 이성적, 영적)와 사랑의 네 가지 단계(자신을 위한 자기 사랑, 자신을 위한 하나님 사랑, 하나님을 위한 하나님 사랑, 하나님을 위한 자기 사랑)를 구별했다. 동시대 사람들과 마찬가지로 그는 오리겐과 존 카시안 등으로부터 물려받은 다음 네 가지의 성경 해석 방법을 받아들였다. (1) 문자적 해석(역사적인 상황 안에서), (2) 비유적 해석(성경 전체를 통해 그리스도를 보는 것), (3) 교훈적 또는 도덕적 해석(도덕적인 지침에 순종), (4) 영적 해석(묵상의 단계). 그는 아가서 설교에서 영혼과 하나님과의 개인적인 친밀함에 대한 주제를 발전시키기 위해 성적인 언어를 사용했다.

버나드의 가까운 친구였던 성 시어리의 윌리엄(William of Saint-Thierry, 1085-1148)은 사임하고 시토회의 신부가 되기 전에 성 시어리의 베네딕트 수도원의 대수도원장이었다. 버나드와 같이 윌리엄은 아가서에 대하여 글을 쓰면서, 그것을 그리스도와 영혼과의 묵상적 연합으로 묘사했다. 「황금 서신(The Golden Epistle)」에서 윌리엄은 하나님을 찾고, 하나님을 소유하며, 하나님을 즐기는 은혜의 순례를 묘사하면서 지적인 조명을 불타는 영적 사랑에 설득력 있게 연결시켰다.

**탁발 수도회**　13세기에는 수도원 제도에 대한 새로운 접근이 이루어져 수도회가 사회에 더욱 참여하고 봉사했다. 구걸을 통해 생계를 이어갔던 탁발 수도회는 수도원 부원장의 지도 아래 종교적 교단으로 조직되었다. 도미니크 구즈만(Dominic Guzman, 1170-1221)은 도미니크 수도원으로 알려진 '설교자들의 수도회'를 설립했다. 이들은 신학적 학습과 설교에 헌신했다. 15세기까지 이 수도회는 개인적이고 집단적인 가난을 훈련했다. 도미니크 수도사들은 교육을 강조하여 알버투스 마그누스(Albertus Magnus, 1200-1280)와 그의 제자들, '안젤리쿠스(Angelicus)의 박사'로 알려진 스콜라 철학의 절정 토마스 아퀴나스(1225-1274) 등 훌륭한 학자들을 배출했다.

「신학 대전(Summa Theologica)」과 「대(對) 이교도 대전(Summa Contra Gentiles)」은 신학적 진리를 조직화하는 데 있어서 아퀴나스의 천재성을 드러내는 작품들이다. 그의 작품은 또한 경험을 통해 영적 지식의 살아 있는 깨달음을 고취하고 있다. 생애가 끝나갈 무렵 대전을 완성하기 위해 서두를 때, 그는 그가 썼던 모든 것이 그의 묵상 속에서 하나님이 보여주신 것에 비하면 지푸라기에 불과하다고 고백했다.

또 다른 탁발 수도회인 프란시스코 수도회는 아시시의 프란시스(1182-1226)가 설립했다. 프란시스의 기쁨, 간소함, 자연을 사랑함, 관대함, 믿음 그리고 그리스도에 대한 열정은 매우 빠른 속도로 파급되었다. '작은 형제들의 수도회'로 알려진 그의 동료들은 다른 사람들을 섬기기 위해 끊임없이 사역을 확장했다. 「성 프란시스의 작은 꽃들(The Little Flowers of St. Francis)」은 프란시스에 관한 구전과 전승의 모음집으로 초기 프란시스코 수도사들의 활기와 영성을 아름답게 묘사했다.

아시시의 클레어(Clare of Assisi, 1194-1253)는 '가난한 클레어들'이라 불리던 여성들을 위한 제2수도회를 창립했다. 제3수도회로 알려진 세번째 수도회 '회개의 형제들'은 평범한 일상생활 속의 영성을 찾는 평신도들을 위해서 설립되었다.

'세라피쿠스(Seraphicus)의 박사'로 알려진 보나벤투어(Bonaventure, 1221-1274)는 가장 탁월한 프란시스코 수도회 신학자였다. 보나벤투어는 "하나님을 추구하는 사람들에게 하나님이 은혜로 주시는 신비한 조명과 비교해볼 때 인간의 지혜가 주는 최고의 조명은 어리석은 것에 지나지 않는다"라고 강하게 주장했다.

그 밖의 탁발 수도회로는 13세기에 알려진 카르메라이트, 어거스틴의 은둔자 또는 수도승 그리고 카푸친(가난, 엄숙, 설교를 강조했던 후기 프란시스코 수도회) 등이 있었다.

**대륙 신비주의** 12세기부터 15세기에 걸쳐 극도의 신비주의 작품이 유럽 대륙과 영국에 융성했다. 여기에는 황금과 자갈이 뒤섞여 있으므로 조심스럽게 분별해가며 읽어야 한다. 황금은 인증된 영적 통찰로 이루어졌다. 반면에 자갈은 비성경적인 가르침, 심리학적인 흥분, 또는 다양한 범신론으로 이루어졌다.

성 빅토의 휴(Hugh of St. Victor, 1096-1141)는 신비주의 신학자로서 파리 근처에 있는 성 빅토의 어거스틴 수도원에 살았다. 휴의 작품은 플라톤주의의 전통에 강하게 영향을 받았다. 그는 수도-디오니시우스의 「천국의 계급 조직(The Celestial Hierarchy)」에 대한 주석을 썼다.

또 다른 사람으로는 성 빅토의 리처드(Richard of St. Victor, 1173년경)가 있다. 그는 신비 체험의 심리를 조직적으로 고찰한 최초의 중세 신비주의자다. 그는 고차원 세계로 오르는 정신적 활동으로서 사고, 숙고, 묵상이라는 세 가지 방법을 제안했다. 그의 작품 「영혼의 준비(Preparation of the Soul)」와 「묵상

(Contemplation)」은 보이는 것에 대한 묵상에서 보이지 않는 것으로 그리고 보이지 않는 것에서 최종의 변화된 연합으로 진행하고 있다.

빙겐의 힐데가르드(Hildegard of Bingen, 1098-1179)는 라인에 있는 빙겐의 베네딕트 공동체 설립자이며 초대 대수녀원장이었다. 이 뛰어난 여인은 예배 음악을 작곡했고, 자연 과학과 의약에 관한 책들을 저술했다. 첫번째 작품은 도덕을 주제로 한 「미덕의 연극(Play of Virtues)」과 공상 문학으로 알려져 있다. 가장 중요한 작품인 「씨비아스(Scivias)」에서 그녀는 자신이 받은 스물여섯 가지의 광범위한 비전을 적고 있다. 그것은 기독교 교리의 대전으로서 우주의 본질, 하나님나라, 인간의 타락, 칭의, 세상의 종말 등에 관한 내용을 다루고 있다.

베나의 아말릭(Amalric of Bena, 약 1207년경)은 범신론적인 신비주의자로서 파리 대학의 학과장이었다. 그는 사랑으로 인하여 영혼이 하나님을 향하여 일어설 때, 그 영혼은 하나님과 구별되는 특수성을 잃어버리고 하나님 자신이 된다고 가르쳤다. 그의 가르침은 이단성이 있었지만 '자유의 영 형제회'와 같은 가(假)신비적 그룹에 영향을 미쳤다.

마그데부르크의 메칠드(Mechthild of Magdeburg, 1210-1280)는 빙겐의 힐데가르드와 같은 독일의 신비주의자요 영적 저술가로서 생생한 환상을 경험했다. 「하나님의 넘치는 빛(The Flowing Light of Godhead)」에서 메칠드는 가끔 무아경의 언어와 자극적인 에로티시즘을 사용하여 하나님의 임재를 묘사했다. 신성한 마음에 대한 그녀의 환상은 훗날 로마 가톨릭의 경건성에 영향을 주었다.

독일 도미니크 수도회의 신비주의자 마이스터 에크하르트(Meister Eckhart, 1260-1327)는 창세기와 요한복음의 주석, 설교 그리고 조약문[예를 들면, 「신적 위로의 책(The Book of Divine Consolation)」] 등에서 신비주의 신학에 대하여 중요하지만 잘못된 기여를 했다. 에크하르트는 자신을 '하나님에 취한 사람'이라고 묘사했다. 그리고 인격의 형태로 자신을 계시하시는 종교적인 하나님과 모든 인간적인 이해를 초월하고 차별 없고 계시할 수 없는 영원한 단일체로서의 하나님을 구별했다. 범신론적인 경향 때문에 그의 많은 진술들이 이단으로 정죄되었다.

힐데가르드, 메칠드, 에크하르트의 가르침은 14세기의 영성과 '가테스프룬데(Gottesfreunde)', 즉 '하나님의 친구들'이라고 알려진 신비주의운동에 강한 영향을 미쳤다. 이들은 교회 제도의 외형과 하나님과의 영적 연합에 의하여 형성되는 내적이고 개인적인 변화를 대조시켰다. 저자가 알려지지 않은 「독일 신학(Theologia Germanica)」은 '하나님의 친구들' 운동의 영성을 구체화했고, 이 방대한 전집은 나중에 마틴 루터에게 영향을 주었다. 이 신학은 구별된 한시적 세상은 구별이 없는 신적 현존을 영혼이 깨닫기 전에 초월되어야 한다고 가르쳤다.

독일 도미니크회의 요하네스 타울러(Johann Tauler, 1300-1361)는 '하나님의 친구들' 운동의 영감 있는 설교자요 교사였다. 타울러는 마이스터 에크하르트의 신비주의 신학에 강한 영향을 받았고, 자기 사망(Self-dying)의 세 가지 단계를 가르쳤다. 그것은 천국의 소망 안에서의 고행, 자신을 전혀 염두에 두지 않는 영적, 육체적 박탈 그리고 하나님의 뜻과의 완전한 조화다.

그의 동료 헨리 수소[Henry Suso(하인리히 소이세, Heinrich Seuse), 1295-1366]는 '하나님의 친구들'의 또 다른 도미니크 수도회 수도사였다. 그는 「축복받은 헨리 수소의 일생(Life of the Blessed Henry Suso)」이라는 자서전에서 무아경의 환상을 묘사했다. 또 「영원한 지혜서(Book of Eternal Wisdom)」라는 책에서는 그의 멘토인 마이스터 에크하르트의 범신론적인 사상을 전달했다. 수소의 지나치게 불안정한 영성은 지독한 고행과 스스로 부과한 고통으로 특징지어진다.

플랑드르의 신비주의자 얀 반 뤼스브룩[Jan van Ruysbroeck(요한 루스브르, John Ruusbroec), 1293-1381]는 타울러와 수소의 가까운 친구로서 어거스틴의 작품, 수도-디오니시우스, 클레르보의 버나드, 마이스터 에크하르트의 영향을 받았다. '영적 결혼식(The Spiritual Espousals)' '불꽃 튀는 돌(The Sparkling Stone)' '영원한 축복의 거울(A Mirror of Eternal Blessedness)' '정화(淨化)를 위한 작은 책(The Little Book of Clarification)' 과 같은 그의 조약문들은 신비주의의 지적인 입장과 감정적인 입장 모두를 조합함으로써 그 시대에 심오한 인상을 남겼다. 뤼스브룩은 정화, 조명, 연합의 전통적인 단계가 순차적이기보다는 누적되는 것이라고 주장했다. '불꽃 튀는 돌'에서 그는 인생이 활동적인 삶(다른 사람을 섬기는 선한 사람)에서 내면적인 삶(하나님을 사모하며 상상 속에 있는 창조의 이미지를 제거하는 영적인 사람)으로 그리고 최종적으로 묵상의 삶(하나님과의 사랑의 연합을 경험하면서 한편으로는 세상 속에서 여전히 활동적일 수 있는 묵상의 사람)으로의 진행이라는 사상을 전개했다. 세번째 단계는 소수에 의해서 그리고 잠시 동안만 얻을 수 있는 것이었다.

뤼스브룩의 제자인 게르하르트 그루테(Gerhard Groote, 1340-1384)는 '공동생활의 형제들' ('하나님의 친구들' 운동과 약간의 연결성을 가진 평신도 연합)을 설립했다. 회원들은 공동체에서 생활하며 이 운동을 '디보시오 모데나(Devotio Moderna)', 즉 현대적 헌신이라고 불렀다. 교회의 타락을 지적했던 그루테의 설교는 깊고 개인적인 성령의 체험에서 나왔다.

게르하르트 그루테의 전기를 썼던 토마스 아 켐피스(Thomas à Kempis, 1380-1471)는 불후의 명작 「그리스도를 본받아(The Imitation Christ)」의 저자다. '공동생활의 형제들'의 영성은 영혼의 진정한 중심이 되는 그리스도의 삶을 근거로 하고 있다. 그러나 스콜라 철학의 남용에 대하여 과민 반응을 보이며 지적인 삶을 평가 절하했다.

시에나의 카타리나(Catherine of Siena, 1347-1380)는 그녀가 죽은 해에 태어난 토마스 아 켐피스처럼 중세 교회의 타락과 쇠퇴에 반발했다. 그녀는 환상, 무아경, 사탄과의 싸움을 경험하면서도 다른 신비주의자들과는 달리 사회적인 문제에 관심을 갖는 이타적인 영성을 추구했다. 그녀는 엄격한 절제를 훈련했다. 그러나 그리스도에 대한 사랑으로 병들고 가난한 사람들을 섬겼다.

쿠사의 니콜라스(Nicholas of Cusa, 1400-1464)는 독일의 추기경이요 철학자로서 천부적인 사상가였다. 그의 영성의 신비주의적 신학「학습된 무지에 대하여(On Learned Ignorance)」, 「숨겨진 하나님과의 대화(Dialogue on the Hidden God)」, 「하나님을 찾아서(On Seeking God)」, 「하나님의 비전에 대하여(On the Vision of God)」, 「묵상의 정점에서(On the Summit of Contemplation)」은 인간 이성의 한계 너머를 가리켰다. 그는 진리의 길이 우리를 하나님에 대한 '코인시덴시아 오파지토룸(coincidentia oppositorum)', 즉 정반대의 일치로 이끈다고 주장했다(예를 들면, 하나님은 무한히 크시며 무한히 작으시다. 중심이시며 주변이시다. 어디에나 계시며 아무 곳에도 없으시다).

제노아의 카타리나(Catherine of Genoa, 1447-1510)는 엄격한 개인 훈련과 적극적인 박애주의를 조합했다 (그녀는 제노아에 최초로 병원을 설립했다). 10년 간의 불행한 결혼 생활 후 그녀는 심오한 영적 체험을 했는데 그것이 그녀의 삶을 변화시켰다. 카타리나의 신비주의는 그리스도보다는 무한하신 하나님에 더욱 초점을 맞추었다. 그녀는 하나님의 사랑의 광대함에 몰두되었던 것이다.

**영국의 신비주의** 중세 후기의 영국에서는 수많은 탁월한 묵상가들이 나왔다. 그들은 하나님의 지식을 직접 얻기 위해 초월적인 기도를 통하여 하나님의 은혜를 구했다. 리처드 롤(Richard Rolle, 1300-1349)은 옥스퍼드에서 공부했는데 나중에 은둔자가 되었다. 그는 영어뿐 아니라 라틴어로 광범위한 저술 활동을 했다. 그의 신비주의적인 삶은 주기적인 광적 열심, 천상의 음악의 감미로움 등을 경험하는 것이었다. '열정에 관한 묵상(Meditations on the Passion)', '에고 도르미오(Ego Dormio)', '삶의 방식(The Form of Living)'과 같은 그의 조약문들은 그리스도에 대한 열정적인 헌신에 초점을 맞추고 독서와 기도와 묵상을 장려하고 있다.

14세기의 고전 경건서「무지의 구름(The Cloud of Unknowing)」의 무명 저자는 롤의 작품을 잘 알고 있었고 수도-디오니시우스에 의해서 영감을 받았다. 또한 토마스 식의 신학과 요하네스 타울러 같은 라인 지방의 신비주의자들을 좋아했다. 「무지의 구름」은 어두움의 아포패틱 신비주의를 발전시켰으며, 이해될 수 없는 하나님에 대한 강조와 묵상의 삶에 대한 적절한 정돈을 통하여 진보적인 독자들을 가르쳤다.

월터 힐튼(Walter Hilton, 약 1396년경)은 리처드 롤과 「무지의 구름」의 영향을 받았다. 그는 주요한 작품인 「완전의 등급(The Scale of Perfection)」에서 믿음의 개혁과 감정의 개혁의 두 단계를 구별했다. 그에게 있어서 가장 높은 수준의 묵상은 지적인 면과 감정적인 면에서 조화를 이루는 것이었다.

노리치의 줄리안(Julian of Norwich, 1342-1416)은 은둔자의 삶을 살았다. 1373년 5월에 그녀는 16가지의 비전을 받았다. 이 「신적 사랑의 계시(Revelations of Divine Love)」는 초기 원문에는 짧게, 후기 원문에는 길게 묘사되어 있다. 그녀는 그리스도와 성삼위의 열정에 대한 비전을 통하여 신적 사랑은 악의 문제를 포함한 모든 신비적인 경험에 대한 대답이라는 깨달음을 얻게 되었다.

## 현대교회의 영성

**프로테스탄트 종교 개혁** 존 위클리프(John Wycliffe, 1329-1384), 롤라드(Lollard) 교도들, 존 후스(John Huss, 1369-1415), 교회의 도덕적, 교리적, 영적 부패를 지적했던 윌리엄 틴데일(William Tyndale, 1494-1536) 등과 같은 많은 개혁자들이 등장했다. 그러나 로마의 권위에 대항한 개혁주의자들은 루터교도, 신교의 개혁파, 재세례교도, 성공회교도 등의 네 부류였다.

**루터교도의 영성** 사람은 오직 은혜를 인하여 믿음으로 의롭게 된다는 사실을 깨달은 후에 마틴 루터(1483-1546)는 성인들에 대한 기도, 관용, 성보(聖寶), 순례, 독신 서약 등의 인간적 공로를 추구하는 노력을 중지하고 그 대신에 하나님의 은혜를 구했다. 그는 또한 찬송과 자국어로 된 성경 사용 등의 종합적인 영성의 새로운 요소들을 도입했다. 비록 그는 독일 신학에서 신비주의적 전통을 높이 평가했지만, 마이스터 에크하르트와 또 다른 이들에게서 유전된 아포패틱의 신비주의는 반대했다. 그는 오히려 성경적 계시와 그리스도의 구속 사역을 통한 하나님의 은혜를 개인적으로 영접하는 것을 기초로 한 십자가익 카타패틱 영성을 더 선호했다.

요한 아른트(Johann Arndt, 1555-1621)는 그의 신학을 성문화하는 대신에 루터의 기독교 경험에 관심을 가졌다. 그의 설교와 「진정한 기독교(True Christianity)」와 같은 저작들은 영적 부흥을 고무하고 후기 루터교의 경건주의에 기반을 제공한다. 이와는 대조적으로, 야코프 뵈메(Jakob Boehme, 1575-1624)는 비정통 루터교의 신비주의자로서 그가 사용하는 용어는 성경보다는 연금술과 천문학에서 따온 것들이었다.

**개혁주의 영성** 스위스의 개혁주의자 울리히 츠빙글리(Ulrich Zwingli, 1481-1531)는 루터보다 더 급진적으로 가톨릭의 전통을 거부했다. 츠빙글리의 '말씀의 영성'은 통합적 예배의 의전적, 심미적, 신비적, 성례적인 면을 최소화했고, 신약 성경에 언급되지 않은 관습은 무엇이라도 제거했다(예를 들면 의상, 영상 예술,

교회 안에서의 악기 연주).

존 칼빈(1509-1564)은 츠빙글리에 비해서는 보다 중도적인 입장을 취했다. 프랑스에서 스위스로 탈출한 후에 그는 제네바의 새로운 종교적, 정치적 집단을 지휘하게 되었다. 「기독교 강요(Institutes of the christian Religion)」에서 칼빈은 "하나님의 통치하시는 은혜에 의해 그리스도와 믿음의 관계를 맺도록 부르심을 받은 모든 사람은 '그리스도 안에서' 신비한 연합을 소유하게 된다"라고 말했다. 칼빈은 이 연합을 현재적 소유이며 칭의에 뒤따르는 성화에 의해서 선물로 주어지는 것이라고 이해했다. 이것은 하나님과의 연합을 일련의 영적이고 묵상적인 단계의 산물로 보았던 중세 신비주의적 접근과는 상당히 다른 견해다.

**재세례교도 영성**  재세례교도는 일반적으로 '믿는 자'의 세례를 주장했다. 그래서 유아 세례를 받은 사람들에게 다시 세례를 주었다. 이것은 개혁운동의 가장 급진적이고 불안정한 모습이었다. 프로테스탄트뿐만 아니라 가톨릭도 완강하게 이들을 거부했다. 어떤 사람들은 성경의 교리를 하나님으로부터의 직접적인 영감으로 대체했다. 이런 영적인 무질서는 정치적 무질서와 동시에 일어났다. 이와는 반대로, 메노파를 주도한 메노 시몬스(Menno Simons, 1496-1561)는 이러한 집단들의 단편들을 모아 좀 더 안정적이고 덜 감정적인 운동을 일으켰고, 구성원들에게 부도덕함과 거짓된 가르침을 피하라고 격려했다. 일반적으로 재세례교도의 영성은 예배 때 성령의 영감에 의존함, 폐쇄된 공동체, 단순한 삶의 방식, 타협하지 않는 도덕성, 세상 문화와의 단절, 평화주의로 특징지어진다.

**성공회의 영성**  토마스 크랜머(Thomas Cranmer, 1489-1556)는 1549년 「성공회 기도서(The Book of Common Prayer)」의 주 기획자다. 그가 천재적 문체로 여러 예배 의식을 종합하여 개정한 형식을 전세계가 오늘날에도 계속 사용하고 있다. 이 책[크랜머가 조금 쓰기는 했으나, 그중 대부분을 중세의 사룸 미살(Sarum Missal)과 브레비아리(Breviary)로부터 많이 인용했다]에 나오는 집도문은 영어로 된 기도문 가운데 가장 아름답다.

성공회의 영성은 형이상파 시인인 존 던(John Donne, 1571 혹은 1572-1631), 조지 허버트(George Herbert, 1593-1633), 헨리 본(Henry Vaughan, 1622-1695) 등에 의해 측정할 수 없을 정도로 풍성하게 되었다. 던의 종교적인 시와 설교는 세밀하고 인상적인 상상으로 가득 차 있다. 때때로 그리스도에 대한 열정, 인간의 죄성과 죽을 수밖에 없음 그리고 구원의 추구에 초점을 맞추기도 했다. 허버트의 영적인 시, 특히 「회당(The Temple)」이라는 시모음집은 하나님과의 개인적인 관계를 강하게 묘사하고 있다.

다른 주목할 만한 성공회 작가로는 「거룩한 삶의 규칙과 훈련(The Rule and Exercise of Holy Living)」「거룩한 죽음의 규칙과 훈련(The Rule and Exercise of Holy Dying)」의 저자 제레미 테일러(Jeremy Taylor, 1613-1667), 「경건한 삶을 위한 부르심(A Serious Call to a Devout and Holy Life)」의 저자 윌리엄 로(William Law, 1686-1761), 「기독인의 해(The Christian Year)」의 저자 존 케블(John Keble)이 있다.

**가톨릭의 개혁**   트렌트 회의(1545-1563)를 중심으로 일어난 가톨릭의 역(逆)개혁은 프로테스탄트들의 신학적인 도전과 심각한 제도적 개혁의 필요에 대한 보수적인 반응이었다.

**스페인의 영성**   로욜라의 이그나티우스(1491-1556)는 1540년에 '예수의 사회(The Society of Jesus)' 또는 '예수회(The Jesuits)'라고 불리는 새로운 수도회를 설립했다. 이 수도회는 역개혁의 선봉이 되었고 아메리카, 아프리카, 아시아에서 선교적 노력의 근원이 되었다[예 : 프란시스 자비에르(Francis Xavier)]. 로욜라는 '영적 훈련'이라고 불리는 수양회의 영적인 지도를 위해 안내서를 썼다. 기도와 영성에 대하여 세밀하게 조직된 이그나티우스 식의 접근법은 오늘날까지 사용되고 있다.

아빌라의 테레사(Teresa of Avila, 1515-1582)는 깔멜 수도회의 개혁자이자 신비적 경험과 영적 개발의 지각 있는 해석자였다. 그가 쓴 「완전을 향한 길(The Way of Perfection)」「일생(Life)」「내면의 성(The Interior Castle)」등은 기도, 묵상, 명상의 영성을 개발시킨다. 또 정화, 조명, 연합의 단계를 통하여 하나님을 향한 영혼의 여정을 묘사한다. 「내면의 성」에 나오는 일곱 개의 저택은 자기 인식, 초연함, 겸손과 건조함, 감정적인 기도, 하나님과의 연합의 시작, 신비적인 경험과 조용한 기도, 하나님과의 평화로운 연합을 가리킨다.

십자가의 요한(John of the Cross, 1542-1591)은 테레사에게 깊은 영향을 받았다. 그 자신의 영적 개발은 고통과 갈등의 삶 그리고 하나님을 향한 열정 속에서 이루어졌다. 「갈멜 산 등정(The Ascent of Mount Carmel)」과 「영혼의 어두운 밤(The Dark Night of the Soul)」에서 그는 '자각의 밤'에 의한 영혼의 정화를 묘사했다. 휴식 기간 이후 이 밤은 곧 두번째 고통스러운 정화를 맞게 된다. 그것은 「살아 있는 사랑의 불꽃(The Living Flame of Love)」에 묘사된 '영의 밤'으로서 영적 결혼의 변형된 연합을 위한 영혼의 준비다.

**프랑스의 영성**   프랑시스 드 살레(Francis de Sales, 1567-1622)는 「경건 생활의 소개(Introduction to the Devout Life)」로 잘 알려져 있다. 작품을 통해 살레는 "거룩한 삶은 성직자나 종교적인 삶에 국한되지 않으며 세상 속에서 활동적인 사람들에게도 유효한 것"이라고 강조했다. 살레의 영성은 감정적인 산만함과 관계없이 하나님께 대한 단호한 의지적 헌신을 강조한다.

피에르 드 베륄레(Pierre de Bérulle, 1575-1629)는 살레의 친구로서 독특한 프랑스의 영성 훈련소를 설립했고 내면의 삶을 상세하게 개발했다. 로렌스 형제(Brother Lawrence of the Resurrection)[니콜라스 허만(Nicolas Herman), 1611-1691]는 경건서의 고전인 「하나님의 임재 연습(The Practice of the Presence of God)」을 썼으며 하나님의 임재 연습을 매일의 삶 속에서 일상적인 것으로 훈련하게 했다.

철학자이자 수학자인 블레즈 파스칼(1623-1662)은 1654년에 영적인 변화를 경험했다. 그는 구세주인 그리스도를 믿음의 중심에 놓은 '마음의 영성'(그의 걸작 「팡세(Pensées)」에 약술되어 있다)을 갖게 된 것이다. 파스칼은 얀센(Jansen)의 신조에 영향을 받았다. 그것은 예정론의 의미를 함축한 엄격한 도덕운동으로 예수회의 신학과 훈련에 도전을 주었으나 가톨릭 교회에게 거부당했다.

가톨릭 교회가 거부했던 또 하나의 운동으로 '정적주의'가 있다. 스페인의 신부 미구엘 드 몰리노스(Miguel de Molinos, 1640-1697년)는 「몰리노스의 영성 훈련(The Spiritual Guide)」에서 밝힌 영적 수동성과 완전한 의지의 굴복으로 대표되는 '거룩한 무관심'으로 인하여 교회로부터 정죄되었다.

잔느 마리 귀용(Jeanne-Marie Guyon, 1648-1717) 부인과 그녀의 영적 동료 프랑소와 페넬론(Francois Fénelon, 1651-1715)은 몰리노스의 영향을 받았으며, 정적주의의 수동적인 기도를 보급시켰다는 이유로 핍박을 받았다. 「짧고 쉬운 기도법(Short and Very Easy Method of Prayer)」과 「영혼의 폭포수(The Spiritual Torrents)」에서 귀용 부인은 하나님의 속성과 그리스도의 삶의 신비 등을 포함한 모든 독특한 생각들을 지적인 기도에서 제외시켜야 한다고 가르쳤다. 페넬론의 「영적 편지(Spiritual Letters)」와 「그리스도인의 완전(Christian Perfection)」은 하나님께 자신을 완전히 포기하는 과정에 대한 실제적인 안내를 제공해준다.

장 피에르 드 코사드(Jean - Pierre de Caussade, 1675-1751)는 지나친 정적주의에 대한 반동으로서 신비주의에 균형 잡힌 접근을 시도했다. 그는 「하나님의 섭리로의 완전한 복종(Abandonment to Divine Providence)이라는 책에서 '현재 시점의 성례'라는 강력한 주제를 강조했다.

샤를 드 푸코(Charles de Foucauld, 1858-1916)와 「작은 꽃(The Little Flower)」을 쓴 리지외의 떼레즈(Therese of Lisieux, 1873-1897)는 영적 위탁과 작은 일들을 포기하는 훈련을 대표하는 현대적인 두 인물이다.

**프로테스탄트운동** 개혁운동의 뒤를 이어 루터교도와 신교운동이 세 단계에 걸쳐 일어났다. 고백기에서 지도자들은 그들의 교리적 위치를 정의하고 방어하려 했다. 경건기에는 교리적 정통성이 갖는 편견에 대하여 반항하며 살아 있는 믿음과 개인적인 헌신을 호소했다. 이성(理性)기(경건기와 겹침)에서는 인간의 자율적인 이성이 최종 진리에 도달할 수 있고 계시적 요구를 시험할 수 있다는 계몽된 관점을 반향했다. 급진적인 성경 비평주의, 진화론, 반 초자연주의의 영향으로 많은 주류 교회의 지도자들의 영성이 약화되었고, 종교적인 훈련은 우주적이고 윤리적인 가르침으로 축소되었다.

**청교도들**　청교도들은 개혁 신학과 훈련을 철저하게 준수함으로써 성공회를 정화하고자 했다. 청교도의 영성은 자기 분석과 개인의 믿음을 중심으로 한다. 또 교회 장식, 복장, 오르간과 같은 천주교의 '경멸스러운' 장식들을 최소화했다.

잘 알려진 청교도인 존 번연(1628-1688)은 그의 확신 때문에 수감되어 고난을 겪었으며, 감옥에서 몇 가지 작품을 남겼다. 자서전 「죄인에게 넘치는 은혜(Grace Abounding to the Chief of Sinners)」를 집필한 후 불후의 고전 「천로역정(Pilgrim's Progress)」을 썼다. 이 책에서 그는 세상이 주는 욕망과 하늘을 향한 하나님의 부르심 사이에서 갈등하는 그리스도인의 삶을 묘사했다.

**퀘이커 교도들**　조지 폭스(George Fox, 1624-1691)가 설립한 '친구들의 사회'는 많은 외형적인 종교 훈련을 거부하고 모임중의 사람들을 통해 성령이 말하시기를 기다리는 것과 같은 종합적인 신비주의를 중시했다. 미국의 반 노예운동가 존 울먼(John Woolman, 1770-1772)의 삶과 여정은 희생, 간소함, 사회 정의, 인도주의를 표방하는 퀘이커의 영성을 예시하고 있다.

**경건주의자들**　필립 제이콥 스페너(Philipp Jakob Spener, 1635-1705)는 독일 경건주의의 창시자로서 영적 무기력에 빠진 루터교도들에게 생기 넘치는 영성을 고취시켰다. 「피아 데시데리아(Pia Desideria)」(경건의 소망, Pious Hopes)에서 그는 평신도의 적극적인 행동주의, 주중 성경 공부, 지식의 과시가 아닌 덕성의 함양을 위한 설교, 신학교에서 목회적 보살핌에 대한 가르침 등과 같이 당시로서는 급진적인 생각들을 수장했다. 어거스트 헤르만 프랑케(August Hermann Francke, 1663-1727)는 경건주의 관점에서 성경을 해석했다. 그는 고아원, 학교, 기타의 기관을 세움으로써 경건주의 개혁을 사회에 민감한 영성으로 확장시켰다.

경건주의는 개인적이고 내적인 확신과 실제적이고 외적인 부흥을 강조함으로써 유럽의 스칸디나비아 지역으로 퍼져 그곳 교회의 관례 존중주의에 도전을 주었다. 경건주의의 부정적인 면으로는 율법주의, 자기 의(義), 반 지성주의적인 경향이 있다.

쇠렌 키에르케고르(Sören Kierkegaard, 1813-1855)는 그의 실존주의적 작품에서 헤겔의 지성주의와 덴마크 교회의 영적 무기력을 동시에 공격했다. 「이것이냐 저것이냐(Either/Or)」와 「인생 행로의 여러 단계(Stages on Life's Way)」에서 그는 실존의 세 가지 단계 혹은 영역으로서 심미적, 윤리적, 종교적인 면('종교 A' 혹은 '내재적 영역의 종교'와 '종교 B' 혹은 '초월적 영역의 종교')을 말했다. 내부를 향한 그의 열정적 영성과 주관적 관점은 「죽음에 이르는 병(The Sickness Unto Death)」 「공포와 전율(Fear and Trembling)」 「기독교 강화(Christian Discourses)」와 같은 많은 책에 잘 나타나 있다.

**복음주의자들** 18세기 영국의 교회에는 당시에 점증하던 영적, 도덕적 무기력에 대한 반응으로 독일의 경우와 비슷한 경건주의운동이 일어났다. 당시의 영적 죽음은 부분적으로 계몽주의적 이성주의의 영향 때문이었다. 이러한 영향은 많은 사람에게 존 뉴튼(John Newton, 1725-1807)과 같은 복음주의자의 강력한 설교를 들려주는 신선한 계기가 되었다. 회람되던 '존 뉴튼의 편지'에 예시되었듯이 복음주의적 영성은 평신도의 참여, 가족 기도, 성경 읽기를 장려한다.

뉴튼은 또 다른 복음주의자 윌리엄 윌버포스(1759-1833)에게 영향을 미쳤는데, 그는 목사가 되는 대신에 영국 의회에 남아 하나님을 섬겼다. 결과적으로 윌버포스는 사회 개혁을 촉진시켰고, 노예 매매를 폐지하는 일에 광범위한 책임을 맡게 되었다. 「공언된 그리스도인의 일반적인 종교 체계에 대한 실제적인 관점(Practical View of the Prevailing Religious System of Professed Christians)」에서 그는 믿는 자들에게 개인적인 회개와 기독교적 책임을 요구했다.

복음주의는 또한 점증하는 박애와 복음을 듣지 못한 사람들에 대한 관심을 가졌다. 결과적으로 교회선교협회, 영국과 해외성경협회, 초대 선교사 윌리엄 캐리(William Carey, 1761-1834)를 파송했던 침례교선교협회 등과 같은 단체가 형성되었다. 이러한 선교 지향적인 영성은 전세계적 관점, 중보 기도 그리고 복음이 미치지 않은 사람들에 대한 사랑과 관심으로 특징지어진다.

**신앙 부흥운동** 18세기 미국에는 두 번의 위대한 각성이 있었다. 그것은 죄의 자각, 개인적인 회개 그리고 조나단 에드워즈(1703-1758)가 말한 '종교적 감동'으로 특징지어지는 부흥 지향적인 영성을 미국 대륙에 가져다주었다. 조지 휫필드(George Whitefield, 1714-1770)와 같은 부흥 설교자의 전통은 찰스 G. 피니(Charles G. Finney, 1792-1875), 드와이트 L. 무디(Dwight L. Moody, 1837-1899) 등의 19세기 복음주의자에게 전수되었다.

부흥의 영성은 회개와 개인적 확신을 강조할 뿐 아니라 기도와 준비, 성령의 주권적이고 급작스러운 역사하심을 기다리는 것(예를 들면, 1857-1858년에 있었던 평신도 기도 부흥, 1904-1905년에 있었던 웰쉬(Welsh) 부흥] 등도 함께 강조했다.

**감리교도들** 존 웨슬리(John Wesley, 1703-1791)와 그의 형제 찰스 웨슬리(Charles Wesley, 1707-1788년)는

「그리스도를 본받아(The Imitation of Christ)」와 윌리엄 로(William Law)의 영향을 받았다. 그들의 고도로 훈련된 영적인 삶에 대한 접근은 감리교파의 신도들을 이끌었다. 웨슬리는 조지아에서 선교에 성공을 거두지 못하고 돌아온 후 런던의 알더스게이트 거리에서 모라비안 교도와의 만남을 통해 진정으로 거듭났다. 그런데 성공회는 웨슬리의 따뜻한 가슴과 열정적 설교의 영성을 받아들이지 않았다. 감리교가 독립적인 교단이 된 것은 그가 죽은 이후였다.

**성결 그룹**  초기 감리교도는 개인적인 거룩함과 전적인 성화 혹은 그리스도인의 완전을 강조했다. 또한 웨슬리의 영감을 이어 받은 성결운동과 윌리엄 부스(William Booth, 1829-1912)가 세운 구세군과 같은 단체의 설립을 촉진시켰다. 영성에 대한 이러한 접근은 거룩한 삶을 살게 하는 거듭남 이후 성령의 두번째 사역에 대한 필요성에 초점을 맞추는 것이었다. 영국과 미국에서 열렸던 승리하는 삶에 대한 케직(Keswick) 사경회 역시 '실제적인 성결'의 필요성을 강조했다. 이 운동은 교환된 삶의 영성과 좀 더 관계가 있다.

**오순절파**  1906년 로스앤젤레스 아주사(Azusa)의 부흥에서 윌리엄 세이무어(William Seymour, 1870-1922)는 성결운동의 '두번째 은총'을 사도행전 2장에 나오는 오순절의 성령 세례 경험과 연관시켰다. 방언은 성령 세례의 증명이었다. 이렇듯 영성에 대한 고도의 경험적 접근은 '하나님의 성회'와 '하나님의 교회' 등의 신흥 교단을 통하여 급속도로 번져나갔다. 오순절 교단은 현재 전세계에서 가장 빠르게 성장하고 있다. 오순절의 영성은 감정에 호소하며 가난한 사람들과 교육받지 못한 사람들이 아주 쉽게 접근할 수 있기 때문이다.

**최근의 영적 인물**  에블린 언더힐(Evelyn Underhill, 1875-1941)은 그녀의 영적 투쟁을 통해 신비주의에 대한 연구로 돌아섰다. 「신비주의(Mysticism)」 「영의 삶과 오늘의 삶(The Life of the Spirit and the Life of Today)」 「예배(Worship)」와 같은 그녀의 책들은 20세기의 청중에게 기독교 신비주의의 영적 부요함과 영적 방향성의 고귀함을 풍성하게 드러내주고 있다.

프랭크 로바흐(Frank Laubach, 1884-1970)는 현대의 로렌스 형제라 할 수 있는 인물로서 매일 삶의 환경 속에서 그리스도의 임재 안에 거하는 연습을 주창했다. 그는 「현대의 신비가 전하는 편지(Letters by a Modern Mystic)」와 「순간과의 게임(The Game with Minutes)」이라는 책에서 그리스도를 지속적으로 자각하는 경험을 묘사한다. 로바흐와 같이 토마스 켈리(Thomas Kelly, 1893-1941)는 "우리의 정신적인 삶은 한 번에 한 단계 이상씩 정돈할 수 있는 방법이 있다"라고 믿었다. 그는 「헌신의 고백(A Testament of Devotion)」

에서 내부를 향한 마음의 습관을 통해 깊은 단계의 신적 임재를 유지할 수 있다고 했다.

A. W. 토저(1897-1963)는 복음주의적 신비주의자로서 성경에 대한 해박한 지식과 하나님과의 비범한 친밀함을 소유했던 인물이다. 그는 가톨릭 신비주의자를 포함한 초기 영적 저자들과 또한 그들과 친밀한 관계에 있었던 보수적인 복음주의자 동료들 속에서 거의 대부분 홀로 지냈다. 그의 두 가지 작품, 「거룩의 지식(The Knowledge of the Holy)」과 「하나님을 추구함(The Pursuit of God)」은 이미 영적인 고전이 되었다. 독자들로 하여금 하나님을 온전히 따르고자 하는 의욕을 불러일으킨 것이다.

C. S. 루이스(1898-1963)는 20세기의 가장 중요한 기독교 변증가로서 「순전한 기독교(Mere Christianity)」 「스크루테이프의 편지(The Screwtape Letters)」 「예기치 못한 기쁨(Surprised by joy)」을 통하여 지성과 감성을 동시에 추구하는 매우 통합적인 영성을 보여주었다.

디트리히 본회퍼(1906-1945)는 히틀러를 비난했다는 이유로 순교를 당했다. 그의 중요한 역작 「제자도의 대가(The Cost of Discipleship)」 「신도의 공동생활(Life Together)」 「감옥에서 온 편지와 서류(Letters and Papers from Prison)」에서 그는 기독교 공동체의 영성과 종합적인 상황에서 급진적인 제자도를 설명했다.

토마스 머튼(1915-1968)은 시토회의 수도사로서 묵상 영성의 부요함에 대하여 현대의 어떤 사람보다 많은 업적을 남겼다. 그는 매혹적인 자서전 「일곱 가지 이야기 산(The Seven Storey Mountain)」과 영성 형성에 관한 많은 책들[예를 들면, 「묵상기도(Contemplative Prayer)」 「묵상의 새로운 씨앗들(New Seeds of Contemplation)」]을 통하여 동시대의 독자들에게 명상적인 기도 훈련에 대해 더욱 호소력 있고 친근하게 소개한다.

마틴 루터 킹 주니어(1929-1968)는 시민권운동을 주도한 지도력을 통하여 사회 정의의 영성을 보여주었다. 또한 「버밍햄 감옥에서 온 편지(Letter from a Birmingham Jail)」 「사랑의 힘(Strength to Love)」과 같은 책들은 그의 사회 활동성이 기독교적 확신에 뿌리를 두고 있다는 사실을 보여준다.

헨리 나우웬(1932-1996)은 능숙하고 지각 있는 사제로서 매일의 삶 속에서 영성의 결합을 주창했다. 「모든 것을 새롭게(Making All Things New)」 「제네시 일기(The Genesee Diary)」 「상처 입은 치유자(The Wounded Healer)」 「마음의 길(The Way of the Heart)」 「예수님의 이름으로(In the Name of Jesus)」와 같은 그의 많은 책들은 홀로 있음, 침묵, 기도하는 삶의 방식에 저항할 수 없게 만든다.

달라스 윌라드[Dollas Willard, 「영성 훈련(The Spirit of the Disciplines)」, 「인도함을 찾아서(In Search of Guidance)」, 「하나님의 모략(The Divine Conspiracy)」]와 리처드 J. 포스터[Richard J. Foster, 「영적 훈련과 성장(Celebration of Discipline)」, 「심플라이프(Freedom of Simplicity)」, 「돈, 섹스 그리고 권력(Money, Sex & Power)」, 「기도 : 마음의 진정한 고향을 찾는 것(Prayer : Finding the Heart's True Home)」]는 훈련된 영성

의 심오한 유익을 주창하는 최근의 인물들이다.

**최근의 발전**  1962년에서 1965년에 열린 제2차 바티칸 공의회(바티칸 II)에서는 가톨릭 영성과 가톨릭 - 개신교 관계에 있어서 중요한 변화를 언급했다. 트리엔트 공의회(1545-1563)와 바티칸 I(1868-1870)에서는, 가톨릭은 일반적으로 오직 로마 가톨릭만이 진정한 기독교이며 평신도는 종교가들(종교회의 회원들, 베네딕트회, 시토회, 도미니크회, 프란시스코회, 예수회 등)보다 영적인 완전에 접근하기 어렵고, 영성이라는 것은 하나님의 신비적인 비전을 향한 진전으로 구성된다는 사실을 주장했다. 그런데 제2차 바티칸 공의회 이후 이러한 가정들은 도전을 받기 시작했다. 가톨릭의 영성에 평신도가 쉽게 접근하게 된 것이다.

에큐메니칼운동(예를 들면, 1948년에 열린 세계교회평의회)은 비록 최소한의 공통분모를 향한 기독교적 메시지를 축소하는 문제점을 드러냈지만 화해 정신과 기독교 단일성을 추구하는 움직임이었다. 타문화를 수용하는 영성의 필요성에 대하여 점증적인 자각이 있어왔다. 이러한 영성을 통하여 한 문화는 다른 문화에 대하여 균형과 정보를 제공할 뿐 아니라 예배의 에큐메니칼 영성을 성취하려는 노력을 기울여야 한다(예를 들면, 프랑스의 떼제 공동체에서는 가톨릭과 개신교가 함께 예배를 드린다).

가톨릭과 개신교는 1960년대와 1970년대에 발전된 카리스마운동에 함께 참여해왔다. 고전 오순절파와는 달리 카리스마운동은 주요 교단의 사람들에게 전파되었다. 그 효과로 사람들은 자유주의 신학적 입장에서 복음주의적이며 믿음을 향한 성령의 인도하심 쪽으로 옮겨가게 되었다.

12단계의 영성은 최근에 성장한 모델로서 '알코올 중독 방지회'에서 개발되어 많은 교회에 적용되고 있다. '회복' 운동은 영성을 지향하는 방법을 장려하여 중독성 행동에 빠진 사람들을 돕는다. 「그리스도인들을 위한 열두 단계(The Twelve Steps for Christians)」와 같은 책들은 이러한 단계와 성경적인 원리와의 관계성을 찾고 있다.

문화 속에 깊이 파묻힌 심리학은 점점 다양한 자기 집중(예를 들면 자조, 자아 성취, 자존심, 자기 실현)을 유발하고 그리스도 중심보다는 인간 중심의 영성을 추구하게 했다. 내적 치유뿐 아니라 꿈을 해석하기 위한 영적 기술에 대한 관심이 높아지고 있다. 그 가운데 몇 가지 접근이 다소간 도움을 줄 수는 있지만 대부분 남용되기 쉽고 비성경적인 신학을 가지고 있다. 믿을 수 없을 정도로 자주 칼 융의 심리학은 비판 없이 '개체화' 과정을 영적인 의미로 해석하는 데 적용된다. 기독교 영성에 미치는 심리학의 영향은 새로운 통찰과 심각한 위험이 뒤섞인 '오합지졸'을 만들어내고 있는 것이다.

최근의 '창조 중심'의 영성도 매우 조심스럽게 접근해야 한다. 예수회의 신학자 피에르 테이야르 드 샤르뎅(Pierre Teilhard de Chardin, 1881-1955)은 자연 속에서의 신령한 경험을 통하여 우주적 만유 내재신론의 영성을 발전시켰다. 「인간의 현상(The Phenomenon of Man)」과 「신적 환경(The Divine Milieu)」과 같은 책에서 그는 우주는 '오메가 점'이라는 그리스도의 몸으로 진화하고 있다고 주장했다. 비슷한 계통으로서, 도미니크회의 사제 매튜 폭스「새발견 : 마이스터 에크하르트의 창조 영성의 새로운 해석(Breakthrough : Meister Eckhart's Creation Spirituality in New Translation)」, 「우주적 그리스도의 도래(The Coming of the Cosmic Christ)」는 타락 - 구속의 주제를 버리고 그것을 신격화된 창조 영성으로 대신했다. 이러한 저자들은 기독교 영성과 뉴에이지 사고를 혼합하려는 경향이 늘어나고 있음을 예시한다. 이것은 또한 전 가톨릭 수도사 토마스 무어(Thomas Moore)의 인기 있는 책들[예를 들면, 「영혼의 보살핌(Care of the Soul)」「매일 삶의 황홀함(The Re-Enchantment of Everyday Life)」] 속에서 명백하게 드러난다.

**정교회**  동방 정교회의 영성 훈련은 중세기 이후로 거의 변하지 않았다('동방교회' 항목의 설명 참조). 현대의 두 가지 중요한 발전은 「필로칼리아(Philokalia)」의 새로운 번역과 세계적으로 인기 있는 「순례자의 길(The Way of a Pilgrim)」이다. 원래의 필로칼리아('아름다움에 대한 사랑'이라는 뜻, 모든 아름다움의 원천으로서 하나님에 대한 사랑을 말함)는 카에사리아의 바실(Basil of Caesarea, 330-379)이 만든 영적인 작품의 작은 모음집이었다. 여기에는 알렉산드리아의 오리겐의 글뿐 아니라 몇몇의 사막 교부들의 글도 포함되어 있다.

18세기에 코린트의 마카리우스(Macarius of Corinth, 1749-1805)와 거룩한 산의 니코데무스(Nicodemus of the Holy Mountain, 1749-1809)는 4세기부터 15세기까지의 원문을 광대한 모음집으로 편집했다. 그들은 이 거대한 필로칼리아 원판을 1782년에 출판했다. 그것이 현대의 정교회에 심오한 충격을 주고 있는 것이다. 이 모음집의 영성은 영적 방향성, 경계, 사려 깊음, 고요함, 하나님을 지속적으로 기억해야 할 필요성을 강조하고 있다.

비록 '예수의 기도'가 5세기와 8세기 사이에 발전되었다 할지라도, 정교회의 평신도들에 의해서 광범위하게 사용된 것은 20세기에 와서다. 크게 볼 때 이것은 1884년에 처음 등장한 무명의 순례자가 쓴 한 권의 책 때문이었다. 「순례자의 길」은 러시아 순례자의 필로칼리아에 대한 경험과 쉬지 않는 기도의 비밀을 배우고자 하는 그의 노력을 기술하고 있다. 이 책은 고요한 상태를 유지하고 주님의 임재를 자각하는 방법으로써 '마음의 기도'를 전세계에 보급시켰다.

**라틴 아메리카, 아프리카, 아시아**  라틴 아메리카에 만연한 사회 부정은 억압으로부터 해방을 추구하는 '자유 신학'의 발전을 초래했다. 전세계 많은 신학자들이 이 자유 신학을 받아들였다. 가톨릭 영성의 전통과는 대조적으로 자유 신학의 영성은 내적인 신비주의보다는 평신도에게 호소하며 상호 행동에 초점을 맞추었다. 많은 경우 이 신학은 영적으로 겉을 꾸민 채 사회적이고 경제적인 혁명으로 그 의미가 축소되어왔다.

그러나 「우리의 우물에서 생수를 마시련다 : 사람의 영적 여정(We Drink from Our Own Wells : The Spiritual Journey of a People)」의 구스타보 구티에레즈(Gustavo Gutierrez)와 「자유의 영성 : 정치적인 거룩을 향하여(Spirituality of Liberation : Toward Political Holiness)」의 존 소브리노(John Sobrino)는 이 운동의 성경적이고 영적인 근거를 찾고자 했다. 이러한 접근이 하나님과의 개인적이고 상호적인 관계 속에 깊이 박히게 되면서 북미 영성의 특징인 개인주의적인 심리학에 엄청난 도전을 주었다.

자유 신학의 개념은 또한 아프리카의 환경, 특히 외국의 조종, 가난, 억압, 인종 차별의 문제를 풀어나가는 영성으로 순응되어왔다[예를 들면, 바콜레 와 이룽가([Bakole Wa Ilunga)가 쓰고 존 드 그루치(John de Gruchy)가 편집한 「자유의 행로 : 제3세계의 영성(Paths of Liberation : A Third World Spirituality)」과 「정의를 외치라! 기도, 묵상, 남아프리카에서의 독서(Cry Justice! Prayers, Meditations and Readings from South Africa)」]. 복음의 메시지를 손상시키지 않고서도 기독교 신앙을 좀 더 아프리카 문화에 맞도록 상황화시키려는 노력이 차츰 활발해지고 있다.

최근 몇 년 사이에, 기독교는 아시아에서 전례 없는 성장을 이루었다. 아시아 문화와 마주침으로써 독특한 영성이 발전하게 된 것이다. 「물소 신학(Waterbuffalo Theology)」 「시간당 3마일의 하나님(Three Mile an Hour God)」 「후지 산과 시내 산(Mount Fuji and Mount Sinai)」의 고스케 고야마(Kosuke Koyama)와 「복음과 인도의 유산(The Gospel and India's Heritage)」의 A. J. 아파사미(A. J. Appasamy)는 영성 형성에 있어서 문화적 개조가 필요함을 예시했다.

## 회귀하는 12가지 논점과 극단

초대, 중세, 현대 교회의 영성을 살펴보면서 몇 가지 주제와 논점이 반복되고 있다는 사실을 발견할 수 있었다. 때때로 한 가지 극단에서 또 다른 극단으로 흔들리는 시계 추의 진동 같은 것이 이 논점과 관계 있다. 이러한 극단들은 언제나 비성경적이다. 그것들은 '양자 모두'의 관점으로 보면 더 좋았을 수많은 영역에서 '이것 아니면 저것'이라는 관점을 강요했다.

**1. 종교가 대 평신도** 역사를 통해 언급된 대부분의 영적 인물들은 수도원 공동체 혹은 종교 단체의 결혼하지 않은 회원들이었다. 가톨릭과 정교회는 평신도와 종교가(종교 단체의 회원을 말함)를 분리했다. "평신도

는 종교가들에 비해 영적인 완전에 근접하기가 어렵다"라는 가정에 교회가 의문을 품기 시작한 것은 최근의 일이다. 심한 정도는 아니지만 성직자와 평신도를 구분해온 영성이 개신교 안에 존재해왔다. 또한 이것은 비성경적인 가정, 즉 높은 수준의 영성을 향해 발전하려면 '직업적인' 어떤 모습을 지녀야 한다는 가정을 낳았다.

그러나 시간이 지남에 따라 영적인 성장은 모든 믿는 자를 향한 하나님의 의도라는 사실을 교회가 확신하게 되었다. 사실 아브라함, 다윗, 다니엘, 느헤미야 등과 같이 하나님의 성품을 닮은 대부분의 사람들은 모두 평신도지 제사장이 아니었다. 그러나 종교 집단의 사람들이 추구했던 순결, 가난, 순종하는 삶의 양식들을 무가치하게 보려는 극단은 조심스럽게 피해야 한다. 바울은 결혼의 중요함에 대해 말하면서도 동시에 주님을 위하여 결혼하지 않는 사람은 "분요함 없이 주를 섬기는" 기쁨을 누릴 것이라고 분명히 말했다(고전 7:32-35).

**2. 인간의 책임 대 신적 섭리** 교회는 신적 섭리를 간과한 채 인간의 책임만을 강조하는 것과 인간의 측면을 배제한 채 하나님의 주권만을 강조하는 양극단 사이에서 시계 추처럼 자주 흔들거렸다(전자는 알미니안주의와 관계되고 후자는 칼빈주의와 관계된다). 교회사의 몇몇 영적 인물들은 그들의 신학과 영성에 인간의 공로가 얼마나 중요한지를 너무 강조한 나머지 구원과 영적 성장에 있어서 하나님의 은혜를 간과해왔다.

이러한 경향은 그 반대의 경우보다 훨씬 자주 등장한다. 인간의 마음이란 것이 은혜를 추구할 때보다는 훨씬 자연스럽게 공로를 지향하기 때문이다(불신자들이 세상에서 믿는 종교의 모습을 볼 때 이 사실은 더욱 명백해진다). 그러나 영적인 성장에 있어서는 하나님의 주권적 은혜의 역할이 강조되어야 한다. 인간의 공로는 하나님께 순종함으로써 고귀한 가치를 지니게 되기 때문이다.

**3. 율법주의 대 방종** 이 두 가지의 관계성은 위에서 토의한 내용과 비슷하지만, 실제적인 면에서는 영적인 삶의 외형적인 모습에 더욱 초점을 맞춘다. 율법주의는 인간적인 의의 기준에 이르도록 육체적으로 애쓰는 것이다. 방종은 하나님의 은혜를 당연하게 여기며 죄의 결과를 최소화하는 태도다. 영성의 역사를 볼 때 율법주의의 극단이 좀 더 자주 등장했는데, 그때마다 규칙과 법규를 지나치게 강조했다. 영성의 분량을 정하고 측정하려는 노력은 결과적으로 인간적인 기대와 기준에 맞도록 영성의 질을 떨어뜨렸다. 그러나 '자유로운 영의 형제들'이라고 알려진 중세의 신비주의 집단과 같은 정반대의 극단도 있었다.

**4. 통합화 대 개인화** 공동체적인 영성과 개인적인 영성의 균형을 유지하면서 이 둘을 동시에 추구하는 것

이 건강한 모습이다. 현대 서구의 지나친 개인주의와 자아 심리에 대한 관심으로 신자들은 공동체의 삶 속에서 누릴 수 있는 유익으로부터 차단당했다. 또한 교회의 제도적인 면에 너무 치중한 나머지 그리스도인의 개인적이고 내면적인 삶의 모습을 간과한 것도 사실이다. 영성의 위대한 역사적인 인물들은 공동체적인 삶에서의 상호 섬김과 영성의 깊이를 향한 개인적인 추구 사이에서 균형을 이룬 사람들이다. 개인의 영적 자각이 배제된 사회 행동과 사회적인 관련성을 무시한 영적인 개인주의의 두 극단은 모두 비성경적이다. 전자는 자유주의적 기독교의 함정이며, 후자는 보수주의적 기독교의 덫인 것이다.

**5. 창조 부정 대 창조 긍정**   교회 역사 속의 대부분의 기독교 영성은 창조 질서의 놀라움, 영광 그리고 광채를 최소화하려는 경향을 가져왔다. 영지주의와 신 플라톤주의의 창조 부정의 논리는 고대와 중세의 영성을 형성하는 데 심대한 영향을 끼쳤다. 그리고 이 이원적인 철학(자연과 육체는 악한 것이고 영은 선한 것이라는)은 그리스도의 몸 안에 많은 것을 메마르게 했다. 창조 질서 안에서 하나님의 아름답고 선하신 역사로 대변되는 성육신의 신학은 교정이 필요하게 되었다.

그러나 최근 수십 년 동안, 만유 내재신론 또는 부풀 대로 부푼 범신론이라는 반대의 극단을 향한 '창조 중심'의 영성이 꾸준히 성장했다.

**6. 극기 대 자아 독단**   소개된 몇몇의 인물들(예를 들면, 헨리 수소)은 금욕주의를 미화하고 섬뜩한 형태의 극기를 실행했다. 이러한 육체적인 고행과 엄격한 금욕주의는 때때로 금식과 굵은 베를 사용한 성경적 회개의 한계를 벗어나 자기 형벌과 영적 성장을 병적으로 연관시켰다. 성경은 하나님이 우리를 그분 가까이로 이끌기 위하여 삶 속에 고난과 역경을 허락하신다고 가르친다. 그러나 이것은 교회의 역사 속에 많이 나타났던 자기 고행과는 다르다.

아주 최근에 자아 독단, 자아 실현, 자기 구현을 부정하며 많은 사람들이 극단적인 얄팍한 만족과 자조의 영성을 추구하고 있다. 이러한 과정에서 사람들은 그리스도의 주인 되심에 대한 점진적인 굴복을 통하여 풍성한 삶을 찾아가는 성경적인 균형을 잃어버리기가 쉽다. 진정한 극기는 자아 중심적인 방법을 거절함으로써 그리고 이기적인 세계관에서 하나님 중심의 세계관으로의 영적이고 도덕적인 패러다임의 변화를 통하여 이루어진다.

**7. 기술 개발 대 자발성**   많은 사람들은 지식, 재주, 기술의 개발을 통하여 다른 사람의 영적 활력을 재생하려고 한다. 예를 들면, 로욜라의 이그나티우스의 영적 훈련에 잘못 접근하면 기도와 묵상의 형식 위주라는

방법론을 초래한다. 방법 중심의 영성과 반대되는 것은 완전한 자발성과 자유 형식의 영성으로서 모든 훈련과 구조를 의도적으로 삼간다. 좀더 성경적 균형을 이룬 것은 관계적 영성으로서 영적인 성숙에 있어서 형태(구조)와 자유(자발성) 모두를 추구한다.

**8. 그리스도 중심의 묵상 대 신(神) 중심의 묵상** 그리스도 중심의 묵상은 신약의 복음서와 서신서에 나타난 그리스도의 인격과 사역에 대한 묵상을 통해 삼위일체 하나님과의 연합을 추구하는 것이다. 이러한 그리스도 중심의 접근은 클레르보의 버나드와 토마스 아 켐피스의 작품 속에 예시되어 있다. 이와는 대조적으로 신 중심의 묵상은 창조 질서 속의 하나님의 속성에 대한 묵상에서 거룩한 원형에 대한 직접적인 묵상으로의 이동을 의미한다.

배타적인 그리스도 중심의 영성은 아버지와 성령에 대한 영혼의 관심을 실제적으로 최소화하는 위험이 있다. 창조주와 피조물 모두가 본래부터 타고났다고 하는 배타적인 신 중심의 영성은 하나님과 우주의 구별을 흐릿하게 만드는 위험을 안고 있다. 수도-디오니시우스와 마이스터 에크하르트는 모두 이 영역에서 문제점을 안고 있었다. 그들의 작품들은 나 자신과 하나님의 관계보다는 병합의 범신론적 이미지가 더욱 궁극적인 목표였다.

**9. 행함(Doing) 대 됨(Being)** 현실적으로 영적 정체성을 깨닫는 문제에 있어서 교회사를 보면 외부적인 행동을 통한 방법과 내적인 명상을 통한 방법 사이의 끊이지 않는 갈등이 있어왔다. 우리 시대의 문화 속에서 후자보다는 전자의 방법이 대부분의 사람들에게 쉽게 다가온다. 그러나 행함보다는 됨을 강조했던 시대와 문화도 있었다. 성경적인 관점에서 보면, 우리가 그리스도 안에서 어떤 존재인가 하는 것(Being)이 우리가 무엇을 하는가(Doing)를 결정할 수 있어야 한다. 그러나 이 두 가지 모두가 중요하다. 구체적인 행함은 추상적인 됨을 통하여 흘러나와야 하기 때문이다.

**10. 적극성 대 수동성** 이것은 위의 두번째와 아홉번째 논점에서 살펴본 바와 비슷하다. 그러나 이것은 하나님을 적극적으로 찾는 역동성과 하나님의 주도권에 수동적으로 반응하는 것에 관계된다. 극단적인 활동주의자는 하나님의 은혜가 언제나 우리에게 고귀하다는 사실을 과소한다. 극단적인 수동주의자는 영적인 여정에 있어서 인간의 실제적인 책임을 최소화한다. 이러한 양극은 하나님을 위하여 무엇인가를 하려는 사회적 활동주의와 하나님의 뜻에 대한 정적주의자들의 '거룩한 무관심'으로 대변되는 영적 수동주의 속에 잘 나타나 있다. 보다 나은 균형은 그리스도로 하여금 우리를 통하여(수동적) 사람들을 사랑하고 섬기도록

하는 일련의 계속적인 선택(적극적)을 해야 한다.

**11. 카타패틱 대 아포패틱** 영성의 역사는 하나님에 대한 지식에 있어서 '비아 포지티바(via positiva)와 '비아 네가티바(via negativa)' 모두를 설명하고 있다. 앞서 살펴본 바와 같이 카타패틱의 영성은 자연 속에 나타난 일반적인 계시와 기록되고 성육신이 된 말씀 또는 로고스(logos)의 특별 계시를 통하여 하나님에 대한 지식을 확증한다. 이와는 대조적으로, 아포패틱의 영성은 하나님의 존재는 인간의 지성과 모든 한시적인 속성을 초월하는 알 수 없는 존재라고 주장한다. 체득된 묵상과 주입된 묵상을 구별함에 있어서, 아포패틱의 방법은 사람은 하나님에 대한 지식을 습득할 수 없지만 하나님은 초월적인 지식을 주입하기 위해 누군가를 선택하실 수 있다고 말한다.

성경은 하나님의 다양한 계시의 부요함(히 1:1-3)을 말함으로써 두 가지 극단 사이에 균형을 제공하고 있다. 즉 하나님의 진리는 '그리스도의 마음'을 가진 자들에 의해서 '영적으로 평가되는' 것임과 동시에 자연인으로서는 깨달을 수 없는 것이다(고전 2:14-16).

**12. 객관적 진리 대 주관적 진리** 교리의 발전과 영성 형성의 거친 역사는 또 다른 연속성을 드러내고 있다. 이것은 계시된 진리에 의한 전적인 객관성과 개인 경험에 의한 전적인 주관성에 대한 문제다. 가톨릭의 스콜라 철학과 개신교의 신조주의는 이것의 한 면을 보여주며, 중세 신비주의는 다른 한 면을 보여주고 있다. 객관적 진리가 극단에 이를 때, 그것은 개인적인 참여가 배제된 말씀 바탕의 이성주의로 시들어버릴 수 있다. 주관적 경험이 극단에 이를 때, 그것은 굴레가 풀린 감정주의, 자기 기만 그리고 히스테리에 빠질 수 있다.

이와 같이 사랑 없이 진리만을 강조하는 교회와 진리가 빠진 사랑만을 강조하는 교회가 있다. 분명히 진리와 사랑 모두는 원만한 영적인 삶을 위해서 필요한 것들이다. 그러나 영성의 역사는 마치 분업과 같은 현상을 드러내고 있다. 일반적으로 말하자면, 가톨릭과 정교회의 신비주의는 개신교보다 깊고 부요한 영적 깨달음과 경험을 가지고 있다. 이러한 것이 그들의 주요 관심사였기 때문이다. 이와 반대로 개신교는 가톨릭과 정교회보다 훨씬 성경적이고 조직적이며 교리적인 신학을 발전시켰다. 왜냐하면 이러한 것이 그들의 주요 관심사였기 때문이다. 가톨릭과 정교회 영성의 보화를 캐내면서, 최근 많은 개신교 신자들은 자유주의와 보수주의 진영 모두를 포함하여 개신교 영성의 상대적 피상성을 깨닫게 되었다.

## 완전을 향한 사다리

완전을 향한 세 단계는 원래 수도-디오니시우스의 작품에서 제시되었고(약 500년경), 얀 뤼스브룩(1293-1381)과 아빌라의 테레사(1515-1582) 같은 후기 신비주의자들에 의해서 발전되었다. 세 가지 단계 또는 방법은 각성, 즉 하나님과 영혼의 최초의 만남으로부터 시작된다. 이러한 경험은 느릴 수도 있고 빨라질 수도 있고, 혹은 갑작스러울 수도 있으며 강렬할 수도 있다. 그러나 이 모든 것은 자신의 죄악 됨과 하나님의 거룩하심에 대한 점진적인 깨달음을 가져다준다.

첫번째 단계는 정화의 길로서, 포기하고 참회하며 뻔뻔스러운 죄와 고의적인 불순종을 자백함으로써 영혼을 맑게 하는 과정이다. 태만한 죄와 무의식 속의 죄가 점차 표면에 드러나고 하나님 앞에서 버려짐에 따라 이 과정은 점점 민감해진다. 정화는 깨어짐, 포학한 자기 통치에 대한 점진적 죽음, 영혼의 안녕을 위하여 자기 신뢰에서 오직 그리스도에 대한 신뢰로 옮겨가는 고통스러운 이전을 포함한다. 정화의 길은 자기 자신의 삶을 잃어버림으로써 그리스도의 생명을 발견하는 고통스럽지만 필요한 과정이다. 이 과정을 통하여 우리는 염려의 삶에서 신뢰의 삶으로 이동하게 된다.

두번째 단계는 조명의 길로서, 사람이 하나님께 헌신함에 따라 그분의 임재를 점차적으로 깨닫는 것을 말한다. 이 단계에서 기도는 더 이상 하나의 활동이나 부속물이 아니라 사람의 존재를 통해 흘러나오는 생명력 있는 현실이 된다. 쿠사의 니콜라스(Nicolas of Cusa)가 말한 '학습된 무지', 즉 우리가 정말로 얼마나 아는 것이 없는가에 대한 점진적 깨달음을 가지면서 인생은 하나님의 신비의 기운을 띠게 된다. 조명의 길은 다른 사람에 대한 사랑의 수고와 섬김을 통하여 하나님의 사랑을 표현하는 타인중심주의와 점차 자라가는 사랑을 그 특징으로 한다.

세번째 단계는 연합의 길로서, 묵상과 은혜에 대한 위탁으로 묘사된다. 이 단계에서는 "너희가 내 안에, 내가 너희 안에"(요 14:20)와 "이제는 내가 산 것이 아니요 오직 내 안에 그리스도께서 사신 것"(갈 2:20)의 신비를 경험을 통해 깨닫게 된다.

베네딕트 J. 그뢰셀(Benedict J. Groeschel)은 그의 영감 있는 책 「영적 항로(Spiritual Passages)」에서 아빌라의 테레사와 십자가의 요한의 작품을 사용하여 연합의 일반적인 원형을 발전시켰다(그가 만든 정화, 조명, 연합의 도표인 〈표 B.1〉을 보라). 묵상의 첫번째 국면인 하나님과의 단순한 연합은 조용한 기도로 시작된다. 여기에서 인간은 욕망을 정화하고 의지를 단순화시킴으로써 하나님께 자신을 드리게 된다. 그 후에 십자가의 요한이 말한 '감각의 어두운 밤', 즉 하나님의 임재와 보살핌에 대한 지적, 감정적 확신이 고갈되고 고통스럽게 벗겨져버리는 시기가 뒤따른다. 묵상의 두번째 국면인 하나님과의 충만한 연합은 자아로부터 초연해지고, 내주하시는 하나님의 임재에 대한 절대적인 확신을 갖는 시기다. 그 후에 때때로 테레사가

부록 B : 우리 유산의 풍성함

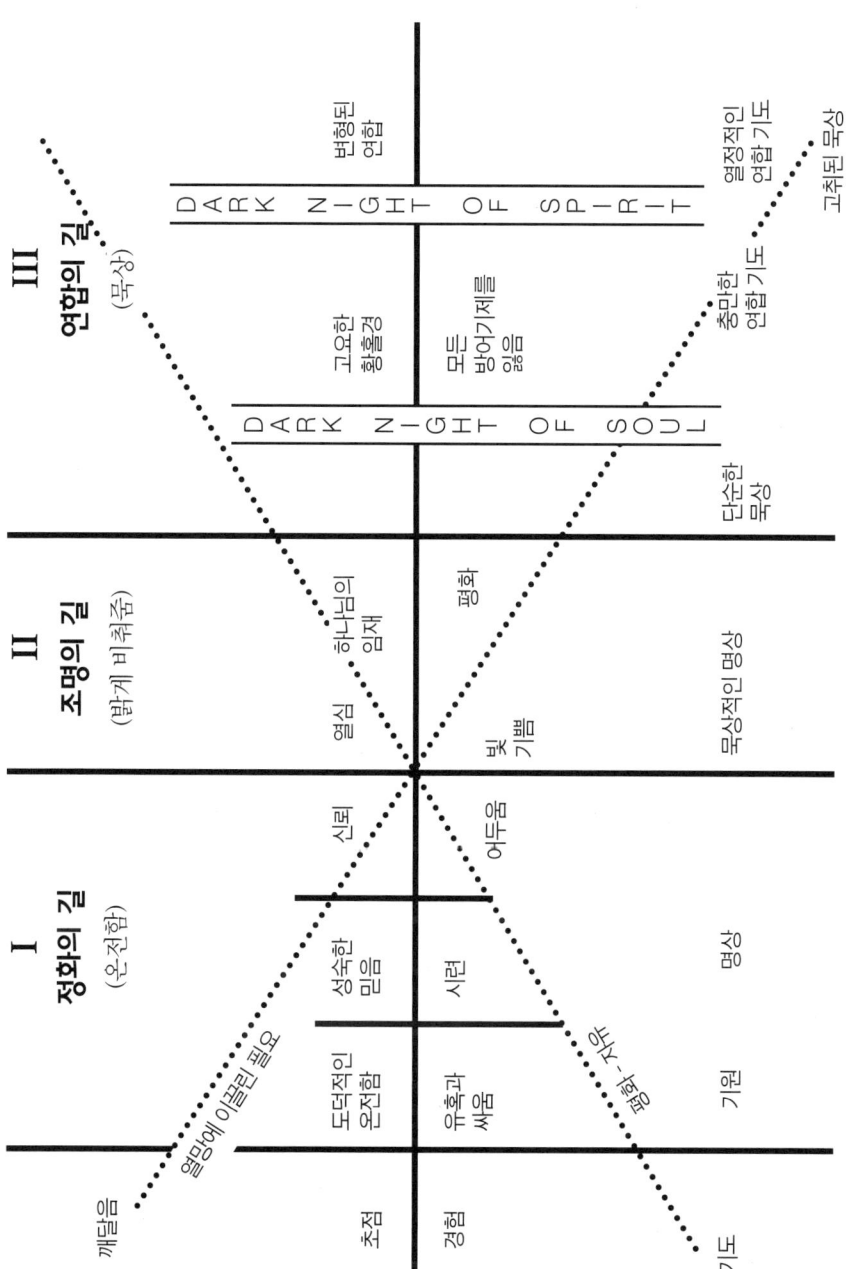

〈표 B.1〉

Spiritual Passages : The Psychology of Spiritual Development by Benedict J. Groeschel, The Crossroad Publishing Company, ⓒ 1984 허닥하에 사용.

놀라움, 혹은 '환희'라고 말한 영적인 황홀경을 경험할 수도 있다. 십자가의 요한은 하나님이 남아 있는 자기 의지의 잔재를 정화하기 위하여 사용하신 두번째 밤을 '영혼의 어두운 밤'이라고 묘사했다. 신비주의자들이 말하는 영성의 최고봉은 변형된 연합, 혹은 '영적 결혼'이다. 모든 갈망의 연합과 하나님과의 완전한 조화는 그리스도 안에서의 개인적 정체성의 변화와 요한복음 17장 20-23절에 묘사된 하나 됨에 대한 깨달음이다.

완전함과 하나님과의 교제를 추구하는 이러한 경험적 신비주의는 개신교 신학이 발전시킨 성경적인 통찰로 균형을 이룰 필요가 있다. 그리스도 안에 있는 신자는 이미 "그리스도 안에서 하늘에 속한 모든 신령한 복"(엡 1:3)을 받았고 "너희 안에 계신 그리스도시니 곧 영광의 소망"(골 1:27)이라고 표현되는 그리스도와의 신비로운 관계 속에서 하나님과 연합하는 영적 의미를 깨닫게 되는 것이다.

앞에서 언급한 12가지의 논점을 고찰하면서 우리는 완전을 향한 사다리를 볼 수 있다. 그것은 정화, 조명 그리고 객관적인(성경적인) 진리보다는 주관적인 경험에 초점을 맞추려는 연합의 길을 포함하고 있다. 그런데 하나님과의 영적 연합을 경험하기 전까지는 깨달을 수 없다는 잘못된 가정은 다소 위험하다. 이러한 가정은 예수 그리스도 안에 있는 믿는 자의 근본적으로 새로워진 정체성에 대한 성경의 많은 진리들과 상반된다. 많은 저자들이 부인하고 있음에도 불구하고, 완전을 향한 사다리는 하나님의 은혜보다는 인간적인 몸부림과 공적으로 오해될 수 있다.

성경적 관점에서 볼 때, 영성 형성의 전과정은 하나님의 주권적인 은혜에 의해서 고취되어야 하고, 성화를 향한 성장은 은혜를 인하여 믿음으로 말미암아 이루어져야 한다. 그리스도 안에 있는 우리의 신분에 대한 객관적인 진리는 우리의 주관적인 경험에 의해서 결정되지 않는다. 그것은 점진적으로 형성되어야 하며 우리의 경험적인 훈련을 통해 실현되는 것이다.

나의 친구 빌 패간(Bill Fagan)은 정화, 계몽, 연합과 어떤 면에서 비교가 되는 6가지 영적인 성장의 단계를 묘사했다. 첫번째 단계는 영적 출생이다. 이것은 개인적인 죄의 깨달음과 그리스도 안에서의 의롭다 하심에 대한 자각의 단계다(요 3장, 롬 1-3장). 두번째 단계는 섬김이다. 사랑과 감사의 마음으로 믿는 자는 자신의 달란트를 사용하여 하나님을 섬기게 된다. 세번째는 무능력으로 인한 좌절로서 로마서 7장은 우리 자신의 힘으로는 영적인 삶을 살아갈 수 없음을 고백하고 있다. 네번째 단계는 그리스도의 죽음, 장사지냄, 부활(롬 6장)을 통하여 그리스도가 함께하는 우리의 정체성에 대한 경험적인 깨달음을 갖는다. 또한 이 단계에서는 성령의 능력을 통하여 그리스도가 우리 안에 거하신다는 것을 자각하게 된다(롬 8장). 다섯번째 단계는 마음을 새롭게 하는(롬 12장) 지속적인 과정으로서 순종과 신뢰, 비움과 채움이 끊임없이 순환하게 된다. 여섯번째 단계는 '졸업', 즉 다음 세상에서의 그리스도와의 충만한 연합이다.

## 접근법의 다양함

기독교 영성의 역사는 접근법과 스타일에 있어서 방대한 다양성을 드러내고 있다. 수많은 근본적인 은유가 수세기에 걸쳐서 개인적인 저자와 영성의 여러 유파들이 발전시킨 통찰과 체계를 지배해왔다. 「기독교 영성사(Thirsty for God)」라는 책에서 브래들리 P. 홀트(Bradley P. Holt)는 다른 상황에서 반복적으로 나타나는 여섯 종류의 근본적인 이미지를 구별했다.

첫번째 은유는 그리스도인의 삶의 기초를 구출, 구속, 칭의로 묘사한다. 이것은 루터와 개신교 전통의 중심이 되었다(이와는 대조적으로 정교회는 칭의의 이미지를 좀처럼 사용하지 않는다). 두번째 은유는 성장과 연합화, 치유로서 그리스도인의 삶에 초점을 맞춘다. 이것을 가톨릭에서는 은유적으로, 오순절과 카리스마 계열의 사람들은 경험적으로 사용한다. 세번째는 영적인 삶을 동행, 여정, 등반, 귀가의 과정으로 묘사한다. 이러한 여행의 이미지는 다양한 학풍과 저자들에 의해 사용되었다. 가장 유명한 예가 바로 존 번연의 「천로 역정」이다. 네번째는 죽음과 부활의 이미지다. 이것은 출발과 귀환, 죄와 용서, 실망과 소망의 순환을 가리킨다. 부활을 향한 전진의 은유는 정교회의 특징이다. 다섯번째 근본적인 은유는 전쟁과 전투로서 많은 경건주의자들과 복음주의적 저자들이 이 이미지를 사용했다. 여섯번째는 갈증과 굶주림이다. 이것은 삶을 위한 인간의 필요와 하나님 안에서의 만족을 강조한다.

부록 A에서 우리는 사람의 심리적 구조에 있어서 매우 다양한 기질적 차이를 살펴보았고, 이것을 영성을 추구하는 다양성과 연결시켜보았다. 이러한 영적인 스타일은 또한 문화적인 요소에 의해 영향을 받는다는 사실도 살펴보았다. 18세기 독일의 경건주의를 일으킨 어떤 사람이 동일한 시대에 프랑스나 러시아에서 그 운동을 일으켰다면 분명히 전혀 다른 방법으로 영적인 삶에 접근했을 것이다.

고유한 기질과 문화의 조화로 당신은 특정한 영적 스타일을 가지고 있을 것이다. 그러나 앞에서 논의한 것과 같이, 당신이 일반적으로 간과하거나 회피하는 영성의 다른 면도 의도적인 훈련을 함으로써 자신을 확장시키는 것이 유익하다. 예를 들면, 이 책을 읽는 대부분의 독자들은 아마도 명상적인 기도에 익숙하지 않을 것이다. 그러나 영성의 역사를 볼 때 이런 형태의 기도가 얼마나 중요한지 놀라울 정도로 많은 강조가 있어왔다. 그래서 나는 당신이 제7장에 나오는 '렉티오 디비나', 즉 거룩한 독서의 기술을 개발하도록 권면하는 것이다.

수세기를 걸쳐서 많은 저자들이 그리스도인의 삶에 대한 세 가지 접근을 시도했다. 활동적인 삶, 묵상하는 삶, 혼합된 삶이 그것이다. 첫번째 접근은 됨보다는 행함을 강조하고 있고, 두번째 접근은 행함보다는 됨을 강조한다. 내가 추천하는 세번째 삶의 모습은 됨과 행함의 조화로운 균형을 추구하는 것으로서 행함이 됨을 통하여 흘러나오는 삶이다.

## 용어 설명 GLOSSARY

**과정 영성(Process spirituality).** 영성의 한 접근법으로서 현재의 순간에 깨어 있으며, 우리의 삶 속에 임하시는 하나님의 사랑 넘치는 주도권에 한 걸음씩 반응하는 것이다.

**관상(Contemplative).** 어떤 풍문이 아닌 개인적인 만남을 통해 하나님을 이해하는 경건한 접근법. 이것은 피조된 최고의 선을 추구하는 마음의 방법이다.

**관상기도(Contemplation).** 하나님의 임재 안에서 드리는 침묵과 굴복의 기도. 이 고대의 방법은 가끔 렉티오 디비나(lectio divina), 혹은 거룩한 독서와 함께 실행되었다.

**교환된 삶(Exchanged life).** 예수님의 십자가에 못 박히심과 부활을 자신과 동일시하는 것으로써(롬 6장, 갈 2:20) 이를 통해 옛자아가 그리스도의 생명으로 교환되었음을 의미한다. 이러한 영성의 추구는 우리를 공로에서 은혜로, 율법에서 자유로 옮겨가게 하는데, 이는 우리가 그리스도의 삶이 곧 우리의 삶이 되었음을 알기 때문이다.

**구획화(Compartmentalization).** 그리스도를 일, 재정, 자녀, 결혼, 건강, 운동 등등의 삶의 요소 혹은 몇 가지 부분 중의 하나로 보는 것으로 신자들 사이에 일반적인 습관이다.

**규칙(Rule).** 라틴어 '레귤라(regula)'라는 단어에서 파생된 것으로 '규율, 패턴, 모델, 본보기'라는 뜻이 있다. 일반적인 그리스도인은 영적인 삶의 어떤 규칙을 가지고 있다. 규칙은 개인적으로 혹은 소그룹 안에서 지켜질 수도 있지만, 공동체 안에서 시행되는 훈련의 패턴과 관계가 있다(예, 성 베네딕트의 규칙).

용어 설명

**그리스도 중심의 관상(Christocentric contemplation).** 신약 성경과 서신서에 나와 있는 사람이신 그리스도와 그리스도의 역사를 관상함으로써 삼위이신 하나님과의 연합을 추구하는 것. 하나님 중심의 관상을 참조하라.

**동기부여자(Motivator).** 우리의 행동을 촉구하는 자극. 세상적이고 한시적인 동기부여자는 상실에 대한 두려움, 죄책감, 교만, 개인적인 성취에 대한 소망, 명성, 특권 그리고 쾌락 등이다. 성경적인 동기부여자는 다른 선택이 없음, 주를 두려워함, 사랑과 감사, 그리스도 안에 있는 우리의 정체성, 목적과 소망 그리고 하나님을 고대함 등이다.

**렉티오 디비나(Lectio divina).** 거룩한 독서의 훈련으로 본문을 읽기, 묵상하기, 개인적인 기도로 가져오기 그리고 관상의 네 가지 요소로 구성되어 있다.

**묵상(Meditation).** 이성적으로 조직된 마음을 비우는 동양의 명상과는 달리, 그리스도인의 묵상은 성경 본문을 반추함으로써 얻어진 진리로 마음을 채우는 것이다.

**방종(License).** '하고 싶은 대로 하라' 는 식의 정신 자세로서 하나님의 은혜를 당연한 것으로 생각하고 죄의 결과는 최소화한다.

**성령 충만의 영성(Spirit-filled spirituality).** 말씀의 빛과 맺어지는 열매로서 분별되는 성령의 놀라운 역사에 이상적으로 결합되어 있는 영성의 한 접근법.

**세계관(World view).** 세상을 보는 주요한 관점으로서, 여기에는 궁극적 실재, 인간의 근원, 인간의 목적, 인간의 운명에 대한 관점이 포함된다.

**세대주의자(Cessationist).** 이적의 은사와 덕을 세우는 은사를 구분하며, 이적은 신약의 정경이 완성된 후에 교회에서 완전히 사라졌다고 믿는 사람들.

**세상(The world).** 한시적인 가치를 가진 조직화된 시스템으로서 신자들 안에 있는 그리스도의 생명을 반대

573

한다. 인간성의 타락과 사탄의 음모가 혼합되고 하나님의 주권적인 통치를 반대하는 종합적인 표현으로 정의되기도 한다. 세상은 하나님으로부터 독립하려는 태도를 조장한다.

**신비주의(Mysticism).** 영성의 형성을 직관적이고 마음 중심으로 접근하는 접근법으로, 하나님을 향한 영혼의 여정에서 내적인 분야를 탐구한다.

**아포패틱(Apophatic).** 아포패틱이라는 용어는 '부정적인'이라는 뜻을 가진 그리스어에서 파생되었으며, 비아 네가티바(via negativa), 즉 부정의 도라고 알려진 전통이다. 이 전통은 좀 더 동양적인 특성을 가지고 있는 것으로 하나님의 초월성과 신비를 강조한다. 카타패틱을 참조하라.

**양심의 가책(Compunction).** 우리가 가진 이기적인 관심에 대한 비통한 깨달음. 이 상태에서 우리는 우리의 죄된 습관과 하나님으로부터 멀어짐에 대해 진리로부터 찔림을 받는다.

**양육의 영성(Nurturing spirituality).** 전도와 제자훈련의 삶을 강조하는 영적인 삶의 한 접근법. 사람들에게 예수님을 소개하고 주님을 알게 된 후 계속 자라날 것을 격려하는 삶을 살 때, 우리는 우리의 열정과 영적 생명력이 살아나는 것을 발견한다.

**영성(Spirituality).** 성경적으로 정통한 영적인 삶에 대한 진정한 추구.

**영원한 가치 체계(Eternal value system).** 성경적인 관점에 따라 우선 순위를 결정하는 방침으로, 하나님과 그분의 약속을 사라져버릴 이 세상의 한시적인 모든 기쁨 위에 두고자 한다. 한시적인 가치 체계를 참조하라.

**영적 은사(Spiritual gifts).** 다른 사람들에게 덕을 세우기 위해 그리스도의 몸 안의 모든 지체들에게 성령이 부여하신 특별한 능력.

**영적 형성(Spiritual formation).** 은혜에 의한 개발의 과정으로서, 여기에서 영혼은 그리스도의 형상을 닮아 자라간다.

**육신(The flesh)**. 우리 안에 있는 권세 혹은 '죄의 법' (롬 7:14-25). 이것은 십자가에서 죽임을 당한 우리의 '옛자아'와 같은 것은 아니다(롬 6:6). 비록 그리스도께 가는 순간 새 영을 받지만, 우리는 여전히 육체적인 필요와 욕구를 가진 동일한 육체 안에 갇혀 있다. 우리 영혼도, 인격(지식, 감정 그리고 의지)도 순간적으로 변하지는 않는다.

**율법주의(Legalism)**. 인간적인 의의 기준을 성취하기 위해 육체적인 노력을 추구하는 것. 율법주의는 성령 안에서의 내적인 삶보다는 외적인 규칙과 금지 사항을 강조한다.

**일차적 부르심과 이차적 부르심(Primary and secondary calling)**. 우리의 삶 속에 하나님의 일차적 부르심은 그분을 알고 그분을 사랑하는 것이다. 이차적 부르심은 이러한 관계를 우리가 하는 모든 것에 그리고 우리가 만나는 모든 사람에게 표현하는 것이다. 이차적인 것이 일차적인 것과 연관되지 않으면, 우리는 함께 통합되어야 할 영과 속을 두 개로 나누는 실수를 범하게 된다. 그 반대의 실수가 이차적 부르심이 일차적 부르심을 대신할 때 발생하는데, 이때 우리의 일은 그 자체가 목적이 된다.

**자연주의(Naturalism)**. 초월성을 부인하고 자연적인 우주를 절대적인 실제로 간주하는 세계관.

**자유(Liberty)**. 해야 할 것(율법주의) 혹은 좋아하는 것을 하는 것(방종)보다는 그리스도가 기뻐하시는 것을 하는 그리스도 안에서의 해방.

**전제(Presupposition)**. 믿음에 근거한 삶에 대한 근본적인 가정. 회의론자나 유신론자를 비롯한 모든 사람들은 묵시적이든지 의식적이든지 어떤 전제들을 가지고 있다.

**정보를 위한 독서(Informational reading)**. 성경의 본문을 분석하고 이해하기 위한 직선적인 독서의 과정. 형성을 위한 독서를 참조하라.

**주를 두려워함(Fear of the Lord)**. 주를 두려워하는 것은 하나님에 대한 경외심, 심지어 하나님을 무서워하는 것뿐만 아니라 놀라우신 하나님 나라의 백성으로서 갖는 마음 자세와도 연관되어 있다. 왕은 모든 능력과 권위를 그 손 안에 가지고 있으며, 백성들의 생명, 직업 그리고 미래가 왕의 선하신 뜻에 달려 있다.

이것은 또한 왕을 기쁘게 하지 않는 일에 대한 두려움과도 연관될 수 있다.

**지혜(Wisdom)**. 하나님의 지배 아래 놓인 삶의 모든 영역에서 삶을 살아가는 기술. 최상의 결과를 내기 위해 최상의 시간에 최상의 방법을 사용할 줄 아는 것은 능력이다.

**청지기도(Stewardship)**. 다른 사람의 일과 소유를 관리하는 사람의 행위. 청지기는 그 주인에게 완전히 책임을 져야 하며, 그는 의로울 수도 있고 불의할 수도 있다. 성경적 청지기도의 영역은 시간, 달란트, 진리, 관계, 우리의 육체 그리고 창조의 질서 등이다.

**초연함(Detachment)**. 세상적인 욕망, 획득, 야망에 자기 중심적으로 노예화되는 것으로부터 멀어져 타인 중심으로 하나님을 추구하고 사람들을 사랑하려는 마음의 경향. 중심을 나로부터 하나님으로 움직이는 이러한 변화는 거룩한 열망에 둔감해지게 만드는 사라져버릴 것에 대한 야망을 점진적으로, 그러나 고통 가운데 정화하는 과정이다.

**축복의 비전(Beatific vision)**. 이 땅에서 하나님을 알았던 사람들이 하늘나라에서 받게 될 축복의 비전이다. 이것은 마음의 가장 깊은 열망에 진정한 만족을 주시는 분과의 궁극적인 연합이다.

**카타패틱(Kataphatic)**. 카타패틱이라는 용어는 '긍정적인'이라는 뜻을 가진 그리스어에서 파생되었으며, 비아 어퍼머티바(via affirmativa), 즉 긍정의 도라고 알려진 전통을 말한다. 이 전통은 좀 더 서양적인 특성을 가지고 있는 것으로 일반계시와 특별계시를 통한 하나님의 지혜를 강조한다. 아포패틱을 참조하라.

**패러다임(Paradigm)**. 함축되어 있거나 명시되어 있는 어떤 규칙을 근거로 하여 사물과 사건을 바라보는 관점. 패러다임의 전환은 규칙이나 경계선이 변화될 때 발생하며, 이때 우리는 더 이상 동일한 관점으로 바라보지 않게 된다. 규칙이 변하면, 보는 방식도 바뀐다.

**포괄적 영성(Holistic spirituality)**. 예수님의 중심 되심과 우리 삶의 모든 요소에 그분이 관여하시는 것을 강조하는 영적인 삶의 추구 방법. 구획화 정신에 대한 이러한 성경적 대안은 심지어 가장 세상적인 삶의 요소라도 우리 안에 있는 그리스도의 한 표현이 될 수 있다는 식으로 삶의 모든 면에서 그리스도의 주재권을 강조한다.

**포스트모던(Postmodern)**. 계몽주의 후기의 세상을 향한 접근법으로서 진리, 도덕, 심미학을 사회적으로 조율된 개념으로 상대화한다.

**하나님 중심의 관상(Theocentric contemplation)**. 창조 질서 속에 있는 하나님의 특성에 대한 관상에서부터 하늘나라의 전형에 대한 관상에 이르는 운동. 그리스도 중심의 관상을 참조하라.

**한시적인 가치 체계(Temporal value system)**. 문화적인 관점에 따라 우선 순위를 결정하는 방침으로 성경의 약속보다는 이 세상이 주는 약속을 추구한다. 영원한 가치 체계를 참조하라.

**형성을 위한 독서(Formational reading)**. 겸손, 열린 마음 그리고 복종을 가지고 성경을 깊게 읽는 과정. 이것을 통해 우리는 지식에서 마음으로 옮겨가면서 하나님의 진리에 의해 다스려진다. 정보를 위한 독서를 참조하라.

성경적 영성에 대한 총체적이고 실제적인 이해
# 기독교 영성, 그 열두 스펙트럼

**1쇄 발행** / 2005년 7월 10일
**4쇄 발행** / 2017년 7월 25일

**지은이** / 케네스 보아
**옮긴이** / 송원준
**펴낸곳** / 주)도서출판 디모데 〈파이디온선교회 출판 사역 기관〉

**등록** / 2005년 6월 16일  제319-2005-24호
**주소** / 서울특별시 서초구 서초대로 141-25(방배동, 세일빌딩)
**전화** / 마케팅실 070) 4018-4141
**팩스** / 마케팅실 031) 902-7795
**홈페이지** / www.timothybook.com

**값 25,000원**
ISBN 978-89-388-1194-3
Copyright ⓒ 주)도서출판 디모데 2002 〈Printed in Korea〉